MAIAKOVSKI
O POETA DA REVOLUÇÃO

ALEKSANDR MIKHAILOV

MAIAKOVSKI
O POETA DA REVOLUÇÃO

Tradução de
ZOIA PRESTES

Prefácio de
ALEXEI BUENO

EDITORA RECORD
RIO DE JANEIRO • SÃO PAULO

2008

CIP-Brasil. Catalogação-na-fonte
Sindicato Nacional dos Editores de Livros, RJ.

M58

Mikhailov, Aleksandr Alekseevitch
 Maiakovski: o poeta da revolução / Aleksandr Mikhailov;
tradução de Zoia Prestes. – Rio de Janeiro: Record, 2008.

Tradução de: Totchka puli v kontse: Jizn Vladimira Maikovskovo
ISBN 978-85-01-06714-2

 1. Maiakovski, Vladimir, 1893-1930. 2. Maiakovski, Vlamidir,
1893-1930 – Visão política e social. 3. Poetas russos – Século XX –
Biografia. I. Título.

CDD – 928.9171

07-4221

CDU – 929:821.161.1

Título original em russo:
TOTCHKA PULI V KONTSE: JIZN VLADIMIRA MAIKOVSKOVO

Direitos exclusivos de publicação em língua portuguesa para o Brasil
adquiridos pela
EDITORA RECORD LTDA.
Rua Argentina 171 – Rio de Janeiro, RJ – 20921-380 – Tel.: 2585-2000
que se reserva a propriedade literária desta tradução

Impresso no Brasil

ISBN 978-85-01-06714-2

PEDIDOS PELO REEMBOLSO POSTAL
Caixa Postal 23.052
Rio de Janeiro, RJ – 20922-970

SUMÁRIO

PREFÁCIO

Há poetas, há artistas, cuja vida parece não mais que um apêndice necessário à existência de sua obra, seres sem biografia, em suma, ou dos quais ela nunca será mais que um silencioso périplo espiritual. Há outros que nos dão a impressão de que poderiam ter nascido em alguma época ou lugar diverso — ainda que todo homem seja implacavelmente de sua época e de seu lugar — sem que isso redundasse numa alteração radical da obra realizada. O poeta e o artista romântico são, programaticamente, a negação disso, mas há outra categoria que, por mais distante que se encontre de qualquer romantismo, acaba por assumir tal posição, aquela dos artistas aparecidos em momentos dramáticos, em encruzilhadas decisivas da história humana.

Ninguém mais brasileiro, apenas como exemplo, que Machado de Assis. Mas se, no reino das possibilidades infinitas, pudéssemos imaginar Machado de Assis nascendo em Londres, ou em Paris, ou em São Petersburgo, não nos seria difícil imaginar a sua obra existindo com o mesmo tipo de personagens, com o mesmo humor, como o mesmo pessimismo schopenhaueriano, o mesmo nojo discreto pela canalhice universal, a mesma obsessão pela loucura. Igual impressão nos transmite um romancista precoce e genial como Raul Pompéia. Mas como imaginar, no entanto, fora do exato cenário brasileiro, um Euclides da Cunha, um Villa-Lobos, um Guimarães Rosa, um Glauber Rocha? Maiakovski, implacavelmente, é um poeta soviético, é um homem da Revolução.

Seu quase exatamente contemporâneo Fernando Pessoa, seu outro quase contemporâneo T. S. Eliot, para apenas falarmos de algumas das grandes vozes poéticas do século XX, são homens de biografia discreta. Maiakovski, de todo o oposto, como um Byron um século posterior, deixou uma biografia igualmente marcada por algo de passional, de heróico, de trágico, que não se pode tentar separar de qualquer compreensão da sua obra. O cantor das coletividades, aquele que, por isso mesmo, seria postumamente canonizado pelo regime soviético, é, por paradoxo, um dos mais auto-referentes entre todos os poetas do seu século. Espírito inegavelmente romântico, de subjetividade pletórica, Maiakovski é um personagem de si próprio, desde a escandalosa propaganda futurista, atravessando toda a sua poesia lírica e boa parte da satírica e da política, e culminando com a saída de cena espetacular.

Karl Marx, em uma brilhante reflexão, reconhecera a capacidade da arte de superar todas as contingências históricas e materiais do seu nascimento e continuar carregada do mais alto valor estético séculos ou milênios mais tarde, após a desaparição completa de todas as condições que presidiram a sua criação, e citava como exemplo, o melhor possível, Homero. De fato, o que persistia da forma de vida da Grécia heróica em sua época de industrialização e grande imprensa? E, no entanto, a *Ilíada* e a *Odisséia* não apenas continuavam a causar suprema emoção estética como, mais que isso, permaneciam quase como modelos insuperáveis. Essa reflexão, que dificilmente seria bem compreendida por um dos tantos burocratas soviéticos que infernizaram a vida de muitos artistas ligados à Revolução, é de grande coerência em relação à obra de Maiakovski, na qual não poucos poemas foram criados com a confessa intenção de propaganda, ou de ação direta sobre determinada contingência, poemas que, apesar disso, continuam perfeitamente a manter sua força entre nós, extinta toda a ambiência que os viu nascer. Nunca, na verdade, existiu "envelhecimento" de qualquer obra de arte plenamente realizada. O que "envelhece" na obra de arte é o que não faz parte dela, o que nela não é a obra de arte, elementos espúrios que ela carrega sem transformá-los, e que por isso mesmo impedem a sua plena realização.

De igual maneira, os grandes filmes do cinema soviético, as obras de Eisenstein, Pudovkin, Dovchenko, algo da de Vertov, continuam a representar o perfeito ápice da epopéia no século XX, ao lado de algumas obras de Griffith e de Gance. A Revolução morre, mas o espírito de revolta ou o anelo de justiça permanecem. Mais de dois séculos se passaram da madrugada de 26 de abril de 1792, quando Rouget de Lisle compôs a "Marselhesa" numa França ameaçada por todas as potências e de todos os lados, o mesmo que se repetiria com a Rússia da guerra civil, mas o hino mantém a sua capacidade milagrosa — e, o mais curioso, internacional — de despertar uma fúria patriótica em todos os seus ouvintes.

A vida de Maiakovski se desenvolveu, portanto, num período de entusiasmo irrefreável — algo tão distante dos nossos dias atuais —, de crença plena no futuro, herança da ideologia do progresso cultivada durante todo o século XIX, de sofrimento e de decepção trágica. As relações complexas entre o totalitarismo e a arte, entre a compreensão das massas e o gênio individual, produziram na União Soviética, especialmente entre as décadas de 1920 e 1950, alguns dos casos mais interessantes de nossa época. De um lado ou de outro do "realismo socialista" as baixas foram imponentes, desde os suicídios de Iessiênin, Maiakovski, Tsvetaieva, Barnet ou Fadeiev até as desaparições trágicas de Mandelstam ou Meyerhold, para não lembrar a morte moral de tantas perseguições e autocríticas forçadas, a chuva de incompreensões e reprimendas sobre Maiakovski, a interrupção de *O prado de Bejin*, de Eisenstein, a fabulosa barbárie ianque-soviética feita com *Que viva México!* ou a proibição vergonhosa da segunda parte de *Ivan, o Terrível*, ambos do mesmo cineasta, a lamentável "correção de rumo" a que foi levado Dovchenko, a censura recorrente a Chostakóvitch, o silêncio de Akhmatova, o quase-linchamento tardio de Pasternak... E poderíamos ir em frente, relembrando o recolhimento do *Andrei Rubliov*, de Tarkovski, e assim por diante...

Independente de todos os equívocos, a breve vida de Maiakovski desenvolve-se num dos momentos gloriosos do nascimento da arte moderna, com uma riqueza de protagonistas talvez só superada pela Paris da mesma época, por onde aliás o poeta não deixou de exibir o seu vulto gigantesco. A presente biografia, além do riquíssimo fio condutor individual, é a história dessa geração. Esse homem de dois metros de altura, em certas fotos de grande beleza física, em outras de uma rudeza de camponês ou de estivador, arrasta, por essas centenas de páginas, todos os seus paradoxos e contradições, da sua relação abandonada com a natureza da Geórgia de sua infância até o seu suicídio traumático, passando por várias prisões, muitos amores, pela figura central de Lília Brik — que por seu lado se suicidaria aos 85 anos —, pelas lutas estéticas e ideológicas, até o naufrágio do barco do amor no mundo cotidiano. A riqueza metafórica e rítmica da poesia de Maiakovski, sua mestria no uso de hipérboles, seu humor cáustico, seu virtuosismo no jogo de palavras são aspectos que só de forma muito atenuada, infelizmente, chegarão ao leitor. Mas como aqui se fala de um poeta que sempre recusou apartar a arte da vida, pode ser que algo desta empreste àquela um pouco do seu fulgor intraduzível.

Alexei Bueno

Vladimir Maiakovski — A tragédia

Vladimir Maiakovski, o poeta de 20 anos, com o seu próprio nome intitulou sua primeira grande obra e definiu seu gênero — tragédia. Nela, há uma premonição que gela a alma:

> *...eu, mancando com a alminha*
> *irei para o meu trono*
> *com os buracos das estrelas pelas abóbadas celestes gastas.*
> *Deitarei,*
> *claro,*
> *em roupas de linho,*
> *no leito macio de estrume verdadeiro,*
> *e silenciosamente,*
> *como os joelhos que beijam os dormentes,*
> *a roda da locomotiva abraçará o meu pescoço.*

O século XX finda sua corrida nervosa. A Rússia foi torturada por revoluções e guerras devastadoras, a balbúrdia em torno do nome e da obra do poeta cessaram (não, ainda não cessaram). Ele renegou a cultura do passado e foi renegado pela cultura. Foi colocado em pedestal e retirado do pedestal, admiravam-no, endeusavam-no e glorificavam-no, amaldiçoavam-no e xingavam-no, amavam-no e odiavam-no. Maiakovski é o líder da vanguarda poética do século XX, "mobilizado e aclamado pela revolução", e carrega em si as marcas claramente expressas da experiência social iniciada pela Revolução de 1917, com suas idéias românticas e utópicas e tragédias nacionais, com a ênfase excessiva dos vitoriosos, com a desgraça e o sofrimento de milhões... E tudo isso reflete-se na obra de Maiakovski, e também se refletiu fortemente nele, de forma contraditória e intransigente. Na força e na fraqueza, ele surgiu como um homem que se entregava a tudo de corpo e alma. A nenhuma idéia, a nenhum trabalho ele se dava pela metade . Ele veio ao mundo para a vida, para a luta, parece que fisicamente havia sido criado para isso, carregado de energia para a ação: "E sinto — 'eu' para mim é pouco. Alguém quer sair de mim teimosamente."

Isso a poesia russa não conhecia. A energia da poesia fluindo até mesmo quando ele, rebelde, procurava a tormenta para sair pelo oceano da vida.

Para Maiakovski, a redenção da criatividade era a vítima. O poeta incita à rebelião e está pronto para marchar na primeira fileira dos rebeldes:

> *Retirem as mãos vagabundas das calças*
> *peguem a pedra, a faca ou a bomba,*
> *e aquele que não possui mãos —*
> *venha e lute com a testa!*

E quase o tempo todo reconhece amargamente:

> *Penso, mais de uma vez,*
> *se não seria melhor*
> *pôr-me uma bala como ponto final.*

Assim é o Maiakovski muito jovem, em suas primeiras obras.

A idéia de reestruturação radical de toda a ordem da vida tomou conta de Maiakovski em escala global. Ouve-se, porém, um tema trágico no poema "Sobre isso" (1923). O jovem sósia de seu personagem principal está parado, apoiado no corrimão da ponte sobre o rio Neva, e pronto a "de impulso arrebentar o coração contra os pilares". E é impossível não atentar para os versos aflitos: "Não vivi até o fim o meu bocado terrestre, o meu bocado de amor", não dá para não ouvir a súplica do poeta, voltada para o cientista do futuro: "Ressuscite, quero viver a minha vida até o fim!"

E há mais um paradoxo: a vontade impaciente de aproximar o futuro, espiar o que vem pela frente. Na terceira parte do poema "Quinta Internacional", não escrita, pretendia mostrar os acontecimentos do final do século XXI.

Ele podia reclamar: "Por todos — a bala, por todos — a faca. E eu quando? E eu?" Eram revelações de fraqueza, as cordas do coração e da alma esticadas até o limite. Mas a imaginação precipitava-se para o futuro. Que futuro? Ninguém sabia. Mas seria melhor. Em *O percevejo* ele deu um passo à frente de cinqüenta anos, de 1929 a 1979. Não arriscou apresentar sua realidade numa aparência séria: riu da visão estreita do comunismo, com traços tímidos fez seu rascunho sem sorriso. "A máquina do tempo", na peça *Os banhos,* transporta os passageiros para o século XXI, seus traços surgem suavemente através do personagem da Mulher Fosfórica. Maiakovski apressava o tempo à espera da "comuna nos portões" e foi de encontro à parede do regime autoritário. Tentou até abalá-lo.

Qual a distância mais curta até o futuro que tanto buscava Maiakovski? Ele não a encontrou. Essa é a tragédia do poeta.

Maiakovski referiu-se às gerações futuras, procurando explicações. O poema "A plenos pulmões" é interpretado como uma mensagem de despedida para os contemporâneos. Não é à toa que alguns deles, ouvindo esses versos na leitura de Maiakovski, pouco antes de sua morte, captaram o sinal da desgraça que se aproximava.

Veio sorrateiramente o tempo de acertar as contas com a vida.

Será que Maiakovski o esperava?

Qual era a paixão que levava para a poesia o jovem Maiakovski, quais as contradições que dilaceravam sua alma, por que ansiava impaciente pelo futuro, pelo "comunismo distante", e por que provoca discussões e discordâncias ainda hoje? Que conteúdo coube nos incompletos 37 anos de sua vida, que preocupações dominavam essa índole grandiosa e ao mesmo tempo frágil? Por que condenou o suicídio de Iessiênin e terminou fazendo o mesmo?

Este livro é sobre isso tudo.

Os céus de Bagdádi

Sobre a aldeia georgiana de Bagdádi ardia o sol de julho, cintilava o alegre rio Khanis-Tskhali que corria em seu leito de pedra. A caverna Zecarskoie estava tomada por aquele calor extenuante quando tudo que é vivo busca a salvação na sombra, na proximidade do rio, quando os cumes das montanhas seduzem com seus chapéus brancos de neve. "Os céus de Bagdádi" não prometiam frescor nem a chuva abençoada. No entanto, parecia que toda a Imeretia mergulhara no reino do sono. Nesse dia, as atividades dos camponeses transcorriam normalmente dentro das casas e nos vinhedos, nos jardins e nas plantações de chá. A vida das pessoas transcorria de acordo com a ordem estabelecida desde tempos antigos, e nisso também havia mesmice, semelhança de um dia com o outro...

Assim é a vida, se olharmos para ela de fora e a virmos em seu curso natural. Porém, é totalmente diferente o que surge em circunstâncias isoladas ou familiares, que põem a nu a desgraça e a alegria, o bem e o mal, o amor e o ódio. Tudo é diferente, tudo muda e flui.

O inspetor florestal de Bagdádi, Vladimir Konstantinovitch Maiakovski, ao levantar-se habitualmente muito cedo, às 5h, teve tempo de cuidar de alguns afazeres domésticos; preparou o café e arrumou a filha mais velha, Liuda, que tinha aulas com a professora que a preparava para a admissão à primeira série do internato de Tbilissi. Ofereceu-se para acompanhar a menina o guarda-florestal que, naquele dia, era o primeiro visitante na casa dos Maiakovski. Sua visita tinha um motivo incomum.

O assunto era incomum porque não era sobre o serviço: Vladimir Konstantinovitch completava 36 anos naquele dia, e os Maiakovski costumavam receber visitas de Kutaíssi e de Bagdádi para festejar a data familiar e os felicitavam também os guardas-florestais. Mas, desta vez, ninguém foi convidado, pois a mulher de Vladimir Konstantinovitch, Aleksandra Alekseievna, de 26 anos, estava grávida, e tudo podia acontecer. E aconteceu justamente no dia do aniversário do chefe da família, 7 (19) de julho de 1893, às 10h. Os guardas-florestais, mesmo assim, vieram, como sempre, nesse dia, para felicitar o seu inspetor, e aqueles que apareceram depois das dez, com muita sinceridade, também o felicitavam pelo aumento da família.

O dia do calendário?

> *Era absolutamente como todos*
> *— dava enjôo de tão igual —*
> *o dia*
> *em que a vós desci.*

Com esses versos, alguns anos depois, o poeta Maiakovski assinalaria como foi comum o seu surgimento no mundo. Para a família Maiakovski, o dia, no entanto, era especial.

Pudera! — nascera um filho!

Os Maiakovski já tinham duas filhas, Liuda e Ólia,* mas os filhos Sacha e Kostia** morreram ainda pequenos, por isso o nascimento do filho era muito esperado. E para os georgianos, entre os quais viviam, é tradição ficar mais feliz com o nascimento de um filho do que de uma filha.

Quanto ao nome, não surgiu dúvida alguma. Que outro nome dar ao filho que nasceu no dia do aniversário do pai? Isso não acontece a toda hora. E era tradição na família Maiakovski repetir os nomes.

---

*Liuda, diminutivo de Ludmila, e Ólia, diminutivo de Olga. (*N. da T.*)
**Sacha, diminutivo de Aleksandr, e Kostia, diminutivo de Konstantin. (*N. da T.*)

A aldeia de Bagdádi não era grande e tinha cerca de duzentas casas. Apesar de a casa de Konstantin Kutchukhidze, onde morava a família Maiakovski desde 1889, ano em que chegou à Geórgia, distar mais de um quilômetro e meio do centro, todos os seus moradores receberam a notícia do nascimento do filho do inspetor florestal.

Vladimir Konstantinovitch era respeitado. Este homem alto, de barba negra, era um dos seus entre os georgianos, conhecia seus costumes, falava georgiano com fluência. Em todas as situações da vida mantinha dignidade, o que impressionava sobremodo os moradores locais, que eram orgulhosos e independentes. Vladimir Konstantinovitch descendia dos cossacos livres de Zaporojets, algo de que se orgulhava muito. Nasceu na Geórgia, na cidade de Akhaltsikh, na família do escriturário da administração da cidade, Konstantin Konstantinovitch Maiakovski. A avó de Volodia,* Efrosinia Osipovna, nascida Danilevskaia, era prima do famoso escritor russo-ucraniano Gregori Petrovitch Danilevski (1829-1890), autor dos romances *Mirovitch, A princesa Tarakanova* e *Moscou incendiada*.

Se nos aprofundarmos na genealogia, descobriremos que um antepassado de Maiakovski, Demian, foi um dos líderes dos exércitos de Zaporojets e o tataravô, Cirillo, capitão de regimentos de cossacos do exército do mar Negro, dados anotados no livro genealógico da nobreza de 1820. Sobre o bisavô, Konstantin Cirillovitch, há um registro atestando sua entrada em várias cidades do Império Russo. Mas o progenitor dos Danilevski foi o cossaco Danilo, originário de Podolie, que, no final do século XVII, fundou, às margens do rio Dontse, uma vila e "fortificação" para impedir os ataques dos nômades. Antes da batalha de Poltava, Pedro I, o Grande, pernoitou ali e até batizou seu neto...

A família dos Maiakovski pertencia à nobreza, mas tinha muitas dificuldades financeiras. Konstantin Konstantinovitch não podia proporcionar formação aos cinco filhos. De Akhaltsikh a família transferiu-se para Kutaíssi. Vladimir Konstantinovitch concluiria ali a sexta série ginasial.

---

*Diminutivo de Vladimir. (*N. da T.*)

Vladimir Konstantinovitch trabalhou como inspetor florestal durante muito tempo. Morreu inesperadamente, em 1906, aos 48 anos. Honesto, abnegado e bom pai de família, não ficava à margem da paixão pela poesia. Provavelmente, isso teve papel relevante na aproximação e, posteriormente, no amor que surgiu entre ele e Aleksandra Alekseievna, a qual, na juventude, entregava-se aos mimos dos versos.

Porém, antes do matrimônio, levou uma vida de órfã em Djalal-Ogli, na Armênia (perdera o pai aos 11 anos), preparando-se para ingressar numa instituição de ensino. Mas não teve a oportunidade de estudar por causa da pobreza. A formação de Aleksandra Alekseievna, segundo o testemunho de sua filha mais velha, não foi além da terceira ou quarta série ginasial.

Obviamente, não se pode falar com seriedade dos desenhos e versos juvenis de Aleksandra Alekseievna, mas, pelo visto, o filho herdou muita coisa da mãe. Muita alegria lhe dava o conhecimento da língua armênia, o que ampliava seu círculo de convivência, apesar de, diferentemente de seu futuro marido, ser uma pessoa fechada.

Aleksandra Alekseievna não tinha completado 17 anos quando se casou com Vladimir Konstantinovitch Maiakovski. A jovem família morava na aldeia de Nikitenka, na região de Erivanskaia.

A mãe de Maiakovski era uma mulher maravilhosa. Viveu até os 86 anos. Idosa, escreveu um livro sobre o filho, intitulado *A infância e adolescência de Vladimir Maiakovski*.

O pai de Aleksandra Alekseievna, capitão do regimento de infantaria de Kuban, participou das duas guerras turcas, recebeu várias condecorações, incluindo a Cruz de São Jorge por bravura. Morreu de tifo durante a guerra, em 1878. A mãe (avó de Volodia), Evdokia Nikanorovna Pavlenko (nascida Afanasieva), morreu em 1902.

Agora pode-se entender por que o poeta diz com orgulho em um de seus poemas:

Eu —

de avô sou cossaco,

por outros cavaleiro,

mas de nascença

georgiano.

Vivendo em Bagdádi e, mais tarde, tanto em Bagdádi como em Kutaíssi, a família Maiakovski tinha muitas necessidades materiais. Os pais não mediam esforços para educar e formar as crianças.

As crianças entendiam isso. Em sua autobiografia *Eu mesmo*, o poeta diz:

"Conceitos práticos. Noite. Atrás da parede um interminável cochicho de papai e mamãe. Sobre o piano. Não dormi a noite inteira. A mesma frase rondava-me a cabeça. Pela manhã, corri e perguntei: 'Pai, o que é pagamento a prazo?' Gostei da explicação."

Os pais gostavam de música, canto e danças. Queriam ensinar música aos filhos. Mas não havia instrumento musical. O pai e a mãe cochichavam atrás da parede sobre a possibilidade de adquirir um piano a prazo, da mesma forma que faziam com assinaturas de livros e revistas e com a encomenda de roupas...

A família Maiakovski era unida: os pais cuidavam dos filhos, preocupavam-se com seus estudos e formação; as crianças gostavam dos pais e eram amigas; confiavam uns nos outros.

Ólia e Volodia, os caçulas, eram muito amigos. Dois grandes inventores de brincadeiras, faziam brinquedos de barro, escalavam montanhas, faziam escavações na velha fortaleza, brincavam de guerras.

Volodia fazia apresentações solo. Ele entrava no enorme canjirão que servia para guardar vinho e falava de lá com Ólia:

— Afaste-se para mais longe, escute, como soa a minha voz?

Do canjirão, soavam muitos poemas que Volodia sabia de cor mesmo sem ter aprendido a ler.

Mais tarde, quando Volodia cresceu e aprendeu a ler, mostrava a arte da declamação a Micha Kisiliev, declamando Gogol de cor. Pode ser que esse tenha sido o teste inconsciente da voz que, depois da maturidade e durante muitos anos, conquistaria com sua beleza e sonoridade forte os ouvintes mais exigentes...

Volodia desenvolveu-se física e espiritualmente com rapidez. Isso chamou a atenção dos pais e conhecidos. A tia Aniuta* escreveu para Ludmila, então num pensionato, dizendo-se admirada com a inteligência e originalidade de seu sobrinho. Puxou ao pai, que se destacava por essas qualidades. Volodia não era nenhum menino-prodígio, crescia como um menino normal, ultrapassando em desenvolvimento seus colegas, o que não era raro acontecer. Distinguia-se por sua boa memória.

As recordações, em geral, são fatos corriqueiros do dia-a-dia. Ainda mais recordações de uma mãe idosa que perdeu o filho adulto que se tornara famoso em vida. Sua tônica é elegíaca, e poderia ser diferente? No entanto, as recordações de Aleksandra Alekseievna sobre o filho são valiosas pelos detalhes do cotidiano. Por trás deles, abre-se a atmosfera espiritual e moral da vida dessa incomum família russa. Algumas revelações parecem demonstrar o embrião, o início daquela qualidade do caráter e da obra do poeta que surgiria, posteriormente, na maturidade.

Aleksandra Alekseievna lembra que Volodia ficava feliz quando os guardas-florestais traziam à sua casa os filhotes de animais e pássaros. Ele adorava um cachorro chamado Ugrium (Sombrio). Como não lembrar aqui do emocionante "Eu amo os animais"?

Bagdádi é uma das regiões da Geórgia onde crescem as melhores espécies de uva e, durante a colheita, a felicidade impera. Ólia e Volodia participavam ativamente da colheita com crianças georgianas. A comunicação era fácil, porque na infância assimilaram o idioma georgiano, falado da mesma forma que o russo.

A alegria tomava conta da família Maiakovski, principalmente quando chegava a Bagdádi a irmã Liuda para passar as férias e as festas do final de ano. Como era mais velha que Ólia e Volodia, 6 anos e 9 anos, respectivamente, assumia o papel de líder. Contagiou os irmãos com o amor pelo desenho, uma

---

*Diminutivo carinhoso de Ana. (*N. da T.*)

paixão da família Maiakovski. Ludmila Vladimirovna formou-se na Escola Stroganov, a Escola de Belas-Artes russa.

Olga Vladimirovna também estudou desenho nos cursos noturnos da Escola Stroganov (quando a família transferiu-se para Moscou), entre 1920 e 1922, e com a irmã mais velha participou da edição das "Janelas da ROSTA".* Mas quem liderava, então, era o irmão caçula, e ditava as condições:

— Lembrem-se, o trabalho deve ser preciso e entregue no prazo. Caso não consigam trabalhar assim, melhor nem começarem.

As irmãs nunca traíam as expectativas do irmão.

Volodia aprendia com facilidade, rapidamente captava aquilo que o interessava e por isso, durante as aulas, quando estava se preparando para ingressar no ginásio, gostava de perturbar, fazendo inúmeras perguntas para a professora e criando charges acompanhadas de versos satíricos.

O menino procurava aventuras também fora do círculo comum de colegas, pais e professores. Suplicava ao pai para que o levasse a rondas de inspeção pela floresta e, Vladimir Konstantinovitch levou-o uma vez ou outra, convencendo-se de que o menino demonstrava força de vontade, comportava-se com coragem nas estradas difíceis com qualquer tempo, de dia ou de noite. Certa vez, quando a neblina baixou, ele de repente, numa faixa de luz, avistou algo "mais claro que o céu. Era a eletricidade. A fábrica de rebites do príncipe Nikachidze. Depois da eletricidade, perdeu totalmente o interesse pela natureza. Uma coisa imperfeita".

Não estaria aqui o embrião dos motivos urbanos na criação de Maiakovski? O guarda-florestal Imriz ensinou-o a andar a cavalo. Essa "babá de bigode", como o chamavam na família Maiakovski, ensinou a Volodia até mesmo alguns movimentos de equitação característicos dos cavaleiros do Cáucaso. O pai olhava para isso com aprovação e achando que o menino deveria ser educado como um homem. Vladimir Konstantinovitch apresentava com orgulho o filho às visitas, quando ele tinha apenas 5 ou 6 anos:

---

*Cartazes com sátira dos acontecimentos políticos, que continham pequenos versos lacônicos. (*N. da T.*)

— Este é meu filho, herdeiro das propriedades vazias, possui uma memória prodigiosa e agora irá declamar algumas poesias.

E o "herdeiro de propriedades vazias", esticando-se e enchendo o peito de ar, começava:

> *O rei Dom Pedro era severo*
> *Seu povo tremulava,*
> *Os serviçais tremiam*
> *Assim que seus bigodes cofiava.*

E declamava todo o enorme poema de Maikov, "O pastor". É claro que declamava também os seus preferidos e amados por toda a família: Puchkin, Lermontov, Nekrassov. Mas, no poema de Maikov, Volodia gostava do herói que não era o rei Dom Pedro, é claro, mas o pequeno pastor, que era original e esperto e que se revelou mais inteligente do que os grã-finos.

Sua memória era extraordinária. Burliuk, posteriormente, diria: "A memória de Maiakovski é como a estrada para Poltava, qualquer um deixa a marca da galocha." Para o seu aniversário de 5 anos, Volodia decorou o poema de Lermontov, "A disputa" e, mesmo não o tendo memorizado na íntegra, declamou-o.

Mas, quando aprendeu a ler sozinho, algo aconteceu. Certa vez, caiu-lhe nas mãos o livro *Passarinheira Agáfia*.* "Caso, naquela época, caíssem mais alguns livros daquele tipo em minhas mãos, deixaria de ler para sempre. Felizmente, o segundo livro foi *Dom Quixote*. Isso sim é livro! Fiz uma espada de madeira e armadura, aniquilava tudo em volta."**

Entre os adultos, Volodia era conhecido por inventar brincadeiras. "Lembro-me que havia um jogo assim", recorda Aleksandra Alekseievna, "quem começava o jogo lia um poema e, sem terminar, interrompia a declamação e jogava um lenço para um dos jogadores. Quem o recebesse tinha de terminar a declamação do poema iniciado. Volodia participava do jogo em pé de igualdade

---

*Um conto infantil, de Klavdia Lukachevitch. (*N. da T.*)
**Do livro autobiográfico.

com os adultos. Ou então brincavam de inventar o maior número possível de palavras que começassem com uma determinada letra. Quando os adultos se cansavam da brincadeira e sentiam alguma dificuldade, Volodia ainda com muita energia continuava a inventar. Esse jogo o divertia muito."

Volodia era muito amigo dos irmãos Gluchkovski, do primo Micha Kisiliev e outros bem mais velhos do que ele, adolescentes e jovens. Por isso sua estação do ano preferida era o verão, quando na casa dos Maiakovski reunia-se a juventude estudantil, entre ela parentes e conhecidos. Volodia não só participava de todas as excursões para as montanhas, como freqüentemente atraía os adultos para esse tipo de evento, introduzindo neles invenções, brincadeiras e aventuras.

Organizavam-se passeios com a família toda à floresta e à estação de águas de Zekarskoie. Alugavam dois grandes quartos num barraco de madeira, o que substituía o hotel. Com efeito, Maiakovski e seus convidados realmente descansavam, menos Vladimir Konstantinovitch, que tinha que verificar o estado das coisas na reserva florestal. Mas todos os outros levavam uma vida livre, passeavam pela floresta, estendiam em algum lugar uma toalha e com apetite comiam queijo, ovos, carne de carneiro e pepinos. Quando escurecia, retornavam à casa cantando e com tochas acesas.

No silêncio solene das montanhas soava a voz aveludada de Vladimir Konstantinovitch: "Balamute, saia de casa..." Era prontamente acompanhado por um coro desarmônico de vozes adultas e infantis. A canção ucraniana enchia de vozes o desfiladeiro das montanhas.

Das impressões e recordações da vida em Bagdádi, um grande acontecimento para a família foi a transferência, no outono de 1899, para a casa de Ananov, localizada no território da antiga fortaleza da Geórgia, construída, pelo visto, ainda pelos czares de Imeretinsk.

O espírito de lenda pairava sobre a fortaleza. O pátio era coberto de aterro, restavam pedaços dos muros da fortaleza cobertos de hera, havia nivelamentos para armas. Na imaginação infantil de Volodia, quando desvendava esse canto romântico da terra georgiana, desenhavam-se quadros de antigas batalhas...

A própria localização da casa e da fortaleza levava à disposição poética: dali abria-se uma vista maravilhosa para o norte, para os cumes de neve das montanhas do Cáucaso. A fortaleza era contornada pelo rio Khanis-Tskhali, ao qual podia-se chegar descendo um barranco. Na primavera, o rio transbordava, mostrando seu caráter montanhês.

O apartamento era mais cômodo e amplo do que a casa em Kutchukhidze, mas tiveram que residir nele por pouco tempo. Ólia, preparada para ingressar na instituição de ensino na qual estudava a irmã mais velha, foi embora para Tíflis. Volodia ficou sozinho com os pais e sentia muita falta da irmã. Finalmente, chegou a hora de ele mesmo estudar. Foi resolvido que ingressaria no ginásio de Kutaíssi. Tinham que prepará-lo, precisava-se de um professor.

Aleksandra Alekseievna, no outono de 1900, mudou-se para Kutaíssi com Volodia.

Kutaíssi — Ginásio — Morte do pai

Daí em diante, os três jovens Maiakovski estudavam. As irmãs, em Tiflis, Volodia, em Kutaíssi. Quando Volodia ingressou no ginásio, Ólia também foi transferida para Kutaíssi. Ao terminar o curso no colégio interno, Liuda juntou-se à família. Ela começou a trabalhar como pedagoga na escola da cidade e preparava-se para ingressar na Escola Técnica de Arte Industrial de Stroganov.

Em maio de 1902, vestindo calças novas de feltro e camisa branca de marinheiro, confeccionadas pela mãe, Volodia apresentou-se diante dos examinadores para ingressar na classe preparatória do ginásio. Tirou notas máximas nas provas de admissão. E escreveu a primeira carta para a irmã Liuda, em Tiflis: "Como estás? Estou bem, os estudos também. Aqui a neve derreteu. Um beijo. Seu irmão Volodia." O conhecimento bastava para uma simples informação e palavras rituais. A imaginação rica e as invenções inesgotáveis do menino em fase de preparação revelavam-se nas brincadeiras de criança. Mas na prova para o ginásio aconteceu uma situação confusa. O padre perguntou o que significava a palavra "oko".* Volodia respondeu: "Três libras." Não pensou que lhe tinham pedido o significado de uma palavra eslava religiosa, e sim o de uma palavra georgiana. Por causa disso, quase foi reprovado...

---

*Oko — em eslavo antigo, significa olho. Como Maiakovski sabia bem a língua georgiana, confundiu o significado em eslavo com o significado em georgiano. (*N. da T.*)

Com facilidade para os estudos, sobrava muito tempo para as brincadeiras e ele já revelava paixão para a atividade preferida — o desenho. No início, desenhava encouraçados, inspirado pela guerra com o Japão. Mais tarde, ilustrava livros, desenhava caricaturas sobre o cotidiano doméstico. A capacidade para o desenho foi elogiada pelo professor do ginásio, V.A. Balantchivadze. E muito mais: "Um barbudo descobriu em mim capacidades de desenhista. Ensina sem cobrar nada."

Esse barbudo, o pintor S.P. Krasnukha, havia terminado a Academia de Belas-Artes. A irmã Liuda tinha aulas com ele e lhe mostrou os desenhos do irmão. O pintor interessou-se por Volodia e começou a lhe dar aulas sem cobrar. Foram as primeiras aulas de desenho, em nível profissional, com história da arte russa e ocidental e história dos pintores.

Na família, começaram a se acostumar com a idéia de que Volodia, assim como a irmã mais velha, seguiria os estudos das artes e se tornaria artista plástico. Os colegas de classe admiravam seus desenhos. Gostavam principalmente de suas ilustrações para *O prisioneiro do Cáucaso*, de Tolstoi. Havia também, entre seus desenhos, o retrato do próprio Lev Nikolaievitch.

Sobre o Volodia da época do ginásio, os professores pronunciavam-se de maneiras diferentes. Lembravam-se da sua concentração, da seriedade e até mesmo de uma certa introspecção e, ao contrário, sobre a tendência à zombaria e não à petulância. Isso podemos observar nas recordações do professor de religião, Chavladze, na sala dos professores:

— Que menino estranho é esse Maiakovski.

— O que houve? Ele aprontou?

— Não, ele não faz bagunça, mas me impressionou com suas respostas e perguntas.

"Quando indaguei se foi bom para Adão, quando Deus o castigou e disse que teria que conseguir o pão com o suor do seu rosto, Maiakovski respondeu que foi bom. E completou dizendo que Adão não fazia nada no paraíso e que, a partir de então, teria que trabalhar para comer, todo mundo tem de trabalhar. Depois ele me perguntou: 'Diga-me, padre, se a serpente começou a se arrastar de barriga depois da maldição, como fazia para andar antes?' Todas as crianças riram e eu não soube o que responder."

Com a transferência da família para Kutaíssi, a vida mudou e quase desapareceu a necessidade de cartas. Mas só até Liuda viajar para Moscou. Bagdádi, até mesmo naquela época, não ficava distante e comunicava-se com Kutaíssi diariamente por diligências. O chefe da família, é claro, sentia saudades da mulher e dos filhos, e somente o trabalho, ao qual Vladimir Konstantinovitch entregava-se abnegadamente, em parte abafava a tristeza que sentia. Porém, no fim de semana, carregado de frutas, caças e outras provisões, ele viajava para Kutaíssi, e suas vindas eram verdadeiras festas para toda a família, parentes e conhecidos.

A juventude gostava de Vladimir Konstantinovitch, principalmente os jovens do círculo de amizade de Ludmila e dos menores, que já haviam conseguido formar um grupo de amigos que freqüentavam constantemente a casa dos Maiakovski. Gostavam do pai por sua generosidade, sua alegria e seu espírito inventivo. Ludmila Vladimirovna lembrou o seguinte episódio: "Nos festejos de Natal, segundo as tradições daquele tempo, veio à nossa casa um coro paroquial, composto por oito ou dez pessoas. O pai saiu e ficou conversando com eles. Nós protestamos, reclamamos por ele estar recebendo o coro. Mas ele piscou para o corista — um ex-colega de escola —, embebedou o coro com vinho e o coro começou a cantar as canções que o pai pedia. Cantavam 'Vikhri Vrazhdebnie' e a nossa canção preferida, 'Há um penhasco no Volga'. No fim das contas, todos ficaram felizes com a invenção do pai."

Vladimir Konstantinovitch organizava passeios com as crianças por Kutaíssi, levava-as ao teatro e inventava outras diversões. Gostava que todas as crianças permanecessem com ele durante suas vindas. Os filhos retribuíam com a mesma dedicação e atenção e faziam o possível para esconder dele alguns desentendimentos do dia-a-dia e outras confusões, para não aborrecê-lo. Os dias de festa tinham que ser dias de festa.

Na família dos Maiakovski, como em outras famílias russas de intelectuais, organizavam-se leituras em voz alta e discussão das obras lidas. Para essas leituras reuniam-se conhecidos e, é claro, com base no que era lido, às vezes surgiam discussões de temas da atualidade. Liam crônicas rurais de Gleb Uspenski, obras de Gorki, Kuprin, Serafimovitch, Saltikov-Chedrin, Leskov, Garchin e

Tchekhov — o preferido de Aleksandra Alekseievna. Volodia era presença obrigatória nas leituras, inebriava-se com Gogol e sabia muitas páginas de sua obra de cor. Entrava em discussões sobre a leitura.

De início, Volodia, que absorvia uma massa de livros, interessava-se pelos romances de aventura: Thomas Mayne Reid e Fenimore Cooper, Júlio Verne... Posteriormente, eram jornais e revistas e os escritores e livros que os adultos liam. Após compensar, em excesso, a decepção que teve ao ler *Agáfia,* o livro. *Dom Quixote,* de Cervantes, despertou sua paixão pela leitura. Com 10 anos, Volodia leu com curiosidade os poemas do Vagabundo e com 11 interessou-se pelos poemas de Heine, pelos clássicos da literatura russa do século XIX. Volodia leu Danilevski, com o qual tinha um parentesco (sobrinho-neto). Mas o escritor preferido da família era Gogol. Vladimir Konstantinovitch também sabia de cor muitas páginas e podia competir com o filho caçula. Porém a paixão principal do pequeno Maiakovski evidenciava-se: o desenho. Ludmila, com um sentimento misto de vergonha e alegria, percebia como Volodia a estava superando com seus desenhos.

Em casa, Volodia nunca ficava à toa. Quando não estava lendo, confeccionava algo: talhava ou pirogravava madeira, encadernava livros. A mesa de carpinteiro foi presenteada por Micha Kisiliev, expulso do ginásio pela participação em manifestações revolucionárias, em 1904, e obrigado, por isso, a deixar Kutaíssi. Aliás, o dinheiro para a compra da mesa de carpinteiro foi oferecido por Vladimir Konstantinovitch a Micha, em agradecimento pela ajuda prestada na reserva florestal. Vladimir Konstantinovitch normalmente perguntava o que Volodia havia feito de novidade. E Volodia prestava contas mostrando o que havia produzido. Em seu quarto reinava a ordem — os livros estavam sempre em pilhas em cima da mesa e no batente da janela, a cama arrumada e o chão varrido.

Com 10 ou 11 anos, antes dos acontecimentos de 1904-1905, que irromperam no silêncio da provinciana Kutaíssi, Volodia dedicava a maior parte do seu tempo a diversões de meninos, as quais freqüentemente liderava, introduzindo brincadeiras inventadas a partir de roteiros de livros de aventuras lidos por ele.

A antiga Kutaíssi, com ruelas estreitas e ruínas da catedral do czar Bagrat III — construída no século X e cercada de lendas —, após a trégua de Bagdádi, tornou-se polígono de incríveis descobertas. E, é claro, havia o rio Rioni, onde insaciavelmente banhavam-se os meninos. O caudaloso rio Rioni nasce nas geleiras das cordilheiras do Cáucaso e desemboca no mar Negro. Os ventos do mar carregam para o vale do Rioni o calor e a umidade, criando condições favoráveis para a vida. Não se sabe em que circunstâncias, mas certa vez Volodia quase se afogou no Rioni. Foi salvo por soldados, de quem se tornou amigo.

A provinciana Kutaíssi não era rica em diversões. Ficava mais animada aos domingos e quintas-feiras, quando nos jardins tocava a orquestra militar e a "alta sociedade" comparecia ao baile. À noite, nas ruas sem iluminação ou pouco iluminadas, piscavam lanternas, acusando que a cidade ainda não dormira e que atrás das janelas fechadas a vida ainda pulsava.

Entretanto, Kutaíssi era tida como uma cidade "aristocrática". Nela residia a falida nobreza de Imeretinsk que havia conservado o que sobrara de seus recursos. Ela compunha o chamado "alto círculo". E o grisalho Akakii Tsereteli, naquela época, quando aparecia nas ruas de Kutaíssi, era saudado pelos conterrâneos.

O ginásio masculino, onde estudava Volodia Maiakovski e onde anteriormente estudaram seu pai e o tio Mikhail Konstantinovitch, fora construído com recursos particulares e inaugurado nos anos 50 do século XIX. Em 1902, conseguiram erguer um novo prédio e, com isso, as classes preparatórias puderam ser abertas. Esse acontecimento coincidiu com o ingresso de Volodia no ginásio. Com a blusa cinza, elemento obrigatório do uniforme da escola, Vladimir Maiakovski tornou-se um dos 65 alunos das classes preparatórias. "Volodia farol"* — assim o batizaram seus colegas.

O ginásio de Kutaíssi era o orgulho da cidade, apesar de não se destacar por um alto nível de ensino. Mesmo assim, Volodia teve sorte. Seu primeiro professor, coordenador e instrutor de classe, Nikolai Nikolaievitch Djamardjidze, era um educador sensível e homem de idéias de vanguarda. Depois surgiram Vassili Antonovitch Balantchivadze, Vsevolod Aleksandrovitch Vasiliev.

---

*Em russo, "farol" é "Maiak". (N. da T.)

Volodia fez amizades rapidamente, inicialmente com os colegas de classe, entre eles Apollon Meskhi, Victor Demianenko, Evgueni Gventseladze, Nikolai Chostak, Georgui Gatchetchiladze, Galaktion Bejeneichvili... Depois, no círculo de amizades entraram os colegas mais velhos. O espírito democrático no meio ginasial era apoiado pelos professores, como Djamardjidze. Como coordenador e instrutor da classe e como professor de literatura, tentava de todas as formas incutir sentimentos de camaradagem, de coletivismo e de amizade entre georgianos e russos. Os alunos gostavam de Djamardjidze, e o comportamento durante a aula dele era exemplar. Lia para as crianças livros à sua escolha como *De que vivem as pessoas* e *O prisioneiro do Cáucaso*, de Tolstoi, e *A florzinha vermelha*, de Aksakov.*

O professor Vassili Antonovitch Balantchivadze era egresso do teatro, onde, aliás, fora bem-sucedido como ator. Mas a paixão pelo desenho revelou-se mais forte, apesar de o trabalho de "coordenador artístico", ou seja, de professor de desenho, não apontar perspectivas otimistas. Logo percebeu Volodia Maiakovski e dedicava-lhe mais atenção que aos outros. As aulas de Balantchivadze, bom educador e pessoa adorável, também não passaram despercebidas.

No calor dos acontecimentos de 1905, a paixão do jovem Maiakovski pelo desenho adquiriu um caráter mais contemporâneo. Suas charges e caricaturas receberam uma conotação política, seus personagens eram os professores que ficavam na defensiva e que não eram queridos pelos alunos. Balantchivadze assustou-se com a caricatura do professor de ciências naturais, desenhado na forma de um cão latindo loucamente. Volodia cochichou ao professor em georgiano: "*Cheni tchirime aravis utkhra!*", o que significa "Não diga a ninguém!", e com isso o acalmou.

Na primeira série, para onde Volodia Maiakovski foi transferido após terminar a classe preparatória, foi nomeado coordenador da classe o recém-chegado professor de língua russa e história Vsevolod Aleksandrovitch Vasiliev.

---

*É interessante notar que um dos livros do escritor socialista italiano De Amicis, cujas obras eram lidas por Djamardjidze (*A professorinha dos operários*), foi adaptado por Maiakovski para o cinema, em 1918, e com o seu roteiro foi feito o filme *A moça e o vagabundo*.

Ele havia se formado na Universidade de Moscou, tendo cursado a Faculdade de História e Filologia, no Departamento de Russo e Eslovaco. Vasiliev conseguiu, apesar de jovem e da pouca experiência pedagógica (tinha somente 23 anos), estabelecer uma ponte de comunicação com os alunos. Assim como Djamardjidze, tentava incutir neles o interesse pela leitura, apresentar mais amplamente a literatura russa clássica, o folclore, a biografia de personalidades da história e da cultura, as narrativas das aventuras e os romances históricos acessíveis à idade dos meninos.

Mas como o colegial Maiakovski revelou-se? Como estudava e se comportava? Sobre isso, está escrito em sua autobiografia: "Preparatório, primeiro e segundo. Sou o primeiro da turma. Dez em tudo." Até então, não havia problemas na escola.

Volodia Maiakovski não era um menino acanhado e, no entanto, a professora Nina Prokofievna, que o preparara para o ingresso no ginásio, notou uma característica surpreendente que a impressionou muito, não só durante as aulas, mas também posteriormente, quando se tornara poeta famoso: a timidez que o imobilizava e que era vencida com muita dificuldade. Esse traço da natureza de Maiakovski era percebido por outras pessoas que lhe eram próximas.

Entre os ginasianos, destacou-se desde a primeira série. Eis a recordação de V.A. Vasiliev, coordenador e instrutor da classe que conhecia seu aluno melhor do que os outros professores: "Volodia destacava-se imediatamente entre os amigos por seu porte grande e pela seriedade incomum para sua idade. Estava sempre bem vestido e limpo, traço que conservou durante toda a vida. Seus grandes olhos cinza estavam sempre pensativos e curiosos... Durante as aulas, permanecia quieto, ouvia com atenção as informações transmitidas, freqüentemente fazia perguntas; os deveres de casa eram feitos de forma cuidadosa e minuciosa, não se distraía... Em minhas aulas, dava respostas sensatas e lógicas... Respondia sempre com tranqüilidade e calma, escrevia com capricho, sua letra era grande e precisa... De maneira geral, a impressão que se tinha dele era de um menino um pouco fechado, introvertido, que vivia num mundo só seu... Em geral, era independente, com orgulho próprio, concentrado e dotado de presença de espírito.

"Os alunos gostavam de livros. Entre esses alunos estava Volodia Maiakovski, que em seu desenvolvimento estava bem mais adiantado do que a grande
maioria de seus colegas."

Sejamos condescendentes com essas linhas escritas com um ar pedagógico
formal. Além do mais, elas refletem a "pressão" emocional do Maiakovski-poeta,
porque foram escritas muitos anos depois, após a sua morte. Em alguns momentos, as características não correspondem à imagem de Volodia Maiakovski,
conhecido por nós pelas descrições de seus parentes e amigos. É difícil imaginá-
lo sem se distrair com nada nas aulas etc., pois Vasiliev descreve o retrato de
um aluno exemplar, com o qual sonham os professores e que, caso sejam encontrados, transformam-se em pessoas aborrecidas. Mas há, nas características, pontos que já naquela época foram percebidos por Vasiliev e posteriormente
desenvolvidos no caráter do maduro Maiakovski.

O interesse geral pela leitura e, provavelmente, mais algumas qualidades
pessoais ligavam Volodia a Victor Demianovitch, o primeiro aluno da turma.
Sentavam-se juntos. Talvez inspirassem respeito a discrição e introspecção de
Demianovitch, sua aplicação. Porém de forma alguma podemos imaginar
Maiakovski completamente taciturno. Ele era, como a maioria dos meninos,
alegre, às vezes direto e ríspido na relação com os colegas, às vezes carinhoso e
cuidadoso, pronto a ajudar, gostava de inventar brincadeiras e travessuras. Mas
era também tímido, principalmente com as moças. Até mesmo com a irmã,
preferia não caminhar na mesma calçada que ela para não pensarem que fez
amizade com alguma menina.

A vida e os estudos de Volodia em Kutaíssi transcorreram, até certo tempo, da mesma forma alegre e tranqüila da maioria de seus colegas. No entanto,
houve acontecimentos que lhe incutiram um sentido diverso e que deixaram
marcas no jovem Maiakovski. Um desses acontecimentos que abalaram o país
foi a guerra com o Japão, iniciada em janeiro de 1904. As notícias sobre a guerra
chegaram rapidamente a Kutaíssi e, imediatamente, refletiram na vida da cidade e atraíram os estudantes. Os ginasianos e os estudantes da Escola Real
levaram ao fracasso a leitura do manifesto do czar e organizaram a obstrução
do *Te Deum*. Esse comportamento dos estudantes, considerado revoltante, pro-

vocou sanções violentas, seguidas de prisões, expulsões do ginásio e da Escola (entre os expulsos estava o primo de Volodia, Micha Kisiliev). A indignação dos estudantes atingiu seu ponto máximo: entraram em greve os ginásios masculino e feminino, a Escola Real, o seminário e a Escola Eparquial. Isso nunca fora visto antes. Para sufocar as ondas de protesto, foi feito um acordo entre a polícia e os dirigentes das instituições de ensino.

O final do ano letivo de 1903/1904 transcorreu com manifestações e em constante tensão e conflitos entre os estudantes, a direção do ginásio e a polícia. Mas Volodia terminou com êxito a primeira série e foi transferido para a segunda.

A família Maiakovski, entretanto, passava por dificuldades. Isso é comprovado pela petição apresentada ao diretor do ginásio por Vladimir Konstantinovitch: "Com a minha mais humilde remuneração, sem nenhuma outra fonte de renda, tenho que sustentar à distância meus três filhos. Isso pesa muito. Recorro à atenção benévola de Vossa Excelência e solicito a autorização para liberar meu filho, Vladimir, aluno da segunda série, do pagamento pelos estudos. Para isso, apresento o certificado sobre a minha situação financeira, Nº 3860. V.K. Maiakovski. 8 de setembro de 1904, Bagdádi."

O pedido foi recusado, e por isso os Maiakovski teriam que seguir rigorosamente o regime de economia, vivendo "à distância" de seu provedor.

Chegou a notícia sobre o teste de poesia de Maiakovski. Quem lembra é o coordenador e instrutor da classe, V.A. Vasiliev, que, em 1904, lera um pequeno poema que Volodia lhe mostrou, copiado cuidadosamente com uma letra grande. O poema o impressionou pela originalidade do ritmo. Não existem outros testemunhos sobre as poesias dessa época.

No final de 1904, a patriarcal Kutaíssi começou a ser abalada por acontecimentos que ultrapassavam as preocupações dos gendarmes e policiais. O "Domingo Sangrento" refletiu nos confins da Rússia. Em janeiro, aconteceram manifestações da juventude estudantil. É claro, havia nisso elementos de um jogo, ligado ao risco, o que é sempre comum em adolescentes e jovens. Mas desta vez o protesto foi provocado de fora, pelos socialdemocratas, e de dentro, pela política de repressão dos dirigentes das instituições de ensino. Os estudantes organizavam comícios.

No ginásio, de uma das salas, foi retirada uma carteira que se transformou em tribuna improvisada. O orador mais impetuoso era o aluno de uma das turmas mais adiantadas, Clava Nutsubidze. Os comícios eletrizaram a juventude estudantil. O ginásio de Kutaíssi era considerado, em toda a região do Cáucaso, a instituição de pensamento mais liberal. Os diretores do ginásio e da Escola Real, temendo desordens, tentavam cancelar as aulas. Os estudantes, de diferentes formas, demonstravam sua opinião sobre os acontecimentos no país — paravam as aulas, obstruíam os professores indesejáveis, recusavam-se a responder segundo a lei de Deus, cantavam a "Marselhesa" e outras canções revolucionárias. No ginásio, começaram a surgir manifestos. No dia 14 de fevereiro, quando, por medo de acontecimentos abruptos, fecharam a Escola Real e o ginásio, organizou-se uma manifestação que terminou com a intervenção dos cossacos e da polícia. Provavelmente, sobre esse choque entre manifestantes e polícia, Maiakovski contou, anos depois, aos amigos georgianos: "Os cossacos me surraram com látego de correia, junto com todos os outros. Ali foi o meu primeiro batismo de revolucionário e agitador."

A juventude estudantil de Kutaíssi sofria influência de uma organização socialdemocrata, o que é provado pela proclamação editada em fevereiro de 1905 na qual era declarado seu apoio ao Partido Operário Social Democrático Russo. Não é difícil adivinhar que foram os próprios socialdemocratas, donos de gráfica clandestina, que prepararam e publicaram o manifesto.

As ondas de revolta espalharam-se em toda a região e atraíam os estudantes de quase todas as instituições de ensino. No dia 13 de março, em Kutaíssi, declarou-se o estado de guerra. Trocaram de governador. O governo tomou uma medida que, a seu ver, era uma manobra de esperteza: para o posto de governador, seguindo a recomendação do conselheiro do czar no Cáucaso, conde Vorontsov-Dachkov, havia sido nomeado Vladimir Aleksandrovitch Staroselski, que gozava de grande popularidade. Por um lado, tratava-se de uma concessão à burguesia liberal e à massa revolucionária da população; por outro, esperava-se que a situação voltasse à normalidade.

No entanto, V.A. Staroselski revelou-se uma pessoa que não podia assumir a tarefa de localização das manifestações. Ademais, Staroselski desenvolveu ações que o levaram a entrar em conflito com a polícia. Maiakovski escreveu sobre esta época: "Começaram as manifestações e comícios. Eu comecei também. Muito bom." Na família Maiakovski, reagiam criticamente a todos os acontecimentos externos.

Volodia passou o verão em Bagdádi, mas no outono começou a participar da vida social do ginásio e, daí por diante, os estudos não caminharam tão bem como antes. Ainda como aluno da segunda série, participava das reuniões dos alunos mais velhos. No verão, quando Liuda veio passar as férias em Bagdádi, contagiada pelos ânimos revolucionários em Moscou e com um estoque de literatura clandestina e manifestos, percebeu que Volodia estava muito mudado em todos os sentidos. "Ele transpirava revolução, ansiava por ela e vivia o seu destino! Vi então um jovem identificado e sensível a tudo que dizia respeito à revolução. Dei-lhe, por isso, para ler tudo que havia trazido."

O jovem havia completado apenas 12 anos. Ele leu o *Manifesto comunista*, o artigo de Lenin, "Ao campesinato pobre: Explicação para os camponeses sobre o que desejam os socialdemocratas"; o trabalho de Plekhanov, "O centenário da Grande Revolução". Lia Lassale e Bábel e outros livros trazidos pela irmã de Moscou. Mas bem antes:

"Chegou a irmã de Moscou. Entusiasmada. Às escondidas, me emprestou papéis compridos. Gostei: era arriscado. Lembro-me como se fosse hoje do primeiro:

> *Pense bem, companheiro, pense bem, irmão,*
> *Largue já o fuzil sobre a terra.*

"Ou um outro que terminava assim:

> *...senão o caminho é outro —*
> *para a Alemanha com o filho, com a mulher e com a mãe... [sobre o czar].*

"Era a revolução. Era com poemas. Poemas e revolução se uniram na mente."

As duas primeiras estrofes foram retiradas de uma canção de propaganda revolucionária contra a monarquia, que jogava o exército para sufocar as manifestações de operários e camponeses. O segundo trecho fazia parte de um poema satírico sobre Nicolau II. Podemos reparar na seguinte observação: "era muito arriscado". Era muito mais essa confissão que a assimilação das idéias socialdemocratas que levavam os estudantes para as manifestações e comícios. Apesar de haver também motivos para o protesto social.

O retrato mais fiel sobre a opinião da família Maiakovski são as cartas. Eis a carta de Volodia para a irmã mais velha:

"Querida Liuda,

"Recebemos sua carta do dia 1º e na mesma hora nos sentamos para responder. Por enquanto, em Kutaíssi não ocorreu nada de terrível, apesar de o ginásio e a Escola Real terem entrado em greve. Há motivos para isso: colocaram canhões voltados para o ginásio e na Escola Real foi pior — os canhões foram colocados no pátio e avisaram que ao primeiro grito não sobraria pedra sobre pedra. Também, mais uma 'vitória brilhante' foi conseguida pelos cossacos em Tiflis. A procissão, com retratos de Nicolau, ordenou aos estudantes que tirassem os chapéus. Ao ouvirem a recusa, os cossacos responderam com tiros... Kutaíssi também está se armando, ouvem-se muitas vezes os sons da 'Marselhesa'. Cantaram também hinos revolucionários durante os funerais de Trubetskoi* e dos trabalhadores da gráfica..."

Ólia também escreveu para a irmã:

"Hoje, durante a manhã inteira, eu e as Korganov batemos de casa em casa chamando para o comício. Disse a mamãe que ia para o comício e mamãe deixou. Isso é bom."

Ólia cita as irmãs Korganov, mas era amiga também do irmão das Korganov, que posteriormente, já em Moscou, fazia trabalho revolucionário entre os estudantes e lutou pela instituição do poder soviético e, em 1918, morreu entre os 26 comissários de Baku. E Volodia, já como ginasiano em Moscou, encontrou-se com Korganov.

---

*S.N. Trubetskoi, reitor da Universidade de Moscou. Morreu repentinamente a 29 de setembro de 1905, de ataque cardíaco, durante as conversações com o ministro do czar sobre a revogação da decisão de fechar a Universidade. (*N. da T.*)

De outra carta de Ólia:

"Após os discursos, marchamos pelas ruas cantando a 'Marselhesa', mas a polícia não se intrometeu. Agora os arruaceiros estão se reunindo para passar pelas ruas com o retrato de Nicolau e, então, deverá acontecer o mesmo que ocorreu em Tiflis."

Sobre o irmão, Ólia escreveu que ele começou a freqüentar o ginásio e que, desde o primeiro dia, os estudantes exigiram uma sala para reuniões. Haviam resolvido exigir a demissão dos professores ruins, assim como do diretor. Se não fossem atendidos, iriam se rebelar.

E finalmente a mãe, Aleksandra Alekseievna, escreveu, para a filha, em novembro de 1905: "O que estão fazendo com os estudantes é um horror. Quando li sobre o excesso de violência em relação aos estudantes em Odessa, meu coração parou e o sangue gelou: temo pelas crianças. Ólia estuda, Volodia freqüenta reuniões, mas foi agora ao ginásio, apesar de a noite estar se aproximando. Juntou-se ao grupo de estudantes da sexta série que recebe a visita de um estudante que lhes lê livros novos. Volodia se interessa, é um grande menino, vai em frente e não tenho como segurá-lo."

Pela correspondência, percebe-se que Aleksandra Alekseievna não sabia dos detalhes das atividades de seus filhos, principalmente de Ólia, que escondia tudo da mãe para não preocupá-la. Porém, Aleksandra Alekseievna sofria e simpatizava com o desenrolar dos acontecimentos revolucionários e com a participação de seus filhos. E não se opunha. O espírito democrático que reinava na família encontrava correspondência na vida real. Não há nenhum indício de que Vladimir Konstantinovitch protegia as crianças e não as deixava participar das manifestações e dos comícios.

Adultos e crianças da família Maiakovski liam jornais e todos se interessavam pelos acontecimentos do país. Nas cartas para Ludmila, Ólia e Volodia perguntavam sobre o que estava ocorrendo em Moscou. Ólia freqüentava um círculo clandestino, dirigido por um ativista da organização socialdemocrata expulso do ginásio, Gregori Korganov. Volodia lia sem cessar livros revolucionários.

É claro que não se deve exagerar com relação aos conhecimentos de ciências sociais do ginasiano Maiakovski; a maioria dos acontecimentos era absorvida de forma emocional. Ele mesmo descreveu naquela época: "Muita coisa não compreendo. Pergunto. Levaram-me para um círculo marxista. Quando cheguei, estava lendo 'O programa de Erfurt'.* No meio. Sobre o 'lumpemproletariado'. Comecei a me considerar um socialdemocrata: roubei as carabinas de papai para o comitê." E mais: "Misturei Lassale com Demóstenes." Junto com a irmã Ólia, Volodia assistiu a peças políticas ("O que é a liberdade política?" e outros). No mesmo lugar, Lado Meskhichvili — maravilhoso ator e diretor, conhecido da família Maiakovski —, lia do palco poemas revolucionários. Muitos espetáculos de teatro provocavam analogias com os acontecimentos e, praticamente, eletrizavam o público.

Após o levante armado de dezembro, em Moscou, a região de Kutaíssi foi novamente declarada em estado de guerra. V.A. Staroselski foi tirado do posto de governador e o general Alikhanov ocupou seu lugar — um firme defensor da política de ataque como medida tranqüilizadora.

Em janeiro de 1906, nas instituições de ensino de Kutaísse, as aulas foram interrompidas várias vezes e, durante todo o segundo semestre, a tensão permaneceu. Mas, nesta época, na família Maiakovski um acontecimento mudou bruscamente a vida de todos. Vladimir Konstantinovitch, que pretendia juntar-se à família, voltar a viver com ela, recebeu finalmente a nomeação para ocupar o cargo de inspetor florestal em Kutaísse. A alegria da família foi riscada de uma só vez com o bater das asas negras do destino: após furar o dedo com um alfinete enferrujado, ao entregar o relatório de suas atividades, Vladimir Konstantinovitch teve septicemia e faleceu em 19 de fevereiro de 1906. Sua morte foi um suplício. Existe somente um testemunho indireto sobre suas últimas horas de vida. Um colega de ginásio de Volodia, Nikolai Chostak, contou que, após o enterro, sua mãe recebeu a visita de Aleksandra Alekseievna, que disse que o marido, já agonizando, mandou chamar os filhos. Lágrimas surgiram em seus olhos. "Choro porque estou deixando vocês ainda pequenos e desamparados", disse Vladimir Konstantinovitch. "Pai, fique tranqüilo, serei homem", respondeu Volodia, engolindo as lágrimas.

---

*Convenção entre a Rússia e a França, de 30 de setembro de 1808, assinada em Erfurt, que confirmava a paz em Tilzit de 1807. (*N. da T.*)

Desta vez, liberaram Volodia do pagamento do curso, pois a família ficou praticamente sem recursos para sua sobrevivência. A Vladimir Konstantinovitch faltava um ano para ter direito à aposentadoria integral. A família passou a receber, a título de pensão, 10 rublos. Aleksandra Alekseievna tinha que pegar dinheiro emprestado com pessoas conhecidas, vender objetos e restringir ao máximo os gastos da família. Transferiram-se do apartamento alugado para um quarto. Em toda sua realidade, surgiu a questão de como e onde viver dali para a frente. Seguindo os conselhos de Ludmila, resolveram mudar-se para Moscou.

Chegava ao fim o ano letivo. O ginásio continuava sendo abalado pelos acontecimentos que interrompiam a normalidade das aulas. Algumas matérias importantes haviam sido abandonadas. Para prevenir as manifestações de maio, o governador visitou o ginásio com intenção de intimidar os estudantes. Mas as rebeliões internas não cessavam. Os alunos da terceira série, à qual pertencia Volodia, organizaram barricadas de carteiras na entrada da sala. Paralelamente a todos os acontecimentos, baixaram também as notas em todas as matérias. Volodia começou a tirar notas abaixo da média e até mesmo zero. A média anual de latim foi alterada de zero para satisfatória, após um teste. As outras notas, além do indiscutível 10 em desenho, eram boas e satisfatórias. Volodia Maiakovski foi promovido à quarta série.

No dia 20 de junho de 1906, a família Maiakovski partiu em direção a Moscou. Para trás ficou a aldeia de Bagdádi, onde o poeta passou a alegre e maravilhosa infância, ficou Kutaíssi, a cidade da infância, da adolescência, dos primeiros livros e das primeiras tentativas artísticas, das primeiras amizades de menino e dos primeiros contatos emocionantes com a revolução. Mas seria somente isso? Pode ser que Galaktion Tabidze tivesse razão ao dizer: "Maiakovski deve muito à natureza de Imeretia. O temperamento de Maiakovski é semelhante ao temperamento de um habitante de Imeretia."

Moscou

Instalaram-se provisoriamente em Petrovsko-Razumovski, na casa de Postnikova — amiga de Ludmila. De lá, foram de trem a Moscou para procurar um apartamento e as crianças foram ver a festa do padroeiro da cidade.

"Moscou impressionou Volodia por seu tamanho, barulho e pela multidão de pessoas que enchia as ruas", descreveu Ludmila Maiakovskaia. "Os bondes de dois andares, os automóveis, os elevadores, as lojas, a iluminação elétrica, tudo impressionava Volodia, que cresceu nos confins do mundo."

O dia-a-dia da família entrava nos eixos com muita dificuldade. Mesmo depois de Aleksandra Alekseievna ter conseguido aumentar a pensão para 50 rublos, após sua visita ao Departamento Florestal, em Petersburgo, e com a ajuda de Mikhail Konstantinovitch, a soma era insignificante para o sustento da família. Um pesquisador (G. Bebutov) descobriu, pelo passaporte de Aleksandra Alekseievna, que nos primeiros nove anos de vida em Moscou os Maiakovski alugaram 15 apartamentos. A família liberava o apartamento no início do verão, antes de se mudar para a *datcha* (às vezes no meio da estação), e no outono alugava um novo. Faziam isso por economia. E, pelo visto, não tinham o peso do mobiliário e bagagens, já que mudavam de residência com tanta facilidade.

O primeiro endereço foi a travessa Bolchoi Kozikhinski, 18/11. Na casa de Eltchinski, alugaram um apartamento de três quartos. Um dos quartos foi ocupado por Aleksandra Alekseievna e Volodia, o outro pelas irmãs, e o terceiro foi sublocado a um conhecido de Kutaíssi, Isidor Mortchadze, que estava sob vigilância. Depois ele foi substituído por um outro morador de Kutaíssi, Vassili Kandelaki. Na autobiografia de Maiakovski isto está descrito da seguinte forma: "Mamãe teve que sublocar quartos e vender refeições. Os quartos eram ordinários. Os estudantes que neles residiam eram pobres. Socialistas. Lembro-me do primeiro 'bolchevique' diante de mim, Vássia* Kandelaki."

Volodia desvendava a capital com curiosidade. Os subúrbios também. Contaram-lhe das colinas Vorobiovi. Ficou interessado e foi com amigos visitá-las. Não notou nenhuma "colina". Para ele, um morador das montanhas do Cáucaso, a elevação sobre o rio Moscou nem de perto lembrava colinas. Das diversões urbanas, gostou do cinema, às vezes conseguia assistir a três sessões numa tarde e, freqüentemente, sem pagar. Acontecia também ser descoberto. Com Ólia, freqüentava as aulas noturnas dominicais da Escola Stroganov; as artes plásticas ainda o atraíam. Mas tinha que ganhar a vida. Ocuparam-se com pirogravura e pintura de peças artesanais: diferentes caixas, molduras, copos para lápis, ovos de madeira. Vendiam os ovos para a loja de artesanato na rua Nieglinaia por 10 ou 15 copeques. Já era algum ganho. Ludmila Vladimirovna Maiakovskaia lembra dessa época:

"Trabalhávamos num quarto semi-escuro, iluminado por uma lâmpada de querosene, num ambiente enfumaçado por causa da pirogravura em madeira úmida. A agulha de platina deslizava pela superfície côncava e lisa do ovo, às vezes escapava e queimava os contornos finos do desenho. A peça era inutilizada e ficávamos com o prejuízo."

A explicação é a seguinte:

"Para satisfazer o interesse do grande consumidor daquela época, desenhávamos, preferencialmente, crianças pelos desenhos da aquarelista Elizaveta Böhm ou então moças em roupas russas típicas... Não pensávamos muito sobre a composição, pois pagavam mal pelo trabalho e tínhamos que fazer o maior número de peças possível... Esse tipo de trabalho provocava aversão em Volodia, em mim, na minha irmã e em nossa amiga que trabalhava conosco."

---

*Diminutivo de Vassili. (*N. da T.*)

Sobre sua vida no período moscovita, Maiakovski contou a Nikolai Assieiev como, às vezes, tinha que se virar com a comida:

"A mãe tinha uma caderneta num pequeno armazém. Nela tinha um crédito que não ultrapassava 10 rublos. Eu não queria sobrecarregar os gastos com o meu apetite, que não conhecia limites. Por isso mudei-me para Petrovsko-Razumovski e lá aluguei uma guarita com o guarda-florestal (em 1911), tentando não ultrapassar os três rublos do orçamento 'comestível' por mês. Isso, partindo do raciocínio da caderneta de crédito de mamãe. Estabeleci um regime. Dois quilos de mortadela defumada, a uns 70 copeques o quilo; dez feixes de *baranki*,* a 50 copeques cada. O restante era complementado pelos ganhos extras com a venda de peças de pirogravura e desenhos. Mas a base eram a mortadela e o pão. A mortadela era pendurada no teto para protegê-la dos ratos. Fazia marcações na mortadela: para o café da manhã destinava meio *verchok*,** o mesmo para o almoço e o jantar. Mas, às vezes, o apetite despertava indescritivelmente. Então comia o almoço, o jantar e o café da manhã em um só dia, o equivalente a refeições de três dias."

A pobreza aguçava a relação do jovem Maiakovski com a riqueza e o luxo da classe dominante. Ali, na cidade grande, os contrastes entre a pobreza e a riqueza atiravam-se aos olhos, mais do que em Kutaíssi. Por isso está no poema "Amo": "Aos gordos, desde a infância, me acostumei a odiar, vendendo-se sempre por um almoço."

Desde o início do ano letivo, Volodia foi para a quarta série do Ginásio nº 5 de Moscou, localizado no cruzamento da rua Povarskaia e Bolchaia Moltchanovka. Nesse ginásio, numa turma de alunos mais velhos, estudava Boris Pasternak. Seu irmão, Aleksandr, estudava com Maiakovski na mesma turma. Segundo as recordações de Aleksandr, no ginásio havia um grupo de "colarinhos-brancos" — filhos de pais abastados, que sadicamente maltratavam os menores durante os recreios. Os novatos eram os que mais apanhavam. O sombrio e fisicamente forte novato Volodia Maiakovski, que recebeu o apelido de

---

*Pão em forma de rosca, vendido em feixes. (*N. da T.*)
**Medida equivalente a 4,4 cm. (*N. da T.*)

"Polifemo caolho", inspirou tanto respeito que nunca foi incomodado, e os mais fracos buscavam sua proteção. "Não gostavam tanto dele quanto o respeitavam", lembra A. Pasternak. E mais uma de suas recordações:

"Amiúde, admirava em Maiakovski sua cativante e ingênua autoconfiança; resultado, talvez, de vida isolada, longe dos pequenos interesses do ambiente ginasial. Por todas as suas qualidades, podia ser a alma da turma, caso a turma quisesse. No entanto, ele, além de ser a alma da turma, isolava-se dela. Minhas tentativas de aproximar-me dele não foram bem-sucedidas, num certo momento ele se encaramujava e se fechava. Aliás, assim ele se destacaria posteriormente."

Mas Volodia tornou-se amigo do irmão da amiga de sua irmã, Serguei Medvedev, que estudava no terceiro ano do ginásio e duas classes mais velho. Medvedev participava dos círculos socialdemocratas e havia sido expulso do ginásio por suas atividades políticas. Junto com Maiakovski, ele visitava o colega de ginásio, Volodia Gzovski. Entre eles travavam-se debates políticos e, em voz alta, cantavam canções de prisioneiros. Maiakovski, como um herói épico e muito implicante, tentava convencer a irmã de Gzovski, uma jovem atriz do Teatro Malii, a escolher um repertório revolucionário para as apresentações no palco.

Os estudos de Volodia, desde o início da vida em Moscou, transcorreram sem grandes êxitos. Refletia-se o baixo nível de ensino do ginásio de Kutaíssi e, além disso, vieram para substituir — até o desenho! — outros tipos de interesses. Entre eles estava o livro *Anti-Dühring*.

"Não admitia a literatura", escreveu na autobiografia. "Filosofia. Hegel. Ciências naturais. Mas, principalmente, marxismo. Não existia nenhuma obra de arte que me atraísse mais do que a 'Prefácio', de Marx. Os livros clandestinos eu pegava com Kandelaki e outros estudantes que sublocavam quartos em nosso apartamento e que os 'visitavam'. Li *A tática da guerrilha urbana etc.*, e *Duas táticas de Lenin*."

Os Kandelaki comprovam que Maiakovski realmente viu os bolcheviques em seu quarto e ouviu as discussões acaloradas, pediu para ler "algo revolucionário", mas ele, Kandelaki, ao responder aos olhares interrogativos de seus companheiros, dizia: "É o filho da dona da casa, Volodia Maiakovski. É dos nossos."

Realmente, viveram um certo tempo no mesmo quarto. Kandelaki dormia na cama e Volodia no sofá. Os demais móveis eram uma mesa e duas cadeiras. Mas o quarto ficava cheio de gente, principalmente quando recebiam visitas da Geórgia. Quando Kandelaki transferiu-se para outro apartamento, Volodia presenteou-o com um quadro pirogravado com o desenho das torres do Kremlin e com a assinatura "Vol. Maiak.".

No ginásio, Volodia aparecia de *papakha** do Cáucaso, chamando a atenção dos alunos. Por intermédio dos estudantes que alugavam quartos e que visitavam o apartamento, assim como de Serguei Medvedev, aos poucos envolvia-se no trabalho político e começou a freqüentar um grupo socialdemocrata do terceiro ano do ginásio. Porém era crítico em relação aos poemas escritos e publicados por Medvedev e seus colegas na revista *Poriv*, apesar de também tentar escrever e até mesmo publicar.

"O Ginásio nº 3 publicava uma revistinha clandestina, *Poriv*. Fiquei despeitado. Os outros escreviam, e eu não podia?! Comecei a arranhar umas linhas. O resultado foi incrível e revolucionário e, ao mesmo tempo, horrível... Não me lembro de uma linha sequer. Escrevi o segundo poema. Saiu lírico. Considerando ser este estado interior incompatível com o meu 'orgulho socialista', larguei tudo." A avaliação é honesta e autocrítica.

O delgado ginasiano impressionava Medvedev e Gzovski por conhecer, quase de cor, informações estatísticas do "Calendário Marxista", repleto com enorme número de dados. Podia lembrar-se de qualquer número, qualquer dado. Talvez esta sobrecarga da memória com números e textos, que o tornaram um ativista partidário, tivesse atrapalhado Maiakovski a encontrar seu estilo nas conversas com os ouvintes do grupo que estudava economia política, o que lhe foi dito, já como "camarada Konstantin", por um de seus colegas de grupo...

---

*Gorro alto de pele. (*N. da T.*)

Na residência dos Maiakovski apareceu Ivan Ivanovitch Karakhanov, conhecido da família, um estudante bolchevique. Inicialmente, ajudava Volodia em matemática, mas, posteriormente, falando acerca da sua participação no levante armado de dezembro, sendo imperceptivelmente incentivado com perguntas por seu interlocutor curioso, passava para temas políticos. Dava-lhe para ler o jornal *Iskra* (Centelha), obras de Lenin e Plekhanov; como um ativista, introduzia nas conversas com Volodia um determinado esquema. Karakhanov lhe ensinava como tinha que esconder vestígios dos espiões, já que Volodia começara a cumprir algumas tarefas técnicas, seguindo ordens dos companheiros clandestinos: reunia apoios, guardava literatura ilegal. Quando ingressou no partido, foi enviado como ativista, inicialmente entre os padeiros, depois entre os sapateiros e, finalmente, entre os gráficos.

O ginásio passou para segundo plano. As ordens duras, introduzidas no ginásio durante os acontecimentos revolucionários, limitavam a atividade dentro das instituições de ensino e obrigavam a juventude estudantil a buscar outras possibilidades para o exercício da iniciativa política. A experiência de Kutaíssi e o convívio com o grupo revolucionário dos estudantes e ginasianos em Moscou introduziram Maiakovski no caminho da luta política. Volodia terminou a quarta série do ginásio após a prova final de latim. Escreveu de forma cômica para a irmã Ólia, que viajou com uma família, contratada como explicadora para as crianças:

"Fico em casa, leio alguma coisa ou estudo as lições e xingo Deus pela Torre de Babel. Quis destruir a torre, misturou as línguas, e eu, por causa disso, tenho que sofrer e decorar as lições. Deus não tem lógica nenhuma!"

Para o bom desempenho nos estudos não colaborava também a situação em casa. A vida estava cada vez mais difícil, o dinheiro não dava, ganhavam uma ninharia. A sublocação dos quartos em apartamentos de que mudavam a toda hora rendia uma miséria. E, além de tudo, o fracasso seguia Maiakovski. Aconteceu até um caso meio policialesco. Ao preparar a mudança para um apartamento ainda em construção, alugaram, temporariamente, dois quartos próximos do antigo. Ao mudarem-se, descobriram que o dono era um chefe de polícia. Tiveram que "trancar as bocas com cadeados" e avisar os conhecidos e até mandaram Volodia passar um tempo na casa de um colega.

A mãe e as irmãs entendiam que o "herdeiro da família Maiakovski" estava caminhando para outra vida. O coordenador da turma de Volodia disse a Ludmila Vladimirovna: "Seu irmão é muito talentoso, não se pode dizer que é um traquinas. Mas em seu comportamento há algo que influencia negativamente os colegas."

Deve-se fazer justiça à sensibilidade do coordenador: do ponto de vista defensivo, ele estava certo. No início de 1908, Volodia pediu que Aleksandra Alekseievna retirasse os documentos do ginásio, pois, em caso de prisão, seria expulso sem ter o direito de ingressar em outra instituição de ensino. Tudo isso não diverge da estrofe do poema "Amo":

> *Para a juventude há trabalho em massa*
> *Ensinamos a gramática pior que os tolos*
> *E eu*
> *fui expulso da 5ª série.*
> *Começaram a me jogar pelas prisões moscovitas.*

O interesse pela política no meio ginasial era um fenômeno marcante do início do século XX. Surgiu na onda do protesto social no meio camponês e do ainda pequeno proletariado industrial. Crescia a oposição política das camadas instruídas da população. Os acontecimentos de 1905 — o fuzilamento de manifestantes desarmados na praça do Palácio, em 9 de janeiro, e o levante de dezembro em Moscou (no período entre os dois ocorreu uma enorme quantidade de rebeliões políticas e espontâneas por toda a Rússia) — fustigaram a atividade revolucionária de todas as correntes, incutiram-lhe um caráter mais ou menos organizado, evidenciaram as forças políticas radicais, os socialdemocratas e os socialistas-revolucionários (SRs). A Universidade de Moscou fervilhava, lá os estudantes faziam comícios. Ilia Erenburg, que estudava naquela época no ginásio com Bukharin, recordava: "Cantávamos a Marselhesa... Passavam de mão em mão enormes chapéus com o recado: 'Doem para armas'."

A guerra com o Japão, mortal para a Rússia, levou o país à convulsão social em 1905. O ano de 1906 representou as "últimas convulsões da revolução fracassada"

(Steven Cohen). A revolução enfraqueceu, perdeu forças, mas os bolcheviques continuavam a fazer o trabalho de propaganda e agitação no meio das massas, mantendo os focos do protesto social, fazendo vítimas absurdas e, com isso, segundo P.N. Miliukov, "com afinco abafavam a revolução pela esquerda, assim como os reacionários extremos a abafavam pela direita". Desta forma, resumiu o chefe dos cadetes, "ocorreu o atrito de fato mortal para a saída pacífica".

As rebeliões explodiam por toda parte e não se acalmariam enquanto o enorme país e seu povo não fossem levados à obediência. Em Moscou, em 1906, quando chegaram os Maiakovski e onde, diferentemente de outros centros urbanos, os bolcheviques tomaram a frente dos mencheviques e SRs, a atuação das forças ilegais continuava. Vladimir rapidamente começou a participar dela. Entretanto, quem dava a tônica era a juventude estudantil, fortemente influenciada pelos bolcheviques.

Nesta época, começaram para o jovem Maiakovski "as prisões moscovitas". Com 14 anos, Maiakovski ingressou no Partido Socialdemocrático Operário Russo (PSDOR), num período de total fracasso da revolução, de profunda decepção e distanciamento dela e do marxismo de uma camada significativa da intelectualidade. Na conferência do partido, que ocorreu na floresta, em Sokolniki, Maiakovski foi destacado para o Comitê Moscovita do partido. Da mesma forma, foi cooptado para o Comitê Moscovita N.I. Bukharin e designado responsável pela região de Zamoskvoretskaia, a maior e mais importante região. Bukharin ingressou no PSDOR em 1906.

A atitude de Maiakovski foi influenciada não só pelos acontecimentos externos e companheiros mais próximos, mas também pelo ímpeto romântico, pois estava em plena adolescência. Entendia perfeitamente como tudo poderia terminar e, deixando o ginásio, entendeu também que com isso estava arriscando seu futuro e, ao mesmo tempo, o bem-estar da família. Mesmo assim, definiu sua escolha, e isso pôde ser observado pelas pessoas que o conheciam na época — Medvedev, Karakhanov, Weber, a irmã Ludmila. Ao contrário, seria pouco provável que lhe confiassem tornar-se propagandista da doutrina aos 14 anos. Até mesmo naquela época de prisões, de desbaratamento de organizações do PSDOR em Moscou, de insuficiência de quadros partidários experientes, Maiakovski permanecia como um caso único. Os funcionários do partido (Karakhanov, Weber) lhe atribuíam altos méritos no preparo teórico. Provavelmente, há exageros, mas a característica lhe foi conferida após sua morte e sua glória póstuma foi sancionada por Stalin, o que significa que Maiakovski, até mesmo na juventude, deveria corresponder à imagem bolchevique.

A consciência política de Maiakovski, naquela época, formava-se rapidamente no meio revolucionário estudantil, apesar de sua idade. As sementes de idéias revolucionárias caíam em terreno fértil. A vida parecia ter se encarregado especialmente para que estas sementes germinassem. Aliás, o plantio era generoso. Pelo país inteiro. Em diferentes camadas sociais. As idéias socialistas abrangiam amplamente a intelectualidade, inclusive escritores. Bunin fez uma observação sobre isso: "Naquela época (1905), quase todos os poetas revelaram-se revolucionários ardentes..." É claro que não foram somente os poetas.

A.M. Gorki participou ativamente da revolução. Estarrecido com a repressão aos manifestantes desarmados, no dia 9 de janeiro, escreveu um apelo "A todos os cidadãos russos e à opinião pública dos países europeus". O apelo serviu de motivo para a prisão do escritor na fortaleza Pedro e Paulo. Gorki estava pronto a se apresentar diante do tribunal do czar, não como acusado, mas como acusador, e transformar o julgamento em tribuna política. Porém foi solto diante da pressão da comunidade internacional e enviado para Riga, após pagar a fiança de dez mil rublos.

O jornal *Novaia Jizn* (Vida Nova), primeiro jornal legal bolchevique, foi organizado graças ao trabalho ativo de Gorki e publicado no final de 1905. Nele colaboravam Lenin, Lunatcharski, Vorovski e outros teóricos e divulgadores revolucionários; e também recebia o apoio de Andrieiev, Bunin, Balmont, Veresaiev, Tchirikov, Minski...

Com muita emoção, receberam a revolução os escritores A. Kuprin e V. Veresaiev, que colaboravam com Gorki na redação de *Znanie* (Saber). O líder do simbolismo russo, Valieri Briussov, ainda no limiar da revolução, escreveu o seu poema "Adaga":

> *O poeta está sempre com as pessoas, quando a tempestade se arma,*
> *A canção e a tormenta são irmãs eternas.*

O maior poeta russo do início do século, Aleksandr Blok, previu a chegada da revolução. Existem muitos testemunhos da disposição revolucionária do poeta naquela época, de sua participação em uma das manifestações de rua dos trabalhadores. Blok animava-se com a queda do velho regime, mas, ao mesmo tempo, temia isso.

A Revolução de 1905 alvoroçou a intelectualidade, coloriu de vermelho o olhar e as obras de muitos escritores russos importantes. A alguns, convenceu, apesar de por pouco tempo, a pegar em bandeiras vermelhas e marchar junto com os trabalhadores. Mas havia escritores, como D. Merejkovski, que enxergavam no povo revolucionário o "futuro brutamontes" e ficavam na defensiva.

Maiakovski desaguou no fluxo do entusiasmo intelectual com a revolução. Ligando-se aos funcionários clandestinos do partido, logo foi preso. Em 29 de março de 1908, caiu numa emboscada armada na travessa Novo-Tchukhninski, na casa onde havia uma gráfica clandestina. Ao ser preso, estava com 76 exemplares do jornal ilegal *Rabotchee Znamia* (Bandeira Operária), com 70 manifestos "Novoie Nastuplenie Capitala" ("Nova ofensiva do capital") e com quatro números de *Soldatskaia Gazeta* (O Jornal do Soldado), órgão da organização militar do PSDOR. Maiakovski foi preso e levado para a seção policial de Suchevskaia. O apartamento da família foi revistado pela polícia. Neste acontecimento a irmã Olga revelou sua astúcia. Enquanto Aleksandra Alekseievna e Ludmila Vladimirovna conversavam com os policiais na entrada, ela desceu alguns pacotes de literatura clandestina pela janela do quarto até o telhado do prédio vizinho.

Durante o interrogatório, Maiakovski tentava confundir a polícia. Alegou que havia recebido o material que carregava das mãos de um homem desconhecido, que encontrara no monumento a Puchkin e que lhe pedia que o entregasse no tal endereço. Disse também que tinha 17 anos; a polícia havia calculado 17 ou 19 anos. Depois, apresentou-se como um simples garoto e declarou que não iria mais responder e pediu que o deixassem em paz, pois lhe haviam pedido que entregasse um embrulho e foi o que fez.

Nos interrogatórios seguintes, Volodia confirmou que tinha 14 anos. A irmã apresentou a certidão do cartório da Geórgia que comprovava que teria

nascido no dia 7 de julho de 1893. Não foram encontradas provas de sua ligação direta com a gráfica clandestina e, em 9 de abril, foi libertado sob a responsabilidade da mãe e com o compromisso de não viajar. No dia 8 de maio,
o departamento de segurança determinou que a delegacia de Suchevskaia esta-
belecesse uma "vigilância policial especial" sobre Maiakovski. Assim, Maiakovski
caiu sob o olhar alerta da polícia política.

Caiu por acaso, não sabia da gráfica e ia até a casa de Timofei Trifonovitch
Trifonov, que residia ali com o nome de Lev Iakovlevitch Jiguitov, também
preso pela polícia. Trifonov e um jovem trabalhador, Serguei Ivanov, eram os
tipógrafos da gráfica clandestina. Mas as lições de Karakhanov não passaram
despercebidas por Maiakovski, que, apesar de não poder eliminar as provas,
jornais e panfletos, numa situação tão inesperada, conseguiu raciocinar rapidamente que tinha que destruir os endereços. Escreve ele: "Comi o bloco de
notas. Com os endereços e capa dura." E quando revelou a verdadeira idade,
fez bem o papel de um adolescente simplório que não sabia nada de assuntos
políticos, escreveu errado o ditado, com o qual o esperto delegado o examina-
va. Em resumo, revelou autodomínio e presença de espírito.

Após a prisão, estando sob vigilância, Maiakovski tomava cuidado no
restabelecimento de contatos partidários. Nos relatórios dos agentes de polícia, que persistentemente o seguiam, ele aparecia como *Klioni** e, posteriormente, *Alto*. Tinha de conspirar.

No entanto, segundo as observações dos agentes, Maiakovski possuía alguns contatos com um grupo de revolucionários, investigados pela realização
de expropriações. Com base nessas investigações, foi preso pela segunda vez,
em 18 de janeiro de 1909, e transferido para a já conhecida delegacia de
Suchevskaia. As prisões, feitas com base nas investigações dos agentes, revelaram-se precipitadas. Porém a polícia e o departamento de segurança não queriam reconhecer sua falha, e a acusação foi forjada.

Desta vez, Maiakovski também escolheu a correta tática de comportamento. Na carta à irmã Ludmila, revelou surpresa pela prisão ("Deus sabe por que
fui preso de forma inesperada; me agarraram na rua, me revistaram e me man-

---

*Bacana. (*N. da T.*).

daram para a delegacia"). Parecia ensaiar o papel que faria no interrogatório. Vladimir comunicou à irmã a intenção de "preparar-se para algumas matérias e, se lhe permitissem, desenhar com empenho".

Ainda antes da prisão, no outono de 1908, Volodia matriculou-se na classe preparatória da Escola Stroganov e havia decidido prestar em maio os exames das matérias das cinco primeiras séries. Por isso pediu à irmã que lhe trouxesse livros. Pedia livros de psicologia, de Tchelpanov; de lógica, de Minto; de história da literatura russa moderna e a *Introdução à filosofia*, de Kiulpe; o livro *Estudos dialéticos*, de Unterman; e *A essência do trabalho cerebral*, de Ditsguen. Todos estes livros estavam em sua casa. Pediu a Ludmila que conseguisse o primeiro volume de *O capital*, de Marx; *A introdução à filosofia*, de Tchelpanov e as obras de Tolstoi e Dostoievski. No *post-scriptum* adicionou ainda aos livros solicitados *A história da arte*, de Gneditch, e *A história da pintura no século XIX*, de Muter. A tudo isso acrescentou o pedido de comprar aquarelas e caderno de desenho, com o dinheiro ganho por ele... "Vou adquirir algumas coisas e viverei melhor aos pouquinhos", animava-se Volodia. Ele animava-se e tranqüilizava os parentes: "... não poderão me responsabilizar por causa dos últimos acontecimentos, pois não sou culpado, estou limpo como um anjo."

A delegacia de Suchevskaia mantinha mais de 40 presos. Lá estava também N.I. Khlestov, que então alugava um quarto no apartamento dos Maiakovski. Khlestov havia chegado de Saratov e ingressara na Escola Filarmônica e alugou um quarto com duas camas na casa de madeira nos fundos do pátio do prédio na rua Dolgorukovaia (hoje, Kaliaievskaia). Em uma das camas dormia o filho da dona da casa, Volodia Maiakovski. "Ele não irá perturbar, fica pouco em casa e virá somente para dormir", disse Aleksandra Alekseievna ao novo morador. O morador conheceu Volodia somente pela manhã. Gostou da atmosfera de respeito mútuo e de amizade que reinava na família, onde, após Aleksandra Alekseievna, quem dava o tom era a irmã mais velha ("Você perguntou a Liuda, ela permitiu?").

Freqüentemente, no apartamento reuniam-se jovens e organizavam festinhas. Mas Volodia nunca comentou com o companheiro de quarto a sua atividade clandestina. A prisão, no apartamento dos Maiakovski, foi para o novo morador uma surpresa total. Em resumo, estavam presos juntos. N.I. Khlestov lembra que Maiakovski, nesta época, mudou muito, ficou mais sério, parecia ter amadurecido.

"Naquele tempo, entre os presos políticos, havia gente bem mais velha que Maiakovski e que já tinha sido presa e exilada várias vezes. No entanto, escolheram-no como responsável pelo coletivo e ele cumpria muito bem com suas obrigações: era persistente, exigente quando necessário, sua voz grave ressoava pelos corredores da prisão.

"Um dia, trouxeram comida estragada. Exigiu que fosse trocada. Às vezes, com uma brincadeira bem-humorada, fazia os guardas rirem e obrigava-os a fazer o que precisava.

"Certa vez, perguntei a um dos guardas:

"— Por que obedecem tanto a ele?

"O guarda sorriu:

"— O rapaz é muito divertido, e que voz — deveria tornar-se chefe ou comandante.

"Maiakovski conseguiu unir os prisioneiros: tomávamos todas as nossas decisões com unanimidade. Graças à sua insistência, prolongaram o tempo de nossos passeios. Espertamente, reunia todos os presos políticos numa cela, onde eu distraía meus companheiros com canções.

"Na prisão, Volodia gostava de declamar poemas de Nekrassov e de Aleksei Tolstoi..."

Na primavera de 1909, ao sair da prisão, suas ligações clandestinas haviam se perdido por causa de inúmeras prisões, e era difícil estabelecer novas sob vigilância permanente. Volodia matriculou-se então no curso de técnico em eletricidade. Mas Ludmila conseguiu que retornasse, no meio do ano, à Escola Stroganov, onde começou a desenhar e modelar animais e a estudar a estampa primitiva russa. Vladimir começou a pensar em ingressar na Escola de Pintura, Escultura e Arquitetura. Mas as circunstâncias provocaram sua terceira prisão.

Houve uma tentativa de fuga de prisioneiros. A polícia prendeu os executores dos túneis subterrâneos na prisão de Taganskaia. A família Maiakovski participou da preparação dessa ação. Além do mais, no apartamento da família foi preso o ativista clandestino Konstantin Viktorovitch Stsepuro, de codinome Ivan Matveievitch Gerulaitis.

Após o fracasso da fuga da prisão de Taganskaia, iniciou-se a preparação da fuga das presas políticas da prisão feminina de Novinsk. A família de Maiakovski, que abrigava nesta época um dos principais organizadores da fuga, Isidor Ivanovitch Mortchadze (S.S. Koridze), participou mais uma vez dos preparativos. Aleksandra Alekseievna confeccionou com as filhas, à noite, vestidos marrons de ginasianas para a fuga, e no quarto de Volodia cobriram de alcatrão as cordas. Volodia ofereceu-se para acompanhar uma das prisioneiras até o apartamento combinado, mas não lhe deram essa permissão: chamaria muita atenção.

A fuga aconteceu. Com as presas políticas, fugiu também a policial Tarasova, que havia sido cooptada para a ação e ajudou com as chaves. Todas as fugitivas foram levadas para apartamentos combinados previamente, mas duas delas (do total de 13) a polícia conseguiu recapturar.

Foram presos também os organizadores, inclusive Mortchadze, que, alguns dias antes, deixara o apartamento dos Maiakovski, revistado e emboscado durante três dias. Antes da chegada da polícia, um dos organizadores da fuga foi até o apartamento dos Maiakovski e entregou a Aleksandra Alekseievna a chave de uma das celas, feita pelo molde de cera. Ao sair pelos fundos, foi interceptado. Aleksandra Alekseievna, durante a revista, segurou a chave no punho cerrado e depois a jogou num lago.

Volodia foi preso no dia seguinte à fuga noturna, 2 de julho de 1909, no apartamento da mulher de Mortchadze, E.A. Tikhomirova. Maiakovski havia ido lá para saber do resultado da fuga e, para disfarçar, levou o material de desenho. Dificilmente isso corresponderia às regras rígidas de conspiração naquele momento. O apartamento estava sendo vigiado. Quando foi pego, Maiakovski apresentou o desenho como álibi: disse que havia vindo até E.A. Tikhomirova para receber um trabalho. Comportava-se de forma independente e até se permitiu a satisfação de zombar do oficial de justiça que tomava seu depoimento. Mortchadze, preso com outros organizadores da fuga, descreveu assim o interrogatório de Maiakovski: "O policial chamou Volodia até a mesa. Começou o interrogatório. De repente, Maiakovski levantou-se rapidamente, esticou o corpo inteiro e, com um tom travesso e zombeteiro, disse ao oficial de justiça que protocolava o depoimento: 'Escreva, escreva, por favor que eu sou Vladimir Vladimirovitch Maiakovski, vim para cá por causa dos desenhos (disse isso, colocando todo o material de desenho sobre a mesa: tintas, pincéis etc.), e você, oficial de justiça da delegacia de Mechanskaia, decidiu que Maiakovski é culpado, em parte, e por isso deve ser despedaçado.' Essas palavras, ditas de improviso por Maiakovski, fizeram todos os presentes explodirem em gargalhadas."

Maiakovski tinha um álibi. No entanto, aquele jovem grandalhão e conhecido da polícia e do departamento de segurança despertava grandes desconfianças e, por isso, foi acusado de articulador da fuga. Assim, pela terceira vez, Maiakovski viu-se preso. Inicialmente, ficou na delegacia de Mechanskaia, depois na de Basmanaia e, finalmente, foi transferido para a de Miasnitskaia. Tais transferências podem ser explicadas por seu comportamento atrevido. "Não queria ficar preso. Fazia escândalos. Então ficavam me transferindo de uma delegacia para outra."

Da mesma forma, como durante a segunda vez em que fora preso, designaram-no responsável pelos prisioneiros, mas fazia questão de aparentar e ocupar-se de atividades de desenho, que demonstrassem ser ele aluno da Escola Stroganov e que estava ali por acaso. Porém assumia totalmente as obrigações de responsável e as cumpria com orgulho.

Na condição de responsável, Maiakovski tinha livre trânsito pelos corredores e podia visitar alguns presos em suas celas. Assim, passava o tempo na cela onde estava preso Veger, e desenhou seu retrato, conservado até os dias atuais.

Vladimir Ivanovitch Veger era um líder disfarçado entre os outros prisioneiros. Khlestov o conhecia bem: Veger era de Saratov; estudou na Escola Real; aos 16 anos liderou o comitê dos rebelados e era membro do PSDOR desde 1904. Em Moscou, apesar de jovem, ocupava uma posição de destaque no partido, tendo participado ativamente do movimento revolucionário estudantil.

O atrevido comportamento de Maiakovski na Miasnitskaia terminou mal para ele. Não foi mais transferido para outra seção policial, mas para uma solitária na prisão de Butirskaia. Os guardas não suportavam mais os atrevimentos e as desobediências do "responsável" Maiakovski. E um deles deixou para os descendentes um documento precioso com o carimbo de "secreto". Era a carta-reclamação, endereçada ao distrito. Ei-la:

"Vladimir Vladimirovitch Maiakovski, sob minha vigilância neste distrito policial, segundo determinação do Departamento de Segurança, de 26 de julho do corrente, N° 432, e transferido da delegacia de Basmanaia, em 14 de julho do mesmo ano, subleva os presos políticos à desobediência, exige insistentemente dos guardas o livre acesso a todas as celas, denominando-se responsável pelos presos; ao sair da cela para o reservado ou para o lavatório, passa meia hora passeando entre as celas. Todos os meus pedidos, relativos à ordem, Maiakovski reforça ainda mais com suas exigências infundadas e desobediências. Em 16 de agosto do corrente, às 19h, Maiakovski saiu da cela para o reservado, começou a andar pelo corredor aproximando-se de outras celas e exigindo do guarda que abrisse as indicadas; aos pedidos do vigilante de retornar para a cela respondia com recusas, pois o guarda, para dar oportunidade para outros presos irem ao reservado um a um, pedia insistentemente que ele retornasse à sua cela. Maiakovski xingou o guarda de 'bajulador' e começou a gritar pelo corredor, para que os presos ouvissem: 'Companheiros, o sabujo está mandando o responsável para a cela!' Assim, agitou todos os presos, que começaram, por sua vez, a gritar. A ordem só foi restabelecida com meu auxílio e do guarda de plantão.

"Comunico esse fato ao Departamento de Segurança e solicito que aceitem o pedido de transferência de Maiakovski para outro local de detenção. Acrescento que ele foi transferido da delegacia de Basmanaia por incitação à rebeldia. Agente Serov."

Nesse documento há um despacho curto: "17/VIII. Transferir para a prisão temporária, reclusão em solitária; solicito a comunicação da ordem." Dessa forma, Vladimir Maiakovski, que mal completara 16 anos, foi transferido para Butirskaia.

Na solitária, era difícil se rebelar e as regras na prisão de Butirskaia eram terríveis. Uma semana depois, após adaptar-se, Maiakovski enviou uma petição ao Departamento de Segurança de Moscou, solicitando sua liberdade, já que o Departamento de Segurança não possuía nenhum fato ou prova que comprovassem sua ligação com os preparativos para a fuga da prisão... Além disso, solicitava que lhe permitissem as atividades no pátio, junto com os outros presos.

Nessa petição também há um despacho severo: "31/VIII. Comunicar a Maiakovski que até o fim do processo não obterá liberdade; indeferir o pedido de participação em passeios comuns."

Os pedidos posteriores de Maiakovski ao governador da cidade e os pedidos de sua mãe também não adiantaram nada. Em resposta, por escrito, anunciou-se que o ministro do Interior apresentou requerimento para a deportação de Maiakovski, sob vigilância pública policial, para a região de Narimski, por três anos. Somente no final de outubro lhe permitiram participar dos passeios comuns e receber visitas de parentes.

Na opinião do Departamento de Segurança, Maiakovski era perigoso; por isso, mesmo sem provas e somente desconfiando de sua participação nos preparativos para a fuga da prisão de Novinsk, permanecia preso em Butirskaia e preparavam sua deportação para a região de Narimski. No formulário do Departamento de Segurança existia a seguinte anotação: "Por informações do Serviço Secreto, Maiakovski foi membro do comitê do PSDOR e diretamente ligado à gráfica clandestina desse partido, expropriada em 29 de março de 1908, na casa de Konoplin... onde foi preso pela emboscada policial." Em seguida, diz que pelas observações externas descobriram-se relações de Maiakovski com pessoas que pertenciam à organização local do PSDOR.

Quando a reunião especial discutiu os processos e determinou os prazos de prisão e o endereço da deportação de dez pessoas, indiciadas pelo auxílio à fuga, foram então solicitadas "informações adicionais" sobre Maiakovski. No entanto, os esforços dos poderosos não foram bem-sucedidos. Não se obtiveram provas suficientes e, por isso, o Departamento de Polícia comunicou que, segundo análise, em reunião especial, do caso do *nobre* Vladimir Vladimirovitch Maiakovski, preso como suspeito na participação da preparação para a fuga de presas, "o Sr. Ministro do Interior, em 28 de dezembro de 1909, estabeleceu que o processo sobre Maiakovski ... fosse interrompido". Isso significava liberdade. No dia 9 de janeiro de 1910, Maiakovski saiu da prisão de Butirskaia ao encontro do desconhecido, dominado por pensamentos sobre seu futuro.

A fuga das presas políticas da prisão de Novinsk foi uma ação maravilhosa, pelo atrevimento dos bolcheviques, mencheviques e SRs (de acordo com a composição pluripartidária dos condenados). Não foi à toa que Maiakovski, recordando esse episódio da luta revolucionária alguns anos depois, perguntava sobre seus detalhes a I.I. Mortchadze, pois queria fazer o roteiro para um filme...

Os materiais de arquivo não revelavam todo o quadro dos preparativos da atrevida fuga, pois o grau de conspiração naquele caso foi bastante alto, apesar de os organizadores não conseguirem se esconder. Somente pela intensidade da relação estabelecida entre Veger, Mortchadze e outros ativistas da clandestinidade com Maiakovski pode-se supor que a comunicação era feita principalmente por intermédio dele e que sua participação no processo de preparação da fuga não foi insignificante. Mas houve muita sorte, e a polícia não descobriu.

Maiakovski guardou na lembrança para a vida inteira os longos meses de solitária e o anúncio na parede de tijolos que via pela grade da janela e anunciava o frágil fim da vida humana: "Agência de cortejos fúnebres". Não era fácil expressar o estado de ânimo do jovem rapaz na solitária, mas ele diria depois: "Grito ao tijolo e cravo um punhal de palavras delirantes no céu da carne túmida..."

No entanto, isso tudo ficou para trás.

"Volodia saiu da prisão num dia frio, trajando um blusão da Escola Stroganov", podemos ler nas anotações de L. Maiakovskaia. "Seu sobretudo estava penhorado. Pedimos a Volodia que aguardasse até a manhã seguinte, para conseguirmos o dinheiro necessário e resgatarmos seu casaco. Mas Volodia, é claro, não podia negar a si mesmo o desejo impetuoso de rever os amigos. Passou a noite inteira fora. Pela manhã, conseguimos 25 rublos e gastamos 20 com o resgate do casaco, 3 com galochas e com os 2 restantes festejamos a liberdade de Volodia."

Nos primeiros tempos, após a solitária, Volodia permanecia em estado de euforia com a liberdade. No apartamento dos Maiakovski reinava a alegria. Naquela época, residia com eles a família Alekseiev-Meskhichvili, na qual havia duas moças. Uma era Liuba Ierchova, estudante da Faculdade de Filologia, uma moça bastante incomum, que abandonou a família burguesa em Petersburgo, e muito bonita, com tranças douradas e apaixonada por poesia. Volodia, segundo Ludmila, entusiasmou-se com ela e até leu-lhe seus poemas, provavelmente os que escreveu na prisão. Todos freqüentavam juntos as festinhas estudantis e organizavam reuniões em suas casas. Na primavera, o animado grupo começou a se separar.

Diante de Vladimir Vladimirovitch surgiu a questão: o que fazer, como viver? Estava com 17 anos, teve tempo suficiente na prisão para pensar, leu muito. Considerava "aquele tempo importantíssimo" para seu desenvolvimento espiritual. Leu "tudo que havia de novo". Invocou os simbolistas — Biéli, Balmont. Entusiasmou-se com o novo formato de seus poemas. "Tentei escrever igualmente bem, mas sobre outro tema. Descobri que não se pode escrever igualmente bem sobre outro tema." Maiakovski cita as estrofes do caderno que lhe foi tomado pelos guardas na saída da prisão:

> De ouro e púrpura as florestas se cobriam,
> O sol brincava nas cúpulas das igrejas.
> Eu esperava: mas nos meses os dias se perdiam,
> Centenas de dias sem fim.

Com esses versos, os quais afirmou serem "empolados e chorosos", parecia ter colocado uma pedra sobre suas experiências poéticas... Leu os clássicos. Invocou os nomes de Byron, Shakespeare, Tolstoi. Fez sua universidade nas condições que lhe oferecia a prisão. O que seria dali para a frente? Pensava: "Já possuo a correta relação com o mundo. Preciso de experiência na arte. Onde conseguir? Sou leigo. Tenho que fazer uma escola séria. Fui expulso até mesmo do ginásio, até da Escola Stroganov. Se permanecer no partido, tenho que ficar clandestino. Como clandestino, me parece que não irei obter formação alguma. A única perspectiva seria escrever panfletos a vida inteira, apresentar idéias tomadas de bons livros, mas que não foram escritas por mim. Se sacudir de mim tudo o que li, o que restará? O método marxista. Mas essa arma não teria caído em mãos infantis? É fácil manejá-la quando todos pensam de forma igual. O que fazer ao encontrar o inimigo? Pois melhor que Biéli eu não conseguirei escrever. Ele diz com alegria 'joguei aos céus o ananás', e eu choramingo no meu 'centenas de dias sem fim'. Bem mesmo estão os outros membros do partido. Já fizeram a universidade."

Mas muitos ativistas não fizeram "universidade". A propósito, pode-se transcrever o pensamento de um dos autores da coletânea *Vekhi* (Etapas), A.S. Izgoev, que mencionou uma característica não muito lisonjeira da jovem intelectualidade revolucionária (estudantil), por causa de seu ódio aos conhecimentos fundamentais, considerando que "na clandestinidade a personalidade do homem se deforma fortemente", principalmente na adolescência. Ele disse: "Caso ele [o revolucionário] se apaixone por sua profissão [especialidade], se entregue integralmente a ela, então os sarcasmos mais cruéis dos seus colegas o aguardam, tanto dos revolucionários como dos vagabundos da fraseologia. Mas exercer influência séria entre a população, ter na vida contemporânea um grande peso específico, é possível somente se se possui conhecimentos sólidos e realmente específicos. Sem esses conhecimentos, alimentando-se somente de livros populares, é impossível ter um grande desempenho na vida."

Pode ser que Izgoev não esteja absolutamente certo em sua primeira afirmação, mas tal raciocínio enseja motivos para relacioná-lo com idéias de Maiakovski sobre seu futuro e com a sua decisão de estudar, interrompendo a atividade clandestina.

Os pensamentos sobre o futuro levam-no a pensar na arte. "Fui até a casa do companheiro de partido Medvedev. Quero fazer uma arte socialista. Serioja riu muito: não tens peito. Acho que ele subestimou a minha coragem. Interrompi a atividade partidária. E me pus a estudar."

Na autobiografia aparece o coágulo, o resultado, pelo visto, das difíceis lutas interiores que aconteciam na alma do jovem Maiakovski. Existem recordações de Serguei Medvedev, estudante naquela época; do primeiro ano da Faculdade de História e Filologia. Ele lembra que conversavam sobre a vida pessoal e sobre a vocação que Vladimir sentia em si. Decepcionou-se ao escrever poemas, mas com sua natureza artística sentia a atmosfera da arte e a tocava. Freqüentava exposições e recitais. Nos encontros com os amigos, lia *Canção do albatroz*, de Gorki. Nele, ocultamente amadurecia um artista que era, de certa maneira, capaz de uma avaliação crítica e autocrítica de obras de arte. Pois soube desaprovar as suas e com merecimento apreciar os versos de Biéli.

E já que é assim, surge a pergunta, em que atmosfera amadureceu esse desejo oculto de se expressar com palavras, o que acontecia na literatura naquela época, no período de perseguições cruéis e repressões de qualquer força revolucionária e pensamento livre. Maiakovski circulava no meio revolucionário estudantil. Mas, é claro, somente ouvia o eco dos acontecimentos da vida literária em suas tendências mais reveladoras. Por isso é importante conhecermos de que corrente era o eco que chegava a Maiakovski no limiar de sua revelação da arena literária.

A coletânea *Vekhi* (1919) teve uma forte repercussão. Dedicada a personalidades da intelectualidade russa, seus autores eram influentes filósofos e publicitários. Além disso, a metade deles havia sido marxistas legais. Nos artigos da coletânea, procura-se compreender o papel da intelectualidade no movimento libertador russo e tenta-se, mediante o prisma da história, explicar o fracasso da revolução de 1905, mostrar sua inevitabilidade. V.I. Lenin opinou categoricamente sobre o conteúdo da coletânea *Vekhi* dizendo que era "uma renúncia ao movimento libertador de anos recentes". A decepção com as idéias revolucionárias, com o marxismo, com o positivismo abalou profundamente consideráveis camadas da intelectualidade — filósofos, escritores, publicitários e não só eles — e suscitou a idéia de "organização interna da vida na sociedade" em direção à "existência interior do homem" (P. Struve). N. Berdiaiev apresentava mais ou menos dessa forma sua conta à intelectualidade russa, afirmando que aceitava com prazer a ideologia de socialização e igualdade, mas via com desconfiança a ideologia que tem como alvo o problema da criação, ou seja, a esfera espiritual, o aperfeiçoamento interior do homem.

Vekhi marcou a virada radical dos dogmas materialistas que excitavam a energia destrutiva das massas com relação à alma humana, à criação, a Deus. Isso não podia deixar de influenciar o desenvolvimento artístico.

O grupo de Vetcheslav Ivanov proporcionou à elite a despolitização da literatura. Ele uniu a nata da sociedade de Petersburgo, a que estavam estreitamente ligados os escritores moscovitas, e refletia a situação geral da sociedade culta. Vetcheslav Ivanov, poeta, um dos teóricos do simbolismo, em 1905, no auge dos acontecimentos revolucionários, alojou-se na sacada do novo prédio construído sobre o velho palácio de Potemkin, semelhante a uma torre, e lá, protegidos da Petersburgo rebelada e turbulenta, reuniam-se, à noite, escritores, professores, advogados, filósofos.

Para lá, para a "torre" de Ivanov, convergiam muitos daqueles que se decepcionaram com a revolução. O próprio anfitrião que organizava as "quartas-feiras" e, posteriormente, as "quintas-feiras" chamava o público incomum apresentando-se como coletor da elite culta.

Ele conseguiu atrair escritores destacados como Blok e Biéli, Balmont e Briussov. Homem de inteligência brilhante, erudito e, ao mesmo tempo, humilde e comum, ele não só atraía as pessoas, mas também as repelia...

Na filosofia, o culto à beleza o dominava mística e religiosamente. Na criação poética, até mesmo pela avaliação da crítica contemporânea, Ivanov representava o "limite extremo... da alienação da vida". As declarações inspiradas sobre o culto à beleza, sobre a essência divina das coisas que cercam o homem, sobre os símbolos, seu sentido inesgotável e ilimitado, sobre a linguagem da alusão, impressionavam aqueles que o ouviam.

Para muitos freqüentadores da "torre", tal filosofia, tal posição eram cômodas. O clima das vigílias noturnas (reunir-se nas "quartas" e "quintas" era comum após a meia-noite) desviava-os dos problemas sociais, dava, como parecia, motivo para não ver as conseqüências terríveis do fracasso da revolução.

O grupo que freqüentava a "torre" não era obviamente homogêneo. Compareceram algumas vezes os filósofos Chestov e Berdiaiev, mas vinham também os *znanievtsi*.* Apareciam por lá Rozanov, Merejkovski, Guippius, Filosofov, o pintor Somov, assim como Nedobrovo, Piast, Remizov, Ivanov-Razumnik. Às vezes vinham S. Bulgakov, Tchapiguin, Meyerhold, Gorodetski. Impossível relacionar todos.

Alguns não se adaptavam ao grupo. Blok não se sentia muito confortável. Os *znanievtsi* atrapalhavam-se em suas camisas típicas. E Merejkovski, competindo com Ivanov pela liderança, injuriava-o. Mas o clima, em geral, era estabelecido por Ivanov e estava distante da vida real que fervia extramuros.

Um episódio característico provavelmente mostrara com quais jogos, às vezes, estava ocupado o anfitrião e alguns freqüentadores. Este episódio foi descrito por Andrei Biéli no livro *O início do século*.

"Bebíamos vinho. Vetcheslav (Ivanov), então, piscando, propôs escrever a plataforma para Gumiliov: 'Vai encontrar os simbolistas sem possuir uma plataforma sólida própria?! Vamos, Boris (Andrei Biéli), crie para Nikolai Stepanovitch uma posição...' Partindo de uma brincadeira, ofereci-me a Gumiliov para criar um 'adamismo'; de forma irônica, comecei a desenvolver a idéia criada por mim; Vetcheslav com pressa começou a anotar; saiu a palavra '*akme*', ponta afiada: 'Vocês, Adãos, devem ser afiados.' Gumiliov, sem perder a serenidade, disse, cruzando as pernas:

"— Que maravilhoso, vocês criaram minha plataforma contra vocês: nasceu agora o 'acmeísmo'!

Assim, tornou-se acmeísta e, a partir de uma brincadeira, teve início a conversa sobre o fim do simbolismo."

Sabendo da inclinação de Andrei Biéli para a mistificação, mesmo assim não se pode deixar de perceber, pelo menos, o toque de charge na verdade, revelando que os "ismos" literários no início do século nasciam já nessa limitação de grupo. Gumiliov, ainda jovem e cheio de amor-próprio, somente muito tempo depois, no artigo "Os mandamentos do simbolismo e acmeísmo" (1913), formulou os principais fundamentos de sua poética. No período em questão, ele não tinha programa e a crítica ao simbolismo era inconsistente.

Znanievtsi — pintores colaboradores da revista *Znanie*. (*N. da T.*)

A "torre" de Petersburgo de Ivanov, apesar de não ser aceita dessa forma, era uma espécie de fortaleza e resistia às investidas da vida. Nela podia-se esconder das agitações externas, incubar concepções filosóficas e filológicas, fazer intrigas, organizar grupos e panelinhas, ganhar espaço na *Parnasse* russa.

No entanto, por mais que parecesse efêmero tal "cantinho do paraíso", nele amadureciam teorias e visões que direta ou indiretamente refletiam o pensamento da sociedade culta russa. Não é por acaso que, junto com nomes de escritores, aparecem nomes de filósofos. No início do século, os simbolistas, antes de mais nada, sentiram na própria carne a força cumulativa e, para muitos, atraente e mágica da filosofia idealista. Aqui, as palavras de Berdiaiev, Rozanov, Chestov, Bulgakov eram ouvidas com a mesma atenção com que liam, anteriormente, as obras de Vladimir Soloviov. As "quartas" e "quintas" de Vetcheslav Ivanov incluem-se no contexto de buscas espirituais e contradições do início do século.

Atrás das paredes da "torre", atrás das paredes dos salões literários de Moscou e São Petersburgo, a vida literária concentrou-se em torno das revistas. Mas o "biocampo" da "torre" de Ivanov os atingia. Um dos mais influentes, naquela época (1904-1909), era a revista *Vesi* (*Balança*), o principal órgão dos simbolistas publicado em Moscou e liderado praticamente por Briussov. Muitos freqüentadores da "torre" de Ivanov eram autores da *Vesi*: Biéli, Guippius, Rozanov, Merejkovski, Kuzmin, Sologub e outros. A revista tinha um amplo perfil cultural e literário e sua posição de independência entre a criação artística e a política refletiam as idéias predominantes na "torre".

Os teóricos da *Vesi*, Ellis particularmente, recusavam decididamente a idéia de "conciliação" do indivíduo com o movimento de massa e saudavam a Duma. Referindo-se ao passado, eles destronavam a atividade dos democratas revolucionários e, dessa forma, concordavam com a coletânea *Vekhi*. A idéia de "pacificação" da revolução era difundida tendo como pano de fundo as declarações histórico-literárias, filosóficas, publicitárias e estéticas da *Vesi*.

A revista *Apollon* substituiu a *Vesi*, em 1909. Editada já em Petersburgo, também refletia principalmente o ponto de vista dos simbolistas e, posteriormente, dos acmeístas, continuando a desenvolver a idéia de arte apolítica e ocupando-se predominantemente dos problemas da poética.

É claro que isso não rompeu a ligação viva da literatura russa com suas tradições realísticas e democráticas. Tolstoi estava vivo e o mundo inteiro ouviu sua colérica declaração "Não posso ficar calado". Gorki, Korolenko, Blok não caíram na onda de recuo da revolução...

Nessa situação difícil, não era todo homem maduro que conseguia definir o seu espaço. Complicado era também para o jovem Maiakovski, que, no entanto, revelando sua atração pela arte — por enquanto na medida em que ainda não se misturava com o profissionalismo —, não podia não sentir de onde e que vento soprava na literatura, na publicidade, não podia deixar de associar esse sopro ao fracasso da revolução.

Nesse contexto, a escolha vital que fez Maiakovski aos 17 anos pode ser analisada como semi-reconhecimento do fracasso da idéia da luta política. E o fracasso de suas experiências poéticas novamente o fez voltar às artes plásticas. Com esse objetivo, ele foi até o estúdio do pintor S. Jukovski e lá permaneceu quase quatro meses. Nada a ver: "Junto com umas damazinha, ficava pintando serviço de chá prateadinhos." Chamou isso de "prendas domésticas". Foi passar o verão em Saratov, na casa do amigo N. Khlestov. Lá, na cidade às margem do rio Volga, encontrou um ambiente jovem ao qual não era estranha a arte. Khlestov era músico, cantor, e uma de suas duas irmãs fazia esculturas. Constataram interesses afins e surgiram discussões sobre a arte.

Ele atraía a juventude, e logo, como recorda N. Khlestov, formou-se um grupo de 20 ou 25 pessoas. Reuniam-se à noite no bulevar, depois caminhavam até o Volga. Pegavam barcos, navegavam até a ilha verde e lá se divertiam. Gostavam muito de cantar. Maiakovski declamava poesias, principalmente de Nekrassov. Afinal, quem mais escreveu assim sobre o Volga?!

"Durante o verão, ele mudou perceptivelmente", podemos ler nas recordações de Khlestov. "Pelo visto, as vastidões do Volga o influenciaram. Parece que ficou mais alto, a voz soava mais forte, mais densa, com mais convicção. Todos os seus movimentos ficaram mais amplos, mais impetuosos, mais enérgicos e adquiriram uma certa audácia, um impulso. Marchava a passos largos, com firmeza."

Bom, está parecido. Pode ser que somente a "audácia" — dom do estereótipo tradicional de Razin,* comum à região do Volga — fora um exagero.

Depois do bom descanso de verão, Vladimir retorna a Moscou e ingressa no estúdio do pintor P. Kelin para, sob sua orientação, preparar-se para a admissão na escola de pintura, escultura e arquitetura. Gosta de Kelin: "Realista. Bom desenhista. O melhor dos professores. Firme. Em estado de mudança. A exigência é — maestria..." O que chama a atenção é que gosta porque é realista. Depois: "Firme. Em estado de mudança." Deve-se entender — firme nas convicções, na visão da arte e, com isso, em estado de mudança como pintor, como artista plástico. A firmeza de princípios já é do Maiakovski maduro.

Kelin também gostou do novo aluno, apesar de ser pouco preparado. Gostou da sinceridade e, ao mesmo tempo, da humildade, e até da timidez. Externamente, nas discussões, revelava-se áspero, e bruto até. Assim se formava sua imagem no meio de colegas, mas sob a máscara de grosseiro e provocador escondia-se a alma carinhosa de provinciano, sua postura desajeitada e frágil, percebida mais tarde, ao conhecê-lo, por seus contemporâneos mais sensíveis — Pasternak, Gorki constataram isso. Maiakovski era capaz de tomar atitudes comoventes, até mesmo sentimentais. Comovente era sua amizade no estúdio de Kelin com o igualmente tímido jovem Lionia Kuzmin e, posteriormente, na escola, com o jovem e talentoso Vassili Tchekriguin. As cordas mais sensíveis da alma de Maiakovski eram afinadas no tom sentimental na relação com a mãe e as irmãs e com as mulheres pelas quais se apaixonava. Com elas, tornava-se "impecavelmente carinhoso", e todas lembravam disso com palavras de agradecimento e admiração.

Não precipitemos, porém, os acontecimentos. Petr Ivanovitch Kelin, ao ouvir a voz grossa de Maiakovski, zombou: "Deverias ser um novo Chaliapin!"** Maiakovski retrucou: "Não, gosto mais de pintura. Trouxe estes desenhos, veja..."

Maiakovski não teve aprovação no primeiro exame na Escola de Pintura, Escultura e Arquitetura. Kelin estava certo. A preparação ainda não havia sido

*Stepan Razin (1630-1671) — herói da guerra entre os russos e os tártaros. (*N. da T.*)
**F.I. Chaliapin (1873-1938) — cantor lírico russo. (*N. da T.*)

suficiente. Ele aprendeu pouco durante os três ou quatro meses no estúdio de Kelin. Mas um ano depois, à custa de aplicar-se no estúdio de Kelin e de revelar-se esforçado e talentoso, Maiakovski passou nas provas e ingressou direto na classe artística da escola.

O estúdio de Petr Ivanovitch Kelin e a relação de Maiakovski com o pintor permaneceram como uma boa recordação. A simpatia mútua não dava motivos para o professor exigente demonstrar arrogância. Às vezes, o professor chamava a atenção de Maiakovski pelos trabalhos realizados de maneira desleixada, mas o aluno se permitia também fazer críticas aos trabalhos do professor e este as aceitava com muita seriedade. A escola tornou-se uma nova etapa dos estudos profissionais. Parecia que o sonho tinha sido realizado, Maiakovski encontrou sua vocação, encontrou seu caminho, do qual podia se valer para fazer a "arte socialista"...

A bofetada

A Escola de Pintura, Escultura e Arquitetura, em que Maiakovski ingressou em 1911, era a única instituição de ensino que aceitava alunos sem certificado de bons antecendentes políticos (por motivos políticos, Maiakovski fora proibido de prestar os exames para a Escola Superior de Arte da Academia de Belas-Artes em Petersburgo, a Okhranka* não esqueceu de seus "méritos"). Ele começou a estudar com enorme vontade e depois disse a si mesmo: "Trabalhei bem." Não se revoltava com as paredes tristes das salas, entupidas de cavaletes. Após observar a turma de novos colegas, Maiakovski notou o pequeno e loiro Vassili Tchekriguin. Os dois se destacavam na massa dos estudantes. "A amizade unia os dois", recorda um dos colegas, o pintor L.F. Jeguin. "Maiakovski era afetuoso com Tchekriguin, às vezes, como mais velho, perdoava pacientemente todos os tipos de 'implicâncias' e pequenas impertinências do tipo 'Você, Volodka, tinha de entortar aros em Tambovski em vez de pintar quadros'."

Maiakovski passou dois anos na escola. Não teve a oportunidade de terminar. Mas não por incapacidade ou indisciplina. Revelou capacidade e era disciplinado, pelo menos no início. Trabalhava, como ele mesmo disse, "bem". A irmã Ludmila confirma isso: viu os trabalhos dele na exposição.

Mas não gostou do ambiente da escola desde o início:

---

*Okhranka — polícia especial do czar. (*N. da T.*)

"Fiquei espantado: os imitadores eram mimados, os independentes eram expulsos. Larionov, Machkov. O instinto revolucionário me fez tomar as dores dos expulsos."

Os professores ali eram Miloradovitch e Kasatkin e, por trás deles, Maiakovski, baixinho, mas de tal forma que os alunos ouvissem, dizia: "Kosoradovitch" e "Miloradkin". Eram figuram inexpressivas. Temiam a língua ferina de Maiakovski, em quem já amadurecia o protesto contra as regras da escola. Depois de apenas algumas semanas na escola, numa reunião dos estudantes, ele comunica a sua resolução: "Como na reunião geral foram observadas duas correntes (pró e contra), e nesta exposição que reflete a vida da escola as duas correntes têm o direito de estar representadas, aprovamos as duas correntes para a exposição XXXIII — 'com júri' e 'sem júri'."

Após vencer, foram com o grupo inteiro a um restaurante para festejar. Mas o porteiro não os deixou entrar sem as golas engomadas. O que fazer? Ágil nas invenções, Maiakovski rapidamente encontrou a saída. Tirou debaixo do braço o álbum de desenho de um amigo, que estava por acaso com ele, rapidamente arrancou as folhas e ofereceu uma folha para cada colega para confeccionar cada um sua gola. E assim, todo o grupo ingressou no restaurante passando diante do surpreso porteiro.

O jovem Maiakovski estimulava discussões nos corredores e nas salas da escola. Depois desses debates seguiam para o Ossip, uma pequena banca com material de arte, onde o vendedor era o próprio Ossip, que vendia a crédito. Ali declamavam poemas.

No fim de novembro, morreu o professor da escola, o grande pintor russo V. Serov, que foi o ídolo da juventude. Em seu funeral, estiveram presentes personalidades conhecidas da cultura: Vasnetsov, Briussov, Stanislavski, Nemirovitch-Dantchenko, Benua... Em nome dos alunos, ao túmulo do pintor, discursou Maiakovski. Sua fala foi destacada pelos jornais.

Kelin recorda:

"Após o enterro, eu disse a Maiakovski:

"— Sou muito agradecido ao senhor que deu tanta reverência a Serov.

"Ele respondeu:

"— Aguarde, Piotr Ivanovitch, no seu enterro faremos bem melhor."

Por uma palavra mordaz, Maiakovski, ainda jovem, esquecia da delicadeza.

Na escola, a vida uniu Maiakovski a pessoas que ajudaram a realizar a inevitável reviravolta de seu destino, ajudaram-no a acreditar em si como poeta. O primeiro dentre todos foi David Burliuk. Maiakovski o conheceu logo após ingressar na escola, no início de setembro.

"Na escola apareceu Burliuk. Ar insolente. Lornhão. Sobrecasaca. Caminha cantarolando. Quis provocá-lo. Quase brigamos." Esse é o testemunho de Maiakovski. Eis o testemunho de Burliuk: "Despenteado, sujo, com um rosto bonito e eficiente de homenzarrão apache, me seguiu com seus gracejos e chistes como 'cubista'. Chegou ao ponto que estava pronto para brigar... Olhamos um para o outro e fizemos as pazes, e não só fizemos as pazes como nos tornamos amigos."

Mesmo antes de Burliuk, havia encontros literários que nos levam a concluir que a idéia de poesia não deixava Maiakovski. Por que então se encontrava com Victor Gofman, já que os poemas deste dificilmente eram apreciados por Maiakovski? Algum tempo depois, ele os recitou a Burliuk com comentários irônicos. Esses encontros não mais aconteceram.

Ao perceber o talento excepcional que brotava em Maiakovski, Burliuk começou a protegê-lo ("Talento inato selvagem, arde de presunção", escreveu para Kameinski). Era bem mais velho que Maiakovski, já havia terminado a escola de belas-artes de Odessa e ali estudava desenho natural.

Burliuk interessou-se por Maiakovski também por estar ocupado com a organização do grupo futurista. O simbolismo, nessa época, já cheirava a passado. Era atacado por todos os lados. Gumiliov anunciou a era do acmeísmo. Burliuk ansiava por criar algo mais sonoro e estonteante. Como artista plástico, ele se apresentava na França na exposição dos impressionistas; na Rússia, passava por cubista. Como poeta, com V. Khliebnikov e V. Kameinski, participou em 1910 do almanaque *Sadók sudiéi* (Armadilha para juízes).

Quando Maiakovski leu para Burliuk seu poema, este entendeu, ou melhor, sentiu o enorme potencial criativo latente nesse "homenzarrão", no "talento inato selvagem". Burliuk ainda não conhecia muito bem Maiakovski e o avaliava mais pela aparência do que pela consciência e pontos de vista; ao contrário, esse jovem rapaz que sabia de cor páginas inteiras de *O capital* e que lera muitos livros, incluindo "tudo de mais novo" que havia na literatura, não lhe pareceria "selvagem". Aliás, essa impressão logo se dissipou. De uma forma ou de outra, no período inicial, Burliuk foi exatamente a pessoa que captou a verdadeira vocação de Maiakovski e lhe indicou o caminho para a poesia. E isso aconteceu da seguinte forma:

"De dia fiz um poema, ou melhor, fragmentos. Ruins. Não publicados. Noite. Bulevar Sretenski. Leio os versos para Burliuk. Digo que são de um conhecido. David parou. Olhou-me. Vociferou: 'Mas isso foi você mesmo que escreveu! És um poeta genial!' O elogio tão grandioso e imerecido me alegrou. Mergulhei por inteiro na poesia. Nessa noite, inesperadamente, tornei-me poeta...

"No dia seguinte, pela manhã, ao me apresentar a alguém, Burliuk foi impetuoso:

"— Não conhece? É meu amigo genial. O famoso poeta Maiakovski.

"Às cotoveladas embaraçosas do poeta recém-nascido, inabalável, Burliuk respondeu:

"— Agora escreva. Criar-me-á uma situação delicada, caso não o faça.

"Tive de escrever. Escrevi o primeiro poema (o primeiro profissional e publicável) — 'Rubro e branco' — e outros."

Assim foi o início.

Por isso Maiakovski fala com carinho e agradecimento de Burliuk como professor. E ainda mais porque lia para ele os "franceses e alemães". Dava-lhe livros e, além de tudo isso, 50 copeques por dia "para não escrever faminto".

Mas será que Maiakovski tornou-se "poeta inesperadamente"? Seu reconhecimento está ligado a esse episódio, mas recordemos, novamente, o caderno de poemas escritos em Butirskaia, onde o poeta avaliou cruelmente seus poemas: "empolados e chorosos". E até disse: "Obrigado aos guardas: quando saí tomaram-me o caderno. Senão publicaria."

No entanto, Maiakovski posteriormente procuraria o caderno. O que significa que era importante para Vladimir Vladimirovitch. Não foi à toa que Maiakovski não considerava o ano de 1912 como o de início de sua atividade literária (quando escreveu e publicou os primeiros poemas profissionais, como ele mesmo dizia), e sim o ano de 1909, o ano de "nascimento" do caderno desaparecido. Naquela época, quando saiu da prisão, decepcionou-se com suas habilidades poéticas e pensou: "Não consigo escrever poemas." E parece ter resolvido definitivamente dedicar-se à pintura.

Seria definitivamente?

Maiakovski, desde pequeno, não era uma pessoa que, ao iniciar algo, ficasse tranqüilo sem terminá-lo. As imagens de "outra" vida não encontravam encarnação na pintura. Tentava convencer Kelin a deixar de pintar retratos e tentar "algo diferente", mas se perdia nos enredos tradicionais ainda de aprendiz e nos ensaios de vanguarda. Pelo visto, o tempo todo, perturbava-lhe a possibilidade de expressar esse "algo diferente" com palavras.

Um de seus colegas de escola, L.F. Jeguin, recorda: "Metido num canto distante qualquer do estúdio, sentado num banquinho e com os dois braços na cabeça, Maiakovski balançava para a frente e para trás murmurando algo. Da mesma forma (pelo menos naquela época), com intermináveis repetições e alterações, Maiakovski criava suas imagens gráficas."

Não teria sido na arte gráfica que apareciam as imagens do mundo externo diferentes de tudo que havia? Imaginemos:

A chuva lúgubre olha de través.
Através
da gra-
de magra
os fios elétricos da idéia férrea —
colchão de penas.
Apenas
as peruas
das estrelas ascendentes
apóiam nele facilmente os pés. *

---

*Tradução de Augusto de Campos e Boris Schnaiderman, em *Vladimir Maiakovski — Poemas*, Tempo Brasileiro, Rio de Janeiro, 1967. (*N. da T.*)

Nesse poema intitulado "Manhã" está quase tudo representado graficamente. É só pegar lápis, papel e transformar em desenho. Soa com um ritmo embalado ("base de qualquer coisa poética"). Do aparente "ruído" saem rimas inesperadas. A arte gráfica do já maduro Maiakovski é inconcebível sem poemas. Alguns poemas, falando já dos cartazes, são inimagináveis sem sua arte gráfica.

Ninguém ainda conseguiu desvendar o mistério do nascimento da palavra poética, mas, ao se aproximar dela, Maiakovski descobre o desejo, amadurecido aos poucos, de encontrar aquela linguagem figurada com a qual pode dizer "algo diferente" à sua maneira. A poesia lhe deu possibilidades bem maiores de fazer isso do que as artes plásticas.

A avaliação exaltada de Burliuk deixou-o confuso: seria mesmo poeta? Mas havia sido feita pela pessoa em quem Maiakovski confiava. Aliás, se outro dissesse isso, provavelmente acreditaria, pois fora dito aquilo que estava vivo dentro dele como um sonho secreto, sobre a poesia. Não está totalmente descartado que ele aguardava essas palavras e foi o suficiente para superar suas dúvidas.

Passou pouco tempo, aproximadamente um ano, quando diante do poeta Benedikt Livchits apareceu um jovem rapaz, com a roupa fora de estação, para o tempo que fazia, uma capa, chapéu de abas largas enterrado até as sobrancelhas, parecendo um terrorista perdido em Petersburgo. Este jovem, Volodia Maiakovski, defendia seus primeiros poemas, que não foram apreciados por Livchits.

Será que tudo isso não significava a consciência de seu caminho na arte, na vida? Mesmo não sendo ainda definitivas, as mudanças são perceptíveis, a poesia o atraía como um poderoso ímã. Os poemas, aos poucos, começam a fazer com que se afaste dos professores da escola. Burliuk também já era visto de outra forma.

Conservando todo o respeito em relação ao "professor", expressando-lhe palavras de gratidão, Maiakovski ao mesmo tempo não se esquece de destacar a diferença entre os dois: "David tem a ira de um mestre que ultrapassou os contemporâneos; eu tenho o patético de um socialista, conhecedor da inevitável derrocada das velharias."

Depois disso, disseram: "Nasceu o futurismo russo." No entanto, o futurismo é uma certa simbiose entre Burliuk, que "ultrapassou" o tempo de maestria, e a consciência socialista de Maiakovski. Nisso residia a diferença, o "patético do socialista" que entrava em contradição com as orientações programáticas do futurismo, para o qual o mais importante era a própria palavra, a palavra em si.

Mas até essa época não existem visões, não existe programa, não existe o futurismo propriamente. Existe apenas o almanaque "pré-Maiakovski", *Armadilha para juízes*. Nas artes plásticas, entre outras correntes, ganhava vulto o cubismo. Suas idéias eram propagadas por Burliuk. Mas, ao mesmo tempo, ele difundia a sua influência na poesia. Tinha uma postura, "grandiosa", como dirá posteriormente a mulher de David Davidovitch, Maria Nikiforovna. A juventude confiou nele. Burliuk conseguiu seduzir com suas idéias Velimir (Victor) Khleibnikov, a talentosa e, infelizmente, morta prematuramente, Elena Guro, e Vassili Kamienski. Pouco depois descobriu Benedikt Livchits, o jovem poeta que se diferenciava pelo conhecimento da poesia ocidental, principalmente francesa. Ao conhecer os poetas, David Davidovitch os levava a Tchernianka, onde residia a numerosa família Burliuk.

Tchernianka era o centro da Reserva Florestal de Tchernaia Dolina, na região de Tavritcheskaia, que pertencia ao conde Mordvin. O dono de Tchernianka não aparecia. O mais velho dos Burliuk, David Fiodorovitch, era o administrador. A família ocupava uma enorme casa de um pavimento com 12 ou 15 cômodos. Havia varanda, jardins, lago, quadra de esportes e outros tipos de confortos domésticos. David, o caçula, tinha mais dois irmãos e três irmãs. Era uma família unida, de artistas. Os filhos David e Vladimir eram pintores; Nikolai, poeta. David também escrevia poemas. A pintora era a filha Ludmila.

Os hóspedes de David, durante o verão ou inverno, eram recebidos, alimentados e, às vezes, tinham as roupas consertadas, se necessário. Durante algum tempo, Khliebnikov residiu em Tchernianka. Seu arquivo, guardado dentro de uma fronha, pois o poeta era extremamente disperso e incrivelmente desleixado com os manuscritos de seus poemas, foi confiscado e organizado.

Burliuk trouxe Livchits para Tchernianka praticamente algumas horas depois de conhecê-lo; afastou-o da universidade e dos exames. Maiakovski, obviamente, também esteve em Tchernianka.

Apareceu lá no verão de 1912, antes de ser o poeta sombrio e mordaz. Ria de David e Vladimir Burliuk, que, nessa época, interessavam-se pelos velhos pintores espanhóis e, seguindo seu estilo, desenhavam retratos dos moradores de Tchernianka. Depois, os irmãos resolveram pintar juntos e no mesmo estilo *Os sofrimentos de São Sebastião*. O modelo foi o jovem escritor Boris Lavrenev, também hóspede dos Burliuk. Para maior realismo, sobre o grande armário de carvalho foi colocada uma muleta. As mãos de Lavrenev foram amarradas nessa muleta e assim, com as mãos levantadas e impossibilitado de fazer qualquer movimento, posou para os irmãos. Certa vez, quando os Burliuk saíram da oficina, Maiakovski entrou e, ao ver o modelo, disse:

— Assim não presta! Não está igual! Você está totalmente branco e, no entanto, pintam-no de marrom-escuro. Vamos colori-lo.

O próprio Lavrenev comentou:

"Ao dizer isso, em tom sério e significativo, ele pegou um pincel grosso, mergulhou-o na tinta vermelha e, no impulso, deu a primeira pincelada na minha bochecha. Comecei a gritar, debater-me com as pernas, pois as mãos estavam atadas e amarradas ao armário. Mas, sem dar atenção aos meus protestos, sem sorrir e mantendo a seriedade, Maiakovski continuou a pincelar e conseguiu, até o retorno dos Burliuk, transformar-me em um pele-vermelha até a cintura. Quando consegui me livrar das cordas, enfurecido, peguei a espátula e corri atrás dele. Mas, ao me ver no espelho, parei e me juntei às gargalhadas estridentes dos Burliuk. Não ficou a marca da raiva e da mágoa."

Durante a estada de qualquer visita, organizava-se um grupo artístico-cultural, travavam-se discussões infindáveis sobre arte, planejavam-se exposições. Quando esteve em Tchernianka, Livchits, junto com os irmãos Burliuk, destacando sua ironia em relação aos estrangeirismos, denominou a nova corrente artístico de *Hiléia*, uma referência às florestas verdejantes. Tornaram-se hileianos.

A vida artística dava mostras de força. Em janeiro de 1912, em Moscou, a exposição *O valete de ouros* teve muita repercussão. Apresentavam-se trabalhos de P. Kontchalovski, I. Machkov, A. Lentulov, N. Kulbin, R. Falka, D. Burliuk. Depois, foi a vez de *O rabo de burro* (M. Larionov, N. Gontcharova, V. Tatlin). A crítica agitou-se e inquietou-se. As duas exposições apresentavam trabalhos que se destacavam por propostas de novas soluções para a pintura. Na imprensa, apareceram artigos maliciosos e depreciativos sobre os novos pintores, mas o público lotava as exposições.

As exposições e as discussões que as cercavam influenciavam também a juventude estudantil e provocavam nela paixões de iguais proporções. A breve anotação de Maiakovski em sua autobiografia sobre a bajulação dos imitadores e a perseguição dos independentes e sua relação com isso pode ser complementada pelas recordações da pintora Valentina Khodosevitch, que esteve na exposição dos trabalhos dos alunos da escola.* A exposição causou uma impressão desanimadora. "Tristeza e tédio pairavam no ar. De repente, um trovão! Das alturas, propagou-se uma bela voz sonora... Ela fulminava a exposição com sua arte incolor e, sem nada a dizer, conclamava para uma nova visão e compreensão do mundo... Conclamava para a 'destruição' de tudo que fosse 'bonitinho'. Fiquei emocionada, atraída e concordei com ele. Era Maiakovski!"

Ela contou sobre mais uma exposição que se realizava mais tarde, bastante representativa da vida artística da primeira década do século. A exposição ocorreu durante a guerra. Tatlin apresentou o famoso quadro *A Madona*, feita de triângulos. Kamenski representou a si mesmo numa "Amostra sintética": batendo com uma colher no fundo de uma frigideira, cantava versinhos e dizia gracejos; por cima do ombro, amarradas com cordas — na frente e atrás — ficavam penduradas duas ratoeiras com ratos vivos. Maiakovski, em uma das paredes, sob um buraco de ventilação, pregou uma estante de vidro com suporte metálico e colocou nela uma garrafa de vodca, pendurou duas botas velhas amarradas pelos cadarços e, durante a inauguração, ligou o ventilador: o

---

*V. Khodosevitch indica a data de maio de 1911. Deve ser um equívoco. Maiakovski ingressou na escola em agosto de 1912. A exposição, na qual ele poderia ter discursado, aconteceu no outono do mesmo ano.

público assustou-se com o ar frio e som potente, parecido com uma sirene ou berro de algum animal feroz. Esse era o comportamento provocante do espírito futurista.

Mas, por enquanto, o aluno da Escola de Pintura, Escultura e Arquitetura passava o verão no conhecido Petrovsko-Razumovski. Gostava de passear pelas aléias sombreadas do Parque da Academia Agrícola, gostava do lago. Petrovsko-Razumovski, a guarita de palha — é a poesia da juventude semifaminta, porém maravilhosa, uma travessia verde e solar da vida. Ele libertou-se do domínio psicológico da clandestinidade, mergulhou na arte e, na mesma época, começaram as aulas na escola. Seus companheiros afirmam que Maiakovski pintava a óleo, colorindo a tela com cores fortes, revelava ambições de vanguarda, apesar de todos os desenhos que ficaram depois de sua morte terem sido feitos em estilo realista. L.F. Jeguin expressou uma hipótese: "Maiakovski, provavelmente, tinha consciência própria de que a pintura não era sua vocação." Pode ser que sim. Restou somente uma composição cubista, no limiar do abstrato, para a qual era difícil dar uma nota alta. Mas ele era um talentoso desenhista, reconhecido naquela época, inclusive por Riépin.

Os colegas de Maiakovski começaram a perceber que ele, cada vez com mais freqüência, se isolava e "exercitava" os ritmos dos versos. Pode ser que ainda naquele tempo, cercados de cavaletes e rascunhos de desenhos, tenham nascido estes versos vistosos e plásticos como os traços do pincel:

> *O rubro e o branco foram descartados e amassados,*
> *no verde jogaram punhados de ducados,*
> *e às palmas pretas fugidas das janelas*
> *deram cartas ardentes amarelas.*

Pode ser... Mas ele se sentiu poeta quando ouviu o reconhecimento de David Burliuk, em relação a quem conservou para o resto da vida um sentimento de carinho e de amizade, perdoando até mesmo sua emigração, o que não perdoava em quase ninguém. O dito sobre Burliuk — "me fez poeta" — claro que é um exagero, mas nele refletiu-se sua natureza nobre e generosidade para com as pessoas que algum dia lhe fizeram o bem. Em toda sua vida não foi muito mimado nem bem recebido. O rumo escolhido por Maiakovski na poesia não prometia uma existência confortável. Nem sempre sua elegância de cavalheiro era reconhecida pelos outros. Mas ele não podia comportar-se diferentemente.

Vladimir Maiakovski, tal qual um huno rude, irrompeu na poesia russa. Não entrou, mas irrompeu:

> *Manchei o mapa cotidiano,*
> *jogando-lhe a tinta de um frasco...*

O que é isso? Um desafio pensado ou jogo do destino? Foi exatamente essa última suposição que fez Montaigne, mencionando Protégenes, que, ao pintar um cachorro cansado e sofrido, não conseguia com a mesma perfeição desenhar a saliva e a espuma que saíam da boca do cão, até que, enfadado, pegou a esponja, impregnada de tinta, e meteu-a direto na cara do cachorro... Foi nesse instante, na opinião de Montaigne, que o destino superou o pintor, pois a esponja com tinta realizou aquilo que a arte não foi capaz.

Mas era um desafio. A quem? Aos que não viam a vida pelo avesso, aos que criavam "doces lendas", protegendo de correntes de ar a bastante "abafada sala" (A. Akhmatova) da poesia russa. Era um desafio aos esnobes e aos esteios leais da tradição literária. Assim como a Puchkin, na sua época, não permitiriam entrar numa reunião de nobres com seu poema "Ruslan e Ludmila", da mesma forma Maiakovski era barrado na entrada das redações. Era inimaginável, naquela época, publicar os seguintes versos:

> *A rua afundou como o nariz do sifilítico.*
> *O rio é a volúpia derramada em saliva.*
> *Ao livrar-se da roupa até a última folha,*
> *os jardins desmoronaram-se obscenos em junho.*

As apresentações na escola com leitura de poemas o tornaram famoso entre seus colegas. Ainda não dava para falar do reconhecimento pela crítica. Os poemas de Maiakovski começaram a soar na famosa, entre os estudantes, Romanovka — hotel-residência na esquina da avenida Tverskoi com a rua Malaia Bronnaia, onde residiam, em sua maioria, os estudantes do conservatório, da universidade e escola de pintura. Ali morava Maria Nikiforovna (Mariusia), que se tornou mulher de Burliuk. Ela estudava no conservatório e alugava um quarto no mesmo corredor que Burliuk. O quarto amplo, mais feminino e aconchegante de Mariusia transformou-se espontaneamente num clube artístico. Foi nele que, no fim de 1912, nasceu o poema "A bofetada no gosto público", o manifesto do futurismo.

Mas antes houve a viagem de Maiakovski a Petersburgo. Em novembro de 1912, convidaram-no para a exposição de pintores da "União da Juventude". Em Petersburgo, no dia 17 de novembro, aconteceu sua primeira leitura pública de poemas. Foi no famoso cabaré artístico Brodiatchaia Sobaka. (Cão Vadio).

Maiakovski e Burliuk, que se apresentaram juntos, foram retirados do Brodiatchaia Sobaka pelos fundos: em Petersburgo, temiam os futuristas moscovitas, pois já bastavam os seus escândalos. Não foi pequeno o barulho em Petersburgo feito pelo autor do livro de poemas, já citado, Vladimir Narbut. Ele apareceu na capital vindo das profundezas da região de Tchernigovskaia para ver o mundo poético com seu novo livro intitulado *Aleluia*, e com uma composição léxica distante da utilizada na imprensa, o que ofereceu motivos para que toda a tiragem do livro fosse confiscada e o livro queimado por ordem judicial. Esse acontecimento deu a Narbut a mesma fama que seu primeiro livro, a pândega selvagem, a briga com o guarda e a farra no restaurante Vena, que terminou com o poeta Boris Sadovski descarregando o revólver no espelho, ao ver nele... Faddei Bulgarin.

A boemia lavava a alma no Cão Vadio. Após algumas tentativas, o poeta Liubiar (pseudônimo de A.V. Lozin-Lozinski) suicidou-se. O poeta Odinoki (A. Teniakov) assustava os freqüentadores do cabaré com gritos sobre a União Arcanjo Miguel. Para imaginar a atmosfera de estréia de Maiakovski, deve-se dizer algo sobre essa instituição de prestígio da boemia de Petersburgo, onde ele posteriormente leria várias vezes seus poemas.

Oficialmente, o Cão Vadio chamava-se Sociedade Artística de Petersburgo; o próprio Boris Pronin, porém, fundador e doutor em estética, pelo visto raramente lembrava disso. Extremamente impulsivo e freqüentemente dominado por idéias "geniais", sempre endividado e amigo de todas as personalidades e íntimo de todos, o dono do Cão Vadio, desde o primeiro encontro, atraía a simpatia dos freqüentadores desconhecidos.

No cabaré nasciam, firmavam-se e eram destruídas muitas reputações. A vida desse bar estava sempre no foco dos jornais. O porão da praça Mikhailovskaia, com mesas bambas e banquetas quebradas, continha dois cômodos relativamente grandes e capazes de abrigar menos de 100 pessoas e atraía um público de dois tipos: representantes das artes e "farmacêuticos". A essa categoria pertencia o restante das pessoas, os leigos, indiferentemente de suas ocupações. Entre os "farmacêuticos" estavam advogados famosos, membros da Duma etc. Deles, cobravam 25 rublos pela entrada. Não havia empregados. Os próprios fregueses se dirigiam até o bar para pegar bebida e tira-gostos.

Apesar do regulamento livre, no Cão Vadio aconteciam apresentações da bailarina Karsavina, palestras de Kulbin, Piast, banquetes em homenagem ao Teatro de Arte de Moscou, "Semanas do Cáucaso". Mas era mais comum não haver programa algum e Pronin contava com o acaso: "Chaliapin prometeu vir e cantar... Se Chaliapin não vier, obrigaremos Muchka (o Vagabundo de Pronin) a dançar a quadrilha... bom, inventaremos algo..." Poemas eram lidos por todos.

Da meia-noite até o dia nascer, as regras do baile eram dadas pela boemia artística, que se divertia, contagiada pelo espírito de liberdade do ambiente, e atraía a atenção do respeitável público. Era uma ilhazinha na Petersburgo noturna onde, segundo B. Livchits, a juventude literária e artística, que, sabidamente, não tinha um tostão, sentia-se em casa.

Vestida de seda preta, com um grande camafeu oval na cintura, entrava Akhmatova e parava na entrada para escrever no livro "azul" um de seus últimos poemas, por insistência de Boris Pronin, que se lançava a seu encontro. Os poemas causavam nos ingênuos "farmacêuticos" a elaboração de hipóteses que atiçavam a curiosidade.

E havia pouco tempo, um ano e meio antes, ninguém do círculo de Akhmatova, incluindo seu marido — o reconhecido poeta Nikolai Gumiliov —, aceitava seriamente as inclinações poéticas da jovem mulher. Até que, num certo dia, na "torre" de Viatcheclav Ivanov, entre celebridades, ela declamou o seu:

> *O peito implacável congelava*
> *Mas meus passos não eram suaves.*
> *Coloquei na mão direita*
> *A luva da mão esquerda...*

O dono da "torre", comedido nos elogios, disse: "Anna Andreievna, eu a felicito e saúdo. Seu poema é um acontecimento na poesia russa."

No Cão Vadio, Akhmatova surgiu famosa. Seus poemas despertavam a imaginação dos curiosos. Mas só tinha consciência da amargura dos poemas aquela que os fazia. Aliás, Georgi Ivanov, com nostalgia, lembrava as estrofes de Akhmatova; de um lado era: "Sim, eu as amava, aquelas reuniões noturnas..." E mais:

> *Aqui muitas correntes foram rompidas,*
> *Tudo o salão subterrâneo conserva,*
> *E aquelas palavras ditas à noite,*
> *Pela manhã ninguém mais diria.*

E por outro: "Todos somos vagabundos aqui. Boêmios. Como é divertido, quando estamos juntos."

Entre as mesinhas, com uma sobrecasaca comprida e preta, inacessível, mas extremamente atencioso com as mulheres bonitas, caminhava Nikolai Gumiliov. Visitas desejáveis eram os acmeístas Zenkevitch, Lozinski... Os futuristas provocavam desconfiança em Pronin, pois temia os escândalos e a polícia. Mas não havia inimizade. Viatcheslav Ivanov valorizava muito Khleibnikov e este o visitava na "torre". Livchits era amigo de S.M. Kuzmin. Somente Gumiliov mantinha distância dos futuristas.

Serguei Gorodetski, um homem alegre e inventivo, trabalhava com estampas primitivas e se diferenciava pela fidelidade ao "espírito russo", impressionava os freqüentadores do bar com sua *kossovorotka** vermelha que vestia para se apresentar, apesar de um olhar mais atento perceber sob a camisa as marcas de uma gola engomada com uma gravata-borboleta preta: após o "baile" tirava a fantasia para ir a algum clube ou restaurante luxuoso.

Uma pessoa bem exótica no Cão Vadio era Nikolai Kliuiev, que com sua roupa camponesa também gostava de fazer papel de mujique, mas gostava de parecer inteligente, sensível, com olhar esperto e, é claro, mais do que Gorodetski, constituía-se num verdadeiro mujique.

Não se assemelhava a ninguém o "Sagrado Pássaro sem Lar" (G. Ivanov) Ossip Mandelstam, que, constantemente, precisava de dinheiro para tabaco e café consumidos por ele em grande quantidade. Às vezes sombrio, às vezes extasiado de riso, declamava a alguém um versinho feito por ele ali mesmo: "Não fique triste, sente-se no bonde, tão vazio, tão oitavo..."

Mikhail Kuzmin também aparecia no Cão Vadio. Este Wilde de Petersburgo, o "príncipe dos estetas", preferia, na verdade, os salões, onde se dava grande importância ao novo corte do terno e ao tipo de perfume e onde, obrigatoriamente, faziam sucesso suas canções. Mas a vontade de chamar a atenção e de espalhar todo tipo de boatos atraía Kuzmin ao Cão Vadio. Uma presença constante no nicho, ao lado da lareira e sempre só, calado e diante de uma xícara de café, era a do jovem Riurik Ivnev. "O mais endeusado dos poetas", como o chamou mais tarde Irina Odoievtseva, era Vladimir Piast. Diziam que no porão viu-se Fiodor Sologub em pessoa, fugindo da sociedade e da diversão. O cáustico Vassili Vassilievitch Rozanov o batizou de "tijolo de

---

*Camisa típica russa com gola abotoada do lado. (*N. da T.*)

sobrecasaca". "A arte é uma das formas de mentira." Esta frase de Sologub repetia-se nos salões literários.

Blok pouco aparecia no cabaré. Em uma companhia bastante estranha, para a eminente personalidade de poeta da qual ele até o fim não tinha consciência, cercado por Georgi Tchulkov, Evgueni Ivanov, V. Zorguenfrei e Vladimir Piast, passava as tardes e noites nas casas de prazeres de Petersburgo, entregando-se docilmente às aventuras amorosas dos botequins. O reconhecido poeta Igor Severianin recebia em seu pobre apartamento, na rua Podiatcheskaia, os jovens, poetas e poetisas. Um dia da semana era especialmente reservado para receber as admiradoras. No início, por algum motivo, Georgi Ivanov e o bem jovem Konstantin Olimpov (que também era Fofanov, filho do poeta Konstantin Fofanov) grudaram nele. Pai e filho travavam discussões acaloradas sobre poesia e bebiam. Com freqüência perdiam o controle e a compostura.

Não era a todos e sempre que o porãozinho na praça Mikhailovskaia divertia e alegrava. A vida enfadonha não era a causa da ida ao Cão Vadio dos artistas, dos pintores, dos poetas. O "baile" noturno terminava triste. Georgi Ivanov registrou:

"Na sétima hora da manhã, as pessoas que ainda permaneciam no Cão Vadio pareciam zumbis. A luz elétrica clara, as paredes coloridas, os restos de comida e as garrafas vazias sobre as mesas e no chão. O poeta bêbado declamava poemas que ninguém ouvia, o músico bêbado com passos cambaleantes aproximava-se do piano coberto de guimbas de cigarro e batia nas teclas do instrumento para tocar a marcha fúnebre ou uma polca ou as duas coisas ao mesmo tempo. O vigia do vestiário adormecia e se esquecia dos casacos sob a sua responsabilidade. O diretor do Cão Vadio, Boris Pronin, sentado nos degraus cobertos pela neve da escada estreita na entrada, acariciava seu cãozinho Muchka, muito raivoso, e chorava amargamente: 'Muchka, Muchka, por que comeu seus filhotes...?'"

Burliuk levava Maiakovski a esse refúgio literário-artístico da boemia. A intenção era simples: a estréia do poeta deveria ser notada. Maiakovski declamou seus primeiros poemas nesse refúgio. A intenção foi alcançada. O acontecimento parecia não ser tão notável: um jovem poeta declamou dois poemas — "A noite" e "A manhã" (não escrevera mais nada nessa época) —, porém a revista *Resenha Literária*, no dia seguinte, noticiou: "Após o Sr. Burliuk, apresentou-se um outro poeta moscovita, Sr. Maiakovski, que declamou alguns de seus poemas, nos quais os ouvintes logo sentiram um grande e verdadeiro talento poético."

Cabe ressaltar que a primeira referência impressa dos poemas de Maiakovski, com 19 anos, foi favorável. A crítica ainda não havia percebido nele um destruidor de cânones e em seus poemas a ameaça aos gostos estabelecidos. Tudo isso estava por vir.

Mas o jovem poeta não duvidava nem um pouco do seu direito a isso, e ali mesmo em Petersburgo, no teatro Troitski, apresentou-se com um discurso "Sobre a novíssima poesia russa". A juventude não conhece dúvidas...

Não se sabe exatamente onde Maiakovski e Akhmatova se encontraram, em 1913. Talvez mediante a declamação de poesias no Cão Vadio o jovem poeta tenha ficado na memória de Anna Andreievna. Ele a impressionou tanto que, muito anos depois, ela esqueceu (ou perdoou) as pequenas mágoas que Maiakovski lhe causou, ainda em vida, durante as apresentações, e escreveu um poema falando de sua exaltação com o poeta quando os dois eram jovens.

Nos poemas de Maiakovski, Akhmatova ouvia "um rumor ecoado da afluência", "uma discussão impetuosa" com a cidade e por fim: "Ainda um nome desconhecido, como um raio entrou no salão abafado..." "Salão abafado", pelo visto, era não só o porão do Cão Vadio, mas também uma metáfora de grande propriedade: no "salão abafado" da poesia russa dos anos 1910, irrompeu Maiakovski, como descarga elétrica durante a tempestade.

A opinião de Akhmatova, poeta de outra escola e tradição que, na época em que escreveu o poema, tinha a sabedoria da experiência de vida e do trabalho literário, merece uma atenção especial. Seu ponto de vista prova como a situação de crise na arte, na poesia e a necessidade de sua renovação eram sentidas por personalidades da cultura também como Blok, Briussov, Gorki...

Mais ou menos na mesma época ocorreu o encontro de Maiakovski com Benedict Livchits. Eis a impressão causada pelo jovem poeta moscovita no sensível autor de *Atirador de um olho e meio*: "Seus movimentos bruscos, largos, emocionados, sua voz grave comum aos cantores de óperas em papéis de canalhas e a mandíbula proeminente, com expressão voluntária que não era inibida pela ausência dos dentes da frente, que conferia uma flacidez a qualquer boca, acentuavam ainda mais a semelhança de Maiakovski aos 20 anos com os membros de uma quadrilha de bandidos ou com anarquistas-terroristas. Aliás, bastava dar uma olhada nos olhos inteligentes e maliciosos que desprendiam propositalmente a essência real de seu portador, para ver que tudo aquilo era um teatro enfadonho para ele mesmo, ao qual Maiakovski logo renunciaria assim que encontrasse formas mais apropriadas para sua afirmação no mundo." A isso Livchits acrescentou: "Uma força interior incomum percebia-se no meu novo conhecido."

Pelo visto, gostavam de ficar juntos, já que caminhavam até o dia amanhecer pela cidade, desabafando e discutindo. Ao se juntar aos futuristas, Livchits, no entanto, não compartilhava algumas idéias mais radicais do futurismo, especialmente a relação niilista com o clássico. Notava no futurismo, e com razão, a ausência de uma base filosófica, e com dificuldade aceitava Aleksei Kriutchionikh, que levava ao cúmulo do absurdo a idéia das *palavras em liberdade*. "Não havia em nosso grupo divergências com relação à genialidade de Khliebnikov...", escreveu Livchits. Ele também achava que o futurismo entrara na biografia de Khliebnikov intempestivamente. Mas não seria assim com Maiakovski e com Khliebnikov, eles são mais brilhantes, mais plurais, mais significativos que o futurismo.

Um dos centros artístico-literários, em Moscou, era o grupo que se reunia na rua Bolchaia Dmitrovka. Lá apareceu um jovem muito na moda, naquela época, Artsibachev, numa *kossovorotka* e jogando bilhar maravilhosamente bem. No mesmo local também mantinha espaço a Sociedade da Estética Livre, que passava as tardes em discursos. Ali também ninguém disputava a liderança com Briussov. O acesso era restrito a público distinto e os ingressos, até mesmo os pagos, eram distribuídos entre os escolhidos. Os trajes eram para a noite, as conversas em voz baixa. Discursavam convidados estrangeiros de alto nível — Verhaeren, Marinetti. Era grande a autoridade de Andrei Biéli; ganhavam projeção Vladislav Khodasevitch e a jovem Marina Tsvetaieva. No mesmo local foi organizado o encontro-celebração em homenagem a Balmont, recém-chegado do exterior. Balmont, depois de observar Moscou, proferiu uma palestra intitulada "Poesia como magia". De estatura baixa, numa sobrecasaca comprida, sacudia os cabelos ruivos, levantava a testa larga, o rosto assimétrico e parecia comunicar-se com Deus... Marcaram presença também Baltrusaitis, Via(tcheslav) Ivanov, de Petersburgo, B. Zaittsev, A. Tolstoi.

Quem eram os futuristas neste pano de fundo? Moveton! O que poderiam contrapor à "estética da velharia"? Chamá-la de "velharia"? Era necessário um programa. Mas nem Burliuk nem Kamienski nem Maiakovski tinham em estoque idéias significativas, não tinham nem mesmo conhecimentos suficientes para apontar uma concepção mais ou menos harmoniosa. Burliuk era o que possuía mais bagagem literária, mas insuficiente para desempenhar o papel de teórico. Era o animador, o apresentador, um brilhante improvisador que sabia surpreender o público não só com sua fala mansa, mas também com sua pintura. Um de seus quadros se chamava "Momentos de decomposição das superfícies planas e os elementos do vento e da noite, introduzidos na paisagem marítima vista dos quatro lados". Ele sabia e declamava de cor poemas de todos os futuristas. Mas é óbvio que não era teórico. Merejkovski, Briussov, Via(tcheslav) Ivanov, Blok, Biéli tinham raiz cultural mais nobre, eles não podiam, com a mesma facilidade que os futuristas, renunciar à experiência e às tradições da literatura clássica russa. Mais tarde, Yuri Olecha lamentou: "Nossa geração... é uma geração ignorante. Muito mais inteligentes, cultos, significativos do que nós foram Biéli, Merejkovski, Viatcheslav Ivanov." O manifesto da arte nova foi assinado por Burliuk, Maiakovski, Khliebnikov e Kriutchionikh. Khliebnikov quase não participou da sua elaboração, pois estava dominado pelas idéias planetárias, até mesmo cosmogônicas. Livchits não estava com eles, mas não assinaria a "condenação" dos clássicos, pois se deitava com o volume de Puchkin embaixo do travesseiro. Kriutchionikh, provavelmente, não era um sonhador menor do que Khliebnikov e ao mesmo tempo não estava privado do espírito prático. Por exemplo, ele recolhia dos pintores todos os desenhos, dos escritores todos os pedaços dos manuscritos, folhas de rascunhos, autógrafos e fazia desse "lixo" uma enorme coleção. Mas Kriutchionikh não podia candidatar-se ao papel de teórico. No manifesto, a idéia norteadora é a da negação, formulada da forma mais leve e irresponsável. No plano construtivo, seus autores confiaram na intuição. Maiakovski sentia muito essa deficiência e tentava repô-la com leituras, "lia em excesso", recorda Burliuk. Tinha que se reforçar nas discussões com os opositores. Não se tornou um grande teórico. Maiakovski acusava essa deficiência nos seus artigos e palestras de diferentes anos. A presença de espírito, a originalidade, os conhecimentos da poesia contemporânea e clássica e o talento polêmico salvavam-no.

O ano de 1913 representou o batismo poético de Maiakovski. Ele percebeu em si a força, já não duvidava de sua vocação e com todo seu ímpeto entregou-se à poesia. Não só à criação de poemas. Apresentava-se muito, declamava seus poemas e poemas de companheiros em diferentes auditórios. Travava discussões. Elaborou os relatórios "Sobre a novíssima literatura russa", "Sobre os êxitos do futurismo", escreveu artigos, cuidou da produção e produziu em Petersburgo a tragédia *Vladimir Maiakovski*.

Começou muito acanhado. Vadim Cherchenevitch o viu na primeira apresentação na grande sala do Museu Politécnico. Maiakovski caminhava da sala para o palco com muita timidez, ardendo com todas as cores do arco-íris, e propositalmente balançava-se e batia com as solas do sapato para não demonstrar timidez. Ao aparecer no palco disse algumas palavras e, quando foi interrompido, calou-se como uma criança confusa... Mas será que mesmo vestindo a blusa amarela, Maiakovski conseguiu conter até o fim sua timidez? Oh, não, muitos afirmam o contrário! E mesmo conhecendo bem Maiakovski como um grande orador e autor de centenas de chistes certeiros, Cherchenevitch também, até o último dia, pelo tom falso sentia-lhe a timidez e até mesmo o medo.

Mas Maiakovski adaptou-se ao palco rapidamente. Encontrou a maneira de ficar independente, de forma desafiadora, quase atrevida. Muitas apresentações suas e de seus amigos transcorriam numa atmosfera de desordem. A imprensa estava repleta de notícias sobre esses episódios, que, é claro, preocupavam muito o "generalato" da escola, pois ele e Burliuk ainda eram estudantes.

No início, o "generalato" ofereceu a seus alunos "interromper a crítica e a agitação", mas depois o conselho de professores, sob a presidência do conde Lvov, expulsou da escola Burliuk e Maiakovski, em fevereiro de 1914, já que os dois não atenderam a suas advertências.

Dedicando-se por completo à poesia, Maiakovski nessa época largou as aulas práticas de pintura. Uma outra musa apoderou-se dele. E para sempre.

Então, no final de 1912, foi elaborado o manifesto dos futuristas e publicado o almanaque *Bofetada no gosto público*. Nele, Maiakovski publicou seus dois primeiros poemas, "A noite" e "A manhã". A *Bofetada* foi editada num papel de embrulho para presente, numa capa cinza. O conteúdo correspondia à forma externa. Que pessoa culta não ficaria ofendida com o apelo: "Atirar fora Puchkin, Dostoievski, Tolstoi etc. do Navio da Modernidade!" À mesma obstrução eram submetidos os contemporâneos: Gorki, Kuprin, Blok, Sologub, Remizov, Avertchenko, Sacha Tchiorni, Kuzmin, Bunin... E isso sem dizer que Maiakovski gostava de Blok e de Sacha Tchiorni, que Khliebnikov era fã dos poemas de Mikhail Kuzmin. Mas não era hora de simpatias e apegos pessoais. Tudo era jogado na fogueira da nova inquisição literária. E, nesse contexto, a primeira frase do manifesto soava desafiadora e insolente:

"Somente nós somos a face do nosso tempo."

É fácil imaginar a reação que o manifesto provocou nos leitores e no meio literário. Uma avalanche de opiniões irônicas, de escárnios e de xingamentos desabou sobre seus autores. Ninguém tentava entender que a ordem de atirar fora os clássicos do Navio da Modernidade não era nada mais que um método polêmico com o qual o manifesto apontava sua lança afiada contra o simbolismo, que dominava, naquela época, as correntes literárias e artísticas. Severos ataques foram endereçados a Konstantin Balmont, que teve seus poemas caracterizados como "fornicação de perfumaria", e a Leonid Andreiev, cuja prosa foi chamada de "mucosidade suja".

O simbolismo, como corrente literária, estava vivendo seus últimos momentos. Ainda houve tentativas de superar sua crise profunda. Viatcheslav Ivanov, em 1910, proferiu um discurso com o título "Os ensinamentos do simbolismo", delegando-lhe um colorido estritamente religioso, e com isso o isolou mais ainda da vida real. Em seguida, na mesma sociedade dos ciumentos da palavra escrita, a título de resposta ao discurso de Ivanov, apresentou-se Blok com o discurso "Sobre a situação atual do simbolismo russo". Ele também expressou a opinião sobre sua crise e tentou indicar a saída: "Antes de mais nada, aprendizagem, auto-aprofundamento, olhar atento e dieta espiritual. Essa é a receita para todas as doenças."

Os discursos de Ivanov e Blok provocaram uma polêmica tempestuosa na imprensa através de cartas de leitores. Dela participaram Briussov, Gorodetski, Merejkovski, mas não deram alento ao simbolismo.

É claro que poetas como Briussov, Blok, Andrei Biéli, Balmont não se limitam ao esquema geral filosófico e estético do simbolismo. Cada um deles é um fenômeno literário e artístico independente e grandioso. Aleksandr Blok representava, segundo Maiakovski, "uma época poética inteira".

O que sustentava Blok era o grande sentimento de harmonia quase absoluto. E harmonia é vida: no desenvolvimento, na dinâmica, na extensão histórica. E isso é um sonho. Blok vivia com o sonho do belo, da aspiração firme pela bondade e luz. Esse "motor oculto" de sua alma é o motivo e a conseqüência da preocupação profunda e lírica que é sentida quase imediatamente no instante em que lemos os poemas do poeta, pessoa de "sinceridade corajosa" (M. Gorki).

Apesar de a poesia do simbolismo se desenvolver numa atmosfera de não-aceitação da realidade burguesa, mesmo assim estava longe de contrapor-se a ela. A insatisfação com a ordem burguesa, expressa de forma abstrata, podia somente gerar e gerava o enclausuramento, o misticismo... O simbolismo, como corrente literária, saiu de cena não só como resultado do surgimento de outras novas correntes que o negavam, tais como acmeísmo e futurismo. Mas também resultado de seu desgaste, da sua incapacidade de corresponder ao desenvolvimento espiritual e da vida da sociedade, às vésperas da Primeira Guerra Mundial.

A poesia da época pré-revolucionária passava por uma séria crise, mas a ênfase de sua negação, dada pelos futuristas, não deveria interferir na percepção da tendência para a renovação, para a busca de novas estruturas e novos estatutos de existência da poesia na sociedade. O futurismo era um dos elementos dessa ebulição interna.

Maiakovski, com seus adeptos, lançava a base teórica do futurismo. Nela atraía a energia de negação, a energia de crítica e a denúncia da ordem burguesa. Não possuía uma base filosófica séria, mas a estética do futurismo incluía elementos democráticos que aproximavam a arte da vida real. O futurismo enriquecia a arte da palavra.

Em 1922, Maiakovski dizia com razão: "O futurismo, formulado como uma corrente única e precisa, não existia na Rússia antes da Revolução de Outubro." O manifesto, anunciado aos berros, denominado *Bofetada no gosto público*, de acordo com o título expressava os objetivos do futurismo "em *slogans* passionais".

No almanaque foram publicados os primeiros poemas de Maiakovski. E também uma página da minúscula brochura de Khliebnikov *Tábuas do destino*, conferindo-lhe um caráter profético, pois terminava com o "fatídico" ano de 1917, a morte do Império. Isso ficará na memória e permanecerá na história da literatura não só como um fato ou data, mas também como um emblema.

Os autores do manifesto ainda não queriam se chamar de futuristas, isolando-se de todas as formas dos "ítalo-futuristas" e de seu líder Marinetti, assim como de seu programa que emanava um espírito militarista. Ainda eram *budietliánie*,* mas os jornais já haviam batizado os novos poetas e pintores e, em novembro de 1913, Maiakovski se apresentou no Museu Politécnico com o discurso sobre "Os êxitos do futurismo" e o repetiu várias vezes em turnê pelas cidades da Rússia. Burliuk lia o relatório "Cubismo e futurismo"; Vassili Kamienski — um aviador profissional e piloto — lia o texto "Aeroplanos e a poesia dos futuristas". Assim, e a partir de então, o grupo já criado oficialmente por Burliuk, de composição bastante variada, passou a ser chamado de futurista, e a corrente literária e artística assinalada por ele era o futurismo. A esse grupo está ligado o surgimento de Maiakovski na poesia russa do século XX.

Budietliánie são pessoas do futuro (*búdiet*, em russo, significa virá). (*N. da T.*)

O futurismo russo como corrente está representado não só pelo grupo de Burliuk. Quase que simultaneamente surgiram círculos em Petersburgo, cuja figura mais importante era Igor Severianin. Os futuristas de Petersburgo se reuniram em torno da editora Petersburski Glachatai (Porta-voz de Petersburgo) e se autodenominavam egofuturistas. Em Moscou, além do grupo de Burliuk, que mais tarde se denominou cubofuturistas com o nome Hiléia, havia ainda um grupo de egofuturistas do qual faziam parte V. Cherchenievitch, R. Ivnev, K. Bolchakov e outros. Eles fundaram a editora Mezanino da Poesia. Do grupo Centrífuga participavam B. Pasternak, N. Assieiev, S. Bobrov, I. Aksenov.

A partir dos futuristas, começaram em Moscou, e depois na Rússia, as disputas. Cherchenevitch, Burliuk, Kamienski e Maiakovski causavam tal agitação com suas "palestras" que as salas ficavam lotadas não só de jornalistas ávidos por sensações, mas também de representantes da elite literária. Para a palestra de Vadim Cherchenevitch, "A tarde dourada da poesia russa", vieram os mais conceituados escritores de Moscou. O presidente da mesa era Ivan Bunin!

Após a palestra, realizou-se um verdadeiro tribunal. Briussov sorria sarcasticamente: provavelmente recordando como fora linchado quando jovem... Os jornais, após esse dia, apresentavam os futuristas da forma mais sensacionalista e parcial possível.

Os futuristas compreenderam o mais importante: ouvir discursos ou palestras sérias não iria atrair público. A apresentação das idéias "exige um contexto burlesco". E, apesar das críticas e julgamentos, eles não podiam mais ser calados. Com isso, os futuristas durante muito tempo "mataram a palestra séria", desacostumaram o público.

A bandeira do futurismo foi apoiada por vários jovens que nem sempre tinham a idéia do que era futurismo e como ele deveria ser a arte do futuro. A. Vertinski, que também na juventude aderiu aos futuristas e encontrou-se algumas vezes com Maiakovski, reconhecia com sinceridade: "Para nós, jovens e ainda não reconhecidos, o futurismo era um meio maravilhoso para chamar a atenção." Muitos depois, imitando Maiakovski, vestiam blusas amarelas e cartolas, colocavam nas lapelas colheres de pau, como fazia Burliuk, pintavam os rostos, apareciam nos cafés e nos restaurantes, declamavam versos incompreensíveis...

A divergência dos pontos de vista com relação à arte reinava entre os futuristas. Isso deve ter dado motivos para Gorki dizer que "não havia futurismo russo. Existem somente Igor Severianin, Maiakovski, Burliuk, V. Kamienski".

É notável a avaliação de R.V. Duganov, autor de pesquisas sobre o futurismo e sobre Vielemir Khliebnikov: "O assunto era de vida ou morte da arte em geral. E a questão não eram os caminhos de seu desenvolvimento e aperfeiçoamento, mas a reviravolta brusca da estética, limpar e destruir até achar sua natureza primitiva. Pode-se dizer que no futurismo a arte extravasava sem perder sua essência."

Por mais paradoxais que fossem as formas que o futurismo tomava ao nascer para o mundo, por mais que ofendessem o bom gosto, isso significava que na arte das palavras, das formas plásticas, como na arte em geral, intensificava-se uma crise que apontava para a necessidade de mudanças.

A blusa amarela

Eram duas — uma amarela e outra com listras pretas e amarelas. E dizem que Maiakovski ficava muito elegante quando as vestia. Mas dificilmente as blusas lhe garantiam elegância. A idéia surgiu por causa da pobreza, a blusa "era como a roupa típica turca, do mesmo tipo que Puchkin usava durante o período de Kichiniev" (B. Livchits). A elegância é um dom, assim como a voz, por exemplo, ou o ouvido musical. Entre os anos de 1911 e 1919, Maiakovski ateve-se ao estilo *vagabond*. Era o poeta-corsário de Byron: um chapéu de abas largas sobre as sobrancelhas, uma camisa preta, uma gravata-borboleta preta. E também por causa da pobreza. Com uma gola preta de marinheiro por cima de todo esse luxo, ele parecia a Livchits um membro da máfia da Sicília que por acaso fora jogado para os lados de Petersburgo.

Mas vejam a fotografia de 1914, um dândi de fraque e cartola, mesmo sendo de loja barata: um dândi londrino!... Assim, ele surgiria diante de Lília Brik já bem mais tarde. Mas, quando teve a oportunidade de usar ternos impecavelmente feitos e trocar diariamente de camisa e gravata, a elegância de Maiakovski era natural.

Sobre como veio ao mundo a blusa amarela, contou Aleksandra Alekseievna, pois foi a receptora da encomenda.

"Pela manhã Volodia trouxe a baetilha. Fiquei muito admirada com a sua cor, perguntei para que era e já havia me negado a costurar. Mas Volodia insistia: 'Mãe, eu farei essa blusa de qualquer forma. Preciso dela para a apresentação de hoje. Se não a fizer, vou pedir ao alfaiate. Mas não tenho dinheiro, preciso procurar o dinheiro e o alfaiate. Não posso ir de camisa preta! Os porteiros não me deixarão entrar. Se eu estiver com essa blusa, ficarão perplexos e eu entrarei. Preciso me apresentar hoje.'"

Assim surgiu a primeira blusa. Custou 1 rublo e 20 copeques: 6 metros de baetilha amarela, 20 copeques o metro. A segunda blusa, também de baetilha, com largas listras amarelas e pretas. E a elegância? Maiakovski, mesmo de andrajos, teria aparência de aristocrata.

Na sociedade "cortesã", a blusa amarela foi recebida como algo semelhante a um farrapo vermelho para o touro na arena. Era um desafio. De menino. Ah, aquela blusa amarela quase se transformou em emblema do futurismo, quantos absurdos foram escritos sobre isso nos jornais das capitais e das províncias daquela época! A ninguém ocorreu que na "blusa amarela a alma estava escondida da vistoria". Ninguém, quase ninguém notou o sinal do infortúnio interior trágico já nos primeiros poemas e principalmente na tragédia *Vladimir Maiakovski*, do poeta de 19 anos. Mas ainda usava camisa preta com a gravata-borboleta preta ou, para variar, em xadrez preto e amarelo, que também foi feita habilmente de uma fita da irmã, depois de muita insistência.

Estava diante de jovens aventureiros na arte iguais a ele, repletos de idéias ambiciosas, de aspirações ardentes. Era alto, magro, com uma suave palidez no belo rosto moreno, os olhos escuros brilhavam por baixo das sobrancelhas franzidas. Lia poemas e, pela primeira vez, começava a sentir o poder de sua palavra. Era o teste da palavra e da voz. E o teste repercutia! A descoberta inesperada dá asas e, desde os primeiros passos, oferece segurança, sem a qual é impossível passar pelo calvário da crítica destruidora que desabou sobre a cabeça do jovem Maiakovski e seus amigos que se auto proclamavam criadores da nova arte.

O ano de 1913 foi celebrado pelo grupo de futuristas com a publicação do segundo volume do almanaque *Armadilha para juízes*. Nele foram publicados dois poemas de Maiakovski (mais tarde receberam os títulos "De rua" e "Porto") e o novo manifesto, desta vez assinado por D. Burliuk, E. Guro, N. Burliuk, V. Maiakovski, E. Nizen, V. Khliebnikov, B. Livchits, A. Kriutchionikh. Nesse manifesto empreendeu-se a tentativa de fundamentar teoricamente o futurismo. Porém, o que mais chama a atenção é uma certa conclusão, o que nós fizemos: por exemplo, "abalamos a sintaxe", "destruímos os ritmos" etc.

Os futuristas demonstraram interesse pela cultura material da cidade: os temas urbanos começaram a soar nitidamente nos primeiros poemas de Maiakovski. Era dada muita atenção ao estudo da palavra. Ao mesmo tempo aos conceitos de "palavras em liberdade" — autonomia da palavra poética — e de antiestetismo grosseiro, que se realizava na prática poética e também nas formas de comunicação com o auditório (apresentações e noites dos futuristas), na encadernação dos livros, desviando a atenção do conteúdo da arte, do seu objetivo moral, humanista e social.

Por que o futurismo atraiu o jovem Maiakovski?

Maiakovski, na verdade, por si mesmo respondeu a essa pergunta ao explicar por que não aderiu aos simbolistas. Esta corrente lhe era estranha espiritualmente e ele, ainda adolescente, ao ler os simbolistas em Butirskaia, entendeu: "Os temas não são imagens da minha vida."

As circunstâncias o aproximaram de pessoas que estavam na origem do futurismo. Era um meio cultural na esfera da arte poética, das artes plásticas, que, ademais, o acolheu com exaltação, a primeira para Maiakovski. Ele sentiu nesse meio um espírito íntimo de protesto, espírito de mudanças, espírito de inovação. Queria falar de "outra coisa", dizer da sua maneira, não como os simbolistas. E, é óbvio, ele entrou neste meio e com inspiração começou a realizar suas idéias e projetos. Desde então, como à noite na avenida Sretenski, soaram as palavras que o impressionaram para sua surpresa: "És um poeta genial!", a poesia entrou em sua vida, enchendo-a de enorme sentido.

O ingresso na vida literária seguiu diferentes caminhos.

Konstantin Balmont retornou à Rússia após uma longa estada no exterior. Organizaram-lhe uma recepção pomposa na estação de trem. Depois, no dia 7 de maio de 1913, aconteceu uma homenagem ao poeta na Sociedade de Estética Livre. Havia pouca gente. O presidente da mesa era Briussov, que disse secamente algumas palavras que convinham à ocasião, e depois falou o próprio Balmont, um homem de baixa estatura com um penacho ruivo-dourado na cabeça e barbicha semelhante, com um narizinho pontudo, avermelhado, numa sobrecasaca preta que sustentava o pescoço e uma gravata preta de seda que encobria o peitilho branco. Balmont relatou sua viagem ao México e a estada em Paris. Recebeu aplausos contidos, como é comum ao público cortês. "Balmont descia até o auditório como um rei que retornou após a restauração de Versalhes", anotou ironicamente Cherchenevitch. E já com bastante antipatia completou: "Versalhes, como se sabe, era bem bonito, mas cheirava mal por dentro."

Segundo os jornais, a apresentação de Maiakovski foi sensacionalista e escandalosa. Ele saudou Balmont "em nome de seus inimigos".

"Quando o senhor", disse ele, referindo-se ao poeta, "começar a conhecer a vida russa, chocar-se-á com o nosso... ódio. Em sua época nos eram próximas também suas buscas, os flexíveis e comedidos balanços, sofás turcos e poemas. O senhor falava da Rússia, das mansões nobres em extinção e dos campos nus e inférteis. Somos a juventude, somos poetas do futuro, não cantamos tudo isso. Nossa lira fala dos dias atuais. Somos unidos à vida. Vocês subiam pelos degraus instáveis e rangentes até as torres e, de lá, olhavam para os horizontes de verniz. Mas agora, nos andares superiores dessas torres, abrigaram-se os escritórios das companhias de máquinas de costura, nos horizontes de verniz são realizadas corridas 'estelares' de automóveis..."

Não é de admirar que, após esse discurso desafiador, como relatou o *Russkoie Slovo*, ouviram-se vaias e apupos, pois os fãs de Balmont haviam vindo para lhe prestar uma homenagem.

Mas um repórter de outro jornal, o *Retch*, fez justiça ao talento de orador de Maiakovski, que tinha na época somente 19 anos, e destacou que "ele sabia falar. De forma bonita e com boa entonação". Ele foi "ouvido e aplaudido".

O repórter do *Russkoie Slovo* não entendeu somente uma coisa — por que Maiakovski no final declamou o poema de Balmont "Com cuidado, com cuidado dispam os ídolos antigos...". Pareceu-lhe que Maiakovski declamou o poema "sem mais nem menos". Mas basta um olhar mais atento para perceber o duplo sentido do poema com relação à polêmica que Maiakovski iniciou com Balmont. O sentido aparece logo na primeira estrofe ("dispam", mas "com

cuidado"). Mais adiante desvenda: "O nobre vencedor será igual ao vencido..."
E finalmente uma referência aos "filhos do Sol", para os jovens: "Desabrochem,
murchem, multicoloridos, com plenos poderes, descubram todas as riquezas
de vossas forças jovens ocultas..."

Maiakovski, em parte, com a declamação dos poemas retira um pouco do
tom ríspido de sua apresentação e ao mesmo tempo (um método fino!) parece
se apoiar no próprio Balmont, que conclama os jovens a arriscar, superar os
"ídolos", os mestres, os antepassados. Balmont, apesar de orgulhoso, obviamente compreendeu o sentido ético desse gesto de Maiakovski. Sentiu a energia do jovem poeta, pois não se irritou, não polemizou, somente leu em
retribuição um poema que dizia que um poeta não podia ter inimigos, ele deve
estar acima das hostilidades.

Mas o gesto de Maiakovski estava endereçado a Balmont como pessoa e
não como fenômeno da poesia que ele representava. Maiakovski jamais era cruel
com as pessoas, mas era irreconciliável e impiedoso em discussões literárias
fundamentais. Nelas, ele não poupava seus interlocutores.

Por enquanto havia poucos poemas escritos e publicados. Saíra um almanaque
Missal de Três (nele estavam: "Algum dia você poderia?", "Às placas", "Teatros",
"Algo de Petersburgo", "Atrás da mulher"). Em maio saiu a primeira coletânea
de Maiakovski, *Eu!*, com arte-final de Vasili Tchekriguin e L. Jeguin. Nela entraram quatro novos poemas: "Pela calçada de minha alma pisoteada...", "Algumas
palavras sobre a minha mulher", "Algumas palavras sobre minha mãe" e
"Algumas palavras sobre mim mesmo".

Mas que livro era esse? Uma verdadeira obra-prima de publicação independente! A edição custou 30 rublos que Maiakovski teve que tomar emprestados. Conseguiu em algum lugar papel tipográfico, Tchekriguin reescreveu
com tinta litográfica os poemas ditados. Ele também fez quatro desenhos.
Na capa, além do nome de Maiakovski e do título do livro, havia uma man-
cha escura que deveria ser a gravata-borboleta de Maiakovski. Na litografia,
na rua Nikitskaia, fizeram-se 300 exemplares. O livro com quatro poemas
foi posto à venda: Maiakovski distribuiu-o pelas lojas, onde os exemplares

foram rapidamente vendidos. Saiu também a coletânea *A lua morta* (título ironizando a poesia dos simbolistas), com alguns poemas de Maiakovski.

Na primavera de 1913, Maiakovski conheceu Nikolai Assieiev. Provavelmente, do seu círculo literário ele era pessoa mais próxima de Maiakovski. Uma pessoa terna, um intelectual, sensível à palavra, ao seu sentido antigo e habitual. Assieiev atraía várias pessoas, era amigo íntimo de Pasternak. O encontro com Maiakovski aconteceu assim:

"Eu o reconheci caminhando pelo bulevar Tverskoi justamente por se diferenciar do que estava ao redor. Um homenzarrão vinha na minha direção, notado de longe na multidão pelo tamanho, pelo brilho dos olhos, pelos largos passos, pela blusa preta desabotoada no peito. Aproximei-me cheio de pressentimentos, da mesma forma quando se pressente a sorte.

"— O senhor é Maiakovski?

"— Sim, filhinho!

"O filhinho, apesar de ser mais baixo, tinha bastante idade (Assieiev era dois anos mais velho que Maiakovski). A saudação, porém, não era maliciosa nem arrogante. A voz grossa e aveludada transmitia bondade e seriedade.

"Depois de explicar que eu também escrevia, e declamava poemas e me identificava com poemas dele, admirei-me com a pergunta não sobre como escrevo, mas 'sobre o que' escrevo... Lembro-me de que descemos juntos a avenida Sretenski, subimos até a rua Miasnitskie Vorota e ainda não tinha entendido Maiakovski, sua maneira de conversar, suas réplicas curtas, sua superioridade de direito pela experiência de vida e talento, pela especial atração que nunca encontrei em ninguém."

Aos poucos, eles começaram a notar afinidades literárias, mas antes disso vieram os jogos de azar. Neles, não cediam um para o outro. Como meninos tilintavam com as moedas e jogavam "cara ou coroa" para acertar o número de passos ao redor do quarteirão ou o número do próximo bonde. Os dois revelaram-se muito criativos. "O entusiasmo estava não no ganho, mas na sorte", diria posteriormente Assieiev. Transcorreu assim até os últimos dias de vida. Assieiev tinha idade bem avançada, doente, sem sair de casa, mas, valendo-se de conhecidos, apostava em cavalos. E Maiakovski jogou pôquer pela última vez três dias antes de morrer, e Assieiev participou do jogo. E este faz com que lembre de uma brincadeira que Nikolai Nikolaievitch fez com Maiakovski. Ao perceber como era ingênuo e crédulo seu novo amigo, certa vez, depois de ganhar uma soma grande nas corridas, mudou-se de um lugar pobre, onde morava, para um quarto no hotel Sofiskoie Podvorie. Trocou de roupa, comprou vinho, frutas e convidou Maiakovski. Ao ver todo aquele luxo, Maiakovski logo supôs: "A avó morreu?"

Assieiev realmente tinha uma avó da qual deveria receber alguma herança. Com esse dinheiro os amigos pretendiam publicar seus poemas. Mas, um pouco antes de ele ganhar nas corridas, os jornais noticiaram sobre o audacioso assalto ao Banco de Kharkov. Assieiev garantiu a Maiakovski que participara do assalto e que essa expropriação foi feita "em favor do fundo dos trabalhadores" e que a Sofiskoie Podvorie tinha ligação com a conspiração. Maiakovski tomou como verdadeira a história inventada por Assieiev. Ao levar o amigo em casa, Assieiev revelou a brincadeira. "Maiakovski não acreditava", escreveu Assieiev, "achando que eu não confiava nele e queria impor a versão de ganhar nas corridas como verdadeira. A praça estremecia de rugido retumbante: 'Assieiev! Seu patife!! Assie-iev! Seu cachorro!!'"

Ainda falaremos de Assieiev. Antes, porém, gostaria de registrar que, de todos os que faziam parte do círculo literário de Maiakovski, Assieiev dedicará muita atenção à obra do seu grande amigo e escreverá um poema para ele...

No outono do mesmo ano, aconteceu um encontro literário que, na verdade, não deixou marcas profundas e, num certo momento, passou para uma competição aberta e inimizade, mas Igor Severianin era uma figura muito destacada na cena poética. O encontro de Maiakovski e Livchits com Severianin valeu-se do pintor N.I. Kulbin, que era próximo dos futuristas.

Ao lembrar de Nikolai Ivanovitch Kulbin, é impossível não pensar como são estranhos os caminhos pelos quais as pessoas entram para a arte, como modificam o estilo de suas vidas. N.I. Kulbin, conselheiro de Estado, doutor em medicina e general, tinha uma disciplina férrea: fazia palestras na Academia Militar de Medicina, recebia pacientes, fazia pesquisas científicas e, nas raras noites de lazer, pintava. Assim viveu até os 50 anos...

E eis que a disciplina férrea mudou radicalmente. Nas portas do apartamento, sob uma placa de cobre com o nome e títulos do proprietário, assim como com a indicação das horas de atendimento aos pacientes, havia um pedacinho de cartolina laranja com o seguinte criptograma:

> *Clube de resultantes.*
> *Assoc — art — poet — fut — copas,*
> *Dos impressionistas.*

O grande e respeitável apartamento de Kulbin, decorado com móveis pesados, cheio de lustres e candelabros, transformou-se numa "estalagem" da boemia literária e artística. Ali encontravam refúgio os futuristas abandonados. Khlebnikov é uma visita constante. Hospedam-se também ali, vindos de Petersburgo, os irmãos Burliuk, que se comportam com toda liberdade como se estivessem em sua própria casa. São pessoas queridas ali Livchits e Maiakovski. À noite, o dono do apartamento recebe um telefonema de Kriutchionikh, pedindo dinheiro. Às vezes, aparece Jorgik (Georgi) Ivanov, que na juventude brincava de futurista.

E o homem num casaco cinza, o dono do apartamento, brilhando com os óculos escuros e soltando fumaça aromática do cigarro, emitia benevolência e prazer. Largou a medicina, pintava quadros, participava de exposições de arte moderna e das mistificações futurísticas.

Nikolai Ivanovitch recebia as visitas no gabinete. Ele teve a idéia de apresentar Maiakovski a Severianin. Este tornou-se famoso um ou dois anos antes do encontro, depois que Sologub e Briussov notaram seus poemas. Até isso acontecer, ele vegetou quase como um poeta desconhecido num apartamento pobre, úmido e sujo na rua Podiatcheskaia. Diante do respeitável Kulbin, de nobres cabelos grisalhos, estavam três rapazes jovens: o de olhos castanhos, ombros largos e rosto moreno era Maiakovski; impressionantemente cortês e elegante, alto, porém mais baixo que Maiakovski, era Livchits; com o rosto de traços fortes e cabelos escuros encaracolados, era Severianin. No início do encontro, no gabinete de Kulbin, Severianin comportava-se como uma prima-dona de ópera e respondia com duas ou três palavras, anasalando o "n" russo, assim como fazem as pessoas que querem exibir uma pronúncia francesa que normalmente não dominam... Mas encontraram a mesma língua da forma mais tradicional dos intelectuais russos, foram para o restaurante Vena e jantaram. Uma semana depois, apresentaram-se numa noite beneficente.

Porém a união revelou-se muito frágil...

Em 13 de outubro de 1913, na casa de Levisson, na rua Bolchaia Dmitrovka, aconteceu a primeira noite dos futuristas. Para a ocasião foi preparado todo o ambiente necessário: lotação máxima, polícia montada, brigas na entrada. O cartaz foi feito num papel vagabundo, mas, é claro, como afirmavam os participantes, não era para parecerem originais, mas por causa da pobreza. Exatamente aqui Maiakovski, pela primeira vez, apareceu com a blusa listrada preta e amarela. Não estavam presentes, por diferentes motivos, os anunciados no cartaz: David Burliuk (em seu lugar apresentou-se seu irmão Nikolai) e Khliebnikov. Era uma grande perda. As teses da palestra de Maiakovski tinham um sabor sensacionalista:

1. O gosto habitual e as alavancas da fala.
2. Faces das cidades nas pupilas dos criadores da fala.
3. *Berceuse* com a orquestra de canos fluviais.
4. Egípcios e gregos acariciando gatos pretos e secos.
5. Dobras de gorduras nas poltronas.
6. Os multicoloridos farrapos de nossas almas.

No início, os heróis da noite, como ironicamente informou dois dias depois um dos jornais, desfilaram entre o público incitando o interesse e a impaciência. Já com a primeira frase Maiakovski perturbou o auditório: "Nós estamos destruindo o mundo velho de vocês... Vocês nos odeiam..." B. Livchits afirma que o sucesso da noite era o sucesso de Maiakovski e que "sua espontaneidade, sua voz maravilhosa, sua maravilhosa entonação e seus gestos o destacaram dos outros participantes da noite".

"Não houve nenhum discurso: os misteriosos egípcios e gregos que acariciavam os gatos pretos (e obrigatoriamente secos) eram simplesmente os primeiros habitantes do planeta", escreveu B. Livchits. "Disso pode-se concluir sobre a antigüidade milenar da cultura urbana e do... futurismo. As faces das cidades nos olhos dos criadores da fala refletiam-se, assim, desde aproximadamente a época das primeiras dinastias egípcias, os canos fluviais tocavam *berceuse* quase nos jardins suspensos de Semíramis e os *budietliánie* surgiram quase logo após a criação do mundo.

"Esse alegre besteirol era oferecido com uma voz grave tão fascinante que o público ouvia acreditando piamente..."

No dia 11 de novembro realizou-se a primeira noite no Museu Politécnico. Maiakovski proferiu o discurso "Sobre os avanços do futurismo". O futurismo estava se transformando no centro das atenções, e Maiakovski num dos principais objetos dessa atenção. Os jornais caíram nessa isca sensacionalista. Em suas páginas começaram a aparecer artigos, notas, piadas e até xingamentos. Chamavam os futuristas de loucos, de atores de circo, de desordeiros, de mágicos, de brincalhões, de sacrílegos, de inexperientes, de rebeldes e simplesmente de trapaceiros, de oradores de hospício, e conclamavam o público a não participar de seus encontros. Mas isso só despertava a curiosidade do público. E os futuristas também não faziam questão de demonstrar exemplo de alto nível de inteligência. Mas quem são eles?

Antes de mais nada, pessoas diferentes. Já morando na América, Burliuk, não sem vacilar, proclamava-se o verdadeiro bolchevique da literatura. Seria mesmo?... Sem estudar seriamente, sem pretender a fama como poeta, tornou-se um pintor bastante famoso. O gorducho de um olho só e com franja, num colete colorido, que olhava arrogante através da lente o seu interlocutor, aturdia-o abalando todos e quaisquer fundamentos. Maiakovski zombava de Burliuk:

— Dodik, eu não o entendo de-ci-di-da-men-te. Aspira ao pedestal, mas usa uma lente feminina. Se eu estivesse em seu lugar, carregaria para todos os cantos o meu telescópio. É um objeto muito útil e original!

Burliuk compreendia o humor, era esperto e brincalhão, sabia se entusiasmar e contagiava os outros com o entusiasmo. E antes de tudo era um homem de negócios. O papel de líder lhe caía muito bem.

Khliebnikov era o oposto de Burliuk. Sem nenhuma intenção, é claro, intrigava pela sua doçura, incapacidade e comportamento estranho. Era catastroficamente desorganizado, um homem de talento generoso e totalmente indiferente ao cotidiano, um homem de deus estranho, um tonto com olhar de sábio e profeta.

Ao lado, um alegre loiro de olhos azuis, Kamienski, tocador de sanfona e cantor, piloto legendário; e havia ainda Kriutchionikh, de aparência sem graça, como um xamã sem expressão num casaco de uniforme militar, confuso em sua própria abstrusidade e que encantava com as palavras.

E desde as primeiras apresentações, disputando a atenção do público com o líder Burliuk, Maiakovski alto, com peito encovado, o que era quase imperceptível sob a blusa de veludo e depois sob a blusa amarela, de chapéu de abas largas, de braços compridos, implicante, esgrimista numa discussão, andava até a beira do palco e perguntava:

— Há pessoas nervosas? Que saiam!

Eles tinham que ser ouvidos, precisavam que os ouvidos se voltassem todos para eles e, para isso, tinham que chamar, explicaria mais tarde, o companheiro dos futuristas na revista *LEF*, Serguei Tretiakov.

O chamado foi ouvido.

Criticando as atividades enraizadas, os costumes e as imagens, batendo na beleza, na delicadeza, na graciosidade e outras qualidades de mentes ociosas, em nome de ideais confusos — os futuristas introduziram este protesto como forma de propaganda do seu grupo.

— Você está de paletó? Eu estou de blusa amarela!

— Você, jovem, pintou o rosto, copiando a natureza e segundo as ordens da moda, pintou as sobrancelhas, os labiozinhos, os olhos?... Eu também vou me maquiar, mas de outra forma, farei desenhos por todo o rosto.

— O senhor, cavalheiro, com o buquezinho na lapela? Eu vou colocar uma colher de pau no mesmo lugar. O senhor coloca florzinha no bolsinho, eu colocarei na braguilha. Por que está gritando, rapaz?

Em resposta, o pequeno-burguês se empinava, batia com as patas no chão e esganiçava como um porco.

Mas agora falaremos de algo mais sério. Vassili Vasilievitch Kamienski foi um homem de uma biografia espetacular. Nasceu em 1884, num navio, na cabine de seu avô materno, em algum local entre Perm e Sarapul. A mãe morreu cedo. O pai, caçador de ursos e uma pessoa muito alegre, trabalhava como vigia em minas de ouro. O pai morreu um ano depois da mãe, e Kamienski foi educado em Perm, na família da tia, irmã da mãe. Cresceu nas proximidades do rio Kama, gostava de sua vastidão, seus portos, seus navios, suas lanchas, seus barcos, âncoras, cabos, marinheiros e pescadores. Afogou-se em suas águas algumas vezes, trabalhou como contador, taxador, explicador e já organizava suas noites poéticas, publicando poemas no jornal *Ural*.

Veio a Revolução de 1905, e Kamienski estava no posto de presidente do comitê grevista na fábrica de Nizhnetaguilski, o que lhe custou alguns meses de prisão. Morou em Sebastopol com documentos falsos e viajou até Constantinopla, Tavriz, Teerã. Em Petersburgo, terminou o Ginásio Vasilieostrovski sem freqüentar as aulas. Depois, estudou nos cursos superiores de agricultura e fazia artes plásticas. De forma inesperada, tornou-se secretário do almanaque e da revista *Primavera*, entrou no meio literário da capital, conheceu e fez amizade com Khliebnikov, começou a publicar seus poemas na imprensa da capital. E no mesmo local estava Burliuk. Tornaram-se amigos desde o primeiro encontro. Depois vieram os pintores Kulbin, Iakulov, Lentulov, Rozanova, Larionov, Gontcharova, Tatlin, Malevitch, Filonov, Spandikov, quase toda a vanguarda russa! Eram dos "seus", próximos pelo espírito, pintores "novos". Ao círculo dos novos escritores e pintores pertencia o famoso diretor de cinema N.N. Esreinov, os compositores e pianistas Anatoli Drozdov e Lurie.

Nessa época surgiu a idéia do almanaque *Armadilha para juízes*, preparado com os esforços e entusiasmo de Kamienski e Khliebnikov, que propunham cavar um canal entre os mares Cáspio e Negro e alguns projetos não menos mirabolantes... E Kamienski jogava lenha na fogueira:

— Vitia, vamos lá, proponha mais projetos, dê mais pressão no motor do cérebro, enalteça as grandes invenções dos aeroplanos, automóveis, cinema, rádio, raio X e de outras máquinas. É isso aí! O mundo só está começando, sua juventude é a nossa juventude. As asas dos Wright, de Farmanov e de Bleriot são as nossas asas. Nós, *budietliánie*, temos que pilotar aeroplanos como pilotamos bicicletas e nossas mentes. E eis, amigos, eu lhes juro: serei aviador, diabos! O que são poemas? O que é nossa bomba literária? [referindo-se ao *Armadilha para juízes*]. Pois é só um elo de nossas correntes de possibilidades, um pedaço do arsenal de energia.

Então Kamienski tornou-se aviador. Conheceu Rossinski, Utotchkin, Lebedev. Utotchkin, o "gago alegre", recomendou que fosse para Paris:

— Vvv-vá, irmão, papa-ra Paris. Lá irão ensinar-lhe tudo. Até a voar. Caso se esborrache, estará em Paris e não em um lugar chamado Jmerinka.

Em Paris, Kamienski conheceu vários inventores famosos de aeroplanos franceses, escolheu para si o monoplano Bleriot e começou a estudar. Faltou dinheiro e teve que retornar à Rússia. Em Petersburgo adquiriu um Bleriot. Começou a voar. Bateu com seu Bleriot, ficou cheio de hematomas e galos, consertou a máquina sozinho e voou sobre o querido rio Kama, impressionando a imaginação dos conterrâneos, que, pela primeira vez, viam um aeroplano. Depois, em Varsóvia, prestou exames e recebeu o título de piloto-aviador internacional. Fez vôos demonstrativos e caiu com seu Bleriot. Ficou vivo graças a um milagre: foi salvo pelo pântano. Quando recobrou os sentidos, 11 horas depois, revelou-se que "apesar da mão direita, da perna esquerda, da cabeça quebrada, do lábio cortado e da clavícula rachada, estava tudo bem". Os jornais locais logo noticiaram: "Morreu o famoso piloto e talentoso poeta Vassili Kamienski."

Isso aconteceu em 1912. Depois de "se consertar", foi para Kama, comprou um pedaço de terra perto de Perm, construiu a fazenda Kamenca, limpou a floresta, arou a terra, plantou, caçou, pescou, escreveu o poema romântico "Stenka Razin", desenhou, tocou sanfona com guizos. E lá ainda estava quando Burliuk o chamou para Moscou. No quarto de Burliuk, tomando chá de samovar, Kamenski, pela primeira vez, viu Maiakovski. David Davidovitch Burliuk lançava olhares de orgulho carinhoso para o poeta, transferindo-os, às vezes, para o visitante, e proferia um discurso empolado:

— Somos pessoas da nova e moderna humanidade, somos os mensageiros da verdade, os pombos da arca do futuro; somos obrigados a abrir uma nova vida à faca no ventre do burguês e do pequeno burguês. Somos os revolucionários da arte, temos de entrar na vida das ruas e das praças, devemos levar protestos por toda parte e o apelo Sarin na *kitchku*!*

Uma pessoa com esse temperamento, que viveu bastante e leu muitos livros, conhecedor da arte e da poesia européia apesar de não possuir um grande dom próprio, Burliuk não podia deixar de seduzir os jovens cheios de idéias ambiciosas. Foi aí que nasceu a idéia de realizar viagens pelas cidades da Rússia. Maiakovski propôs o título do cartaz: "Os aeroplanos e a poesia dos futuristas". Um cartaz assim poderia ser apresentado a qualquer governador.

Quanto a Vielemir Khliebnikov... "Sua tímida genialidade estava totalmente obscurecida por David em ebulição", notou Maiakovski. Mas não por muito tempo. Já nos primeiros anos de amizade, Maiakovski embebia-se com os poemas de Khlebnikov e a todo instante os citava em suas palestras sobre o futurismo.

Kamienski, o primeiro dos futuristas a conhecer Khliebnikov, quando este ainda era estudante da Universidade de Petersburgo, o encontrou morando no final de um corredor, atrás de uma cortina onde ficavam a cama de ferro sem colchão, uma mesinha com uma lâmpada, livros e papéis jogados por toda parte com poemas e números escritos. Porém o mais importante, é claro, não estava nessa esquisitice, na inquietação, no desapego, mas no vôo da imaginação, na escala da fantasia e na convicção sincera de que esse homem se sentia um "vidente de mistérios" e acreditava na realização de seus utópicos projetos.

Maiakovski sentiu nele a força de um "Colombo de novos continentes poéticos", um encantamento pagão pela palavra, um conhecimento insólito da cultura lingüística dos povos eslavos, do folclore.

Eram futuristas de diferentes matizes Pasternak, Assieiev, Severianin... Considerando que o futurismo em geral era um fenômeno maior do que o acmeísmo, Blok anotou no diário a importância de Severianin e Khliebnikov

---

*É uma frase do poema em prosa de V. Kamienski "Stenka Razin". Na velhice, Kamienski passou por outra provação do destino: teve que amputar as duas pernas e sofreu um acidente vascular cerebral. Mas, mesmo assim, não perdeu o gosto pela vida. Continuou desenhando. Kamienski morreu em 1961.

e destacou como digna de atenção Elena Guro. "Burliuk tem um punho", resumiu ele acertadamente.

Diante de cartazes perturbadores e gritantes, diante do jovem auditório que aguardava fortes emoções, Burliuk era incomparável. Mas entre os parceiros experientes e mais velhos que impressionavam o público com sua postura fora do comum, como Kamienski ou Burliuk, Maiakovski parecia uma figura forte.

Kamienski relembra: eis que todos aparecem no auditório lotado e barulhento do Museu Politécnico. Sentam-se à mesa no palco com vinte copos de chá quente: Maiakovski de cartola na nuca e de blusa amarela; Burliuk de sobrecasaca com o rosto pintado; Kamienski com debrum amarelo no paletó e com um aeroplano desenhado na testa... O auditório grita, assobia, bate palmas, está alegre. A polícia está atônita. Uma moça grita do auditório:

— Também quero chá!

Kamienski, com a aprovação geral, oferece-lhe um copo de chá.

Ele mesmo dá início ao evento.

— Nós, as crianças geniais da modernidade, viemos visitá-los para colocar realmente na balança a palavra do futurismo...

— Por que tem um aeroplano na cabeça?

— É o símbolo mundial de dinâmica.

Kamienski desenvolveu as idéias da nova arte que eles pretendiam levar às massas, às ruas, às praças, aos palcos, lançando desafio à torpeza pequeno-burguesa e, ao mesmo tempo, à velha "arte de hospício". Seu discurso é acompanhado de explosão de aplausos, assobios, resmungos, estalidos, gritos: "Viva o futurismo!", "Fora o futurismo!", "Basta!".

Depois de Kamienski falou Maiakovski — alto, bem-apessoado, elegante.

— Vocês sabem o que é beleza? Vocês acham que é uma moça cor-de-rosa encostada numa coluna branca, olhando para o parque vazio? Assim apresentam a beleza em seus quadros os velhos *peredvijniki*.*

---

*Corrente realista e democrática de pintores russos do século XIX, participante de exposições itinerantes. (*N. da T.*)

— Não nos ensine! Basta!

— Bravo! Continue!

— Por que está de blusa amarela?

— Para não parecer com o senhor. [Aplausos.] Com todos os meios nós, futuristas, lutamos contra a vulgaridade e os modelos mercantis, pegamos pela garganta os críticos de jornais e outros catedráticos da literatura imprestável. O que é a beleza? A nosso ver é a vida viva da massa urbana, são as ruas pelas quais correm os bondes, são os automóveis, os caminhões refletindo nas janelas espelhadas e nos grandes anúncios das lojas. A beleza não é a lembrança de velhinhas e velhinhos, é uma cidade-mestra moderna, que cresce para os céus, que fuma com as chaminés das fábricas, que entra pelos elevadores. A beleza é um microscópio nas mãos da ciência, onde milhões de pontos de bacilos desenham os pequenos burgueses e os cretinos.

Maiakovski fala da divisão de classes na sociedade moderna, sobre a restrição, sobre a produção em câmaras da arte, sobre como os poemas "de diferentes balmontes" são simplesmente uma idiotice e estupidez. Surge, é óbvio, uma voz do auditório:

— O senhor é melhor?

— Vou provar.

Então lê seus poemas bramindo e com voz grave de tensão.

Os versos causam efeito.

Maiakovski apresenta Khliebnikov ao público:

— ...Poeta genial... Matemático. Filólogo. Cientista. É um arsenal de produção literária, uma enorme fábrica poética da "palavra em liberdade". Com quatro versos pode nos convencer de que é um grande mestre da poesia:

A água queria tanto
Junto ao poço se rachar
Para no pântano dourado
As rédeas rechaçar.

Brilhante foi a apresentação de Burliuk. Ele sabia manter a atenção do auditório. O temperamento agitado, a fala chispante e que surpreendia com imprevistos, enorme poder de persuasão, destacavam Burliuk entre os futuristas. Apenas Maiakovski podia competir com ele, considerando a influência e a popularidade entre os ouvintes.

— As derivações futurísticas são — dizia Burliuk — os andaimes do futuro... Não desejamos virar para trás nossas cabeças, quebrar nossas vértebras cervicais para olhar a poesia com naftalina dos perversos!

O público apupava e criticava. Não entendia a beleza dos poemas de Khliebnikov. Era incapaz de compreender também a beleza do vaso antigo, pois procurava nele somente bebidas alcoólicas!

Essa pressão gerava protestos no público, mas convertia muitos para a nova crença. E é claro que os ataques na imprensa eram, antes de mais nada, dirigidos a Burliuk e a Maiakovski. Maiakovski era chamado de "homenzarrão de boca amarela", de "valentão da periferia", de "homem de orquestra romena", de "carroceiro do rio Moscou", de "arrombador", de "saqueador futurista" que "gritava sobre si mesmo até a rouquidão", de "arrivista" e, como recorda o poeta, simplesmente de "filho-da-puta".

Burliuk, depois de Maiakovski, discursava com sua artilharia pesada.

Mago e mágico, ilustrava seu discurso comparando a pintura de Rafael à fotografia de um casal de Solikamsk. Aqui, a repreensão era não só com relação a Rafael, mas também aos pintores *peredvijniki* Aivazovski, Riépin. Soa a ordem de ver nos quadros a geometria e superfícies planas, o material e a textura, a dinâmica e a construção...

O futurismo estava no auge.

Depois dos discursos vinham os poemas.

Na rua havia uma multidão. Muitos estavam acompanhando os poetas pela rua Miasnitskaia e alguns poetas declamavam poemas e faziam gracejos. Depois disso vieram os convites para apresentação em diferentes auditórios.

Nos poemas de Maiakovski impressionavam a imaginação do poeta, o hiperbólico, a metáfora atrevida na qual se aproximavam conceitos e objetos normalmente distantes entre si.

Descem as lágrimas do telhado pelo cano,
Desenhando listras no braço do rio;
E os lábios dependurados do céu
Enfiaram os mamilos de pedra.

Pela rua
Da minha alma já trilhada
Os passos dos loucos
Fazem calcanhares de frases duras.

Seus versos causavam impressões diferentes: uns se irritavam; outros se constrangiam; outros se surpreendiam...

Maiakovski queria ser poeta das massas e, por enquanto, não diferenciava sua composição social e procurava apoio nos elementos marginais, no pico da decência burguesa.

Serei o único que através dos prédios incendiados
As prostitutas, como um santo, nos braços carregarão
E mostrarão a Deus para a absolvição.

Em suas apresentações, ele, por enquanto, se orienta não só no leitor, mas também na multidão, na massa. Maravilhoso declamador, Maiakovski guardava esse efeito para o final da noite, mas é brilhante, externamente impassível e um orador original que lapidava tais qualidades nos constantes embates com os oponentes literários. O dom artístico e o fascínio eram naturais, mas a arte de se comunicar com o público, ele tinha que aprendê-la na prática.

Diferente foi a apresentação de Maiakovski na inauguração do cabaré Lanterna Cor-de-Rosa, em 19 de outubro do mesmo ano. Um acontecimento, aliás, que não era nada excepcional. No entanto, chamou a atenção do público e da imprensa. Um dos jornais escreveu que a travessa Mamonovski, naquela noite, lembrava a travessa Kamerguerski nos dias da inauguração do Teatro de Arte, toda tomada pelos automóveis e carruagens.

O programa da noite anunciava que iriam se apresentar os poetas futuristas e que, nos intervalos, os pintores Gontcharova e Larionov pintariam os rostos de quem desejasse. O hábito de pintar rostos, que ganhou a simpatia do público, foi proposto por Larionov. Ele e Zdanievitch escreveram o manifesto "Por que pintamos desenhos nos rostos?". A pintura dos rostos era oferecida por eles em troca de ouro e pedras preciosas. Eles avisavam a todos os colecionadores de preciosidades: "Logo ficarão pobres!"

A blusa amarela de Maiakovski cumpriu com o seu papel na inauguração: ela se inseria na nova estética, e Burliuk e Kamienski, antes da apresentação, seguindo a receita de Larionov e Zdanievitch, faziam desenhos em seus rostos. E o público, é óbvio, lançou-se a essa "iniciativa". O salão estava lotado. As damas desfilavam suas roupas elegantes e jóias caras, tentando ser obrigatoriamente notadas. Tudo era solene e decoroso, apesar de perceber-se na atmosfera dos preparativos algo pré-tempestuoso. Já passava da meia-noite, os senhores às mesas não mais ouviam quem falava ou cantava no palco, todos se ocupavam de si próprios ou uns com os outros e se divertiam a sua maneira; o salão encheu-se de um ruído monótono e embriagador. No palco apareceu um rapaz jovem e alto, com o rosto franzido e sério e que causava efeito com sua blusa amarela. Com os pés posicionados como se estivessem em cima de andaimes, o jovem lançou um olhar longo para o salão e fez uma pausa que calou o ruído. Na atmosfera do salão soou a voz grave suavemente trêmula, tensa e de um timbre incomum:

> *Daqui a uma hora para a travessa limpa*
> *Vazará do ser humano sua gordura obesa*
> *E eu abri a vocês tantas caixinhas de poemas,*
> *Eu que sou um perdulário e esbanjador de palavras preciosas.*

O silêncio se instalou às mesas. O nome do jovem em pé no andaime invisível era conhecido de alguns dos presentes pela crônica do jornal, parece que a ele estavam ligados alguns escândalos em certas exposições de pintores, em reuniões literárias, ele é um futurista... parece ser um dos sujeitos que gritavam seus poemas pela ponte Kuznetski e pela rua Tverskaia, acompanhados da multidão de curiosos que os vaiavam e ironizavam...

Em tais poemas, porém, havia algo diferente, algo grosseiro e ofensivo. Este futurista no palco acusa e põe em praça pública quem? Com movimentos bruscos das mãos, aponta para a platéia: "Eis o senhor, tem nos bigodes restos de repolhos da sopa que não terminou de comer..." As cabeças se voltavam espontaneamente para o lado para onde apontava. Mas com um aceno da cabeça, o brilho nos olhos, o futurista apontava para o outro lado: "... Eis a senhora, coberta por uma camada grossa de pó-de-arroz, olhando como uma ostra de dentro da concha das coisas!" Alguém involuntariamente se encolhe diante do olhar penetrante do jovem de blusa amarela, escondendo sob a mesa a mão enfeitada com uma pulseira de ouro ou um grande anel, alguém com um gesto espontâneo cobre a orelha esticada por um brinco de esmeraldas...

A platéia começou a cochichar. Soou um débil assobio. O jovem no palco estava inabalável. Somente os lábios cerrados e uma suave palidez, que aparecia sob a pele morena do rosto, revelavam preocupação.

Nos que estavam arrogantemente sentados às mesas, como paralelepípedos, caíam palavras que os afundavam ainda mais nas cadeiras:

> *E se hoje eu, um huno bruto,*
> *Não quiser fazer palhaçadas para vocês e então*
> *Darei uma gargalhada e cuspirei com alegria,*
> *Cuspirei no rosto de vocês*
> *Eu que sou um perdulário e esbanjador de palavras preciosas.*

A platéia explodiu, ouviram-se assobios ensurdecedores e um grito histérico: "Fora!" Uma das mulheres presentes passou mal.

Depois contava-se em Moscou que essa noite terminou com um quebra-quebra de garrafas, e enquanto o poeta era vaiado, ele animava: "Mais! Mais! Deixem os idiotas se deliciarem!" E dizia-se que ele foi levado para a polícia sob aplausos e apupos.

O poema com o provocante título "Tomem!" causou exatamente o efeito que o autor queria. Até os 20 anos, já havia escrito duas dezenas de poemas, mas esse era o primeiro poema de Maiakovski no qual abertamente se contrapunha à sociedade burguesa. E se contrapôs de forma grosseira, ofensiva. Isso lhe deu direito de dizer posteriormente: "O nariz capitalista farejava em nós a dinamite." Por "em nós" entenda-se os futuristas.

Nos poemas de Maiakovski pode-se perceber claramente como lutam, de um lado, o destruidor de tradições, um combatente espontâneo contra tudo e contra todos e, de outro, a pessoa preocupada com os problemas reais da existência.

Afirma que "o aspecto fônico da palavra determina o desabrochar da poesia", mas considera condição necessária da nova arte a "alteração do olhar sobre a relação das coisas que há muito mudaram sua aparência influenciadas pela nova vida urbana".

Essa duplicidade é vista nos poemas. Eis como demonstra o esboço da "palavra", a sonoridade do poema (o cubismo em versos):

> *Ru -*
> *as.*
> *As*
> *ru-*
> *gas dos*
> *dogues*
> *dos*
> *anos*
> *sona-*
> *dos.*
> *Nos cavalos de ferro*
> *das janelas das casas que correm*
> *saltaram os primeiros cubos.**

---

*Fragmento do poema "De rua em rua", de 1913. Tradução de Augusto de Campos e Boris Schnaiderman. (*N. da T.*)

E veja que efeito figurativo no mesmo poema: "O lampião calvo despe voluptosamente da rua a meia preta!" Sente-se a plasticidade.

Ou o poema "Algumas palavras sobre mim mesmo". Por um lado, uma grosseira provocação: "Eu gosto de olhar como morrem as crianças." Uma clara e premeditada ofensiva, a "blusa amarela" em versos para que prestassem atenção: quem não reagiria a um poema com o sentido tão monstruoso, tão desumano?* Mas a ofensiva foi pronunciada aos gritos por causa da solidão desesperadora e terrível, que se escondia sob aparente bravata e que atrevidamente chocava o público com seus disparates. Mas a ofensiva não podia se esconder nos poemas.

> *Tempo!*
> *Apesar de ser um pintor de ícones manco*
> *a minha face borrarei*
> *num ícone do monstro do século!*
> *Sou solitário, como o último olho*
> *Do homem que caminha em direção aos cegos!*

Era um grito delirante de uma alma solitária que batia nas garras das contradições, procurando saída seja no antiestetismo e na calúnia sobre si mesmo (como está no verso citado acima), seja na luta contra Deus, seja na luta furiosa contra a arte tradicional, indiscriminadamente.

Contradições, contrastes lançam-se aos olhos: início em modo maior, declarações sonoras, discursos brilhantes, réplicas originais, cáusticas, ferinas, atenção constante da imprensa, todas as conjugações de sucesso, solidão, insatisfação, sentimento de incompletude de sua vida, incompletude de conhecimento da vida.

---

*Nas memórias de L. Ravitch existe o seguinte relato: "Caminhávamos pela rua Dzerjinski. Da escola saíam as crianças... Muitas crianças. Pelo visto houve um evento, ou era o segundo turno. Maiakovski parou e começou a apreciar as crianças. Estava parado e olhando as crianças, e eu, como se alguém me tivesse puxado pela língua, disse: "Eu gosto de olhar como morrem as crianças..." Seguimos em frente. Ele estava calado e de repente disse: "Deve-se saber por que e quando foi escrito e para quem foi escrito... será que pensam que isso é verdade?"

O mundo não desvenda seus segredos para o poeta.

Tsvetaieva está certa: "A única saída de seus versos é a saída para a ação." Apesar de Maiakovski viver desde cedo uma vida interior tensa e intensa, destruía em si mesmo a imagem do poeta como deus do Olimpo, como eremita, que aguarda a inspiração na tristeza e na reflexão e no espírito que paira nas alturas. Nos anos de juventude, não tinha sequer um local de trabalho, mas Maiakovski nem precisava dele, estava sempre em movimento, parece que não deixava passar uma exposição, uma reunião, um debate, um discurso onde podia não só ver e ouvir algo, mas participar, discutir, polemizar. Porém, fazia poemas em todos os cantos: andando pela rua, sentado num bonde, num vagão de trem, jogando pôquer.

No palco, o jovem Maiakovski parecia presunçoso. Um só objetivo guiava-o nessas circunstâncias — abalar o bem-estar dos pequenos burgueses, infringir o decoro da sociedade, romper o bloqueio das condicionalidades. Para atingir esse objetivo, Maiakovski não tinha medo dos meios que utilizava. Reduzia-se a cinzas em campo de batalha, com os colegas, mas era solitário, pois sofria um drama na própria alma. Tal drama deixava suas marcas trágicas que as pessoas, que o conheceram ainda muito jovem, percebiam. S. Spasski, falando sobre a apresentação de Maiakovski em Tiflis,* notou essa peculiaridade: "Naquela noite ele recitou 'Tiana', de Severianin, atribuindo a esse poema bobo uma tonalidade trágica. Incrível, mas esse tom trágico, incompreensível para alguém tão jovem embora cheio de coragem, mesmo assim era sentido em todo o Maiakovski. E pode ser que exatamente isso o destacava entre todos os outros. Assim chamava a atenção."

Não foi à toa que a peça *Vladimir Maiakovski* recebeu a definição de tragédia. Nela, o poeta é uma figura trágica. Abalado pelo sofrimento humano, ele é todo dor, ansiedade e desnorteio. No jovem forte e confiante em si, de repente irrompeu uma fragilidade quase infantil:

---

*Hoje Tbilisi, capital da Geórgia, ex-república soviética. (*N. da T.*)

Senhores!
Ouçam,
Eu não posso!
Para vocês tudo bem,
Mas e eu, o que faço com a dor?

Não só a tragédia *Vladimir Maiakovski*, mas também outros poemas citados aqui indicavam como as contradições internas dilaceravam o jovem Maiakovski, apesar de se expressar por um canal cultural que, de alguma forma, entrava em consonância com a sua alma e a dos companheiros, seus cúmplices no anseio pela criação de uma nova arte. Porém, não se satisfazia com o papel de incendiário e de experimentador, de "herói" dos escândalos literários, sentindo em si a força do poeta, a palavra de quem se dirigia às massas, com o papel de lutador pela reestruturação do mundo, não só pela renovação da arte.

O talento de tal força não podia se desenvolver e tomar fôlego na corrente futurista. Do invólucro futurista, das entranhas pretensiosas das edições futuristas, premeditadamente grosseiras, de aparência provocante até mesmo pela capa e títulos, irrompe com força o poeta que se destacava entre os outros.

E, antes de todos, foi percebido por Blok. No entanto, os poemas de Maiakovski eram um desafio a ele, Blok, o genial poeta que representava aquela corrente poética à qual Maiakovski tinha declarado guerra. Numa análise tardia de Briussov, Maiakovski "logo, ainda no início dos anos 10, demonstrou ser um poeta de grande temperamento e toques corajosos". Infelizmente, ainda estava longe do amplo reconhecimento.

Em novembro de 1913, Maiakovski e Burliuk foram a Petersburgo. Antes da viagem, convidou à sua casa Kamienski e a caminho compraram doces e fizeram uma festança. Kamienski ficou impressionado com a mudança de Maiakovski: em casa, tornou-se "carinhoso e dócil". Kamienski viu como gostavam de Vladimir a mãe e as irmãs. Mas é claro que ele não conseguia mais ficar em casa — a jovem águia aspirava à liberdade.

Em Petersburgo, após as apresentações no Instituto de Medicina, K.I. Tchukovski o apresentou à muito jovem Sofia Sergueievna Chamardina, aluna dos cursos Bestujev. Os maravilhosos olhos da cor de água-marinha, a delicadeza e feminilidade impressionaram Maiakovski. A julgar pela declaração de Sofia Sergueievna, Maiakovski a impressionou tanto ou mais que ela a ele. Do Instituto de Medicina eles foram para o cabaré Cão Vadio e lá se divertiram com as sátiras. Mas "eu não precisava de mais ninguém, ninguém me interessava. Bebíamos nós dois um vinho e Maiakovski declamava poemas para mim", lembra S.S. Chamardina. E Kornei Tchukovski reclamava com ciúmes: "Sonka, vejo que o poeta afastou o pobre crítico..." Maiakovski acompanhou "Sonka" até a ilha Vasilievski. Onde ela morava não entravam rapazes; então, por insistência de Maiakovski, foram até a casa de Khliebnikov e o obrigaram a declamar poemas. Khliebnikov obedeceu e o fez durante um longo tempo.

"Eu estava sentada no sofá, atrás de Maiakovski. Não queria dormir. Maiakovski falava sobre Khliebnikov como um verdadeiro poeta. Falava sobre seu amor por ele." Pela manhã, todos cochilaram e, às 10 horas, famintos (ninguém tinha um tostão), foram tomar café da manhã no hotel com os irmãos Burliuk.

Desde aquela noite, Sonia Chamardina* abandonou, por muito tempo, os cursos Bestujev e passou a freqüentar todas as apresentações dos futuristas. Também passou a avaliar seus conhecidos a partir da opinião que tinham sobre os futuristas, principalmente sobre Maiakovski. Maiakovski "habituava" o público da capital, parecia testar seu gosto, entrava no palco com arrogância, com um desdém tranqüilo com relação àqueles que aguardavam um escândalo, declamava os poemas "Mas mesmo assim", "Algum dia você poderia?", "Amor", "Blusa fátua"... Apresentava-se de blusa amarela ou listrada preta e amarela, de calças pretas surradas até o último fio e com franja na bainha e, na cabeça, uma cartola. Mantinha as mãos nos bolsos. Gostava de sua voz, tentava ouvi-la. S.S. Chamardina lembra como ele, marchando pelo quarto, trabalhava cada verso, lia para ela poemas de outros autores. Gostava do poema de Akhmatova: "Mas o menino me disse: 'Como isso dói!' E tenho pena do menino..." Era triste o poema escrito por Akhmatova. Lembra

---

*Sonia e Sonka são diminutivos de Sofia. (*N. da T.*)

também como na carruagem, sob um céu sombrio, de onde brilhou uma estrela, Maiakovski fez o poema:

> *Escutem!*
> *Se as estrelas*
> *se acendem —*
> *quer dizer que alguém precisa disso?*
> *Então isso é necessário,*
> *que a cada noite*
> *sob os telhados*
> *brilhasse pelo menos uma estrela?!*

Temia que soasse sentimental. Não queria publicar. Temia nem tanto os leitores mas seus amigos, pois poderiam considerar uma extravagância sentimental. Mas isso era a lama da vida, uma imagem romântica do mundo. Era a vida que os futuristas domesticavam em suas criações. Mas a vida abalava, varria os obstáculos verbais e formais e irrompia nos poemas, obrigando-o a gemer de dor: "É a minha alma de nuvem rasgada em pedaços no céu queimado da cruz enferrujada do campanário." Quanta abundância metafórica, quantas imagens plásticas! O nome de Soninha Chamardina soou na tragédia *Vladimir Maiakovski*: "Então, é nada o amor? Tenho a Soninha irmã!" Por que "irmã"? Eram vistos como irmãos. Achavam-nos parecidos. Sonia gostava disso. Queria ser "irmã", mas reconheceu que, por causa disso, surgiam dificuldades que atrapalhavam a relação entre os dois...

As apresentações com os relatórios sobre a novíssima literatura russa aconteciam paralelamente aos ensaios da tragédia *Vladimir Maiakovski*, que estreou no teatro Luna Park nos dias 2 e 4 de dezembro de 1913. O poeta trabalhou muito durante esses dias. Escreveu para a mãe e as irmãs, em Moscou, contando que seus dias estavam tomados e as noites também. Maiakovski atribuía muita importância à produção da tragédia. Ele era o diretor e fazia o personagem principal. Os outros atores foram selecionados entre os amadores, a quem ensinava-se a forma elementar de declamar poemas. P. Filonov e I. Chkolnik fizeram o cenário.

Mas antecederam o espetáculo acontecimentos tragicômicos. Dois dias antes da estréia, os atores, selecionados sem qualquer critério, recusaram-se a ensaiar e a participar do espetáculo.

— Que desgraçados! Surgiu um boato pela cidade — indignava-se Maia-kovski — de que durante o espetáculo iriam bater nos atores e que jogariam neles carne podre, peixe e outras porcarias.

Quando o poeta chegou ao ensaio, os atores lançaram contra ele, aos gritos, impropérios e xingamentos e, ao entender do que se tratava, Maiakovski os mandou para o diabo e foi embora.

Teve de recomeçar todo o trabalho, selecionar amadores para a interpretação dos papéis. Dessa forma, propiciou a entrada, para o grupo, de atores como Olga Matiuchina. No relato a seguir, vê-se como Maiakovski e o cenógrafo Mikhail Matiuchin pensaram acerca da formação do grupo de atores. Matiuchin sugeriu:

— Olga, interprete uma mulher com lágrimas!

— Impossível! Eu nunca interpretei na minha vida!

— Não interpretou, mas vai interpretar! — disse Maiakovski, áspera e incisivamente.

— Tenho medo. O senhor diz que irão bater e jogar porcarias na gente. Tenho muito medo de ratazanas mortas...

— Pedirei que joguem ratazanas mortas em mim, pois estarei ao seu lado. Se a atingirem com um ovo podre, não leve a mal. Pelo menos nos divertiremos. Poderemos devolvê-los e escolher as caras mais venenosas. Concorda?

Sobre o espetáculo, conservaram-se os registros de pessoas do meio teatral e muito material de jornal. A maioria do público, disputando ingressos, dirigia-se para o escândalo. A espera do escândalo foi preparada pela imprensa e pelo comportamento dos próprios futuristas.

Havia policiais na porta e no *hall* de entrada do teatro. Eram os inspetores dos postos policiais. Havia também oficiais de justiça e até mesmo o auxiliar do chefe de polícia, coronel Galle. No teatro da rua Troitskaia, todos aguardavam o escândalo. No entanto, em algum local da platéia, Blok, que com interesse observava Maiakovski, falou da alma democrática do poeta. Apareceram pessoas do meio teatral; algumas, apesar de não aceitarem os futuristas, demonstravam um sentimento de ciúme com relação ao sucesso de suas apresentações. Estiveram presentes no espetáculo V. Meyerhold, A.A. Mgebrov.

A.A. Mgebrov, que resolveu ir ao teatro, como ele mesmo reconheceu, no último minuto, havia sido avisado previamente. Recorda que a platéia ria e gargalhava mesmo antes de abrirem as cortinas. Estava sentado ao lado do compenetrado e estranhamente tranqüilo Khliebnikov.

Atrás das cortinas reinava uma animação de "pré-estréia", ali ninguém queria escândalo. Maiakovski também não o queria, apesar de não temê-lo. Ele não contava com a benevolência do público e da imprensa, mas até o último momento temia que o espetáculo fosse proibido. O espetáculo, no entanto, aconteceu. Vamos vê-lo com os olhos do ator profissional A.A. Mgebrov:

"A luz apagou e as cortinas se abriram. O espetáculo começou. Uma iluminação vagamente mística dominava o palco cercado de um tecido grosso ou pano engomado e um pano de fundo de cartolina preta que, na verdade, era a única decoração. A cartolina toda estava pintada de forma extravagante. Não pude entender o que estava escrito nela, na verdade nem tentei: havia umas chaminés de cabeça para baixo, casas, inscrições em linhas retas e tortas, tudo com cores fortes. O que essa cartolina representava? — eu, como os outros, não entendi, mas, estranhamente, impressionava; havia muito sangue e movimento. Era caótico... afugentava e atraía, era incompreensível e mesmo assim íntimo...

"Por trás das cortinas desfilavam devagar, uns atrás dos outros, os personagens: de cartolina e bonecos vivos. O público tentava rir, mas o riso falhava... Maiakovski apareceu no palco sem maquiagem, em seu traje comum. Parecia estar acima da multidão, acima da cidade; pois era o filho da cidade e a cidade lhe ergueu um monumento. Por quê? Pelo menos por ele ser poeta. 'Estão rindo de mim!', parecia dizer Maiakovski. 'Estou como um monumento entre vocês. Riam, eu sou poeta. Sou aspiração, vocês são o pedestal. Vou em direção a vocês, contra vocês e com vocês, mas sigo acima de vocês. Sou maravilhoso nesse instante, pois vocês são deploráveis. Vocês são o rebanho, eu, o líder. Mas eu os amo. Sou solitário, faminto e miserável... Por quê? Somente porque sou poeta, somente porque sinto e sofro. Eis meus devaneios, tomem-nos, se conseguirem. Eis a minha tragédia — não poderão alcançá-la...'

"É claro que Maiakovski não disse nada disso, mas me pareceu que assim ele falava...

"... eu parecia ter me aproximado, nessa noite, da tristeza, da alma humana eternamente envenenada, que, como um príncipe em farrapos de mendigo, encontrou seu destino e suas lágrimas na revolta dos futuristas."

A platéia e as galerias interpretaram de forma diferente o espetáculo. Poucos conseguiram ouvir e sentir a revolta da alma solitária nesse espetáculo. Os colegas (futuristas) expressaram insatisfação com Maiakovski por ele "não separar a palavra do sentido, não usar o som verdadeiro da palavra" e com isso não "posicionar os últimos limites" para o caminho da arte futurista. (M.V. Matiuchin). Não se ouviu a súplica do poeta:

> Venham a mim
> quem arrancou o silêncio,
> quem uivou
> por causa do laço apertado,
> eu abrirei para vocês
> com palavras,
> simples, como mugido,
> nossas almas novas,
> que soltam ruídos
> como os arcos dos postes de luz.

"A maioria ficou decepcionada", escreveu K. Tchukovski, presente ao espetáculo, "mas para alguns, nesse dia, ficou claro que, na Rússia, surgiu um poderoso poeta, com uma enorme força lírica."

A peça e o espetáculo não obtiveram sucesso, porque essa experiência do jovem Maiakovski na dramaturgia era de difícil entendimento e a tragédia do poeta na sociedade burguesa, que procura aproximação com seus humilhados e ofendidos, não provocava compaixão na maioria do público que lotou o teatro. Em sua autobiografia ele disse: "Vaiaram até estourar os tímpanos." É claro: alguns jornais acusaram abertamente Maiakovski de enganação e especulação.

A "vaia" começou antes da estréia e foi tão estridente que abafou estrelas da temporada, como a chegada a Petersburgo do herói do cinema Max Linder e os concertos sinfônicos do maestro-prodígio de 10 anos, Ville Ferrero.

As reportagens sobre a peça e o espetáculo surpreendem pela quantidade e pelo entusiasmo crítico. Dificilmente, na história do teatro russo, houve algum outro espetáculo objeto de tanta fúria nas páginas de jornais e revistas. Artigos e críticas apareceram não só em Petersburgo, mas também em Moscou, em Riazan, em Taganrog, em Kertch, em Ekaterinodar, em Varsóvia, em Riga...

O jornal *Petersburgskaia Gazeta* perguntava: "Quem são os loucos? Os futuristas ou o público?", e trazia a opinião do público sobre o autor da peça e os futuristas: "São loucos!" Num outro jornal dizia-se que "o Sr. Maiakovski era medíocre no sentido mais inteligente e abstruso da palavra". O autor do artigo lastimava: "Nem conseguiram organizar um escândalo direito!"

No *Petersburski Listok* saiu: "Foi uma profanação pública do teatro." A peça era comparada ao "delírio das pessoas esquizofrênicas". No *Teatralnaia Jizn* foi feita a acusação: "... vergonha de uma sociedade que reage com riso à chacota e que permite que a cuspam..."

Os jornais transcreveram as exclamações do público após o espetáculo: "Sr. Maiakovski, basta de enganar o público!" "Seu lugar é no quarto nº 6!"* "Fora os futuristas!" "Fora!"

Os jornais conclamam que se calem os futuristas e, na mesma hora, envolvem-se numa polêmica em torno deles. Até mesmo uma paródia foi publicada sobre a peça de Maiakovski, sob o título "Miniaturas do dia", que terminava com exclamações: "Aqui simplesmente roubam... Socorro!.. Chamem a polícia, polícia!"

Concomitantemente à peça de Maiakovski (um dia depois), no Luna Park, aconteceu a apresentação da ópera futurista *Vitória sobre o Sol* (libreto de

---

*Referência ao conto de A.P. Tchekhov "Quarto nº 6", que conta uma história sobre internos num hospício.(*N. da T.*)

A. Kriutchionikh, música de M.V. Matichin, cenário e figurino de K. Malevitch). Foi recebida quase da mesma forma que a peça de Maiakovski.

A estréia de Maiakovski na dramaturgia terminou em total fracasso. A consolação, porém, veio depois, mediante avaliação da tragédia por alguém não presente ao espetáculo. Maiakovski leu-a no dia seguinte ao da apresentação. "Ali havia aquela inspiração sem a qual não existe originalidade que se abra em qualquer momento da vida, em qualquer direção, sem a qual a poesia é somente um mal-entendido temporariamente inexplicável." Esta foi a impressão que a leitura da tragédia por Maiakovski causou em B.L. Pasternak.

O expresso do futurismo

Eles estavam maduros para viajar pela Rússia. Surgiu a esperança de obter sucesso. Parecia que havia chegado a hora de "introduzir" na consciência do público leitor a nova arte, a nova poesia.

O sucesso quase absoluto nas apresentações acompanhava Maiakovski. E não se pode afirmar que tal sucesso subiu-lhe à cabeça. Afinal, era o autor de duas dezenas e meia de poemas e da tragédia malsucedida no palco, que o público recebia como poeta. Seu nome estava constantemente nos jornais. Não importava nem um pouco se o nome de Maiakovski era relacionado com o escândalo. Isso atraía ainda mais.

A expulsão da escola de pintura e o fiasco da peça não perturbaram Maiakovski. Como se nada tivesse acontecido, Maiakovski continuava a se apresentar. Mas isso não significa que as artes plásticas eram uma atração passageira.

Essa atividade, que em sua época era acompanhada de perto por N. Khardzhiev, é característica não só da literatura russa do início do século XX. Na Rússia, migraram das artes plásticas para a poesia, além de Maiakovski, V. Kamienski, E. Guro, A. Krutchionikh, D. Burliuk. Pintavam e desenhavam também S. Bobrov, V. Khliebnikov, I. Zdanievitch, N. Burliuk. E isso não é tudo. É curioso que alguns pintores de esquerda como P. Filonov, V. Tchekriguin, O. Rozanova, K. Malevitch escrevessem poemas. Malevitch até escreveu um artigo intitulado "Sobre a poesia".

A aproximação das artes — poéticas e plásticas — fundamentada na renovação radical de expressão é a marca dos tempos. Nesse sentido, podem ser mencionados os nomes de Guillaume Apollinaire, Jean Cocteau, Jacques Dyssord e outros poetas, famosos também como pintores. Escreviam poemas H. Rousseau, A. Modigliani, Pablo Picasso, V. Kandinski. E essa relação não é definitiva.

Os futuristas russos estão intimamente ligados aos mais brilhantes representantes da vanguarda artística. Os pintores "novos" davam forma a coletâneas de futuristas, seus livros e espetáculos. Muitos deles eram amigos de Maiakovski, Burliuk, Kamienski, Khliebnikov. Organizavam debates e editavam livros. A coletânea do grupo de pintores de Petersburgo, *União da Juventude Nº 3*, por exemplo, saiu com poemas e artigos dos hileiros, membros do grupo futurista Hiléia.

Fez-se a escolha no plano pessoal: a arte cedia espaço à poesia e, no dia 14 de dezembro de 1913, o "Expresso do Futurismo" iniciou sua rota, partindo de Kharkov, seguindo pelas cidades de Kertch, Odessa, Kichiniov, Nikolaiev, Kiev, Minsk, Moscou, Fazan, Penza, Rostov, Saratov, Tiflis, Baku, Kaluga e novamente Moscou...

Aos primeiros espectadores e ouvintes foram oferecidos três discursos que se alternavam: o de Maiakovski "Os avanços do futurismo" (sobre poesia), o de Burliuk, "Cubismo e futurismo" (sobre a arte contemporânea) e o de Kamienski, "Os aeroplanos e a poesia dos futuristas" (sobre a influência das invenções técnicas sobre a poesia contemporânea). Ao nome de Kamienski, no cartaz, antecedia um título imponente: piloto-aviador do Aeroclube Imperial de Todas as Rússias. Isso era para influenciar psicologicamente os representantes do poder, de quem dependia a permissão para realização da apresentação nas cidades.

Os cartazes provocativos e incomuns atraíam a atenção dos moradores de Kharkov, mesmo antes da apresentação. Os próprios poetas, é claro, contribuíam para isso. No dia da primeira apresentação dos futuristas, no jornal local saiu: "Ontem, na rua Sumskaia, aconteceu algo extraordinário! Uma enorme multidão bloqueou a rua. O que houve? Um incêndio? Não. É que entre os transeuntes estavam os famosos líderes do futurismo — Burliuk, Kamienski e Maiakovski. Os três estavam de cartola, sob os paletós viam-se as blusas amarelas e maços de rabanetes nas lapelas. Eram percebidos de longe, eram uma cabeça mais altos que a multidão e caminhavam com ar imponente, sério, apesar da animação do público. Uma certa moça expansiva ofereceu um buquê de rosas vermelhas aos futuristas e, pelo visto, queria dizer algumas palavras, mas, ao avistar o policial, desistiu. Hoje, na sala da 'biblioteca pública', acontecerá a primeira apresentação dos famosos líderes do futurismo. Dizem que os ingressos estão esgotados. Os moradores de Kharkov aguardam o próximo escândalo."

As duas noites em Kharkov transcorreram com a sala superlotada. Muita gente ávida para tornar-se testemunha do escândalo permaneceu na rua. Porém, não houve escândalo. Os poetas sentavam-se no palco, bebiam chá e, com isso, provocavam exclamações animadas do público. Da mesma forma animada, com entusiasmo e originalidade brincavam com o público para tornar a noite mais descontraída. E isso eles haviam reservado em seus discursos. Ouviam-se, durante as apresentações, assobios, batidas de pés e aplausos, mas houve também a intimação de Kamienski para comparecer ao departamento de polícia por ter "louvado o chefe dos bandidos" (ele leu um trecho do poema romântico "Stenka Razin"), mas isso jogava mais lenha na fogueira da fama escandalosa dos futuristas acesa pela imprensa. Eles queriam isso. Era a forma de se auto-afirmarem. Em Kharkov, não houve escândalo, apesar de o repórter ter descrito a noite com comentários para nos convencer disso. Escreveu que "o homenzarrão Maiakovski, numa blusa amarela, agitava os punhos cerrados com uma voz retumbante de gênio da lâmpada e convencia o público que nivelaria o mundo inteiro e, para comprovar, leu seu poema: 'Cabeleireiro, penteie minhas orelhas.' Pelo visto, são compridas e o atrapalham.

"O outro, 'poeta-aviador', Kamienski, com um aeroplano na testa, ao terminar sua 'profecia sobre o futuro', disse que está pronto a 'dançar tango com as vacas' somente para provocar ciúme. Para que precisava disso, o 'gênio' cacheado não explicou, apesar de xingar o confiável público de 'pequeno-burgueses sem chifres, criadores de gado'. No entanto, seu poema 'Sarin na Kitchku'* foi o mais convincente: quase bate com a borla na cabeça. Porém, o 'recorde de realizações dos futuristas' foi alcançado pelo terceiro 'gênio' cara-pintada, Burliuk, quando mostrou quadros verdadeiramente 'nebulosos' dos futuristas e chegou ao ponto de tecer loas ao urinol em poemas!!!"

O público teve chance de se divertir. A bravata dos jovens alternava-se entre a descontração e a insubordinação anárquica, chocava no espírito da "Bofetada no gosto público". Mas o jovem auditório era atraído pela postura antiburguesa que transparecia nas apresentações, apesar das proibições e vigilâncias policiais. E, é claro, a juventude e o fascínio de Maiakovski e Kamienski.

Nas noites em Poltava, Odessa, Nikolaiev e outras, Maiakovski, segundo o combinado, apresentou-se por último, pois era o mais descomedido nas palavras e na originalidade das respostas. Uma garantia para o caso de acontecer um escândalo e interrupção da apresentação, como ocorreu em Poltava.

Após o Ano-novo, aconteceram apresentações na Criméia, com Igor Severianin e o poeta da Criméia Vadim Baian. Os futuristas de Moscou estabeleciam relações com os futuristas de Petersburgo. Depois da apresentação em Petersburgo, Severianin escreveu Baian, em Simferopol, contando que conheceu o poeta Maiakovski, que o considerava um gênio e que se se apresentasse nas noites planejadas, seria grandioso. Severianin propôs a Baian incluir Maiakovski no grupo. Burlink apresentou-se nas cidades de Simferopol, Sebastopol e Kertch (Kamienski, nessa época, apresentava-se em Odessa). No entanto, Maiakovski e Severianin não se tornaram amigos íntimos.

Baian era um homem abastado e foi o organizador das apresentações no Sul. Maiakovski foi brilhante. Mas Severianin não gozou de muito sucesso. É claro que seu indiscutível dom artístico, uma certa dose de graciosidade e um certo mistério em seu rosto de "esnobe internacional" atraíam o público como ímã. No entanto, em constante contato com os membros do grupo, Maiakovski começou de forma inofensiva (às vezes, nem tanto) a zombar de Severianin, que era demasiadamente mimado e sensível com relação a sua

---

*Ordem dada pelos capitães das embarcações no rio Sura que significa, mais ou menos, "ficar de prontidão". (*N. da T.*)

reputação. Maiakovski começou a parodiar seus poemas. Baian também não escapou, pois seus poemas exibiam uma certa mistura de Apukhtin e Nadson. E ainda aconteceu o exclusivo sucesso de Maiakovski na noite em Simferopol. Em Severianin o amor-próprio falou mais alto e ele declarou que, após as apresentações conjuntas em Simferopol e Kertch já anunciadas, iria se separar do grupo. Depois de Kertch, o grupo se separou e reuniu-se o trio inicial, e a Severianin e a Baian se juntaram Viktor Khovin e... S.S. Chamardina, que, "na qualidade de primeira artista futurista", lia os poemas deles. Isso aconteceu em janeiro de 1914.

No verão, Maiakovski encontraria novamente a "arrebatadora e alegre" Sonia. Ela freqüentemente visitava Maiakovski na Presnia, principalmente quando ele esteve doente com sarampo, sendo apresentada à mãe e à irmã. Depois, ela adoeceu e Maiakovski visitava-a. Lia-lhe todos os novos poemas. "Nunca mais retornaram à antiga intimidade." Por quê? Segundo Chamardina: "Já começou a 'Nuvem'. Ficaram para trás Odessa, 'Gioconda'..."

Vamos nos adiantar um pouco e ler uma parte não publicada das memórias de S.S. Chamardina que desvenda o mistério do rompimento das relações entre Maiakovski e Gorki que aconteceria bem mais tarde. No próprio romance entre Maiakovski e Chamardina surgiu um abismo, provavelmente pelo mesmo motivo. Intrometeu-se na relação entre os dois Kornei Ivanovitch Tchukovski. A jovem "Sonka", como num confessionário, contou tudo a Kornei Ivanovitch, do que se lamentaria muito posteriormente. Então Tchukovski começou a "protegê-la" de Maiakovski decididamente, contando-lhe "várias coisas horrorosas sobre ele".

Já em 1922, ao encontrar Chamardina, Maiakovski lhe contou como Kornei Ivanovitch espalhava o boato de que Maiakovski seduziu e contagiou uma moça e posteriormente chantageou seus pais. Chamardina confirmou que se tratava dela...

"Vladimir me perguntou se poderia em meu nome desmentir essa vilania em público, perguntou se não causaria problemas na minha vida particular e profissional. Eu, é claro, concordei e me ofereci para desmentir, caso fosse necessário, pessoalmente."

Maiakovski somente num encontro particular com Tchukovski usou a permissão, pois era um cavalheiro. O rompimento com Gorki tornou-se irreversível...

... E Severianin, magoado, escreveu contra Maiakovski e Burliuk o seguinte poema:

> *Eu proponho: sem demora*
> *Volte a si! e firme, daqui em diante,*
> *Indiferente ou com cuidado,*
> *O ódio aos pseudo-inovadores!*

Os versos, como podemos perceber, são deploráveis, mas a resposta de Maiakovski foi mais dolorida.

"Já falaram muito sobre a poesia de Severianin. Tem muitos admiradores, ela é maravilhosa para quem o círculo de desejos não ultrapassa os limites dos passeios pela Morskaia com morenas."

Maiakovski cita uma estrofe do poema de Severianin. No poema "A nuvem de calças", ele se permitiu um ataque mais direto contra Severianin, chamando-o de "codorna" cheia de amor-próprio e esteticismo ("será que danço com elegância?"). E mesmo assim, Maiakovski declamava de cor nas apresentações muitas estrofes e poemas de Severianin, como exemplos de poesia moderna.

Os jornais de Odessa, ainda antes da chegada dos futuristas e no primeiro dia da apresentação deles no Teatro Russo, tentaram fomentar a animosidade do público com relação aos futuristas. Alguém até fez alusão a organizar um escândalo durante a apresentação. A situação política no país era tensa. Os boatos davam conta da dissolução da Duma. Em Kiev, houve o julgamento de Vera Tcheberiak, ligada ao processo de Beilis. Odessa estava intranqüila. Falavam dos *pogroms* de judeus. O famoso dramaturgo Mamont Dalski, que estava se apresentando em Odessa, avisou aos poetas para que, durante as apresentações, se comportassem seriamente, não provocassem a polícia. E realmente, ainda antes da apresentação, exigiram deles um programa detalhado e proibiram Kamienski de ler "Stenka Razin".

No entanto, o *hall* do Teatro Russo nunca tinha visto tanta agitação como desde o dia da chegada dos futuristas. Nele podiam-se encontrar os representantes de todas as classes da sociedade: administradores, oficiais e funcionários públicos. Era mais raro ver bonés estudantis. Na bilheteria vendia ingressos uma dama futurista com um nariz dourado e lábios e bochechas pintados com figuras cabalísticas.

Os futuristas sabiam que em Odessa não podiam tocar em Leonid Andreiev (o tratamento a ele era especial) e, então, não mexeram com ele. Maiakovski foi vaiado por zombar de Balmont. Por cima da vaia, Maiakovski declarou:

— Se estão imaginando que são rouxinóis, pois então piem para Balmont. Pois eu gosto mais dos assobios das fábricas e dos navios.

Desta vez apresentava-se de paletó vermelho.

As duas noites em Odessa, como as anteriores, transcorreram alegres e agitadas, com perguntas e exclamações sarcásticas, respostas originais, assobios e barulho, gritos de "bravíssimo" e "fora", aplausos e flores, bombons e caixas de peixe podre no final... A polícia não perturbava mais os poetas, mas os jornais de Odessa deram liberdade à língua e falaram tão mal das apresentações dos futuristas que, caso estes tivessem que retornar a Odessa, não haveria melhor propaganda.

Após as apresentações dos futuristas nessa cidade, foram publicados cerca de 120 crônicas, resenhas, artigos, folhetins, charges e pasquins na imprensa local. O sucesso deles era comparado ao sucesso de Chaliapin em Odessa. Até mesmo o jornal que tinha uma posição mais crítica, o *Iuzhnaia Misl* (Pensamento do Sul), que fazia uma avaliação nada lisonjeira das apresentações, ressaltou: "Maiakovski está à margem de toda esta mixórdia."

Era o dia dele, quando se apresentou no Teatro Russo. Também, pudera! Na platéia estava a maravilhosa e encantadora "Gioconda", de 17 anos, que atingiu o coração do poeta desde o primeiro momento. Gioconda (assim a chamava Maiakovski: naquela época o roubo do famoso quadro de Leonardo da Vinci e seu posterior retorno ao Louvre, em 1911-1913, ainda estavam na memória de muitos) — Maria Aleksandrovna Denisova — Machenka Denisova — era bonita e revelou-se uma mulher extraordinária. Ela era de uma numerosa família de camponeses. Em Odessa, morava com a irmã mais velha, que fora casada com um homem rico. Estudava num ginásio particular que largou e não terminou. Ingressou nos cursos do pintor Iu.R. Berchadski e fazia esculturas. Simpatizava com as idéias revolucionárias.

Os encontros com Maria, nas recordações de Kamienski, praticamente transformaram Maiakovski. Sentia-se deslocado, vagava pelo quarto do hotel, chamava seus amigos para ver o mar à noite, desaparecia durante muito tempo e, à noite, no teatro, parecia ter superado a si mesmo, declamando os poemas com uma entonação nunca vista e a toda hora olhava para onde estava sentada Gioconda.

Maiakovski estava apaixonado. Ele, como achava Kamienski, apressava-se demais com seus sentimentos e sofria sem levar em consideração as condições. Mas podiam nem ser condições. Maria Aleksandrovna, uma moça bastante independente (nesta questão, ela diferenciava-se da irmã), no entanto, não simpatizava com os futuristas e não penetrou no âmago da vida deles. Ela gostava de Maiakovski, parecia até estar atraída por ele, mas se recusou a dar um passo decisivo. Mas não porque era indecisa. Ao contrário, toda sua vida posterior foi uma corrente de atitudes corajosas e, muitas vezes, arriscadas. Havia algo mais que a impedia de dar um passo ao encontro de Maiakovski, algo diferente contra o qual se chocava o coração impaciente e ardente do poeta.

O amor é um mistério, e ninguém pode desvendá-lo.

Após o último encontro com Maria Aleksandrovna, Maiakovski estava sombrio e calado. Provavelmente as marcas foram o que descobriu R. Duganov no verso do retrato que Burliuk fizera de Maria Denisova. Duganov decodificou o texto que pertencia a Maiakovski que, como ele achou, mais parecia um jogo de adivinhação. O poeta dizia assim:

> *Eu a amo*
> *n.l. bonitinha*
> *querida linda*
> *adorada me beije*
> *você me ama?*

Há dois desenhos: um coração sangrando atravessado por uma flecha e uma forca: é o sentimento de salvação, de auto-ironia, que não deixava Maiakovski nem mesmo nos momentos mais tensos e mais dramáticos de sua vida! Ele sofria pela derrota e zombava de si mesmo diante dos olhos de sua amada. Entre os amigos, ele não estava para brincadeiras.

Na cabine do trem, quando viajavam de Nikolaiev para Kichiniov, Vladimir Vladimirovitch, devagar e tenso, leu para os amigos as primeiras estrofes do poema: "Vocês pensam que é o delírio da malária?..."

A dor transformava-se em poesia.

Mas falaremos sobre isso mais adiante. Por enquanto, o trio futurista continua sua turnê: Kichiniov, Kiev, Minsk... Apresentavam-se com o sucesso escandaloso costumeiro, em toda parte estavam os detratores e os fãs, em toda parte aconteciam os conflitos com a polícia. Em Nikolaiev, por exemplo, a polícia proibiu-os de andar pela cidade e exigiu deles uma declaração assinada que os obrigava a não mencionar temas políticos nem falar dos autores clássicos. Além disso, exatamente em Nikolaiev, no jornal *Trudovaia Gazeta* (Jornal do Trabalho), um conhecido jornalista de Burliuk, V. Nejdanov, reportou o discurso de Maiakovski durante a turnê na qual tentava apresentar uma "fundamentação teórica do futurismo". Ele dizia que a poesia do futurismo era a poesia da cidade, que a cidade enriqueceu as nossas emoções e impressões com elementos urbanos desconhecidos dos poetas do passado, que a cidade substitui a natureza e seus fenômenos e transforma-se em fenômeno nas profundezas do qual nasce o novo homem urbano. "Telefones, aeroplanos, expressos, elevadores, máquinas rotativas, calçadas, chaminés das fábricas, os arranha-céus de concreto, a fuligem e a fumaça — eis os elementos da beleza na nova natureza urbana. Vemos mais freqüentemente a lâmpada elétrica do que a romântica lua."

O homem moderno pode sorrir condescendente ao ler sobre telefones, elevadores, chaminés de fábricas como marcas da época da vida urbana. Porém é possível não sorrir, pois não eram as marcas, mas o processo que Maiakovski enxergava. Via o início daquilo que hoje chamamos de progresso técnico-científico. "O século do urbanismo" é o século da revolução técnico-científica. E se Maiakovski não temia a total urbanização é porque não conseguia prever suas conseqüências mortais para a natureza.

Maiakovski dizia em sua apresentação que o ritmo da vida havia mudado, que o ritmo suave, tranqüilo e sem pressa da velha poesia não correspondia ao psiquismo do homem urbano moderno. "A agitação, eis o que hoje simboliza a modernidade", e a poesia... tem que corresponder aos novos elementos do psiquismo da nova cidade. Mas é claro que dizia no sentido de que a palavra poética era independente, que a palavra não deve descrever, mas expressar por si mesma. "A palavra possui seu aroma, sua cor, sua alma; a palavra é um organismo vivo e não somente um sinal para a definição de certo conceito. A palavra é capaz de uma cadência infinita, como a escala musical."

Esse discurso não enriqueceu muito a teoria, há contradições nele que não se encaixan num sistema. Vale frisar que o futurismo, como corrente, surgiu a partir de diferentes fenômenos literários e não em torno de uma concepção estabelecida da nova arte, porém, mais provavelmente, em torno da negação do velho. E Maiakovski naquela época tinha somente 20 anos.

No discurso, no entanto, observa-se como se formou a visão urbanística do jovem poeta e formou-se, parece-me, não como resultado de uma profunda penetração nos processos da vida, nas perspectivas do desenvolvimento industrial, mas como resultado da percepção emocional da civilização urbana por um jovem rapaz de uma província longínqua que veio para a cidade grande. A correção posterior, depois de alguns anos, não alterou a essência principal do urbanismo de Maiakovski.

As contradições em seus pontos de vista sobre a arte podem ser notadas pelas reportagens dos jornais sobre as apresentações de Maiakovski, pelas teses de seus discursos, pelos seus poemas. Apesar do caráter polêmico de algumas de suas teses, ele às vezes entrava em atrito com o futurismo. E valendo-se das contradições surge, bastante claro, o principal — o rosto do artista que veio dizer ao mundo a sua palavra.

Nos eventos literários, o que mais atraía o público não eram os discursos, a poucos dirigidos. O verdadeiro contato com a platéia acontecia durante a leitura dos poemas, as conversas, as perguntas e respostas, gritos e bate-bocas. Os moscovitas sabiam "irritar" a platéia e, por isso, a fama escandalosa, aquecida pelos jornais, sempre precedia. Em Kiev, antes da apresentação dos futuristas, na praça do teatro, apareceu um destacamento de polícia montada. No palco do teatro, onde se apresentaram, no teto foi pendurado um piano. Os repórteres estavam furiosos depois da primeira apresentação. E a tranqüila informação sob o título "Futuristas em Kiev" comunicava:

"Ontem aconteceu a primeira apresentação dos famosos futuristas: Burliuk, Kamienski e Maiakovski. Estavam presentes o governador-geral, o chefe da polícia, 8 comissários, 16 auxiliares dos comissários, 25 chefes de postos policiais, 60 policiais dentro do teatro e 50 policiais montados ao redor do teatro."

Os visitantes de Moscou estavam encantados! Era impossível inventar uma maneira melhor de atrair a atenção do público para os futuristas. Mas isso também atrapalhava, pois inquietava os governos das outras províncias. Como representante para obtenção de autorização do governador, o grupo enviava Kamienski. Ele mostrava à excelentíssima autoridade seu diploma de aviador, para garantir que os governadores colaborassem com ele. Os cartazes diziam: "Aeroplanos e poesia". Dizia Kamienski:

"O governador ficava perplexo:

"— O que isso tem a ver o futurismo? O que é isso? Para quê?

"Eu explicava que o futurismo falava principalmente sobre o progresso da aviação.

"O governador perguntava:

"— Burliuk e Maiakovski também são aviadores?

"— Quase...

"— Mas por que então em torno do nome deles há uma certa atmosfera de escândalo?

"Eu respondia:

"— Como qualquer nova descoberta, os jornais chamam nossas apresentações de 'sensação' ou 'escândalo' — é a maneira de fazer um barulho para vender mais jornal.

"— É verdade — concordava o governador, e com uma mão indecisa escrevia: 'Autorizo.'"

O futurismo não assustava. Ele divertia o público burguês, mas havia limites.

Algumas esperanças difíceis de serem explicadas surgiram no sombrio cenário da desconfiança oficial. O dirigente da cidade de Sâmara revelou-se um grande liberal e organizou uma recepção aos futuristas numa casa particular e disse, em seu discurso de saudação, que na triste realidade russa os poetas futuristas eram as pessoas mais brilhantes e livres.

A cidade de Kazan, para onde Maiakovski viajava com tanta vontade, recebeu os futuristas com entusiasmo estudantil que foi interrompido na sala do Conselho da Nobreza pelo chefe da polícia umas seis vezes. Depois, o "Expresso do Futurismo" foi a Penza, Rostov, Tiflis, Baku... Tiflis. Era o primeiro encontro de Maiakovski com a Geórgia quase oito anos após sua partida para Moscou. Assim que chegaram ao hotel em Tiflis, Maiakovski, na mesma hora, desapareceu e algum tempo depois irrompeu pelo quarto do hotel com uma tropa de amigos jovens. Iniciou-se uma verdadeira festança de amizade, soou a música georgiana. Depois foram de bondinho até a montanha de David e de lá, daquele "palco", Maiakovski tentou falar com o mundo!...

Passou um dia em Kutaíssi com Kamienski, encontrou amigos de infância. Os encontros foram emocionantes. Esteve às margens do Rioni. A alma trepidou de alegria ao lembrar do passado, mas também entristeceu ao lembrar da inesperada morte do pai...

A apresentação em Tiflis aconteceu no dia 27 de março de 1914. Algumas curiosidades sobre essa noite e sobre o surgimento dos futuristas na cidade ficaram registradas nas memórias de S. Spasski. Na véspera da apresentação, surgiram na cidade cartazes diferentes, divulgando misteriosas teses dos discursos que provocavam interesse, perplexidade e indignação. Para começar, o trio resolveu desfilar pela avenida Golovinski, a principal da cidade: Burliuk de casaca vermelha, com o rosto coberto de pó-de-arroz, com um lornhão feminino. Kamienski colocou, por cima do habitual terno, uma capa de veludo preta com passamanes prateados. Maiakovski enrolou-se num véu rosa coberto de pequenas estrelas douradas e pôs um chapéu macio de feltro. Os rostos estavam pintados. Era um verdadeiro circo mambembe! Os moradores de Tiflis acompanhavam o trio com olhares de espanto e perplexidade. À noite, ao lado do teatro de ópera, reuniu-se uma multidão. Poucos conseguiram um lugar no teatro.

Maiakovski apareceu no palco trajando sua famosa blusa amarela e um fez torto na cabeça. Sentou-se junto a Burliuk e a Kamienski, jogou o fez em cima da mesa e avisou educadamente:

— Prezados senhores e senhoras. Vieram aqui para ver um escândalo. Estou avisando, não haverá escândalo.

Burliuk antecipou sua fala com o som de um sino religioso que estava sobre a mesa. O ato começou.

"Sua mão calcou o atril, empurrava-o e esmagava-o", lembra S. Spasski. "Maiakovski possuía uma teatralidade natural, uma persuasão espontânea de gestos... Posicionava-se em cena corretamente, sem pose, sem esforço. Não procurava palavras, não tropeçava em frases... Maiakovski conversava com o público. Estava pronto para receber réplicas e descarregar sobre elas suas objeções... Era um debate sem fim, até mesmo se as objeções não viessem. Maiakovski discutia com o oponente, apesar de este não se aperceber claramente, esmagando-o com suas dúvidas...

"Sua fala apoiava-se em imagens e comparações inesperadas e certeiras... A voz era aceita sem reclamações e até os risos eram raros. Até os mais hostis ou indiferentes subordinavam-se aos sons da onda que soava. Principalmente quando a fala de Maiakovski, com ritmo próprio, passava naturalmente para versos.

"Ele dava exemplos de versos, apresentando aos ouvintes a nova poesia. Pronunciava os versos, às vezes solene, às vezes sensível, esticando amplamente as vogais das palavras, ou então, achatando suas formas duras e batendo com elas pela sala. Ele se movimentava num ritmo suave, marcando seus limites com a elevação e redução no tom da voz e, de repente, abandonando a musicalidade, diziam os versos como se estivesse conversando...

"... Lendo poemas, Maiakovski expressava-se de forma mais completa e condigna. Ao mesmo tempo, não eram leituras para si mesmo. Maiakovski lia para os outros de forma totalmente aberta e democrática, como se escancarasse os portões, convidando a todos para entrar dentro do verso."

É claro que essas recordações de Spasski são impressões posteriores, quando Maiakovski e Spasski, durante um longo tempo, se apresentaram juntos no

Café dos Poetas, em 1918. O melhor de Maiakovski ainda estava por vir, mas sem dúvida, já naquela época, durante a viagem pelas cidades do país, nas apresentações revelaram-se os traços marcantes do Maiakovski-orador, Maiakovski-polemizador, Maiakovski-declamador, percebidas por Spasski. Revelou-se a brilhante individualidade do poeta.

A noite no teatro de ópera de Tiflis terminou com um grande sucesso. Maiakovski, sem dúvida, com sua arte, fascínio e originalidade, foi o responsável por este sucesso, pois introduzia frases georgianas espontaneamente em suas falas, e isso agradou ao público.

Terminaram sua turnê em Kaluga. Na segunda quinzena de abril, retornaram a Moscou. Voltaram com a sensação de sucesso com o público, principalmente o público jovem. Os futuristas agora tinham seus partidários em muitas cidades da Rússia. Eles viraram moda, começaram a ser convidados para apresentações. E foram auxiliados pelas calúnias dos jornais. Os artigos e as crônicas publicados sobre eles na descomedida imprensa moscovita sob os títulos "Cavalheiros do rabo de burro", "Cavalheiros do burro verde", "Palhaços da literatura", "Tapas na cara cor-de-rosa", "Burros da arte", "A noite da comédia", "Apresentação do ruivo", como quase sempre acontece nestes casos, tinham o efeito contrário ao desejado, apesar de o autor dos dois primeiros artigos citados ter sido o popular humorista A. Izmailov. Pelo visto, ao entenderem isso, os repórteres e humoristas sossegaram por algum tempo e interromperam seus ataques. Mas não durou muito.

O "Expresso do Futurismo" passou por 17 cidades. As noites em Petersburgo e Moscou iniciavam e terminavam com auditórios lotados. Os futuristas trouxeram a poesia para o palco. Os jovens poetas com suas vozes retumbantes, ainda por cima originais, rápidos nas respostas a qualquer pergunta e réplica, bons declamadores, conquistaram a simpatia de qualquer auditório.

Na primavera de 1914, com os esforços de Burliuk, Maiakovski, Kamienski e Cherchenevitch, foi editada a *Primeira Revista dos Futuristas Russos*, na qual, além destes publicaram-se Khliebnikov, Severianin e outros. E logo após foi editada por Burliuk a tragédia *Vladimir Maiakovski*. Feliz, o autor convidou seus amigos para o Café Filipovskoie, na rua Tverskaia. Levou consigo 20 exemplares do livrinho de capa amarela e colocou-os sobre a mesa com os tira-gostos e vendeu-os a 1 rublo cada, formando em volta de si uma companhia de jovens leitores e, posteriormente, futuros admiradores.

No início de 1914, na confeitaria da rua Arbat, ocorreu um encontro de conseqüências relevantes. O porquê e as recordações deixadas são relatados pela própria pessoa com quem Maiakovski se encontrou, Boris Pasternak. As recordações estão no livro *A gramática da guarda*, de 1930, ano da morte do poeta. Eles, representantes da *Centrífuga* (um dos grupos independentes do futurismo) e dos cubofuturistas, se encontraram para o esclarecimento das relações que já eram hostis, mesmo após Pasternak ter se sentido atraído pelos poemas de Maiakovski lidos em diferentes edições.

A hostilidade surgiu em razão de ataques mútuos entre a *Primeira Revista dos Futuristas Russos,* dos cubofuturistas, e o almanaque *Rukonog* por parte dos partidários da *Centrífuga*. Os ataques rudes nestas edições pretendiam criar escândalo, ainda mais que neles havia a mão do jovem e decidido Cherchenevitch, participante obrigatório das brigas literárias, que praticamente, dois meses antes disso, criticou duramente seus novos companheiros em nome de um outro grupo de futuristas reunidos em torno da editora Mezanino da Poesia.

Após a publicação no *Rukonog* da resposta à grosseria de Cherchenevitch em forma de artigo de Pasternak, intitulado "A reação Vassermanov", em que os poemas de Cherchenevitch foram classificados de artisticamente fictícios e analisados não segundo critérios estéticos, mas biológicos — os autores da *Primeira Revista Futurista Russa* exigiram um encontro pessoal e avisavam: "Caso a *Centrífuga* se recuse a cumprir nossas exigências e não recebermos, em três dias, a resposta sobre o encontro, vamos nos achar no direito de resolver o mal-entendido de qualquer forma aplicada aos covardes."

O desafio foi aceito e o encontro marcado na confeitaria da rua Arbat. Da parte da *Centrífuga* estavam B. Pasternak, S. Bobrov e B. Kuchner. A seguir, o relato de Pasternak:

"Era um dia de calor do fim de maio e já estávamos na confeitaria da rua Arbat, quando irromperam no ambiente, com barulho e ar jovial, Maiakovski,

Bolchakov e Cherchenevitch, que entregaram os chapéus ao porteiro e, sem medir a sonoridade da conversa, somente abafada pelos bondes e carroças, dirigiram-se a nós demonstrando um sentimento de amor-próprio espontâneo. Tinham vozes bonitas. A posterior tendência da poesia declamada começou aí. Estavam elegantemente vestidos. Nossas roupas não tinham apuro. O inimigo estava em vantagem.

"... eu observava Maiakovski ininterruptamente. Acho que o via pela primeira vez tão de perto.

"Sua dicção metálica, era um traço artístico. Era fácil de reparar sua rispidez proposital como um traço que o diferenciava dos outros. Em sua firmeza, ele não estava sozinho. Ao lado estavam seus companheiros. De todos, somente ele fazia o papel de gênio, o outro, assim como ele, era poeta autêntico. Mas todas essas coisas em comum não depreciavam a originalidade de Maiakovski, mas a destacavam. Diferente, porém, ele não fazia o jogo isolado, jogava tudo; ao contrário de desempenhar papéis, fazia o papel da vida. Essa última característica podia ser percebida em seu olhar. Isso o aprisionava e assustava.

"Embora se percebesse as pessoas em volta, o aparecimento de Maiakovski revelou-se mágico, obrigando a todos que se virassem para o seu lado. O natural, no caso dele, parecia sobrenatural. O motivo não era a estatura, mas outra característica menos perceptível. Ele, num grau bem mais elevado do que as outras pessoas, era todo um fenômeno. Havia tanto expresso e finalizado nele, como pouco se vê na maioria, que emergia das cinzas de pretensões não fermentadas e projetos que não aconteceram. Ele vivia como se, no dia seguinte, fossem alcançá-lo conseqüências irrevogáveis. Sentava-se na cadeira como se no banco de uma motocicleta, inclinava-se para a frente, cortava e engolia rapidamente o sanduíche, jogava cartas olhando de rabo-de-olho, sem virar a cabeça, passeava majestosamente pela ponte Kuznetski, recitava pedacinhos da liturgia, trechos profundos de suas poesias ou de outros, viajava e se apresentava e, no fundo, por trás de tudo isso, como um patinador que precisa do impulso, ele arrastava o seu dia como se antecipasse todos os outros dias. Por trás de sua maneira de agir parecia haver sempre uma decisão, quando ela está em execução cujas conseqüências já não se submetem a alterações. Tal decisão era a sua genialidade, o encontro que tanto o abalou, que se tornou para ele uma prescrição temática, a encarnação à qual ele se dedicou por inteiro, sem pena e sem indecisão.

"Mas ele ainda era jovem, as formas emanentes desse tema estavam por vir. O tema era inesgotável e não toleraria demoras. Por isso, ele teve que antecipar o seu futuro, e a antecipação, que acontecia em primeira pessoa, exigiu uma pose. De todas as poses, naturais no mundo como regra de comportamento no dia-a-dia, ele escolheu a pose da integridade; para o artista, a mais difícil e, com relação aos amigos e aos parentes, a mais nobre. E tal pose ele sustentava com tanta perfeição que hoje é quase impossível enumerar as características de sua causa profunda.

"No entanto, a mola de seu descaramento era a timidez selvagem; sob sua pretensa vontade havia uma falta de força de vontade fenomenal, desconfiada, com inclinação sombria. Também enganador era o mecanismo de sua blusa amarela. Ele lutava, com o auxílio dela, não com os paletós pequeno-burgueses, mas com aquele veludo preto do talento em si, que com suas formas adocicadas e semblante negro começaram a incomodar antes que isso acontecesse com pessoas menos talentosas. Ninguém, como ele, conhecia toda a dor do fogo natural que não se apaga nem com água fria. Ninguém, como ele, conhecia a paixão, tão necessária para a preservação da espécie e para a criação artística. Ou seja, precisa-se de tal paixão que internamente é como outras paixões, e sua novidade interna é semelhante à nova promessa..."

Na descrição de Pasternak se entrecruzam as primeiras impressões do seu encontro com Maiakovski, as observações mais tardias e as reflexões sobre o destino do poeta após a sua morte. Apesar de algumas idéias não expressas de forma clara, elas exibem o desejo insaciável de alcançar o mistério do gênio.

Eles se encontrariam no dia seguinte num café grego, no bulevar Tverskoi. Lá Maiakovski leu para Pasternak sua tragédia, que impressionou Boris com sua inspiração insondável.

Não vamos, por enquanto, penetrar nas profundezas dessas recordações e na relação entre os dois poetas. No livro de Pasternak há páginas de incompreensão, de divergência brusca. São páginas fúnebres. Nesses anos pré-revolucionários, Pasternak vivia as emoções exaltadas da paixão que se manteve e se reforçava pelos poemas "Nuvem de calças", "Flauta-vértebra", "Guerra e paz", de Maiakovski. E seu sentimento era correspondido.

Há apenas um fragmento: quando, em 1916, S. Bobrov preparava o *Terceiro Almanaque* da *Centrífuga*, com a intenção de continuar a polêmica com os cubofuturistas, e propôs a Pasternak que escrevesse no mesmo tom sobre Maiakovski. Pasternak recusou-se de forma brusca e respondeu a Bobrov: "... não irei me ocupar disso pelo simples motivo de ser contraditório à minha alma e divergir do sentimento de encantamento que tenho por Maiakovski, que, como você não desconhece, é minha fraqueza enraizada e fundamental..."

Pasternak não sacrificava a honra nem a dignidade em função de paixões coletivas e incomodava-se terrivelmente com a disciplina de panelinhas literárias.

A primavera de 1914 foi turbulenta para o grupo de jovens poetas. Começaram a aparecer livros ainda editados por conta própria, com o dinheiro obtido com as apresentações, com a venda de quadros de Burliuk. Saiu a coletânea *O leite das éguas*, um livro com poemas de Kamenski; *O tango com as vacas* foi editado no verso de papel de parede laranja; a segunda edição de *A lua morta*; *O Parnaso rugidor*, com desenhos de Filonov e dos irmãos Burliuk. E o grande acontecimento nessa série constituiu-se na publicação do primeiro volume das *Obras*, de Khliebnikov, com apresentação de Kamienski e Burliuk.

Agora Maiakovski andava com Khlebnikov, e apaixonadamente, com um talento incomum, lia seus poemas; ao passo que o "borbulhante" Burliuk não podia esconder dele a autêntica poesia. Maiakovski dizia aos amigos que o próprio Vitia* não entende o quão brilhante ele é. Um gênio! Mas ele não tem voz e, em nossa época, quando se vive somente da garganta, quando é preciso gritar, brigar, chocar, não se pode ser poeta sem voz. Por isso tão freqüente e insistentemente declamava nas apresentações os poemas de Khliebnikov. Muitas vezes, escondendo-se atrás dele.

---

*Diminutivo de Vielemir. (*N. da T.*)

A primavera de 1914 foi, na vida cultural das duas capitais, Petersburgo e Moscou, a primavera de um turbulento ímpeto da arte de vanguarda, na poesia e nas artes plásticas. Os poetas desafiaram não só o simbolismo, como suas ambições se estendiam bem mais além. Os artistas plásticos organizavam exposições em torno das quais fervilhavam discussões acaloradas. Os nomes de Tallin e Malevitch, Filonov e Osmerkin, Kontchalovski e Iakulov, Lentulov e Falka, Kandinski e Machkov, Larionov e Gontcharova, Kulbin e muitos outros estavam na boca de todos. No teatro, buscava-se o novo. Surgiu a figura do cinematógrafo. As fantasias de Maiakovski o atraíam para o circo, pois via grandes possibilidades de renovação da linguagem da arte neste espetáculo verdadeiramente popular.

Ressonância de vanguarda! Em sua atmosfera, o futurismo nascia e abria caminho na arte.

Neste capítulo resta concluir sucintamente que o futurismo na Rússia era um fenômeno russo, que surgiu na terra russa e não era estranho às tradições nacionalistas pelas rebeliões anárquicas, mas um afeto profundo (principalmente em Khliebnikov e depois em Maiakovski) pelas origens, sentidos e sonoridades das palavras e da fala de milhões. Nascido num momento de crise da arte, o futurismo divulgou muitos resíduos experimentais que davam margem a ataques cruéis da crítica. A experiência está sempre ligada ao risco, e por isso a arte de vanguarda sofre perdas inevitáveis. Mas o futurismo era para Maiakovski a escola do trabalho verbal. Ele logo se convenceu de que precisava da palavra "para a vida", e isso já contradizia o futurismo. Como sempre, na história da literatura, um grande autor não cabe em nenhuma corrente nova ou novíssima, determinada por um programa, não cabe nem no caso de o programa ter sido formulado por ele próprio.

O futurismo russo convergia com o italiano somente num ponto — nas idéias destrutivas com relação à herança cultural. Esse traço bárbaro na tradição russa vem da rebeldia russa. Em todos os outros pontos, os futuristas russos divergiam dos italianos, ao recusarem a idéia de militarismo e guerra, e expressaram abertamente sua posição contrária à de Marinetti quando este visitou Petersburgo e Moscou.

Ainda antes da visita de Marinetti, em 1912, Severianin se benzia quando os avistava. Ao discursar sobre "Os êxitos do futurismo" (11/11/1913), Maiakovski, segundo a informação de um jornal, tomou as dores do futurismo russo — ao qual atribuíam a imitação de Marinetti — e expressou seu ódio com relação à agressividade dos futuristas italianos. Depois Marinetti teve que reconhecer a independência do futurismo russo.

Marinetti chegou à Rússia no início de 1914 e apresentou-se em Petersburgo, onde Khliebnikov e Livchits recusaram-se a cumprimentá-lo, e no primeiro dia de sua apresentação, distribuíram um folheto que expressava o protesto contra a "bajulação" dos compatriotas que caíam aos pés de Marinetti. Após os discursos do visitante italiano, surgiram cartazes com os dizeres "Nossa resposta a Marinetti". B. Livchits proferiu a palestra "O futurismo italiano e o futurismo russo e sua relação".

Em 13 de fevereiro, Marinetti discursou em Moscou na Sociedade de Estética Livre. Maiakovski e seus amigos interromperam especialmente sua turnê e retornaram a Moscou antes desse acontecimento, e, em uníssono (a eles se juntaram Severianin, Kriutchionikh, Livchits), negaram qualquer semelhança com os italianos, "fora o apelido", e insistiam na natureza russa de sua estética.

Dois dias após a apresentação de Marinetti, no jornal *Nov* (Terra Virgem), Maiakovski, Bolchakov e Cherchenevitch publicaram uma carta na qual negavam qualquer herança dos futuristas italianos. O futurismo russo desenvolveu-se em bases próprias, e todas as suas especificidades refletem o momento de amadurecimento das novas correntes na literatura e na arte, durante o período de crise da vida espiritual da sociedade. A Primeira Guerra Mundial, iniciada em 1914, fez correções na vida espiritual da Rússia, influenciou a literatura e a arte, e abalou Maiakovski, que acabara de completar 21 anos.

O décimo terceiro apóstolo

"Recebi a guerra com emoção. A princípio apenas pelo seu lado decorativo e ruidoso." A frase não explica o estado de espírito que Maiakovski vivia. Assim como muitos outros jovens da intelectualidade, Vladimir revelou-se envolvido na atmosfera da exaltação patriótico-militarista. Apresentou-se como voluntário no Exército, mas não foi aceito, porque o Departamento de Segurança, no dia 12 de novembro de 1914, recusou-se a emitir-lhe um atestado de bons antecedentes políticos.

A guerra, entretanto, desdobrava-se e desvendou-se um quadro de banditismo militar global. Viram-se envolvidos no conflito sangrento 38 Estados com uma população estimada em um bilhão e meio. Maiakovski, desde os primeiros dias, envolveu-se na atividade propagandística que refletia o espírito e o conteúdo da política oficial, participava das reuniões em prol das vítimas da guerra. E, sem dúvida, seu pedido de ingressar como voluntário no Exército foi ditado pelo desejo de "conhecer" a guerra para poder falar dela.

O artigo de Maiakovski "A granada à paisana", publicado em 12 de novembro de 1914, termina com as seguintes palavras: "Como russo, me é sagrado cada esforço de soldado para arrancar um pedaço da terra inimiga..." E em outro artigo — "Budietliánie" — Maiakovski fala da guerra até a vitória final: "... a nação russa, aquela única que revida com o punho erguido e pode obrigar o mundo a sorrir durante um longo tempo." Nessa mesma época, defende a criação de marchas e hinos que pudessem inspirar os soldados em guerra.

Mas eis o que mais chama a atenção: nos poemas de Maiakovski "A mãe e o crepúsculo morto pelos alemães", "O violino e um pouco nervoso", "Os pensamentos para a convocação", há um sentimento de horror à guerra e não se vê necessidade de um ato heróico, desejo de vitória. Os poemas não confirmam suas declarações. O poeta estava confuso: "Sabe de uma coisa, violino? Nós nos parecemos terrivelmente: eu também berro, mas não sei nada!" Ele não escreveu hinos e marchas para o exército em guerra nem tentou fazê-lo.

Maiakovski quer emitir seu juízo sobre a guerra, mas, por enquanto, não tem o que dizer. Porém parece entender como não se deve escrever sobre a guerra. Ele cita as estrofes vulgares e empoladas de Severianin e maldosamente as ironiza: "A impressão que se tem é a que as pessoas estão envolvidas com o heroísmo, cavam trincheiras, direcionam os vôos das bombas e, de repente, da multidão dessas pessoas 'de negócios' soa uma voz agradavelzinha: 'creme de violetas', 'licor de banana', 'ostras', 'pó-de-arroz'! De onde? Ah, sim, é que às fileiras cinzas dos soldados juntou-se o *markitanka*.* Igor Severianin é este *markitanka* da poesia russa."

Maiakovski vê diferença entre não escrever sobre a guerra e escrever com a guerra. Afinal, permanece a questão: como escrever? Ele procura seu lugar no mundo revolto pela guerra — vai dirigir o Departamento Literário do jornal *Nov*, de Moscou, onde publica artigos sobre política, guerra e, principalmente, sobre arte. Desenvolve as concepções futuristas, mas já olhando a guerra de soslaio.

A guerra e os versinhos sofridos provocados por ela e que surgem na imprensa deram a Maiakovski um novo motivo para desmascarar com toda a força a poesia dos simbolistas, que lembrava, segundo ele, "um cobertor quente, feito de retalhos redondos do pensamento de folhetim satírico...".

Não trabalhou muito tempo no jornal. A única página literária, na qual incluiu poemas sombrios de Assieiev, Pasternak e seu poema "A mãe e o crepúsculo morto pelos alemães", provocou insatisfação no editor e o fim da car-

---

*Comerciante de bebidas e comidas em barracas próximas dos soldados em guerra (Rússia, século XVIII-XIX). (*N. da T.*)

reira jornalística de Maiakovski. A página não correspondia à ênfase triunfalista do jornal.

As buscas do poeta por seu lugar na tragédia mundial que estava diante de seus olhos e que destruía centenas de milhares de vidas humanas refletiam-se nos artigos sobre a arte. Neles, de um lado, vê-se a tentativa de se esconder na casca da independência poética das contradições cruéis e interrogativas da realidade, na casca da palavra "livre", no abrigo efêmero do futurismo; por outro lado, a impossibilidade de apaziguar com tal posição a palavra que nasceu com seu temperamento poético e social, a palavra nascida pela vida e necessária à vida.

A intuição diz: "precisamos da palavra para a vida", mas o dogma futurístico afirma: "o único objetivo do poeta são as leis da palavra" "não é a idéia que gera a palavra, mas a palavra é que gera a idéia". Nesta chave é interpretado Tchekhov — o escritor preferido do jovem Maiakovski. Tal dualismo não é um acaso e perdurou nos anos 1920. Considerando-se um socialista por convicções, participante da clandestinidade revolucionária, Maiakovski luta com o anarquista que existe dentro de si e as peripécias desta luta encontram reflexão nos artigos, nos discursos e nos poemas do poeta. A confusão e as dúvidas no entendimento, na utilização, no sentido da arte se agravam pela falta de força para refletir sobre todo o horror da tragédia do povo, provocada pela guerra. A literatura do passado, suas tradições pareciam inaceitáveis para a modernidade, porque era injusta a estrutura social daquele tempo. Eis mais um dogma futurista.

O ímpeto patriótico do período inicial da guerra voltou a chamar a atenção de Maiakovski para as origens nacionais, as tradições da arte popular. No artigo "A Rússia. A arte. Nós", cita o manifesto de Khliebnikov dirigido aos estudantes eslavos, escrito em 1908, que conclama à união, critica o costume pequeno-burguês de copiar o estrangeiro no dia-a-dia e na arte.

"Em vez do sentimento de estilo russo, em vez de nossas alegres telas, está a desenvoltura superficial de Paris ou a ossatura fúnebre de Munique", reclama Maiakovski. No entanto, achava uma vergonha a exclusão de Wagner, Gerhart Hauptmann e outros, sob pressão da propaganda nacionalista, do repertório dos teatros russos.

Ele atribui também ao futurismo a coloração nacional, considerando que a plêiade de jovens artistas — Gontcharov, Larionov, Machkov, Lentulov e outros — já estava ressuscitando a verdadeira pintura russa, a simples beleza dos arcos, dos anúncios, a antiga arte de pintar ícones e pintores desconhecidos semelhantes a Leonardo e Rafael.

Bem mais tarde, nas crônicas sobre Paris, contou um caso engraçado e triste que ocorreu antes da guerra. Havia sido organizada uma exposição coletiva de pintores franceses e russos. Um dos críticos chamou os russos de pobres imitadores e elogiou uma certa natureza-morta de Picasso. No dia seguinte, revelou-se que o funcionário confundiu os números e o quadro elogiado pertencia ao pincel de V. Savinkov — aluno "dos pobres imitadores" — e o próprio Picasso caiu no rol dos "pobres". A confusão foi ainda maior, porque a natureza-morta apresentava belos arenques e um típico pão preto russo, completamente inimagináveis a Picasso.

Maiakovski aproxima as experiências futurísticas com a palavra da tradição popular afirmando que a literatura (poesia) possui em suas fileiras Khliebnikov, Kriutchionikh e "originou-se... da corrente clara e materna, da palavra primitiva, da canção russa sem nome".

A perspectiva para as artes plásticas estaria na "escavação da alma pitoresca da Rússia" e conclama os jovens pintores a "ditar ao Ocidente caduco a vontade russa, a vontade atrevida do Leste!".

Ao conceito de "palavras em liberdade" acrescentam-se correções radicais. No artigo "Sem bandeiras brancas", Maiakovski escreve: "Nós não reconhecemos a arte inútil." E formula uma das exigências no artigo "Guerra e linguagem": "a renovação da linguagem e da língua russa".

No início de 1915, Maiakovski pela primeira vez enterra o futurismo — aquele que fora apresentado "por um grupo de eleitos". O poeta declara que o futurismo "morreu" e proclama a glória daquilo que pretendia, com um "traço arquitetônico", criar a nova arte. Na poesia, dá novos passos que o desviam de problemas e objetivos autônomos, esteticamente limitados dessa corrente. Os poemas "Eu e Napoleão", "A vocês!", "Hinos", escritos em 1915, já apresentavam claramente a posição do poeta.

Em 1915, algumas cabeças quentes, embriagadas pelo gás carbônico do patriotismo ufanista, começam a esfriar. Logo no início, o exército russo é derrotado, fica sem munição no *front* e cresce a insatisfação entre os militares.

Agora Maiakovski percebe a guerra como uma tragédia popular, e refletiu seu sentido trágico no poema "Eu e Napoleão". Cada vez mais diverge da propaganda oficial sobre a guerra e da literatura que se submete a seus objetivos. O poeta busca os culpados pela guerra sangrenta, e, como é rápido para fazer justiça, acusa aqueles que estão próximos, quem ele vê frente a frente.

Naquele mesmo famoso cabaré Cão Vadio, onde aconteceu sua estréia poética, em 11 de fevereiro de 1915 Maiakovski pela primeira vez lê o poema "A vocês!". Jogou essa acusação atrevida na cara do respeitável público burguês que vinha ao bar em busca de fortes emoções.

> *A vocês que vivem de orgia em orgia,*
> *que têm banheira quente e* closet!
> *Não se envergonham de ler nas colunas de jornais*
> *sobre os agraciados pela Cruz de São Jorge?*
> *Será que sabem, vocês inúteis diletantes*
> *Que só pensam em se embebedar,*
> *Que talvez agora uma bomba*
> *Tenha arrancado as pernas do tenente Petrov?*

O público ficou atônito: isso nunca aconteceu naquele local. Soaram exclamações, assobios, mas Maiakovski continuou a leitura superando o barulho. O escândalo começou após as últimas versos:

> *Vocês que gostam de mulheres e um bom prato,*
> *Dar a vida por suas bacanais?*
> *Farei melhor se às putas*
> *Ficar servindo suco de ananás!*

As mulheres ficaram chocadas, os homens se enfureceram, começaram a ameaçar o poeta.

"Maiakovski estava pálido", lembra T. Tolstaia-Vetchorka, "fazia compulsivamente movimentos com os músculos da mandíbula inferior que a toda hora inchava. Acendeu outro cigarro e não saiu do palco.

"Uma mulher, elegantemente vestida, gritou da cadeira em que estava sentada:

"— Tão jovem e saudável... Em vez de escrever poemas atrevidos, deveria ir para o *front*.

"Maiakovski respondeu prontamente:

— Há pouco tempo, na França, um conhecido escritor declarou a vontade de ir para o *front*. Deram-lhe uma pena de ouro e disseram: 'Fique, sua pena será mais útil à pátria do que a espada.'

"Então a mesma mulher gritou, irritada:

"— Ninguém precisa da sua pena!

"— Madame, o assunto não é de seu interesse, a senhora precisa de penas somente para o chapéu.

"Algumas pessoas riram, mas a maioria continuava indignada. Para ser breve, todos fizeram muita algazarra, e durante muito tempo não se acalmaram. Então, o gerente apareceu no palco e anunciou que a noite tinha chegado ao fim."

O jornal *Birjevie Vedomosti* (Boletins da Bolsa) afirmou com cinismo: "Esses horríveis versos de Maiakovski refletem bem os melhores sentimentos que nos inspiram atualmente, aquelas pessoas da nossa geração que com seu comportamento provocam admiração e comoção."

O poema "A vocês!" e sua "estréia" no Cão Vadio (publicado no almanaque *Vzial*, no final de 1915), sem dúvida, celebram a reviravolta interior no entendimento do caráter da guerra por Maiakovski. Para tudo que estava acontecendo, ele olhava com outros olhos, sob outro ponto de vista.

Petersburgo, agora Petrogrado, atraía Maiakovski. Na capital, parecia-lhe que havia um campo mais amplo para a realização de idéias criativas, publicação e edição de poemas. Por isso, em 1915, mudou-se para Petrogrado sem ter uma residência fixa.

Pelas cartas aos parentes, percebe-se como foi difícil sua vida nessa época. Muito contido para não preocupar a mãe e as irmãs com pedidos, mesmo assim escreveu à irmã mais velha: "Querida Liuda, perguntou-me em carta se preciso de dinheiro. Infelizmente, agora preciso (...) e muito, envie-me 25 ou 30 rublos. Caso tenha dificuldade de enviar tal quantia, envie o quanto for possível. Peço muitas desculpas pelo pedido, mas não há o que fazer." Da carta a Aleksandra Alekseievna: "Querida mamãe, tenho um pedido enorme a fazer. Compre e envie um capote de inverno e, se possível, uma muda de roupa íntima e alguns lenços. Por favor, faça isso, se não for muito complicado."

Tal ocorreu no outono. Durante o verão, Maiakovski vai para a aldeia de Kuokala, no golfo da Finlândia, onde continuou o trabalho com o poema "O décimo terceiro apóstolo", que mais tarde receberia o título "Nuvem de calças".

Em Kuokala, por intermédio de Tchukovski, Maiakovski conheceu Riépin. Eles, Tchukovski e Maiakovski, apesar dos delicados embates em suas relações, encontravam-se muitas vezes. Em Kuokkala, Maiakovski vivia modestamente, não tinha dinheiro, todo seu guarda-roupa cabia num prego: blusa amarela e cartola. No entanto, andava com "pose orgulhosa de milionário e janota" (Tchukovski). Por causa da pobreza, jantava alternadamente na casa de Tchukovski, Evreinov e outros (possuía sete conhecidos para jantar a semana inteira). Mas antes, teve choques com o então influente crítico Tchukovski por causa do futurismo, de que Kornei Ivanovitch (Tchukovski) não gostava e criticava. Certa vez tiveram que se explicar por escrito.

Mas até mesmo no dia em que se conheceram, na descrição de Tchukovski, foi uma cena do repertório futurista. Certa vez, ao visitar Moscou, Tchukovski resolveu encontrar Maiakovski, que se destacava dos outros futuristas. O encontro aconteceu na Sociedade de Estética Livre, à rua Bolchaia Dmitrovka, 15. Maiakovski estava na sala de bilhar e foi chamado a pedido de Tchukovski. O poeta veio a seu encontro com o taco na mão e perguntou:

"— O que o senhor quer?

"Tirei do bolso o livrinho dele e comecei a falar apaixonadamente a minha opinião sobre o que Maiakovski escrevia.

"Ele me ouviu não mais de um minuto com algum interesse, com o qual os jovens escritores ouvem os 'críticos influentes', e, finalmente, disse, para minha surpresa:

"— Estou ocupado... desculpe... estão me esperando... Mas, se quer elogiar este livrinho, vá até aquele canto, por favor... até aquela mesinha lateral... está vendo? Lá está sentado um velhinho de gravata branca... vá até ele e pronto...

"Isso foi dito de forma cortês e com firmeza.

"— Mas o que o velhinho tem a ver com isso? — indaguei.

"— É que estou namorando a filha dele. Ela já sabe que sou um grande poeta... Mas o pai duvida. Então, diga o senhor isso a ele.

"Eu quis ficar furioso, mas caí na gargalhada e me dirigi à mesa do velhinho...

"Após este encontro, entendi que é impossível apadrinhar Maiakovski. Ele era um daqueles que não precisavam de protetores."

Aliás, na mesma tarde, eles passearam por Moscou e, já tarde da noite, sob a luz dos postes, Tchukovski leu para o jovem poeta suas traduções de Whitman. Maiakovski expressou suas observações, discutiram e, posteriormente, os encontros tornaram-se bastante freqüentes. Mas a aproximação não aconteceu. Tchukovski deu sua explicação para esse mistério: "Maiakovski era, como dizemos, uma pessoa com espírito de grupo. Sentia-se comprometido com os futuristas..." Isso significava que Maiakovski não podia ter relações próximas com uma pessoa que se declarava contra os companheiros futuristas.

A expressão "espírito de grupo" não foi bem empregada, já que Maiakovski em qualquer grupo era um solista, sobressaía com sua voz, até mesmo se isso tivesse a ver com as apresentações futuristas, mas o sentimento de solidariedade e camaradagem foi captado por Tchukovski e, futuramente, nos certificaremos de como este sentimento era sólido dentro do poeta.

Tchukovski recorda como proferiu, em 1913, uma palestra no Museu Politécnico sobre os futuristas. Era um tema em moda. Em suas palestras estiveram Chaliapin, o conde Olsufiev, Bunin, Savva Mamontov e "até mesmo e por algum motivo, Rodzianko". Mas, no exato momento em que o palestrante malhava o futurismo, Maiakovski surgiu com sua blusa amarela e interrompeu o palestrante, gritando em sua direção palavras furiosas. A sala veio abaixo.

O fato de o próprio Tchukovski ter ajudado a esconder a blusa amarela para que o poeta pudesse entrar no museu dá um sabor especial ao episódio. A polícia, nesta época, havia proibido Maiakovski de aparecer diante do público trajando a blusa amarela e o revistou na entrada. Ao receber escondido, já na escada, a blusa das mãos de Tchukovski, Maiakovski trocou de camisa e surgiu elegante no meio do público para contestar o palestrante.

Em Kuokala, Maiakovski visitava Tchukovski não só para jantar, mas para ler também um novo poema que escreveu enquanto andava pela praia. Certa vez, impressionou o dono da *datcha* ao declamar de cor todos os poemas do terceiro livro de Blok na ordem exata em que haviam sido publicados.

Tchukovski contou como naquela época transcorria o trabalho com o poema "Nuvem de calças" e como Maiakovski, "vagava pela praia", ao ritmo dos versos incandescentes do poema.

"Durava cinco ou seis horas diariamente", recorda Tchukovski. "Caminhava diariamente pela beira do mar, 12 ou 15 quilômetros. As solas dos sapatos se gastaram nas pedras, o terno de linho azulado há muito tempo ficara azul-claro por causa da ação do vento e do sol. Mas Maiakovski não parava com sua andança desvairada."

Assim, Vladimir Maiakovski escreveu seu poema "Nuvem de calças".

Tchukovski equivoca-se somente num detalhe: naquela época, segundo ele, não existia o início do poema. Talvez Maiakovski não considerasse o início finalizado e por isso não o lia. O testemunho de Kamienski sobre o nascimento das primeiras estrofes e a leitura delas no vagão do trem não deixa dúvidas. Dificilmente, o poema de amor, quando Maiakovski estava pleno dele, vivia desse sentimento. Poderia começar, como afirma Tchukovski, com um trecho sobre Severianin e Burliuk. O amor não o deixava nem em Kuokala. A imagem de Maria se dividia em sua consciência, rejeitando e, ao mesmo tempo, atraindo com sua inacessibilidade:

Maria!
Seu nome eu temo esquecer,
assim como o poeta teme esquecer
alguma
palavra nascida das dores nas noites
igualável à grandeza de Deus.

Concluiu o poema durante o verão em Kuokala, após um grande interva-lo. Foi publicado na íntegra sem cortes da censura (como em 1915 e 1916) somente depois da Revolução. Na introdução dessa edição, Maiakovski define da seguinte forma o sentido da obra: "abaixo o amor de vocês", "abaixo a arte de vocês", "abaixo o regime de vocês", "abaixo a religião de vocês" — foram quatro gritos em quatro partes.

A composição do poema não tem nenhuma divisão temática precisa em suas quatro partes, mas, de forma ilustrativa e impressionante, quase ineditamente, confirma o que Pasternak disse sobre Maiakovski bem mais tarde, em 1933: "... sua força revolucionária é uma força independente, atingida não só pelos acontecimentos históricos, mas por seu tipo, sua formação, seu pensamento, sua voz. A revolução foi sonhada por ele antes de ela acontecer." Essa força revolucionária "inata", que com tanta perspicácia foi notada por Pasternak como um traço generalizado de seu caráter, predeterminou muita coisa — se não tudo! — na vida e na obra de Maiakovski.

Não vamos retornar às antigas tendências revolucionárias do poeta, a elas se mistura o romantismo da juventude. O poema "Nuvem de calças", apesar de escrito pelo poeta ainda jovem, mas um homem suficientemente maduro, foi escrito bem no desenrolar do conflito militar mundial, quando na balança da história foram jogados os destinos de povos. No âmago, na base dessa obra está o protesto. Protesto moral, social, estético. De que o poeta é capaz? Com toda a força de seus pulmões gritar: abaixo! — em nome de "hordas famintas", à espera da revolução. Os famosos versos "com a coroa de espinhos das revoluções virá o décimo sexto ano" (em primeira versão: "em que ano será") — não eram profecia, mas desejo. A profecia fundamentava-se num cálculo preciso ou numa intuição.

Maiakovski não possuía, naquela época, nem um cálculo preciso, nem um pressentimento intuitivo da revolução que também estava ligada à consciência interior da situação revolucionária. As ligações com a clandestinidade bolchevista, que defendia uma política derrotista com relação à guerra e preparava o caminho para a revolução, foram cortadas. O "abaixo" de Maiakovski era um gesto característico do russo rebelde, estivesse ele pegando em machado, em tocha ardente de incendiário, ou em bomba caseira ou rasgando a camisa no peito, e expressava sua prontidão de ir para a batalha e morrer. A arma de Maiakovski era a palavra. Na palavra realiza-se a força revolucionária espontânea, "inata", orgânica para a sua natureza, que o levou aos futuristas, assim como o levou, ainda adolescente, aos bolchevistas.

No poema fervilha o sangue jovem, seu simbolismo afirma a energia de ataque da juventude:

> *Não tenho nenhum fio grisalho em minha alma*
> *e não há nela a bondade senil!*
> *Fulminando o mundo com a força da voz,*
> *caminho bonito*
> *com vinte e dois anos.*

A idéia do amor ("abaixo o amor de vocês"), que despontou após as decepções sofridas em Odessa, é claro, mudou radicalmente durante a guerra, apesar de o amor açoitado, humilhado e ofendido, pela vida iníqua que levava, alimentar a energia emocional do poema. O amor exige "como suplicam os cristãos — o pão nosso de cada dia nos dai hoje". Seu herói lírico, assim como o herói da tragédia *Vladimir Maiakovski*, está no centro do mundo, "deslocando o mundo todo até ele" (V. Alfonsov). A realidade grosseira e cruel no poema surge como inimiga do herói: ouvem-se ecos da guerra.

Maiakovski transfere toda a força de negação para a sociedade burguesa. Nela vê o mal que degrada a moral e a própria idéia da arte.

Mas isso é pouco para Maiakovski. Ele lança um desafio ao próprio Deus, introduz no poema a imagem do "décimo terceiro apóstolo" e pessoalmente surge como o décimo terceiro apóstolo, o apóstolo-destruidor. É a imagem de negação universal. Não é à toa que a quarta parte do poema é tão agressiva em seu léxico, em sua entonação, é tão proposital e grosseiramente antiestética. Maiakovski repudiava o "estetismo baseado na ortodoxia", a idéia religiosa da mente renovadora e ressuscitadora do fenômeno da guerra como idéia anti-humana. Por isso, as blasfêmias e chacotas ao Todo-Poderoso, um atrevimento nunca visto. O poeta enaltece o ser humano, perdoando-lhe as ofensas pessoais. Nietzsche, que foi lido por ele, propagava a obediência, Maiakovski conclamava a rebelião.

Na luta contra a ordem mundial burguesa, entra o herói do poema. Por enquanto é uma simples rebelião, uma ameaça, mas além de tudo eram sofrimentos que desaguaram numa onda lírica tão bravia que seria capaz de afogar uma pessoa, arrastando-a no fluxo de paixões desconhecidas. E é exatamente nessa hora que nascem as metáforas paradoxais: "Mamãe! Seu filho está maravilhosamente doente! Mamãe! Está com o coração incendiado!" "Esbugalho os olhos cheios de lágrimas como dois barris. Deixem que eu me apóie nas costelas."

Os sofrimentos, que não eram somente seus, mas de todos aqueles que estavam com a dignidade ferida, geravam nele o sentimento de solidariedade com aqueles que trabalham ("As veias e os músculos são mais fiéis que as orações"), aguçavam sua visão ("Eu... vejo o tempo que vem de trás dos montes que ninguém vê").

A tristeza pelo amor natural e puro, surge com muita força na parte final do poema. E isso também explica a agressividade e o atrevimento vulgar com que Maiakovski ataca Deus, "culpado" da vida socialmente injusta na terra.

Já no final do poema, soa um grito desesperado sobre a guerra: "Olhai: novamente decapitaram as estrelas, ensangüentando o céu como um matadouro!" Porém, a palavra mais ríspida sobre isso ainda não foi dita, está por vir.

O poema "A nuvem" é um passo gigantesco desde a tragédia *Vladimir Maiakovski* com relação à "maestria" e à arte de "dominar o tema", mas é também uma tragédia. A tragédia do autor que sentiu em si a força do gênio e a surdez acolchoada da incompreensão. O poema termina com uma metáfora que impressiona o imaginário:

Silêncio.
O universo dorme,
colocando sobre a pata,
com garra de estrelas, a enorme orelha.

Trechos do poema, até a sua publicação, foram apresentados no artigo "Sobre diferentes Maiakovski". O poeta, com versos do "A nuvem", se explica e parodia ironicamente os elogios e até mesmo as ofensas das críticas da imprensa.

Somente um exemplo:

"Excelentíssimas senhoras e excelentíssimos senhores!

"Sou um insolente para quem o maior prazer é irromper de blusa amarela numa reunião de pessoas que preservam nobremente sua timidez e seu recato sob casacas, fraques e paletós.

"Sou um cínico que com um único olhar deixa manchas gordurosas do tamanho de um prato de sobremesa nos vestidos daquelas que olham muito tempo para trás.

"Sou um cocheiro que basta deixarem entrar na sala de visitas e o ar, feito machado pesado, ficará encortinado por essa profissão tão pouco acostumada ao dialeto de salão.

"Sou um propagandista que diária e compulsivamente olha o jornal na esperança de encontrar meu nome...

"Sou ...

"Então, senhores, que escrevem e falam de mim, espero que após essa confissão não tenham mais que provar em debates públicos nem em artigos profundos que sou tão pouco atraente."

E prossegue:

"Não será verdade que somente um insolente convencido e escandaloso que direciona toda sua fantasia para causar todo tipo de aborrecimentos inicie assim seu poema:

> *Vocês para mim são pessoas,*
> *e aqueles que ofenderam,*
> *são os mais caros e próximos.*
> *Já viram,*
> *Como o cão lambe a pata machucada?"*

"Insolente" e "escandaloso" são adjetivos atribuídos a ele que Maiakovski pegou dos jornais da época.

O poema "A nuvem" aturdia com o seu espírito e força poética tanto antiburgueses como rebeldes que não era possível destruí-lo com métodos críticos comuns. Então foi executada a tentativa de declarar o autor do poema como louco. Ele foi atraído para uma casa particular onde se reuniu, antecipadamente, um conselho de psiquiatras. Mas o conselho não confirmou o diagnóstico dos bastidores.

Os colegas futuristas avaliavam "A nuvem" somente como um fenômeno estético, sem se aprofundar no conteúdo da obra. No círculo de leitores, principalmente entre a juventude, já havia pessoas que sentiram, ainda que não muito bem, a força gigantesca do talento de Maiakovski. E o destino quis que um dos primeiros ouvintes do poema, antes de sua publicação, fosse Ilia Efimovitch Riépin.

Em Kuokala, onde se reuniu um grupo bastante nobre, Riépin visitava Tchukovski e, sabendo da intransigência de Ilia Efimovitch com relação aos futuristas e seu temperamento, assim como conhecendo bem o destempero e o temperamento de Maiakovski, Kornei Ivanovitch (Tchukovski) temia que num encontro casual de duas pessoas de diferentes idades, mas igualmente intransigentes e implicantes, pudesse ocorrer uma descarga elétrica de grande poder de destruição.

Mas o encontro, por mais que Tchukovski o evitasse, aconteceu exatamente em sua casa, mas seu efeito revelou-se inesperado. Maiakovski lia para Tchukovski trechos de seu novo poema e, nesta hora, apareceu para visitá-lo Riépin com a filha. Criou-se uma situação embaraçosa, que foi desfeita por Ilia Efimovitch, que lhe pediu que continuasse a leitura. E eis o inesperado: Maiakovski lia "A nuvem de calças" e Riépin, de quem te-mia-se uma reação, aplaudiu:

— Bravo, bravo!

Maiakovski prosseguiu a leitura. E Riépin novamente:

— Que temperamento! Que temperamento! — e para total perplexidade dos presentes, compara Maiakovski a Mussorgski...

No mesmo instante se oferece para pintar o retrato de Maiakovski. Ele havia prestado tal deferência a poucos representantes do mundo artístico-literário.

— Quanto o senhor paga? — perguntou Maiakovski.

Riépin encarou essa insolência com humor.

A história do retrato é muito engraçada. Mas, antes de Riépin tentar retra-tar Maiakovski, o poeta fez alguns esboços do próprio pintor que elogiou Maiakovski dizendo:

— Que semelhança!... E que — não fique furioso comigo — realismo!

Riépin não queria reconhecer um futurista em Maiakovski. Ao preparar a tela e escolher as tintas, repetia a Maiakovski que queria pintar seus cabelos "inspirados". Então, quando o poeta apareceu na hora marcada para posar, Riépin, ao ver o poeta, exclamou decepcionado:

— O que o senhor fez! Oh!...

"Maiakovski", relata Tchukovski, "ao dirigir-se à casa de Riépin, passou no barbeiro e raspou a cabeça para que não restasse um fio sequer daqueles cabelos 'inspirados' que Riépin achava o traço mais característico de sua apa-rência criativa.

"— Eu queria retratá-lo como um orador popular, e o senhor...

"Em vez da tela grande, Riépin pegou uma pequena e, de má vontade, começou a pintar a cabeça careca, balbuciando:

"— Que pena! E o que deu no senhor para fazer isso!

"Maiakovski o acalmava:

"— Não faz mal, Ilia Efimovitch, vai crescer!"

Tchukovski revelava preocupação com a situação de penúria do poeta e queria empregá-lo em algum lugar. Para isso escreveu ao famoso e poderoso jornalista Vlas Dorochevitch, que o avisou em telegrama: "Se o senhor aparecer aqui com a blusa amarela, vou chamar a polícia. Um abraço cordial."

Nesse mesmo ano, Maiakovski conheceu Gorki mais intimamente, e isso teve para ele um significado especial. Infelizmente, uma briga boba que ocorreu alguns anos depois os afastaria e obscureceu a partir de então a relação íntima, quase fraterna entre os dois.

Segundo N. Serebrov, Gorki viu Maiakovski pela primeira vez no Cão Vadio, em 15 de fevereiro de 1915. Ao ouvir o jovem poeta, disse:

— Desgasta-se à toa por bobagem! É tão talentoso! Grosseiro? É por causa da timidez. Sei por mim. Preciso conhecê-lo melhor.*

Este "melhor" aconteceu em Mustomiaki, balneário próximo a Peterburgo, no verão de 1915. E o encontro no Cão Vadio não foi totalmente casual e trouxe consequências a longo prazo. Naquela época, havia sido publicado o almanaque *Strelets*, onde figuravam simbolistas e futuristas. E exatamente a esse acontecimento é que havia sido dedicada a noite no cabaré, e a iniciativa de convidar Gorki foi dos futuristas. Gorki era muito assediado, acabava de voltar do exílio, sua fama ultrapassara não só as fronteiras da Rússia, mas também da Europa. E os futuristas, ao receberem a visita do famoso autor, sentiam-se como se fossem aniversariantes, demonstrando um merecimento humilde, sem procurar briga, apesar de falarem ironicamente sobre a possibilidade (e utilidade) do convívio com os simbolistas. Segundo a informação de uma revista, "Maiakovski, o futurista mais insolente, ao falar da possibilidade da influência dos simbolistas sobre os futuristas, declarou com desprezo que não desejava que 'lhe enxertassem uma perna morta'...".

Foi nesse encontro no cabaré Cão Vadio que soou a frase sacramental de Gorki sobre os futuristas e que provocou uma verdadeira sensação: "Eles têm algo!"

---

*Maiakovski, em dezembro desse mesmo ano, também na presença de Gorki, apresentou-se para discursar sobre o futurismo no apartamento da pintora Liubavina. Estavam reunidos 30 amigos e conhecidos. Acostumado com um auditório grande, onde sempre havia oponentes com quem discutir, dessa vez ele não encontrou o tom necessário e as frases "fulminantes" revelaram-se incabíveis. Maiakovski ficou sem graça e retirou-se para o quarto. Exatamente em momentos assim, e não diante de platéias grandes, revelava-se a timidez do poeta. E Gorki foi o primeiro escritor a percebê-la.

O futurismo como corrente literária era estranho a Gorki, mas com relação aos poetas futuristas revelou sua simpatia. Segundo o historiador literário P. Chegolev, Gorki disse:

"Os futuristas são violinos, bons violinos, só que a vida ainda não tocou melodias tristes neles. Parece que têm talento, entoarão ainda muito bem." E Gorki ainda disse, elogiando os futuristas: eles "aceitam a vida na íntegra, com os automóveis e aeroplanos. A aceitação da vida é uma qualidade valiosíssima... Se não gosta da vida, faça outra, mas aceitem o mundo como os futuristas. Há muito excesso desnecessário: eles berram, brigam! Mas o que deveriam fazer se lhes querem torcer o pescoço? Devem se defender!" A conclusão final de Máximo Gorki: "Os futuristas, mesmo assim, têm algo!"

O próprio P. Chegolev posicionava-se contra o futurismo e recebeu com desaprovação o elogio de Gorki. E a imprensa aproveitou para realizar uma verdadeira campanha de reprovação e condenação do famoso escritor: Gorki defende os baderneiros da literatura, os escandalosos, os filhos-da-mãe... Um certo A. Ozhigov fez um comentário sarcástico, quando disse que os futuristas, felizes com a visita de M. Gorki, até trocaram as blusas e vestiram *smokings*, e que o elogio de Gorki — o famigerado "eles têm algo" — encantou os futuristas.

É claro que o elogio de Aleksei Maximovitch [Gorki], contrariando a opinião da imprensa, foi para Maiakovski e seus amigos um grande apoio. A tais opositores essas palavras serviram de pretexto para ataques contra o próprio Gorki, que teve de se explicar respondendo às perguntas da *Jurnal Jurnalov* (Revista das Revistas) e expressar mais detalhadamente a sua posição. Ele disse, por exemplo, que não existe o futurismo russo, mas existem algumas pessoas talentosas que, no futuro, separar-se-ão do joio e crescerão. Citando Maiakovski, Gorki disse: ele é jovem, tem somente 20 anos, grita muito, não tem freios, mas sem dúvida tem, em algum lugar guardado a sete chaves, um dom. Tem de trabalhar, estudar e então vai escrever bons e verdadeiros poemas.

Podemos ver que à imprensa Gorki fez uma avaliação bem mais discreta de Maiakovski do que na conversa com N. Serebrov. E isso fica claro, considerando principalmente que a imprensa, sem desprezar as ofensas pessoais, lançou-se contra Gorki por causa de suas palavras elogiosas aos futuristas no Cão Vadio.

Quem participou da nova campanha de difamação dos futuristas, após Gorki ter expressado sua simpatia, foi Leonid Andreiev, que o conclamou a separar-se radicalmente deles. Em algumas publicações, por causa do apoio de Gorki, surgiram apelos para lutar cruel e insistentemente contra os futuristas. A indignação da imprensa extrapolava os limites da polêmica normal.

No entanto, os próprios futuristas se regozijavam: o elogio de Gorki, apesar de indireto e dúbio com relação ao futurismo em geral, era suficiente e evidente, e a crítica, ao fundo, acerbada e ofensiva nas páginas de quase todos os jornais, pareciam-lhes um apoio moral importante e significativo. Por isso Maiakovski aceitou a proposta de Gorki de visitá-lo em Mustomiaki. Isso correspondia completamente a seu desejo.

A mulher de Gorki, M.F. Andreieva, contou sobre o encontro em Mustomiaki. Maiakovski chegou quando Gorki estava trabalhando. Maria Fiodorovna tentou entreter o visitante. Maiakovski, no início, de tanta timidez, zombou e perguntou, após a dona da casa retornar à sala: "A senhora não tem medo de que roubem as colheres de prata?" Depois, Maria Fiodorovna convidou o visitante a dar uma volta no bosque à procura de cogumelos. Ele desarmou-se, deixou de lado a máscara e começou a contar suas histórias de garoto, quando vivia no Cáucaso. Declamou alguns versos.

M.F. Andreieva disse que Gorki maravilhava-se com Maiakovski, mas preocupava-se com a "retumbância" de sua poesia. "...Certa vez, até disse a ele: 'Veja só, a aurora ainda desponta no horizonte e o senhor já está gritando com todas as suas forças. Será que consegue chegar ao fim de um dia tão longo?'"

Gorki, recordando o encontro em Mustomiaki, escreveu a I. Gruzdev relatando que Maiakovski leu os poemas "A nuvem de calças", "A flauta-vértebra", os poemas líricos. "Gostei muito dos versos lidos e ele declama maravilhosamente..." Gorki citou os versos do poema "A nuvem de calças" e disse a Tikhonov que nunca havia lido em nenhum lugar uma conversa assim com Deus, só no livro de Jeová, e que Maiakovski dava uma bela bronca no Senhor Deus.

A simpatia recíproca revelou-se no presente de Gorki a Maiakovski. Em seu livro *A infância*, o escritor autografou: "Sem palavras, de coração. A Vladimir Vladimirovitch Maiakovski, de M. Gorki." Algum tempo depois o presente foi retribuído com uma dedicatória na edição do poema "A nuvem de calças": "Para Aleksei Maximovitch com amor", e na edição do poema "A flauta-vértebra": "Para Aleksei Maximovitch com amor carinhoso — Maiakovski."

Na autobiografia de Maiakovski está assim: "Fui para Mustomiaki. M. Gorki. Li para ele trechos do poema 'A nuvem'. Sensibilizado, Gorki encharcou meu colete com suas lágrimas. Comovi-o com meus versos. Comecei a ficar um pouco orgulhoso." A complementação irônica: "Logo revelou-se porém que Gorki chorava em qualquer colete de poeta" — é um sinal da inimizade que se estabeleu na relação entre os dois após a briga, pois a autobiografia foi escrita bem mais tarde.

Gorki foi um dos grandes escritores a perceber e avaliar o talento do jovem Maiakovski e já, naquela época, comparou-o a Whitman, acrescentando: "Maiakovski é bem mais trágico e, levantando as questões da moral social, da responsabilidade social, carrega em si a origem nacional russa claramente expressa."

Logo surgiram problemas com a publicação do poema "A nuvem de calças". As editoras não aceitavam e temiam o espírito rebelde e revolucionário da obra. Os trechos publicados não passavam a idéia completa do poema. Finalmente, em setembro de 1915, o poema foi publicado com recursos de Ossip Brik, a quem Maiakovski conheceu, assim como a sua mulher Lília Brik, no verão do mesmo ano. O poema saiu com uma grande quantidade de trechos censurados.

Como isso aconteceu, contou Maiakovski em uma de suas últimas apresentações, em março de 1930, no Komsomol* de Krasnaia Presnia, em Moscou. O poema, a princípio, intitulava-se "O décimo terceiro apóstolo". "Quando cheguei com este título no Departamento de Censura, lá me perguntaram: 'O senhor quer ir para o campo de trabalhos forçados?' Eu disse

---

*União da Juventude Comunista da União Soviética. (*N. da T.*)

que não, que isso não me agradaria nada. Então, riscaram seis páginas, incluindo o título. Perguntaram como eu era capaz de juntar lírica e grosseria. Disse: 'Está bem, serei, se quiserem, feito doido, se quiserem serei carinhoso, não um homem, mas uma nuvem de calças.'" Na introdução do poema 'A nuvem' tais palavras soam um pouco diferente, soam como versos maravilhosos.

Em 1918, quando o poema foi publicado na íntegra, sem cortes, Maiakovski não quis retomar o primeiro título. "Me acostumei", disse. A nuvem de calças como metáfora, que entrou no contexto político da obra, é tão multidimensional que é realmente difícil imaginar algum outro título, mesmo "O décimo terceiro apóstolo".

O próprio Maiakovski, na introdução da edição integral, chamou o poema "A nuvem de calças" de catequese da arte contemporânea, e com ela logo se destacou entre os futuristas como um poeta de grande força.

Com relação aos Brik, citados anteriormente, teremos que retroceder um pouco para a "data feliz" — assim Maiakovski intitulou o capítulo de sua autobiografia, onde está escrito: "Julho de 1915. Conheci L.I. e O.M. Brik." Há mais um detalhe íntimo: primeiro conheceu e namorou a irmã mais nova de L.I. Brik, a cachinhos dourados Elza Kagan, namorou-a ainda em Moscou, onde Elza residia com os pais.

A família Kagan morava em Maroseika. O pai trabalhava num escritório de jurisprudência do consulado austríaco. Elza, nessa época, havia terminado o ginásio e ingressou no Instituto de Pedagogia. Em casa, uma criada a servia. Maiakovski conheceu Elza em 1913, mas começou o namoro no verão de 1914. Nessa época, ele visitava os Kagan constantemente e, sentado no quarto de Elza, fazia seus desenhos com os temas da guerra; Elza, ao piano. Ele andava pelo quarto, balbuciando algo, criando.

Com suas maneiras, o poeta descabelado e malvestido assustava os pais da moça. Quando a mãe, pronta para deitar, entrava no quarto de Elza e lembrava ao visitante que já era tarde, ele, muito a contragosto, juntava seus pertences e saía. Mas, no dia seguinte, surgia novamente na casa dos Kagan e, com educação refinada, zombava da dona da casa: "Ontem, esperei a senhora se deitar e voltei pela janela, por uma escada de corda."

A relação tensa com o futurista de Elzinha passou da mãe para a irmã mais velha que vinha de Petrogrado, quando o pai estava muito doente, e eles, Maiakovski e Lília Iurievna viram-se rapidamente. Isso aconteceu na *datcha*, em Malakhovka. Maiakovski veio apanhar Elza à noite e foram passear. Uma forte chuva tinha caído e o jovem casal desapareceu durante um longo tempo. Elza tinha somente 16 anos. "Provavelmente, a relação entre Maiakovski e Elza era bastante íntima, e a preocupação principal de Lília era cuidar da irmã...", escreveu Bengt Iangfeld, um pesquisador sueco da vida e da obra de Maiakovski. Como Iangfeld relacionava-se com Lília e refere-se a "conversas" com ela, há todos os motivos para acreditar nos detalhes biográficos que ele nos informa.

A própria Elza, agora Elza Triolet, lembra-se de sua relação com Maiakovski, de seu namoro com ele. Em 1915, quando Maiakovski encontrou Elza em Petrogrado (Maiakovski vinha de Kuokala), ela o levou até a casa dos Brik. E aqui vamos fazer uma digressão para apresentar ao leitor os Brik.*

Lília Iurievna nasceu em Moscou, em 1891, na família do jurista Iuri Aleksandrovitch Kagan e Elena Iulievna (da família Berman). Assim como a filha mais nova dos Kagan, era paparicada por uma governanta francesa, estudou num ginásio particular e no Instituto de Arquitetura.

Ossip Maximovitch Brik era de uma família de comerciantes ricos. Após terminar a Faculdade de Direito, não chegou a advogar, e ajudava o pai no comércio, atraindo para esse trabalho a jovem mulher. O casamento de Lília Iurievna e Ossip Maximovitch na prática (ele aconteceu em 1912) durou pouco tempo, apesar de terem vivido juntos até a morte do marido (em 1945).

Os Brik mudaram-se em 1914, para Moscou, vindo de Petrogrado, após o início da guerra, quando Ossip Maximovitch foi convocado para o Exército e o famoso cantor Leonid Sobinov o matriculou na auto-escola, onde, mais tarde,

---

*A vida de Elza Kagan é digna de romance. Em 1918, ela terminou o curso de arquitetura e casou-se com um oficial francês, Triolet. Em 1921, separou-se dele, viajou para Londres, onde sua mãe (o pai havia morrido em 1915) trabalhava numa instituição soviética — *Arkos*. Aqui, ela encontra um trabalho no escritório de um arquiteto, mas... logo viaja para Berlim, onde encontra Lília Iurievna e Maiakovski. Depois, vai para a França, onde conhece Aragon, com quem se casa já como a escritora Elza Triolet. Um novo encontro com Maiakovski acontece em Paris, em 1924.

foi parar Maiakovski. Eles se instalaram na rua Zhukoski, 7 e viviam da mesa-
da dos pais e, ao julgar pelas manias de mecenato de O.M. Brik, não necessi-
tavam muito de ajuda material.

Maiakovski, depois do encontro casual em Moscou, visitou os Brik em
Petrogrado e gabava-se de que seus poemas eram "os melhores" e de que
além "dos poemas dele eram também geniais os poemas de Akhmatova".
Leu para Lília Iurievna o poema "A mãe e o crepúsculo morto pelos alemães". Ela não gostou.

E houve mais um encontro que definiria o futuro relacionamento entre os
dois: Elza levou novamente Maiakovski, vindo de Kuokala, até a casa dos Brik.
"Ele estava totalmente diferente da primeira vez que veio inesperadamente à
nossa casa. Não havia nele nem um traço da anterior descontração. Ficava calado e olhava para mim com preocupação."

Nesse dia, no apartamento dos Brik, ouviram o poema "Décimo terceiro
apóstolo", na íntegra. Eis o cometário de Lília. Brik:

"Para economizar lugar, entre os dois cômodos retirou-se a porta. Maiakovski
estava de pé, encostado no batente da porta. Do bolso interno do paletó, tirou
um pequeno caderno, olhou para ele e enfiou-o novamente no mesmo bolso.
Ficou pensativo. Depois, lançou um olhar para o aposento, como se fosse um
enorme auditório, leu o prólogo e perguntou não em verso, mas em prosa, baixinho, com uma voz desde então inesquecível:

"— Vocês acham que estou delirando de malária? Isso aconteceu! Aconteceu em Odessa!

"Erguemos a cabeça e até o final não tiramos os olhos daquela maravilha
nunca vista.

"Maiakovski não mudou de pose nenhuma vez. Não olhou para ninguém.
Reclamava, indignava-se, zombava, exigia, fazia cenas histéricas, longas pausas.

"Depois sentou à mesa e pediu com um ar sério o chá. Eu rapidamente lhe
sirvo do samovar e fico calada, mas Elza cantava vitória — eu sabia!"

"Maiakovski estava sentado ao lado de Elza e tomava chá com geléia. Ele
sorriu e olhava com seus grandes olhos infantis. Eu perdi o dom da fala."

Agora vem a informação com um grande subtexto emocional:

"Maiakovski pegou o caderno (com o poema) das mãos de Ossip, colocou-o sobre a mesa, abriu a primeira página e perguntou: 'Posso dedicar à senhora?', e com capricho escreveu acima do título: 'A Lília Iurievna Brik.'"

Mais tarde, antes da publicação, mudou a famosa dedicatória: "A você, Lília." No poema, que nasceu de um drama de amor, havia o nome de uma personagem de um outro drama amoroso que preencheu durante muitos anos a vida de forma mais tensa e que a reduzia a cinzas por seu conteúdo interior.

Por quê? Por que ele podia escrever o poema sobre uma mulher e dedicá-lo à outra? Essa pergunta Lília Iurievna fez a Maiakovski e ele explicou que, enquanto escrevia o poema, esteve interessado em várias mulheres, e na quarta parte estava interessado por Sonka (S.S. Chamardina) e não por Maria. Ademais, a personagem é convergente e por isso o nome Maria não lhe é mais cabível, e que lhe parece a mais feminina.

Não vamos esquecer que a obra foi inspirada por uma mulher e, considerando a curiosidade do leitor com relação aos detalhes íntimos da vida de grandes personalidades, contarei brevemente sobre Maria Aleksandrovna Denisova. O amor por ela foi a razão do poema.

A personagem de Maria em "A nuvem" não provoca simpatia no leitor, pois é vítima da sociedade moderna. E um objeto de compra e venda; a "Gioconda que deve ser roubada". Mas nem Maria Denisova, nem Sonka (Sofia Sergueievna Chamardina), nem por fim Elza Kagan — nenhuma delas isoladamente é o protótipo. Maiakovski enriqueceu essa personagem com a sua imaginação, e cada uma das mulheres citadas era, à sua maneira, atraente, e pode ser que isso, de alguma forma, também caracterize o poeta. Nelas, criaturas ainda bem jovens, Maiakovski, provavelmente, viu não só o encanto da juventude, a beleza e a doçura, mas também aquela reserva moral e espiritual da personalidade em desenvolvimento que demonstrariam anos depois.

Maria Denisova demonstrou que não era Gioconda, que podia ser roubada. Seu temperamento independente revelou-se quando não aceitou abertamente o futurismo, e, como se casou brevemente com um revolucionário, pode-se supor que esse encontro aconteceu bem antes do encontro com

Maiakovski. Talvez seja esse o motivo da descrição e resignação em que tropeçou a paixão do poeta, paixão impaciente e ávida por uma resposta imediata.

Ao casar-se, M.A. Denisova viajou logo para o exterior, para a Suíça, onde continuou sua formação artística intimamente ligada à emigração revolucionária russa. Após a Revolução de Outubro, em 1919, sozinha, com o filho de colo, retornou à Rússia, participou da Guerra Civil, foi ferida várias vezes e recebeu condecorações por bravura. Nessa época, conheceu o famoso herói da guerra civil E.A. Chadenko, e casou-se com ele.

Nos anos 1920, Maria Aleksandrovna encontrou Maiakovski várias vezes. Gostava de ver suas apresentações. Os encontros eram amigáveis. Na época, estudava no VKhTEMAS,* freqüentado por Maiakovski. Ela esculpiu o rosto dele. Maria morreu em 1943, como uma escultora famosa. Por ela foram esculpidos dois rostos de Maiakovski. Um logo após a morte do poeta, sofrida por Denisova-Chedenko profundamente. Infelizmente, esses trabalhos ainda não foram encontrados.

Ainda voltaremos a Elza Kagan nas páginas deste livro, mas já como Elza Triolet que necessita de comentários especiais. E Sofia Sergueievna Chamardina, que tornou-se ativista popular na Bielo-Rússia.

A relação de Maiakovski com as mulheres, tanto na juventude como na idade madura, era de cavalheiro, muito generoso, cortês, delicado. Quando, muito tempo depois, em 1927, em Minsk, encontrou Sofia Sergueievna e a visitou em sua casa, à mesa, na presença do marido dela, Iosif Adamovitch, ficou muito tímido, falava com ela de forma estranha, sentia-se constrangido enquanto não aproveitou uma deixa para perguntar: "Como devo te tratar, de 'você' ou 'senhora'?" Sofia Sergueievna sorriu e falou das dúvidas a seu marido. Depois, intimidado, Maiakovski disse: "Mas eu não o conhecia, não sabia como ele era e como seria melhor para você." Elza Triolet disse: "Ele nunca abandonava uma mulher, despedia-se dela com uma delicadeza grandiosa."

Com aquelas por quem foi apaixonado na juventude, por quem interessou-se, conservava relações amistosas — por pouco tempo que fosse —,

---

*Instituto Técnico-Artístico de Moscou. (*N. da T.*)

encontrava-se e demonstrava atenção de diferentes formas. Ele ainda se sentiria atraído por outras mulheres, mas toda a vida restante do poeta será um reflexo dramático daquele "incêndio do coração" que despertou nele "a deslumbrante rainha do Sião dos judeus" — Lília Iurievna Brik, uma mulher incontestavelmente fora do comum.

As fotografias não conseguem transmitir o poder de atração de Lília Iurievna: maçã do rosto larga, um queixo pesado para sua pouca estatura. Porém, muitos contemporâneos seus que escreveram sobre sua aparência falam da ação mágica que tinha sobre eles. Vamos conhecê-la melhor ao comentaremos o drama amoroso, cujos personagens principais eram ela e Maiakovski.

Por enquanto, a publicação de "A nuvem de calças" para a poesia russa foi um verdadeiro acontecimento inusitado: era um poema de amor (antes de mais nada de amor!), um poema de Vladimir Maiakovski que tinha somente 22 anos, um poema que ameaçava a ordem existente e conclamava à rebelião, um poema que, com personagens de forças titânicas, desvendava a tragédia do homem submetido a condições de degradação moral, um poema que demonstrava novas possibilidades sonoras e significativas da poesia russa. Os simbolistas e acmeístas começaram a prestar uma atenção especial em Maiakovski.

Guerra e universo

A guerra enviou os futuristas para diferentes lados. Burliuk apagou sua impetuosa energia, ou melhor, reorientou-a para um novo fluxo: instalou-se com a família em algum lugar perto de Ufa e ocupava-se principalmente da pintura e do comércio para sobreviver. Aleksei Kriutchionikh também acalmou-se. Benedict Livchits foi para a guerra e recebeu a Cruz de São Jorge. O primeiro dos futuristas, Ilia Zdanevitch, como antes, renegava tudo na cultura russa de Puchkin a Maiakovski, considerando o último um imitador de Briussov. Khliebnikov durante muito tempo não foi convocado para o exército. Em 1916, apareceu em Moscou, faminto, sem dinheiro, com um saco cheio de manuscritos, de estranhos recortes de jornais e de caixas de papel. Khliebnikov, como sempre, pairava em suas fantasias — buscava uma língua inumana, pois estava convencido de que na aurora da civilização ela seria única, todos entenderiam a todos e a nova língua "estelar" deveria interromper as desavenças e unificar a humanidade. Khliebnikov buscava um fenômeno natural rítmico no desenvolvimento histórico da humanidade que ajudasse a prever o desenvolvimento, prever o futuro. Como resultado de inúmeros cálculos, ele chegou ao número 317, que determinava a multiplicidade de repetições de acontecimentos semelhantes. E Khliebnikov funda (no papel) a sociedade "317", chamando a si, a Maiakovski e outras pessoas próximas de "presidentes do globo terrestre"... Conclamava para este "posto" Via(tcheslav) Ivanov e Pavel Florenski. Não é de estranhar que foi exatamente ele quem propôs escolher uma ilha deserta para os países que desejassem a guerra eterna e ininterrupta... A imaginação de Khliebnikov combinava com a fantasia não menos ingênua de Fiodor Sologub, que propôs proibir revoluções em cidades ricas de patrimônios culturais... Maiakovski já não queria ir para o exército em guerra. Olhava para a guerra como para uma catástrofe mundial, como uma tragédia dos povos envolvidos nesta carnificina sangrenta. Na total penúria e sem ter onde morar em Petrogrado, Maiakovski não era publicado em lugar algum. Certa vez, na companhia de Tchukovski, tentou "atrair" o editor-mecenas que o convidou para uma festa. As finanças estavam nas mãos das irmãs do mecenas, das musas protetoras bigodudas e de olhos esbugalhados. Elas tinham que gostar de Maiakovski lendo seus poemas. As damas de olhos esbugalhados e seus convidados, pelo visto, impressionaram tanto o poeta que ele não teve vontade de ler mais nada, além do poema "Tomem!". O tom era de zombaria, o conteúdo conhecido. Dez minutos depois, Maiakovski e seu acompanhante estavam na rua. Nem abriram a boca para falar da publicação.

No início de setembro de 1915, Maiakovski foi convocado para o serviço militar e o matricularam na auto-escola militar. Na autobiografia: "Rasparam-me a cabeça. Agora não quero ir para o *front*. Fiz-me de desenhista. À noite aprendo com um certo engenheiro a fazer desenhos de automóveis..." E acalmava os parentes: "Somente agora terminaram os meus tormentos com a convocação, corro para escrever-lhes e acalmá-los. Fui convocado e matriculado na auto-escola de Petrogrado, onde trabalho como desenhista com um experiente e talentoso desenhista. Não devem se preocupar comigo..."

Os "tormentos", pelo visto, estão ligados à preocupação de que poderiam enviar Maiakovski para o exército em ação, mas há um testemunho indireto de que A.M. Gorki interferiu para que ficasse como desenhista.

Apesar de Vladimir ter escrito para Moscou, aos parentes, que após o trabalho na auto-escola poderia "dar todas as aulas que dava antes", ele, como soldado, não podia se apresentar em público nem publicar livros. No entanto o regime, pelo visto, não era tão sufocante ou, provavelmente, Maiakovski conseguiu camuflar sua participação nas noites literárias (apesar de ter saído nos jornais), assim como a publicação de seus poemas na revista satírica *Nóvi Satiricon*. Quem lia jornais e revistas na auto-escola?...

O diretor da *Nóvi Satiricon* naquela época era um velho satirista, Arcadii Avertchenko, que não gostava de Maiakovski. O nome de Avertchenko foi declinado algumas vezes pelos futuristas, e não em espírito de elogio. Antes da guerra, a revista sob a direção de Avertchenko permitia mirar em alvos importantes nas obras satíricas publicadas e por isso recebeu a reputação de um órgão liberal. No entanto, com o início da guerra, a revista teve uma forte inclinação à direita e aproximou-se da imprensa oficiosa. Mesmo assim, a sátira permitia uma certa liberdade na crítica da ordem estabelecida.

Em 26 de fevereiro de 1915, Maiakovski publicou seu primeiro poema na *Nóvi Satiricon*. Foi o pintor A. Radakov que levou Maiakovski até Avertchenko. Avertchenko não simpatizava com o poeta, mas reconhecia seu talento e via nele um chamariz para os leitores e disse: "Escreva como quiser, não tem problema que soe estranho, nossa revista é humorística." Ele nem mencionou que um dia foi xingado pelos futuristas em "Bofetada no gosto público".

O idílio de Maiakovski com a *Nóvi Satiricon* parece ter surgido casualmente, pois os futuristas consideravam a revista um apêndice epígeno da velha cultura e Avertchenko era considerado *persona non grata* na literatura.

"Será possível?", quebravam a cabeça os companheiros de Maiakovski. "...Ele tem não só a alma, mas uma orquestra futurística, cujos tambores acionados por eletricidade batem nas panelas!" (A. Kriutchionikh), "e agora ele vai colaborar no semanário que planta seus cascos no cotidiano..."

V. Cherchenevitch criticou o poeta pela insuficiente "futuricidade" e revelou a esperança de seu aprofundamento dos objetivos futuristas quando Maiakovski vai para a *Nóvi Satiricon*...

Aliás, ele não demorou a dar explicações, Cherchenevitch notou bem a insuficiente "futuricidade" dos poemas de Maiakovski. E na revista o poeta declarou abertamente (no artigo "Uma gota de alcatrão") que "o futurismo morreu como idéia dos eleitos", que não era mais necessário.

Tudo bem. Mas por que exatamente *Nóvi Satiricon*? Será que não havia nesse semanário algo que o aproximava de Maiakovski?

A resposta a essa pergunta não é simples, não dá para limitar-se à linha satírica da autobiografia que diz: "Pensando sobre o que comer, comecei a colaborar para a *Nóvi Satiricon*." No entanto a colaboração com a revista durou mais de dois anos e ultrapassou as fronteiras desta fórmula irônica, até mesmo se juntar a ela as palavras ditas pelo poeta a S. Spasski: "É possível publicar-se em qualquer lugar, é só fazer a redação levá-lo em conta."

A estréia obteve sucesso. O conto sobre o Peru, que "foi atacado pelos juízes não se sabe para quê nem por quê", foi uma sátira muito transparente de seus próprios juízes. E dos juízes em seu sentido amplo, não só profissional. O poema de Maiakovski foi ilustrado pelo pintor A. Radakov, que colaborava com a *Nóvi Satiricon* e que também servia na auto-escola. A tarefa não era das mais simples. Radakov reconhece que "o desenho não era convincente. Maiakovski olhou longamente o desenho e disse: 'Esconda a cabeça do cientista, deixe que ela afunde no livro.' Assim foi feito e o desenho ganhou muito mais tematicamente, desvendando o poema".

"Hinos" começaram a aparecer, um atrás do outro, na *Nóvi Satiricon* ("Hino à saúde", "Hino ao crítico", "Hino ao almoço"), e outros poemas satíricos. A revista tornou-se o respiradouro através do qual Maiakovski alcançava o leitor. Os aparecimentos de Maiakovski na redação provocavam animação. O novo autor rapidamente dominava as atenções dos funcionários, contava novidades e, com animação, respondia a elas, apresentava idéias novas, enredos originais que na mesma hora eram apoiados por jornalistas...

V. Kniazev, que colaborava, nesta época, para a *Nóvi Satiricon,* expressou assim sua impressão com a chegada do poeta à redação: "Maiakovski foi como uma enorme pedra que caiu num lago tranqüilo. Num curto espaço de tempo colocou de cabeça para baixo toda a *Satiricon*... você podia indignar-se, mas no fundo as pessoas sensíveis (não eu, é claro) sabiam que isso era biologicamente necessário, que o hipopótamo chegasse numa loja de louça como a *Satiricon* e aprontasse excessos messiânicos."

Maiakovski publicou na revista 25 dos 31 poemas escritos durante o tempo de colaboração e trechos do poema "A nuvem de calças" (sem considerar os poemas "Flauta-vértebra" e "Guerra e universo").

O primeiro poema a ser publicado foi "Os juízes" (intitulado, posteriormente, "Hino ao juiz"). Depois vieram os outros "Hinos" e poemas como "Funerais monstruosos", "Minha opinião sobre isso", "Humilhações", "Liquidação barata", "Irmãos escritores" e outros. Não é difícil de ver neles uma posição bem diferente da linha geral banguela e liberal da revista.

Nos "Hinos", Maiakovski dava liberdade à imaginação, abusando do grotesco e das hipérboles. Porém, na sátira direta "elogiosa", não em forma de "hino", o poeta não usava muito a imaginação e desmascarava os males da sociedade moderna.

Na sátira, estava bem mais próximo de Gorki, o crítico da pequena burguesia, o crítico da ordem mundial burguesa, do que dos que normalmente escreviam para a revista. A sátira de Maiakovski sobre os anos de guerra acentua a sensibilidade trágica do poeta que com clareza foi revelada nos poemas. Os versos satíricos, o grotesco e as hipérboles, são risos, risos amargos do poeta da deformidade social mundial. Nem todos entendiam isso naquela época. Tchukovski desconfiava da "originalidade" da dor. N. Vengrov considerava que o trágico de Maiakovski deveria libertar-se das "máscaras e pára-choques"...

Apesar da proibição de se apresentar em público e publicar poemas, Maiakovski, logo após a convocação do Exército, ignorou essa ordem. No início, é claro, apresentava-se às escondidas, num auditório pequeno. Ficou a recordação de I. Oksenov sobre a leitura dos poetas da redação da *Nova Revista para Todos*, em novembro de 1915. Presentes à leitura dos poetas, M. Kuzmin, V. Kurdiukov, R. Ivnev, O. Mandelstam, O. Brik, E. Nizen, M. Moravskaia e outros. Depois de O. Mandelstam e M. Kuzmin, apresentou-se Maiakovski. "Rodeou-se de uma nuvem de fumaça de cigarro e começou a ler a 'Flauta-vértebra', depois versos sobre a guerra e finalizou com 'A nuvem de calças'. Quem ouviu Maiakovski, sabe como ele lia... Mas tinha que ouvi-lo naquela época, quando do outro lado das paredes imperava a 'rua sem língua' militar e pré-revolucionária que ainda não sabia 'gritar e conversar', tinha que ouvi-lo quando todos os palcos e tribunas estavam fechados para sentir e avaliar toda a chama interior que ardia em cada palavra lida de seus poemas. Recordo-me do silêncio solene que tomou conta do auditório depois dessa leitura."

Para esclarecer o valor desse "silêncio solene", é preciso imaginar as ambições e o caráter dos poetas que leram suas obras nessa noite. Todos eram talentosos, inteligentes e sagazes. Obtiveram reconhecimento. Talvez não aceitação, mas tiveram seu valor reconhecido. Sobre a tragédia *Vladimir Maiakovski*, G. Ivanov ainda disse que, apesar da forma grosseira, gosto duvidoso e lapsos, era uma obra interessante. Do arrogante e autocentrado G. Ivanov era raro e inesperado até mesmo um tímido reconhecimento.

Mais ou menos nessa época, Maiakovski conheceu, por acaso, A.I. Kuprin. Tal encontro tem as mesmas características do encontro com Riépin. Maiakovski atraía pessoas com a magia de sua personalidade. O encontro com Kuprin foi descrito por B. Lazarevski, de quem Maiakovski era vizinho no hotel Port-Royal antes de ser convocado para o exército.

"Eram quase 10 horas da noite quando bateram à porta. Era Maiakovski.

"— Dê-me 3 rublos.

"Dei o dinheiro, mas não o deixei entrar no quarto para não ver que estava com Kuprin.

"— Eu queria vê-lo.

"— Vê depois.

"Quase às onze, Kuprin pulou da cadeira, queria ver Maiakovski... Como se fosse um *Roman de Renard*, entrou Maiakovski e cumprimentou Kuprin.

"— E eu pensava que o senhor fosse baixinho e gordinho — disse Kuprin.

"A simpatia foi recíproca e instantânea... Kuprin disse que o primeiro futurista tinha sido Puchkin. Maiakovski não gostou. Então Kuprin declamou 'Na estação de correio', de Puchkin. Maiakovski gostou. Pedi que Maiakovski lesse 'Os músicos'. Caiu no gosto, principalmente de Kuprin. Kuprin sentiu força em Maiakovski e isso foi o principal. A cada novo verso Kuprin alegrava-se... Maiakovski também se apaixonou por Kuprin... É provável que Maiakovski seja totalmente diferente, mas começou a ajudar Kuprin a vestir o paletó e isso me admirou muito..."

A última frase revela a forma inquieta e hostil com que Lazarevski tratava o poeta, é perceptível em suas anotações. É bem provável também que Maiakovski tivesse uma opinião negativa do poema "Buraco", de Kuprin, como nos informa Lazarevski. Mas a relação com o escritor vivo freqüentemente muda também a relação com a sua criação, obriga a olhar de outra forma para suas obras.

A censura das obras de Maiakovski também era infringida. Em dezembro saiu o almanaque *Vzial*. O tambor dos futuristas com o artigo pragmático de Maiakovski "Uma gota de alcatrão", com um trecho do poema "Flauta-vértebra" e com o escandaloso "A vocês!".

Inicialmente pode parecer estranho, mas o tempo de serviço militar no Exército — do outono de 1915 até o outono de 1917 — foi para Maiakovski um tempo de um impetuoso vôo criativo. Pois, além dos versos publicados na revista *Nóvi Satiricon* e outras, escreveu obras tão maravilhosas como o poema "Flauta-vértebra", "O homem" e — principalmente — "Guerra e universo". A crônica dos acontecimentos permite julgar quão tempestuosa transcorria a vida social de Maiakovski, apesar das ordens e das limitações militares.

Até a convocação para o Exército, o Departamento de Segurança ainda vigiava as viagens do poeta de Petrogrado a Moscou e vice-versa. Ao vestir o uniforme militar, Maiakovski passou a ser seguido por outro departamento, o militar. No entanto, durante o tempo livre, prefere vestir-se como civil. Não residia na caserna — alugava um quarto e lá trabalhava, fazia desenhos e os pintava.

O "guerreiro" Maiakovski recebeu a visita do jovem poeta S. Spasski, seu admirador desde os tempos de ginásio em Tiflis. Em fevereiro de 1916, este veio especialmente de Moscou para Petrogrado como "delegado clandestino de todos os admiradores de Maiakovski", para vê-lo.

Maiakovski residia então na rua Nadejdinskaia, 52, num quarto alugado da estenógrafa M.V. Maslennikova. O quarto tinha jeito de uma residência temporária. Móveis, somente os necessários: um sofá e a mesa entre as duas janelas. O visitante moscovita não viu livros nem mesmo manuscritos espalhados, não havia sequer "um vestígio do sedentarismo de escritor".

Com a chegada de Spasski, Vladimir não interrompeu o trabalho. E nessa hora fazia seu dever de "guerreiro": diante de uma folha de cartolina pintava um desenho cheio de galhos. Olhando para o desenho e tocando com o pincel o papel, Maiakovski conversava.

Para o visitante, que não via Maiakovski há alguns anos, este lhe pareceu amadurecido e severo. "Ele estava vestido como civil, camisa cinza sem paletó... A cabeça raspada deixava à mostra as fortes linhas do rosto. Ele mastigava um cigarro atrás do outro, passando-os de um canto da boca para outro." Quis saber o que estava acontecendo em Moscou, se havia surgido uma juventude capaz. A pedido de Spasski, leu trechos do poema "Guerra e universo". Contou sobre os encontros com Gorki.

Pelas ruas andava com um chapéu macio, trajando um paletó escuro de meia-estação (a mãe enviou de Moscou), temendo — como notou Spasski — encontrar os superiores militares... Spasski ficou com uma impressão inspiradora após o encontro com Maiakovski. Ele lhe pareceu bem superior aos mestres caipiras moscovitas que vigiavam uns aos outros nas esquinas e que eram cúmplices ao acusar Maiakovski de apostasia:

— Perdoe-me, mas a revista *Nóvi Satiricon* publica versinhos semelhantes aos de Gorianski. Uma rima pesada.

— Todos eles bebem na minha fonte — dizia Maiakovski. E, já consciente de seu significado, permanecia uma pessoa desinteressada, acessível e que sabia ficar feliz com o sucesso dos outros.

Maiakovski passava considerável parte de seu tempo livre no apartamento na rua Jukovski, 7, na casa dos Brik. Com os esforços de Lília Iurievna, esse imóvel logo se transformou num salão literário, freqüentado constantemente pelos amigos de Maiakovski, poetas, críticos, jornalistas e artistas jovens, mas já famosos. Mikhail Kuzmin, visita constante, cantava suas canções com o acompanhamento do piano. Gorki também, às vezes, aparecia na Jukovski. Como dono da casa, Ossip Maximovitch Brik, não possuía nenhum talento especial, então coube-lhe o papel de mecenas. Ele convidava os homens de negócios. Somente mais tarde revelaria suas ambições em filologia e até tentou escrever em prosa. Uma prosa difícil de ser analisada, em função de seu caráter antiliterário. Mas naquele momento apostava em Maiakovski, como um chamariz.

O faro não enganou o casal Brik: o jovem, talentoso, atraente Maiakovski, chamava a atenção com seus poemas, com o fiasco escandaloso da tragédia *Luna Park*, com o poema "A nuvem de calças", era maravilhoso declamador e polemista original que impressionava a todos com sua aparência. Ossip Maximovitch, mais tarde, encontraria defeitos em sua figura, mas deve-se levar em conta a auto-estima afetada do marido traído, que, aliás, ele sabia reprimir.

Em casa, é claro, reinava Lília Iurievna, que tinha o talento da comunicação, atraindo com seu encanto e maneira de ser receptiva e independente. Eis que chegou a hora de nos voltarmos para o episódio amoroso que o leitor aguarda e que amadureceu em nossa narrativa e que, obviamente, provoca hoje polêmicas e até mesmo pedidos de não se tocar no assunto, levando em consideração a vontade póstuma de Maiakovski.

Mas será que é disso que trata a frase da carta deixada pelo poeta? Ao próprio pedido: "por favor, não façam fofocas" — antecedem as palavras: "Da minha morte não culpem ninguém..." Ou seja, ninguém aqui é protegido por ele. Depois, o tempo retira muitas censuras de temas como esses, e há muita literatura sobre o interesse insaciável com relação à vida íntima de grandes personalidades, que de alguma forma influenciava sua criatividade. E, por último, a censura foi, há muito tempo, retirada pela própria Lília Brik. E é justamente a ela que alguns leitores associam o pedido de "não fazer fofocas".

Então, basta encontrar o tom preciso, não nos rebaixarmos ao plano da intriga. Por isso o melhor é nos apoiarmos em testemunhos das principais personagens da trama amorosa, em suas recordações e cartas, assim como em testemunhos dos contemporâneos que, de alguma forma, faziam parte da órbita de relacionamentos de Lília Brik e Maiakovski.

Sabemos que para Maiakovski "foi uma data feliz" um dos dias do final de julho de 1915 — o dia em que conheceu os Brik. Ossip Maximovitch foi mencionado aqui somente como epíteto, é claro, a alegria do amor não pode ser dividida com ninguém, muito menos com o marido da amada (leiam o poema "Flauta-vértebra"). Mas é justamente nesse ponto que surgem as mais variadas perguntas, freqüentemente de interpretação comum, apesar de Lília

Iurievna ter tentado responder a todas. Pode ser que suas explicações não convençam a todos.

Sobre o início do romance, sabemos pelas recordações de Lília Iurievna. São completadas, ou melhor, confirmadas pelas recordações de Elza Triolet, sua irmã. Há mais uma fonte que é freqüentemente ignorada pelos biógrafos, mas que, pelo menos, não é menos autêntica (pois é um diário da alma) do que as recordações das irmãs, é o poema "Flauta-vértebra". Voltaremos a ele ainda, mas por enquanto vamos conhecer melhor Lília Iurievna Brik.

Victor Chklovski a conheceu e se relacionou com ela nessa época: "Ela sabia ser triste, feminina, manhosa, orgulhosa, fútil, inconstante, apaixonada, inteligente, ser como quisesse." O crítico de arte N. Punin, futuro marido de A. Akhmatova, viu nela olhos "solenes", no rosto algo "desaforado e doce" e concluiu que aquela mulher sabia muito sobre "o amor humano e o amor sentido".

Nessas características há espaço para suposições. A verdade é que, além dos feitiços femininos, além dos olhos e do encanto de Lília Iurievna, para os saraus era preciso possuir algo da área das artes, algo claro, incomum, atraente não pelos olhos e pelo encanto ou pelo menos não só por isso, mas que atraísse como um fenômeno cultural. Tal ímã que atraía a juventude artístico-literária era Maiakovski, e os Brik criaram para ele uma reputação correspondente e a sustentavam. Para isso, eram convidadas para os saraus pessoas famosas. Eram visitas constantes: Burliuk, Kamienski, Khliebnikov, M. Kuzmin. Uma dessas noites foi vivamente descrita por Lília Brik.

"Pasternak veio de Moscou com Maria Siniakova. Estava exaltado, pouco compreensível, declamou divinamente poemas maravilhosos e improvisou fantasticamente ao piano. Maria me impressionou com sua beleza, estava bronzeada, os olhos claros pareciam brancos em contraste com a pele morena, na cabeça trajava um chapéu claro e feito de qualquer jeito. Eram cinco as irmãs Siniakova. Cada uma delas bonita à sua maneira. Por elas estavam apaixonados Khliebnikov, Burliuk, Pasternak. Asseiev casou-se com Oksana.

"Lembro-me muito bem dessa noite.

"No pequeno aposento estendia-se o piano de cauda. Ao lado dele, Pasternak parecia um demônio.

No subúrbio onde nenhum pé
Pisou, somente as bruxas e as tempestades
Onde até a neve dorme como morta
A noite branca penetra no quarto...
A cidade não é esta e a meia-noite também não é...

"No espaço entre a superfície do tampo preto envernizado do piano surgia o gracioso Assieiev:

Do céu a turnê de Liutse
Foi como uma ilusão...

"Os lagos azuis de Khliebnikov transbordaram e apagaram a noite branca do outro lado da janela. Ele não se levantou da poltrona, os braços pendiam para fora. Ele sorriu e franziu o cenho e começou a falar devagar, com a voz suave e gutural. Os olhos constantemente apagavam até se fecharem. Falava cada vez mais rápido e finalizou com um trocadilho: 'É tudo!', expirou com alívio.

"E finalmente era a vez de Maiakovski. Khliebnikov sorriu. Todos se preparam para ouvir. As paredes pareciam se deslocar.

Os quilômetros de ruas amasso com passos
Como vou embora, escondendo este inferno?

"O azul de Khliebnikov, o ouro de Pasternak, os olhos paralisados de Maria e os olhos exaltados de Assieiev.

"Maiakovski estava parado, encostado no batente da porta, da mesma maneira como quando nos leu 'A nuvem' pela primeira vez. Todos começaram a falar ao mesmo tempo. Lembro-me principalmente de como Pasternak gostou dos versos e de como depois tocou algo de sua autoria no piano."

Aqui está bem transmitida a atmosfera de alguns encontros na rua Jukovski, 7. No entanto, a vida nesse apartamento não transcorria tão idilicamente. Chklovski sabia do que estava falando quando afirmou que o apartamento atraiu mais desgraça, inspirações, queixas, brigas, lembranças do que Iasnaia Poliana*.

Vamos dar a palavra a Lília Brik: "Quando disse a Brik que eu e Vladimir Vladimirovitch nos apaixonamos um pelo outro, ele me respondeu: 'Eu entendo você, mas vamos combinar de nunca nos separar.' Estou escrevendo isso para que tudo que aconteceu posteriormente fique esclarecido."

Quando foi que aconteceu esse "nos apaixonamos"? Como se desenvolveu a relação dos dois após a leitura de "A nuvem"? Maiakovski se apaixonou, é óbvio. Mas, a julgar por alguns testemunhos, ao confrontá-los, essa questão permanece sem resposta. No outono de 1915, Maiakovski escreveu "A flauta-vértebra". Um poema de amor. A primeira versão do título era: "Versos a ela".

> *O meu amor,*
> *Como apóstolo veio na hora,*
> *Por mil estradas distribuirei*
> *Por você há séculos a coroa espera*
> *E nela estão palavras minhas —*
> *Num arco-íris de convulsões.*

Não há do que duvidar. A "data feliz" provocou uma enxurrada de emoções, Maiakovski apaixonou-se por Lília Iurievna Brik, iniciou-se o drama amoroso que, afinal, não trouxe felicidade ao poeta, mas o inspirou a criar grandes poemas líricos como "A flauta-vértebra", "Sobre isso" e um dos seus melhores versos líricos do início de carreira — "Lilitchka! Em lugar de uma carta".

O poema, obviamente, é dedicado a Lília Brik ("arranhei na corrente o nome de Lília e beijei a corrente na escuridão da prisão"). Seu herói lírico chocou-se, em seu amor, com o amuado pequeno-burguês que lhe era estranho no poema "A nuvem de calças". Só que lá a proporção era bem maior: era a

---

*Local nas proximidades da cidade de Tula (14 km), onde nasceu e viveu L.N. Tolstoi (1828-1910). (*N. da T.*)

Gioconda que "deveria ser roubada". Aqui estamos falando também de panos de seda e de colares de pérolas. Esse é o preço da compra e venda da amante. Isso reduz a ênfase trágica, o roteiro é melodramático, mas os versos de amor são maravilhosos. Não foi à toa que Gorki gostou tanto deste pequeno poema tão impressionante e metaforicamente rico. E, é claro, que não era só Gorki que gostava. Maiakovski o lia em suas apresentações.

O herói lírico do poema está próximo do desespero: "Penso, mais de uma vez, se não seria melhor pôr-me uma bala como ponto final." A paixão do poeta continua não sendo correspondida. Ele não sabe o que fazer. Eis o que é iniciado com uma citação nas recordações de Lília Brik:

> *Quilômetros de rua amasso com os passos.*
> *Para onde vou, escondendo este inferno!*
> *Por qual Hofman celestial*
> *Fostes inventada, sua desgraçada?!*

No poema "A flauta-vértebra" surge tão nítida a imagem do autor que não há muita necessidade de lembrar sua origem autobiográfica. O poeta acusa Deus, "o inquisidor superior", de ter dado a ela um marido de verdade e que ele, poeta, fora destinado a sofrimentos nunca vistos e ora a Deus para que o livre deste amor infeliz... Mesmo assim: "Canto a você, ruiva e pintada." A paixão alcança o ponto máximo: "Este pode ser o último amor no mundo que refletiu um rubor."

E qual era o sentimento como resposta? "Deu-me os lábios. Como é grosseira com eles. Toquei-os e esfriei." Depois, vem o triângulo tradicional, o ciúme e menção ao motivo dele: "Ao sair gritei a ele: ...A sua permanecerá. Nossos trapos para a nossa 'ela' são asas medrosas de sedas engorduradas. Tome cuidado para que não fuja. Pendure-se no pescoço de sua mulher como colares de pérolas."

Uma menção transparente à artificialidade do casamento da amada, assim como o casamento é visto como um negócio. Antes mesmo podemos encontrar: "Eu sei que cada um paga por sua mulher." E ele, herói do poema, no lugar de vestidos parisienses pode vesti-la somente com "a fumaça do cigarro" e fazer-lhe uma coroa de suas palavras... Mas não há amor, a amada não corresponde ao beijo, ela permanece fria.

Depois da "Flauta", Maiakovski escreveu o poema "Don Juan", leu a Lília Iurievna caminhando pela rua. Ela expressou sua insatisfação: de novo sobre o amor infeliz, não se cansa! Na mesma hora, ele rasgou os manuscritos em pedaços e jogou-os fora. Pode-se somente supor o conteúdo do poema destruído. Com relação ao plano pessoal, estava clara uma coisa — não havia amor. Amor correspondido. Mas, ao mesmo tempo: "Não nos separávamos, viajávamos às ilhas, caminhávamos pelas ruas... À noite, passeávamos às margens do rio..." Isso também são palavras de Lília Brik.

Desta forma bem indefinida constituíam-se as relações entre Maiakovski e Lília Brik desde o final de julho, ou seja, desde o dia em que se conheceram. Lília Iurievna classifica essa época de dois anos e meio de vida conturbada. Então, em 1916, Maiakovski pela primeira vez brincou de roleta-russa. Pela manhã cedo, Lília foi despertada pelo telefone. "Era a voz rouca e suave de Maiakovski: 'Vou me matar. Adeus, Lilik!' Eu gritei: 'Espere por mim!' Joguei algo por cima do robe, desci correndo as escadas suplicando e apressava o cocheiro com socos e pontapés nas costas. Maiakovski abriu a porta. Em cima da mesa do quarto havia um revólver. Ele disse: 'Atirei, mas falhou. Não tentei a segunda vez, esperava por você.' Eu estava num estado de horror indescritível, não conseguia voltar a mim."

Mas, após o relato sobre a passagem do ano-novo de 1916, sobre o nascimento do almanaque *Vzial*, sobre Khliebnikov e os trabalhos dos filólogos da Sociedade de Estudos da Linguagem Poética (OPOIAZ), a quem Maiakovski dedicava grande atenção, nas recordações de Lília Brik inesperadamente, surge uma cena familiar quase idílica. "Pela manhã. Vladimir Vladimirovitch acordava antes de todo mundo e andava impaciente diante da porta de Ossip Maximovitch. Caso não estivesse dormindo, mas lendo ou desenvolvendo alguma jogada de xadrez deitado na cama, Vladimir Vladimirovitch exigia que ele fosse imediatamente tomar café. O samovar fervia, Vladimir Vladimirovitch preparava uma porção de sanduíches; eles liam e discutiam os jornais do dia e revistas."

No contexto geral das recordações, é o ano de 1916. Então, onde ficam os dois anos e meio intermediários? E quando aconteceu, já após Ossip Maximovitch ter sido informado do amor recíproco de Lília Iurievna e Maiakovski? Ou tudo acontecia, como considera B. Iangfeldt, "sem o conhecimento de O.M.?".

O romance entre Maiakovski e Lília Brik e a posterior vida a três provocavam e, pelo visto, sempre irão provocar críticas. Lília Brik as respondeu assim: "Para esclarecer os mal-entendidos, devo dizer que eu havia mais de um ano não era mulher de O. Brik quando liguei minha vida a Maiakovski. Não era nenhum *ménage à trois.*" Novamente surge a pergunta: quando aconteceu essa paixão? Maiakovski apaixonou-se ainda em Petrogrado, isso é mais claro que a água. "A flauta-vértebra" (escrito no outono de 1915) é a primeira prova de que o amor dele não foi correspondido. Os motivos que ele percebia estão descritos de forma evidente e transparente no poema.

Tentaremos preencher a lacuna da crônica "familiar". Pelo visto, no inverno ou primavera de 1916, aconteceu alguma mudança na relação entre Lília Iurievna e Maiakovski... Ossip Maximovitch, a julgar pelas ocupações "familiares" de Maiakovski (samovar, sanduíches), cedeu a mulher ao outro, porém permaneceu marido legítimo e reservando a si (para o resto da vida, por mais de 30 anos) um papel... Não, esse é um tema muito delicado, não existem parecidos e deixo para o leitor as conclusões sobre que papel cabe ao marido legítimo num triângulo amoroso após terminar a leitura sobre essa história de amor (o triângulo amoroso permaneceria após a morte de Maiakovski, quando Lília casou-se no civil com Primakov).

É bem provável que tenha sido exatamente o encontro com Maiakovski que fez O.M. Brik ocupar-se da literatura, pois a resenha de "A nuvem de calças" constituiu-se, ao que parece, na sua primeira criação. Lília Iurievna reconhecia que antes de Maiakovski eles tinham um interesse latente pela literatura. Maiakovski esteve em Petrogrado, na rua Jukovski, 7 (quando o apartamento tornou-se abrigo para inúmeras pessoas, os Brik tiveram que trocar de apartamento para um maior, no mesmo prédio), até se integrar à "família". Viajou várias vezes a Moscou, sentia saudades. Lá, ainda moravam a mãe e as irmãs a quem estava carinhosamente ligado e naquela cidade passou sua juventude, realizou trabalhos clandestinos e foi preso — isso também era inesquecível. A Moscou estavam ligados os primeiros passos na arte, na literatura, nas badalações noturnas.

No final de 1916, Maiakovski, aproveitando os 20 dias de férias, viajou, é claro, para ver os parentes e amigos.

No conhecido auditório do Museu Politécnico, Maiakovski lia "A nuvem de calças".

Na primeira fila estava o policial Stroev, famoso por desfilar com seu distintivo universitário — uma decoração rara para uma patente policial. Os presentes viram nas mãos do policial um livro que ele abria a toda hora para acompanhar a leitura do poeta...

— Não é permitido continuar a leitura a partir deste ponto.

A explicação é simples: o vigia da lei acompanhava o texto lido por Maiakovski e, assim que o poeta tentou ler as estrofes censuradas oficialmente, o policial demonstrou sua educação e seu poder.

A sala veio abaixo com assobios, gritos de "Fora!".

Então, o policial disse, referindo-se ao poeta e não ao público:

— Vou pedir para esvaziar a sala.

Assim, inesperada, cômica e simultaneamente triste terminou o encontro de Maiakovski com o auditório moscovita. Não aconteceu, pelo visto, e por outros motivos, o encontro com os jovens poetas moscovitas. As frases da caderneta de anotações de Blok registraram: "Maiakovski me ligou. Reclamou dos poetas moscovitas..." A conversa, a julgar pela anotação, não foi puramente ritual, já que Maiakovski "disse ainda que escreveu muita coisa terrível sobre a guerra...".

Sabemos que Blok foi um dos primeiros grandes poetas a destacar Maiakovski entre os futuristas como autor de poemas violentos e fortes. Isso era um grande elogio do mestre em relação a um poeta iniciante. Sabe-se também que, em dezembro de 1913, esteve em uma das apresentações da tragédia *Vladimir Maiakovski* e revelou um grande interesse pelo autor.

Ao perceberem essa atração mútua, os colegas futuristas de Maiakovski esforçaram-se muito por destruir a possível e indesejável união dos dois poetas. D. Burliuk até reconheceu:

"Encontrei Blok certa vez na casa de Kulbin (agora já falecido). Eu sabia que ele estava encantado com Maiakovski e que o presenteou com a coleção completa de suas obras. Então me lembrei do início de minha amizade com Maiakovski, quando gastei todos os meus esforços para depositar na alma do meu jovem e talentoso amigo a zombaria prepotente da velha arte de Blok.

"— Sabe, Aleksandr Aleksandrovitch, Maiakovski gostava muito do senhor e o enaltecia como poeta, declamava a cada minuto seus poemas, mas agora não gosta mais e eu sou o grande responsável por isso.

"— Por que fez isso?

"— Porque a reverência ao senhor, uma pessoa estranha para nós, para nossa geração, atrapalhava Maiakovski a escrever seus próprios poemas e a tornar-se um grande poeta.

"— Mas será que, para começar a criar, Maiakovski teria que humilhar a minha obra?

"— Sim, tem que se tornar corajoso. Corajoso, porque a obra dos futuristas é diferente da do senhor."

A mentira de fato aqui é Maiakovski "agora já não gosta". No artigo "Morreu Aleksandr Blok", escrito logo após a morte do poeta, Maiakovski expressou direta e sinceramente o seu amor pelo "glorioso mestre simbolista", não deixando nenhuma dúvida com relação a sua verdadeira relação com Blok.

Os encontros dos dois poetas eram esporádicos e não levaram nem poderiam levar à amizade ou à convivência mais constante. Eram pessoas muito diferentes: de caráter, de hábitos, de idade, de educação. Mas aconteceram encontros que foram lembrados e tratados por Maiakovski como simbólicos. Sobre um deles, em 1917, antes da tomada do Palácio de Inverno, falaremos mais adiante.

Mas agora retornemos ao ano de 1916. A guerra continuava sem solução, com conflitos políticos internos, cada vez apareciam menos nos jornais as chances de uma vitória. Do *front* vinham notícias ruins. Na sociedade russa diminuiu a paixão patriótica, que, a julgar pelas crônicas históricas, era uma característica no início da guerra. A imprensa oficial estava repleta desse tipo de notícia. Até mesmo os que estavam no exílio, Kropotkin e Plekhanov — estes opositores inveterados —, apoiavam o caráter defensivo da guerra, sem falar da esmagadora maioria da "sociedade instruída" dentro do país. E a tese sobre "o apoio popular à guerra" deve ser recebida com ressalva. A conhecida frase do primeiro-ministro Kokotsev dita a um correspondente estrangeiro — "na Rússia a distância de mais de 100 quilômetros das grandes cidades cala qualquer luta política" — justificou-se durante a guerra. Um ditado simples ficou muito popular: "Somos de Kaluga, ou seja, até Kaluga o Guilherme não chegará." A ideologia intelectual da guerra também se revelou não-homogênea, conquanto, é claro, no todo tenha sido orientada para o apoio da sua tarefa de defesa. Em 1916, amadureceu a insatisfação com a guerra, com a política do czar e do governo que levou ao desdobramento da luta operária e aos choques entre trabalhadores e polícia.

A vida literária se fechou nos "salões", nos círculos, parecia envergonhar-se de sua falta de necessidade. Assim foi em Petrogrado e em Moscou também: reuniam-se grupinhos de escritores no "arranha-céu" da travessa B. Gresdnikovski, na casa de um tal de Vassili Vasilievitch, professor de literatura; na travessa Sivtsev Vrajek, na casa do estudante, reuniam-se os jovens futuristas; e os fãs de Maiakovski juntavam-se próximo da revista *Mletchni Put*. Debatiam pretensiosamente literatura. Criticavam a "Sociedade de Estética Livre", onde, como sempre, reinava a elite: Briussov, Biéli, Baltruchaitis e os jovens Boris Zaitsev, Aleksei Tolstoi...

O estado de ânimo de Maiakovski nessa época transparece em sua autobiografia: "Tempo horroroso. Estou desenhando (para me virar) retratos do comandante. A cabeça cria 'Guerra e universo', o coração 'O homem'." Transpondo a situação para a arte, Maiakovski declara: "A guerra, ampliando fronteiras dos países, obriga o cérebro a irromper as fronteiras daquilo que ontem era desconhecido." O "desconhecido" não é um conceito geográfico. Percebem-se aqui os anseios do futurismo. Maiakovski não os recusou. Só que ele não se limita à busca de sentidos novos e desconhecidos das palavras, mas procura no "desconhecido" um espaço para o desdobramento de um quadro da vida visível por ele, esboça margens desse quadro, preenche-o de sentido vivo e vibrante.

Mas por que sempre nos poemas do jovem Maiakovski surge o tema do suicídio? Após conhecer Lília Brik, o tema surge em textos de amor negando com detalhes íntimos as afirmações de Lília de que ela e Ossip Maximovitch haviam interrompido as relações conjugais antes de conhecer Maiakovski. Será que Maiakovski, esse grande rebelde e guerreiro quase de nascença que desafiou o próprio Deus, era uma pessoa tão fraca que por ciúme estava pronto para dar um tiro na cabeça, ingerir veneno ou arrebentar a cabeça nos paralelepípedos da avenida Nevski? Na carta deixada após a morte, ele diz que o motivo do suicídio foi o "barco amoroso" que se chocou com o cotidiano...

Vamos refletir com mais cuidado sobre estes motivos: quando eles soaram, qual era a melodia de fundo e quais eram as nuances? Não há dúvidas sobre a verdadeira paixão do poeta. Ela foi confirmada pela vida. Somente a fonte conceitual e predeterminada permitiu a I. Karabtchievski (em *A ressurreição de Maiakovski*) perceber aqui alguma mentira. Até mesmo no poema "A flauta-vértebra" — o mais pessoal, mais auto-incendiário, mais glorificante e amaldiçoante da "rainha ofuscante do Sião Judeu" —, já no prólogo percebe-se a nota trágica ("seria melhor talvez/pôr-me uma bala como ponto final"). Mas o bem mais valioso é o ser humano.

O poema foi escrito durante a guerra. "Ouçam todos! Saiam das trincheiras. Ainda haverá tempo para guerrear." Não se ouvia naquela época tal conclamação (somente Tsvetaieva atrevia-se a isso): "Queridos alemães! Eu sei que nos seus lábios está a Gretchen de Goethe (não a de Goethe, é claro, mas a viva). Não há bem mais valioso que o ser humano no mundo; ele é o candidato a rei do universo e aos grilhões"; Maiakovski está pronto para colocá-los em si em nome do amor.

O homem que ama e que é amado é o "rei do universo".

Essa mesma idéia está no poema "O homem". Nele o homem também é o centro da existência; é o "inusitado", o "grande e inexplicável milagre". "Há algo que eu não possa!" — eis o quanto se estende a força do homem. Há somente uma coisa que ele é incapaz de fazer — despertar o sentimento de amor recíproco. O herói do poema não pode se conformar com isso; por isso grande é a tentação: "O coração quer tiro e a garganta delira pela lâmina." É grande o desespero: "Deixe eu levar a alma sem dor para a imensidão."

Contra o desespero vai a vontade: "Levante-se, basta! Olhos para o sol! Até ficar estendido e mudo?"

No poema "O homem", seu personagem, "mil anos depois", cai na rua Maiakovski e lhe dizem que aqui o "poeta se suicidou, próximo à porta querida". A reação do poeta é: "Quem, eu, me suicidei? Inventam cada uma!"

O amor é uma grande felicidade e um grande sofrimento. Esses dois sentimentos, na mesma proporção, acompanham-no pela vida afora. Maiakovski chega à compreensão dessa verdade por meio do sofrimento e, por isso, não imediatamente. Mas chega.

> *Não me lançarei no abismo,*
> *não beberei veneno,*
> *não apertarei o gatilho na têmpora.*
> *Afora*
> *o teu olhar,*
> *nenhuma lâmina me atrai com seu brilho.*

Maiakovski disse, apesar de sua consciência hiperbólica e da sua mania de aumentar tudo, sobre si mesmo: "Fui agraciado com o amor na medida certa." E ao mesmo tempo: "Em mim a anatomia ficou louca. Sou todo coração." Foi isso que provocou a enxurrada de paixões ardentes e que incendiou o tema de amor de seu poema: "Do coração tornou-se enorme: enorme o amor, enorme o ódio." Tais sentimentos são polares e por isso estão interligados. Em todo caso, o amor não exclui a rejeição, apesar de nem sempre possuir, quando expresso com a palavrinha perigosa "ódio", um alvo, algo concreto.

"Amo" é o poema de amor mais claro e que não abusa de embates dramáticos. Nele o amor não é doença, mas êxtase da vida fundamentado na crença: "O amor não será lavado por brigas nem por quilômetros." Mas isso está pela frente: será em 1922. À véspera da nova e terrível provação de amor. Logo após, todas as tentativas de sua reanimação assemelham-se à tentativa de colar uma louça de porcelana quebrada em mil pequenos pedaços.

Mas por enquanto temos que aceitar que o tema do suicídio, que transpassa os poemas do jovem Maiakovski, tem uma ligação direta com a defesa da honra e da grandeza do homem, de seu direito de amar e ser amado, de seu direito a plenos sentimentos.

Mas não se pode deixar também de notar o reincidente motivo da saída voluntária da vida. Lembremos que ele surgiu não de um drama amoroso, mas da tragédia da solidão de um Maiakovski com 20 anos e em sua primeira grande obra, intitulada com seu próprio nome. Na sucessão de tais explosões de desespero, provavelmente em algum lugar escondia-se o pressentimento de final trágico. Nas pessoas de natureza impressionável, onde a dor é surperdimensionada, em momentos de crise turva-se a consciência, mas também ficam mais aguçados a intuição, o olhar interior, a perspicácia.

Ampliou-se nos tempos de guerra o círculo de escritores conhecidos, incluindo os contemporâneos mais famosos. Entre eles estavam não só Gorki, Blok, mas também Iessiênin, Kuzmin, Chklovski, assim como uma plêiade completa de artistas plásticos — representantes da vanguarda russa.

Pode parecer inesperada a amizade com Mikhail Kuzmin, que, o que é ainda mais incrível, dedicou a Maiakovski um poema denominado "O mar inimigo. Ode", escrito em abril de 1917. O mais provável é que Kuzmin tenha visto e ouvido Maiakovski em 1913 no Cão Vadio. Porém, não era de estranhar que o "libertino" Maiakovski chocasse estetas do porte de Gumiliov e Kuzmin. A verdadeira apresentação porém aconteceu em 1915, no apartamento do pintor S. Sudeikin. A amizade se solidificou e Maiakovski passou a freqüentar a casa de Kuzmin, onde se reunia um grupo de intelectuais brilhantes. Maiakovski declamava de cor os poemas de Kuzmin. Kuzmin visitava os Brik. E após fevereiro de 1917, Kuzmin escreveu o poema "Revolução russa", que ecoava a crônica poética de Maiakovski, "Ode à Revolução". O "esteta" Kuzmin democratizou a forma do verso e começou a ver em Maiakovski uma personalidade poética brilhante, apesar de não concordar com as teorias futuristas.

As velhas amizades eram reforçadas e surgiam novas e, ao mesmo tempo, algumas das amizades e conhecimentos essencialmente importantes eram interrompidos da forma mais incompreensível. Assim acabou a amizade com Pasternak. Num enredo confuso aconteceu o brusco desentendimento com Gorki e, posteriormente, com Lunatcharski... As relações com Iessiênin não fluíram da melhor forma, apesar de ter havido um desejo de aproximação de ambas as partes, mas em épocas diferentes. Seria justo dizer também que as pessoas que cercavam os dois não estimulavam a aproximação, para dizer o mínimo. Tanto Maiakovski como Iessiênin não tiveram sorte com as pessoas que os cercavam...

A relação com Chaliapin foi episódica. Maiakovski pediu a Serebrov que o apresentasse ao famoso artista na apresentação da ópera *Boris Godunov*. Após o espetáculo, encontraram Fiodor Ivanovitch ainda maquiado.

— É uma pena gastar a voz do senhor com os czares! — vociferou Maiakovski. — Alguém poderia compor uma música para a minha tragédia e o senhor cantar!

— O senhor, como já ouvi dizer, é também um Chaliapin em seu negócio? — foi a resposta-pergunta em forma de elogio.

— Aprendi a gritar em forma de versos, mas não sei cantar. — Isso foi dito timidamente. Não é culpa de Chaliapin que alguns anos depois o poeta tenha destilado toda sua ira contra ele como representante dos emigrantes...

O problema da relação com Gorki desenvolveu-se por vias dramáticas. O episódio tem contornos do teatro do absurdo, e teremos que retornar a ele.

O relacionamento, como sabemos, teve início maravilhosamente bem. Aconteceu um encontro no Cão Vadio e depois em Mustomiaki. Em Petrogrado, Maiakovski visitou Gorki em Kronverkski. Leu para ele "A flauta-vértebra" e poemas novos. Colaborou com a revista de Gorki *Liétopis* (Crônica) e na editora Parus. É óbvio supor que a visão de Maiakovski sobre a guerra mudou sob a influência de Gorki. Não por acaso, após concluir um fragmento do poema "Guerra e paz", Maiakovski corria para a Kronverkski e lia para Gorki ou fazia isso na redação da revista obrigatoriamente na presença de Gorki.

No diário de B. Iurovski (início de 1916), pessoa próxima da família de Gorki, existe uma anotação: "Aleksei Maximovitch nos últimos tempos anda para lá e para cá com V. Maiakovski. Considera-o um grande e talentosíssimo poeta e admira seu poema 'A flauta-vértebra'. Fala da monstruosa envergadura de Maiakovski, diz que ele tem a sua cara. Resumindo, não há nenhum futurismo, há somente V. Maiakovski. O poeta. Um grande poeta..."

Na redação da revista *Liétopis*, com seu respeitável e barbudo quadro de colaboradores, assim como na *Nóvi Satiricon*, a presença de Maiakovski não era bem-vinda. Alguns cuspiam e viravam os rostos: um futurista escandaloso numa revista marxista! Mas ele reagia com indiferença magnífica.

Sob a proteção de Gorki, com sua participação direta, saiu o primeiro verdadeiro livro de Maiakovski, *Simples como um mugido*. Saiu pela editora de Gorki, Parus. No início surgiram dificuldades com o título. Maiakovski queria ressuscitar o "Décimo terceiro apóstolo". Depois propôs o título *Cinco crucifixos*:*

"— O senhor entende que o tema aqui não é Cristo, mas a aritmética — esbravejava ele, insistindo em seu título. — É simples como a tabuada: cinco vezes cinco.

"— Ninguém vai entender isso.

"— O senhor acha?

"Ele saiu triste. Alguns dias depois, entrou em minha sala tarde da noite e desabou na poltrona.

"— Já sei! Vamos denominá-lo, para os diabos, '*Fufaika*'!**

"— Por que *fufaika*?

"— É uma palavra engraçada: *fu-fai-ka*!"

"O livro acabou saindo com o título *Simples como um mugido*."

Esse diálogo aconteceu entre Maiakovski e N. Serebrov (pseudônimo de A.N. Tikhonov) — um dos organizadores da editora Parus e secretário de redação da revista *Liétopis*. A frase-título foi retirada da tragédia *Vladimir Maiakovski*. Quando o livro saiu, Lília Brik o encadernou com uma capa

---

*Em russo, "Cinco crucifixos" constitui um jogo de palavras e soa da seguinte forma: "Piat raspiatii". (*N. da T.*)

**Camisola. (*N. da T.*)

marrom e escreveu na lombada com letras pequenas e douradas na horizontal: Maiakovski.

Era uma resposta a Burliuk, que, certa vez, disse a Maiakovski, de brincadeira, que iria considerá-lo um poeta conceituado somente após a edição de um volume de poemas tão grosso que seu sobrenome coubesse em horizontal na lombada.

A publicação do livro *Simples como um mugido* (outubro de 1916) tornou-se um acontecimento na biografia literária de Maiakovski. Nele foram publicadas todas as melhores obras escritas pelo poeta durante os quatro ou cinco anos de sua carreira incrivelmente dinâmica e precoce. A crítica ao livro foi notável. O conhecido filólogo P. Chegolev escreveu: "A produção poética de Maiakovski não tem nada em comum com a poesia, com a arte, com a academia." O não menos conhecido cientista, filósofo e esteta D.Vigotski destacou: "Agora fica claro o significado de Maiakovski como poeta e seu lugar na poesia moderna." B. Pasternak observou: "Que alegria que Maiakovski existe e não foi inventado, um talento que, por direito, parou de levar em consideração tudo que se escreve agora. Não sei se isso significa muito: mas com muito mais paixão colocou a poesia no futuro, a sua arte ao destino da criação."

Assim, como uma ducha que alterna a água quente com a água fria, com a predominância da fria, era a crítica com relação ao Maiakovski, poeta, durante toda sua vida.

E os principais acontecimentos desta vida nesta época eram "Guerra e universo" e "O homem". Ao intitular o poema "Guerra e universo", Maiakovski não tinha nenhuma intenção de competir com Lev Tolstoi. O título foi inspirado na situação do mundo e da humanidade naquele momento de sua vida. No entanto o poeta não deixou escapar a oportunidade de dizer a V. Cherbatchiov, compositor e colega da auto-escola:

— Só falta agora começarem a desenhar Tolstoi de blusa amarela e a mim descalço e de camisa de camponês!

Infelizmente, não foi possível publicar "Guerra e universo" (a revista *Liétopis* foi censurada) e era proibido lê-lo também em público. O poema só foi publicado em 1917 pela editora Parus.

A guerra no poema de Maiakovski é apresentada como uma tragédia humana mundial. O poema foi escrito com o sangue do coração de uma pessoa que sofria e sentia uma dor enorme pela tragédia e estava pronto a fazer um apelo para evitar novas vítimas.

> *Minha voz,*
> *a única humana,*
> *entre gritos e gemidos,*
> *ergue a luz do dia*
>
> *Depois*
> *amarrem-me a um poste,*
> *fuzilem-me!*

O poeta desmascarou os verdadeiros culpados pela guerra mundial, sem poupar os "estrangeiros", os "seus compatriotas", o militarismo alemão, a França "aliada" e as ambições de ocupação da burguesia russa.

No entanto, valendo-se das visões sangrentas e cinzentas da guerra, dos quadros de morte e terror, o motivo da vida irrompe no poema. Maiakovski acredita: "O universo desabrochará ainda alegre e novo." Ele acredita e conclama todos a crer que o homem livre virá povoar a terra.

Na vida cultural da capital, Maiakovski tornou-se uma figura conhecida. Era com prazer convidado a participar das exposições dos pintores de esquerda, assim como os grupos de teatro o convidavam a participar de noites literárias. Foi numa dessas noites que conheceu V.E. Meyerhold, uma amizade que durou até o fim da vida do poeta. Maiakovski foi convidado ao estúdio de Meyerhold a pedido da juventude. Lá leu "A nuvem", "A flauta-vértebra". Era alegre, extrovertido. Conseguiu conquistar a simpatia dos jovens atores e do próprio mestre, por quem tinha uma grande admiração. Na dedicatória que fez ao presentear Meyerhold com o exemplar de "A nuvem de calças", não se esqueceu, no entanto, de fazer a autopromoção típica dos futuristas: "Ao rei dos teatros, do rei dos poetas."

Maiakovski e Meyerhold estiveram ligados não só pelos laços de uma amizade pessoal. Meyerhold daria vida cênica às melhores peças do poeta, *Mistério-bufo*, *O percevejo* e *Os banhos*, pois era o único diretor teatral preparado para isso, já que muitos diretores e teatros recusaram a oferta, apesar das insistentes recomendações do Comissário da Instrução Pública, Lunatcharski...

Há mais uma pessoa que Maiakovski conheceu e que podemos citar. Em meados do ano de 1916, Maiakovski conheceu Serguei Iessiênin. Sobre isso falou o próprio Maiakovski, mas Kamienski também o fez. Maiakovski contou com humor a maneira como se apresentava então o jovem Iessiênin. De *lapti*,* numa camisa de camponês bordada, em um bom apartamento de Petrogrado, ele pareceu a Maiakovski "falso". E o encontro se desenrolou da seguinte maneira:

"Como uma pessoa que já tinha usado e largado a blusa amarela, olhei seriamente para ele e perguntei sobre sua roupa:

"— Isso é uma espécie de propaganda?

"Iessiênin me respondeu com uma voz baixa que, provavelmente, faria o querosene do lampião falar se tivesse vida:

"— Somos provincianos, não entendemos vocês... vamos tentar fazer... do nosso jeito... tradicional, à antiga...

"Seus poemas talentosos e muito rurais a nós, futuristas, é claro, eram estranhos. Mas ele era engraçado e encantador.

"Ao sair, eu lhe disse:

"— Aposto que ainda largará esses calçados e essa roupa de camponês!

"Iessiênin retrucou com entusiasmo e convicção. Kliuev o levou para o lado, como uma mãe temerosa leva a filha depravada que não tem forças nem desejo de recusar um convite.

"Iessiênin aparecia-me vez ou outra. Encontrei com ele já após a Revolução, na casa de Gorki. Logo gritei com minha natural indelicadeza:

"— Pague a aposta, Iessiênin, está de paletó e gravata!

"Iessiênin, enfurecido, quis brigar."

---

*Calçado camponês de verão, feito de casca de tília. (*N. da T.*)

No comportamento dos jovens Maiakovski e Iessiênin havia um tom de brincadeira que correspondia ao papel de cada um — querer se destacar, aparecer. Era uma encenação inocente. Às vezes, ela passa como a juventude; às vezes, fixa-se como um papel, uma característica individual...

Não foi somente Kliuev que influenciou o jovem Iessiênin. Ele, inicialmente, foi acalentado por Serguei Gorodetski, que nunca perdeu o interesse por tudo que fosse russo, popular. Convenceu Iessiênin a não mudar sua imagem provinciana — os *lapti*, a camisa camponesa, a cinta dourada, as calças plissadas... Vestido assim, Iessiênin aparecia no palco, organizava encontros com "os talentos do povo" e pessoalmente, neste caso, vestia, por cima da camisa engomada com um laço, a camisa camponesa vermelha. E insistia, antes de sair no palco:

— Vá, Serioja. Vá, não tenha vergonha.

Mas ele se envergonhava. No início. Depois se acostumou. Por fim se rebelou e largou a fantasia.

Iessiênin aparecia também no apartamento de Riurik Ivnev, decorado no estilo russo, onde se reunia um grupo bastante incomum. Ali se podia encontrar um noviço de convento, um diácono e Nikolai Kliuev, de botas compridas e de *poddiovkas** das mais diferentes possíveis, os mais estranhos interlocutores, desde o vice-governador até o estudante de liceu. Durante o longo chá, falava-se de tudo. O assunto mais freqüente, porém, era vaticinar o fim da guerra e o início do reino de Cristo...

Iessiênin teve inteligência e talento para ser ele mesmo.

Posteriormente, o rumo dos dois poetas tornou-se complexo em razão de uma série de circunstâncias e, em primeiro lugar, é claro, das diferenças na aceitação da vida, dos pontos de vista sobre determinados acontecimentos e sobre a poesia. Teriam que competir, passar por duelos verbais muitas vezes inofensivos, assim como por tentativas mútuas de aproximação... Porém, nenhum dos dois tinha a seu lado uma pessoa forte que fizesse os dois apertarem as mãos...

---

*Casaco russo típico pregueado na cintura. (*N. da T.*)

No entanto é admirável que, por mais que se encontrassem em pólos diferentes os grandes e verdadeiros talentos, por mais que debatessem entre si, por mais que destilassem críticas um contra o outro, reconheciam sempre o valor do outro. Maiakovski, o inimigo mortal do simbolismo, adorava e sabia de cor os poemas de Blok. E Blok, que não gostava do futurismo, mencionando seu grosseiro antiestetismo, defendia Maiakovski dos ataques e o fazia com um talento grandioso... Iessiênin e Maiakovski combatiam durante os anos 1920. Mas também desejavam uma aproximação. Assim como disse Tsvetaieva: os de baixo combatem, mas as montanhas se unem... A nós, descendentes, só nos resta lamentar que as "montanhas" não se uniram em vida.

As viagens de Maiakovski de Petrogrado até Moscou, além de tudo, eram também viagens para visitar a mãe e as irmãs. Maiakovski amava a mãe e mantinha ótimas relações com as irmãs. Apesar de Ludmila Vladimirovna, como irmã mais velha, às vezes cansar com sua tendência à proteção. A observação de Assieiev, que diz que Maiakovski não era uma pessoa que gostasse da convivência familiar e que se sentia pressionado em família, baseia-se em informações falsas. Assieiev esteve com Vladimir Vladimirovitch, na casa de Aleksandra Alekseievna, duas ou três vezes. Era uma pessoa de outro círculo de amizades, ligado aos Brik, com quem, diga-se de passagem, a família Maiakovski — a mãe a as irmãs — nunca tivera relações cordiais. Por isso, compreende-se a reserva e a tensão que sentiu Assieiev ao visitá-la. Mas, por exemplo, Kamienski, nessa família, era considerado de casa. Foi ele que escreveu sobre o carinho especial que Vladimir Vladimirovitch dispensava à mãe e como Maiakovski gostava das irmãs, como ficava tranquilo na presença delas, tímido, carinhoso.

O mesmo dizem em suas recordações as pessoas mais próximas. Já após a morte do irmão, Olga Maiakovskaia escreveu a uma parente: "Volodia amava muito a mamãe, preocupava-se com ela, dizia sempre a mim e a Liuda que o avisássemos caso mamãe estivesse precisando de algo, para que a ela nada faltasse: 'a mamãe tem que ter tudo que precisar', dizia ele."

Durante as primeiras e segundas férias, e em janeiro de 1917, ao chegar a Moscou, Vladimir Vladimirovitch logo se dirigia para Presnia. Ele era cuidadoso, carinhoso, apesar de ser um filho e irmão muito agitado. Mas a pobreza e a falta de dinheiro o obrigaram a pedir ajuda à família quando jovem: quando tinha que renovar o guarda-roupa e, até mesmo, para se alimentar. Numa carta ele escreveu: obrigado pela encomenda, comi maravilhosamente...

Mas o serviço militar terminou com uma surpresa: o soldado Maiakovski, que não se sobrecarregava no serviço, mas que vivia uma outra vida muito diferente, a vida de poeta, foi condecorado com uma medalha "Pela assiduidade". A condecoração, é claro, tinha um caráter ritual: acabou o prazo e assim mandava a instrução.

Isso aconteceu às vésperas da derrubada da monarquia, 31 de janeiro de 1917. E no dia 27 de fevereiro (12 de março)...

A Revolução

Na autobiografia não há uma referência direta à Revolução de Fevereiro, assim como Maiakovski se refere à Revolução de Outubro, mas a anotação da participação nos acontecimentos é do dia 26 de fevereiro. Isso não deixa dúvidas: Maiakovski recebeu Fevereiro com o mesmo entusiasmo com que recebeu, depois, o Outubro. Vamos reler atentamente esta anotação:

"Fui com os automóveis até a Duma. Entrei no gabinete de Rodzianko. Observei Miliukov. Estava calado. Mas me pareceu que gaguejava por algum motivo. Uma hora depois, cansei. Saí. Assumi por alguns dias a direção da auto-escola. O velho oficialato continua a ciscar pela Duma. Para mim, uma coisa está clara — é inevitável a vinda dos socialistas. Os bolcheviques. Escrevo nos primeiros dias da revolução uma crônica poética 'Revolução'. Faço conferências: 'Os bolcheviques da arte'."

A autobiografia foi escrita anos depois. Ela, é claro, foi passível de correções para acompanhar a mudança dos pontos de vista de Maiakovski, mas transparece algo sobre os velhos oficiais, dos quais emanava a alma dos soldados vermelhos do poema "Os doze", de Blok.

O revolucionarismo de Maiakovski, com toda sua espontaneidade inicial, tem um caráter diferente, mais civilizado (se é possível atribuir tal palavra à revolução). Mas a revolução, por mais elevados e justificados que fossem seus ideais, inevitavelmente despertava também nas pessoas instintos selvagens. Maiakovski teve que sufocar em si a fúria "orgíaca" revolucionária (e só lembra de "faca ou bomba" em "A nuvem") que começou no país após a Revolução de Fevereiro. E ele encabeçou o Comitê dos Soldados.

As ações começaram pela auto-escola. Maiakovski, o satirista Radakov e cinco soldados prenderam o chefe da auto-escola, o general Sekretev — um covarde e corrupto. "Decidimos por apresentar também esse senhor, porque os ministros foram levados para a Duma", conta Radakov. "Colocamos o general em seu maravilhoso automóvel. Ele começou a gaguejar tanto que não conseguia se expressar."

Existe outra versão, mais verdadeira, desse episódio. O substituto do chefe, I.N. Bajanov, pediu a Maiakovski, como presidente do Comitê dos Soldados, que ajudasse o general. Afinal, ele estava ameaçado de linchamento. Maiakovski, Bajanov e alguns soldados chamados especialmente para isso (entre eles poderia estar Radakov) levaram o general, pelos fundos, até o automóvel e o conduziram até a Duma. Por isso a prisão revelou-se benéfica para o chefe da auto-escola.

É curioso como Maiakovski adivinhara a situação de Miliukov, apesar de tê-lo demonstrado de forma irônica. O próprio Miliukov, décadas depois, reconheceu em sua distração, considerando-a geral: em fevereiro, aconteceu aquilo que "ninguém esperava: algo indefinido e sem forma...". Sobre isso falam as notícias dos primeiros dias da Revolução: a atividade da Duma foi paralisada, as discussões giravam em torno do poder: a quem entregá-lo. Criou-se o "Comitê Provisório" (o Governo Provisório ainda não havia sido criado; aconteceria, somente, no dia 2 de março) e, paralelo a ele, ali mesmo no Palácio Tavritcheski, organizou-se rapidamente o soviete dos trabalhadores e, posteriormente, a ele foi acrescentado o soviete dos soldados. No primeiro dia, o primeiro fato acontecido (terá sido o primeiro?) foi o assassinato do oficial da guarda da Duma. O chefe da guarda suplica aos integrantes da Duma por proteção, pois não conseguia responder à pergunta: era a favor ou contra o povo.

A Revolução de Fevereiro, sem definir ainda o seu programa político e social, enfraqueceu os pilares de sustentação do poder e desencadeou ações espontâneas que foram impossíveis de controlar em outubro, e, até mesmo, durante os anos da Guerra Civil. Elas duraram até a organização e reforço do regime totalitário, quando a repressão contra diferentes camadas da população do país adquiriram um caráter "organizado". O machado do carrasco movia-se como um mecanismo de relógio.

Junto com os ideais de liberdade, democracia e justiça social, que, desde o início, eram as bandeiras da revolução, caminhavam os ânimos escusos acirrados, o desejo de destruição, de repressão e terror. E já que uma pessoa tão delicada e sensível com a dor do outro, como era Aleksandr Blok, estava perto da justificação, pelo menos do entendimento do ânimo acirrado de seus doze soldados vermelhos, o que dizer dos futuristas?! O sangue deles é composto de rebeldia.

As estrofes de Maiakovski não são deslizes na crônica poética "Revolução": "Hoje, até o último botão da roupa, iremos refazer a vida novamente." Parecem suplicar, junto com as estrofes da "Internacional", a destruição das bases do velho mundo e a construção do nosso, novo mundo... É característico de Maiakovski o limite: "Morte à bicéfala!* Vamos decepá-las! Para que não renasça!" E somente depois: "Todos para as máquinas, para os escritórios, para as minas..." E finalmente, o famoso verso de Maiakovski que entoavam os marinheiros revolucionários: "Coma ananás, mastigue perdiz, teu dia está prestes, burguês."

Maiakovski é sincero quando escreve na autobiografia sobre sua solidariedade para com os bolcheviques. Mas, apesar da sua coragem revolucionária, ainda não entendia completamente o significado dos acontecimentos. Não era imune ao desnorteio geral da intelectualidade, sua delimitação, suas tentativas de mudanças inexperientes e em diferentes direções. Maiakovski participava ativamente delas e nem sempre reprimia a sua espontaneidade, contida quando mais jovem, na clandestinidade, pela conspiração, pela disciplina ou simplesmente pelo medo de ser pego. A troca de poder revolucionária deu a liberdade não só à palavra, mas à ação. Mas a qual ação? Disso Maiakovski ainda não sabia, não estava pronto para isso, o que confirma o seguinte episódio das recordações de N. Serebrov:

---

*A águia bicéfala é o símbolo da monarquia russa. (*N. da T.*)

"Pela manhã [de 28 de fevereiro], com uma pilha de recortes úmidos, saí à rua. Apesar da hora, havia muita gente nas ruas. Próximo à avenida Nevski, Maiakovski quase me atropelou com seu casaco desabotoado e sem chapéu (na véspera ele tinha ido com os automóveis até a Duma)... Ele gritava algo, chamava por alguém, acenava com os braços:

"— Para cá! Para cá! Jornais!

"Eu estava parado diante dele como uma árvore antes do furacão.

"Perto da estação de trem ouviu-se um tiroteio. Maiakovski correu para lá.

"— Para onde vai?

"— Lá estão atirando! — gritou ele em êxtase.

"— Mas não tens arma!

"— Eu corro a noite toda para lá onde estão atirando.

"— Para quê?

"— Não sei! Vamos correndo!

"Ele arrancou a pilha de jornais das minhas mãos e, acenando com eles, como com uma bandeira, correu para onde atiravam."

Ainda nesses dias, Serebrov encontra Maiakovski no ateliê do pintor Radakov:

"Ele estava barbado, mas os olhos castanhos sorriam alegremente, ele estava jubiloso... Maiakovski falava com voz rouca, parecia ter falado a noite inteira ao ar livre. Pela entonação e pelos seus movimentos bruscos, percebia-se que os nervos estavam no limite. Já na saída, na soleira da porta, gritou alegremente: 'Acabou a festa para os burgueses!'"

Mais ou menos no mesmo estado ficou Maiakovski na memória de V.A. Desnitski, que o viu na casa de Gorki, na travessa Kronverkski. "A rua o embriagava e em suas impressões ele esquecia da discrição e atenção."

O mesmo testemunho dá M.V. Babentchikov, que o encontrou no ateliê de Radakov. Maiakovski apareceu lá sob o acompanhamento de tiros de metralhadoras que soavam na rua, muito excitado, de cara amassada e barbado, o que acontecia raramente, e gritou: "Estão ouvindo? A terra gira? E exatamente para o lado que é preciso?"

"Estava claro que Vladimir Vladimirovitch", destaca Babentchikov, "não estava só seduzido pelos acontecimentos, mas ele mesmo 'fazia a tempestade'."

Segundo o jornal *Retch*, na noite de 17 de março Maiakovski trouxe para a redação 109 rublos e 70 copeques, recebidos por ele pela "leitura dos poemas em defesa das famílias daqueles que morreram na luta pela liberdade".

O êxtase inicial com a liberdade e a enxurrada de espontaneidade não embriagaram Maiakovski na mesma proporção para que o fizessem esquecer de fazer algo, além de "entregar" o general à Duma. Ele participou do conselho de ativistas pela arte no apartamento de Gorki, na Academia de Belas-Artes, na reunião do soviete dos pintores, nas sociedades artísticas, musicais e poéticas, nas revistas e nos jornais ("Liberdade à arte"). Apresenta-se em vários lugares, assina conclames, organiza comícios, é sempre eleito para algum lugar.

No comício do Teatro Mikhailovski, convocado com o objetivo de reunir ativistas de todas as artes para a resolução de questões da vida artística, Maiakovski protestou arduamente contra as tentativas de tomada do poder por um grupo. Na reunião da federação dos ativistas do "Liberdade à arte" (que aconteceu no apartamento de L. Zheverzheev), Maiakovski falou contra a federação e a favor da organização de um novo órgão especial e um novo sindicato dos futuristas, oferecendo-se para ser seu dirigente. Finalmente, ele entra para mais uma sociedade — "Para a Revolução" —, que teve sua conclamação, dirigida às organizações de trabalhadores e soldados e a partidos políticos, assinada por O. Brik, L. Bruni, V. Iermolaieva, I. Zdanevitch, E. Lasson-Spirova, M. Le-Dantiu, A. Lurie, N. Liubanina, V. Maiakovski, Vs. Meyerhold, V. Tatlin, S. Tolstaia, V. Shklovski. Após uma breve estada em Moscou, no final de março, Maiakovski retorna com Konstantin Korovin, representante dos pintores moscovitas, para a União dos Ativistas da Arte de Petrogrado. Como membro da "Federação dos Futuristas", Maiakovski passa a integrar o comitê provisório dos encarregados da União dos Ativistas das Artes. Com ele, nesse comitê entrou N. Punin. São eleitos candidatos Blok e Kuzmin.

Maiakovski teve que estar presente à reunião, na qual com toda a seriedade discutiu-se a questão sobre a "ordem de criação das peças proletárias para o teatro". O que então foi decidido? A reunião elaborou os temas e roteiros para as peças proletárias e as apresentou para aprovação. Após a aprovação pelos comitês dos partidos, eram distribuídas aos dramaturgos proletários, e estes últimos, depois de escrever a peça, a apresentam para a aprovação do comitê do partido. Somente então a peça obtém a permissão de ser encenada no teatro proletário. Indignado com tal absurdo, Maiakovski deixou a reunião sem aguardar seu final. Pode-se notar como as mentes estavam desnorteadas já após a revolução, pois levavam a sério a discussão dessas questões.

Todo esse caleidoscópio, toda essa espuma caótica de diferentes conselhos, sovietes, sociedades, associações e outras organizações até a conclamação de instalar uma assembléia executiva de todos os ativistas da arte refletem, por um lado, a confusão e o despreparo da intelectualidade para as mudanças revolucionárias, a ausência de uma plataforma mais ou menos única, mas, por outro lado, o desejo dessas transformações e a vontade de participar delas.

É claro que isso não se refere a toda a intelectualidade artística. Muitos ativistas da literatura e da arte não demonstraram qualquer ânimo de agir e aguardavam em silêncio o desenrolar dos fatos. Mais ativas eram as forças de esquerda da arte, e, entre elas, os futuristas eram os primeiros. Na mesma hora, eles anunciaram a necessidade de levar a arte para as ruas, fazê-la acessível às massas de trabalhadores. Surgem projetos... Um mais absurdo que o outro: os pintores devem passar a pintar cartazes coloridos; os escritores devem escrever panfletos e conclames; os poetas deveriam declamar poemas nas ruas...

Dez anos mais tarde, Maiakovski caracterizaria da seguinte forma essa época na história da arte: "Por um caminho artificial da revolução marchavam todos, desde o mocinho com rabo de burro Zdanievitch até os professores surdos com tampões de algodão nos ouvidos acerca dos quais já apareceram anúncios fúnebres." É grosseiro, mas muito próximo da verdade.

Gorki começa a publicar o jornal *Novaia Jizr* (Vida Nova) e convida Maiakovski para ser colaborador. No jornal, ele publica a crônica poética "Ode à Revolução" — um poema em homenagem ao acontecimento. Sua originalidade foi sublinhada pelas datas: 26 de fevereiro, 27 e até a precisão horária — 9 horas. Menciona a auto-escola em que serviu. O poema termina com uma nota patética:

Foi sobre a poeira batida pelas batalhas
sobre todos que corroídos perderam a confiança no amor,
agora
a fantasia torna-se realidade,
a grande heresia dos socialistas!

No final do poema está a data — 17 de abril de 1917. Escrevendo-o às pressas, Maiakovski, absorvido pela atividade social, dedicava pouca atenção à criação; no entanto, ele termina o poema "O homem" e publica o poema, anteriormente censurado, "Guerra e universo". O poema não está livre do egocentrismo futurístico ("Eu sou o único arauto das verdades em marcha"), nem das estruturas dificilmente compreendidas ("Nos teclados das calçadas caíam os homens, os furiosos pianistas vagabundos"). Mas a voz do poeta, sofrendo por toda a humanidade e por cada pessoa que teve a vida jogada na fornalha sangrenta da guerra que continuava, soou forte no poema:

Estão ouvindo?
Cada um,
Até mesmo o inútil,
Deve viver;
Não se pode,
Não se pode
Enterrá-lo vivo
Nas covas de trincheiras e blindagens,
Seus assassinos!

Agora Maiakovski podia apresentar-se publicamente com a leitura do poema "Guerra e paz". E ele o lia onde lhe parecia possível.

Na redação do *Novaia Jizn* aconteceu o encontro de Maiakovski com A.V. Lunatcharski. Lunatcharski ficou curioso com o semigigante carregado de ardente energia. O interesse revelou-se recíproco. Entre Maiakovski e Lunatcharski estabeleceu-se uma relação que alternava com momentos de proximidade humana, simpatia recíproca e debates acalorados, pelas divergências em questões concretas acerca da arte da época. Quando, após o Outubro, Lunatcharski tornou-se Comissário da Instrução Pública e encabeçou a direção da cultura e da arte, elogiava o trabalho de Maiakovski e dos pintores de esquerda, os futuristas. No entanto, criticava-os veementemente pelas tendências destrutivas com relação à arte clássica e à cultura do passado. Maiakovski também não poupava Lunatcharski, sabendo que o ponto fraco dele era a dramaturgia. Mas nunca levaram suas divergências estéticas ao âmbito das relações pessoais, e, como se nada tivesse acontecido, continuavam a se encontrar em casa e à mesa de bilhar

Na primavera e no verão de 1917, Maiakovski escreveu "Conto sobre Chapeuzinho Vermelho", "À resposta!", "Não é difícil, respirando flores...", "Uma fábula internacional" e mais alguns poemas. Todos os acontecimentos da época estavam neles repercutidos.

O trabalho mais sério, antes de outubro de 1917, foi a idéia da peça *Mistério-bufo,* que não nasceu como *Mistério-bufo.* Fruto de uma idéia inicial de Gorki, foi apoiada pelo diretor de apresentações em praças A. Alekseiev-Iakovlev e Lunatcharski, visava retratar o panorama político. Político e satírico, porque desde o início propunha-se a descrição dos inimigos do povo. A idéia se materializaria mais tarde, após, portanto, a Revolução de Outubro, no dia do seu primeiro aniversário.

O fato que merece atenção ocorreu durante a mencionada viagem de Maiakovski a Moscou, no verão de 1917. Nessa época ele se filiou ao sindicato dos artistas plásticos de Moscou e, numa reunião na qual se discutia o apelo do Governo Provisório que pedia o apoio da sociedade, fez um discurso retumbante e derrubou a resolução que oferecia o apoio ao governo de Kerenski.

Estava livre para viajar porque obteve três meses de licença na auto-escola, que o liberou do serviço por motivo de doença. A doença não estava especificada na ordem; constava, no entanto, "excluir das provisões quentes, do chá e do fumo da companhia a partir de 26 de julho, e das provisões de sabão e financeiras, a partir de 1º de agosto do corrente" (Maiakovski foi liberado do serviço militar pela junta médica, em 30 de outubro [12 de novembro] do mesmo ano, 1917). A decepção com as ações e a política do governo provisório partiu da esquerda, mais especificamente daqueles que tinham opiniões e intenções mais radicais. O que empurrou Maiakovski para o lado dos bolcheviques. Por isso, no dia do levante de Outubro, ele estava no Smólni.

Ao encontro de Outubro, Maiakovski caminhou de peito aberto, pois não assumira, como significativa parte da intelectualidade russa, compromisso com as tradições e outras ligações com a velha cultura. Por isso, quando aconteceu a Revolução, pôde com toda sinceridade dizer: "A minha revolução." Pelo caráter, pelas circunstâncias da vida, do ambiente, pelo rumo do desenvolvimento de sua trajetória, Maiakovski estava preparado para aceitar o Outubro.

A Rússia, no decorrer do século XIX e no início do século XX, vivia acontecimentos históricos que fomentaram mudanças na estrutura social da sociedade, influenciando os ideais espirituais e estéticos. Mas nenhuma delas pôde se comparar às transformações trazidas pela Revolução de Outubro.

Muitas personalidades destacadas da cultura russa não aceitaram a Revolução e tiveram que emigrar. Foram mandados para fora do país grandes cientistas e filósofos idealistas e antimarxistas. Caso se fale da literatura russa no exterior, pode-se afirmar que ela não perdeu a sua identidade. A perda da terra natal e a dos seus principais leitores não concorreram para que a literatura russa perdesse o espírito da Rússia e de seu povo que, em exemplos maravilhosos, continuou com as tradições do Século de Prata.

Na própria Rússia, os abalos revolucionários, durante algum tempo, interromperam e retardaram o desenvolvimento da arte. A retenção antecedeu o período de buscas impetuosas em condições totalmente novas. A arte vivia seus dias de mudança, renovava-se a seu modo, demonstrando prontidão para assimilar os ideais da revolução social ou resistir a eles.

A literatura, apesar de grandes perdas, reunia forças jovens e tornava-se parte do processo revolucionário aos poucos. Nela também não havia destinos parecidos, rumos iguais ou dificuldades semelhantes. O novo poder queria estabelecer contatos com a intelectualidade artística e convidou os escritores, pintores e diretores de peças teatrais para irem ao Smólni para a reunião que trataria de questões de cooperação. O convite do Comitê Central não provocou entusiasmo naqueles a quem fora direcionado. Compareceram não mais do que dez pessoas. Entre elas, A. Blok, V. Maiakovski, Larisa Reisner, N. Altman, K.

Petrov-Vodkin, V. Meyerhold, D. Chterenberg. É improvável que conseguissem romper o boicote da esmagadora maioria da intelectualidade, que, em sua maioria, saudou a Revolução de Fevereiro, mas com inquietação recebeu a de Outubro. Mas, apesar de Maiakovski ter dito que se devia saudar o novo poder e entrar em contato com ele, tem-se a impressão de que durante algum tempo ele ficou confuso.

A nova literatura formava-se do choque de diferentes visões do mundo e da arte. Gorki entrou em discussão com Lenin e com os bolcheviques; Blok alegrava-se com as mudanças e as temia. Viu nelas somente um fenômeno destruidor. Talvez tenha sido aí que surgiram as divergências entre Maiakovski e Lunatcharski. Tomamos conhecimento delas por meio de O. Brik. Porém, sobre o comportamento de O. Brik podemos saber do próprio Maiakovski.

"Alguém pede para enviar a segurança à mansão que está sendo destruída: mas que monumento é esse e que antigüidade.

"Na mesma hora O. Brik disse:

"— Os proprietários de terras eram ricos, por isso suas mansões são verdadeiros monumentos de arte. Os donos de terras existem há muito tempo, logo a arte deles é antiga. Defender os monumentos antigos é defender os senhores de terras. Fora!"

Maiakovski não recrimina essa lógica.

"A ira da incompreensão chegava aos limites", afirma ele. "Não me lembro o motivo, mas surgiu a proposta de alguém de que eu poderia, com uma certa comissão organizacional, entrar para a Academia [de Belas-Artes]. Então um barbudo se levantou e declarou:

"— Somente por cima do meu cadáver Maiakovski entrará para a Academia, e se entrar eu vou atirar."

Em toda essa divergência de opiniões e cruéis contrariedades, Maiakovski não conseguia trabalhar e ficou muito confuso. Em meados de dezembro, viaja para Moscou e vive lá todo primeiro semestre de 1918. Apresentou-se no Museu Politécnico, nos festejos de Ano-novo dos futuristas, leu poemas no circo, na inauguração do Café Pitoresk, participou do torneio para a "Escolha do rei dos poetas"...

No fim de janeiro, no apartamento de V. Amari, aconteceu uma noite de "encontro de duas gerações". Estavam presentes K. Balmont, Viatch(eslav) Ivanov, Andrei Biéli, I. Baltruchaitis, D. Burliuk, V. Kamienski, I. Erenburg, V. Khodasevitch, M. Tsvetaieva, B. Pasternak, A. Tolstoi, P. Antokolski, V. Inber, o poeta hindu Sura-Vardi e outros.

Que Arca!

Mas a união dos extremos — representantes das correntes já envelhecidas e dos "audaciosos" — levou a resultados inesperados, o reconhecimento do futurista Maiakovski como grande talento pelos "velhos".

Na entrevista, dada a Assieiev, Burliuk recorda:

"A noite começou com a fala de Viatch(eslav) Ivanov, que conclamava ao esclarecimento dos valores reais que, pelo visto, haviam sido acumulados pelos futuristas, além de suas apresentações programadas, tão obstinadas e atraentes para a crítica e o público.

"Depois, Burliuk fez um discurso curto, enfatizado que a noite era importante e interessante, justamente porque reunia, pela primeira vez, duas gerações literárias. Com efeito, estava em curso uma contenda histórica, conquanto amistosa: o primeiro enfrentamento direto dos rivais... Após essas apresentações, seguiu-se a leitura de poemas. Vladimir Maiakovski leu o seu poema 'O homem'.

"Assim que Maiakovski terminou a leitura, levantou-se de seu lugar o empalidecido, de tanta emoção, A. Biéli, que anunciou que 'nem poderia imaginar que na Rússia, nesta época, fora possível escrever um poema tão grandioso por sua profundidade de idéia e realização, e que com esta obra toda a literatura mundial dera um grande passo à frente etc.'"

O elogio feito por um famoso simbolista em referência a Maiakovski causou uma impressão tão forte nos presentes que, após o fim do discurso apoteótico, todos aplaudiram Maiakovski e não o orador.

"O acaso colocou frente a frente diante de meus olhos duas geniais justificativas de duas correntes literárias que se esgotaram. Na intimidade de Biéli que eu vivi com uma alegria orgulhosa, senti a presença de Maiakovski duas vezes mais forte. Sua essência se abria para mim em todo o seu frescor do primeiro encontro", assim descreveu B. Pasternak.

Com muitos detalhes, ficou gravada na memória do jovem poeta Pavel Antokolski essa noite.

Ele, por exemplo, afirma que Maiakovski, Kamienski e Burliuk chegaram atrasados, justificando-se por estarem vindo do outro lado da cidade de uma apresentação.

Maiakovski leu depois de Kamienski.

"Ele se levantou, fechou o paletó, ergueu o braço esquerdo e leu trechos do 'Guerra e universo'. Depois vieram os trechos do poema 'O homem'. Eu o ouvia pela primeira vez. Ele lia exaltado, entregando-se totalmente, com uma coragem arrebatadora, pleno de emoção. É claro que a voz maravilhosamente treinada ajudava, mas, além da voz, havia algo mais, bem mais importante. Não era uma leitura, nem declamação, mas um trabalho, um trabalho difícil no estilo de Chaliapin: demonstração de si, de sua força, de sua paixão, de sua experiência espiritual."

Todos o ouviam com atenção, mas de forma diferente. A. Tolstoi, assim que Maiakovski terminou, correu para abraçar o poeta. Khodasevitch estava irado. Após o discurso exaltado de Andrei Biéli, Burliuk tomou a palavra:

— Então, Volodia, fomos reconhecidos por um poeta como Boris Nikolaievitch... — iniciou em tom de zombaria.

Mas bastou Maiakovski lançar de leve na direção dele suas sobrancelhas para que Burliuk se acalmasse, retirando-se para um canto e acendendo o cachimbo.

E depois, durante a comemoração à mesa, Balmont levantou-se e declamou um soneto dedicado a Maiakovski escrito naquele instante:

Tu, Maiakovski, me recebestes com xingamentos...

O próprio Maiakovski lembrava dois versos deste improviso:

E eis que escrevestes páginas brilhantes,
Surgindo entre nós com dentes afiados...

Com relação aos "xingamentos", lembrou-se Balmont sobre a saudação que recebeu de Maiakovski ao retornar do exterior à Rússia, em 1913.

O soneto de Balmont foi recebido com espírito de pacificação. Então, quando Burliuk tentou novamente provocar uma briga com um dos presentes, Maiakovski chamou a sua atenção. Antokolski sentiu nele a vontade de ser correto naquela casa secretamente inimiga dele: assim se comportam os vencedores.

Maiakovski era visto por alguns críticos e poetas fora do futurismo como independente dele. O crítico Viatch(eslav) Polonski, no final de 1917, escreveu sobre o futurismo:

"Os tambores do futurismo se calaram. A escola dos 'agitadores' literários foi derrubada pela mão impiedosa do tempo. Restou somente Maiakovski, mas não por ter sido futurista, mas porque, ao contrário de seus colegas, revelou-se possuidor de um grandioso talento poético. Seu grande primeiro livro — *Simples como um mugido* — impressionou de forma positiva somente algumas pessoas. 'Guerra e universo', publicado há pouco tempo, mostrará, provavelmente, a muitos difamadores de Maiakovski que, em sua pessoa, temos um grande poeta."

O autor do artigo, assim como Riépin e Gorki, separam Maiakovski do futurismo, e isso apesar de a fama escandalosa do poeta, instigada pela imprensa, estar ligada totalmente às noites e aos comportamentos dos futuristas.

No entanto, o futurismo não deixou de existir como um fenômeno literário. Maiakovski entrou na revolução e a aceitou como futurista. Já no início de 1919, ele escreveu o poema "Com a saudação do camarada, Maiakovski", no qual celebra o aniversário do Departamento de Belas-Artes do Comissariado de Instrução Pública, liderado pelos futuristas e pintores de esquerda, e até exclama: "O centésimo, eu creio, aniversário festejaremos", mas sua "recomendação" aos futuristas não é dúbia: "Deixem que pelo menos uma ou duas gotas de suas almas deságüem no mundo e façam crescer o heroísmo operário chamado 'Revolução'." Temos somente que ressaltar que Maiakovski sentia-se futurista porque achava o futurismo próximo da revolução.

Em Moscou, ele também pára de trabalhar. Ao pesquisarmos reminiscências de contemporâneos, as velhas crônicas de jornais, percebe-se que Maiakovski não encontrava um lugar na vida social e pós-revolucionária que ainda estava se organizando. Não é à toa que todos os relatos levam ao Café dos Poetas, esse alegre estabelecimento organizado na esquina da rua Tverskaia com travessa Nastasinski. Foi fundado no outono de 1917 com os esforços de V. Kamienski e do "futurista da vida" Vladimir Goldsmith. O dono do Café dos Poetas era o padeiro Filippov, que tinha uma paixão secreta por fazer poesia e até — anonimamente — publicou um livro. Mas Goldsmith secretamente comprou esse estabelecimento elegante, transformou-o numa empresa familiar, delegando diferentes papéis às duas irmãs e à mãe.

Goldsmith era um homem não só empreendedor, mas também aventureiro. Mantinha amizade com anarquistas que freqüentemente visitavam o Café dos Poetas. Goldsmith se autodeclarava "futurista da vida" e no palco declamava poemas (sem muito sucesso), mas também quebrava tábuas com a cabeça para demonstrar a filosofia da "saúde e do sol". Esse número era um sucesso.

O Café dos Poetas não possuía um conforto especial, mas na Moscou escura e coberta de neve, por onde depois das nove horas da noite não andavam bondes, o bar era um cantinho de aconchego para os apreciadores de diversões noturnas, já que ficava no centro da cidade e era freqüentado por pessoas originais. Era difícil criar conforto nessa caverna comprida e de teto baixo, com o chão de terra. Tinha que atrair o público com algo extravagante, a presença de personalidades famosas. A atmosfera extravagante do interior foi criado pelo pincel desenvolto de Burliuk, que, num fundo preto das paredes, desenhou torsos femininos inchados, cochos de cavalos, frases do tipo: "Ordenhem os sapos estafados!", "Aos diabos vocês, ferros de passar sem chifres!" Numa das paredes havia uma gaiola vazia e umas calças pretas surradas de Kamienski.

De repente o espetáculo começava. No palco havia uma torre em forma de uma pirâmide apócope. Em cima dela, vestindo capa, estava sentado Kamienski, como um aventureiro voltando para casa após uma longa viagem. Depois de uma extensa pausa, devagar e sem muita harmonia na entonação do texto, começavam a ler:

Na Rússia o czarismo penoso
Num alçapão infernal caiu.
Agora reina lá o Futurismo:
Kamienski e Burliuk!

Apresentaram-se Kamienski, Burliuk, o poeta Serguei Spasski, um certo "poeta-cantor" Klimov, maquiado de forma escandalosa e que agitava o turíbulo, provocando mais repugnância do que interesse.

Uma mulher de rara beleza e com um nome exótico para um público simples, De-Burno, era freqüentadora do lugar. Proclamaram-na infanta da poesia russa. De-Burno lia maravilhosamente bem seus poemas bastante sofríveis.

O chamariz para o público tornou-se o recém-chegado de Petrogrado Maiakovski. Era exatamente ele que faltava à companhia futurística, já que a fama do poeta nos últimos três anos crescera significativamente.

A apresentação de Maiakovski no café foi minuciosamente planejada para causar um efeito esperado, com início, desenvolvimento, clímax e um escandalozinho no final, às vezes. A organização da performance de Maiakovski foi entregue a Burliuk e bem descrita pelo poeta Spasski, participante das diversões noturnas.

Vou transcrevê-la a partir do momento em que o público já estava reunido, após o término dos espetáculos nos teatros, quando a sala estava cheia, o cantor e a cantora já haviam se apresentado e Spasski declarando seus poemas. Nesse momento aparecem Maiakovski e Burliuk, quase à meia-noite.

"Maiakovski estava de boné e com um laço enorme e vermelho no pescoço. Entrou de forma descontraída, como se houvesse entrado ali só para jantar. Procurou um lugar vazio. Parecia que estava tudo ocupado. Havia uma mesa no palco, pode-se sentar lá (não seria para ele que a prepararam?).

"— Não como nada desde de manhã, já é a décima primeira vez que me apresento. Por isso, quero onze porções — diz ele ao garçom.

"No entanto, lhe servem o prato do dia. E tem que se apresentar pela décima segunda vez (isso se o número onze não for uma hipérbole?). E prestem atenção como tudo se desenvolveu seguindo o roteiro:

"Às vezes, ao seu lado está Burliuk. Às vezes, Burliuk ou Kamienski. Maiakovski não percebe os fregueses. Não há clima de brincadeira. [Spasski não percebe que, durante a noite toda, o famoso trio faz o seu jogo.] Ele apareceu para passar a noite ali. E se querem olhar para ele, tudo bem, isso não o intimida. Maiakovski olha em volta e se espreguiça. Esteja onde estiver, está como em casa. A atenção de todos é dirigida a ele.

"Mas Maiakovski não se dirige a ninguém... E isso magoa muitos. Muitos querem dizer algo engraçado. Pelas mesas ouvem-se reclamações. Burliuk observa e pensa se é possível dar voz a elas ou não.

"Magoam-se principalmente aqueles que se sentem em seu direito para receber a atenção. Um ator famoso, por exemplo. Maiakovski deveria conhecê-lo, tal indiferença é humilhante...

"De repente Maiakovski virou-se.

"Até cumprimentou o ator, e este acenou lisonjeiro com a cabeça. Acenaram as outras cabeças, captando a boa vontade de Maiakovski. Nesse instante, levantou-se Burliuk e, com as notas mais suaves e palpitantes, com muita alegria compartilha a notícia com o público:

"— Entre nós, encontra-se o tenor tal. Proponho saudá-lo. E, é claro, ele dará o prazer de se apresentar.

"O público aplaude animadamente...

"Sobe ao palco o famoso tenor Digas. A pequena caixa de som do Café não comportava sua voz profunda. E eis que um casal de bailarinos, sem os figurinos adequados, esforça-se para ser percebido. O sem sobrancelha e branquelo Vertinski teima um pouco, colocando a culpa na ausência de acompanhamento. Ele se entorta todo sob o olhar que tudo entorta de Maiakovski e, finalmente, pára e estica os dedos das mãos para a frente. Com a língua presa quase sem som declama, apresentando ao público versos como um produto fresco, ainda não colocado à venda:

> Mas é claro que o Pierrô não é um advogado
> É um triste vagabundo das noitadas sob o luar,
> E de sua canção, até da mais comedida,
> Jamais poderá se fazer um manto de rei.

"E eis que a tropa de circo moveu-se.

"Burliuk (o diretor geral da peça) não perdia o controle do espetáculo e com sabedoria adaptava-o aos fregueses. Caso Vitali Lazarenko estivesse ali, o tema seria *Os futuristas e o circo*. Caso chegasse alguém do teatro de câmara, já estava pronto o debate sobre o *Rei-Arlequim*...

"Maiakovski (o principal chamariz) lia a conclusão. O público esquentado, após os debates acalorados, se remexia... Ainda ouviam-se risos pelos cantos. Maiakovski lançava olhares para a sala:

"— Façam silêncio... Fiquem quietos. Como florezinhas...

"No fundo da parede laranja ele se esticava, com as mãos mergulhadas nos bolsos. Estava com o boné de lado sobre a testa. O cigarro movia-se nos dentes e acendia um no outro. Ele se balançava, encarando o público com olhos brilhantes e frios.

"— Silêncio, gatinhos — domava eles os presentes."

S. Spasski observou cenas semelhantes todas as noites, e em sua descrição percebe-se a teatralidade desta performance alegre do "Expresso do Futurismo" bem mais ensaiada do que durante as turnês pelo interior da Rússia. Percebe-se bem a direção experiente de Burliuk e o brilhantismo de Maiakovski. Sua intermediação grosseira não significava que assim seria até o fim. Ao ler um trecho de "O homem", de início as estrofes são o diálogo do poeta com os anjos...

"Mas, de repente soprou um ar de seriedade", continua Spasski. "A mão de Maiakovski foi arrancada do bolso. Maiakovski acena com ela diante do rosto, como se estivesse acariciando uma bola invisível. A voz parece se esticar no comprimento, tornando-se extensa, contínua. O ritmo fica acelerado. A voz fica mais alta, cada vez mais alta e absorve todos os presentes. Isso é significativo, até mesmo terrível. Presenciamos um trabalho tenso e que lembra, por sua sinceridade e simplicidade, os processos da natureza. Ali mesmo, presencia-se o surgimento de uma grande arte por nada ofuscada. As palavras marcham em sua sonoridade insubstituível... E os ouvintes, perturbados e tocados no seu mais íntimo, como acontece ao encontrarmos a autêntica verdade poética, se rendem a Maiakovski, respondendo com uma ovação impetuosa."

A leitura normalmente não se limitava a isso: lia "A nuvem", sátiras, algo novo escrito recentemente. Certa vez, no Café, estando em Moscou de passagem, apareceu Khliebnikov, que também saudou a Revolução e exigia dela um patrocínio para os poetas nas viagens por todas as estradas. Ele tentou ler alguns poemas, não terminou, fez um gesto desdenhoso com a mão e calou-se. Falava baixinho. Era um paradoxo: um talento da linguagem com a comum língua presa. Para onde ele iria? Ninguém sabia, provavelmente nem ele sabia. Não tinha casa esse peregrino russo. Todos os seus bens cabiam num saco. Era impressionante a sua habitual despreocupação. Lília Brik certa vez lhe deu três rublos para que comprasse um chapéu, mas ele comprou, numa loja japonesa, guardanapos coloridos de papel...

Os escândalos no Café não eram provocados de propósito, às vezes inflamavam espontaneamente, como ocorreu no caso da visita dos anarquistas. Os anarquistas tinham seu próprio restaurante exuberante no prédio do ex-clube comercial na rua Malaia Dmitrovka. Mas no Café dos Poetas acharam que era mais divertido, mais alegre, os anarquistas iam até lá só para aparecer. Certa vez, num estado de completa embriaguez, quatro deles resolveram organizar o "concerto", assustando o público com demonstração de armas. A firmeza de caráter de Maiakovski, que surgiu na sala e subiu ao palco, foi decisiva para evitar o pânico e conseqüências mais graves.

O escritor Boris Lavrenev relata mais um caso. Certa noite, o programa era apresentado no Café por um SR de esquerda, Iakov Bliumkin, ainda antes de ele assassinar o embaixador alemão Mirbakh, mas já bastante famoso. Bliumkin, com uma barbicha "à Trotski", era um independente. Às mesas estavam sentados marinheiros, sem largar os fuzis, com granadas penduradas pelos corpos, se embriagando. Os poetas Kussikov, Cherchenevitch, Ivnev, Spasski e outros liam poemas.

"De repente, no palco surgiu um tipo vulgar que com uma voz de cabra começou a cantar uma canção muito popular naquela época:

Soldados, soldados caminham pelas ruas!
Soldados, soldados brincam e cantam!

"Mal terminou de cantar a primeira estrofe quando soou um barulho ensurdecedor, parecido com um tiro de revólver de grande calibre. Todos saltaram dos lugares, os marinheiros se enfileiraram. Revelou-se que havia sido Maiakovski que batera com o punho na mesa. Levantando-se e com toda a potência de sua voz, gritou:

"— Basta! Para fora do palco! Que vergonha oferecer às pessoas que vão para o *front*, defender a Revolução, essa vulgaridade asquerosa. Retirem este canalha!

"Explodiu um escândalo. Uma parte dos marinheiros apoiou Maiakovski com aplausos. Outra enfiou a cara nas garrafas. Começou uma gritaria com xingamentos. Os revólveres cintilavam e as granadas foram retiradas dos cinturões."

Após a leitura de "A nossa marcha", os marinheiros carregaram o poeta nos braços sob uma tempestade de ovações.

Maiakovski se apresentava (raramente) em outro café, o Pitoresk, na companhia tradicional de Burliuk e Kamienski. Em Moscou, naquela época, além do Café dos Poetas, surgiram mais alguns: A Décima Musa, em Kamergerski; Elite, na Sofiika. Havia ainda o Café SOPO (o Café da União dos Poetas), em linguagem popular Sopatka. O refúgio dos imagistas era o Pégaso; nele entregava-se aos excessos Iessiênin. Dizem que uma certa poetisa Khabias declamou no palco um poema repleto de palavras obscenas.

Mas Maiakovski não freqüentava esses lugares. Seu palco principal era o Café dos Poetas. E a presença de Maiakovski foi percebida pela imprensa. Notou-se também que o programa das noites tinha um caráter divertido e que o público mudava.

"Maiakovski é insolente, brilhante e inteligente... Combinaria com ele dominar os poemas... Seu poema 'O homem' que ele leu no Café dos Poetas, com toda sua aparente insensatez, é extraordinariamente preciso, lógico e convincente...", escreveu na época o jornal *Teatralnaia Gazeta*.

"O café estava cheio de marinheiros, de soldados do Exército Vermelho e de trabalhadores. Todos estavam de pé. Do palco, como um sino do Kremlin, bate a declamação de Maiakovski" (Tvortchestvo).

O próprio Vladimir Vladimirovitch sentiu satisfação das noites no Café dos Poetas somente no início. Logo ele se decepcionou e escreveu para Petrogrado que o Café provocava-lhe repugnância. Como não compreender o poeta! A Revolução, lhe parecia, abriu possibilidades inéditas de saída para as massas e, de repente, um Café — "um pequeno pulgueiro". Não era isso! Ele precisava de uma sala gigantesca, de espaço!

Ficou marcada na lembrança de Maiakovski a apresentação da artista Gzovskaia com a leitura de poemas dele. No dia 20 de março de 1918, no recinto do ex-Teatro de Câmara, no concerto em prol das vítimas da guerra, Olga Gzovskaia leu quatro poemas de Maiakovski. Antes disso, ensaiou com Vladimir Vladimirovitch e ele tinha ficado satisfeito. Eis como descreve a apresentação a própria atriz:

"Uma massa de gente... um público diverso... A juventude bate muitas palmas e grita 'bis'. Ao mesmo tempo soam assobios, vaias e exclamações: 'Gzovskaia, que porcaria é esta que está lendo!'

"Maiakovski vai até a boca de cena e responde ao público:

"— Isso não é porcaria, sou eu, Maiakovski, autor-poeta que escrevi. Vocês simplesmente não conseguem entender. Tenho pena de vocês, muita pena!

"Começou algo inimaginável. Uma parte da platéia levantou-se pronta para sair, a outra parte — os jovens — correu até ele e batia palmas, enlouquecida. De cima, vinham gritos de 'bis'. Sob este barulho eu e Maiakovski saímos de braços dados para trás do palco.

"Voltei sozinha para o público e, finalmente, declamei 'O amor militar e marinho'. Esse poema foi aceito por todos e o escândalo acabou. Maiakovski estava feliz por eu não ter lido nenhum poema além dos dele.

"— Obrigado, por não ter feito do seu programa uma salada — disse ele."

E o que acontecia fora do Café dos Poetas? Maiakovski e Burliuk pintavam as paredes do Convento Strastnii com lemas e afrescos futurísticos. Os monges, à noite, esfregavam os desenhos com panos, e a multidão se divertia com tal sacrilégio dos futuristas e os incitava ainda mais. Deus junto com o czar foi deposto do seu trono: "A Comuna é o paraíso terrestre dos oprimidos!" E não em alguma vida após a morte, mas aqui mesmo, o paraíso é na terra! E à espera da revolução mundial, a multidão olhava curiosa para a destruição e profanação dos conventos e das catedrais...

A sede revolucionária empurra Maiakovski para várias ações. Surge na récita de Severianin e, durante o intervalo, começa a declamar seus poemas, mas, ao ser vaiado pelos fãs do poeta da moda, foi obrigado a se retirar. Maiakovski participa da noite "A eleição do rei dos poetas". A presidência da comissão julgadora ficou sob a responsabilidade do famoso palhaço de circo Vladimir Durov e o famoso crítico literário P.S. Kogan. Maiakovski perde e Severianin é eleito "rei" (Maiakovski teve um pouco menos de votos). Um dos jornais escreveu ironizando o fato: "Uma parte do auditório que desejava ver no trono o Sr. Maiakovski ainda durante muito tempo, após a eleição de Severianin, continuava a gritar e se dirigir de forma obscena ao novo rei." Maiakovski, com os fiéis escudeiros Burliuk e Kamienski, organiza a noite "Contra todos os reis".

No *Jornal dos Futuristas,* que esta *troika* idealizava quase como a única publicação da novíssima história da arte, foi publicado o Decreto Nº 1 sobre a democratização das artes, com auto-elogios e lemas impetuosos dos futuristas do tipo: "Toda a arte para todo o povo!" Foi o primeiro jornal a aparecer colado nas paredes dos prédios moscovitas. Mas o esperado sucesso não aconteceu. Saiu só o primeiro número.

E de repente, de forma inesperada, surgiu o cinema. Bom, mas será que foi tão inesperada?

— Eu nunca invejei ninguém. Mas gostaria de fazer filmes — disse ele uma vez do palco. — Seria bom transformar-se num Mozzhukhin.*

No café estava presente a família Antik — proprietária do estúdio de cinema Neptun —, que adorava Maiakovski. O pai observou:

— Ele tem uma aparência maravilhosa para a tela. Poderia fazer uma carreira brilhante.

---

*Mozzhukhin, Ivan (1889-1939) — ator de cinema. Participou dos filmes *A dama de espadas, O pai Serguei* e outros. A partir de 1920, viveu no exterior e fez papéis em filmes franceses. (*N. da T.*)

A aparência de Maiakovski chamava também a atenção dos atores de tea-tro. Mas além da aparência havia algo mais nele, o que vale muito tanto no palco como na tela. Iuri Olecha notou "a extraordinária força e beleza dos olhos..." O mesmo percebeu Valentin Kataiev: "São olhos terríveis e maravi-lhosos." Fascinação, uma enorme força sedutora, parecia mais um campo magnético. O mesmo Olecha conta: "Era jovem quando conheci Maiakovski, mas poderia esquecer até mesmo qualquer encontro amoroso se soubesse que veria Maiakovski."

Vladimir Vladimirovitch recebeu, pois, o convite para fazer cinema. Ainda antes da Primeira Guerra Mundial, começou a colaborar na *Revista de Cinema* e, naquela época, o cinema havia-lhe despertado o interesse. Aliás, o primeiro teste de cinema de Maiakovski foi realizado em 1914. É um filme futurístico, *Cabaré N° 13*, do qual participaram Burliuk, Cherchenievitch, Lavrenev, o pintor Maksimovitch e uma jovem atriz. Maiakovski fazia o papel de um freqüentador demoníaco e misterioso do cabaré e estava extraordinariamente elegante de fraque, cartola e bengala. O filme passou despercebido. E, em 1918, inesperadamente fora revelado o interesse em Maiakovski parte do estúdio Neptun. Mas Maiakovski chegou ao estúdio cinematográfico não só como ator. Escreveu três roteiros su-cessivamente. Num ele virou do avesso o herói Martin Eden, de Jack London, no outro foi a vez da obra do escritor italiano De Amicis *A professorinha dos ope-rários (A senhorita e o vagabundo)*. Maiakovski fez o papel principal nos dois fil-mes. Infelizmente, os dois filmes se perderam.

Sobre o conteúdo do primeiro há recordações fragmentadas de V. Chklovski, L. Grinkrug e V. Manuilov. Por elas pode-se saber algo do roteiro. O persona-gem principal é um jovem e não reconhecido poeta Ivan Nov. Ele salva um jovem rapaz de família rica do ataque de malfeitores. Este, por sua vez, convi-da Ivan a sua casa. Ivan gosta da irmã do jovem, mas esta não corresponde (o papel foi feito pela atriz M. Kilbaltchitch). V. Manuilov gravou bem na me-mória a cena do almoço na mansão rica, onde Ivan Nov, muito bonito e tími-do, estava com o jovem e com sua irmã. Outra cena que ficou registrada foi o episódio de uma certa reunião acadêmica de "puchkinistas": "Ivan Nov se apre-senta. Enquanto sacode os braços balança também o busto de Puchkin num pedestal de gesso. Até que o pedestal cai e se quebra em pequenos cacos. Ivan Nov se retira. Os 'puchkinistas' correm atrás do orador rebelde."

Uma das cenas foi gravada no café dos futuristas. Lá estavam Maiakovski (Ivan Nov), Burliuk e Kamienski, que liam seus poemas. Num quadro-negro escolar pendurado no palco, os poetas escreviam estrofes de poemas (o filme era mudo), mas Kamienski escreveu seu nome e sobrenome em todo o comprimento.

De apresentação em apresentação, de escândalo em escândalo, Ivan Nov caminha em direção à fama. Aprofunda-se o conflito com a amada, que mudou sua opinião com relação ao poeta.

Chklovski relembra:

"Vem a fama e a moça encontra-se com o poeta. O poeta de fraque e cartola. Maiakovski colocava a cartola num esqueleto, cobria o esqueleto com o fraque e colocava tudo perto do cofre.

"O cofre estava repugnantemente cheio de ouro dos honorários. A mulher dizia, ao se aproximar do esqueleto:

"— Que bobagem!

"Então o poeta saía. Subia no telhado e queria se jogar.

"Depois o poeta brincava com a pistola, pequena Browning com a qual, provavelmente, colocou um ponto final à bala.

"Depois, Ivan Nov ia embora pela estrada."

Nas recordações de L.A. Grinkrug há uma versão mais detalhada do final: Ivan Nov simulou um suicídio, botava fogo em sua roupa, vestia novamente a roupa de operário e se dirigia ao desconhecido.

Maiakovski trabalhava sem maquiagem, o que não agradava ao dono do estúdio. Mas, numa discussão com ele, o ator rebelde argumentava:

— O senhor sabe, eu posso, em último caso, escrever poemas.

Isso acalmava o chefe, que não queria perder um ator daqueles.

Posteriormente, Maiakovski criticaria seus filmes ("Bobagem sentimental sob encomenda..."). Apesar de ser verdadeira, tal avaliação viria somente mais tarde. Mas depois do lançamento do primeiro filme a imprensa foi benevolente e considerou a atuação de Maiakovski um sucesso. O filme ficou em cartaz alguns anos. Maiakovski não se recusou a escrever roteiros. Seus roteiros eram rodados e rejeitados, e sua carreira de ator não prosseguiu. Anos mais tarde, Maiakovski se ofereceu a Meyerhold para fazer o papel de Bazarov. Meyerhold queria filmar *Pais e filhos*, de Turgueniev, mas achava, e com razão, que Maiakovski era muito expressivo como personalidade para se diluir num Bazarov. Mesmo assim, o filme não foi produzido.

O Café dos Poetas fecharia a temporada no dia 14 de abril e, por isso, a noite de encerramento foi preparada. Maiakovski dirigia e, por este motivo, relembrou a juventude futurística: mandou fazer para a noite uma blusa amarela. Mas a noite virou notícia por causa da presença de A.V. Lunatcharski. Os organizadores convidaram o Comissário de Instrução Pública, pelo visto, com a intenção de aumentar seu renome. Porém, Lunatcharski, que foi tirado à força para subir ao palco, "não se considerou nem um pouco obrigado a ser gentil com os organizadores e criticou cruelmente os gritos e os métodos antiestéticos e propagandísticos dos futuristas, assim como seu ódio com relação aos clássicos, a vontade de parecer anarquistas a todo custo, odiando os burgueses e, ao mesmo tempo, servindo-lhes. No final, adoçou a pílula, observando que a sinceridade de Maiakovski pode atrair as massas e atribuir ao futurismo uma coloração popular" — assim escreveu o jornal *Figaro* (é, existiu na época um com este nome...).

I. Erenburg, presente à noite, registrou um detalhe curioso: quando Lunatcharski falou, criticando o futurismo sobre a inutilidade do auto-elogio, Maiakovski disse, evidentemente para aborrecer o comissário, que a ele (Maiakovski) ergueriam um monumento naquele local, no Café dos Poetas. A vida apronta coisas inacreditáveis, a brincadeira atrevida praticamente se realizou: o monumento a Maiakovski na praça que tem seu nome fica a cem metros da travessa Nastasinski...

Após o fechamento do Café dos Poetas, Maiakovski tinha se preparado para se despedir de Moscou e retornar a Petrogrado, apesar de a capital ter sido transferida para a do primeiro reinado. Mas teve que adiar a viagem em razão do filme. Começaram a rodar mais um intitulado *Acorrentada pelo filme*. No entanto, Vladimir Vladimirovitch organizou a noite de despedida de Moscou. Foi no café Pitoresk, com uma publicidade em estilo futurístico:

"Somente para amigos! Café Pitoresk (rua Kuznetski Most, 5). Quarta-feira, 1º de maio, em novo estilo. Eu, Vladimir Maiakovski, me despeço de Moscou. 1. Farei em homenagem aos meus amigos um discurso maravilhoso: 'Meu maio'. 2. Olga Vladimirovna Gzovskaia recitará meus poemas 'A marcha' e outros. 3. Tradutores brilhantes lerão traduções brilhantes de meus poemas brilhantes: em francês, alemão, búlgaro. E finalmente: 4. Eu mesmo lerei trechos de todos os meus livros: *Guerra e universo, A nuvem de calças, O homem, Simples como um mugido, A blusa fátua*. No final podem me homenagear. Os ingressos (500) estão no café Pitoresk, das 3 às 7 horas da noite, diariamente e comigo (se for encontrado). Os ingressos são gratuitos. Início às 7:30 da noite."

No café na rua Kuznetski Most, Maiakovski leria também "O bom tratamento dos cavalos", que cortava o coração com o sentimento de compaixão: o poema falava de como um cavalo caiu ali mesmo, na rua Kuznetski Most, e como ao seu redor juntou-se uma multidão de idiotas...

Quando retornou a Petrogrado (na segunda quinzena de junho), Maiakovski começou a escrever o *Mistério-bufo*. Passou o final do verão em Levachov, nos arredores de Petrogrado, com os Brik. Lá, trabalhou escrevendo a peça. O mais impressionante é que o contato com a natureza novamente despertou o pintor em Maiakovski. Todo dia, ele pintava paisagens e perguntava a Lília Iurievna se estava progredindo nas belas-artes. Mas isso não é tudo. Eis o que observou Lília Brik:

"Sabe-se que Maiakovski não parava de trabalhar nem diante das pessoas; na rua; no restaurante; jogando cartas; em todos os lugares. Ele apreciava o silêncio e se deliciava com ele também naquela época, em Levachov, depois em Puchkino, quando durante horas passeava pela floresta. Trabalhava com mais tranquilidade, cansava menos do que no famoso 'barulho da cidade'."

Essa informação introduz um traço dissonante na aparente imagem do inveterado poeta-urbanista. Mas ela também nos lembra que Maiakovski nasceu e cresceu cercado pela maravilhosa natureza da Geórgia: corria descalço pela terra, deliciava-se com o cheiro da mata e das flores, escalava montanhas, observava o céu estrelado... Ele era uma criatura da natureza que sufocava em si a atração natural por ela em nome do futuro reino da indústria mecanizada, da qual não tinha muita noção...

Mas, em geral, esse período de vida de Maiakovski, para quem a revolução era um sonho desejado, é marcado por um certo vazio na vida social. A revolução levou ao poder os bolcheviques, a ala esquerda do movimento de massas, a mais próxima dos futuristas. E eles não estavam presentes. Parece que toda a intelectualidade mudou com relação à revolução. Os acontecimentos entre fevereiro e outubro de 1917 dissiparam muitas ilusões dos intelectuais.

Exatamente nessa época aconteceu a revolução social vinda de baixo, emergiu o ódio pelos burgueses e pelos proprietários de terras, acumulado por várias gerações, o ódio da guerra. Começou a tempestade desenfreada — destruição de mansões, roubos à mão armada, divisão de terras. O Governo Provisório, com sua política moderada e de conciliação, de continuação da guerra ou a paz honrosa por meio de conversações, não encontrava apoio no povo. E disso a esquerda oposicionista se valeu. Os bolcheviques transformaram-se na força política que levava em consideração os ânimos das massas populares e os refletia em seus lemas. Mas a velha intelectualidade cada vez mais se afastava da revolução. E quando aconteceu o Golpe de Outubro, para a sua grande maioria, significou o fim das esperanças.

A juventude, que em 1905 entrava na idade da maturidade, e que reverenciava Blok, não compartilhava seu ponto de vista acerca desse problema, que foi expresso no artigo "A intelectualidade e a revolução".

Com todo o respeito que tinha pela personalidade e pela poesia de Blok, Maiakovski permaneceu radical quando o assunto era a revolução. Sua medida: "Aceitar ou não aceitar." E tal medida era rígida para muitos.

Para se afirmar como poeta do novo tempo, era pouco simpatizar com a revolução ou até mesmo tentar ajudá-la na prática, com trabalho. Tais tentativas, além da de Blok, foram feitas por Kliuev, Biéli e até mesmo por Viatcheslav Ivanov. Nenhum deles criou algo semelhante ou próximo ao espírito do poema "Os Doze".

Apesar do desejo sincero de "ser verdadeiro" e não um "filho livre" — nos grandes estados da URSS —, Serguei Iessiênin afligia-se com o dualismo de sua consciência.

Não sou um homem novo!
Para que esconder?
Fiquei com um pé no passado,
Tentando alcançar o exército de aço,
Mas escorreguei e estendi o outro.

Iessiênin procurava a possibilidade de ser útil ao poder revolucionário. Com todo o ímpeto, por exemplo, junto com Klitchkov, Guerassimov e N. Pavlovitch, trabalhou para atribuir um conteúdo revolucionário a *As auroras chamam*. Escreveu com Klitchkov e Guerassimov a *Cantata* especialmente para a inauguração da placa memorial, da autoria de S. Konenkov, em homenagem aos heróis que tombaram na revolução. A *Cantata* foi apresentada no dia 7 de novembro de 1918, com a presença de Lenin. No entanto, a assimilação de Iessiênin da atividade revolucionária era penosa.

Houve aqueles que receberam a notícia da revolução como uma "notícia de sua hora derradeira e difícil, de sua possível grandeza final", como Iuri Andreievitch Jivago no romance de B. Pasternak. Era recepção passiva da revolução. Somente uma pequena parte da intelectualidade russa apoiou ativamente a revolução. Na arte, foram os representantes das correntes de esquerda, porque carregavam inicialmente o espírito rebelde.

Eis o que recorda o compositor Arthur Lurie:

"Graças ao apoio, dado a nós pela Revolução de Outubro, todos nós, jovens artistas inovadores e excêntricos, fomos levados a sério. Primeiramente aos meninos sonhadores disseram que eles podiam realizar seus sonhos e que na arte pura não se intrometeria nenhuma política, nenhuma força. Deram-nos a liberdade de fazer tudo que queríamos na nossa área..."

Lurie foi Comissário de Instrução Pública do Departamento de Música e trabalhou inicialmente com Lunatcharski. Mas, muito rapidamente, compreendeu que a liberdade dada à arte de esquerda era relativa e emigrou.

Ainda assim, os pintores, diretores, músicos, poetas, futuristas, imagistas e outros inovadores e experimentadores, inicialmente, sentiram o espírito de liberdade e deram asas à sua fantasia criativa. A vanguarda do início do século parecia ter aberto as asas. Isso durou pouco...

Mas não vamos correr com os acontecimentos.

Após o período na *datcha* em Levachov, Maiakovski novamente se animou e começou uma atividade na linha do Comissariado de Instrução Pública. Havia o consentimento de Lunatcharski, que atraía Vladimir Vladimirovitch para o trabalho no departamento dos teatros, de Belas-Artes, das editoras, dos órgãos impressos e, particularmente, do jornal *Arte da Comuna*, de que os futuristas logo tomaram conta.

Lunatcharski se esforçou muito para aproximar a intelectualidade do poder, para lhe dar liberdade de ação. Quando foi inaugurado em Petrogrado, em 1918, por Vsevolod Gerngross-Vsevolodski o Instituto da Palavra Viva (algo semelhante ao Instituto de Teatro e Literatura), Lunatcharski logo convidou Nikolai Gumiliov para proferir palestras sobre poesia e poética. Gumiliov aceitou com alegria e apareceu diante dos ouvintes com uma peliça de alce, um chapéu felpudo e uma pasta com estampas africanas nas mãos.

No Palavra Viva proferiam aulas e realizavam trabalhos em estúdios o professor Engelgardt, o artista Iuriev e o famoso advogado A.F. Coni, de 75 anos, que dirigia o Departamento de Oratória do Instituto.

No final de outubro, Vladimir Vladimirovitch participa ativamente das reuniões do colegiado do Departamento de Belas-Artes do Comissariado de Instrução Pública, particularmente, sobre a questão da revista *A Vida da Arte*. Participa das reuniões de organização sobre a criação do departamento literário, da discussão da atividade editorial, do trabalho dos artistas no cinema. Articula com o Comissariado a organização da editora Asis (Associação da Arte Socialista).

Mas no Departamento de Belas-Artes estavam pintores íntimos de Maiakovski — Tatlin, Malevitch, Altman, Chkolnik. No Comissariado trabalhavam Punin e Chterenberg. Era uma situação bastante cômoda para os representantes da nova arte em sua luta com os "velhos". E eles se aproveitavam dela, mas nem sempre com muito êxito, já que Lunatcharski, apesar de protegê-los, não aprovava as incursões futurísticas contra os museus, a arte clássica (Malevitch, no artigo "Sobre o museu", propunha "incinerar todas as épocas" e organizar uma "farmácia" para guardar as cinzas).

Mas como Lenin e Lunatcharski eram as pessoas mais sensatas do governo, entendiam perfeitamente que não era possível construir uma nova sociedade sem preparar a base para o desenvolvimento da cultura. E para isso era necessário apoiar-se nas conquistas da cultura do passado, em suas tradições democráticas.

Eles não podiam usar a arte e a literatura como meios de influenciar as massas. Quase cem anos antes de Outubro, quando na França ruiu a Restauração e "o povo e os poetas estavam prontos a marchar juntos", o destacado pesquisador da literatura Sainte-Beuve escreveu: "a literatura a partir de agora é parte do trabalho comum, ela está pronta a lutar junto com todos..." Lenin, no início do nosso século, a definiu assim: uma parte "do trabalho comum proletário", ou seja, atribuiu à literatura o caráter de classe. O proletariado, em Outubro de 1917, tomou o poder em suas mãos. A lógica simples ditava a necessidade de agir nessa área. Mas ninguém sabia ainda como agir. Uma participação ativa na formação da política cultural tiveram pessoas não-especialistas na área, além de Lunatcharski e de um grupo de pintores de esquerda que o cercava. As características pessoais de Anatoli Vasilievitch [Lunatcharski] também fizeram o seu papel no recrutamento da colaboração da intelectualidade artística com o novo poder.

Lunatcharski pessoalmente mergulha na arte, discursa sobre a Cultura Proletária (*Proletkult*),* introduzindo correções em sua atuação, pronuncia-se sobre o repertório dos teatros, sobre os futuristas, escreve prefácios para as peças, escreve resenhas de peças teatrais, participa de debates, freqüenta leituras de novas peças e recitais de poesia... A tarefa era aproximar a arte e a literatura da política, atrair para o seu lado aquela parte da intelectualidade que estava indecisa.

Depois de tanto tempo, algumas questões, é claro, parecem simples. Mas, naquela época, até mesmo a questão sobre a herança cultural provocava vio-

---

Proletkult — organização cultural, educativa, literária e artística (1917-1932) que difundia a independência proletária nas diferentes áreas culturais, principalmente na literatura e no teatro, assim como negava a herança cultural. (*N. da T.*)

lenta polêmica. Aliás, exatamente essa questão, as diferentes opiniões para uma solução, assim como as pretensões dos futuristas de se apresentarem em nome do poder, esfriaram a relação entre Maiakovski e Lunatcharski.

Surgiram dificuldades de ordem artística. "Não escrevo poemas, apesar de querer... escrever algo que sente um cavalo", comunica Maiakovski numa carta. Em 1918, ele realmente escreveu menos de uma dezena de poemas, mas, entre eles, "O bom tratamento dos cavalos" — um dos poemas mais líricos do poeta, que desvenda a profundidade de sua compaixão pela dor e amor a tudo que é vivo na Terra; a "Ode à Revolução" — glória a ela ("oh, quatro vezes gloriosa, abençoada!"); "Ordem do dia ao exército das artes" — programático ("As ruas são nossos pincéis; as praças, nossas tintas"); e o mais famoso — "Marcha à esquerda".

A situação na época era tal que os futuristas ficaram sob o fogo cruzado da crítica ferrenha, e isso era provocado por sua impertinente apresentação de si mesmos como os únicos criadores da "arte estatal". Todas as outras tendências eram rejeitadas de imediato. "Somente a arte futurista é atualmente a arte do proletariado", escreveu N. Altman.

Mas não havia união entre os futuristas. Uma parte deles (os cubofuturistas) era a favor da autonomia da arte (natural futurística); outra parte, basicamente os pintores e teóricos de esquerda que ocupavam cargos de direção no Departamento de Belas-Artes do Comissariado, tentava, de forma organizada, levar as coisas de tal forma para que na prática se concretizasse a tese: "Futurismo — a arte estatal!" (N. Punin). Mas isso também era pouco. O mesmo N. Punin que ocupava o cargo de presidente do Departamento de Belas-Artes, caracterizou o futurismo como uma ideologia específica e afirmava que ele "era a correção para o comunismo" e tentava apresentá-lo na frente do comunismo.

Tais ambições imensuráveis provocaram protestos do Proletkult e dos críticos independentes. Aos oponentes do campo inimigo o futurismo era um motivo maravilhoso para o descrédito ideológico do poder soviético.

Mas por que os futuristas, após Outubro, surgiram na frente do palco da vida artística? Isso aconteceu porque os simbolistas e os acmeístas, as correntes mais influentes na literatura, não estavam prontos para aceitar a revolução. Os imagistas gritavam: "Abaixo o Estado!" — exigindo a separação da arte e do Estado. Porém os futuristas, pelo menos os futuristas de esquerda, em sua maioria, aceitaram a Revolução e demonstraram a disponibilidade de colaborar com o novo poder. Isso explica a relação protecionista de Lunatcharski com relação a eles e a posição de liderança dos futuristas no jornal *A Arte da Comuna*.

Provavelmente, a única força antagônica era representada pelos representantes do Proletkult, que atacavam obstinadamente os futuristas e Maiakovski, apesar de defenderem as mesmas posições com relação à herança do passado. Eles renegaram bruscamente a tentativa de Maiakovski de aproximação, já que consideravam que os fundadores da nova cultura proletária deviam ser somente pessoas de origem proletária e não intelectuais.

Mas Maiakovski, por mais distante que estivesse do futurismo em sua obra, continua a se denominar futurista e é um ativo propagandista do movimento. No início de 1918, ele se apresenta no Museu Politécnico com o discurso: "Nossa arte é a arte da democracia".

No entanto, era impossível não levar em conta o Proletkult. Essa organização de massa reuniu, durante os primeiros anos da revolução soviética, sob suas bandeiras até meio milhão de participantes de círculos independentes, estúdios, clubes etc. Obviamente, a massa de gente que percebeu a inclinação para a arte, para a criação artística, em sua maioria, não tinha consciência da nocividade das "teorias" dos dirigentes do movimento que era niilista, renegava a herança cultural e levantava bandeiras de uma cultura "proletária pura".

A crítica do futurismo pelo Proletkult se acirrava em função de suas própria pretensões de liderar a criação da cultura nova e com a total não-aceitação da estética futurista. Em sua crítica havia argumentos razoáveis. Mas a crítica era vulnerável em dois pontos: no programa que se apoiava em dogmas do Proletkult e na avaliação concreta dos mais talentosos ativistas da arte de esquerda, incluindo Maiakovski. Organizando para os futuristas uma grande coletiva, o poeta Ilia Sadofiev, por exemplo, chamou a todos eles de "agregados da Revolução".

Tal acusação aos representantes da arte de esquerda, (de que eles se agregaram à Revolução) foi lançada também por V.M. Fritche, que não comungava das idéias do Proletkult. Atacavam os artistas de esquerda de posições diferentes, alguns críticos eram de outros campos. O redator-chefe da revista *Canto do Livro*, V.R. Khovin, antes da Revolução pertencia ao grupo dos egofuturistas e, depois de Outubro, defendeu o futurismo, mas livre da ideologia bolchevique. Ele estigmatiza os futuristas que "correm atrás do bonde do bolchevismo". Mas a revista também "atirava" no Proletkult, em Blok, em Iessiênin, em Gorki, chamando-os de evidentes partidários do poder soviético.

A arte de esquerda recebia ataques duros da revista *O Mensageiro da Literatura*, que era a revista da extrema direita. Manipulando citações de poemas abstrusos de Kriutchionikh e Kamienski, os críticos de direita pareciam "defender" os interesses culturais do proletariado dos futuristas. Mas, na realidade, eles se irritavam com a colaboração da esquerda com os sovietes...

Acrescentando ainda que contra o futurismo levantaram-se também os imagistas, desta descrição resumida e esquemática pode-se imaginar a dificuldade em que se envolveu o líder da arte de esquerda — Maiakovski — após a Revolução. "Os ataques dos críticos, é claro, não funcionavam com ele, ele conhecia bem o valor deles...", afirma B. Eikhenbaum. Não funcionaram por um tempo.

A principal obra de Maiakovski, em 1918, foi a peça *Mistério-bufo,* escrita no verão. Maiakovski queria a todo custo terminar a peça para estreá-la no dia do primeiro aniversário da Revolução de Outubro.

A primeira leitura da peça aconteceu no dia 27 de setembro, com a presença de Lunatcharski, diretores, pintores e amigos. Como brincou Maiakovski, a peça foi aprovada pelo chofer de Anatoli Vasilievitch [Lunatcharski]: se ele entendeu, as massas também entenderiam.

No entanto, Maiakovski aceitou com seriedade a opinião do chofer, pois dirigia sua peça às massas populares e queria ser compreendido por elas. Lunatcharski, por sua vez, não só elogiou a peça após a leitura, como o fez publicamente.

Após perceber um apoio tão forte, Vladimir Vladimirovitch sonhou em encená-la num teatro grande e profissional. Por ordem de Lunatcharski, Maiakovski leu *Mistério-bufo* no antigo Teatro Aleksandrinski. Porém, a autoridade do Comissário do Povo aqui não ajudou muito. Os atores do famoso teatro não estavam prontos para entender a dramaturgia peculiar e não-tradicional de Maiakovski. "...Lá, onde soa o canto impetuoso da Melpômene, onde acena com o manta suntuoso diante da multidão fria..." — é, lá, na famosa catedral, os filhos de Melpômene receberam a peça *Mistério-bufo* friamente. A leitura transcorreu com a entonação maravilhosa de Maiakovski num silêncio total e gozou de algumas réplicas benevolentes apenas durante o intervalo. Nem a soberba leitura conseguiu derreter o gelo da incompreensão. A peça foi rejeitada com falsos elogios com relação a seus méritos e com a justificativa de que o teatro tradicional seria incapaz de encená-la e que isso poderia, pelo visto, ser feito por um elenco jovem de um teatro novo.

Maiakovski ficou triste com a reação do grupo do Teatro Aleksandrinski, mas não desistiu. Após a leitura da peça na comissão de organização e realização dos festejos, a aprovação foi unânime. Posteriormente, fez a leitura na reunião organizada para os diretores de teatro pelo Departamento Teatral do Comissariado de Instrução Pública, em Moscou, que reunia um verdadeiro conselho de personalidades. O resultado, porém, foi o mesmo de Petrogrado. Nos jornais, noticiavam a recepção positiva da peça *Mistério-bufo* pelos participantes da reunião. Isso seria o quê? Uma recusa educada? A peça revolucionária era necessária, os diretores atenderam ao convite do Departamento Teatral do Comissariado. O.D. Kameneva, funcionária deste departamento, mencionou a presença na leitura de Stanislavski, Nemirovitch-Dantchenko, Tairov, Sanin e Viatch[eslav] Ivanov. Maiakovski ainda citou alguns elogios à peça. Pareceu-lhe que grandes diretores não puderam fruir uma satisfação estética com a leitura da peça, mas ao mesmo tempo a dramaturgia de Maiakovski não correspondia à sua estética.

Dificilmente poderão ser encontradas razões para censurá-los, assim como ao grupo do Teatro Aleksandrinski. O mesmo ocorreu no Conselho de repertório dos teatros de Moscou... E lá, uns diretores elogiavam a peça e outros listavam seus defeitos. Expressou-se a recomendação de encená-la no Teatro de Câmara, mas... ninguém se prontificou a dirigir. Em contrapartida, era incrível a disposição de Maiakovski. Encontrou um diretor que naquela época, provavelmente, era o único preparado para realizar a encenação de *Mistério-bufo*, V.E. Meyerhold.

Em 12 de outubro, nos jornais de Petrogrado, apareceu uma "convocação de atores":

"Camaradas atores! Vocês têm a obrigação de comemorar a grande festa da Revolução com um espetáculo. Devem encenar o espetáculo *Mistério-bufo* — um retrato heróico, épico e satírico da nossa época escrito por Vladimir Maiakovski. Venham todos, no domingo, 13 de outubro, à sala de concertos da Escola Técnica Tienichev (rua Mokhovaia, 33). O autor lerá o texto do "mistério"; o diretor exporá o plano da encenação; o roteirista mostrará os esboços e os que se interessarem pelo trabalho serão os intérpretes... Todos ao trabalho! O tempo urge! Pedimos que venham somente os interessados em participar da peça. O número de papéis é limitado."

Assinaram a convocação Meyerhold, Maiakovski, Zheverzheiev e outros. Foi um gesto de desespero: estava em jogo a reputação do autor da peça e do diretor; do espetáculo, organizado em curtíssimo tempo, participaram principalmente atores amadores, estudantes seduzidos pelo nome de Maiakovski, que anunciava algo incomum, algo até mesmo escandaloso. Maiakovski ajudou pessoalmente a Meyerhold, assim como o diretor V.N. Soloviov. Ensaiavam à exaustão: *mise-en-scène*, cenas de massas, incutindo a idéia ao grupo bem diversificado. O texto era absorvido com dificuldade. Necessitou-se trocar cinco intérpretes para a leitura convincente das estrofes:

> *Eu sou australiano.*
> *Tínhamos tudo:*
> *Ornitorrinco, palmeiras, porco-espinho, cactos...*

Todos, por algum motivo, erravam na entonação das palavras. Maiakovski se enfurecia, gritava, explicava, lia, trabalhava junto com o diretor e muitas vezes pelo diretor. Seu entusiasmo incendiava os intérpretes, que começaram a mergulhar nas idéias do *Mistério*, começaram a compreender e a ler cada vez de forma mais convincente e citar, em suas conversas, o poema. Ouviam também nos ensaios do segundo ato como Maiakovski interpretava o monólogo do Homem de forma simples e depois tentavam imitá-lo ou adotar suas maneiras. No entanto, imitar Maiakovski ou tentar ler como ele era praticamente impossível.

O trabalho de organização exigiu muita energia. Houve várias falhas do departamento teatral, dirigido por M.F. Andreieva. Para o espetáculo, ofereceram o auditório do Teatro de Drama Musical (após insistentes e ríspidas ordens de Lunatcharski). A falta de estrutura do teatro, segundo Maiakovski, atrapalhava muito. Os problemas surgiam até no dia da estréia. Maiakovski, por exemplo, que fazia o Homem, teve que substituir o ator escalado para o papel de Matusalém, interpretando os dois.

Tudo foi feito com muita pressa e no improviso. Os cartazes eram pintados por Maiakovski no dia do espetáculo; ele também teve que arranjar os pregos. Lunatcharski ficou com a divulgação nos jornais. O cartaz chamava o público para assistir a um espetáculo revolucionário, desdobrando-o em quadros, e comunicava que foi *pintado* por Malevitch, dirigido por Meyerhold e interpretado por Maiakovski e atores amadores.

Afinal, no dia 7 de novembro de 1918 (depois nos dias 8 e 9), aconteceu a estréia da peça *Mistério-bufo*. Antes do início do espetáculo, deu-se a palavra a Lunatcharski. Na platéia, assim como há cinco anos durante a estréia da tragédia *Vladimir Maiakovski*, estava Aleksandr Blok. Eis sua anotação no diário: "Comemoração do aniversário de Outubro. À noite, com Liuba, assisti a *Mistério-bufo*, de Maiakovski, no Teatro de Drama Musical... Festa. À noite, uma fala rouca e triste de Lunatcharski, Maiakovski é demais. Jamais esquecerei isso."

A emoção da curta anotação de Blok está diretamente ligada a Maiakovski, a *Mistério-bufo*. Ainda que o espetáculo não gozasse de sucesso, seduzia o espectador com o entusiasmo revolucionário, o que, segundo os contemporâneos, provocava a participação do próprio Maiakovski.

A estréia de *Mistério-bufo* tinha mais um sentido simbólico do que teatral, pois era o primeiro espetáculo revolucionário na cena russa. Meyerhold posteriormente explicaria que "o espetáculo foi preparado em debandada"; era preciso "vencer obstáculos de ordem organizacional". Todavia, Meyerhold estava, em 1919, no território ocupado pelo Exército Branco e foi preso por ter "dirigido um espetáculo em homenagem ao aniversário da Revolução de Outubro, a sacrílega peça de Maiakovski *Mistério-bufo*".

Maiakovski escreveu em sua biografia o seguinte sobre a peça *Mistério-bufo*: "encenaram três vezes, depois desmontaram". É um verbo expressivo "desmontar", e ele corresponde à realidade. "Mistério" ou "bufo"? — perguntava Ivanov-Razumnik. E respondeu: nem "mistério" nem "bufo". Mas pode ser "bufo" em vez de "mistério".

"A palavra tem sentido! Eis a que traição chegou o futurismo, ele que fora a forma da revolução", escreveu Ivanov-Razumnik, "veio a revolução externa e ele vestiu a farda reconhecida." Depois criticou a linguagem de rua da peça, contrapôs Iessiênin e Kliuev a Maiakovski e citou emocionado os poemas de Kliuev: "Maiakovski sonha com o sinal do Palácio de Inverno e eu com a migração das cegonhas e o gato em cima da cama..."

Ilia Erenburg fez eco a Ivanov-Razumnik: "Onde está o velho brincalhão de blusa amarela, o apache de olhos pintados que enrolava no pescoço um enorme lenço vermelho?"

O golpe foi dado na parte mais sensível. Ao autor da peça foi recusada a sinceridade. Ao poeta que naturalmente caminhava em direção à revolução na vida e na obra, pressentia sua chegada e saudou o poder dos sovietes e, desde os primeiros dias, entrou em contato com ela, apresentava-se a acusação de agradar ao *novo dono* (até parece que agradava ao velho!). Um certo A. Levinson;* na revista *Vida da Arte,* teve coragem de, em nome do *povo* e em nome da *época*, dar a sentença de morte à peça *Mistério-bufo*.

Poder-se-ia não atribuir importância a este episódio nem citá-lo, se não fosse recorrente. Levinson teve seguidores nos anos 1920 e nos anos 1980. As menções e as acusações diretas dos adversários de Maiakovski, nos anos 1920, se explicam pelas divergências ideológicas. Ademais, não só de pessoas postadas em diferentes lados das barricadas. Os debates ideológicos tinham caráter descomprometido e tais recursos de *ética discutível* não eram raras exceções à

---

*Após a morte de Maiakovski, o mesmo Levinson, no exílio, publicou um artigo calunioso sobre o poeta e foi submetido ao ostracismo por muitas personalidades da cultura na França.

regra. Com relação a Maiakovski, utilizaram-nos algumas vezes e com o propósito de ferir o poeta. Mas alguém o mirava do outro lado da barricada. (Certa vez, numa apresentação, recebeu o seguinte bilhete: "Diga, seu canalha, quanto recebeu?")

Realmente, não valeria a pena lembrar esse episódio da resenha de A. Levinson, se nos anos 1980 não tivesse sido reanimada a idéia de descrença na *presunção de inocência*, assim como é impossível provar a insinceridade de Maiakovski em seus gestos e atitudes. Mas é essa a idéia que está no fundamento do livro de Karabtchevski, *A ressurreição de Maiakovski*. Negando a verdade, o autor do livro nega tudo em Maiakovski, menos o seu talento. Ele nega a honestidade, a probidade (que probidade pode ter a pessoa que está sendo acusada de *dupla personalidade*!). E com isso, não se contém nas avaliações e críticas e muito menos nos recursos de *ética discutível* dos anos 1920. Tal posicionamento é lamentável, mas não desperta o desejo de provar o óbvio, que Maiakovski era uma personalidade (I. Karabtchevski lhe recusa este mérito) e que mesmo em suas fraquezas servia com sinceridade e total convicção à Revolução e comungava dos seus ideais. É exatamente nisso que reside o nó das contradições que fazem parte do sentido da tragédia do poeta.

Mistério-bufo ficou na história da literatura e do teatro russo como a primeira peça revolucionária. Usando um tema bíblico, a Arca de Noé, Maiakovski mostra a luta das idéias, o choque de classes. São sete pares de forças imaculadas e sete pares de forças impuras que simbolizam as forças contraditórias. Apesar da montagem primitiva e das falas bombásticas, a peça carrega em si o espírito daqueles tempos, a energia das ações. Para a encenação de 1921, Maiakovski apresentou um novo roteiro da peça, bastante livre do primitivismo e das sentenças diretas, mas conservou a forma de drama popular.

Ainda alguns acontecimentos do final de 1918 merecem atenção como acontecimentos incomuns na biografia e na arte do poeta. No primeiro número do jornal do Comissariado de Instrução Pública, *A Arte da Comuna* (do dia 7 de dezembro), publicou-se um dos primeiros *decretos* de Maiakovski — "Ordem do dia exército das artes". O imperativo representa a plataforma artístico-ideológica do futurismo pós-outubro: "Basta de verdades inúteis. Varra do coração o velho. As ruas são nossos pincéis. As praças são nossas tintas." Diferente do futurismo, aqui está expressa a grande crença na força transformadora da arte: "Todos os departamentos soviéticos não moverão os exércitos, se os músicos não tocarem a marcha."

Nessa época Maiakovski se apresenta em clubes operários e em escolas do partido; diante de tripulações de marinheiros; nos debates sobre a nova arte; lendo novos poemas e falando dos caminhos de desenvolvimento da arte revolucionária.

Um homem com esse temperamento — ainda mais numa época dessas! — não podia se ocupar somente da criação literária. Escreve poucos poemas. As mais novas críticas de Maiakovski apontam o poema "A marcha à esquerda", escrito em dezembro de 1918. As estrofes: "Silêncio, oradores! A palavra é sua, camarada Mauser", são interpretadas quase como um apelo ao terrorismo. Maiakovski, com a Mauser na mão, na famosa tela de Ilia Glazunov, é o símbolo do terror revolucionário.

É difícil, porém, julgar se foi o primeiro a desencadear o terror. No contexto revolucionário, em 1918, quando por toda a Rússia começou a crescer a resistência aos bolcheviques, ele era inevitável. A resistência ao novo governo era acompanhada de atentados e assassinatos de seus representantes. A socialista revolucionária Kaplan atirou em Lenin. O perigo de eliminação da alta cúpula era tão real que Lenin aconselhou-se com Trotski para ser substituído por Bukharin ou Sverdlov, caso o Exército Branco matasse os dois. No dia 5 de setembro de 1918, o Comitê do Comissariado do Povo aprova a resolução "Sobre o terror vermelho", que desatou as mãos da Comissão Extraordinária e acarretou a repressão não só contra os anti-revolucionários, mas também contra o clero, a intelectualidade, os cossacos...

Até mesmo Bukharin ganhou a fama de *liberal* e protetor de ativistas não-bolcheviques e de intelectuais; Lenin enviou-o, por isso, para o Comitê Extraordinário com o *direito de veto* para as sentenças de morte, e expressou com determinação: "Na revolução vence aquele que conseguir quebrar o crânio do outro."

Por sua vez, o Movimento Branco, diluído em diferentes organizações — *partisans* e anárquicas —, não ficava atrás na crueldade e nos atos terroristas.

Não foi à toa que dentro desse movimento começaram a falar sobre os *bolcheviques brancos*. Um dos ativistas famosos do Movimento Branco, o barão A. Budberg, colocava os dois no mesmo saco:

"Tanto o bolchevismo branco como o vermelho são dois tumores internos mortais e contra eles é necessária uma operação imediata." Um dos "tumores" alcançou tamanho imensurável e paralisou todo o organismo.

Notável é a frase de Aleksei Remizov sobre a Revolução: "Mistura das trevas com a selvageria e os desejos mais brilhantes" ("A Rússia no turbilhão", revista *Janelas da Sátira*).

O que poderia saber Maiakovski sobre o *terror vermelho*, sobre as repressões? Pelo visto, mais do que aquilo sobre o que escreviam os jornais bolcheviques. Não só sabiam, mas escreviam sobre isso Bunin, Korolenko, Rezimov... No entanto Maiakovski não sabia das informações que foram reveladas após a abertura dos arquivos do partido, incluindo os arquivos de Lenin com documentos secretos. Os jornais estavam repletos de notícias sobre as *crueldades* dos soldados e dos líderes do Exército Branco. Por outro lado, os avanços na *entente* tornavam a situação tensa no *front*. Maiakovski discursa para os marinheiros; o poema foi escrito especialmente para este auditório.

Vale a pergunta: alguém, nesta época, seria capaz de pôr fim à Guerra Civil com a força da palavra e não das armas?

Não custa lembrar que, em 1918, muito antes do poema "A marcha à esquerda", foi escrito o poema "O bom tratamento dos cavalos". É um poema em que "um certo sentimento geral de tristeza animal" uniu o poeta ao cavalo desfalecido... Por que isso? Não havia passado nem um ano do almejado Outubro... Onde estava o antigo entusiasmo do profeta e precursor da Revolução? A razão desta tristeza não seria porque a revolução vista pelo poeta revelou um aspecto diferente do desejado e porque ele não encontrava lugar entre os organizadores da nova vida, até se atracar nas *Janelas da Sátira* da ROSTA?* E o trabalho não correspondia à sua escala e à suas possibilidades...

---

*ROSTA — Agência Telegráfica Russa: órgão central de informação da Rússia de 1918 a 1925. Posteriormente, em 1925, foi criada a Agência Telegráfica da União Soviética (TASS). (*N. da T.*)

"A marcha à esquerda" é a mesma ROSTA, ou melhor, o seu limiar, o mesmo lema, o mesmo apelo, o mesmo protesto escrito num alto nível poético. A primeira estrofe do poema soa como uma ordem: "Desenvolvam a marcha!" Está presente também a tarefa global: rejeitar a velha lei da vida ("dada por Adão e Eva") e dar a palavra à Mauser. Realmente carrega em si um sentido destrutivo, mas contra quem e contra o quê? Contra o *Leão Britânico* de dentes arreganhados, contra a *entente* que abriu fogo contra a Rússia revolucionária.

Os anúncios de jornais, os lemas, os cartazes e os panfletos se transformaram em versos de um ritmo preciso, em forma de marcha, que cravavam na consciência, eram apelativos e bruscos, mas carregavam um calor do sonho romântico da *terra ensolarada*. Diante de Maiakovski surgiu um adversário real — a *entente*, a anti-revolução, que o despertou para *pegar em armas*. Era como se fosse um novo ímpeto para a revolução, para a sua procissão vitoriosa.

Ainda na *Arte da Comuna*, onde se posicionaram os futuristas e as outras forças de esquerda, Maiakovski publicou o poema "É cedo para festejar", que provocou a censura de Lunatcharski. O poema pode ser avaliado como reincidência clara do futurismo inicial, mas em seu sentido concreto era um elogio às forças espontâneas da revolução, a suas idéias destrutivas. Os principais ideólogos da destruição, da deposição de monumentos da cultura eram, naquela época, O. Brik e K. Malevitch. "É hora de as balas soarem nas paredes dos museus" — eis os versos do poema "É cedo para festejar", citados ainda hoje para comprometer Maiakovski com os destruidores da velha cultura. Será que é necessário dizer que estes versos merecem uma condenação incondicional!

No momento em que eram destruídas mansões, queimadas bibliotecas, derrubados outros monumentos da cultura, o poema de Maiakovski que conclamava a *atacar* os clássicos e a transformar o Palácio de Inverno numa fábrica de macarrão jogou lenha na fogueira da tempestade em curso. Lunatcharski estava cem vezes correto ao escrever o artigo "Uma colher de antídoto". É um artigo muito ríspido. Jamais — nem antes, nem depois — Lunatcharski falou desta forma sobre Maiakovski. E percebe-se que a avaliação de toda a obra de Maiakovski, apresentada neste artigo, foi provocada principalmente por sua irritação com o poema "É cedo para festejar". Lunatcharski aponta aquilo que *assusta* no jovem jornal (*A Arte da Comuna*) e, em geral, quais são as duas tendências que causam inquietação: "as inclinações destrutivas com relação ao passado e o ímpeto, falando em nome de uma certa escola, de falar em nome do poder". De Maiakovski fala o seguinte:

"Eu compreendo que a monstruosidade de desdenhar os altares superiores e querer cravar a estaca nos túmulos dos gigantes pode acontecer porque trancaram durante muito tempo um talento jovem. Mas tudo tem seu limite. Se Maiakovski continuar a gritar mil vezes a mesma coisa, ou seja, elogiar a si mesmo e xingar os outros, pois então que acredite em mim: além da repugnância, ele nada mais atrairá."

Logo depois, Lunatcharski começa, como se estivesse pedindo desculpas pela rispidez do tom em seu artigo, a suavizar o seu discurso e apresenta exemplos de outro tipo de relação entre Maiakovski e a poesia clássica. A lição que ele deu ao poeta foi cruel, mas justa.

Pode parecer inesperada a opinião de Blok. Ele também não deixou sem atenção o poema de Maiakovski. Nos diários do poeta, conservou-se o rascunho de uma carta a Maiakovski. Sem concordar com o autor do poema "É cedo para festejar", Blok escreve:

"Não menos que o senhor odeio o Palácio de Inverno e os museus. Mas a destruição é tão velha como a construção, que também é tradicional."

Não se esperava isso de Blok, um homem de elevada cultura e representante da geração poética antecedente (a Maiakovski), mas é inesperado para o Blok autor do poema "Os doze", para o Blok que viu na Revolução a força destrutiva e que se conciliou com ela como com algo inevitável. Para ele, na expressão citada, o Palácio de Inverno e os museus são símbolos do outro mundo.

Essa foi a repercussão causada pelo poema de Maiakovski "É cedo para festejar". Como na redação de *A Arte da Comuna* havia futuristas e outros representantes da arte de esquerda, Maiakovski na mesma hora soube do artigo de Lunatcharski que apareceu no jornal junto com seu poema "Para o outro lado". O final desse poema mostra que Maiakovski de alguma forma aceitou a crítica de Lunatcharski: "Então, quando rompermos as barreiras e a festa for pela dor da batalha, forçaremos todos a dispor dos enfeites — seja qual for!"

Percebe-se, porém, que Maiakovski ficara ofendido com a rispidez de Lunatcharski, e sua posição, naquele momento, permanece inflexível como antes e provoca uma brusca discordância. A frase desleixada: "O grito dos futuristas: precisa de gente, o resto se ajeita", mostra como a relação de Maiakovski com a herança cultural não mudou desde os tempos do futurismo. E o motivo desta nova explosão de instintos destrutivos, pelo visto, deve-se buscar na revolução, na orgia de suas forças espontâneas que se revelaram próximas ao poema de Maiakovski "A nuvem de calças", ao Maiakovski futurista. Foram esses instintos que despertaram nele a rebeldia.

É claro que estas observações não enfeitam a biografia de Maiakovski, mas calar sobre elas ou fazer de conta que não existiram é impossível. Superando a si mesmo e a muitas outras tentações que passavam com o tempo, o poeta com dificuldade caminhava rumo à compreensão do valor inestimável da cultura do passado. Após a Revolução, ele foi dominado pelo processo cego de destruição que equivocadamente era avaliado por ele como condição para a criação da nova arte, como condição para "endireitar as costas da arte".

Em Petrogrado, mais do que em Moscou, conservaram-se mais solidamente as tradições e as relações literárias. No Olimpo poético da capital do Norte reinava N.S. Gumiliov. Nikolai Stepanovitch [Gumiliov] apareceu em Petrogrado no verão de 1918, vindo do estrangeiro. Escrevia muito e, por mais que fosse fantástico, vivia de poemas e traduções, dava palestras no Proletkult e na Marinha. Mas a principal ocupação de Gumiliov era o estúdio literário, onde era o corifeu. Um professor adorado pela juventude. Entre seus alunos, naquela época, estava a jovem poetisa Irina Odoievtseva.

Blok era fechado, um ativo colaborador na imprensa e no teatro. No meio literário era conhecido o encontro casual dele com Zinaida Guippius num bonde e a conversa que tiveram:

— Zinaida Nikolaievna, a senhora me dá a mão?

— Socialmente, não. Humanamente, sim!

Ela não conseguia perdoar o poema "Os doze" do poeta.

Blok evitava meticulosamente qualquer polêmica. Gumiliov, ao contrário, seduzia e submetia à sua influência diferentes pessoas, principalmente a juventude, até mesmo Ossip Mandelstam, que não se deixava influenciar facilmente. Sobre o poema "Os doze" ele disse: "É claro que é genial. Não há o que discutir. Mas é pior por ser genial." E no exílio, após "Os doze", Blok foi associado aos socialistas revolucionários de esquerda.

Havia uma elite de escritores famosos mesmo antes da guerra e antes da Revolução, tais como Georgi Ivanov. Nos tempos confusos, de fome e miséria, estava sempre elegantemente vestido, brilhava com seu sorriso branco e seus chistes eram temidos nos círculos literários de Petrogrado. Ou então as tiradas do *rei dos estetas*, Mikhail Kuzmin. Adepto dos velhos ritos, apesar de sua avó ser judia e de ele ter estudado com os jesuítas, passou dois anos num seminário italiano como ouvinte. Isso é só um pequeno detalhe de sua vida. Nessa época, a aparência de Kuzmin estava bastante desgastada, seu fraque maltrapilho e o rosto abundantemente maquiado. Em geral, as biografias dos poetas russos são romances não-escritos com aventuras fabulosas, paixões desenfreadas, rebeldias espontâneas e finais trágicos...

Adiantando-me um pouco, devo dizer que, em 1920, Mandelstam irrompeu em Petrogrado após viver aventuras incríveis na Criméia, na Geórgia, no Sul da Rússia, onde a toda hora mudava o governo. Ele já era conhecido e valorizado nos círculos literários e até mesmo nos salões da capital do Norte. Era amigo de G. Ivanov. E foi em sua casa, sem um tostão no bolso, que ele apareceu gripado, espirrando, tossindo, sem saber o que fazer. Acomodaram-no na Casa das Artes, num quartinho octogonal, mas que foi aceito por Ossip Emilievitch [Mandelstam]como uma dádiva de Deus.

Sem graça, esquisito, de costeletas ruivas e já bastante calvo, parecia mais um aluno de farmácia do que o próprio farmacêutico. Mandelstam impressionou com seus poemas maravilhosos, que ele declamava cantarolando e marcando o ritmo com o pé. Meio ano depois, foi para Moscou. Em Petrogrado, sentia-se sufocado. "Se aqui estás sufocado, em Moscou irás quebrar o pescoço", disse-lhe, na despedida, Gumiliov. "Pode ser que não quebre", animando-se, respondeu Mandelstam. "Quebra", com firmeza, repetiu Gumiliov.

Serguei Gorodetski apareceu em Petrogrado antes de Gumiliov e, diferente dos outros, com a carteira do partido no bolso da túnica. Sua aparência correspondia à época revolucionária. Os amigos da *Oficina dos Poetas* viraram as costas para Gorodetski, apesar de terem associado sua metamoforse à "infantilidade" do ex-colega.

Além desses já reconhecidos, harmonizavam bem com a elite literária o culto e frio Mikhail Lozinski, Dmitri Tsenzor, Georgi Adamovitch Otsup e Riurik Ivnev. Assim como Vladimir Piast, o *boêmio dos boêmios*, que aceitou o poder soviético como o *poder de Cristo* trajando um chapéu de palha, calças quadriculadas e botas surradas ornamentadas com barbantes.

Fiodor Sologub se preparava para viajar para o exterior.* Na Casa dos Escritores, no rabo da fila da sopa podia-se encontrar Aleksei Rezimov, de botas de feltro compridas, chapéu de pele desgrenhado, com um lenço feminino amarrado por cima e com uma panela de cobre na mão. A Casa dos Escritores, a Casa dos Poetas, a Casa das Artes eram os locais de encontro e de novidades.

A vida aqui já não seguia as leis antigas, mas não obedecia também às novas ordens. Quando eram realizados eventos noturnos na Casa dos Poetas, declamavam-se poesias. Na Casa das Artes organizavam bailes à fantasia dos quais participavam Gumiliov, Lozinski, Mandelstam, Georgi Ivanov, Otsup, Odoievtseva e outros poetas. Eles se divertiam, brincavam uns com os outros, deliciavam-se com a vida, ainda sem saber o que o destino preparou para cada um...

Em 15 de outubro de 1920, na igreja Znamenskaia, Gumiliov e Odoievtseva encomendam uma missa para Lermontov. Provavelmente, apenas eles, numa Rússia remexida pelas guerras e revoluções, lembraram que nesse dia nascera o grande poeta.

---

*Alguns dias antes da partida, a mulher de Sologub, A.N. Tchebotarevskaia, suicidou-se. Ela simplesmente desapareceu, saiu de casa. Aconteceu no outono e somente na primavera o corpo foi encontrado. Sologub começou a estudar matemática superior e diferenciais, querendo conferir se existe vida após a morte. Assegurando-se de que existe, de que se encontraria com Anastasia Nikolaievna, ele se acalmou. Faleceu em sua terra natal, em 1927.

O 84º aniversário da morte de Puchkin foi comemorado na Casa dos Escritores. Blok fez um discurso emocionante e trágico "Sobre o brilhantismo do poeta". Na reunião estava Gumiliov, magoado por não ter sido ele, e sim Blok, o escolhido para falar sobre Puchkin. Mas estava solene, de fraque preto, bem pré-revolucionário.

Essa sociedade literária, que tentava conservar os restos de boa presença, agora era invadida, de tempos em tempos, por Maiakovski, vindo de Moscou. No outono de 1920, ele se apresentou na Casa das Artes com o poema "150.000.000". Como se expressou Odoievtseva, veio para "olhar Petersburgo" e foi recebido com entusiasmo.

No evento, estavam presentes Dm[itri] Tsenzor, E. Zamiatin, N. Gumiliov, G. Ivanos, N. Punin, O. Mandelstam. "Foi uma tempestade de aplausos." Estavam presentes também os jovens "serapiãos"* — K. Fedin, M. Zochenko, V. Kaverin, que encontraram abrigo na realmente incomensurável Casa das Artes, na rua Moika, ex-mansão de Ieliseiev, onde Maiakovski se apresentou. Gumiliov, é claro, não suportou, levantou-se no meio da apresentação e saiu. Presente, V. Rozhdestvenski conta que a sala estava lotada, os ouvintes estavam de pé nas passagens, ocupavam todos os peitoris das janelas, amontoaram-se nos degraus do palco. Além de escritores, estavam ali cientistas da Academia, advogados, estudantes.

Após a apresentação, Maiakovski respondeu a perguntas. Vou transcrever somente um pequeno trecho do diálogo com o público, relatado por V. Rozhdenstvenski.

"Perguntaram a Maiakovski:

"— Por que na poesia o senhor renega quaisquer nuances e prefere a grosseria a tudo?

"— Por que o senhor pensa que eu renego as nuances? O senhor está muito próximo de mim, por isso não as vejo. Dê meio passo para trás. Bom, mas uma grande parede exige um grande afresco. Não quero pintar as estações de

---

*Pertencentes ao círculo literário Irmãos Serapião, fundado em 1921, em Petrogrado. Um dos objetivos era a busca de novos recursos realísticos da escrita; negavam qualquer tendência.

trem com pinceizinhos. Não trabalho para o lornhão. Mas aquilo que lhe parece grosseria é força. Eu tenho que cobrir grandes espaços. Não preciso de um violino, mas de um trompete. Quero falar para que todos me ouçam.

"— O senhor quer dizer que não é hora para nuances?

"— Não é hora. Quando ficar velho vou escrever como Fet.* Se quiser posso agora mesmo declamar de cor para o senhor sobre o vento e as andorinhas."

Com sofrimentos e freqüentemente contornando caminhos, nascia a literatura e a arte da nova Rússia revolucionária...

---

*Fet, Afanasi Afanasievitch (1820-1892) — poeta lírico russo. (N. da T.)

ROSTA

Uma biografia é obrigada a considerar todos os testemunhos e tentar encontrar o fio da meada, se é que existe. No entanto, é necessário apontar algumas contradições ou reticências nos relatos de Lília Brik sobre o relacionamento de Maiakovski e Ossip Maximovitch [Brik]. A questão já havia sido levantada: o relacionamento intranqüilo dos dois durou dois anos e meio ou começou antes? Num trecho de suas recordações, Lília Iurievna revela que sua vida em comum com Maiakovski teve início na *datcha* em Levachov, no verão de 1918. Isso significa que não são *dois anos e meio* e sim quase três anos após se conhecerem. A disparidade de datas não é o principal. O importante é que exatamente nesta época ela já podia *com segurança* comunicar a Ossip Maximovitch o novo tipo de relacionamento com Maiakovski. Portanto, o que aconteceu no apartamento na rua Jukovski, descrito por Lília Iurievna, quando Vladimir Vladimirovitch preparava sanduíches para todos, foi algo diferente... É difícil aceitar a suposição de B. Iangfeld: acontecera sem o "conhecimento de O.M.".

Bem, mas o fundamental é que a relação entre os três foi esclarecida, e todos, como afirma Lília Iurievna, decidiram não se separar e continuar amigos próximos. E eis a declaração de Lília Brik a respeito de Ossip Maximovitch que nos leva a pensar: "Eu amava, amo e sempre amarei Ossip mais do que a um irmão, mais do que um marido, mais do que um filho. Sobre um amor assim, nada li em poema e na literatura." E continua: "Este amor não atrapalhava o meu amor por Volodia. Ao contrário: provavelmente, se não fosse Ossip eu não amaria Volodia tanto assim. Não podia não amar Volodia, que era tão amado por Ossip." Ela também apresenta Maiakovski e Brik como "amigos e companheiros que se gostam".

O caso é único e dificilmente alguém seria capaz de compreender qual desses "amores" era um obstáculo ao outro, ou seu estímulo. E foi esta a reputação de Ossip Maximovitch que permaneceu: deixou passar os outros casos de amor de Lília Iurievna, mesmo depois de casada com Primakov (já após a morte de Maiakovski)...

Os biógrafos e pesquisadores se fazem esta pergunta. De forma mais direta, formulou Karabtchevski: "... uma amizade severa de rivais ainda podemos imaginar, mas um amor carinhoso do amante pelo marido é algo inimaginável, está acima de quaisquer possibilidades." Mas e se inverter os papéis? Colocar em primeiro plano a relação do marido com o amante, então, será mais fácil de imaginar?... Karabtchevski continua e toma como ponto de partida para o desenvolvimento de suas suposições o relato de Lília Brik sobre como, em 1920, viviam a três (mais o cachorro Chenik) num pequeno quarto, e questiona: "Como era esta vida a três, bom, pelo menos, quem dormia onde..."

Por ser um assunto delicado, não me atrevo a seguir na mesma linha de investigação de Karabtchevski. Deixarei ao leitor a alternativa de pensar sobre os mistérios da alma humana... Só preciso dizer que na família de Lília Iurievna, sua mãe ficou aflita com a situação criada e não quis se encontrar com Maiakovski. É fácil adivinhar que na família de Maiakovski a situação também não foi recebida com entusiasmo, a aproximação não aconteceu nem nos anos seguintes.

Como uma espécie de tempero apimentado, pode ser acrescentado um pequeno diálogo que ocorreu em 1927, quando os interlocutores e os personagens ainda estavam vivos e gozavam de boa saúde. O diálogo foi retirado das *Anotações* de L. Guinzburg. Lidia Iakovlevna mostrou a Chklovski a sua anotação mediante a qual chegava-se à conclusão de que Maiakovski não tinha biografia. Victor Borisovitch retrucou:

— A senhora está enganada. Maiakovski tem biografia. Ele foi engolido por uma mulher. Ele amou durante 12 anos uma mulher, e que mulher!... Mas Lília o odeia.

— Por quê?

— Porque ele é aristocrata, porque é mujique. E porque o homem genial é ele e não Ossip.

— Então, ela ama Brik?

— Mas é claro.

Conhecendo a inclinação de Chklovski para paradoxos e surpresas, pode-se suspeitar deste diálogo, mas não se pode deixar de levar em conta que Victor Borisovitch conhecia intimamente todos os personagens do triângulo amoroso.

Mas vamos voltar à crônica dos acontecimentos da vida de Maiakovski. Em março de 1919, o poeta, junto com os Brik, muda-se para Moscou. No início moravam na travessa Poluektovi (hoje Setchenovski), nº 5, apartamento 23, um aposento minúsculo com tapetes pendurados nas paredes para aquecer. Roman Jakobson ajudou Maiakovski a conseguir um quarto na travessa Lubianski, no prédio onde ficava a União Russa dos Pintores do Povo, e que, posteriormente, se transformou em seu escritório de trabalho. Esse "quartinho-barquinho" num apartamento comunal, onde residiam mais cinco famílias e no qual o poeta "navegou três mil dias", seria seu último abrigo antes do fatídico tiro no coração. Em setembro de 1920, a "família" mudou-se para a travessa Vodopiani, nº 3, apartamento 4, na esquina com a rua Miasnitskaia, ao lado do Correio Geral e da Escola de Belas-Artes. Aqui já eram dois quartos.

Após a transferência da capital do Estado Soviético, em 1918, de Petrogrado para a cidade do Primeiro Reinado, para lá também começou a ser transferido o centro da vida cultural. É claro que Vladimir Vladimirovitch quis estar onde se formava e acontecia a política cultural do novo governo (apesar de o Comissariado de Instrução Pública ainda permanecer em Petrogrado por algum tempo). Submetendo a sua influência o jornal *A Arte da Comuna*, os futuristas lutavam para que o futurismo fosse reconhecido como arte do Estado. Nem Lenin nem Lunatcharski aprovavam essas pretensões. Em Moscou formou-se uma frente mais ampla da arte de esquerda. Os esforços criativos de Maiakovski, em 1919, se concentraram no poema "150.000.000" e na organização da editora IMO (Iskusstvo Molodikh*). Desta editora, assim como do

---

*Arte dos Jovens. (*N. da T.*)

jornal *A Arte da Comuna* os futuristas tomam conta. Maiakovski apresenta a Lunatcharski a lista de publicações da IMO na qual figuram livros sobre a teoria e a prática do futurismo, sobre a teoria da linguagem poética, almanaques, obras de Khliebnikov, Kamienski, Pasternak, Maiakovski...

Ainda antes da partida para Moscou, Maiakovski apareceu sem ser convidado no evento poético num local denominado O Descanso dos Comediantes. Este estabelecimento — um cabaré ou botequim — era novo para o já conhecido por nós Boris Pronin. Era um enorme subsolo em Marsovoie Pole, luxuosamente pintado e decorado, que cobrava caro a entrada. Dizem que, no verão de 1917, em uma mesa estavam Koltchak, Savinkov e Trotski. No Descanso dos Comediantes não havia aquela boemia livre que atraía os artistas para O Cão Vadio, mas o ar oficial de restaurante era infringido pelo comportamento de alguns freqüentadores mais temperamentais.

Mikhail Kuzmin, que tinha um bom relacionamento com Maiakovski, escreveu sobre o evento poético no Descanso dos Comediantes: "A. Blok, B. Ievguenev, G. Ivanov, Kuzmin, Kudriumov, Liandau, Otsup, A. Radlova e V. Rozhdestvenski leram poemas. Quase todos como nos velhos tempos, os poetas eram os mesmos, e os poemas parece que também eram velhos. Novamente tinha-se a impressão de algo ilusório, de algo sem alma... Podia-se entender Maiakovski, que resolveu subir ao palco, como a bruxa Malévola que não fora convidada para o batizado, e ler seus poemas depois de algumas palavras introdutórias. Com grande empáfia, repreendeu os poetas que se apresentaram, contrapondo-se a eles... Essa apresentação de Maiakovski não provocou, quase automaticamente, nem encantamento nem indignação. O público riu preguiçosamente, ouviu o conhecido 'Nossa marcha'. Somente os diretores e os empresários olhavam com inveja para Maiakovski e pensavam no talento artístico maravilhoso que não estava sendo usado."

Tal ocorreu no dia 20 de fevereiro. O episódio merece atenção. No evento se apresentaram alguns poetas famosos. Só Blok, após o poema "Os doze" — era quase uma canção épica. O público ouvia murcho. Mas, da mesma forma murcha, recebeu Maiakovski. Por quê? Era um público que veio para ouvir outros poetas. Estes outros, amados por ele, pareceram-lhes como antes, de qualidade conhecida, e não provocaram novas emoções. Maiakovski não provocou "nem encantamento nem indignação" porque era um poeta que não correspondia ao interesse deste público. Nesse auditório ele não podia pretender aplausos. E o poema "Nossa marcha" não era um poema que pudesse provocar encantamento nos fãs de Blok ou Kuzmin. Aliás, Kuzmin deve ser excluído. Ele estava apaixonado por Maiakovski, era influenciado por ele e até começou a ser acusado por alguém de *maiakovchina*. Mas desta vez, em *O Descanso dos Comediantes*, dificilmente o próprio Maiakovski contava com o sucesso ao sair ao palco. Não era a primeira vez que passava por isso, mas não deixava escapar a menor chance para conquistar um auditório de leitores.

Com o embate entre Maiakovski e Lunatcharski em *A Arte da Comuna* não terminou o confronto do futurismo com o poder oficial. A posição rígida do Comissário do Povo só fez acender as ambições dos representantes da arte da esquerda. Maiakovski declarou publicamente que a relação do poder soviético com os futuristas era inamistosa e, com isso, citou os artigos de personalidades oficiais no *Pravda*. Os discursos de Maiakovski, Kamienski, Brik estão repletos de energias de ataque e de pretensões incalculáveis. O futurismo, orgulhoso de seu revolucionarismo, deseja preencher o abismo cultural da nova sociedade.

Todos os grandes e pequenos acontecimentos da vida cultural acontecem sob o pano de fundo da tragédia da Guerra Civil. Diante dos bolcheviques, já em 1918, surgiu a imensurável tarefa bem mais difícil do que a tomada do poder em Outubro. Era a tarefa de sua manutenção. A anti-revolução, a intervenção, as rebeliões camponesas, a orgia de marchas, a fome e a destruição afiavam as bases sobre as quais se formava o novo Estado. Nos campos russos, desdobra-se uma cruel guerra fratricida que, impreterivelmente, deveria levar e levou à ditadura. Para a manutenção do poder foram lançadas todas as forças e todos os recursos.

O setor da intelectualidade que, como o herói de Pasternak — Iuri Jivago —, recebeu a Revolução e suas resoluções como uma operação cirúrgica genial que colocou fim à injustiça secular, logo mergulhou na pia batismal sangrenta da Guerra Civil e tornou-se testemunha da auto-aniquilação dos povos da

Rússia. A decepção era insuportavelmente amarga, e não raramente acabava com exílio ou morte civil e física.

Deve ser, por isso, que na literatura sobre a Revolução e a Guerra Civil, independentemente da posição favorável ou não, esses dois acontecimentos são representados constantemente como nevasca ou vento. Pelo visto, são fenômenos naturais mais parecidos com a experiência vivida. Se fosse a Sibéria, o Norte, Petrogrado ou Moscou, mas não fica no Norte e nem inverno na cidade do romance *A guarda branca*, de Mikhail Bulgakov; no entanto, lá o dia não clareia por causa das tempestades e nevascas. E essa imagem simbólica que se tornou habitual, mas que na realidade surgiu independentemente de quaisquer influências na imaginação de Blok, Bulgakov, Pasternak e outros escritores, encarnava mais a espontaneidade das massas revolucionárias despertas, subentendia a confusão e a força desenfreada, o despreparo dos inspiradores da Revolução para uma criação construtiva. Pasternak chamou isso de *loucura revolucionária da época*. Ele considera que "nas intenções todos eram diferentes do que nas palavras e em comportamentos exteriorizados". Está dito de forma bastante suave se não tivesse sido acrescentado: "Ninguém estava com a consciência tranqüila."

A declaração posterior de Maiakovski: "... aquele que não canta conosco hoje, está contra nós", em igual proporção correspondia aos ânimos definidos, naquela época, das partes em guerra. A polarização das forças na literatura caminhava na mesma direção que a luta política. A lista com os nomes dos escritores que estavam do lado dos brancos, na emigração, é bastante convincente. Não está muito distante da verdade Zinaida Nikolaievna [Guippius], que disse: "A literatura contemporânea russa (na pessoa de seus principais escritores) foi derramada da Rússia para a Europa." A literatura russa, no início dos anos 1920, lembrava uma floresta arrasada por predadores, da qual restaram apenas algumas árvores e um pequeno matagal. Muitos dos escritores que permaneceram concordavam com o novo poder.

Ainda antes da emigração, Bunin chamou de "boiada" a multidão na rua nos dias da Revolução. As palavras *povo* e *trabalhadores* são colocadas entre aspas (*Dias malditos*). Zinaida Nikolaievna conclama nos poemas o *preparo* das cordas para, em silêncio, sem barulho, enforcar os comissários. Arcadii Avertchenko com ousadia intitulou seu livro *Uma dúzia de facas nas costas da revolução*. Por isso, fica bem claro que do campo oposto podia-se ouvir: "A palavra é sua, camarada Mauser!" Somente com este pano de fundo e de acordo com suas convicções, com sua crença, fica clara a publicidade política de Maiakovski, refletida em seus cartazes e poemas de propaganda da ROSTA como os poemas "O abecedário soviético" e "150.000.000".

Um dos primeiros trabalhos de conteúdo abertamente propagandista foi "O abecedário soviético". Ao mudar-se para Moscou, Maiakovski freqüentava a Escola de Belas-Artes (ex-Escola Stroganov) e ligou-se tanto à vida da escola, que começou a ajudar os estudantes em questões do dia-a-dia, como conseguir lenha e produtos. Foi nessa época que encontrou uma tipografia abandonada onde, com a ajuda dos estudantes, imprimiu o seu "Abecedário". Foram os estudantes também que ajudaram a pintar as ilustrações do livro, distribuíram aos estudantes e aos soldados do Exército Vermelho que iam para o *front*. Depois, o "Abecedário" satírico foi usado no circo.

No outono de 1919, Maiakovski chegou à ROSTA (Agência Telegráfica da Rússia). Isso aconteceu da seguinte forma:

"...eu vi na esquina da Kuznetski com a Petrovka... o primeiro cartaz de dois metros pendurado. Contatei, imediatamente, o diretor da ROSTA, camarada Kerjentsev, que me encaminhou a M.M. Tcheremnikh — um dos melhores trabalhadores do ramo.

"Fizemos juntos a segunda janela. Depois chegaram Maliutin e os pintores Lavinski, Levin, Brik, Moor, Niurenberg e outros, os modeladores Chiman, Mikhailov, Kuchner e muitos outros e ainda o fotógrafo Nikitin...

"Lembro que não tínhamos folgas. Trabalhávamos numa enorme oficina da ROSTA onde não havia calefação, era gelada e ardiam os olhos por causa do fogareiro.

"Chegando em casa, desenhava novamente e, em caso de urgência, colocava uma tora de madeira embaixo da cabeça, ao deitar para dormir, considerando que não dava para dormir muito tendo uma tora como travesseiro. Por isso, depois de dormir o necessário, pulava da cama para trabalhar novamente...

"...Exigia-se de nós uma rapidez de máquina: acontecia de receber uma notícia telegráfica sobre uma vitória no *front*, para 40 minutos ou uma hora depois a notícia já estar nas ruas em forma de cartaz bem colorido...

"*Colorido* é forma de dizer. Afinal, quase não havia tintas coloridas. Pegávamos uma qualquer, misturávamos com um pouco de saliva. Era este ritmo e esta rapidez que o trabalho exigia e desta rapidez de afixar notícias sobre o perigo ou sobre uma vitória dependia o número de novos soldados...

"Sem uma rapidez telegráfica ou de metralhadora este trabalho não poderia existir. Fazíamos este trabalho não só com todo nosso esforço e seriedade de nossas capacidades, mas revolucionávamos o estilo, melhorávamos a qualidade da arte dos cartazes, da arte de propaganda." (Entre os pintores está citado o sobrenome Brik. É Lília Iurievna Brik, que participava da pintura das ilustrações feitas por Maiakovski.)

No entanto, Maiakovski fala de forma discreta sobre a tensão e as dificuldades do trabalho na ROSTA. Na realidade, era um trabalho exaustivo e titânico de muitos entusiastas convencidos de sua necessidade e de que estavam dando a sua contribuição pela causa da Revolução.

O que era a ROSTA?

Era um grande órgão de propaganda. Inicialmente, subordinava-se ao Comitê Central e depois ao Comissariado de Instrução Pública, o qual se ocupava não só da coleta, mas também da distribuição de informações e sediava a direção da imprensa que possuía mais de 70 departamentos. Ali preparavam os materiais (artigos, crônicas, sátiras, notas e poemas) para a reimpressão nos jornais da periferia, *Boletim Telegráfico*, *Noticiário de Rádio em Cartaz* etc.

Mais de dois anos de trabalho na ROSTA (de outubro de 1919 a fevereiro de 1922) são um esforço físico colossal: são "milhares de toneladas de minério" e é um *agitprop** diário que ficou "grudado nos dentes". O coletivo de pintores, às vezes, recebia encomendas temáticas diretamente da direção. Além disso, cada um podia escolher do monte de comunicados telegráficos e de jornais as notícias mais atuais e desenhar cartazes, criando-lhes legendas. Maia-

---

*Agitação e propaganda. (*N. da T.*)

kovski valia-se amplamente desta possibilidade e as legendas eram, em sua maioria, inventadas por ele. Exercia, também, as funções de chefe, abastecendo os pintores de temas e oferecendo-lhes textos para os cartazes.

Um dos fundadores das "Janelas da ROSTA" foi o pintor Mikhail Mikhailovitch Tcheremnikh, convidado pelo principal diretor da agência, P.M. Kerjentsev, para fazer o Mural da ROSTA. Do mural surgiram as "janelas" que começaram a ser expostas nas vitrines vazias das lojas daquela época. A primeira delas foi a "Janela nº 1", pendurada na vitrine do ex-magazine de Abrikossov, na esquina da Tchernichevski com a rua Tverskaia.

Quase na mesma época, chegaram à ROSTA Maiakovski e o pintor Ivan Andreievitch Maliutin, excelente cartunista e decorador. A combinação desses dois estilos tão diferentes na arte de Maliutin, cartazista, apresentou um efeito maravilhoso. Tcheremnikh o considerava o melhor pintor da ROSTA e ele influenciou muito Maiakovski. Mas Maiakovski estudou com Tcheremnikh. Uma das duas primeiras "janelas" foi um trabalho conjunto de Maiakovski e Maliutin. No número 4 surgiu a *janela de sátira* com ilustrações e texto de Maiakovski: "Cidadãos dos lugares mais distantes! Ouçam o amplamente difundido manifesto de Denukin." A seguir vinha um comentário irônico do manifesto com ilustrações correspondentes e no final um soldado do Exército Vermelho em posição de sentido, fuzil nas mãos com a baioneta fechada e um versinho audacioso:

> *Como canta bem, o cachorro!*
> *Até o suor frio apareceu.*
> *Mas na ponta da baioneta,*
> *Será que cantará assim?!*

O palavreado vulgar seguia a estética de introdução na poesia "da fala rude de milhões". Uma pessoa da rua tinha que entender a poesia do cartaz.

Quando ficou claro que os moscovitas e os visitantes demonstravam um interesse vivo pelas "janelas", surgiu a idéia de multiplicar os cartazes não só para os moscovitas, mas também para os departamentos das províncias onde havia ROSTA. M.M. Tcheremnikh descreve detalhadamente o processo de ampliação da produção dos cartazes. No início, eles começaram a ser copiados, atraindo para este trabalho uma grande quantidade de funcionários do Departamento de Belas-Artes, dos estudantes da Escola de Belas-Artes, os alunos de Machkov. Posteriormente, começaram a fazer por moldes.

É claro que havia o Departamento de Controle Técnico. O papel deste controle era realizado por Tcheremnikh, Maliutin ou Maiakovski, que participavam do trabalho e não deixavam passar cartazes com defeitos. Na mesma hora, os cartazes eram distribuídos pelos departamentos das províncias. Depois, eram enviados os moldes, organizada a preparação dos moldes nos locais, ou seja, as "Janelas de Sátira" da ROSTA transformaram-se numa indústria de agitação e propaganda bem organizada em condições de guerra civil e comunismo militar. Com a liquidação dessa empresa, o coletivo de pintores passou à subordinação do Departamento Geral de Cultura Política (Glavpolitprosvet).

Maiakovski, trabalhando na ROSTA, se sentia o próprio artesão russo. A.M. Niurenberg, ao chegar à oficina onde trabalhava Vladimir Vladimirovitch, viu-o sentado numa cadeira vienense, a uma mesa velha que estava abarrotada de papel e maços de cigarros. Maiakovski trajava um paletó forrado com gola de pele e um bom chapéu de pele de cordeiro sobre a nuca. Ao apertar a mão de Niurenberg, Maiakovski disse:

— Então... que bom! Fez muito bem em ter vindo. Precisamos de funcionários. Acredito que todos os pintores virão para a ROSTA. Somente aqui é possível a verdadeira criação artística. Agora não é hora de pintar moças tristes nem paisagens líricas, mas cartazes de propaganda. A pintura de cavalete hoje é desnecessária. Seus mecenas não pensam agora em Cézanne ou Matisse, mas no painço e no óleo de girassol... E o Exército Vermelho, que se esvai de sangue no front, não precisa de desenhos.

O trabalho na ROSTA era o primeiro grande passo em direção à *arte publicitária*, em direção à *LEF* (Frente de Esquerda da Arte) e nas palavras ditas por Maiakovski a Niurenberg está exatamente expressa a posição do novo grupo. Os debates sobre as questões da arte surgiam no meio dos pintores que trabalhavam na ROSTA. Niurenberg contou como, nas noites na casa de

Aleksandr Aleksandrovitch Osmerkin, freqüentada também por Kontchalovski, Lentulov e Maliutin, Maiakovski normalmente provocava discussões. Sentado na cadeira de balanço e balançando-se ritmicamente, ele, com tom de superioridade, tranqüilamente começava:

— Vocês não param de desenhar naturezas-mortas e paisagens... tudo bem, tudo bem...

Os presentes ficavam desconfiados.

— É claro, tudo isso é para o *front* polonês e para Donbass...* Os soldados e os mineiros ficarão felizes... Dirão obrigado. Eis que os moscovitas nos confortaram. Que Deus lhes dê saúde...

O rosto de Osmerkin ficava lívido.

— O senhor quer proibir a pintura? — perguntava, mal contendo sua irritação.

— É isso sim, comarada Osmerkin, eu a proíbo.

— O senhor levou todos para a ROSTA...

— E levarei mais!

— Ficará triste...

— É, para os que desenham naturezas-mortas e paisagens não será alegre.

A discussão se aproximava de uma briga. Para desviar a atenção dos opositores, a mulher de Osmerkin trazia a chaleira com um pálido chá de cenoura e um prato com biscoitos finos e cinzas. Após mastigar um biscoito, Maiakovski franziu a testa e lançou de forma venenosa:

— Gostoso como a pintura de cavalete dos senhores.

Maiakovski se lança num ataque frontal à arte convencional. Por enquanto, são embates locais com os pintores de cavaletes. Logo depois, o ataque seria amplo sob a bandeira da *LEF*.

No trabalho na ROSTA, Maiakovski era ajudado pelas irmãs e Lília Brik. O trabalho delas era a pintura. Maiakovski era exigente mesmo com as pessoas mais íntimas. O espírito espartano era sustentado por todos, e ninguém se

---

*Região industrial na planície do rio Don. (*N. do E.*)

queixava de ser repreendido, assim como aconteceu certa vez com Niurenberg, que atrasou em duas horas a entrega de um trabalho...

Quando Rita Rait apareceu pela primeira vez no estúdio com suas traduções das obras de Maiakovski para o alemão e Maiakovski soube que era estudante de Kharkov e que dominava também os idiomas francês e inglês, Vladimir Vladimirovitch lhe propôs que traduzisse o texto de um cartaz ainda inacabado para os três idiomas. Nessa época, em Moscou, preparavam a recepção dos delegados do Segundo Congresso do Komintern. Maiakovski explicou a ela detalhadamente como deveria ficar o cartaz e disse:

— Então, amanhã vamos aguardá-la e fazer!

— Não sei... Não sei se conseguirei...

— É preciso que consiga.

"Isso já era uma ordem. Saí num estado feliz e animado com o qual pode-se fazer de tudo... já que era preciso, principalmente se o comando é de Maiakovski."

Rita Rait procurou Maiakovski por ser apaixonada por seus poemas, e o imaginava, obviamente, um homem de voz grave e nada tímido em suas expressões. E ela encontrou um homem cortês e prático que estava muito feliz com o trabalho dela.

Maiakovski sabia encontrar trabalho para todos segundo as capacidades de cada um. A Rita Rait delegou "os temas femininos" — sobre higiene e medidas sanitárias, sobre crianças, sobre coleta de roupas de inverno e extinção do analfabetismo. Confiou-lhe o trabalho de selecionar nas informações dos jornais tudo aquilo que poderia ser útil para as "janelas". Os textos elaborados por ela novamente passaram no teste de qualidade: inicialmente foram dois ou três e depois cinco ou seis da dezena de textos passados para os pintores. Os textos ruins eram jogados fora.

Tanto Tcheremnikh como Niurenberg registraram a admiração com a rapidez do trabalho de Maiakovski, como, com precisão, escolhia os temas e com que facilidade encontrava o ritmo poético e rimava as legendas. E como pintor, aprendendo com Tcheremnikh e Maliutin, ao mesmo tempo elaborava seu estilo lacônico e abrupto.

É claro que não se deve superdimensionar as qualidades estéticas das legendas dos cartazes. Eram realmente feitas numa velocidade surpreendente, como exigia a ordem do dia. O próprio Maiakovski atribuía a este trabalho um grande significado verbal, baseando-se na idéia de que purificava a linguagem de suas "escamas" e não permitia loquacidade. E em sua aspiração de fugir de padrões poéticos e em sua tendência de concisão estava realmente o seu significado. Porém, os textos pendiam para outros padrões — os jornalístico-propagandistas.

Mas somente à primeira vista o trabalho parece pouco exigente e fácil. Não era raro os textos de Maiakovski representarem a estilização de uma canção popular, de uma cantiga ou de um anúncio de teatro itinerante, pois eram democráticos e levavam em consideração a percepção das massas trabalhadoras, dos camponeses e dos soldados. Este era o objetivo estético do autor. As legendas por si sós — em versos ou em prosa — não causavam a impressão que causavam no cartaz com as ilustrações. O cartaz era composto de vários desenhos que consecutivamente revelavam o tema. Mas, nesta qualidade, deve-se avaliá-los objetivamente no conjunto de valores artísticos e não elevá-los ao *status* de arte superior. Os cartazes de Maiakovski — textos versificados e desenhos — são páginas de sua vida, de sua biografia artística, e são marcados pela paixão e pelo desejo de uma ação revolucionária. Foi útil à poesia? De alguma forma, sim. Mas como um trabalho braçal honesto, como a intensificação do esteio poético; não é a coluna vertebral nem o próprio fenômeno da poesia.

Para compreender melhor o futurismo pós-revolucionário de Maiakovski, sua síndrome com relação ao passado, deve-se imaginar a atmosfera daquela época. As tendências destrutivas eram próprias não só do futurismo, os representantes do Proletkult queriam dançar a *gopak**sobre as ruínas da cultura, assim como outros revolucionários na arte e na política... Essa atitude contagiou também a juventude. É ilustrativa neste plano a confissão de Rita Rait. Justificando sua compreensão da palavra *esteta* como um anátema, ela escreveu: "Não se deve esquecer que, naquele tempo, estávamos vivendo a explosão de uma

---

*Dança ucraniana. (*N. da T.*)

luta contra os ícones na arte. Parecia-nos *vergonhoso* manter o interesse pela antigüidade, admirar os velhos poemas e quadros. Achávamos que tínhamos obrigatoriamente que 'glorificar as construções ao invés dos estilos grandiosos' (segundo Maiakovski) e de forma alguma 'encantar-se' ou 'extasiar-se' com algo. Até mesmo diante do inimaginável e maravilhoso pôr-do-sol sobre os Portões Vermelhos, meu colega disse pasmo: 'Feito estupendo...'"

A revolução destruiu a ordem natural da vida. Sob sua influência foram feitas tentativas de destruir a cultura e a própria imagem do belo. Rita Rait, a pedido de Maiakovski, dava-lhe aulas de alemão. Infelizmente, não houve muito proveito destas aulas. Vladimir Vladimirovitch era um aluno aplicado, mas o tempo para os estudos da língua era curto e teve que suspender as aulas e, posteriormente, arrependeu-se amargamente disso quando viajou para o exterior.

O trabalho com cartazes continuou após a ROSTA no Glavpolitprosvet e se diferenciava somente por sua conjectura, que era a atualidade. Ao todo, segundo ele, foram feitas por Maiakovski mil e seiscentas legendas para cartazes. Como pintor, a ele pertencem mais de quatrocentos cartazes.

Os cartazes da ROSTA e do Politprosvet feitos por Maiakovski estão intimamente ligados à sua dramaturgia e, antes de tudo, a *Mistério-bufo*. O poeta redigiu a segunda versão da peça concomitantemente com os cartazes. Os personagens da peça com facilidade se reconhecem nos personagens das "janelas" da ROSTA. Alguns deles lembram as *almas impuras* — o operário com o martelo, o soldado com a baioneta, o camponês com a foice; apresentados de maneira satírica e com referência às *almas puras*, as figuras dos burgueses exploradores de cartolas, do general do Exército Branco com a espada, do rei com um chicote e forca... A tradição da arte cartazista se alimentando da arte popular. Maiakovski em todos os gêneros buscava as formas democráticas e acessíveis de expressão e aspirava ser compreendido pelo povo. Nisso, ele se aproximava de Demian Bedni, cujos poemas eram publicados no jornal *Pravda* antes das "janelas" da ROSTA e era um nome bastante conhecido.

A poética de um e a de outro são muito diferentes. Por isso é compreensível a relação discreta entre os dois. A discrição e às vezes a animosidade foram aquecidas mais tarde por pessoas de fora, pois os *selecionadores* da Associação Russa de Escritores Proletários (RAPP) intitularam Demian patriarca da poesia proletária e a Maiakovski delegavam o papel de "aliado".

Aliás, Maiakovski levava golpes de todos os lados, inclusive dos ex-futuristas que trocaram a roupa velha pela nova, que, na realidade, era velha também: o imagismo. Cherchenevitch declarava, de forma prepotente, referindo-se a Maiakovski, que alguns poetas ocuparam-se de "versificação de poemas políticos". De "poemas satíricos" eram chamados os cartazes da ROSTA de Maiakovski por A. Mariengof, atribuindo a estas palavras um sentido depreciativo.

Ossip Mandelstam condenava Maiakovski por ele direcionar sua arte ao ouvinte poeticamente despreparado. Do ponto de vista da poesia, isto era certo. Mas Maiakovski fazia o seu trabalho com forte convicção de que isso era necessário para a Revolução: fossem versos de propaganda ou cartazes — fosse o que fosse. Na "Ordem nº 2 ao Exército das Artes" soou seu apelo: "Camaradas, façam uma nova arte, uma arte para tirar a República da lama!" Ele vivia e trabalhava sob este lema.

No entanto, Maiakovski não foi muito coerente na defesa do futurismo. De um lado, fala com sinceridade que os jovens poetas da Rússia (futuristas) encontraram uma saída espiritual na Revolução e, por isso, servem a ela; de outro lado, fala novamente que trabalhar a palavra é o objetivo da poesia, sua idéia principal.

E nos versos do poema "150.000.000", Maiakovski apresenta-se como um defensor das idéias da Revolução. Ironiza o almanaque de poesia publicado pelo grupo de Severianin ("Eram seis rabiscando sem nexo e liderados pelo famigerado 'rei' Severianin; editaram com este título uma seleção de arrotos com gosto de abacaxis, violetas e licores"). E apresenta uma opinião dúbia sobre o livro de Erenburg, *Oração pela Rússia*: "Uma prosa enfadonha, impressa como versos. Das páginas cinza saltam os olhos cegos de um escritor sufocado pela família e a correspondência." Sem revelar uma coerência com relação ao futurismo como uma tendência literária, Maiakovski ao mesmo tempo apresenta uma avaliação diferente para outros fenômenos literários.

A ROSTA lhe tirava muito tempo. Sendo exigente com relação aos colegas, Maiakovski exigia uma ordem severa de vida e trabalho antes de tudo de si mesmo. Porém, sua energia bastava para muitas outras coisas. Escreveu para o teatro de sátira três peças curtas em forma de versos que tinham um caráter abertamente agitador e não representavam nenhuma obra-prima da dramaturgia, os teatros não revelavam interesse algum por elas, apesar das pressões de Krupskaia e Lunatcharski. O poema "150.000.000" ficou pronto no início de 1920. Vladimir Vladimirovitch o leu pela primeira vez na casa dos Brik, onde havia quase 20 pessoas, entre as quais Lunatcharski, Pasternak, Jakobson... Depois o fez no Círculo de Lingüística de Moscou. As discussões sobre a peça não eram festivas. Alguém viu no título uma resposta polêmica ao poema "Os doze", de Blok, como se não fossem os *12* que fizeram a Revolução, mas *150 milhões*. Alguém se lembrou das odes de Derjavin. Lunatcharski reagiu de forma contida ao poema. Pasternak comentaria, posteriormente, que, depois do poema "150.000.000", pela primeira vez, nada tinha a dizer a Maiakovski...

Pela idéia inicial do autor, o poema deveria sair sem o seu nome e tornar-se a voz de 150 milhões, em nome dos quais o poeta falava. Seu primeiro título era "Canção épica sobre Ivan". A batalha entre Ivan e o presidente americano Woodrow Wilson lembrava a batalha dos heróis épicos russos com diferentes forças do mal como Zmei Gorinitch e Solovei-Razboinik.

No poema novamente aparece o Maiakovski futurista: "Com os remos dos pés avançando milhas, com as torneiras das mãos limpando os caminhos, os futuristas destruíram o passado, soltando ao vento confetes de culturazinha." Tais passagens provocaram reações negativas em V.I. Lenin ao ler o poema. E foi Maiakovski que enviou a Lenin o poema com as assinaturas dos companheiros e saudações *comfutas* (*comfut* — comunista futurista), que poderia parecer uma menção a alguma solidariedade, intimidade de pontos de vista e objetivos. Nesse mesmo gesto percebe-se a pretensão dos futuristas de representar a arte oficial. No entanto, Lenin escreveu a Lunatcharski um bilhete, no qual, apesar do caráter informal, condena, sem dúvida, o poema "150.000.000" e Lunatcharski pela proteção do futurismo e a edição do poema em grande tiragem. A M.N. Pokrovski, Lenin solicita diretamente uma ajuda na luta com o futurismo. Durante a conversa com o diretor da Gosizdat, a editora do governo, N.L. Mecheriakov, Lenin chamou o futurismo de "comunismo de vândalos".

Ivan — o herói do poema "150.000.000" — é um herói épico, símbolo da Rússia em sua existência histórica, representa sua força e potência, pois a revolução é um movimento de massa, são 150 milhões, centenas de regiões, é o povo. E parece que não é mais aquele fenômeno espontâneo que provoca o "incêndio mundial" no poema de Blok "Os doze". Maiakovski quer apresentar o fenômeno mais organizado.

Na peça *Mistério-bufo,* a idéia central tornou-se o internacionalismo que dominou os cérebros dos revolucionários e dos proletários próximos a eles. Os sentimentos nacionais tomavam consciência no olhar para o passado. No poema "150.000.000", chama a atenção a idéia patriótica, a crença na Rússia, no seu povo. O poema refletiu a reunião de força da jovem literatura soviética em torno da idéia da Rússia-pátria, idéia que começava a ser conscientizada por uma parte da intelectualidade que ficou do lado do poder soviético.

Blok, em seu artigo "A intelectualidade e a revolução" (1918), declara sua crença no futuro da pátria que passou por uma *tormenta*: "A Rússia está destinada a passar por sofrimentos, humilhações, divisões; mas sairá dessas humilhações renovada novamente grandiosa." Blok apela para o sentimento nacionalista, lembrando que as grandes personalidades da Rússia — Puchkin, Gogol, Dostoievski, Tolstoi — nunca duvidaram do futuro grandioso da Rússia, eles sentiam profundamente o fracasso, "mergulhavam na escuridão, mas... acreditavam na luz".

Olhando para o passado da Rússia, Briussov também traça o seu futuro. Lembra os tempos das invasões tártaras e mongóis, quando a Rússia transformou-se no escudo da Europa, olhando para os "dias da revolução do Pedro"... Ele fala para a intelectualidade com recriminação, porque dirige suas palavras para os que se assustaram com a revolução, apesar de apostar, bem antes, na morte da velha Europa. Nos poemas sobre a Rússia há outro tom:

É, por muita coisa passaste,
Rússia, foram infortúnios nebulosos,
Enquanto enrubescendo não se levantou
A aurora da razão e da liberdade.
Mas a força da criação é forte
Nos recônditos profundos da natureza.

O sentimento patriótico transformou-se em estímulo para o retorno de Aleksei Tolstoi do exílio para a pátria. Suas dúvidas e pensamentos encontraram reflexo no romance *As irmãs*, escrito ainda no exílio. O engenheiro Teleguin, ao tentar entender os acontecimentos da Revolução, procura explicação para eles na crônica histórica:

"Estás vendo... Agora também não perderemos tudo... A Grande Rússia acabou! Mas os netos destes mujiques maltrapilhos que foram com estacas salvar Moscou, derrotaram Carlos XII e Napoleão... O neto desse menino que foi trazido à força para Moscou em trenós construiu Petersburgo... A Grande Rússia acabou! Restará de nós uma divisão e de lá partirá a terra russa..."

O estímulo de sentimentos patrióticos no povo russo não caminhava em desacordo com a política de internacionalismo. No mesmo artigo "A intelectualidade e a revolução", Blok escreveu: "Paz e fraternidade dos povos — eis o símbolo sob o qual acontece a revolução russa. Eis o que impulsiona seu fluxo. Eis a música que aquele que tem ouvidos deve ouvir."

Contrariando as afirmações de algumas publicações estrangeiras que diziam que os escritores na Rússia serviam ao poder que aboliu o próprio conceito de pátria, a idéia patriótica não desapareceu da literatura. Disso fala o poema de Maiakovski "150.000.000". Não era à toa que ele se chamava no início "Canção épica sobre Ivan". É uma homenagem à grandiosa e heróica história do povo russo, apesar do estilo não muito tradicional do poema.

Os motivos folclóricos em alguns fragmentos do poema conferiram a ele simplicidade e democracia. Era nova e inesperada nele a união da sátira com o verso sílabo-tônico. Maiakovski atribuía a isso grande importância e declarava que tudo que havia sido escrito até então ele deixava para as *escolas* e somente morto editaria um novo livro. Mas não precisou morrer, o poema em algum momento fora refeito com detalhes metafóricos característicos da poesia futurística. Por isso, a autoria de Maiakovski foi facilmente desvendada.

Ao ler o poema "150.000.000" num auditório cheio, Maiakovski, por alguma razão, salientava seu ritmo complexo. Na tentativa de facilitar a assimilação dos ouvintes de uma ou outra passagem rítmica do poema, acompanhava as palavras pronunciadas com uma batida do pé, ou fazendo movimentos compassados do corpo para a esquerda e para a direita, acompanhando estes movimentos com gestos das mãos. "Do que mais me lembro em Maiakovski são os movimentos suaves das mãos", recorda I. Gruzinov. "Ao ler o poema, ele gesticulava com as mãos como um maestro diante da orquestra visível somente a ele." O poema neste auditório, já segundo as informações de *Vestnik Teatra* (Mensageiro do Teatro), causou nos ouvintes uma enorme impressão. Sem dúvida: a leitura maravilhosa, incomum e com entonação de Maiakovski e sua voz, que conquistava com sua sonoridade aveludada, embelezavam os defeitos não só deste poema, mas também deixavam mais belo aquilo que num texto impresso seria assimilado de forma diferente.

Maiakovski se apresentou muitas vezes nestes anos. Apresentava-se com leituras de versos em diferentes reuniões e debates. Conhecendo sua capacidade de polemizar, ele próprio transformava-se em provocador das discussões. Ele provocava discussões mesmo quando elas não estavam previstas.

No dia 22 de novembro de 1920, apresenta-se duas vezes no Teatro da RSFSR* para a discussão do espetáculo *Crepúsculos*; no dia 26, na Casa da Imprensa, no debate com Lunatcharski; no dia 30, no Museu Politécnico, no debate sobre o relatório de Briussov, "A poesia e a revolução", e assim sucessivamente. Com mais freqüência, era visto na Casa da Imprensa, inaugurada em 1920. Já na inauguração Maiakovski travou um debate com os membros do Proletkult e submeteu a uma severa crítica os poetas que se apresentaram — Kirilov e Guerasimov. No entanto, Maiakovski e os futuristas não queriam brigar com os membros dessa corrente; pelo contrário, buscavam contatos.

---

*República Federativa Socialista Soviética da Rússia. (*N. da T.*)

Desde 1919, Maiakovski e os Brik começaram a alugar uma *datcha* em Puchkino no verão. Neste mesmo verão, Vladimir Vladimirovitch trouxe consigo um cachorro encontrado sob a cerca e deu-lhe o nome de Chen. O próprio poeta fazia chacota deste nome, comparando-se com o cão, e, posteriormente, "Cãozinho" tornou-se sua assinatura na correspondência com Lília Brik. No final da carta, freqüentemente havia um desenho: um cão magro e, coitado, ganindo, depois a assinatura Chen ou Stchen.

O trabalho criativo que acontece nesta época, além da ROSTA, realiza-se na mesma corrente de propaganda da ROSTA. Isso nos revela a opinião oficial sobre algumas obras de Maiakovski. O Departamento de Literatura do Comissariado de Instrução Pública endereça uma carta à Gosizdat com o intuito de editar o mais rápido possível o poema "150.000.000", justificando seu significado exclusivamente propagandista. O departamento neste ponto discordou de Lenin.

Ao vilarejo Puchkino está relacionado um poema maravilhoso, que é "A aventura inacreditável que aconteceu a Vladimir Maiakovski no verão na *datcha* (Puchkino, Akulova Gora, *datcha* de Rumiantsev, 27 verstas pela estrada de ferro que leva a Iaroslavl...)".

O poema "A aventura inacreditável" é uma defesa da arte, onde está declarada a posição do poeta:

> *Vamos, poeta,*
> *olhar,*
> *cantar*
> *ao mundo em cinzas.*
> *Eu vou derramar o meu sol,*
> *e você o seu,*
> *em versos.*

Entre eventos e apresentações, Maiakovski deixou recordações da noite no grande auditório do Museu Politécnico denominado Tribunal da Literatura Russa, sob a presidência de Briussov. O relatório, sobre o imagismo, foi feito por Vadim Cherchenevitch, ex-futurista. Maiakovski surgiu exatamente no momento do relatório, e o público voltou sua atenção para ele. Ouviu-se um burburinho na sala, uma movimentação estranha. Do fundo do anfiteatro ouviu-se uma voz:

— Vladimir Maiakovski quer falar!

Vejamos o relato de L. Seifullina:

"A voz forte de Maiakovski cobriu e interrompeu o murmúrio de várias vozes. Ele caminhou rapidamente entre as fileiras em direção ao palco e começou a falar ainda andando:

"— Camaradas! Estou vindo do Tribunal Popular! O caso era fora do comum: os filhos mataram sua própria mãe.

"Não sei se havia juristas no auditório, mas para nós, que não éramos especialistas na jurisprudência, essa declaração pareceu estranha. Houve um burburinho generalizado. Mas Maiakovski já estava no palco, alto, sempre 'com vinte e dois anos', vistoso, ouvido por todos, e continuou:

"— Como justificativa, os assassinos disseram que a mamãe era uma grande porcaria. Mas o problema é que a mãe era a poesia e as crianças, os imagistas.

"Ouviu-se uma risada aliviada na sala. Os imagistas que estavam no palco dirigiram-se a Maiakovski. O poeta fez um gesto com a mão para afastá-los e começou a parodiar os poemas dos imagistas. O público gargalhava. De todas as fileiras soavam exclamações, observações, os imagistas discutiam.

"V. Briussov tentou por várias vezes tocar o seu sininho de presidente, depois o jogou na mesa e sentou-se com as mãos cruzadas no peito...

"Para cima da mesa pulou o magro e baixo Iessiênin. Feito uma criança com raiva, ele arrancou, por algum motivo, sua gravata, arrepiou seus cabelos louros encaracolados e gritou com uma voz sonora, pura e forte:

"— Não somos nós, mas vocês que assassinam a poesia. O que escrevem não são versos, mas teses de propaganda!

"Com uma voz grave, Maiakovski lhe respondeu:

"— E vocês fazem versos de cavaletes...

"Para fazer Maiakovski calar-se, Iessiênin começou a declamar os seus poemas.

"Maiakovski ficou parado, ouvindo e começou a declamar também os dele.

"O auditório começou a se enfurecer. Assobios, aplausos, gritos. Maiakovski declamava com tranqüilidade, entonação e beleza. Os poemas de Maiakovski soaram diante da multidão de freqüentadores dos debates literários realmente como 'um carinho, um lema, uma baioneta, um chicote'. Eles venceram não só pela eloqüência verbal, mas também pela riqueza política. Ao deixar o evento, seus versos eram repetidos por aqueles que inicialmente nem queriam ouvir Maiakovski."

Nessa época, nessa sociedade politizada, o nome e os poemas de Maiakovski tornam-se populares: os jovens, trabalhadores, estudantes, os soldados... todos se entusiasmavam com eles. Ainda era época de fome e pobreza, a NEP* apenas dera os primeiros passos para a superação da desestruturação da vida. Em Moscou, os bondes andavam lotados; os aposentos dos apartamentos comunais (tomados dos proprietários e funcionários públicos) eram apertados, condensados; os repiques dos sinos das inúmeras igrejas, que ainda não haviam sido alcançadas pelas mãos dos militantes hereges e onde sobreviveram das repressões os padres, tocavam em despedida. Nas cercas, nas vitrinas das lojas, nas tumbas havia cartazes, lemas, anúncios, ordens que informavam os eventos noturnos, as reuniões, os debates e os espetáculos. Nas ruas grupos de jovens recitavam os versos de "A marcha à esquerda", que se tornaram famosos, e os de outros poemas de Maiakovski. Nesse contexto aconteceu o encontro do jovem provinciano e humanista V.A. Manuilov com Moscou e Maiakovski, no verão de 1921.

"Com as estrofezinhas dos poemas de Maiakovski expressávamos os nossos sentimentos. Considerávamos 'A nuvem de calças' o maior avanço de toda a literatura mundial. Em cada apresentação pública, aguardávamos seus novos livros e anúncios de novas apresentações", escreveu N. Briukhanenko.

Igor Ilinski escreveu como eles, jovens de 20 anos ouviam com encantamento as apresentações de Maiakovski e o trabalho dele — de pintor e ator —, tinham uma fé cega nele, em sua avaliação: o que poderia dizer Maiakovski.

---

*Nova Política Econômica. (*N. da T.*)

Ele era incrivelmente popular e "ocupava um grande lugar na biografia de cada um de nós", testemunha o crítico de teatro A. Fevralski.

Serguei Iutkevitch, que, em 1919, tentou junto com G. Kozintsev produzir em Kiev a tragédia *Vladimir Maiakovski*, fez a seguinte confissão: "Não citávamos os poemas de Maiakovski, mas vivíamos com eles e quando procurávamos expressões para as nossas emoções, inconscientemente usávamos seus versos, pois combinavam com os nossos sentimentos, nossos pensamentos e nossa visão de mundo."

Foi dessa forma que a nova geração de intelectuais assimilava a vida, aceitando os ideais do romance revolucionário e acreditando nas ilusões comunistas de rápida transformação do mundo baseada na igualdade e fraternidade. Maiakovski era o poeta dessa geração.

Serguei Iutkevitch e Serguei Eisenstein, como artistas, produziram a peça *O bom tratamento dos cavalos*, dirigida por N. Forreguer em Mastfor (estúdio de Forreguer).

O público nas apresentações de Maiakovski era diversificado, predominantemente jovem, revolucionário. Certa vez, no Museu Politécnico, as primeiras filas foram ocupadas pelos soldados do Exército Vermelho da 30ª Divisão da Sibéria, cuja mudança da sede do *front* do Leste para o *front* do Sul estava se processando. Muitos estavam enfaixados devido a ferimentos. Eles reagiam de forma tão impetuosa que saltavam de seus lugares e pulavam no palco onde estava o poeta. Teve início um tumulto e um miliciano teve de intervir para pedir-lhes que se acalmassem e voltassem a seus lugares. E o quadro vivo do cotidiano literário de Moscou, deixado por L. Seifullina, reflete o caráter da luta entre diferentes grupos, naquela época um número incalculável. Sobre a diferente diretriz política de cada um consta o fato de que, até 1921, existia a União dos Escritores sob a presidência de Boris Zaitsev e o veto a comunistas. "Um dos absurdos das primeiras medidas da Revolução: o governo nos deu uma mansão (a casa de Guertsen no bulevar Tveskoi) e nos instalamos lá... Não havia um comunista sequer entre nós", recorda Boris Zaitsev.

Na União dos Poetas da Rússia, criada em 1918, sob a presidência de Lamenski (substituído por Briussov), foram apresentados os neoclássicos, os realistas e os neo-realistas, os neo-românticos, os simbolistas, os acmeístas, os neo-acmeístas, os futuristas e os neofuturistas, os centrifugistas,* os imagistas, os expressionistas, os presentistas,** os acedentistas, os pseudomáticos, os *bespredmetniki*, os *nitchevoki*,*** os poetas independentes de "escolas", os ilusionistas, os instrumentalistas... E, no entanto, a composição inicial da União era de aproximadamente 80 pessoas!

Os expressionistas, por exemplo, representavam uma pessoa — Ippolit Sokolov. Ele publicou a declaração. Inicialmente, convenceu alguns jovens poetas a assinarem em conjunto a declaração, mas resolveu: para que dividir a glória com alguém? Ademais, poderiam derrubar o líder, ocupar seu lugar... Um jogo, pois a maioria era constituída de jovens que não tinham sido publicados. Assim como os futuristas, almejavam a fama. E Maiakovski, apesar de olhar para esse columbário ironicamente ("Cada grupo são três defuntos"), fazia parte da direção da União, já que no plano organizacional era algo útil aos poetas, para a melhoria de suas condições de vida e existência literária.

A direção da União liberou para os poetas, em dificuldades, vales para refeições. Khliebnikov os utilizava constantemente. A União também organizou uma noite para Khliebnikov no café Dominó. Khliebnikov subiu ao palco de sobretudo de pele, sem chapéu, com uma pilha de manuscritos. Começou a ler em voz alta, depois mais baixo e cada vez mais baixo, até começar a balbuciar sob seu próprio nariz. Pelo visto, esqueceu-se dos ouvintes, remexia sem parar nos manuscritos, atirava uma folha para o lado, então, os ouvintes, aos poucos, se dispersaram e restaram somente dois ou três fãs e um membro da direção de plantão...

Os mais organizados se revelaram os *nitchevoki*. Eles emitiam cédulas de identificação: "Foi emitida a este cidadão porque ele deixou de ser animal. Válida até a morte. Birô de Arte." Um dos contemporâneos afirmou que o

---

*Membros do grupo *Centrífuga*, organizado em Moscou, em 1931. Pasternak e Assieiev foram seus integrantes. (*N. da T.*)

**Tendência que parte da suposição de que a ciência deve analisar o passado do ponto de vista do presente. (*N. da T.*)

***As três últimas tendências citadas defendiam que não se deveria escrever sobre nada. (*N. da T.*)

caminho para o *nada* dava no mercado Khitrov, o local mais perigoso de Moscou após a Revolução de Outubro.

Havia também a União dos Poetas de Petrogrado, liderada por Blok, Gumiliov, Sadofiev, Tikhonov, que trabalhava bem. O mais ativo era Gumiliov, que substituiu Blok após o "golpe do palácio". Por sua iniciativa e dedicação, inaugurou-se a Casa dos Poetas na avenida Liteini, onde ocorriam eventos à noite. Aos poetas eram concedidas passagens de trem para que fossem comprar produtos... A União de Petrogrado, sob a direção de Gumiliov, se declarou independente de Moscou e da mais à esquerda União dos Poetas da Rússia.

No entanto, a existência de Uniões com tal quantidade de facções, muitas vezes irônicas e pretensiosas, nunca unificou os poetas ideológica e organicamente. Cada um puxava o cobertor para o seu lado, cada grupo pretendia algo. Freqüentemente, pretendiam uma posição especial e privilegiada na literatura. É possível que o exibicionismo desses grupos insignificantes, mas pretensiosos, mantivesse Maiakovski apegado ao futurismo, que, em comparação com eles, tinha sua história e seu programa deferenciado...

Na realidade, nessa época, a verdadeira alternativa ao futurismo era somente o Proletkult — uma organização realmente de massa que unificava em diferentes regiões do país dezenas de milhares de pessoas jovens em sua maioria e que descobriram a inclinação para a arte, a cultura, a possibilidade de revelar suas capacidades artísticas. O Proletkult contava com uma participação das massas muito mais significativa do que os grupos e as uniões dos futuristas, que continuavam como núcleos fechados da intelectualidade literária e artística. No entanto, no centro, em Moscou e em Petrogrado, os futuristas davam o tom das discussões, predominavam nas exposições de arte e em alguns órgãos de imprensa. E os líderes do Proletkult tinham no futurismo seu principal inimigo. O redator-chefe da revista do Proletkult, *Griaduchee* (O Futuro), conclamava ao extermínio do futurismo.

As discussões acumulavam força, havia muitas e o interesse por elas crescia. Certa vez um debate foi marcado num pequeno teatro, o Picadilli, na rua Tverskaia, no qual não couberam todos os interessados e uma grande multidão ficou na rua, dentre os quais Maiakovski. Tiveram que transferir o evento para o Primeiro Teatro da RSFSR e toda a multidão dirigiu-se à praça Triunfal. Tal interesse foi provocado pelo debate sobre a peça de E. Verhaeren, *Crepúsculo,* encenada nesse teatro. Os debates não passavam sem rispidez, sem bate-bocas grosseiros, mas, como sempre, o nível da polêmica dependia do nível cultural e intelectual dos debatedores.

Maiakovski, nesta época, participa de uma polêmica acirrada com os imagistas, com Iessiênin. Iessiênin nega o conhecimento de Maiakovski da vida russa e não aceita sua visão da poesia como um "produto". Maiakovski defende firmemente a dissolução da arte na vida, faz ataques aos poetas primitivos, como foi descrito por Seifullina, entre os quais estava o significativo Iessiênin.

Maiakovski trava batalhas locais com seus inimigos no Museu Politécnico, fala na discussão do projeto do monumento à III Internacional, de V. Tatlin, discursa no debate sobre a arte proletária e os futuristas. Nesse último evento, Maiakovski não se comportou como um cavalheiro durante a discussão com P.I. Lebdev-Polianski, apesar de o oponente não se intimidar nas expressões ao dar características para o futurismo. Os jornais noticiaram que Maiakovski saltou para o palco e começou a ameaçar Lebedev-Polianski com punhos cerrados pelas ofensas dirigidas ao futurismo. Isso acontecia. Podia acontecer...

Muito popular era Demian Bedni. Gostavam de perguntar a Maiakovski nos debates:

— Quem é o maior? O senhor ou Demian Bedni?

— Pela altura eu, pela largura Demian Bedni — brincava Maiakovski.

Ele não atentava para o prestígio dos colegas, até mesmo quando considerava de alta qualidade suas obras.

A palestra de Maiakovski "A poesia é uma indústria manufatureira", que ele apresentou também no Museu Politécnico, transformou-se em mais um passo em direção à LEF. Isso é bem percebido pelo anúncio das teses da palestra: 1. Homem de arte — classe que deve ser suprimida. 2. Arte ou indústria? 3. Contra todas as tendências. 4. A teoria de tratamento da palavra. 5. A prática de tratamento da palavra. 6. A mentira sobre o futurismo. 7. A verdade sobre o futurismo.

Não há possibilidade de enumerar todos os debates e discussões dos quais Maiakovski participou nesta época. Deve-se somente destacar que as relações dos futuristas (e Maiakovski) com o poder se complicaram, porque o poder, representado por Lenin e Lunatcharski, não queria reconhecer o futurismo como uma arte do Estado. Mas o desejo de permanecer à vista não diminuía nos futuristas. Pode ser que por isso a denominação *futurismo*, que se tornou impopular, teve que ser renovada. A associação de comunistas futuristas — Comfut —, eis o rótulo novo que surgiu em 13 de janeiro de 1921 na fachada de um velho e arruinado pavilhão do futurismo. Na reunião inaugural estavam presentes 14 pessoas. Seis delas — Maiakovski, o casal Brik, B. Kuchner, V. Khrakovski, D. Chterenberg — compuseram o *bureau*.

Faltava a velha guarda. Aleksei Krutchionikh havia-se afastado, fechando-se no mundo mágico das aliterações e dissonâncias. Kamienski, o incansável, vagueava pelo país. Burliuk, o empreendedor, ainda após a Revolução de Fevereiro empacotou os quadros, foi para Sâmara, organizou uma exposição, vendeu uma parte dos quadros, fez algumas palestras sobre a arte. Depois, durante a Guerra Civil, viajou para a Sibéria com a mulher, duas crianças pequenas e a irmã pintora com o pseudônimo Pautilina-Norvejskaia. Com a ocupação do Exército Branco, emigrou para o Japão e depois para os EUA. Por isso a renovação do grupo tornava-se necessária.

A combinação das palavras comunistas-futuristas não significava filiação ao Partido Comunista. Mas o Comfut se declarava como uma tendência cultural e ideológica dentro do partido e pretendia uma elaboração teórica, revelação e realização na prática das bases comunistas e transformadoras para a cultura comunista. Dentro do Comfut, para alcançar estes objetivos, foram criados grupos de IZO (artes plásticas), de TEO (teoria), de LITO (litogravura), de MUZO (musicologia), de FOTO-CINE (fotografia e cinema). E aqui, o que pode parecer mais picante é o fato de a comissão para a elaboração prévia de bases teóricas sobre o cotidiano comunista ter sido composta por Lília e O.M. Brik...

Em algumas cidades surgiram departamentos do Comfut. A novidade, em comparação com o futurismo, era a retórica comunista e a propaganda da *arte produtiva*. O Comfut não se tornou uma tendência dentro do partido, o Partido Comunista não reconhecia suas pretensões e ele também não conquistou a popularidade. Na busca por uma forma de arte ativa e agitadora, para "tirar a República da lama", Maiakovski apresenta a idéia de uma arte voltada para a publicidade, ou seja, praticamente propõe utilizar a experiência da ROSTA e do Politprosvet com o *agitprop* para produzir cartazes numa escala maior.

Nessa época, o jornal *Pravda* publicou um projeto de teses do Glavpolitprosvet sobre a propaganda de produtos. Um pouco mais tarde foi aprovada a resolução sobre o Birô de Propaganda de Produtos e posteriormente foi convocado o Conselho de Propaganda de Produtos onde Maiakovski se apresentou com um discurso sobre a ROSTA.

Estes eram os primeiros passos em direção à formação da LEF, inicialmente como uma tendência informal na arte, mas depois como uma revista com o mesmo nome.

Na poesia, Maiakovski também deixa as abstrações de "Nossa marcha", procura e encontra detalhes vivos, entonações conhecidas, imagens do novo tempo.

Com a iniciativa da arte voltada para a propaganda de produtos, com Maiakovski, sem dúvida, desejava sinceramente ajudar na resolução de tarefas dificílimas da administração popular do período de reconstrução, mas, ao mesmo tempo, compreendia que, de alguma forma, estava sacrificando a arte em razão da utilidade prática, estava pisando "a garganta da própria canção".

Já naquele tempo, nos primeiros anos da Revolução, elabora uma severa autodisciplina para se submeter às tarefas de importância estatal, e não só para se submeter, mas também para despertar dentro de si o sentimento de necessidade de um comportamento criativo necessário ao trabalho coletivo. No debate sobre a dramaturgia de Lunatcharski, em novembro de 1920, respondendo à réplica de que o poeta não pode ser forçado a nada, Maiakovski disse: "O poeta não pode ser forçado, mas ele próprio pode se forçar." A autodisciplina e o esforço pessoal, profundamente interiorizados, transformam-se em convicções íntimas. Das convicções íntimas surge a necessidade íntima de escrever esta ou aquela obra sobre um tema atual. O nó de união é feito somente no caso em que o escritor vive profunda e sinceramente, com todo o coração, o desenrolar dos acontecimentos, quando quer influir neles.

Maiakovski é novamente atraído pelo palco, pelo teatro. Prepara uma nova versão de *Mistério-bufo*, livra-a das abstrações da versão inicial. Como a idéia de encenação encontra obstáculos nos círculos oficiais, ele lia a peça em auditórios lotados, procurando apoio. Após muita discussão e reflexão, organizam-se votações — "a favor" da peça e "contra" a peça.

Um detalhe muito característico da época era o fato de após as leituras, pela iniciativa do auditório, tomava-se uma resolução: "Nós, reunidos em 30 de janeiro no Primeiro Teatro da RSFSR, após ouvirmos a talentosa e verdadeiramente proletária peça de Vl. Maiakovski, *Mistério-bufo*, discutirmos suas qualidades como uma obra de propaganda revolucionária, exigimos enfaticamente sua encenação em todos os teatros da República e sua publicação com a tiragem maior possível de exemplares..."

O tom decisivo e imperativo, sem critérios artísticos na avaliação "de uma obra propagandística e revolucionária" — eis o que é característico deste documento dos anos 1920. Tal opinião do auditório influenciava a massa. E não podia deixar de influenciar o desenvolvimento da arte. Uma multidão de pessoas fora atraída pela arte. Sem estar seduzida pelas sutilezas estéticas, estava pronta a conhecer os gêneros tradicionais da arte popular — cantigas, versinhos, farsas —, assim como uma peça de propaganda com um conteúdo revolucionário de massa. Essa isca, mas também necessidade, para uma satisfação mais rápida de gostos despretensiosos do auditório de massas, orientava os Comfut, os Proletkult, ou seja, todos que a seu jeito interpretavam as formas concretas de sua conquista.

Para os futuristas, a situação criada não era simples. Eles aceitaram a Revolução pela força de suas idéias rebeldes. A revolução social parecia abrir para eles a possibilidade de realização da reviravolta revolucionária na arte. Porém, a experiência socialista e a futurística às vezes se acoplam, às vezes se chocam numa contradição irreconciliável. O novo poder, os bolchevistas, apóia com prazer a meta propagandística e utilitária do trabalho dos futuristas (ROSTA, Glavpolitprosvet), que convergem na essência e até na organização da propaganda partidária destinada à massa popular.

As tentativas de reformar a arte da palavra, no entanto, provocam resistência à arte do teatro, pois o novo se revela, primeiro, inacessível à compreensão de muitos que estão no poder e, segundo, não corresponde a critérios da arte "revolucionária e propagandística". A tese de que "as massas não compreendem", usada como argumento principal na avaliação de fenômenos semelhantes, funcionava também como censura e crítica.

As pretensões dos futuristas de representar a arte comunista foram rechaçadas também, porque os bolchevistas mais instruídos que estavam no poder (Lenin, Lunatcharski) conservaram o papel de defensores e herdeiros da cultura do passado. Os lemas vulgares dos *comfutas* de derrubar museus e monumentos foram desacreditados. As relações do novo poder com os futuristas e, posteriormente, com os representantes da LEF, eram um jogo de "morde e assopra".

Meyerhold novamente assumiu a direção da peça *Mistério-bufo*. Desta vez no Primeiro Teatro da RSFSR. O espetáculo proporcionou o reconhecimento a Maiakovski como dramaturgo. É claro que a direção de Meyerhold agitava a imaginação dos espectadores pela originalidade das soluções cênicas, pois era uma dramaturgia inovadora em sua personificação, com um olhar cauteloso para o espectador da massa popular.

Por exemplo, alguém teve a idéia de convidar para participar do espetáculo o famoso artista de circo Vitali Lazarenko. Possivelmente, a idéia foi do próprio Maiakovski, que o conhecia muito bem. Para a cena do inferno, segundo sua proposta, armou-se um trapézio. A cena era assim: sob uma porta enorme havia um cartaz: "Não entrar sem relatório". Do outro lado da porta estavam de sentinela os "diabos". No trapézio balançava-se confortavelmente acomodado um diabo — era Lazarenko. A luz vermelha do projetor lhe conferia uma aparência perversa. O diabo aéreo fazia tais truques no ar e o público delirava...

Após a estréia, abraçando amistosamente Lazarenko, Maiakovski dizia:

— Muito bom!... Bom pra diabo!

O patético e o bufo, o heróico e o irônico, o circo e o teatro realista, de maneira estranha combinavam-se na encenação de *Mistério*.

Dentre milhares de opiniões, citarei a mais incomum, saída da pena de um escritor e ativista político, ex-comissário da Divisão de Tchapaiev, D.A. Furmanov: "... ela é grandiosa, de um frescor revolucionário. Vemos em cena a terra, o inferno com os diabos, o paraíso com os anjos, vemos como os trabalhadores vencem a destruição, correm com o carrinho de mão, batem o martelo, retumbam com as máquinas." Aprecia o espetáculo, pois há "muita força, uma ardorosa crença e o impulso desenfreado". E finalmente: "Este é o teatro novo — o teatro da época impetuosa e revolucionária, foi criado não pelo silêncio de *O jardim das cerejeiras* [Tchekhov também levou sua parcela de culpa], mas pelas tempestades e pelos turbilhões da Guerra Civil."

Furmanov, o funcionário do partido, o agitador e o propagandista que se comunicava diretamente com os trabalhadores e com os soldados, refletia de alguma forma a sua visão da arte. Os espectadores gostavam do espetáculo produzido no espírito de drama popular, de ação de rua, e ele ficou durante um longo tempo em cartaz.

A velha experiência de trabalho com espetáculos serviu a Maiakovski também desta vez. E ele, com a ajuda de Meyerhold, ensinava os atores a ler o texto e, é claro, ficava irritado, impaciente quando se deparava com a falta de compreensão. O segundo diretor do espetáculo, B. Bebutov, contou que entre os atores que faziam o papel das forças do mal estava Vera Zviaguintseva, que posteriormente ficaria famosa como poeta e tradutora (aliás, escreveu um poema sobre Maiakovski), uma atriz de temperamento lírico e que praticamente vivia o verso. Ela fazia o papel da Costureira com uma força poética contagiante e incomum; Maiakovski e Meyerhold, por isso, a admiravam.

As breves anotações acerca do trabalho de Maiakovski com os atores mencionam os segredos da arte de declamar do poeta e lembram como ele se preocupava para que ficasse claro o sentido da palavra pronunciada.

Um dos ensaios de *Mistério* foi observado de um canto longínquo da platéia por Serguei Eisenstein. As estrofes que soavam do palco de um texto entrecortado lhe pareceram estranhas. Ficou impressionado com a aparência do impetuoso gigante num paletó aberto que era Maiakovski... Posteriormente, depois de serem apresentados, Vladimir Vladimirovitch disse a Eisenstein:

— Sabia que ontem fui muito gentil a noite inteira com o diretor F. pensando que ele era o senhor?!

No *Mistério*, enquanto estava em cartaz, surgiam improvisos com temas do cotidiano da época. Isso conferia ao espetáculo um aroma mais forte de peça burlesca.

No mesmo ano de 1921, no final de junho, aconteceu uma representação popular de *Mistério-bufo* no circo, no bulevar Tsvetnoi, sob a direção de A.M. Granovski. A peça foi encenada em alemão para os participantes do Congresso da Internacional Comunista (Komintern) que estava ocorrendo em Moscou. O espetáculo era grandioso, ocupava todo o circo desde a cúpula até o alçapão, continha muitos truques e cenas de efeito, muitas danças. Ao mesmo tempo, como testemunha A. Fevralski, "faltava ao espetáculo a necessária valentia e simplicidade; um ritmo tenso e força de engrandecer e não de destruir... Seu estilo estava mais próximo a um *show* do que a um espetáculo revolucionário...".

Mas o espetáculo provocou um grande interesse. Foi bem aceito pelos participantes do Congresso do Komintern, principalmente pelos alemães e austríacos. Para a intelectualidade artística de Moscou, foram organizados dois ensaios gerais à noite, após o término das apresentações. O circo ficou lotado, e estavam presentes diretores, artistas, escritores e pintores famosos; dentre eles, K.S. Stanislavski, que, segundo uma testemunha ocular, fora seduzido pelo espetáculo.

Mistério-bufo foi apresentada em outros teatros da Rússia.

Ao trabalhar com a direção da peça, apresentando-se nos eventos à noite, Maiakovski não cansa de defender a arte na publicidade. A ROSTA o inspira para esta atividade. O cartaz é o exemplo visual daquilo que realmente o inspirou neste conceito. Não foi à toa que solicitaram exatamente a Maiakovski que se apresentasse na Conferência sobre a Propaganda de Produtos com o discurso "As artes plásticas e a propaganda de produtos". A crônica de tais apresentações e o próprio trabalho da ROSTA criaram a impressão de que Maiakovski cada vez mais se afastava da poesia e se entregava ao poder do utilitarismo. Será que era isso mesmo?

Sem dúvida, acreditava sinceramente na eficácia dos cartazes de propaganda, considerava a publicidade útil e necessária: atribuía-lhe, por isso, caráter de prioridade diante de um outro possível trabalho. O entusiasmo de Maiakovski sempre se manifestava de forma maximalista. Mas Maiakovski não perdia com isso o sentido da verdadeira poesia. Ele era Poeta. Não por acaso, durante uma discussão dos poemas de Pasternak, quando alguém se atreveu criticar o poeta, Maiakovski, enfurecido, o defendeu e o glorificou.

Mas o principal testemunho de vivacidade, do sentimento poético indestrutível e da consciência poética de Maiakovski, nesta época, deve ser considerado o poema "Liubliu" (Amo), escrito no outono de 1921 e início de 1922. *Liubliu* são as letras: *l, iu, b* que foram gravadas no anel presenteado a ele por Lília Iurievna e que ele usava no dedo anular. Ao ler em círculo, formava-se a palavra *liubliu*. As iniciais de L.Iu. Brik formaram essa palavra. Esse poema é a mais clara obra de Maiakovski sobre o amor que não foi entristecida com embates dramáticos, nem com reflexos trágicos, como a "Flauta-vértebra" ou "A nuvem de calças".

O poema "Amo" foi um oásis no severo e ascético meio dos cartazes da ROSTA e Prolitprosvet e dos anúncios de jornais. A tempestade lírica rompeu as cercas da "produtividade" e emergiu em forma de poema de amor. Chamava-se, de início, "Liubov" (Amor). É um poema sobre si próprio, sobre a infância, a juventude, os anos na universidade, a vida. "Estou aquecido pela lírica..." — é uma declaração espiritual. O "produtor" cedeu lugar à atração natural da alma.

O eu lírico percebido nas primeiras obras, a tragédia lírica *Vladimir Maiakovski* e "A nuvem", que dilacerava o peito, aqui no poema "Amo" tornou-se enorme: "enorme o amor, enorme o ódio". E ao lado de personagens hiperbólicos da paixão ardente, que elevavam o amor a uma altura inatingível e sobre-humana, que o aproximavam do romantismo das abstrações, está a submissão comovente, o carinho do animal domesticado, um lirismo penetrante.

> *Ao seio da terra voltam os mortais.*
> *Sempre voltamos à nossa meta final.*
> *Assim eu,*
> *em tua direção sempre me inclino*
> *apenas nos separamos,*
> *mal acabamos de nos ver.*

O poema "Amo" é a libertação do coração numa época severa de tempestades revolucionárias, é a emancipação dos cartazes e de poemas propagandísticos, da "arte produtivista" e da propaganda engajada. Mas é a submissão ao amor e o reconhecimento desta submissão. Tal submissão não significava a recusa de poemas sobre temas da época, simplesmente o poeta mergulhou no fenômeno lírico natural para ele, entregou-se a ele, expressando aquilo do que vivia naquele tempo, além de sua atividade pública. No poema "Amo" Maiakovski confiou no sentimento e na intuição poética. Pelo visto era uma época mais auspiciosa de seu relacionamento com Lília Iurievna. Ele ainda não sabia que em breve seria amarrado o nó de um drama que transformaria em cinzas a crença no amor, expressa no final do poema: "Nem as rusgas acabarão com o amor, nem a distância. Está provado, pensado, verificado."

O poema "Amo" ficou na obra de Maiakovski como lembrança de que havia luz na janela, de que brilhou o "instante mágico"* e de que o amor aqueceu seu coração, seduziu com a sua possibilidade de alegria para o resto da vida...

A vida, porém, não poupava o poeta. O sucesso de *Mistério-bufo* no teatro onde o espetáculo fora representado cem vezes não mudou a opinião sobre a peça nos círculos oficiais. Durante um longo período de tempo, negaram-lhe o pagamento de honorários pela peça, e alguém responsável declarou diretamente: "Considero um mérito meu não pagar por essa porcaria."

É claro que não se pode pensar que por toda parte se antepunham a Maiakovski inimigos ocultos e indesejáveis. Havia entre seus oponentes pessoas sinceras que não o compreendiam e, quem sabe, não o leram atentamente

---

*Do poema de A.S. Puchkin. (*N. da T.*)

e por isso não aceitavam sua dramaturgia inovadora, seus poemas inquietantes para o gosto comum. Mas é impossível não levar em consideração aquelas ferroadas constantes que o acompanharam durante toda a vida, os ataques maldosos que tinham como objetivo privar o poeta de uma base social.

Maiakovski enfrentaria os ataques mesquinhos e, às vezes, a inimizade aberta que causavam irritação e não passavam sem deixar marcas para o poeta. Maiakovski processou a Gosizdat. A sentença do tribunal também foi muito curiosa, para nós, hoje: exigiu o pagamento imediato dos honorários de Maiakovski; reconheceu como culpados os membros do Conselho do Gosizdat, D. Veis e I. Skvortsov-Stepanov, e os privou dos direitos de membros do sindicato durante seis meses. Além disso, fez-lhes uma advertência, publicada na imprensa.

Era a democracia sindical dos anos 1920...

Mas a Gosizdat apelou da sentença e o tribunal disciplinar reviu o processo, absolveu Skvortsov-Stepanov e advertiu Veis sobre a negligência inadmissível cometida por eles com relação às suas obrigações. Os dois "réus" permaneceram nas fileiras do sindicato.

No entanto, democracia por democracia, esse tribunal não tinha uma base jurídica e foi exatamente por isso que Lenin declarou sua insatisfação com o caso Gosizdat. Sua insatisfação não estava relacionada a Maiakovski. Lenin ficou preocupado com a parte jurídica do processo. Mas houve pessoas que tiraram proveito do caso, como o jornalista L. Sosnovski. Escreveu uma crônica irônica, "Basta de Maiakovski", que de forma grosseira acusava Maiakovski de falsidade e avidez, de recebimento de honorários *fabulosos* etc. A crônica fora publicada exatamente no dia em que o tribunal disciplinar estava revendo o caso Gosizdat.

Já acostumado a todo tipo de calúnias, Maiakovski mesmo assim teve que provar (é claro que alguns anos mais tarde) não só à inspeção financeira, mas também aos leitores que: "Meu trabalho é igual a qualquer outro...", que "as palavras para o poeta valem copeques" e em defesa de sua honra, declarou: "Por direito exijo um palmo na fileira dos trabalhadores e camponeses mais pobres."

Quando passava por momentos difíceis, Vladimir Vladimirovitch podia ir até a Presnia e descansar a alma visitando a mãe, as irmãs Ludmila e Olga. Vivendo em Petrogrado, ele se correspondia com elas, visitava-as durante suas idas a Moscou. Agora suas visitas tornaram-se mais freqüentes, apesar de não serem regulares. Carinhosamente apegado à mãe, não se esquecia das irmãs, mas a vida literária agitada o absorvia e atrapalhava sua comunicação sistemática. Quando acontecia de não poder visitar, dava uma tarefa à irmã Olga. Certa vez, no início de 1922, ao saber que a mãe estava doente e sem tempo para fazer-lhe uma visita, ele deixou um bilhete para Olga: "Estou terrivelmente preocupado com a mamãe... Vá imediatamente à Sukharevka e compre para a mamãe 2 *funt** de pão branco, 1 *funt* de manteiga... 2 *funt* de sêmola..."

De outra vez, estando em viagem, organizou as férias para a mãe em Odessa e enviou um telegrama comovente: "Querida mamãezinha, peço muito que viaje de primeira classe para Odessa. Enviei pelo telégrafo dez rublos. Volodia." Preocupava-se em Paris: "Enviem telegrama logo detalhando a saúde de mamãe."

Estão vivos nos arquivos esses testemunhos comoventes do sentimento familiar sólido, do apego do filho, apesar de toda a vida dele — desde 1915 — ter sido fora do calor, do aconchego e do cotidiano familiar... Somente a irmã mais nova, Olga Vladimirovna, que trabalhava no Correio Central, visitaria o quartinho-barquinho do irmão na rua Lubianka, fazendo uma arrumação, costurando meias — enfim, todo o trabalho doméstico.

Sobre a família Maiakovski, sobre as relações entre o filho e a mãe, o irmão e as irmãs, os memorialistas afirmam que eram quase perfeitas. É claro que comovem as palavras da carta de Aleksandra Alekseievna: "... no mundo inteiro não houve um filho mais carinhoso que Volodia... Volodia era carinhoso, infinitamente bondoso, envergonhava-se de forma que não era característica de filho. Ele não conseguia magoar ninguém." Existem outros testemunhos de pessoas que conheciam bem a família Maiakovski e todas falam da união da família.

---

*Funt — medida de peso na Rússia equivalente a 409,5g. (*N. da T.*)

No início de 1921, Maiakovski pela última vez encontrou Blok. Foi um pouco antes da morte do poeta, durante sua estada em Moscou, onde várias vezes, nos dias 3, 5, 7 e 9 de maio, participou de uma récita de poemas. Apresentou-se no Museu Politécnico, na Casa da Imprensa, na União dos Escritores (Casa de Guertsen). Os encontros e as conversas eram instantâneos. Desconhece-se se houve alguma conversa ou pelo menos troca de réplicas entre eles no Politécnico, onde Maiakovski ouviu Blok. É mais provável que não, pois Maiakovski e Pasternak saíram antes do final. Não esperaram porque, após o Politécnico, Blok deveria se apresentar na Casa da Imprensa e lá estavam lhe preparando uma descompostura. Maiakovski e Pasternak se dirigiram para lá antes para frustrar os ataques, mas chegaram atrasados, porque foram a pé e Blok fora de carro. O escândalo aconteceu. Disseram sobre Blok, como recorda Pasternak, um amontoado de monstruosidades e não se intimidaram de acusá-lo de que sua época já havia passado e que ele estava internamente morto. O poeta tranqüilamente concordou. Tudo foi dito três meses antes da morte real do poeta.

Aleksandr Aleksandrovitch Blok morreu em 7 de agosto de 1921. Maiakovski reagiu com um artigo:

"A arte de Aleksandr Blok marcou uma época na poesia", está dito nele. É verdade também que "Blok influenciou a poesia contemporânea". Vamos transcrever o resto da citação, já que artigos especiais de Maiakovski mereceram somente dois poetas contemporâneos dele — Blok e Khliebnikov. Nos dois casos o motivo foi a morte.

"Alguns até hoje não conseguem se libertar de suas estrofes encantadoras — pegando qualquer palavra de Blok e desenvolvendo com ela páginas inteiras, construindo nela toda sua riqueza poética," escreve em seguida Maiakovski. "Outros superaram seu romantismo do período inicial, declararam guerra a sua poesia e, limpando os ouvidos dos cacos do simbolismo, romperam os fundamentos com ritmos novos, amontoando as pedras com novas imagens, reforçando as estrofes com rimas novas, executando um trabalho heróico que cria a poesia do futuro. No entanto, de uma forma ou de outra, Blok é rememorado com carinho."

Com a palavra "outra" Maiakovski refere-se a si mesmo, quando libertava-se da influência de Blok e também discutia a arte da criação. No artigo, Maiakovski lembrou seu encontro com Blok nos primeiros dias da Revolução, perto da fogueira diante do Palácio de Inverno. Esse encontro seria retratado no poema "Bom!".

O artigo o descreve da seguinte forma:

"Lembro que, nos primeiros dias da Revolução, passava por uma figura magra e encurvada de um soldado que se esquentava próximo da fogueira acesa diante do Palácio de Inverno. Ouvi que me chamaram. Era Blok. Fomos até a entrada. Perguntei: 'Gosta?' — 'Bom!' — disse Blok e depois acrescentou: 'Lá na minha aldeia queimaram a biblioteca.'"

Estas duas expressões, "bom" e "queimaram a biblioteca", representavam os dois sentimentos da Revolução, fantasticamente interligados no poema de Blok, "Os doze". Uns leram neste poema a sátira sobre a Revolução; outros, sua glorificação.

Maiakovski nesta época não admitia tal bifurcação, natural em Blok. Mas, mesmo assim, se aproximou dele com uma atitude especial e mais indulgente do que quando se aproximava dos outros. Afinal, Blok tinha que "entender qual destes sentimentos era mais forte nele".

Maiakovski lembrou também das apresentações de Blok no Politécnico, lembrou como na "sala semivazia, silenciosa como um cemitério, leu baixinho e tristemente as primeiras estrofes sobre o canto cigano, sobre o amor, sobre a dama maravilhosa — não havia caminho pela frente". A sentença era categórica. Pelo visto, o poema "Os doze" não lhe inspirava perspectiva alguma. No entanto, não estaria certo Maiakovski ao dizer que no poema "Os doze" Blok "se destruiu"? É impossível não perceber sinais de crise na obra do poeta após ter escrito o poema...

Mas é preciso reconhecer esta conclusão de Maiakovski. Sua conclusão é a sua verdade. Ele vê a desgraça do poeta por um ângulo distinto do que, por exemplo, Ivanov. Este considerava que "Blok compreendeu o erro de 'Os doze' e aterrorizou-se com sua irreparabilidade (...). No sentido preciso da palavra, ele morreu de 'Os doze', assim como os outros morrem de pneumonia ou de ataque do coração". Não se pode ignorar o fato de que o moribundo Blok exigiu a destruição de todos os exemplares do poema...

Os juízos categóricos são típicos dos poetas. Anna Akhmatova escreveu sobre Pasternak: "'O segundo nascimento' finaliza o primeiro período da lírica. Não havia mais caminho pela frente..." A mesma frase categórica! Pasternak precisou de um intervalo de dez anos para que algo mudasse na vida, para que surgisse o ciclo de Peredelkino que impressionaria Anna Andreievna...

Como um reflexo indefinível e atraente do maravilhoso passou Blok pela vida de Maiakovski. Ao encontrar Lev Nikulin no dia seguinte a uma das apresentações de Blok, Maiakovski perguntou:

— Esteve ontem? O que ele leu?

— "Castigo" e outros.

— Foi um sucesso? É claro. Apesar de não haver poeta que leia pior...

Depois de um pequeno silêncio, pegou um lápis, desenhou num guardanapo de papel duas colunas de números e as dividiu com um risco vertical. Mostrando os números, disse:

— De dez poemas meus, cinco são bons, três são medianos e dois ruins. De dez poemas de Blok, oito são ruins e dois são bons, mas são tão bons que eu, provavelmente, nunca escreveria.

E, pensativo, amassou o guardanapo.

Assim como a álgebra, a aritmética também não é um método confiável para medir a harmonia, mas o reconhecimento do orgulhoso Maiakovski, de que não conseguiria escrever como Blok, representa muito.

Maiakovski pensava no futuro ao se despedir de Blok, reconhecendo o mérito do grande poeta. Um ano depois, o artigo sobre Vielimir Khliebnikov, também escrito na ocasião da morte do poeta, Maiakovski terminou com um grito: "Artigos aos vivos! Pão aos vivos! Papel aos vivos!" Ele pensava na criação da nova arte.

Apesar de tantas diferenças antes da Revolução, algo muito substancial os uniu. Aproximava-os a total entrega espiritual à não-aceitação da velha ordem burguesa. Blok: "A eterna batalha! A tranqüilidade só nos vem em sonhos. Através de sangue e poeira..." Maiakovski: "... por vocês eu arrancarei a alma ensangüentada e lhes darei , como uma bandeira." Maiakovski referia-se às pessoas, profetizando a chegada da Revolução, por elas estava pronto a se tornar vítima, tornar-se bandeira da nova vida. Blok reconhece seu dever moral diante da Rússia e do povo como uma predestinação histórica.

Diferentes são as revelações e o comportamento social. Isso é facilmente explicado pelo meio, pela educação, pelas condições de vida, até mesmo pela idade.

Blok e Maiakovski viviam no limiar das épocas. O mais velho era eminente representante do simbolismo; o mais novo, do futurismo. Nem um nem outro se esgotam nos limites destas tendências. Não será natural que um grande talento esteja sempre acima de quaisquer determinações programadas, quaisquer tendências definidas? E não será natural também que um grande talento intuitivamente alcance a verdade histórica, por mais sinuoso e, às vezes, contraditório a esta verdade fosse o seu destino?

A vida e o destino artístico de Blok e Maiakovski nos dão motivos para pensar que sim. Eles entendiam de forma diferente o caráter da Revolução, de forma diferente imaginavam suas perspectivas, de forma diferente serviam a ela. Aqui vêm à memória as palavras de Gumiliov, sobre Blok — mas também referindo-se a si próprio, a outros —, que todos nós, apesar da decadência, do simbolismo, do acmeísmo do resto, antes de tudo somos poetas russos.

E enquanto na rua Ofitserskaia, 57, em seu apartamento morria Blok, Gumiliov estava preso e havia levado consigo para a prisão o Evangelho e Homero. Nikolai Stepanovitch discutia com Jakobson, que conquistou a simpatia do poeta com sua erudição e conhecimento de seus poemas. Gumiliov, sincero em suas convicções políticas, acreditando piamente que ele, um poeta famoso, não corria perigo, escreveu à mulher, tranqüilizando-a e comunicando que estava jogando xadrez e escrevendo poemas. Pedia açúcar e fumo.

"...Contam que na hora do fuzilamento Nikolai Stepanovitch sorria e fumava. Por isso, 'causou impressão nos rapazes do departamento especial'. É típico dele. Tinha duas medalhas da cruz de São Jorge recebidas no primeiro semestre da guerra. Queria ter todas."

O destino não aproximou Maiakovski e Gumiliov. É difícil supor que entre eles pudesse surgir um relacionamento mais íntimo, mas são exatamente estas personalidades, grandes e diferentes da poesia, que a elevam.

Aliás, seria oportuno aqui relatar o episódio que desmente o boato mentiroso sobre a morte de Anna Akhmatova e como reagiu Maiakovski. Marina Tsvetaieva conta isso na carta para A.A. Akhmatova. Eis o que ela escreveu:

"Todos esses dias correram boatos sombrios sobre a senhora, a cada hora mais persistentes e inevitáveis. Digo à senhora que o único — na minha opinião — que se revelou seu amigo (amigo — ação!), entre os poetas, foi Maiakovski, com a aparência de um touro mortalmente ferido vagava pelo Café dos Poetas. Arrasado, é verdade, esta era sua aparência. Ele enviou o telegrama valendo-se de parentes para solicitar informações sobre a senhora e a ele sou grata pela felicidade de notícias sobre a senhora..."

No fervor das paixões políticas, na fúria das polêmicas literárias, quando Maiakovski criticava a torto e a direito, nem sempre levando em consideração o mérito do oponente literário, dentro de si conservava o respeito pelo talento, mesmo que não correspondesse às opiniões de Maiakovski sobre a nova arte, ele entendia o que significavam para a poesia russa Blok, Akhmatova, Iessiênin, Pasternak...

Aqui podemos lembrar das observações de B.A. Lavrenev sobre o ainda jovem Maiakovski — em público aniquilava os grandes mestres, os destacados poetas e artistas, mas em conversas íntimas, num círculo íntimo, falava deles seriamente, valorizando-lhes o mérito e o talento.

No fervor da atividade na ROSTA, em condições de Guerra Civil que ainda espocava, em condições de destruição e fome, Maiakovski começa a criar um poema sobre o futuro. Na versão final, intitula-se "A Quinta Internacional". Na autobiografia está: "Comecei a anotar a 'Quinta Internacional', em que trabalhava havia mais de dois anos. Utopia. Será mostrada sua arte daqui a 500 anos."

A idéia do futuro, a idéia da imortalidade das pessoas dominava Maiakovski até mesmo no cotidiano desesperançoso dos anos pós-revolucionários. R. Jakobson lembra como, na primavera de 1920, viajou a "Moscou fechada pelo bloqueio", trouxe novos livros, contou a Maiakovski e até repetiu, a seu pedido, várias vezes a teoria da relatividade, a discussão em torno dela. "A liberação da energia, a questão do tempo, de que se ultrapassássemos a velocidade da luz não poderíamos ser capazes de voltar no tempo, tudo isso absorvia Maiakovski. Eu raramente o via assim tão entusiasmado. 'Você não acha', perguntava ele, 'que assim será alcançada a imortalidade?'* Olhei espantado, balbuciei algo desconfiado. Então, com uma obstinação hipnotizante, familiar a todos que conheceram Maiakovski, moveu as maçãs do rosto: 'Eu estou totalmente convencido de que a morte será vencida, que irão ressuscitar os mortos. Eu encontrarei um físico que irá me explicar ponto por ponto o livro de Einstein. Não pode ser que eu não entenda. Pagarei a este físico acadêmico uma contribuição.' Para mim", continua Jakobson, "naquele minuto, revelou-se outro Maiakovski: a vontade de vencer a morte o dominava. Logo depois, ele contou que estava preparando o poema 'A Quarta Internacional' (que depois mudou para 'A Quinta') e que escreveria tudo sobre isso nesta obra..."

A fantasia do poeta transforma o herói lírico em *liudogus*** que ergueu a cabeça sobre as florestas e depois "torceu o pescoço", levantando ainda mais alto de onde a Terra parecia "uma gota no microscópio". E de lá, de uma altura quase estelar, avista-se a Rússia onde enegreciam "de ferrugem" os "restos da NEP", avistam-se "terremotos" de revoluções pelo globo terrestre e isso já começa "a verter-se numa estrela de cinco pontas nas cinco partes do mundo perplexo", e eis que "toda a massa terrestre, completamente esmagada sob as pontas da estrela vermelha, tornou-se rubra e brilhava depois de Marte".

A fantasia de Maiakovski foi gerada pela época.

O ápice da grande ilusão — a vitória da Revolução Mundial e o avanço da Era Comunista — acontece nos anos 1920. Mais tarde soaria: "Nós nas-

---

*Ainda na época da Escola de Belas-Artes, Escultura e Arquitetura, seu amigo Vassili Tchekriguin, assim como os irmãos poetas Boris e Vsevolod Chmankevitch, conhecedores dos trabalhos de Nikolai Fiodorov, seduziram o jovem Maiakovski com as idéias desse eminente filósofo. E, como veremos, a sedução foi por toda a vida. O entusiasmo pelas obras de Fiodorov refletiu-se no poema "A Quinta Internacional", que ficou inacabado.

**Palavra inventada por Maiakovski. É a mistura de humano com ganso (liudi + gus = liudogus), um ser com pescoço comprido que consegue ver tudo do alto, mas sua cabeça é "superficial". (*N. da T.*)

cemos para transformar o conto em fatos reais..." Mas a crença na grandiosidade fantástica, a ilusão de transformação do sonho em realidade, foram inspiradas pela Revolução.

Apressando o sonho em muitas regiões do país, as pessoas começaram a se
unir em comunas, levando seus pertences para as mansões feudais, sentando-
se à uma mesa comum, juntando o gado e unindo toda parca propriedade,
acreditando ingenuamente, passando pelas condições econômicas e sociais, que
num pulo saltariam sobre o abismo.

A crença ingênua destas pessoas, à sua maneira, dividiam os românticos nem
tanto ingênuos... E quanto mais notável, mais atrai a atenção o final da segunda
parte do poema, que expressa o desejo de paz para a Terra: "Perceber, pelo menos uma vez, eis um homem tranqüilo que vive entre alegrias e confortos."

Paz e tranqüilidade quando é possível alegrar-se com a vastidão, com o silêncio, com os campos nublados, quando "o globo terrestre dourou-se pelo
brilho total e o céu sobre o globo está dourado-branco" — eis o sonho final.
Ele está expresso abstratamente como a realização de idéias de grandes pensa-
dores utópicos — Fourier, Robert Owen, Saint-Simon —, o sonho é representado como uma certa Federação de Comunas da Terra, mas é um sonho
sobre a paz, tranqüilidade, felicidade para toda a humanidade. Provavelmente, uma vida exatamente assim, uma vida sem guerras e violências, que
Maiakovski queria mostrar na terceira parte, do poema. No final da segunda
parte, ele promete contar sobre "os acontecimentos do final do século XXI".

A julgar pelas diferentes reclamações nas cartas a Lília Brik, a composição
do poema era difícil. Duas partes (estavam previstas oito) ficaram prontas em
setembro de 1922. Assim como no poema "150.000.000", no novo poema
revelam-se as pretensões de liderança na arte revolucionária, para que exatamente ele, o autor do poema, seja chamado de *poeta socialista*.

Será que foi isso que irritou Lunatcharski? Pelo visto, não foi apenas isso.
Após ouvir as duas partes do poema, ele disse que era pura publicidade. É uma
avaliação não muito justa. Maiakovski reagiu à observação de Lunatcharski de
forma inesperada: "O que posso fazer? Não pertenço à escola de Puchkin, mas
à de Nekrassov."

Em nenhum lugar, nem nas apresentações de Maiakovski, nem na literatura de memórias sobre ele, havia as pretensões de pertencer a alguma escola, muito menos clássica. O que houve? Parece que até o exato momento, nada. E até mesmo às perguntas diretas do questionário de "Nekrassov" e às perguntas diretas do auditório sobre Nekrassov ele respondia com uma brincadeira muitas vezes infeliz e inofensiva. E mesmo assim... Vamos destacar esse gesto impulsivo e defensivo do poeta, que não podia ser casual, em resposta à observação de Lunatcharski.

No início da NEP, no país surgiram várias editoras, incluindo as particulares. Maiakovski já havia adquirido uma certa experiência com a publicação dos jovens (IMO) e agora ficara entusiasmado com a idéia de criar uma nova editora — a MAF (moscovita agora, mas, no futuro, Associação Internacional dos Futuristas). Sobre isso escreve um bilhete ao Comissário do Povo Lunatcharski. A tentativa de organizar a impressão dos livros no exterior, em Riga, não obteve sucesso; encontrou, no entanto, uma saída para a gráfica. Não precisa adivinhar quem se uniu a essa editora. Os mesmos de sempre: O. Brik, Assieiev, Pasternak, Khliebnikov, os futuros ativistas Lef Tchuzhak e Arvatov.

E o final de 1921 foi marcado, parece, pela última apresentação coletiva dos futuristas: no VKhTEMAS. A organização do evento provocou o retorno de Khliebnikov a Moscou, um retorno após peregrinações e aventuras fantásticas.

Oriundo de uma família de intelectuais, Khliebnikov, no entanto, era absolutamente indiferente a qualquer organização cotidiana. Ele estudou na Universidade Kazanski, depois na de Petersburgo, mas passou a maior parte da vida adulta em peregrinações. Considerava como princípio fundamental para a criação a liberdade em relação à rotina cotidiana.

Sonhador e utópico, Khliebnikov, no entanto, não ficava à margem da vida. Após Outubro, até mesmo antes, durante a Primeira Guerra Mundial, sentiu o toque ardente que despertou nele a vontade de se expressar. Mas, como antes, levava uma vida desestruturada, era relapso com os seus manuscritos; como antes, era dominado pelas idéias utópicas, acreditava sinceramente, por exemplo, na reconstrução do Universo em novas bases, imaginando-se uma espécie de missionário e vidente para quem foram desvendadas as novas leis numéricas do tempo. Por exemplo, com o resultado de seus cálculos, Khlebnikov perguntava: "Não deveria esperar, em 1917, a queda do Estado?"

Com suas esquisitices, Khliebnikov não era bem aceito na sociedade, e as pessoas próximas a ele, incluindo os poetas, nem sempre estavam prontas a socorrê-lo quando precisava de abrigo e alimentação.

Certa vez, já após a Revolução, um médico moscovita e sua mulher alojaram o poeta em seu consultório vazio, localizado defronte ao apartamento em que residiam. Arrumaram uma mesa, encontraram livros (até mesmo livros do próprio Khliebnikov que ele nunca teve). Garantiram-lhe casa e comida. Começaram a "domesticá-lo".

Mas as excessivas preocupações da dona da casa, apesar de sinceras e repletas de benevolência, no final das contas provocaram uma resistência interior de Khleibnikov tal que ele, o eterno Peregrino, planejou uma fuga. E a realizou.

O cotidiano de Khliebnikov era a ausência do cotidiano: ele podia pernoitar na casa de pessoas que conhecia na viagem, no depósito, no feno, onde fosse, podia não comer durante vários dias.

Em Kharkov, após a Revolução, vivia num quarto escuro, ao qual tinha acesso pelo terraço destruído e sem degraus. Convidava seus amigos à *datcha* de conhecidos nos arredores ("Devem oferecer algo para comer"). Os conhecidos não ficavam felizes com a sua visita e, sem oferecer comida alguma, mandavam-no dormir no depósito de feno. Mas nem assim Khliebnikov ficava triste: "Vamos caminhar na floresta. Ferver a água do pântano na fogueira... Faremos uma sopa... de microorganismos." Quem lembra disso é Rita Rait.

Assim ele era na vida, soberano na terra, "presidente do globo terrestre". Assim o conhecia Maiakovski.

Em janeiro de 1922, Maiakovski comunicou em carta a Lília Brik: "Chegou Vitia Khliebnikov: só de camisa! Nós o vestimos e calçamos. Está com uma barba comprida — uma boa aparência, só que excessivamente intelectual." Maiakovski, certa vez, conseguiu uma publicação paga dos manuscritos de Khliebnikov (Khliebnikov nunca ocupou-se disso pessoalmente). "Às vésperas do dia marcado para o recebimento da autorização e do dinheiro, previamente comunicado a ele, eu o encontrei na praça Teatralnaia com uma malinha", escreve Maiakovski. "— Para onde vai? — Para o sul, é primavera! — respondeu Khliebnikov. E foi."

Aliás, ele foi à Pérsia para encontrar novas palavras, novos sons. Este "profeta" podia ir atrás da gralha que passava por ali voando, cair numa aldeia e curar os pequenos raquíticos, os pobres monstros de pernas tortas, os doentes com lúpus, com líquen, com sífilis, com malária... Nele acreditavam, era recebido em todos os lugares, a ele agradeciam, alimentavam-no, abençoavam. Após esta viagem, ele mesmo adoeceu e de doença incurável.

"Poeta para o produtor", poeta para os poetas — esta avaliação exagerada de Maiakovski pode parecer limitar o talento de Khliebnikov, entretanto, é incompleta, pois o legado do poeta, principalmente após Outubro, contém obras que atraem não apenas pela experiência com as palavras, mas também pelo conteúdo sério, e alguns poemas encontram seu leitor não só entre os "produtores". Mas Maiakovski via nele, antes de tudo, um professor de poesia, um mestre-experimentador, criador do "sistema periódico da palavra".

Khliebnikov era próximo de Maiakovski por causa da paixão pela pesquisa da palavra, inspirada pelas fantasias sobre o futuro e simplesmente pelo talento humano. Além da dedicação séria à ciência, seus desenhos não eram ruins.

Maiakovski via em Khliebnikov o poeta e o homem inseparáveis, valorizava nele o desinteresse, a devoção, a cultura, o espírito criativo, o vôo da fantasia... Khliebnikov era mais velho quase oito anos ("Entre mim e Maiakovski são 2.809 dias...", teria calculado ele), reconhecido por Maiakovski como seu professor de poética que, com o tempo, percebeu a influência notável do "aluno". Ficou encantado com "A nuvem de calças". Desde então, aparecem em seus poemas reminiscências de Maiakovski, citação do nome do poeta. Khliebnikov até queria ser parecido com Maiakovski e se orgulhava de sua amizade íntima. Quando estava em Moscou, visitava os Brik na travessa Vodopiani, na esperança de encontrar lá o *Voloditchka*. De uma forma muito sincera e meio infantil, o poeta expressou diretamente o seu amor por Maiakovski nos seguintes versos:

Alguém me chama da Via Láctea?
Ah? Vova!*
Bate a porta das estrelas
Amigo! Deixe-me apertar seu casco nobre!

Há muita coisa escrita sobre as esquisitices deste maravilhoso poeta, além de que nos anos de estudante era bonito, trajava um elegante terno cinza, era alto, mas, é verdade, um pouco corcunda. Uma das irmãs de Siniakovikh reconheceu que nunca conheceu homem mais bonito do que Khliebnikov. As excentricidades no comportamento de Khliebnikov apareceram depois. As pessoas o percebiam ora como uma criança, ora como um beato, o que deu motivos para a mesma M.M. Siniakovikh defini-lo como uma figura fantástica de Hoffmann. No entanto, Khliebnikov era uma pessoa de conhecimentos profundos e dos mais diversos nas áreas de filologia, história e matemática. Voltou da Pérsia muito doente.

Kriutchionikh o levou até os Brik, onde estava Maiakovski. Khliebnikov foi alimentado. Vladimir Vladimirovitch lhe deu um terno e um paletó e tudo caiu como uma luva, já que Khliebnikov também era alto, apesar de não ser tão corpulento. Levaram Khliebnikov ao barbeiro, cortaram seu cabelo e fizeram a barba, sua aparência ficou *divina*. Maiakovski logo começou a falar sobre as apresentações do poeta, mas Kamienski propôs uma apresentação coletiva dos quatro: Khliebnikov, Maiakovski, Kriutchionikh e ele, Kamienski.

"No final de dezembro, nós quatro realmente nos apresentamos no auditório da ex-Escola Stroganov... No palco, em vez do cenário havia um grande cartaz-retrato, feito pelos alunos da Escola Superior de Belas-Artes", recorda Kriutchionikh. "Lá tinham ouvido falar que Khliebnikov era um gênio e, por isso, quando ele declamava no auditório reinava um silêncio absoluto. Khliebnikov lia maravilhosamente, como um sábio e como uma pessoa em quem se acredita. Nesta noite, os quatro — Khliebnikov, Maiakovski, Kamienski e eu

---

*Diminutivo de Vladimir. (*N. da T.*)

— gozamos de grande sucesso... V. Tatlin, que estava presente na primeira fila da platéia, disse a Khliebnikov:

"— O senhor é o melhor declamador de suas obras!"

"E ele estava certo."

Muitas opiniões totalmente contrárias sobre a leitura de Khliebnikov de seus próprios poemas dão conta de que ele lia de forma indistinta e sem entonação e, às vezes, até interrompia a leitura no meio e deixava o palco, fazendo um gesto displicente com a mão, assim como fez no Café dos Poetas. Mas a leitura de poemas pelo próprio autor é um mistério. Às vezes, é a leitura mais enfadonha e aparentemente menos eloqüente, não é enfeitada por um gesto ou uma mímica, nem pela voz, mas é uma leitura que, no entanto, atinge a alma do ouvinte, provoca um sentimento bem mais forte do que uma declamação teatralizada. Mas a leitura também depende do estado do poeta naquele momento, do auditório, e nunca será igual. Desta vez, Khliebnikov pelo visto estava de bom humor e o auditório emocionou-se com ele.

Restava pouco tempo de vida, depois disso, para Khliebnikov, o mais misterioso, o mais "estranho" talento da poesia russa do século XX. No dia 28 de junho de 1922, Khliebnikov faleceu. Morreu na pobreza e solidão, na aldeia de Santalovo Novgorodskaia, sofrendo. Mas viveu, antes disso, um vôo criativo ao escrever obras maravilhosas que o aproximaram da vida das pessoas, dos acontecimentos de significado histórico.

A esta morte, a segunda após Blok, Maiakovski também reagiu com um artigo:

"Morreu Viktor Vladimirovitch Khliebnikov.

"A glória poética de Khliebnikov é incalculavelmente inferior ao que ele representa", assim começa o necrológio de Maiakovski. E explica isso de forma bem popular:

"De seus cem leitores ao todo, cinqüenta o chamaram de grafômano, quarenta o leram por prazer e se espantavam porque daquilo não resultava nada e somente dez (os poetas futuristas, os filólogos da OPOIAZ) conheciam e gostavam deste Colombo dos novos continentes poéticos hoje povoados e cultivados por nós."

Se é neste cálculo aritmético da falta de popularidade de Khliebnikov em vida que está o excesso ou a insuficiência, não é significativo. Vale destacar que não apenas os futuristas, mas alguns poetas de outras correntes e escolas bem diferentes (M. Kuzmin, Viatch[eslav] Ivanov) revelavam interesse por ele.

Nos últimos meses de vida, Khliebnikov, como acontece com as grandes personagens, teve a companhia de pequenos intrigantes que tentaram atraí-lo para uma situação conflituosa com Maiakovski. Não foi possível influenciar Maiakovski com a intriga, e ele, com seu artigo, responde e honra a memória do maravilhoso poeta, chamando-o de mestre:

"Em nome de uma correta perspectiva literária, considero meu dever escrever preto no branco em meu nome e, sem dúvida, em nome de meus amigos, os poetas Assieiev, Burliuk, Kriutchionikh, Kamienski e Pasternak, que o considerávamos e consideramos um dos nossos mestres da poesia e um paladino magnífico e honestíssimo da nossa luta poética."

Com a morte de Khliebnikov, os futuristas perderam um dos argumentos importantes para a auto-afirmação da poesia contemporânea. Aliás, Khliebnikov também já não cabia naquela modificação do futurismo que levava a poesia para a propaganda. Ele era necessário mais como símbolo, como bandeira. Em Maiakovski, com o fim do trabalho na ROSTA e depois no Glavpolitprosvet, também se percebe o corte nas declarações, nos anúncios, nas propagandas artísticas e na prática criativa. Este corte ficará mais evidente no final de 1922 e início de 1923, quando escreve o poema "Sobre isso". Mas, por enquanto, ainda faz legendas e desenhos para cartazes de publicidade, discute sobre o futurismo...

No dia 8 de janeiro de 1922, Maiakovski realiza no Politécnico a "Primeira verdadeira noite da sátira". Este fato deve ser destacado não apenas porque a sátira na literatura pós-revolucionária mal percebia seus objetivos e formas, mas também porque Maiakovski revelou-se pesquisador de alguns gêneros satíricos. A dedicação à sátira merece uma atenção especial ainda porque foi a partir dela que começou a se revelar um certo dualismo na consciência de Maiakovski, demarcando a tragédia da bifurcação da consciência.

O início da sátira pós-revolucionária de Maiakovski deu-se com o poema "Sobre fiascos" (1920-1921):

Glória, Glória, Glória aos heróis!!!
Aliás,
eles
já foram recompensados.
Agora
falaremos
dos fiascos.

Essa "conversa" sobre os fiascos — em forma satírica — Maiakovski levaria até os últimos dias de sua vida. O incentivo e o apoio desta tendência, desde o começo, veio com o elogio de Lenin ao poema "Os reunidos". Lenin o leu no jornal *Izvestia* e, no dia seguinte, discursando na reunião da Facção Comunista do Congresso dos Metalúrgicos da Rússia, disse: "Não pertenço aos fãs de seu [Maiakovski] talento, apesar de reconhecer completamente a minha incompetência nesta área. Mas há muito tempo não senti tal satisfação, do ponto de vista político e administrativo. Em seu poema, ridiculariza as reuniões e humilha os comunistas: só sabem fazer reunião e mais reunião. Não sei como está com relação à poesia, mas com relação à política, garanto, está completamente certo. Realmente encontramo-nos na situação de pessoas (e deve-se dizer que esta situação é muito tola) que só fazem reuniões, organizam comissões, elaboram planos até a eternidade."

Maiakovski, ainda no estágio embrionário da atividade do novo aparato, da nova administração, percebeu e humilhou satiricamente o fenômeno que, em décadas, cresceu e transformou-se num sistema monstruoso que deturpou os ideais da Revolução e que levou o país à beira do abismo. E Lenin, que também pressentia este perigo, na mesma hora apoiou Maiakovski.

Lenin criticava o poeta com relação ao futurismo, mas desta vez fugiu de uma avaliação geral de seu talento, referindo-se à sua incompetência na área da poesia. Porém, ninguém prestou atenção ao detalhe: no poema de Maiakovski "Os reunidos" não há uma referência aos comunistas... Menciona-se a "união Teo e Gukon", Gubcooperativa, Komsomol... Mas Lenin aceita isso tudo como indiretas para os comunistas, acertando de forma correta no que mirava o autor. E não é de se admirar: o novo poder, com uma pressa incrível, gerava o seu aparato burocrático, bem maior e mais incompetente do que a administração do czar. Em 1922, o número de comunistas funcionários do governo aumentou de um milhão para dois milhões e meio. Isso porque as proporções das escalas administrativas eram menores do que antes da guerra. Os comunistas, com experiência revolucionária e de combate, lideravam, como regra, esta atividade, mas não possuíam nenhum preparo profissional.

Lenin, aos olhos de Maiakovski, era a mais alta autoridade na Revolução, e aqui vale a pena comentar o poema "Vladimir Ilitch" (1920).

A Rússia viveu um período de quase sete anos de guerra e revoluções que tiveram uma influência destruidora sobre o estado moral da sociedade. As guerras e as revoluções inevitavelmente cultivam sentimentos humanos baixos — a inimizade, o ódio, a ameaça à vida e liberdade de outras pessoas. Isso, na mesma medida, refere-se aos vitoriosos e aos derrotados. Apesar de os dois lados terem tido exemplos de sacrifício, de devoção, de heroísmo, porém, como escreveu o renomado ativista social Pitirim Sorokin, eles "afundam no mar de fenômenos adversos", e, por isso, seu papel é ínfimo em comparação com o papel "criminalizante" da guerra e da revolução.

É bastante natural que este fenômeno tenha tocado aquela camada de pessoas com o ânimo enfraquecido que chegaram, após o Outubro de 1917, ao poder e obtiveram seu renascimento. Foi isso que Maiakovski percebeu. Daí por que teme perder a crença, perder o ideal. O poeta e filósofo Viatch[eslav] Ivanov revelou-se clarividente quando escreveu, no final de 1917: "Sem o czar viveremos, caso a partir de hoje assim o quisermos; mas sem crença, mesmo se quisermos, não viveremos, mas morreremos, mataremos uns aos outros, roubaremos uns aos outros e nos fartaremos, e o jugo escravo colocaremos no cangote."

Não vamos procurar adivinhar se pensamentos semelhantes rondavam a cabeça de Maiakovski, mas ele teme perder a crença, teme perder o ideal humano de revolucionário. Procura-o em Lenin, com a auréola de líder e de um homem moralmente infalível, sem saber ou conhecendo pouco sobre aquele lado de sua atividade que estava ligada à repressão da contra-revolução, à luta contra o terrorismo. Soam, por isso, as palavras carinhosas e admiravelmente espirituais: "Eu, em Lenin, glorifico a crença do mundo e a minha crença." Ao idealizar a imagem de Lenin, Maiakovski vê nele inicialmente a "crença do mundo" e depois já "a minha crença", parecendo explicar sua crença em geral. Não haveria nisso uma certa insegurança, tentativas de reforçar a tese sobre a crença, inicialmente desmascarando-a? Não seria sobre isso também a fala um pouco nervosa e saturada do poema "Vladimir Ilitch"?

Porém... Maiakovski não tinha outra crença nesta época. Defendendo-a e salvaguardando-a, ele desencadeia uma sátira "burocratizada". Olhando a partir dos nossos tempos, notam-se nela alguns traços do sistema burocrático que então se formava. Maiakovski foi um dos primeiros, se não o primeiro, na literatura soviética a ver o perigo desse fenômeno. Na marcha vitoriosa do revolucionário, do produtor romântico da "região solar" da comuna, irrompe como um som dissonante a fala acusadora do satírico. Aguça-se a segunda visão, ela introduz desordem na consciência do poeta.

Por motivos pessoais...

O quente e chuvoso verão de 1922, agora, como de costume, Maiakovski passava na *datcha* em Puchkino. As *datchas* mudavam, mas Puchkino, com o monte Akulova e seu raso rio Utcha, permanecia igual. Além dos Brik e da empregada Annuchka, moravam, na *datcha* Arvatov, Rita Rait. Uma multidão de visitas aparecia também, principalmente aos domingos. Vladimir Vladimirovitch convidava todos aqueles que encontrava durante a semana em Moscou. E as viagens a Moscou eram necessárias quase todos os dias. A vida dos negócios e a social, apesar do verão, não arrefeciam. De manhã, após o café, barba feita, usando camisa limpa e gravata, acompanhado do cão dos donos da *datcha*, Tiutka, Maiakovski dirigia-se à estação de trem. As principais preocupações em Moscou estavam ligadas à edição da coleção de obras, em quatro volumes. O contrato fora assinado com o escritório de produção da Escola Técnica de Belas-Artes. A Escola de Belas-Artes, com muita dificuldade, administrava a publicação.

O local da *datcha*, no entanto, favorecia ao descanso e ao prazer e, quando encontrava tempo para isso, Maiakovski não recusava nada a si próprio. Ele descansava sempre de forma muito ativa, organizava passeios de barco pelo raso rio Utcha, catava cogumelos, preferindo colher somente os boletos, e não se agachava por causa de pequenos cogumelos. Existe até uma lenda segundo a qual o maior cogumelo foi encontrado em Puchkino, por Maiakovski. As diversões atraíam as visitas, que aumentaram em número no outono com a viagem de Lília Iurievna para o exterior, já que ela regulava a quantidade e a escolha dos convidados, porém Vladimir Vladimirovitch revelava sua hospitalidade irrestrita.

Em dias de chuva, jogavam xadrez, cartas ou qualquer outra coisa. Aliás, o xadrez era para Brik e Arvatov. Não havia bilhar, o jogo preferido de Maiakovski. Ele jogava cartas com o mesmo entusiasmo com que jogava bilhar, esquecendo-se do tempo. Certa vez, sentado na Rotonda, no bulevar Tveskoi, com Cherchenevitch e Bolchakov, estava também Khodasevitch, propôs "jogarem bonde". Passavam pela rua os bondes "13" e "15". Cada um apostava num número de bonde e quem perdia pagava a cerveja para todos.

Ele sempre jogava por interesse e, é claro, não obrigatoriamente por dinheiro. Em Puchkino, ele propôs uma condição a Rita Rait, no jogo de damas: caso perdesse, daria a ela uma barra de chocolate; caso ela perdesse, teria que lavar seu pincel e a lâmina de barbear durante uma semana. Ainda inventava outras, expulsar à noite todos os mosquitos, ir até a estação pela manhã debaixo de chuva para buscar o jornal... ganhava e festejava.

A paixão por jogos de azar parecia não ter limites. Às vezes, acontecia de a sorte estar ao seu lado, vinha a carta certa e todos perdiam. Ganhava apenas ele. Vladimir Vladimirovitch, então, dividia o dinheiro entre os parceiros para que o jogo pudesse continuar. Entrando no jogo, Maiakovski começava a fazer apostas altas. Houve na literatura russa jogadores viciados, e não eram os piores, podemos nos lembrar, entre outros, de Nekrassov, Dostoievski... Alguns achavam que Maiakovski era fabulosamente rico. E ele, depois de perder até o último fio de cabelo, ficava sem dinheiro e rapidamente criava algo para o jornal, fazia uma propaganda... Mas quando tinha dinheiro era extremamente generoso, convidava os amigos, distribuía presentes, oferecia empréstimos e, é claro, ajudava a mãe e as irmãs, mensalmente.

O jogo preferido era bilhar. Maiakovski jogava bilhar com alegria até mesmo na derrota. Percebia-se apenas quando o vício tomava conta dele. Marchando em torno do pano verde, após uma tacada com pontaria certeira, dizia enfaticamente: "Entregarei tudo pela fidelidade de Desdêmona" — ou qualquer outra expressão que estivesse na sua cabeça. Suas tacadas eram acompanhadas de ironias. Trazia o poeta Utkin para a sala de bilhar e jogava apostando *estrofes*, ou seja, honorários pelos versos. Jogando com Lunatcharski, que também se permitia descansar jogando bilhar e não gostava de perder, Vladimir Vladimirovitch falava em tom moralizante:

— O comissário, ainda que ganhe a partida honestamente, será acusado de favorecimento e bajulação!

No clube teatral Kruzhok, um pouco antes de sua morte, Maiakovski certa vez levou um crítico desafeto dele que falou mal da peça *O percevejo*, mas jogava bem bilhar. Maiakovski o deixou em vantagem, com a condição de que o perdedor tivesse que passar três vezes embaixo da mesa de bilhar. O crítico ficou seduzido pela vantagem. O público de teatro conhecia bem as relações tensas entre Maiakovski e o crítico; juntou, por isso, muita gente para ver o desfecho do desafio. Todos, como lembra o então diretor do Kruzhok, B.M. Filippov, estavam torcendo por Maiakovski. O crítico perdeu e teve que passar por baixo da mesa, e Vladimir Vladimirovitch, tentando abafar a barulheira extasiada dos presentes, pronunciou: "O nascido para se arrastar, escrever não pode!" — e propôs revanche ao parceiro, que se apressou na retirada.

Mas deixemos o bilhar. Estava no auge a estação de veraneio na *datcha*, e antes de seu início, ainda em maio, Maiakovski fez sua primeira viagem ao exterior. A viagem à Letônia foi programada com um ano de antecedência. Em Riga, a editora Arbeiterkheim publicou o poema "Amo". Porém, todos os preparativos foram por água abaixo. Assim que chegou a Riga, após a entrega do passaporte para o visto, Maiakovski começou a ser seguido. A polícia política abriu um processo e seguia cada passo do poeta. As palestras e a leitura de poemas não aconteceram e a tiragem impressa do poema "Amo" foi confiscada.

Durante a estada em Riga, Maiakovski deu uma entrevista que foi publicada pelo jornal russo *O Dia* cinco meses depois de sua viagem à Letônia. Pode-se destacar três momentos na entrevista: um arrogante preconceito contra outras escolas e tendências literárias, além do futurismo ("um grupelho" de imagistas "morre", deles "permanece apenas Iessiênin"); o apoio e a ajuda do poder soviético, apesar da "incompreensão" com a arte de Maiakovski; a declaração de que ele, Maiakovski, quer definitivamente se afastar do trabalho político e ocupar-se somente da literatura em grande escala (e cita-se o poema "A Quarta Internacional").

A última declaração sobre o afastamento do trabalho político é particularmente interessante. Isso significa que o próprio Maiakovski considerava a atividade na ROSTA, no Glavpolitprosvet e os poemas nos jornais um trabalho político. No entanto, surge mais uma conclusão: era seduzido pela criação literária, pela poesia. Da política, é claro, não podia se afastar, não era de sua natureza. O quanto ele voltou-se para a poesia, em breve, mostraria no poema "Sobre isso". Mas a pergunta: política ou poesia? — que reflete a dualidade da consciência de Maiakovski — ficará diante dele até o fim de sua vida e terá seu eco no poema pré-morte "A plenos pulmões", terá seu eco no reconhecimento de como ele "se resignou, pisando na garganta da própria canção".

Em outubro, Maiakovski empreendeu uma nova tentativa mais bem-sucedida de viajar para a Europa. Organizando-se para esta viagem, fez uma noite "de despedida" no grande salão do Conservatório, no dia 3 de outubro de 1922. Os jornais destacaram que a noite úmida e sombria de outono conseguiu lotar a sala. Maiakovski leu o poema "A Quarta Internacional". E falou sobre os objetivos da viagem:

— Estou viajando para a Europa, como patrão, para ver e conferir a arte ocidental. A arte deve servir às massas.

Pelo visto, considerava que à sua arte já havia conferido, pois foi o organizador de dois eventos no Politécnico intitulados "A depuração da poesia contemporânea". Vale a pena contar sobre eles. Obviamente, a própria fórmula de "depuração" continha a possibilidade de escândalo e os dois eventos tinham este gostinho, ainda mais que ao público fora proposto, por meio de votação, resolver a questão: "permitir" ao poeta continuar a escrever poemas ou "proibir".

Sobre um destes eventos, o primeiro, que aconteceu no dia 19 de janeiro de 1922, existe uma anotação no diário de D.A. Furmanov. Desta anotação, percebe-se que "Maiakovski fundamentou a depuração com três critérios bási-

Vladimir Maiakovski (1893-1930).

Vladimir Konstantinovitch Maiakovski (1857-1906). Pai de Vladimir Maiakovski.

Aleksandra Alekseievna Maiakovski (1867-1954). Mãe de Vladimir Maiakovski.

A casa onde Vladimir Maiakovski passou a infância. Bagdádi.

Vladimir Maiakovski aos 2 anos, com a irmã Olga, 1896.

Vladimir Maiakovski aos 7 anos. Bagdádi, 1900.

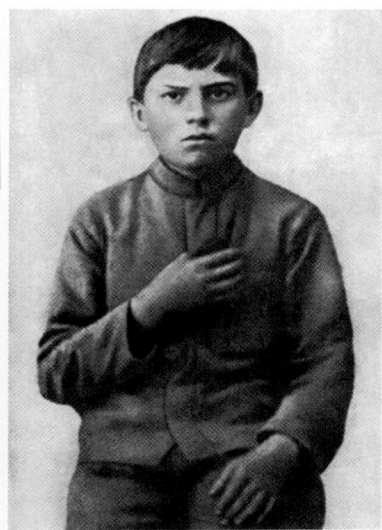

Vladimir Maiakovski aos 10 anos.
Aluno na primeira classe do Ginásio
de Kutaíssi, 1903.

A família Maiakovski. Kutaíssi, 1905.

Vladimir Maiakovski, 1908. Foto
para o Departamento de Segurança
de Moscou.

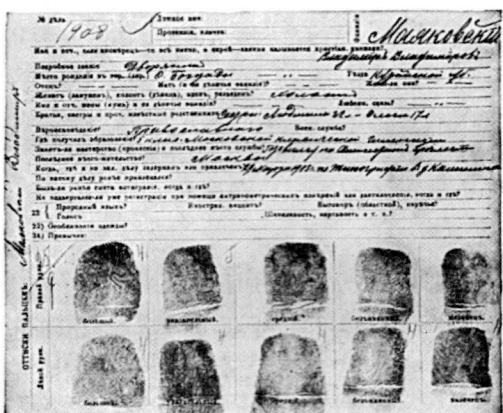

Ficha de Maiakovski no Departamento de
Segurança de Moscou, 1908.

Capa do processo aberto contra
Maiakovski pelo Departamento de
Segurança de Moscou, 1908.

Prédio da prisão de Suchevskaia, onde
Maiakovski esteve preso em 1908.

Solitária da prisão de Butirki, onde
Maiakovski esteve preso em 1909.

Vladimir Maiakovski. Estudante
do Instituto de Belas-Artes.
Moscou, 1910.

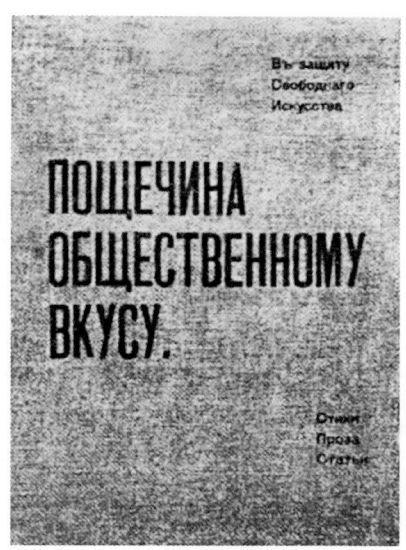

Capa do livro *Bofetada no gosto público.
Em defesa da arte livre*,
onde, pela primeira vez, foram
publicados poemas de
Vladimir Maiakovski.

Vladimir Maiakovski com Boris, filho de
K.I. Tchukovski. Kuokala, 1915.

Vladimir Maiakovski, 1915.

O poeta Aleksandr Blok.

O poeta Serguei Iessiênin.

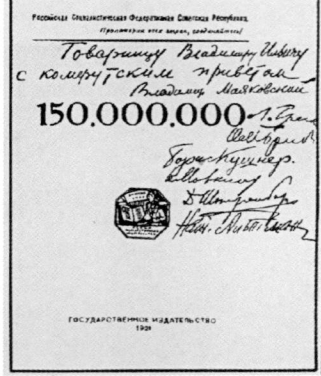

Exemplar da primeira edição do livro
150.000.000, enviado a Lenin com o
autógrafo do poeta, 1921.

Cartaz da primeira produção da
peça *Mistério-Bufo,* de
Vladimir Maiakovski, 1921.

Capa do livro *Tudo composto por Vladimir
Maiakovski,* 1909-1919.

Vladimir Maiakovski e os artistas plásticos da
ROSTA, I. Maliutin e M.Tcheremnikh, 1920.

O tablóide da ROSTA. Edição
extra. As principais notícias são
sobre as batalhas vencidas nos
arredores de Petrogrado contra o
Exército Branco, 1919.

"Janelas da Sátira". Desenhos de Vladimir
Maiakovski. Edição Natalina. "O Natal da
ROSTA dá aos burgueses centenas de presentes."

Trabalho de divulgação do tablóide
Pionerskaia Pravda (jornal da
organização dos pioneiros). Campanha
de assinaturas, 1928.

"Janelas da Sátira". Desenhos de Vladimir Maiakovski.
1) Se não combatermos o Exército Branco
2) O Exército Branco se levantará novamente
3) Se derrotarmos o patrão e relaxarmos
4) Vranguel estenderá a mão ao trabalhador
5) Enquanto a bandeira vermelha não se firmar
6) A espingarda não pode ser abandonada por nós.

O triângulo amoroso: Ossip Brik, Lília Brik e
Vladimir Maiakovski, 1929.

Capa da revista *LEF*, 1924.

Cartazes de propaganda criados por Vladimir Maiakovski. O cartaz superior é uma propaganda das chupetas do Rezinotrest; o inferior é uma propaganda da loja de departamentos GUM:

"Não há lugar para dúvidas e reflexões
Tudo para as mulheres
Somente na GUM."

Capa da revista *Chkval* com autocharge de Maiakovski, 1926.

Vladimir Maiakovski, 1926.

Tatiana Iakovleva. Uma das paixões de Maiakovski.

Vladimir Maiakovski, 1925.

Retrato de Vladimir Lenin.

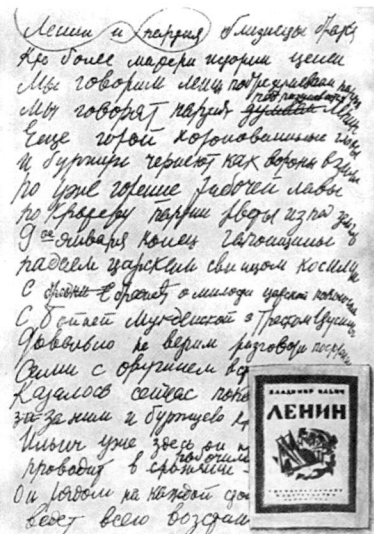

Manuscritos de Vladimir Maiakovski
do poema "Vladimir Ilitch Lenin". No
detalhe, a capa da primeira edição do
poema, 1925.

Capa da primeira edição do poema
"Vladimir Ilitch Lenin", 1925.

Vladimir Maiakovski declamando poemas
nos festejos do Dia da Floresta. Parque
Sokolniki, 10 de maio de 1925.

Vladimir Maiakovski com o cachorrinho Skotik, em Puchkino.

Verônica Vitoldovna Polonskaia. Uma das paixões de Maiakovski.

Cartaz da apresentação de Vladimir Maiakovski no Museu Politécnico, em Moscou.

"Maiakovski fez-se porta-voz do grandioso movimento social, quando em nome de milhões começou a falar de milhões de destinos a milhões de pessoas. Maiakovski é o poeta do futuro que estamos construindo e pelo qual lutamos... Em sua homenagem ainda serão cantadas muitas canções... Ele ergueu para si o monumento mais brilhante e especial de toda a história da literatura mundial..."

Vladimir Maiakovski no México, 1925.

ЭЙ, КЛИВЛАНДЕЦ, ПОСЛУШАЙ!

ТЕАТР НЕ УЕДЕТ

МУВИС НЕ УЕДЕТ

ЗНАКОМЫЕ НЕ УЕДУТ,

— а —

МАЯКОВСКИЙ

УЕЗЖАЕТ В С. С. С. Р.

Но до от'езда он посетит

КЛИВЛАНД

Поэтому все идем

29-го сентября с. г.

— в —

CARPENTERS HALL

2226 East 55 St., Cleveland

видеть его и слушать лекцию и декламацию

ВЛ. МАЯКОВСКОГО

Cartaz da apresentação de Vladimir Maiakovski em Cleveland, 1925. O cartaz feito pelo próprio poeta diz: "Ei, habitante de Cleveland, escute!
O teatro não irá embora
Os *movies* não irão embora
Os conhecidos não irão embora
Mas MAIAKOVSKI
Vai embora para a URSS
Porém antes de partir ele virá a Cleveland
Por isso vamos todos
29 de novembro do corrente ao CARPENTERS HALL
2226 East 55 St., Cleveland, vê-lo e ouvir sua palestra e declamação

Vl. Maiakovski."

Vladimir Maiakovski. Paris, 1925.

Vladimir Maiakovski e D. Burliuk com os filhos. Nova York, 1925.

Vladimir Maiakovski em Nova York, 1925.

Vladimir Maiakovski, 1928.

Vladimir Maiakovski na
redação do jornal *Krasnaia
nov*. Moscou, 1927.

ФЕДЕРАЦИЯ СОВЕТСКИХ ПИСАТЕЛЕЙ
РЕФ
РЕВОЛЮЦИОННЫЙ ФРОНТ ИСКУССТВ
КЛУБ ПИСАТЕЛЕЙ

1-го ФЕВРАЛЯ

ОТКРЫВАЕТСЯ ВЫСТАВКА **20** ЛЕТ РАБОТЫ

МАЯКОВСКОГО

ПОКАЗЫВАЕМ: Книги. Детское. Журналы. Газеты Москвы.
Газеты СССР. Плакаты. „Окна сатиры" Рекламы. Выступления.
Театр. Записки. Критика. Кино. Радио. Биография.

ВХОД-ВСЕМ
БЕСПЛАТНО

ВЫСТАВКА ПРОДЛИТСЯ ДО 15-го ФЕВРАЛЯ
На выставке (в аудитории) объяснения работников РЕФ'а
выступления маяковского
ВЫСТАВКА ОТКРЫТА ЕЖЕДНЕВНО
ОТ 12-30 5 к 30 м. а 1-го и 15-го ФЕВРАЛЯ ОТ 5-30 10 ч ВЕЧЕРА

Cartaz da exposição "20 anos de atividade
de Maiakovski". Moscou, 1930.

Vladimir Maiakovski na
exposição sobre o seu trabalho.
Moscou, 1930.

Vladimir Maiakovski entre os
jovens na exposição sobre o
seu trabalho. Moscou, 1930.

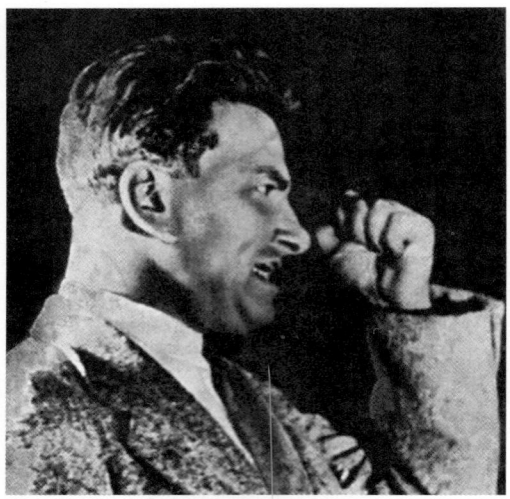

Lília Brik, 1914.

Vladimir Maiakovski declamando seus poemas
(reprodução de filme).
*"Eu, como a primavera da humanidade nascida nos
trabalhos e na batalha, canto a minha Pátria,
a minha República!"*

Lília Brik, 1922.

Lília Brik em foto de A. Rodtchenko,
1924.

Vladimir Maiakovski com
Lília Brik, 1915.

Vladimir Maiakovski (sentado) ao lado de Lília Brik
e Olga Tretiakova. Estão também na foto, de pé (a
partir da esquerda), Boris Pasternak e S. Eisenstein
com escritores japoneses.

Lília Brik, Ossip Brik, Roman Jakobson e
Vladimir Maiakovski. Bad Flinsberg,
1923.

Lília Brik posa nua para um artista plástico.

Cena do filme *Acorrentada pelo
filme*. Vladimir Maiakovski e
Lília Brik, 1918.

Vladimir Maiakovski. Moscou, 1927.
"Maiakovski caminhou além da nossa contemporaneidade
e, em algum lugar, depois de alguma esquina, ainda vai
nos aguardar." Marina Tsvetaieva.

À esquerda, cartaz da estréia da peça *O percevejo*. Foto menor superior à direita: cena da peça. Foto menor inferior à direita: Vladimir Maiakovski, A. Rodtchenko, D. Chostakovitch e V. Meyerhold. Moscou, 1929, durante a produção da peça.

Vladimir Maiakovski como estudante do Instituto de Belas-Artes. Moscou, 1910.

Maiakovski em cena do filme *Não nascido para o dinheiro*, 1918.

Vladimir Maiakovski no balneário da Alemanha, 1923.

cos: 1. o trabalho com a palavra criativa, o nível de sucesso no tratamento desta palavra; 2. a contemporaneidade do poeta com relação aos acontecimentos vivenciados; 3. o tempo de carreira poética, a fidelidade ao seu talento, a permanência na realização da sua alta missão como artista da vida...".

Na anotação, a julgar pelo raciocínio de Furmanov, conservou-se a ordem dos critérios. A inércia do conceito futurista refletiu nele: o trabalho formal com a palavra foi posto em primeiro lugar e, em segundo, está o conteúdo, a retratação da contemporaneidade na palavra poética.

A próxima anotação de Furmanov pode ser lida como sua avaliação e como discurso de Maiakovski. Existem trechos nos quais percebe-se claramente a autoria do comissário da divisão de Tchapaev.

Aliás, o caráter da anotação mostra como Maiakovski, o auditório e Furmanov se preocupavam mais com a questão do conteúdo, da direção da arte do poeta e a apresentação em primeiro plano do trabalho com a palavra era um tributo formal do futurismo. A preocupação de Maiakovski, quando falava sobre a contemporaneidade da poesia, sensibilizava o auditório; o auditório, por sua vez, o incitava ao debate e ele atirou farpas em A. Akhmatova pelo "intimismo", em Viatch[eslav] Ivanov pelos "poemas místicos" e pelos "motivos helênicos". Criticou também A. Adalis, o grupo de *nitchevok* e outros.

Existe também o testemunho de Kriutchonikh, segundo o qual Maiakovski descarregou a raiva em vários grupos poéticos considerados apolíticos e intimistas, mas que na realidade eram claramente pequeno-burgueses. Criticou violentamente Akhmatova, Khodosevitch, Cherchenevitch, Sologub. Disse algumas palavras de solidariedade acerca de Iessiênin, que estava presente, apesar da decisão dos imagistas de bloquear a "depuração".

O opositor de Maiakovski naquela noite foi E. Mindlin, que também escreveu suas recordações. O detalhe mais essencial delas para o restabelecimento da atmosfera dos eventos é o seguinte: o público não-pagante que se comprimia nos corredores, no chão em frente ao palco e no próprio palco, aguardando o aparecimento de Maiakovski, trocava acusações cáusticas com parte do público que se indignava abertamente com mais uma "palhaçada de Maiakovski". Que direito ele tinha, era a reclamação, de "depurar" os poetas: ele mesmo deveria ser "varrido" da poesia!...

Entre o público, entre os capacetes dos soldados do Exército Vermelho, entre os casacos de pele, os casacos de couro e capotes militares, surgiam rostos de renomados críticos literários, artistas: a curiosidade os trouxera aqui, queriam ver, ouvir, indignar-se em público com aquela "achincalhação da poesia".

A sala fria do Politécnico estava aquecida pela respiração de centenas de pessoas. E, aliás, com a predominância do sexo masculino (as mulheres da sociedade naquela época não demonstravam grande interesse em relação às discussões).

Mas eis que o auditório se acalma. Surgem no palco os poetas que vieram voluntariamente para a "depuração". São rapazes jovens pouco ou totalmente desconhecidos, colegas de café. O aparecimento de Maiakovski é recebido pelo auditório com uma tempestade de aplausos, vaias, exclamações de "Fora!", "Viva Puchkin!"

Maiakovski trajava um terno escuro e gravata. Começa explicando os princípios da "depuração" e depois a "depuração" em si. Ao arrasar com os poetas famosos, ele passa para os mais jovens que estavam sentados no palco. Cada um se levantava, lia seus poemas, que, via de regra, eram fraquinhos. Maiakovski, com algumas frases irônicas, critica os poemas e propõe — estão proibidos de escrever para sempre ou por três anos, para dar a oportunidade de se corrigirem. O público se diverte, se agita, vota.

Esta é a parte mais divertida.

Os jovens poetas, quase todos do sexo masculino, não se magoavam. Somente a ironia e a arte da oratória de Maiakovski influenciaram o auditório a votar a favor de Alexei Kriutchionikh, que se apresentou para a "depuração".

Depois de Kriutchionikh, apresentaram-se três poetas *nitchevok* que estavam em perfeita desarmonia com o auditório democrático. Os três estavam de golas altas engomadas, punhos brancos engomados, trajavam ternos pretos elegantes, sapatos de verniz e tinham cabelos ensebados de brilhantina. Um *nitchevok* que se apresentava na frente carregava um lenço vermelho sobre o peitilho com as pontas enfiadas por trás da gola engomada.

"A vaia explodiu na sala. No entanto, à medida que o *nitchevok* com o lenço vermelho no peito lia o manifesto... a vaia e o barulho na sala diminuíam. Por mais engraçados que fossem estes três *nitchevok*, algo no manifesto deles agradou o público. Aprovaram a resolução de que o acampamento de *nitchevok* nega a Maiakovski o direito de "depurar" os poetas. Mas quando os *nitchevok* propuseram que Maiakovski fosse até a *Pampuchka* no *TverBul* (ou seja, para o monumento a Puchkin no bulevar Tverskoi) para engraxar os sapatos dos transeuntes, a vaia e a balbúrdia explodiram novamente. As partes inimigas do público se uniram contra os *nitchevok*. Uma parte ficou indignada com a apresentação do *nitchevok* contra Maiakovski, a outra por eles terem tido a audácia de chamar o Monumento a Puchkin de *Pampuchka*."

Aceitou-se a proposta de Maiakovski sobre os *nitchevok*: "Proibi-los, durante três meses, de escrever poemas e, em vez disso, ficarem à disposição de Maiakovski para comprar cigarros."

Não era a todos que Maiakovski depurava nessas assembléias de "depuração". Apesar dos ataques polêmicos recíprocos, uma exceção, é claro, foi Iessiênin. Nikolai Assieiev também foi poupado e elogiado.

A viagem de Maiakovski a Berlim coincidiu com o *vernissage* da exposição de artes plásticas da RSFSR que dispunha de dez cartazes da ROSTA feitos por ele. Berlim, no início dos anos 1920, era um dos centros mais importantes de escritores emigrados russos. Numa série de pesquisas destaca-se que a "Berlim russa" era diferente da "Paris russa" e outras capitais após a emigração pós-revolucionária, pela intensidade do seu diálogo sem precedentes com a "metrópole". Também afirmam que este diálogo expressou-se de diferentes formas numa simbiose inesperada de forças literárias e sociais opostas, no caráter da atividade dos escritores comprometidos com o período berlinense. Em alguns trabalhos, esta época caracteriza-se pelo momento "dúbio" da literatura russa, que significou um corte brusco nas biografias de uma série de escritores, cientistas, filósofos, uma densa confluência de circunstâncias, interesses, avaliações e gostos da "metrópole" e dos emigrados. Vamos listar pelo menos alguns nomes que, de uma forma ou de outra estiveram ligados à "Berlim russa": A.M. Gorki, A.N. Tolstoi, I. Erenburg, A. Remizov, K. Fedin, B. Pilniak, A. Biéli, S.

Iessiênin, B. Pasternak, I. Chmeliov, A. Tchaianov, K. Tchukovski, V. Chklovski, I. Severianin... E não são todos.

Em Berlim, havia editoras e revistas russas das mais variadas tendências; contraditórias, às vezes, pela orientação política. Editavam-se as revistas *Jizn, Russkaia Kniga,* transformadas depois em *Novaia Russkaia Kniga, Russki Imigrant, Vestnik Samoobrazovania* e os jornais *Golos Rossii, Nakanune, Rul, Novi Mir* e outros. Resumindo a característica polarizada das opiniões políticas que eram afirmadas e pregadas por diferentes edições, pode-se dizer que entre elas havia uma policromia rara, desde a monarquia até a neutra com os lemas: "Nem com os vermelhos, nem com os brancos! Nem com Lenin, nem com Vranguel! E "Com os vermelhos e com os brancos!" — até o pró-soviético, quando seus representantes começaram a retornar à Rússia. As questões culturais aproximavam freqüentemente os opositores políticos. A revista *Russkaia Jizn,* no artigo que abria o número, declarava:

"Para nós não existe, na área de livros, uma divisão entre a Rússia Soviética e a emigração. O livro russo e a literatura russa estão unidos nas duas margens. Faremos de tudo para que a revista chegue à Rússia. Para alcançar da melhor maneira esse objetivo, vamos permanecer fora da luta política e fora de quaisquer partidos políticos."

A partir do segundo semestre de 1921, o papel de unificação da revista *Russkaia Jizn* destacou-se pelos artigos de I. Erenburg, Andrei Biéli, Alexei Remizov e outros sobre o desenvolvimento da cultura, sobre as buscas criativas intensas na Rússia Soviética, negando as invencionices da imprensa conservadora sobre a morte da cultura na Rússia. No final de 1921, a revista começa a sair com o título de *Novaia Russkaia Kniga,* e sua função de unificação cultural revelou-se com mais clareza quando a revista começou a publicar obras de escritores que vinham da Rússia a Berlim: Pilniak, Pasternak, Iessiênin, Sokolov-Mikitov, Maiakovski. Já era 1922. Foi exatamente a revista *Novaia Russkaia Kniga* deste período que I. Erenburg chamou, mais tarde, de "pedacinho de terra de ninguém". O "de ninguém" aqui deve ser entendido no sentido político e não no sentido nacionalista, apesar de ter sido "um pedacinho" de terra russa.

A tarefa de *unificação* da literatura russa era conclamada também pela Casa das Artes de Berlim, que se declarou apolítica e que tinha apenas objetivos culturais, relações com os escritores que residiam na Rússia. As idéias da revista *Novaia Russkaia Jizn* e da Casa das Artes gozavam de amplo apoio entre os emigrados em Berlim. Por isso Maiakovski, ao chegar no outono de 1922, foi recebido com interesse e benevolência. Seu nome já era bem conhecido. Maiakovski era visto como o líder da vanguarda poética, por um lado, e como poeta da Revolução, por outro.

Esta última qualidade nem todos aplaudiam, é claro, mas mesmo assim era recebido como um fenômeno fora do comum. A revista *Nakanune*, após a apresentação de Maiakovski no Café Leon, escreveu: "A fama de poeta da Revolução que corre à frente deste 'poeta por obra e graça divina' — é uma fama merecida e não uma moda passageira... O poema '150.000.000' está repleto de uma inspiração chispante, de tal sátira severa que pode corajosamente suportar a comparação com as criações renomadas da poesia européia. E o poema sobre a égua que sofre é a prova do elevado lirismo do talento multifacetado de Maiakovski. Como um todo, é na coerência, na magnitude, nas buscas corajosas e no gênero criativo que está o valor de Maiakovski."

I. Erenburg em suas memórias *Pessoas, anos, vida,* contou também acerca do encontro entre Maiakovski e Pasternak em Berlim. O problema é que antes disso havia ocorrido entre eles um desentendimento bastante sério. Erenburg tornou-se testemunha da paz tempestuosa e apaixonada selada entre eles, tão desejada, que à noite do mesmo dia, ao se apresentar na Casa das Artes, Maiakovski leu "A flauta-vértebra" voltado para Pasternak.

Ao chegar a Berlim, Maiakovski logo se envolve com a vida literária dos emigrados russos. A revista *Novaia Russkaia Kniga* publica sua autobiografia *Eu mesmo.* Conhece Serguei Prokofiev e S.P. Diaguiliev; trava debates sobre a arte moderna; apresenta-se em diferentes auditórios com discursos e leitura de poemas, participa de debates sobre o cinema e as artes plásticas. No dia do quinto aniversário da Revolução de Outubro, apresenta-se no evento solene da representação política da URSS. Com ele se apresentam também A. Tolstoi, Severianin, Kussikov.

O encontro com Severianin, que veio a Berlim da Estônia, foi amistoso. Abraçados, os três (estava ainda Pasternak) foram ao Café. Maiakovski pediu a Severianin poemas para publicá-los no jornal *Izvestia*. Severianin ficou contente, mas as pessoas a seu redor o alertaram, dizendo que isso traria conseqüências graves a sua carreira. Severianin ficou preocupado e com medo, mas mesmo assim se apresentou todas as noites com Maiakovski e o visitou no Kurfursten Hotel.

Anos depois, Severianin reconheceu que esteve muito perto de voltar para a Rússia, mas a principal responsável de seu retorno para a Estônia, onde residia permanentemente, foi a nova amiga do poeta a quem ele se juntou antes da viagem a Berlim. Maiakovski, que organizava os livros de Severianin para publicá-los pela revista *Nakanune,* e A. Tolstoi tentaram convencê-lo a voltar para a Rússia.

Os contatos de Maiakovski com os emigrados russos aconteciam apesar de o poeta não ter mudado sua opinião negativa com relação à emigração. Mesmo em Berlim declara: "Ser um poeta e um escritor russo só pode acontecer vivendo na Rússia e com a Rússia. Nem pensem em irromper em Moscou, no cavalo branco de suas volumosas obras, os autores que se acomodaram no estrangeiro..." Apesar dessa declaração, como informa a revista *Nakanune*, o auditório lotado que ouviu tais palavras demonstrou muita atenção às palavras do poeta. Com efeito, o grupo de emigrados não era homogêneo. E essa heterogeneidade se explica pelos contrastes políticos dentro da própria Rússia Soviética. Por um lado, as esperanças de pacificação civil acalentadas pelos emigrados em face da instalação da NEP motivaram muitos ao retorno à pátria: voltariam mais de 120 mil exilados. Até mesmo aqueles que viajaram para o exterior (estavam se preparando para viajar M. Tsvetaeva, G. Ivanov. I. Odoievtseva) consideravam a viagem temporária. Teve início a NEP, e os que não concordavam com o poder soviético estavam certos de que a Rússia estava a caminho da república burguesa e que tudo logo ruiria. Mas, por outro lado, o governo soviético, exatamente nessa época, no outono de 1922, empreendeu uma ação mortal para a cultura russa — expulsão de 160 representantes da intelectualidade, entre os quais muitos cientistas, filósofos e escritores de renome mundial. Esse passo silencioso, além de causar uma perda irreparável à vida intelectual da jovem república e ter praticamente dado a largada ao monopólio ideológico do bolchevismo, também desviou para a direita uma parte significativa da emigração russa, que teve que passar por um difícil caminho de adaptação cultural no Ocidente. As futuras viagens de Maiakovski a Berlim não deixariam uma marca tão forte do contato com os emigrados.

Mas deve-se destacar dos encontros berlinenses o encontro com Serguei Prokofiev. Tanto para um como para o outro, o encontro tinha sentido não só no plano da criação artística, mas também no plano pessoal. Nas anotações de Maiakovski e de Prokofiev ficaram registradas as recordações desse encontro. Na caderneta de Maiakovski conservaram-se os títulos das obras de Prokofiev: "Contos da vovó", "A marcha de amor por três laranjas", "Romance", "Passageira", "Terceiro concerto". Pode-se supor que Serguei Sergueievitch as tocou para Maiakovski e Diaguilev quando se encontraram. Quando voltou do exterior, Maiakovski, que não era amante de música (ele mesmo reconheceu isso), esteve no concerto de Prokofiev.

Maiakovski assinou em Berlim o contrato com a editora Nakanune para a edição de obras escolhidas. Ele não tinha sido traduzido para o alemão e supunha que era absolutamente impossível de ser traduzido. E não era só ele que pensava assim. Hugo Huppert, um poeta austríaco, tornou-se seu maravilhoso tradutor. Maiakovski lhe disse certa vez, amargurado:

— Durante minha vida inteira invejei os pintores e os músicos; sua linguagem não precisa de dicionário; eles não dependem de tradutor. Tradutores são quase sempre um sofrimento, mas sem eles seria muito pior.

E eis mais uma lembrança importante de Hugo Huppert:

— Sempre fui inclinado a pensar que as raízes da minha poesia são inseparáveis do solo russo, e isso significava para mim que os meus poemas seriam intraduzíveis em todo o restante da terra habitada...

Nos encontros e conversas com S.P. Diaguilev surgiu a idéia de Maiakovski ir a Paris. Diaguilev, um grande empresário, homem do teatro que encabeçou o balé russo no Ocidente e com amplos contatos, ajudou a formalizar o visto, e, no dia 18 de novembro, Vladimir Vladimirovitch viajou para Paris.

Paris não podia deixar de impressionar Maiakovski, assim como impressionava e impressiona cada pessoa sensível e observadora. A capital das capitais, de onde são ditadas as modas e as tendências da arte, atraía pela abundância de galerias de arte, de exposições, de cabarés... Sete dias, para onde ir? O que ver? É claro que, inicialmente, as exposições, os ateliês de Picasso, Delone, Braque, Leger, Bart — seus nomes são famosos no mundo inteiro. Mas Maiakovski fica agradavelmente surpreso com a boa recepção dos russos soviéticos e o interesse revelado pelas pessoas com relação à vida na Rússia após a Revolução e a Guerra Civil. Ele ironicamente afirma que o passaporte soviético "era uma curiosidade com a qual pode-se viver durante duas semanas sem possuir qualquer atrativo e, mesmo assim, permanecer como o preferido só mostrando este livrinho." Nessa brincadeira existe um fundo de verdade que se refletiu em inúmeros questionamentos sobre a Rússia Soviética e que eram feitos por todos, desde uma faxineira aos deputados do parlamento. Os pintores de Montmartre organizaram uma recepção por ocasião da chegada de Maiakovski, brindaram à Rússia soviética. Ali se encontrou com seus velhos amigos, os pintores Gontcharova e Larionov.

Maiakovski foi aos ateliês dos pintores não só pelo permanente interesse nas artes plásticas, mas também porque essa linguagem não precisa de tradutores: a linguagem da plasticidade é acessível a ele num nível profissional. Lembrava que ainda antes da guerra "os peregrinos do mundo inteiro afluíam para reverenciar as relíquias da arte parisiense". Maiakovski destacou que foi antes da guerra. Na época em que esteve em Paris, a arte da França, na sua opinião, havia mudado. Ao freqüentar os ateliês dos pintores, as exposições, tentava da mesma forma penetrar no caráter do sucesso e de como era feita a publicidade, como uns eram elevados ao pedestal e outros derrubados. Não são indiscutíveis as avaliações de Maiakovski à arte de alguns pintores, a elas juntava-se a política, mas são avaliações de um profissional, de um homem que conhecia as artes plásticas.

As artes plásticas na França quase que em todos os tempos foram, provavelmente, a forma de arte mais prestigiada e mais difundida. "A França deu ao mundo milhares de nomes famosos. E para cada nome famoso havia mil escritores que não só não tinham nome, como também desconheciam seu sobrenome, conhecido apenas pelo *concierge*." Maiakovski lembra o tempo antes da guerra, quando Paris ditava a moda nas artes plásticas e quando a reverência diante de tudo que era parisiense cegava.

Maiakovski atira-se com avidez em tudo nessa sua primeira viagem. Os escritores, as revistas, os teatros, os cabarés, até a música, tudo tem sua interpretação cotidiana, pois: "Entre mim e a música há antigas divergências." Na música era Igor Stravinski. Ouvia. Recusava-se a julgar. Apesar de ter percebido que se sentia mais próximo de "Prokofiev, com suas marchas impetuosas e grosseiras". Dos escritores pôde se encontrar apenas com Jean Cocteau, que estava em evidência. Cocteau revelou-se um interlocutor sensível, mas Maiakovski não conseguiu saber muita coisa sobre a vida literária de Paris, apesar de não ter dispensado conclusões categóricas.

Observando o dia-a-dia de Paris, Maiakovski percebeu que muitos "prazeres culturais" foram inventados e existiam para os estrangeiros. E o que mais o impressionou foram como os novos *two-step* e *one-step,* de incrível popularidade, lembravam as russas "*Gaida, troika*".* Dançava-se tudo que era russo.

Maiakovski conheceu os cabarés parisienses e à sua maneira os classificava. Esteve também na câmara dos Deputados. Resta-nos admirar como foi agitada a estada de uma semana de Maiakovski em Paris.

Paris impressionou Maiakovski, mas Maiakovski também impressionou Paris. O pintor georgiano Lado Gudachvili, que residia então em Paris e com quem o poeta se encontrou no Café Rotonda (encontraram-se como "georgianos"), escreveria posteriormente: "Paris maravilhava-se com ele. A meca da poesia e da arte buscava o novo, e esse novo Paris encontrou em Maiakovski. Para a Paris daquela época, ele tornou-se bandeira, e essa bandeira os parisienses viram em seus poemas."

A demonstração desse grande interesse por Maiakovski ficou registrada em várias fontes, por cartas endereçadas a ele, escritas pelo pintor M. Larionov de Paris.

---

*"Gaida, troika" — composição (letra e música) de M. Steinberg (final do século XIX e início do século XX). (*N. da T.*)

No caminho de volta, Maiakovski deteve-se em Berlim e ali, pela editora Gosizdat, saiu sua coletânea *Duas vozes*. Um título inesperado, mas característico para Maiakovski. A seleção dos poemas levou em consideração a apresentação em público e a arte de Maiakovski ler no palco. Mesmo que Maiakovski recitasse no palco apenas um pequeno poema irônico, tal era seu domínio artístico, que o sucesso o acompanhava quase sempre. O famoso apresentador Vladimir Iakhontov considerava que a voz de Maiakovski estava próxima do som de um órgão. Deve-se destacar que ele, ao mesmo tempo, atribuía um significado maior à vibração do poema.

Quando voltou do exterior, Maiakovski se apresentou com o relatório *O que faz Berlim?*. No relatório estavam também suas impressões de Paris. Mas eis o que chama muita atenção: a brusca avaliação negativa de Andrei Biéli, de Severianin, com quem mantinha relações amistosas, e de toda a literatura da "Avenida NEP". Provavelmente isso explica que, em Berlim, Maiakovski, até o último momento, não perdera as esperanças de devolver Severianin à Rússia, pois o havia convencido, com Tolstoi. Pode ser que o mesmo tenha acontecido com os escritores da virada do século, com quem manteve conversas esperançosas, mas apenas poucos deles resolveram voltar. Para sua própria desgraça. Eis que o tom e a relação de Maiakovski mudaram. A situação de emigrado mudava sua relação com a pessoa. Sobre Marc Chagall, a quem valorizava muito como pintor, Maiakovski disse: "Chagall... Chagall... e *uchagal*..."* (O trocadilho de Maiakovski ecoava com o cartaz pendurado na Escola de Belas-Artes de Vitebsk: "Que qualquer um marche na arte como Marc Chagall".)

Depois de Berlim veio o relatório *O que faz Paris?*. Também no Politécnico. Este relatório pode ser avaliado como um resumo da crônica "Anotações de liudogus", que estavam no trabalho e haviam sido publicadas em partes. Era um relatório sobre a viagem. Tudo era trabalho. A vida pública e criativa de Maiakovski se desdobrava, mas na vida particular amarrara-se um nó que estava prestes a desencadear uma séria crise.

---

*A palavra "chagal" significa "marchou". O trocadilho de Maiakovski pode ser traduzido como: "Marchou... marchou... e se foi." (*N. da T.*)

Em Moscou, na travessa Lubianski, perto da rua Miasnitskaia, Maiakovski tinha um quarto. Da rua Miasnitskaia, conhecia cada buraco. Pudera, por ali era o caminho para a ROSTA, para o Correio Central (onde trabalhava a irmã Olga), para a Escola de Belas-Artes (em frente ao Correio), para a casa de Assieiev e Rodtchenko, que moravam no prédio da Escola... O apartamento dos Brik e Maiakovski na Vodopiani tinha dois quartos, no final de um corredor comprido. Num dos quartos, o maior, com um grande samovar sobre a mesa, aconteciam os encontros literários. A idosa empregada servia.

Maiakovski passava a maior parte do tempo na travessa Vodopiani, como companheiro de Lília Iurievna Brik, que era casada formalmente. No verão de 1922, Lília Iurievna apaixonou-se por outro homem. Do texto do poema "Sobre isso" pode-se extrair uma menção ao "ciúme" que lança uma luz sobre a situação. No entanto as opiniões de Lília e de Maiakovski sobre essa situação eram diferentes. Sendo esposa legítima de um marido e mulher real (ou, como dizem, *companheira*) de outro homem, Lília Iurievna em seu convívio pregava a total liberdade dos deveres conjugais.

Sobre isso contou em suas memórias E.A. Levinskaia. Ela e o marido, o escultor Anton Levinski, faziam parte do círculo da LEF e durante algum tempo foram amigos íntimos dos Brik. "A família normal", escreveu Levinskaia, "era considerada uma limitação pequeno-burguesa. Tudo isso era colocado em prática por Lília Iurievna e recebia o reforço ideológico das teorias de Ossip Maksimovitch."

Lília Iurievna, entre os íntimos, se permitia expressar sobre Maiakovski de forma irônica: "Imaginem", dizia ela, "Volodia é tão enfadonho, faz até cenas de ciúmes. Que diferença há entre Volodia e o cocheiro? Um conduz o cavalo, outro a poesia."

Com relação aos sentimentos de Maiakovski, pelo visto, eles pouco importavam a Lília Iurievna, mas via vantagens neles: "Faz bem a Volodia sofrer, sofre um pouco e escreve bons poemas."

A tentativa de desfazer o nó desaguou num acordo mútuo: deviam ficar dois meses sem se ver. O combinado foi realizado a partir de 28 de dezembro de 1922 até às 15 horas de 28 de fevereiro de 1923.

Nesses dois meses foi escrito o poema "Sobre isso" — um poema de amor diferente no tom do poema "Amo", o mais lírico dos poemas de Maiakovski pós-Revolução de Outubro.

Vladimir Vladimirovitch, com dificuldade, suportou essa separação. Apesar de se apaixonar facilmente por mulheres, de ter relacionamentos passageiros, Maiakovski por natureza era monogâmico e, por isso, não conseguia aceitar com o coração a moral que estava em moda nos anos 1920 e que legalizou o "amor livre", do qual Lília Iurievna era adepta. Ela aceitava tudo isso de forma diferente, sem preocupação e como diversão e, no final da vida, chegou até a perder a noção da idade. Maiakovski sofria, lhe enviava flores, pássaros em gaiolas, dando a entender que ele estava na gaiola e era prisioneiro. Não foi à toa que intitulou a primeira parte do poema "Balada do Cárcere de Reading", reportando o leitor a Oscar Wilde, que escreveu uma obra com este título, quando esteve na prisão. Na autobiografia está: "Escrevi: 'Sobre isso'. O cotidiano de todos, por motivos pessoais."

As memórias de Lília Iurievna Brik registram que Maiakovski caminhava diante de sua janela na travessa Vodopiani. Isso pode ser percebido nas associações figurativas do poema, mas dificilmente ocorria com freqüência. Maiakovski trabalhava muito e intensamente, às vezes dezesseis ou vinte horas por dia; o relatório sobre sua vida de janeiro a fevereiro está repleto de atividades organizacionais e públicas diferentes.

Vamos tentar, na medida do possível, esmiuçar a história (e os antecedentes da história) da criação do poema "Sobre isso". "Amor, ciúme, amizade eram em Maiakovski hiperbolicamente fortes...", escreve Lília Brik. Tal se constata no poema. O motivo da briga e, posteriormente, da separação de dois meses, segundo relato de Lília, foi o discurso de Maiakovski *O que faz Berlim?*. A fala de Maiakovski a revoltou. Era um discurso "com palavras de estranhos". Não seria com palavras de Brik que também se encontrava em Berlim naquele momento? Aliás, isso não é dito. Sabe-se somente que Lília interrompia a fala de Maiakovski com observações ofensivas, mas justas. Após o intervalo, não deixaram que ela saísse do camarim, e na segunda apresentação — *O que faz Paris?* — ela mesma resolveu não ir.

Depois disso, houve uma conversa tempestuosa.

"Nós dois chorávamos. Parecia que estávamos morrendo. Que estava tudo acabado. Estávamos acostumados a tudo, ao amor, à arte, à revolução. Acostumamo-nos um ao outro, por estarmos calçados e vestidos, vivendo em casa aquecida. Bebendo chá. Mas estávamos nos afogando na rotina. Estávamos no fundo do poço. Maiakovski não escrevia mais nada de verdadeiro..."

Um fragmento muito interessante das recordações de Lília Brik se rebela contra a mesquinhez, a estagnação, contra o dia-a-dia bolorento. Ela revela a preocupação com o estado criativo de Maiakovski e a iniciativa de se separar por dois meses. Essa conversa foi no dia 28 de dezembro. À noite, Vladimir Vladimirovitch enviou uma carta a Lília muito confusa e se arrependendo. Na carta ele culpa apenas a si mesmo, mas é difícil de entender por quê. A carta diz: "Não ameaço nem suplico perdão" e, ao mesmo tempo: "Não posso escrever e pedir perdão por tudo." Perdão por quê?

Não encontraremos a resposta para esta pergunta nas primeiras cartas de Maiakovski, escritas durante os dois meses de confinamento. Lília Brik também deixou escapar: "Ele ficou dois meses quieto honestamente e nada era perdoado..." O que não era perdoado? Por que ele tinha que se castigar, por que tinha que pedir perdão a Lília Iurievna? Por ter feito um discurso de palavras alheias? Por ficar bebendo chá na casa dos Brik? Mas foi ela que disse antes como tudo isso o desagradava e como ele lutava com essa autocomplacência.

Em busca de resposta, tentaremos extrair algo de outras cartas e do poema "Sobre isso".

Sobre a carta escrita e não enviada, está escrito na carta enviada: "A carta está sobre a mesa. Você não responderá, já fui substituído, não existo mais para você." A citação dos textos das cartas de Maiakovski, escritos durante os dois meses de separação, Lília Iurievna acompanha com digressões líricas, com comentários emotivos do tipo: "Eu o amava tanto!" Eis mais uma sentença fundamental na carta de Maiakovski: "Juro-lhe por sua vida, minha criança, que com todo o *meu ciúme*, apesar dele, eu sempre fiquei feliz por saber que está bem e feliz" (grifos nossos).

Mas eis o texto que nos esclarece e põe em dúvida a revolta de Lília Iurievna contra os chás:

"... Novamente sobre o meu amor. Sobre a famigerada atividade. O amor para mim esgota tudo? Sim, tudo. Mas de maneira diferente. O amor é vida. Isso é o mais importante. Dele se originam os poemas, o trabalho e todo o resto. O amor é o coração de tudo. Se ele interromper o seu trabalho, todo o resto morre, faz-se excessivo, desnecessário. Mas se o coração trabalha, ele não pode não se revelar em tudo isso. Sem você (não é o sem você 'em viagem', mas interiormente sem você) não há vida. Assim foi sempre, assim é agora. Mas, se não há 'atividade', estou morto. Significa isso que posso ser qualquer um, basta me 'agarrar' a você. Não! A situação expressa por você no momento da separação 'o que fazer se *eu também não sou santa, gosto de tomar chá* — esta expressão no amor deve ser absolutamente excluída" (grifos nossos).

Na carta está escrito sobre Lília Iurievna: "Não é amor que sentes por mim, tens amor por tudo. Eu ocupo um lugar nele..." E, finalmente: "... o amor não pode ser estabelecido com nenhum 'deve', nenhum 'não pode', mas somente com competições livres com o mundo inteiro." Como podemos perceber, aqui há discordância não apenas com o chá, mas também com algo diferente...

Assim foi o amor dos dois lados? Lília Brik entendeu corretamente Maiakovski. Era uma mulher perspicaz e compreendia muito bem as pessoas, principalmente os homens: para Maiakovski, um desvio mínimo na relação amorosa já era considerado traição.

Não estaria nesse maximalismo a origem de pequenos e grandes conflitos? Não seria ele tão severamente criticado por Maiakovski nas cartas aparentemente falando do cotidiano. E Lília Iurievna respondia às mensagens de Maiakovski sucinta e raramente, mas, de tempos em tempos, dava esperanças com uma condição: "Acredito que você possa ser igual àquele *que eu sempre sonhei amar*" (grifos nossos); ou, respondendo a Vladimir Vladimirovitch sobre sua desconfiança de que fora substituído: "Você não foi substituído. Isso é verdade, apesar de eu não ser obrigada a ser verdadeira com você."

A correspondência de Maiakovski com Lília Brik esclarece alguma coisa. "Os motivos pessoais" desaguaram num drama de amor. No poema, ele alcança seu pico, já nenhuma palavra comum e nenhuma imagem são capazes de transmitir sua tensão, somente a metáfora e a hipérbole, somente o quadro fantástico do "terremoto", próximo ao correio na rua Miasnitskaia por onde passava a rede telefônica, podem de alguma forma refletir o estado de espírito do poeta. E eis a repercussão daquilo que está nas cartas: o herói do poema se culpa e acusa o preconceito borolento "da antigüidade", que ficou nele e que era aquele próprio cotidiano, o qual lembra o "monstro do ciúme rangedor...".

A auto-humilhação e a autopenitência atravessam a lírica do poema "Sobre isso". Mas, ao passar o enredo do poema para o plano real, o poeta demonstra que atrás das portas do apartamento dela acontecem as mesmas coisas de costume — "as visitas-gralhas", os "bolos", conversas vazias, indiferença com relação a tudo que está acontecendo por trás destas paredes... Ou seja, o mesmo "chá". Só que ela, sua amada, o poeta separa artificialmente deste cotidiano.

> — *Veja,*
> *querida, até mesmo aqui,*
> *esmagando com poemas a bobagem do cotidiano,*
> *protegendo o nome amado,*
> *é você*
> *que contorno em minhas*
> *desgraças.*

Como é maravilhosa a grandeza de um apaixonado, mas ela não pode encobrir o fato de a amada permanecer escrava do cotidiano. Na vida, isso se confirma com recordações contraditórias e cartas de Lília Brik.

Na "Ordem N° 2 do Exército das Artes", Maiakovski ridicularizou os poemas amorosos. A vida o ridicularizaria. O estado de espírito levou o poeta à necessidade de escrever sobre o amor, à impossibilidade de contornar este tema. E ele sai deste tema purificado, entusiasmado com a esperança. As últimas partes do poema são intituladas "Crença", "Esperança", "Amor". "Esperança" no enredo lírico é a ardente súplica (e esperança) da ressurreição:

> *Não vivi até o fim o meu bocado terrestre,*
> *sob a terra*
> *não vivi o meu bocado de amor.*

O amor ideal sonhado pelo poeta, que ele profecia, provavelmente, apenas no comunismo, com a total liberação dos preconceitos cotidianos, com a total confluência do amor pessoal com o amor de toda humanidade. A ilusão social se encontra com a ilusão moral. No final do poema surge aquele ideal de amor que o impaciente Maiakovski vê somente no século XXX.

Em 28 de fevereiro, terminou o prazo de dois meses de separação. Nesse mesmo dia, combinaram a viagem a Petrogrado. A seguir, transcrevo as palavras de Lília Brik:

"Ao chegar à estação de trem, não o encontrei na plataforma. Ele aguardava nos degraus do vagão.

"Assim que o trem começou a andar, Volodia, encostado à porta, leu-me o poema 'Sobre isso'. Leu e chorou aliviado...

"Várias vezes me atormentei com o sofrimento solitário de Volodia, ao mesmo tempo em que continuava a levar uma vida comum, encontrar pessoas, freqüentar lugares. Agora eu estava feliz. O poema que eu acabara de ouvir não seria escrito caso eu não quisesse ver em Maiakovski o meu ideal e o ideal da humanidade. Pode ser que isso soe forte, mas naquela ocasião era exatamente assim."

É, soa realmente forte, se considerarmos que não muito depois, no poema "Jubileu", fora dito: "Eu agora estou livre do amor e dos cartazes. Como pele de urso o ciúme fica deitado com suas unhas." A "libertação" do amor aconteceu não tão rapidamente após escrever o poema "Sobre isso", a viagem a Petrogrado era a tentativa de colar o vaso quebrado. Pode ser que isso fosse o desejo sincero das duas partes. Mas não foi possível colar o vaso quebrado. Nesse caso, provavelmente, ajudaram-nos a compreender o caráter das relações na família ou círculo (não sei como seria melhor denominar) de Maiakovski-Brik as anotações de Nikolai Assieiev sobre o poema "Sobre isso", escritas em 1936. Mais tarde, Assieiev caracterizaria diferentemente essas relações. Passada a tensão da perda, muita coisa se atenuou. As impressões mais recentes merecem maior atenção.

Assieiev escreve que entre "Maiakovski e as *pessoas próximas a ele aconteceu uma desavença séria e intransigente*" (grifos nossos). "Pessoas próximas", naturalmente, eram os Brik. Assieiev conhecia bem o ambiente. Sabia que Lília Brik era defensora do "amor livre". Maiakovski, como escreve Assieiev, não podia viver apenas para "realizar seus sentimentos, tendo como resultado desta realização somente os honorários para levar tira-gostos e doces, comprados com este dinheiro, para o salão literário". O "salão" ficava na travessa Vodopiani, na casa dos Brik. E, finalmente, mais uma observação do mesmo artigo sobre o poema "Sobre isso":

"A batalha mortal com o cotidiano, no qual se valoriza a pessoa não pelo modo de ser, mas pelo que ela tem, é a questão famosa dos empresários americanos: 'Dá dinheiro?', o desperdício pelas pessoas de toda sua vida para a organização do próprio bem-estar — eis o mais importante, e é contra isso que o poema é direcionado, eis o coeficiente da construção do seu enredo pessoal. *Isso deve ser levado em consideração em cada desvio seu para o lado da motivação lírica amorosa*" (grifo nossos).

Apesar de certa grandiloquência intencional, provavelmente necessária para sufocar a essência crua do que foi dito, mesmo assim ela é evidente. Que as linhas de Assieiev, o amigo mais próximo de Maiakovski, fiquem na memória do leitor...

O futurismo, entretanto, até mesmo sob a faixa de Comfut, perdia posições. Também Lunatcharski não se rendia a suas declarações de amor.

Ele foi convidado ao apartamento dos Brik no dia 1º de maio de 1922. Estavam Maiakovski, Khliebnikov, Pasternak, Kriutchionikh, Assieiev, Kamienski... Todo o Comfut "atacou Lunatcharski... ele só mordia o lábio" (N. Assieiev).

Por mais que fossem amigos, Maiakovski e Lunatcharski, mesmo quando se encontravam na casa de Anatoli Vasilievitch e travavam batalhas no campo verde do bilhar, para o mais velho deles, Lunatcharski, em casa ou no clube o mais novo era simplesmente Volodia. Porém, nem um nem o outro negavam a si o "prazer" de discutir quando a conversa chegava à arte, à literatura, aos princípios de sua compreensão e de sua concepção.

Durante a discussão do espetáculo *O generoso corno*, de Krommelink e dirigido por Meyerhold, severamente criticado na imprensa por Lunatcharski, Maiakovski posicionou-se contra e defendeu o espetáculo tão efetivamente que "cada réplica... provocava uma tempestade no auditório". G. Krizhitski lembra que foi uma "maravilhosa justiça sumária, assim como um lutador de primeira classe que colocou o adversário com poucos golpes no chão".

E foi Lunatcharski, o grande polemizador! Mas Maiakovski também levou de Lunatcharski...

Mas as discussões sobre Maiakovski prosseguiam na crítica. E havia muitos motivos para isso.

"Maiakovski continua se autoproclamando futurista...", escreveu um dos críticos, "ou seja, que ele é a repugnância da podridão burguesa, quer dizer que ele é 'incompreendido'... E, apesar de em *Mistério-bufo* não ser apenas incompreensível, mas até simplório, apesar de a imagem da nossa época borbulhar de revolucionarismo, o sentimento da mágoa pessoal pela blusa amarela do passado abafa tudo, até mesmo a dedicação à Revolução e à proteção dos interesses da Revolução."

Pode ser que tal opinião sobre Maiakovski decorresse do comportamento escandaloso de alguns colegas futuristas, como, por exemplo, o grupo composto por A. Kriutchionikh, I. Zdanievitch, I. Terentiev e outros. Por outro lado, Maiakovski e os futuristas próximos a ele eram acusados de "se aglomerarem nervosamente diante do *hall* moscovita dos bolcheviques".

As matérias de jornais de Maiakovski eram aprovadas pelos colegas escritores e recebiam críticas severas dos adversários. Mesmo no jornal *Izvestia*, onde se esperava que, após a publicação do elogio de Lenin, poderiam se estabelecer boas relações, o poeta continuava sem a simpatia do diretor Steklov. Não se falavam: a antipatia era recíproca. Existem boatos de que os longos editoriais do jornal foram chamados de *steklovitsi** por Maiakovski. Foi ele também que

---

*O significado do sobrenome Steklov — diretor do jornal — é Vidro, então *steklovitsi* significava vítreos. (*N. da T.*)

disse no poema "Rasa filosofia em lugares profundos": "A água não largava a pena de Steklov." No entanto, nas páginas de *Izvestia* apareceram muitas obras satíricas do poeta que abordavam temas políticos internos e externos.

Em 1923, começou a ser publicada a revista *LEF*, órgão da Frente de Esquerda da Arte que substituiu o Comfut. Os objetivos da revista foram relatados por Maiakovski no plano em anexo à declaração do Comitê Central do Partido Comunista. A declaração avisava aos participantes da LEF que eram "ideologicamente um grupo comunista" e que um dos seus objetivos é "contribuir para encontrar o caminho comunista para todos os tipos de arte", além de rever a ideologia e a prática da arte de esquerda, "afastando dela as afetações individualistas", fazer propaganda "pela aprovação do caminho e da ideologia comunista" etc.

O bilhete diz também que a revista irá apresentar ao leitor os avanços da arte européia, servir de "vanguarda para a arte européia e mundial". Em suma, são declaradas as velhas ambições de liderança no desenvolvimento da arte, mas temperadas com a retórica comunista.

Concomitantemente ao poema "Sobre isso", Maiakovski trabalhou numa série de panfletos políticos dos quais os "heróis" tornaram-se os mais destacados ativistas do Estado, do partido e dos sindicatos do mundo ocidental — Poincaré, Mussolini, Curzon, Pilsudski, Stinnes, Vandervelde, Gompers. Uma idéia sobre a sátira política de Maiakovski pode fornecer a história de criação e o conteúdo da "Balada sobre o valente Emílio".

No verão de 1922, em Moscou, aconteceu o julgamento dos SRs. O processo foi precedido e acompanhado de uma ruidosa campanha publicitária que provocou manifestações em massa com as exigências de pena de morte para os réus que, há pouco tempo, colaboravam e, antes da Revolução, estavam em exílios e prisões na Sibéria.

Ao mesmo tempo, o novo poder queria demonstrar ao Ocidente o caráter "de direito" do tribunal, apresentando aos SRs a acusação de "terrorismo" e, por isso, foram aceitas as presenças de representantes da II Internacional Socialista. Entre eles estava Emílio Vandervelde, um dos dirigentes da Internacional e advogado profissional.

O julgamento, na verdade, foi um fiasco porque as acusações estavam mal alinhavadas, mas a sentença foi cruel: 12 pessoas foram condenadas à pena de morte (fuzilamento), 10 ("arrependidas") foram condenadas à prisão: de 2 a 10 anos.

Este foi o primeiro e, parece, o último processo deste tipo aberto e organizado pelo poder soviético. Ele provocou o protesto de muitas personalidades do Partido Comunista (Bukharin, Tomski, Lunatcharski, Pokrovski). Em defesa dos SRs apresentou-se Gorki. Mas a mão punitiva do novo poder não cansou de punir. Ela sufocava a voz de protesto: na mesma época foram expulsos do país os *mencheviques de esquerda* e, logo após o julgamento, foi a vez de um grande grupo de escritores, filósofos, publicitários, entre os quais estavam os destacados cérebros do país...

Uma reação a esse acontecimento veio no poema "Balada sobre o valente Emílio". O estilo irônico e mordaz do panfleto político mostrava que o poeta cedeu totalmente à versão oficial do tribunal e não percebeu sua essência — a cruel represália aos inimigos políticos.

Não é alto o valor também de outros *retratos* satíricos de dirigentes estrangeiros, escritos por Maiakovski no início dos anos 1920 e reunidos na *Galeria Maiakovski*. Eles não estão livres da criatividade, mas seu aspecto de denúncia é quase nulo. Maiakovski estava preso a idéias oficiais propagandísticas e gastava sua paixão com o serviço de agitação política.

Na mesma época, fazia cartazes primitivos com motivos anti-religiosos que podem ser analisados como continuação do trabalho cartazista para a Glavpolitprosvet. Eram basicamente direcionados para o campo. As sátiras anti-religiosas e políticas compuseram livros, e Maiakovski pessoalmente os ilustrou. Um livro se chamava *Galeria Maiakovski*, o outro *Nem curandeiro, nem deus, nem anjos de deus são ajuda para os camponeses,* e o terceiro *Os ritos*.

Finalmente, realizou-se o sonho de Maiakovski e seus companheiros: dispor da sua própria revista, intitulada *LEF*. No dia 17 de janeiro de 1923, aconteceu a primeira reunião do conselho editorial no quarto de Maiakovski, na travessa Lubianski. No mesmo dia, houve a cisão. N. Tchuzhak, um dos teóricos da arte de esquerda, abandonou a reunião batendo a porta. Maiakovski ficou chateado e escreveu a Tchuzhak:

"Para mim é totalmente assustador que o senhor tenha se acertado com o Comitê Central, com a editora (pessoas que freqüente e esteticamente nutrem inimizade por nós) e não conseguimos nos acertar com o senhor, um amigo e companheiro comprovadamente...

"Por favor, ponha em ordem suas idéias e apresente-as a nós simplesmente em forma de exigências concretas. Mas lembre-se de que o objetivo da nossa união é a arte comunista (parte da cultura comunista e do comunismo em geral!). É uma área nebulosa que não pode ser submetida a controle e a teorização precisos, pois a prática e a intuição ultrapassam freqüentemente as teorias floreadas. Vamos trabalhar com isso, sem impor nada um ao outro, provavelmente dilapidando um ao outro: o senhor com conhecimento; nós, com o gosto. Sua saída, antes mesmo de qualquer discordância, é incompreensível, assim como antes de o primeiro trabalho ser realizado."

Maiakovski se preocupa com o destino da revista. Afinal, nem saíra o primeiro número e revelara-se uma oposição no conselho editorial, partindo de um marxista teórico ortodoxo da arte de esquerda, como Tchuzhak era considerado. Isso preocupava mais ainda Maiakovski, pois empregava esforços para a unificação dos escritores. A situação na literatura, na atividade editorial, naquela época, tentou corrigir a seu favor o partido dos bolcheviques. Com a aprovação de Lenin se criou a primeira revista *Krasnaia Nov* (1921). Maiakovski publicou trabalhos nessa revista até a publicação do grosseiro artigo do crítico D. Talnikov sobre seus poemas escritos no exterior.

A tentativa de unificação foi empreendida em 1922 e se organizou uma comissão especial denominada Comissão para Organização dos Escritores e Poetas numa Associação Autônoma, e a aposta era feita nos velhos escritores que aderiram à Revolução: escritores proletários, futuristas, imagistas, serapiões, um grupo de indecisos. Para o cargo de presidente da nova associação discutia-se a candidatura de Nikolai Assieiev.

A editora Krug (Círculo) deveria se tornar um centro unificador, além da revista *Krasnaia Nov*. O próprio nome já transmite a idéia da associação. Previam-se subvenções para a editora aumentar os honorários e o barateamento das edições, a cessão de uma casa, onde seria organizado o Fundo de Auxílio aos Escritores. Apesar de a Krug concorrer com sucesso com as editoras particulares, não poucas naquela época, não conseguiu realizar sua tarefa de unificação.

Maiakovski empreende a unificação por iniciativa própria. Como não conseguiu com o Proletkult, trava conversas com os dirigentes da Associação dos Escritores Proletários de Moscou e, no final de 1923, consegue o acordo que foi reforçado oficialmente no papel. No *acordo*, a tarefa da associação definia-se como "concentração dos esforços na luta contra a influência desmoralizante da literatura burguesa e pseudo-aliada, para a elaboração da política cultural de classe correta". Aqui, a LEF, em sua essência, fecha com a RAPP,* que era "incansável defensora" da pureza classista da literatura.

No acordo havia um ponto que obrigava as partes a evitar polêmicas mútuas, permitindo-se discussões e críticas construtivas. (Esse ponto foi infringido pelas duas.) O acordo surgiu porque as tarefas formuladas por Maiakovski para a revista *LEF* correspondiam à plataforma do grupo Outubro, transformado em RAPP, seguiam a orientação comunista para todos os tipos de artes.

A revista *LEF* formou-se na onda do entusiasmo de unificação. Por isso, Maiakovski, de forma tão ciumenta, defendia a união interna do conselho editorial desde os primeiros passos de sua atividade. Mas não havia base para a união, nem no seu sentido mais estreito nem no seu sentido mais amplo, na literatura russa dos anos 1920. O espectro das concepções políticas e estéticas era muito diverso nas condições das liberdades democráticas ainda preservadas e que minguavam aos poucos. Tanto a literatura como a arte gozavam dessas liberdades. As tendências de autoritarismo começaram a ser demonstradas com mais força no final dos anos 1920, quando a direção do partido passou a apoiar a associação dos escritores proletários, inserindo nos fundamentos da literatura e da arte os princípios de classe e partido.

Na LEF uniram-se os escritores, pintores, diretores de teatro, cineastas que também tinham visões diferentes da arte: N. Assieiev, S. Tretiakov, V. Kamienski,

---

*Associação Russa de Escritores Proletários. (*N. da T.*)

B. Pasternak, A. Kriutchionikh, P. Neznamov, N. Tchuzhak, B. Arvatov, B. Kuchner, S. Kirssanov, V. Chklovski. A. Lavinski, A. Rodtchenko, O. Brik, V. Stepanova, S. Eisenstein, L. Kulechov, Dziga Vertov... Nesta lista incompleta há nomes de pessoas que marcaram presença na cultura russa.

Alguns dos acima citados (Assieiev, Arvatov, Brik, Kuchner, Tretiakov e Tchuzhak) fizeram parte do conselho editorial da *LEF*. O cargo de redator-chefe ficou com Maiakovski; o de secretário, com o poeta P. Neznamov. Um homem ativo, cuidadoso, executivo. Um ótimo funcionário. A redação ganhou um cômodo na Casa da Imprensa. O quartel-general permaneceu sendo o quartinho na Lubianka, onde transcorreu a primeira reunião do conselho editorial.

A capa da primeira revista, assim como das próximas, foi feita por Aleksandr Mikhailovitch Rodtchenko. Ele também ilustrou a primeira edição do poema "Sobre isso". Rodtchenko foi uma figura de destaque na arte de esquerda dos anos 1920 e um dos criadores do *design* soviético. Se nos referirmos à arte publicitária exatamente no que tem de melhor e não como a que substitui e elimina a arte, teremos de destacar Rodchenko como o representante mais talentoso de suas idéias. Além disso, revelou-se mestre na fotomontagem, decorador das manifestações e festejos... Maiakovski e Rodtchenko nutriam uma relação amistosa com uma fantasia incansável de quererem aproximar o futuro o mais rápido possível.

Maiakovski, como sempre ocupado com uma massa de trabalhos pessoais e públicos, ao mesmo tempo era um homem organizado, sabia trabalhar se esforçando ao máximo e organizou o trabalho na redação de tal forma que funcionasse mesmo na sua ausência. Tudo era dirigido por Neznamov e dele a responsabilidade era especial. "Fresco, defumado ou marinado, mas têm que trazê-lo hoje...", recomendava a Neznamov acerca do clichê do primeiro número, e quem o fazia era um gravador particular abarrotado de trabalho. À meia-noite e meia, Neznamov trouxe o malfadado clichê, em razão do qual o número estava atrasado e por isso foi recompensado com um jantar.

Traçando a linha pela unificação, Maiakovski dedica páginas da revista não só aos escritores pertencentes à tendência da LEF, mas publica também obras de I. Babel, Artem Vesioli, Dm[itri] Petrovski, Valentin Kataiev. Maiakovski tinha um grande desejo de atrair Iessiênin como colaborador para a revista e travava conversas diretas com ele sobre isso. O conteúdo dessas conversas foi registrado por Assieiev. Iessiênin pediu para entrar para a revista com seu grupo. Maiakovski respondeu que é bom sair em grupo ao se terminar a escola, mas não cairia bem agora a Iessiênin.

Iessiênin, então, pediu um departamento.

— O que vai fazer lá e o que irá administrar?

— Administrarei pelo menos que o nome seja meu!

— E qual será?

— O departamento se chamará "Rossianin"!

— Por que não "Sovietianin"?

— Deixe disso, Maiakovski! É a minha última palavra!

— O que fará com a Ucrânia, Iessiênin? Ela também tem o direito de exigir um departamento. O Azerbaijão? A Geórgia? A revista terá que se chamar não *LEF*, mas *Rosucrageorg*.

Maiakovski tentava convencer Iessiênin:

— Largue estes seus Oriochin e Klitchkov! Para que carrega tanta argila nos pés?

— Eu carrego lama; o senhor, o ferro! O homem foi feito de argila; o que foi feito de ferro?

— De ferro são feitos os monumentos!

Os dois tinham palavras na ponta da língua, os dois eram ambiciosos e a conversa sobre a colaboração com a revista não era um simples duelo verbal. Vê-se que cada um tinha sua visão de mundo.

O primeiro número da *LEF* saiu em março de 1923. A revista, do ponto de vista de hoje, era fina, de formato pequeno e pouco volumosa. Sua estréia teve a publicação de três artigos: "Pelo que luta a LEF"; "Em quem se crava o LEF"; "Contra quem a LEF previne". Os três artigos escritos por Maiakovski desenvolviam o programa da revista elaborado no departamento de propaganda do Comitê Central.

Podemos perceber dois momentos que irão nos ajudar a penetrar no sentido da arte de propaganda: o primeiro, é uma vontade claramente expressa de diluir o pequeno "nós" da arte no enorme "nós" do comunismo. O "eu" na arte, até mesmo "pequeno", parece excluir-se totalmente; o segundo, é o eixo do programa: a arte é a construção da vida.

Aos clássicos no primeiro número da revista foi anunciada "anistia", aos analfabetos foi "permitido" aprender a ler com suas obras. Apesar de O. Brik, V. Blium e mais alguns não interromperem o acerto de contas com Puchkin, Ostrovski... Maiakovski, em um de seus discursos, "anistiou" Rembrandt. Isaak Brodski disse a Maiakovski que soube disso pela carta do pintor Katsman. "Quem será o próximo?", perguntou Brodski. Maiakovski respondeu: "Katsman pode esperar sentado. Escreva para ele não ficar preocupado..." A "anistia" não se estendia àqueles que ele não aceitava na arte contemporânea.

Em março ocorreu a leitura do poema "Sobre isso" num círculo íntimo, e foram convidados Lunatcharski, Assieiev, Pasternak, Chklovski e outros. Maiakovski leu com entusiasmo incomum. Lunatcharski foi quem ficou mais emocionado e maravilhado com o poema. Sua mulher N.A. Lunatcharskaia-Rozenel é quem nos transmite as palavras por seu marido no caminho de volta para casa:

"No carro, Anatoli Vasilievitch me falou que aquela noite o convenceu da grandiosidade do poeta Maiakovski.

"— Eu já sabia disso antes, mas hoje me convenço totalmente. Volodia é lírico, é um lírico finíssimo, apesar de ele mesmo, às vezes, não entender isso. Um orador, um agitador e ao mesmo tempo lírico. E você percebeu os olhos de Maiakovski? Só um homem talentoso tem olhos assim..."

Esta é uma observação extremamente importante — lírico, e lírico finíssimo. Maiakovski, é claro, entendia isso e, numa das cartas a L. Brik, escreveu a respeito de si próprio, parecendo lembrar quem era ele e que era um lírico. Porém, "a lírica constantemente é atacada por nossas baionetas". Ao mesmo tempo, pode ser que Lunatcharski esteja com a razão, Maiakovski nem sempre entendia que ele, antes de tudo, era um lírico finíssimo e somente depois um orador e agitador. Como isso refletiu em sua carreira é uma questão complexa. No entanto, Maiakovski não podia ser diferente na poesia do Maiakovski que conhecemos em vida.

Atualmente, alguns poetas renomados afirmam que o gênero épico das décadas soviéticas matou a poesia e que ela, ao contrário da lógica do desenvolvimento mundial, desviou-se do caminho lírico. E dizem que a vítima nesta encruzilhada foi Maiakovski e até mesmo Pasternak com seus poemas revolucionários. A verdade é que a lírica é a origem hereditária da poesia e o gênero épico poético não tem perspectivas na competição com o figurativo da prosa moderna. Porém, o golpe revolucionário que empinou o país gigantesco e abalou o mundo empurrava para buscas de formas não-tradicionais de sua representação na arte. E os poetas procuravam estas formas no épico. Posteriormente, tentaram também transformar a arte em modo de vida, mudar sua natureza. Acredita-se que não vale a pena jogar para fora do barco da modernidade tudo que pertencia ao gênero épico poético da época soviética. Ele é a reflexão dos deslocamentos tectônicos na história não só de um país, de um Estado, mas também do mundo, da humanidade.

O poema "Sobre isso" tornou-se o acontecimento número um na biografia do poeta no início dos anos 1920, pois revelou a natureza orgânica do enorme talento de Maiakovski e mostrou que seu dom lírico não havia se esgotado, mas só recuado diante das "janelas-sátiras" da ROSTA, dos panfletos e do gigantesco simbolismo do poema "150.000.000". E por mais que Maiakovski discutisse com Lunatcharski, por mais que tentasse provar-lhe que o maior reconhecimento do poeta estava nos poemas mordazes que reclamavam da calçada feia na rua Miasnitskaia (é uma referência ao seu poema "Sobre a Miasnitskaia, sobre a mulher e sobre a escala de todas as Rússias") — ele era um verdadeiro lírico, e o dom, a medula e a "espinha dorsal" do seu talento era a lírica. E era isso exatamente que não agradava a seus companheiros da LEF, era isso que eles colocavam fora dos parênteses da arte moderna.

O poema "Sobre isso" foi publicado no primeiro número da revista *LEF*. É totalmente natural que, por exemplo, a Tchuzhak o poema "Sobre isso" não agradou, já que considerava os poemas propagandísticos do poeta da LEF muito mais "úteis e superiores aos poemas de um sacristão" e considerava os poemas de Maiakovski que faziam propaganda dos produtos das lojas estatais "infinitamente mais valiosos do que uma série de estrofes patéticas, mas que não tocavam a consciência do próprio poeta". Ele criticou o poema em um dos números da revista *LEF*, criticou a edição em livro do poema feita por A. Rodtchenko por ver nela (nem mais nem menos) uma "decomposição". A "decomposição" era o destaque dado ao gênero autobiográfico do poema e a ilustração da capa — uma fotografia de Brik. Uma avaliação negativa do poema foi feita também por O. Brik. Tudo porque o poema "Sobre isso" entrou em contradição irreconciliável com as teorias da LEF, com a teoria da arte propagandística. Nesta teoria se encaixava bem a propaganda, mas não a lírica amorosa. O propagandista ciumento da arte de Maiakovski no passado, N. Tchuzhak, entrou numa briga implacável com ele. A separação definitiva aconteceu em 1925, na conferência da LEF que Maiakovski abandonou de forma ostensiva.

Os primeiros números da *LEF* saíam mais ou menos com regularidade. Com efeito, a *LEF* é atacada violentamente por todos os lados desde os primeiros dias, e isso é explicável. Nos objetivos, formulados por Maiakovski, havia algumas contradições de caráter filosófico e estético. A divergência de opiniões entre os colaboradores da *LEF* era desanimadora e se refletia nas páginas da revista, aquecida pela ambição de diferentes declarações sobre a arte. Pelos cálculos de Maiakovski, a *LEF* era composta de 20 grupos e todos eles, ou melhor, cada um deles apresentava a sua concepção das tarefas e dos objetivos da revista.

Nas críticas à revista, criticava-se também o poema "Sobre isso" e suas posições também bem diferentes e contraditórias. G. Lelevitch, na revista *Na Postu* fulminava o poema e sua posição de salvaguarda "proletária"; os imagistas, no almanaque *Hospedaria dos viajantes da beleza*, sem muito trabalho declararam o poema "um arranjo ignorante". Tchuzhak o caracterizou como "romance sentimental", dizendo que as ginasianas derramariam lágrimas ao lê-lo. "Por motivos pessoais" isso desagradava não só a Tchuzhak, mas também a outros seguidores da LEF. E Maiakovski, que vivia um período difícil em seu desenvolvimento criador e que sentia profundamente a ruptura entre as declarações dos colaboradores da *LEF* e o fenômeno lírico do poema "Sobre isso", declara-se um parnasiano que se encurralou num beco sem saída.

E a ruptura tornava-se maior e mais visível quando o Maiakovski conferencista, o Maiakovski redator e o Maiakovski teórico afirmava a arte-propaganda, a arte-construção, mas mesmo assim apoiando-se no "realismo tendencioso". Mas os teóricos da arte de esquerda (N. Tchuzhak, B. Arbatov) adaptavam à *LEF* as elites da estética formal, e na realidade defendiam o fim da arte em sua acepção tradicional e natural. S. Tretiakov conclamou abertamente que se deixasse de escrever poemas e versos para privilegiar a crônica dos fatos. Mas Maiakovski era novamente para eles uma "cobertura", um sinal, um símbolo da tendência de esquerda: era necessário assegurar o prestígio da *firma*. No entanto engrandeciam seus trabalhos "produtivos" — boletins de propaganda — mas não o poema "Sobre isso" e não os versos satíricos de "Os reunidos".

Tinianov afirmava que os versos de propaganda de Maiakovski para o Mosselprom*eram maliciosamente motivadores, assim como a participação na produção, mas na realidade eram desculpas para buscar o reforço. Ele teorizava sobre este assunto, considerando que, quando o cânone começa a oprimir o poeta, o poeta corre com o seu talento para o cotidiano. Como exemplo, citava-se Puchkin, que escreveu semi-epigramas, semimadrigais, o que na realidade prova que poetas assim não *perdem* desta forma seu talento; com efeito o *adquirem*. O mesmo, segundo ele, acontecia com Maiakovski. Sua propaganda do Mosselprom podia fecundar o poeta, assim como fecundaram seus cartazes da ROSTA.

É um raciocínio interessante, mas discutível. Dificilmente Puchkin teria uma vontade interior de escrever epigramas e madrigais em forma de folhetins, não fazia parte de sua natureza assumir tarefas formalmente. Escreveu versos de folhetim a vida inteira. Fazia-o com facilidade, sem ter uma paixão especial por isso. E, no entanto, às vezes escrevia obras-primas. Porém, Maiakovski afirmava com um entusiasmo polêmico:

— Perguntam por que escrevo para o Mosselprom. Mas quem disse que escrevo para eles? Escrevo para vocês. Será que vocês não querem que a indústria e o comércio soviético se desenvolvam? Quem não quer?

---

*Produtos agrícolas de Moscou. (*N. da T.*)

No conselho editorial da *LEF* não havia uma opinião única, e na imprensa isso se comentou de forma inteligente: *Kto v LEF, kto po drova*.* E não decorria da aposta numa discussão consciente, mas em face da falta de clareza e de unidade das opiniões sobre a arte dos colaboradores da *LEF*. Eisenstein entrou para a LEF após ter se entusiasmado com Maiakovski e com um sentimento de euforia após o sucesso do seu espetáculo. Ele publicou na *LEF* o artigo "Montagem de atrações". Constituía-se no primeiro artigo teórico, pouco compreendido, mas irritante para aqueles que defendiam a moderação e o esmero na arte.

O temperamento de gigante e o impulso incontrolável de conquistar o leitor em massa (daí, a crítica de O. Mandelstam) levam Maiakovski às ruas, às praças. No dia 1º de maio de 1923, declama poemas na região de Rogozhki; no dia 12, nas manifestações suscitadas pelo assassinato de V. Vorovski, em razão do ultimato do ministro inglês, Curzon, à União Soviética. Os jornais unanimemente destacaram o sucesso do poeta, do orador de tribunas: a multidão repetia seus poemas. O sucesso das apresentações pode ser explicado pela atmosfera eletrizante que reinava na multidão e em toda a sociedade por causa do agravamento da situação política externa.

Provavelmente tal situação levou Maiakovski a pensar em viajar novamente para o exterior, pois gostava de situações de risco.

No dia 3 de junho de 1923, pegou o avião de Moscou para Königsberg. Desta vez tudo foi insólito. Primeiro, é claro, o avião, o aeroplano — como era chamado na época. Vladimir Vladimirovitch nunca tinha passado pela sensação de vôo. Segundo, o descanso de três semanas em Flensburg e, depois de uma passagem por Berlim, mais o mês de agosto inteiro de descanso em Nordern. Obviamente, o descanso era condicional, mas estava livre das propagandas, dos panfletos, do dia-a-dia moscovita. Durante o tempo em que esteve fora da Rússia, Maiakovski preparou e entregou à editora berlinense Nakanune um livro de poemas denominado *Coisas deste ano (até 1º de agosto*

---

*Ditado russo equivalente ao brasileiro: confundir alhos com bugalhos. Na realidade, faz-se um jogo de palavras com Lês (floresta) e LEF. (*N. da T.*)

de 1923) e na introdução escreveu que havia trabalhado nos últimos 12 meses mais do que nunca.

Depois de Nordern, Maiakovski passou ainda metade do mês em Berlim. Mas a estada na capital da Alemanha não foi tão saturada de encontros e apresentações como a primeira. Aliás, trata-se de uma característica de Maiakovski: na primeira visita ao país, tentava impacientemente assimilar e conhecer tudo relativo à vida social, literária e artística; na segunda vez, sentia-se triste, pois lhe parecia que tudo que precisava ver já vira. Assim seria mais tarde com Paris. Lá, contudo, o aguardavam outras emoções e surpresas do destino... Mas na Alemanha, Maiakovski sentiu muita tristeza e escreveu a Burliuk em Nova York: "Aproveito a oportunidade para saudá-lo. Envio livros. Caso me enviem o visto, estarei aí daqui a dois ou três meses..." Eis a atração de Maiakovski, o outro lado do oceano!

Ao voltar da Alemanha para Moscou, Maiakovski se apresenta num evento em homenagem à inauguração das aulas no Instituto Literário, criado e dirigido por Briussov. A importância deste acontecimento está nos participantes: Briussov, Assieiev, Iessiênin, Chengueli, Adalis e outros. Iessiênin é um oponente irreconciliável nesta época. Acabara de publicar *O Mirgorod* de ferro*, com um ataque a Maiakovski. Ainda o aguardava um debate acalorado com Chengueli.

Porém o fato não se refletiu detalhadamente nos jornais nem nas recordações. Mas, supostamente, sobre esse evento fala Z. Akselrod em suas recordações publicadas no jornal bielo-russo *Literatura i Mistatstva*. Ele conta que Maiakovski apresentou-se depois de Iessiênin. "... Ele leu 'A marcha à esquerda', 'A nuvem de calças', 'A aventura espetacular'... O público, composto por jovens escritores e estudantes do Instituto Literário, era ansioso e muito exigente. Maiakovski era incansável. Sua voz dominava o auditório. Quando terminou e sentou-se em seu lugar, Iessiênin pede novamente a palavra. Depois Maiakovski torna a ler. Competiram até depois de meia-noite. Podia-se perceber que Maiakovski e Iessiênin não estavam simplesmente 'se apresentando'

---

*Palavra composta (*Mir* = paz e *gorod* = cidade), cidade da paz. (*N. da T.*)

ou simplesmente 'lendo poemas': lutavam pelo domínio do auditório, toman-do-o um do outro."

Pode-se imaginar o tom dado por Maiakovski e Iessiênin a tal desafio, por-que os dois, estimulados pela vaidade de se mostrar ao jovem público interes-sado, eram excelentes declamadores e conheciam bem essa arte.

Existe também uma versão um pouco diferente: Iessiênin apareceu doen-te, com o pescoço envolto por uma echarpe e não ia se apresentar. Mas quan-do, após as apresentações dos estudantes Nikolai Dementiev e Mikhail Svetlov, e as de Assieiev e Chengueli, apresentou-se Maiakovski, que foi ovacionado, Iessiênin não resistiu e resolveu ler o seu poema "Pugatchiov". Leitura brilhante.

"Quando Iessiênin terminou", recorda o então estudante D.S. Babkin, "Maiakovski disse bem alto para que todos ouvissem:

"— Isso é muito bom, parece comigo!

"— Não parece nem um pouco. Meu poema é melhor — respondeu Iessiênin.

"O auditório explodiu em gargalhadas. Os presentes aplaudiram um lon-go tempo os dois poetas."

Maiakovski e Iessiênin, dois rivais irreconciliáveis, eram atraídos um pelo outro. Provavelmente não até o fim, mas cada um entendia a importância do outro. Se aceitavam ou não — é outro assunto. Assieiev conta que um mês e meio depois, no mesmo ano de 1923, Iessiênin leu para ele numa cervejaria o poema "O homem negro", que não conseguia publicar. Quando Assieiev re-plicou que o poema, "pela inovação técnica e pela entonação estava mais pró-ximo dos participantes da *LEF*, principalmente de Maiakovski", Iessiênin "falou sobre seu sentimento positivo por nós e o seu desejo de encontrar Maiakovski". Esse não foi o último entusiasmo público declarado de um pelo outro...

No final de 1923, Vladimir Vladimirovitch participa de dois jubileus. No dia 20 de novembro, no bulevar Tverskoi, no auditório da URP (União Russa dos Poetas), aconteceu uma reunião não muito ampla, mas com presença maciça (ela foi chamada de "acadêmica" nos jornais) em homenagem ao quinto ani-versário dessa organização. Entre os participantes estavam novamente Maia-kovski e Iessiênin, assim como Assieiev, Mandelstam, Pasternak, Kamienski. A reunião era dirigida por Briussov. E um mês depois, no dia 17 de dezembro, aconteceu o cinqüentenário de Valeri Iakovlevitch [Briussov] no Teatro Bolshoi. A homenagem foi bastante luxuosa. Quem em vida fora homenageado no seu cinqüentenário numa noite no Teatro Bolshoi?

E eis o traço puramente humano que encontramos nas recordações de Lília Brik sobre esta noite que ficou em sua memória: a solidão de Briussov no palco enorme:

"Não estava com ele nenhum de seus velhos companheiros — nem Balmont, nem Biéli, nem Blok. Ninguém. Uns morreram, outros se exilaram... Maiakovski, de repente, inclinou-se e cochichou no meu ouvido:

"— Vamos até Briussov, ele está se sentindo muito mal.

"Lembro que era muito longe, tínhamos que dar a volta no teatro. Encontramos Briussov sozinho. Vladimir Vladimirovitch lhe disse carinhosamente:

"— Parabéns pelo jubileu, Valeri Iakovlevitch.

"— Obrigado — respondeu Briussov —, mas não lhe desejo o mesmo.

"Aparentemente, tudo estava bem. Mas Maiakovski sentiu corretamente o estado de ânimo de Briussov."

Os comentários são dispensáveis. Podemos lembrar o episódio da falsa morte de Akhmatova. Ela e Briussov sofreram muito nas mãos de Maiakovski...

Final de 1923, início de trabalho intenso de Maiakovski para a propaganda do Mosselprom, Rezinotrest* e Mospoligraf.** Um trabalho grandioso. Maiakovski atraiu um grupo inteiro de pintores: A. Rodtchenko, V. Stepanova, A. Lavinski, B. Levin e outros. Como possuía qualidades extraordinárias para negócios, Maiakovski oferecia serviços de propaganda a organizações, auxiliava na publicação de materiais de propaganda na imprensa. Era uma indústria diferente do ramo da propaganda, a realização prática da idéia da arte voltada para o produto. Maiakovski pegava as encomendas, distribuía entre os pintores, escrevia os textos e fazia os esboços preliminares. Também aprovava os cartazes feitos pelos pintores e entregava-os ao cliente. A propaganda dava uma boa recompensa. Quem gostava disso também era O. Brik, que achava que "Em nenhum lugar,

---

*Empresa de borracha. (*N. da T.*)
**Tipografia de Moscou. (*N. da T.*)

além de Mosselprom" estava o que de melhor escreveu Maiakovski. Brik naquela época administrava o departamento de propaganda no Mosselprom e pagava bem a Maiakovski. E o poeta respondia às reprovações de seus oponentes dizendo que o cartaz de propaganda era poesia do mais alto nível.

Iessiênin também não deixou de apresentar a sua opinião:

> Gosto do calor dos poemas russos.
> Nem só Maiakovski é bom,
> mas ele é o pintor-chefe
> que canta sobre as rolhas no Mosselprom.

A tudo isso tinha que responder. Maiakovski não era de se deixar vencer numa luta. E ele respondia inicialmente com uma defesa desafiadora da musa do Mosselprom e depois de diferentes maneiras. As respostas a Iessiênin não eram muito grosseiras, pois o poupava. Mas mencionou no poema "Tamara e Demon", onde fala do Terek: "Faz barulho como Iessiênin na área. Como se Terek tivesse sido organizado por Lunatcharki, de passagem para Borjom." Com outros críticos, era mais rude.

Ainda no início de 1923, houve um vôo espetacular do talento lírico de Maiakovski. Provavelmente, o poema "Sobre isso" apresentou motivos a M. Kuzmin para dizer: "O nome de Maiakovski, penso, não assusta mais ninguém desde que cresceu e se transformou de um líder do futurismo, de um revolucionário profissional e de um espantalho voluntário no poeta Maiakovski."

E o final do ano marcou o ponto principal na obra de Maiakovski: "Em nenhum lugar, além do Mosselprom" — propaganda em embalagens de balas, de biscoitos, nos letreiros e vitrines de lojas ou simplesmente nas paredes. É o triunfo da produção sobre a poesia, é a desestetização da arte. É o momento em que, segundo a observação interessante de A. Alfonsov, Maiakovski desviou a arte para a vida tão bruscamente que entrou em conflito com a arte...

Os "motivos pessoais" não se harmonizavam com a sinfonia de amor e felicidade. A viagem a dois para Petrogrado, as viagens para o exterior, prolongariam apenas por pouco tempo o final inevitável do drama amoroso.

Lília Iurievna declarou por escrito a Maiakovski que não nutria por ele mais os mesmos sentimentos e, para agravar, acrescentou que ele também amava-a menos e, por isso, não iria sofrer. Aqui, na correspondência entre os dois, surge o nome de uma pessoa com quem Lília Iurievna teve um caso de amor no verão de 1922. E se buscar um motivo concreto para a crise sofrida no final de 1922, há mais razões nesse episódio do que nas apresentações de Maiakovski pelas quais Lília Iurievna nunca revelou muito interesse. É bem mais fácil supor que seu amor por Maiakovski esfriou em razão do surgimento de uma nova paixão. Lília avaliava tais mudanças de forma tranqüila. Um final comum? É... Mas externamente para Maiakovski nada mudou. A "família" permanecia "família", o trabalhador principal e provedor dos bens materiais permanecia sendo Maiakovski.

Lenin — Puchkin — LEF

Apesar de amplas proclamações, a LEF, mesmo assim, limitava suas atividades a um círculo bastante estreito de poetas, pintores e diretores de cinema e de teatro. Era necessário criar algo para a propaganda da arte de esquerda, promovê-la amplamente. Ex-futuristas, agora na LEF, mesmo com diferentes pontos de vista durante o curso do desenvolvimento da arte, não recusaram as pretensões de representação geral da arte em nome do Estado.

Maiakovski lembrou-se do "Expresso do Futurismo", da sua experiência de conferencista e propagandista, declamador, da arte de conquistar admiradores. Ele começa o Ano-novo de 1924 com uma viagem à Ucrânia.

A primeira apresentação em Kiev, com uma conferência e leitura de poesias, não deixa dúvidas de que o principal objetivo da viagem era a agitação em prol da arte de esquerda. Maiakovski não poupou palavras e detalhes para apresentar da melhor forma as atividades teóricas e práticas da LEF, suas influências em todas as ramificações de trabalho e produção cultural. Na solenidade, basicamente, estavam jovens dos *rabfak*.* Pouco versados nas artes, saudaram entusiasticamente Maiakovski. As aclamações foram provocadas não pela conferência, mas pelos poemas lidos pelo poeta. Afinal, poemas de caráter não-produtivo não eram propaganda nem agitação panfletária. Residia nesse aspecto a

---

*Cursos preparatórios para trabalhadores. (*N. da T.*)

fragilidade da posição do Maiakovski teórico, do Maiakovski propagandista. Algo similar aconteceu durante a segunda apresentação.

Em Kharkov, o tema da palestra era "Sobre a LEF, Paris branca, Berlim cinza e Moscou vermelha". Variação em busca do sucesso. Terceira apresentação em Kiev, e novamente na palestra o programa da LEF: "Abaixo a arte, viva a vida!" Todavia Maiakovski encontrava o entendimento de uma determinada parte da intelectualidade artística. É claro, não apelava somente para a "agitação de vanguarda", contava como se faziam sátiras, anúncios e "anedotas", mas, desta vez, juntamente com os poemas, lia seus textos publicitários para *Rezinotrest*.

Nos informes jornalísticos expressavam-se também pontos de vista críticos, mas é de notar o que noticiou o *Proletarskaia Pravda* (Verdade Proletária) no dia 18 de janeiro: "Em Kiev apresentou-se Maiakovski, e isso, para muitos 'cambaleantes' (não muito festivos) foi um propagandístico apelo ao trabalho. Esse apelo soou desta vez mais alto e convincente, e agora até nós, como a um centro de emprego arrastam-se poetas e pintores desempregados pedindo trabalho. Por isso — obrigado, *Tovarich* Maiakovski!"

A viagem à Ucrânia trouxe algo para o plano da propaganda e entusiasmou o próprio Maiakovski a produzir. Cartazes publicitários surgem como numa cadeia de produção. Anúncios de macarrão, cigarros, cerveja, da revista *Moskovski Proletari* (Proletariado de Moscou)... Sem distinção, pois é tudo para a vida, sobre a vida. Otimismo transbordante: "É inútil choramingar os preços, ao *GUM komsomol*, ao *GUM rabfak*"; "Chupetas melhores nunca houve e não haverá — até a velhice estou disposto a chupar"; "Cigarros Tchervonetz (dez rublos) têm um gosto bom. Fortes, como é forte a cotação dos dez rublos." E o poema "Aos trabalhadores de Kursk, que extraíram o primeiro minério, monumento temporário do trabalho de Vladimir Maiakovski" perde-se no contexto publicitário e de agitação, a exemplo do poema de agitação escrito em conjunto com Assieiev sob encomenda para Mossukno: "Tecelões e fiandeiras! Está na hora de deixar de crer em carneiros estrangeiros!". Também conclama que se tome o "rumo a Kursk — a Hamburgo da URSS", a "mais Nova York que Nova York...".

Já naquele tempo a crítica apontava o caráter "panfletário até a medula" do poema "Aos trabalhadores de Kursk..." — não sem fundamento. Não obstante, alguns fragmentos poéticos, algumas descobertas figurativas e de estilo causam, em geral, a impressão de um anúncio de jornal.

Após viver um drama amoroso, e exaurir-se num extravasamento lírico no poema "Sobre isso", Maiakovski entregou-se inteiramente à produção utilitária, aparentemente ligada à arte, mas não o sendo na mais elevada acepção da palavra. Era necessária alguma nova crise interior, algum abalo ou aflição para despertar o sentido lírico, devolver o poeta à poesia.

Isso aconteceria com a morte de Lenin, a quem Maiakovski tratava com profunda admiração. Testemunha disso são antigos apelos ao líder dos bolcheviques em versos, várias vezes manifestando seu desejo de encontrar-se com ele, conversar, de ler versos e peças para ele. Esta impressão deve-se à presença de Maiakovski na sessão da XI Reunião dos Sovietes da Rússia, onde foi comunicada a morte de Lenin. Esse episódio teve um reflexo quase protocolar no poema.

Maiakovski entrou várias vezes na fila ao lado do Monastério Strastni, e num frio intenso caminhou pela Bolchaia Dmitrovka até o caixão de Lenin na sala das Colunas do Dom Soiuzov. No dia do funeral, o poeta viu a procissão fúnebre da janela do Museu Histórico com o pintor P. Radimov, que pintava um estudo natural. Vladimir Vladimirovitch estava fechado, falava pouco, introspectivo. É possível que justamente nesses dias tivesse começado a compor, formando traços mais ou menos distinguíveis, o projeto, que vinha amadurecendo, do poema sobre Lenin.

Maiakovski foi tomado pela idéia bolchevique de "Estado-comuna", Estado sem burocratas, sem elite. Por isso, já no começo dos anos 1920 ingressou na luta contra a nova burocracia, e, em seguida — ano de 1929 —, reclamava com Lenin dos que "andam, inflando altivos o peito, todo canetas e distintivos...". Vendo a transformação, a mesquinhez, a burocracia do novo poder, Maiakovski, em contrapartida, enaltece a imagem de Lenin como um ideal. Apesar de tentar mostrá-lo humano, apresenta-o livre de todas as fraquezas, numa auréola de santidade.

A Revolução tinge todas as pessoas de apenas duas cores — preto e branco, que, em seguida, se cobrem com uma camada nebulosa de sangue. Segundo essa gradação, Lenin por um lado se tornou aquele "Pugatchev da universidade russa" (expressão de Joseph de Maistre), que aproveitou a situação para dar um golpe armado e tomar o poder; por outro — defensor do povo, que abriu o caminho para a felicidade geral e para a paz do mundo.

Sobre o trabalho acerca do poema "Vladimir Ilitch Lenin" em 1924, não há nenhuma recordação nem informação do próprio Maiakovski. Foi realizado na intimidade. O poeta, como na poesia posterior, "Conversa com o camarada Lenin", permanecia a dois, na companhia do herói do poema no retrato da "fotografia na parede branca".

Na autobiografia está dito: "Terminei o poema 'Lenin'. Li-o em muitas assembléias operárias. Eu tinha muito medo desse poema, pois era tão fácil descer à mera paráfrase política. A receptividade do auditório operário me alegrou e reforçou a minha certeza da necessidade do poema." Não há nada de surpreendente nisso: o culto a Lenin tornou-se fenômeno na vida pública.

No *Jizn Iskustva* (Vida da Arte) aparece uma informação que lembra um anúncio publicitário: "Maiakovski terminou um grande poema sobre Lenin. Esse poema, pela grandiosidade do intento e pela força temática, supera tudo escrito por ele antes. O poema será publicado na *LEF*."

Assim como fazia com todas as suas criações recentes, Maiakovski "rolava" o novo poema por vários auditórios. A "rolagem" do poema acontecia também politicamente em auditórios, e, deve-se supor, esteticamente mais exigentes. Por exemplo, na Universidade Komunistitcheski, na Casa da Imprensa, para participantes da conferência dos redatores e dos secretários dos jornais provincianos... Em todos os casos houve sucesso, em todos os casos Maiakovski conseguiu aplausos, ouviu elogios.

Trabalhando o poema, Maiakovski estudou a biografia de Lenin e leu suas obras. Não passou despercebida a crítica feita por Lenin ao poema "150.000.000", sobre a qual deve ter ouvido de Lunatcharski. Ele deve ter sabido, também, que Lenin não aprovava o niilismo dos futuristas em relação à herança cultural. E a poesia "Jubileu", escrita por ocasião dos 125 anos do nascimento de Puchkin, na primavera do ano de 1924, evidencia a mudança do olhar do poeta. Ela simboliza o começo de um posicionamento diferente em relação aos clássicos.

R.N. Simonov narrou um episódio notável. Num dos debates no Politécnico, Maiakovski criticava de forma bastante sarcástica e até ridicularizava os poetas jovens, e os não-jovens também, principalmente Severianin. Provocou a insatisfação do público. Subiu, então, na mesa da reunião e começou a ler "Quando, para um mortal, silenciar o dia ruidoso...", de Puchkin. E o salão emudeceu, e já um silêncio incomum instaurou-se no auditório gigantesco, e nesse silêncio cortante soaram os últimos versos da poesia:

> *E com repulsa lendo minha vida*
> *Eu estremeço e amaldiçôo,*
> *Amargamente, queixo-me. Derramo lágrimas amargas,*
> *Mas os versos tristes não se apagam.*

"Por alguns instantes se instaura um silêncio total", escreve Simonov. "De repente, uma onda de aplausos estremece a sala de espetáculos. Maiakovski desce devagar e se senta à mesa..."

Para a atriz Nato Vitchnadze foi uma surpresa, quando ela, ao visitar Maiakovski na Lubianka, viu em cima da mesa um volume de Puchkin. Reparando a surpresa, Vladimir Vladimirovitch disse: "As pessoas se irritam com os meus versos sem iambos, mas eu não durmo sem Puchkin — é meu livro preferido."

Da mesma forma surpreendeu-se Vadim Cherchenevitch, quando de manhã cedo viu Maiakovski parado no bulevar Tverskaia em frente ao Monumento de Puchkin. Isso aconteceu na primavera. Maiakovski não viu Cherchenevitch. Ele não percebia nada em volta. Ele estava em pé e fitava o rosto de ferro da escultura, ressuscitando na imaginação o Puchkin vivo. Sentou-se à mesa com ele, iniciando uma conversa de confidentes, de poeta para poeta, concordando e discutindo, dividindo preocupações e queixando-se, se confessando.

Num momento mais pessoal, mais íntimo: Puchkin "atrapalhava a escrita" de Maiakovski, assim como a alguém "atrapalhava" Tolstoi, a alguém Blok, a alguém, mais tarde, o próprio Maiakovski. É típica a seguinte confissão de Maiakovski, narrada por terceiros: "Maiakovski, no Proletkult de Petrogrado, perante todos os nossos companheiros, confessou que lê Puchkin todas as noites, e por isso xinga-o por, talvez, amar demais."

Quantas citações e reminiscências de Puchkin há nos versos de Maiakovski, quantas menções a ele! E, por um lado, nelas está o amor pelo poeta, o encanto pelos seus versos; por outro — discussões com ele, auto-afirmação. Auto-afirmação pela negação. E Maiakovski era pouco parcimonioso nas negações. Mas, apesar de julgarem Maiakovski pelo descomedimento os que desejavam contrapor a ele os clássicos russos, permanece correto e inalterável o que foi dito ao poeta pelo poeta, ou seja, aos outros grandes antepassados: "Eu vos amo, mas vivos, não como múmias."

Dito em relação a Lermontov: "Somos da mesma linha lírica" — estende-se a toda a herança clássica da poesia russa. Maiakovski ouvia a voz viva dos clássicos, mas negava as imposições dos seus cânones para a arte do seu tempo. Ele chamava respeitosamente de "grandes realistas" Nekrassov e Dostoievski.

Os leitores percebiam que a crítica repreendia Maiakovski por desrespeitar Puchkin, e perguntavam sobre isso.

— Existem diversas posições em relação à sua herança — respondia o poeta. — A mim não podem perdoar o fato de não escrever como ele. Então decidiram: porque não escrevo como Puchkin, sou inimigo dele. Acabo tendo que quase me justificar por algo que nem mesmo sei. Pensem, como é possível, sem gostar de Puchkin, saber de cor muitos dos seus poemas? Ridículo!... Bons versos ficam na memória. Vejam, por exemplo, as fábulas de Krilov. Nós as estudamos praticamente na primeira série, mas lembramos até a mais profunda velhice.

Essas perguntas, às vezes feitas de forma categórica ("Por que o senhor não gosta de — ou não aceita — Puchkin?"), começaram a irritar Maiakovski. Ele respondia: "Tenho certeza de que eu trato Puchkin muito melhor do que o autor desse bilhete." Às vezes, convidava os autores de semelhantes bilhetes a subirem ao palco e a declamarem de cor os poemas de Puchkin para saber quem declama mais que o outro.

— Veremos, pois, quem melhor conhece e mais gosta de Puchkin.

Geralmente, não havia voluntários. E alguns, que ouviram Puchkin interpretado por Maiakovski, afirmam que ele não declamava pior do que Iakhontov e Chvarts, melhores declamadores daquele tempo.

Maiakovski enojava-se da retórica em relação aos clássicos, que não raro, e para muitos, substitui o seu verdadeiro conhecimento, o verdadeiro amor pela literatura. Da mesma forma que repudiava a virtuosa moda da distribuição antecipada de louros a poetas vivos. Maiakovski escreveu com ironia sobre como, maravilhados com um "par de riminhas", já reverenciam o poeta de "gênio": "Um eles chamam de Byron vermelho; outro, de próprio Heine vermelho."

Seu tratamento dado aos gênios era semelhante ao dito de Flaubert: não se encantem com eles, isso é neurose.

E com que temperamento Maiakovski desabou em cima de Sovkino, quando se discutia o filme sobre Puchkin:

— ...Eu afirmo que não se pode escrever um verso simplesmente sentando à mesa e eriçando o cabelo de uma forma imbecil... um verso daqueles como "Ergui um monumento a mim que não é obra de mãos humanas"... Isso é ridículo... Vocês não têm o direito... não têm o direito de expor um poeta como nunca houve e não há na Rússia!

E, cada vez mais tenso:

— ...A morte de Puchkin é um material único e incomparável. O que fizeram com ele? O que fizeram? Quem estava na tela no lugar do poeta? Uma governanta... Governanta de calças, governanta ocupando-se com crianças e carregando-as nas costas? Como puderam fazer isso?

Um jovem, conversando com o poeta, admirou-se da defesa da literatura antiga feita por ele e surpreendeu-o com o conhecimento dos clássicos. Ele disse:

— Vladimir Vladimirovitch, constitui grande novidade para mim a sua fala acerca da literatura. Era assim que o senhor se posicionava em relação a Puchkin e a Shakespeare na imprensa há uns 15 anos [essa conversa aconteceu no começo de 1930]?

— Isso não é tão simples, hoje não é simples — respondeu o poeta e calou-se.

Um tanto indelicado, mas correto, observou um dos companheiros da LEF: Maiakovski "não odiava os clássicos, irritava-se, apenas, com as pessoas que se escondiam da contemporaneidade atrás dos traseiros de mármore dos monumentos, dos titios do século passado".

Maiakovski distanciava-se do niilismo vulgar. Na negação, porém, não podemos enxergar somente um lado — a destruição. Negando os grandes ícones, em primeiro lugar, o artista é mais apaixonado, e, quem sabe, mais perspicaz no tocante às faltas desses ícones; em segundo, estimula a busca do novo, do próprio "eu".

Naquele mesmo ano de 1924 foram escritas as poesias "Cáucaso-Tiflis", "Tamara" e "Demônio". Paralelamente, Maiakovski desenvolve anúncios de agitação e publicidade. Escreve, por exemplo, "Burguês, despeça-se dos dias agradáveis, acabaremos com o dinheiro forte e sólido", ou "Dinheiro forte — terreno sólido para a articulação do camponês e do operário". Ambos os poemas homenageiam a reforma monetária, apresentam um caráter claramente de propaganda e foram publicados em jornais. Destinados a isso, assim como os textos para cartazes.

Foram compostos textos para os desenhos sobre assuntos internos e internacionais no jornal satírico *Krasni Perets* (Pimenta Vermelha). Textos para cartazes do Narkomfin, *slogans* rimados para o dia 1º de Maio, cartazes para sindicatos, cartazes para cooperativas e também cartazes sobre construção de moradias. Pelos objetivos, pelo estilo — trata-se de continuação do trabalho político da ROSTA, pura produção da LEF.

Isso é arte?

Do ponto de vista jornalístico, publicitário e utilitário, a maioria dos anúncios, cartazes, textos de agitação ilustrados foram feitos com arte. Textos de agitação com desenhos de Maiakovski (cartazes, anúncios) são destaque em exposições internacionais. Logo, isso é arte. Arte do cartaz, da propaganda; se quiserem, da agitação. Mas não é a arte da poesia.

N. Berdiaev observou o seguinte: "Escritores russos experimentaram de forma extremamente aguda a tragédia da criação perante a inevitabilidade da transformação da vida, da realização da verdade na vida." Cita nomes como Gogol e Tolstoi, que "estavam prontos para sacrificar a criação de obras perfeitas da literatura em nome da criação de uma vida perfeita". O exemplo da vida de Tolstoi na Iasnaia Poliana, seu trabalho na escola insinua-se por si mesmo. Não seria semelhante à atividade de Maiakovski com seu entendimento da "verdade da vida" na "produção"?...

O poema "Vladimir Ilitch Lenin", assim como o "Jubileu", mais dois ou três poemas escritos no ano de 1924, apesar da pressão dos teóricos da LEF empurrando Maiakovski ao utilitarismo e à produção, tornaram-se marcos da poesia. Mais impressionante pelas suas conseqüências é o dualismo na consciência de Maiakovski, quando a poesia nesses momentos favoráveis tem de conviver com o utilitarismo, quando uma massa de energia é gasta não só para a produção, mas também para a propaganda da LEF.

Maiakovski propunha aos poetas que conhecia que escrevessem textos de agitação. Propôs, por exemplo, a Selvinski, quando o conheceu mais intimamente. Este recusou, esclarecendo que não tinha vontade de escrever como Demian, e que escrever como Maiakovski é pouco prático, pois teria de fazer tambores de pau-brasil.

Maiakovski se irritou:

— E o senhor sabe quem é? O senhor é um piano de cauda branco com pernas de ouro.

A procura por colaboradores da LEF raramente dava resultados, apesar de a poesia de agitação ter recebido uma ampla divulgação.

Um ato em defesa da LEF é organizado após a viagem para Kiev e o enterro de Lenin. A LEF estava sendo atacada. L. Sosnovski, autor do artigo "Chega de Maiakovski", publicaria no *Pravda* o artigo "Lit-engodo", agora contra Assieiev. Reuniram-se em Vodopian, escreviam com Assieiev a resposta a Sosnovski — o artigo "Crit-engodo". Disputavam o tom espirituoso, faziam graça de si mesmos: "*Zaparojtsi* (cossacos) escrevem ao sultão da Turquia..." Mas era necessária uma batalha decisiva. A tal propósito deveria servir a noite no grande salão do Conservatório no dia 13 de fevereiro. No cartaz do evento constava a conferência de Maiakovski "Análise dos infinitamente pequenos".

Título nada sugestivo. O cartaz, porém, prometia: "A LEF desafia seus inimigos". Chamaram para o debate os "velhacos": Briussov, Kogan, Erenburg. São muito características as teses da conferência de Maiakovski que revelou a pressão agressiva da LEF:

"Parece que o trabalho da LEF é claro e sem margens para dúvidas; as vitrines das livrarias estão cheias... Até no exterior: Kriutchenikh e Maiakovski, na Alemanha; Tretiakov, em Pequim. Mas isso é pouco para LEF. A LEF está desesperada. Não fomos reconhecidos pelo Guimmelfarb.* Quem é ele? Um pormenor, mas por trás do Guimmelfarb nos fitam 1.000 guimmelfarbinhos... Chebuev, esse já é cínico. Para nivelar por cima passaremos para algo um pouco maior, Kogan. Que a LEF não é uma bomba na Academia, e sobre a proposta de introduzir 50 da LEF lá disse: vocês vão destruir toda a Academia; Polianski também; Pravdukhin. Por trás deles — câncer com pinça. Rozentsveig de Kiev. E, por fim, um poema inteiro. Isso é uma barreira entre nós, entre vocês, trabalhadores da nova cultura, e massa rompante. Fora com essa barreira! Viva a avaliação do nosso trabalho pelo próprio consumidor!"

As teses em vários pontos exigem decifração, mas no caso o interessante é o método de Maiakovski. Ele descobre a pressão, a ironia e a malícia. Por isso é preciso adicionar aqui uma anotação quase taquigráfica do homem de letras profissional, na época um jovem construtivista, o crítico K. Zelinski, que revela justamente o método de diálogo de Maiakovski com o auditório.

Maiakovski conta que, em 1913, na esquina da Petrovka e Kuznetskaia, situava-se o *Jurnal dlia Jenchin* (Revista para Mulheres) e na fachada estava escrito: "Versos. Belas-letras". Agora se pode pendurar essa tabuleta em algumas editoras, que foram estragadas pelas tais "belas-letras".

"Réplica: — O senhor prometeu nos contar sobre Erenburg.

"Maiakovski: — Não se preocupem! Tudo pelo que se pagou e que estava escrito nos cartazes acontecerá. Sim, Erenburg apesar de tudo gira.** É uma figura que atrai multidões. Rei da literatura da NEP. Vejam só, Bukharin escreve

---

*Artigo crítico de B. Guimmelfarb, "Literatura e Revolução", jornal *Izvestia*, 1923, 16 de dezembro.
**Referência ao livro de Erenburg, *Apesar de tudo ela gira*, Berlim, 1922.

sobre ele. É publicado pela Gosizdat. Responsáveis trabalhadores do partido compram-no.

"Réplica: — O que há de ruim nisso?

"Maiakovski: — Nada. É que pode fazer mal ao estômago. Erenburg é exemplo de 'belas-letras'.

"Réplica: — Como o conhece tão bem?

"Maiakovski: — Pelos vizinhos. Eu não li nada de Erenburg, e prometo não ler nada. Aliás, li 16 páginas do *Nikolai Kurbov*. Isso é impotência poética. Somente macacos desdentados podem se satisfazer com isso.

"Uma voz indignada manifesta-se: — Por que o senhor fala assim? O senhor prove.

"Maiakovski: — Por favor, posso provar! O que é importante numa obra de arte? Numa obra de arte é importante ter um plano, domínio sobre o tema, a exatidão da composição determinada por um pensamento. Vejam, por exemplo, *O que fazer?*, de Tchernichevski. Primeiro é apresentada uma construção interessante, depois um golpe sob as cortinas. E o que é Erenburg como artista? Quais são suas formas de descrição? Como, por exemplo, ele descreve CK RKP(b)*? Em *Nikolai Kurbov* ele diz que o painel do CK RKP parece uma tabuleta 'como a do dentista'.

"Uma jovem fã de Erenburg, completamente indignada, já não gritava, esganiçava-se contra Maiakovski:

"— Isso não é uma prova, é demagogia.

"Maiakovski: — E daí? Minha apresentação toda hoje é uma demagogia brilhante. Além do mais, minha jovem, ame Erenburg se isso te apetece.

"Gargalhadas na sala inteira se sobrepõem a essas palavras.

"Mas Maiakovski continua:

"— E tentar apontar contradições perguntando o que eu li e o que não li de Erenburg não é demagogia? Se começarem a me atacar, acharei citações necessárias. Podem ter certeza disso... A ingenuidade do estilo de Erenburg não necessita de provas. O que valem as suas aliterações baratas como 'rosas rosas'? Ademais, *Kurbov* é bonito num clima ameno. Já com nossas tempestades, com tais romances não se vai além do mercado negro."

---

* Comitê Central do Partido Comunista Trabalhista (dos bolcheviques). (*N. da T.*)

Aqui está um exemplo do debate de Maiakovski com a platéia, estando ele com razão ou não, sério ou depreciativo. Com isso, deve se imaginar uma atmosfera de discussões literárias bastante acalorada, atmosfera de embate entre grupos. Numa atmosfera dessas, era difícil esperar delicadezas de Maiakovski, alguma polidez acadêmica. Ele não tinha tal temperamento.

Quando Maiakovski estava inspirado, discutia como se lutasse esgrima, com a facilidade de um campeão, dizia algum de seus contemporâneos. Mas houve casos em que os ataques nas noites de leitura e mentiras não dissimuladas o tiravam do sério. Em certa ocasião, em sinal de protesto, saiu de cena, mas, acalmando-se, voltou e continuou a apresentação até a vitória.

Infelizmente, aqueles com quem Maiakovski gostaria de ter esgrimido no Conservatório não apareceram, mas a conferência e sua discussão, apesar de tudo, aconteceram, houve ataques à LEF, e os jovens, em sua maior parte, apoiaram Maiakovski.

A partir daí se empreendeu uma viagem de continuidade a Gomel, Vinnitsa, Kiev. Na memória de Maiakovski estava viva, é claro, aquela primeira visita a Odessa, quando seu coração se rendeu à jovem Machenka Denisova. Encontrou-se com ela depois da Revolução e da Guerra Civil, em Moscou, e mais de uma vez, pois Maria Aleksandrovna, como estudante do VKhUTEMAS e jovem escultora, freqüentava suas leituras. Não há nenhuma informação sobre o primeiro encontro deles em Moscou. Podemos somente supor que deve ter sido um bom encontro, conhecendo a natureza de Maiakovski, sua capacidade de manter relações humanas e calorosas com mulheres pelas quais sentia atração, pelas quais se apaixonou. Ele, é claro, soube algumas coisas sobre a vida de Maria Denisova, uma pessoa bastante incomum, e isso não tinha como não provocar em Vladimir Vladimirovitch um profundo respeito por ela. E quanto ao seu futuro, já o sabemos.

Em Odessa as duas principais e mais divulgadas apresentações de Maiakovski aconteceram no dia 20 de fevereiro no Teatro Severni e no dia 22 de fevereiro no recinto do Teatro Dramático. Em outras apresentações (houve uma não planejada no Instituto de Medicina), o auditório era mais jovem, veio até um grupo de crianças de um orfanato. A repercussão na imprensa revelou-se de boa vontade. Um colunista, apresentando uma série de críticas a Maiakovski, foi indulgente: "Apesar de tudo, Maiakovski é mesmo poeta, conquanto pretensioso e sem renegar a excentricidade do protesto da blusa amarela." E, ainda na mesma coluna: "Autopropaganda ideológica, revolucionária. O resto, o que não recai no âmbito da LEF, é lançado, com um largo gesto tipicamente russo."

Então é isso! "Autopropaganda" — é propaganda da LEF. Agitação em prol da LEF. Pesquisadores tardios acusam os críticos de "subjetividade" em suas avaliações, que a eles não foi dado perceber e entender o novo, que surgiu na poesia dos anos da Revolução etc. Mas parece que alguma coisa eles intuíram e compreenderam bem. O mesmo *Izvestia* de Odessa, comentando as apresentações do poeta, destacava que ele "propagava muito as agitações, e defendia com ardor a necessidade de os poetas fazerem versos — propaganda para o Mosselprom, versos — mensagens para o caramelo do campo, sobre o sistema métrico... E os versos lidos não foram somente aqueles nos quais Maiakovski real e indiscutivelmente cresceu grandiosamente, falando a língua da Revolução, a língua das praças, a língua dos milhões, mas também aqueles mais fracos, feitos 'à Demian'".

Em Odessa foi criada a organização IugoLEF (LEF do Sul). Participaram dela o jovem Semion Kirssanov, Eduard Bagritski, a quem Maiakovski conheceu lá. Algumas matérias da IugoLEF, publicadas no jornal criado com o mesmo nome, lembram as piores opiniões da LEF de Moscou. Puchkin, Tolstoi, Turgueniev são classificados como exemplo das "belas-letras" entre aspas. Saudando o princípio da construção da vida, que celebra a arte em seu significado real, a IugoLEF declara como contra-revolucionárias e pequeno-burguesas, todas as outras organizações de arte e literatura.

As apresentações em Kiev tinham o mesmo espírito de propaganda, como em Odessa. Viajando pelas cidades da União, Maiakovski estabelece contatos com literatos, jornalistas, trabalhadores do partido e dos sovietes, simples amantes da poesia e... representantes do sexo oposto. Elas também não deixavam de reparar nele. O fato de ter uma boa aparência no palco teve um papel significativo para o sucesso de Maiakovski. Era jovem, vistoso. Aqui estão algumas descrições da sua aparência relativas aos anos 1920:

"Por si só, Maiakovski não era bonito no entendimento comum dessa palavra, mas era elegante e possuía uma certa plasticidade; sabia vestir de forma bela o seu humilde paletó, seu pulôver. Até na sua aparência exterior sentia-se o encanto do poeta" (I. Berezark).

"Ele era alto, andava um pouco inclinado para trás, geralmente de quepe e com cigarro no canto da boca. Sua aparência era tão expressiva que os transeuntes, independentemente de saberem que diante deles estava Maiakovski, viravam-se para ele. Tinha grandes olhos pretos que transmitiam força explosiva sob o quepe inclinado" (Iuri Olecha).

Aqui, especialmente, não citamos as descrições de quem o achava bonito. São muitas.

Mas aí está ele em Kiev. Seu romance com Lília Iurievna de fato terminou, e, naturalmente, Maiakovski olhava, não sem interesse especial, para os rostos femininos, procurando sinais de paixão. Ainda na primeira vinda a Kiev, em janeiro de 1924, conheceu Natasha Samonenko (Riabova, depois de casada), de 16 anos, e muito bonita. Jovem de temperamento muito romântico, Natasha ia com as amigas a todas as apresentações de Maiakovski. Seduziu-se pelos seus versos. Como se esclareceu mais tarde, não só por eles. Parece que uns dois anos depois (seus encontros continuaram) eles discutiram. Vladimir Vladimirovitch, andando pelo quarto do hotel, citava versos do poema-testamento de Serguei Iessiênin e trocou a palavra "predestinado" para "prescrito". Natasha corrigiu, mas ele repetia teimosamente "prescrito". Ela resistiu.

— Eu gosto mais de "prescrito".

— E de Iessiênin você gosta?

— Não! — mentiu Natasha.

Maiakovski admirou-se e de repente começou a rir.

— Mentira! Uma jovem tão romântica, lírica, trágica e heróica, diz que não gosta de Iessiênin!

— Eu gosto de Maiakovski, e na verdade quero ir para casa — replicou Natasha, sombria.

— Vai para casa quando gostar de Iessiênin. Vou ler os versos para você — carinhosamente convencia Vladimir Vladimirovitch.

Leu: "Ao cão de Katchalov", trechos do "Homem negro"; na época, ainda não publicados; "Canção ao cão". A palavra "cãezinhos" provocaram lágrimas nos olhos dela.

— Está vendo? Depois diz que não gosta de Iessiênin — dizia, sentencioso, Vladimir Vladimirovitch.

— Eu quero pensar assim para você — disse, quase caindo em pranto, Natasha.

Maiakovski a observou longamente.

— Você é boa, Natinka, muito.

No caminho de casa discutiam ainda "predestinado" ou "prescrito".

Natasha Samonenko apaixonou-se por Maiakovski. Naturalmente, suas lembranças acerca das apresentações são um olhar sob a romântica névoa passageira do primeiro amor. Sobre a primeira apresentação no auditório do Domkompros, o furor no salão e o extraordinário sucesso de Maiakovski, ela escreve:

"O salão tremia enlouquecido. Quanto a mim, perdi completamente a noção da realidade. Para mim não existia aquele salão barulhento, nem a minha casa, nem a tia ao meu lado, nem nada no mundo. Nada além de Maiakovski, que lia versos tão bons e ao ler olhava para mim."

Eles encontravam-se toda vez que o poeta ia a Kiev. Mais tarde, viam-se em Moscou. Natasha ingressou na escola técnica de música do Conservatório. Visitava Maiakovski na travessa Lubianski. Com o tempo, e sob o olhar vigilante de Lília Iurievna, estabeleceram uma sólida relação de amizade.

Contemporâneos de ambos os sexos relatam que Maiakovski tinha seus critérios morais. Não suportava anedotas escabrosas e conversas promíscuas sobre mulheres. Ele não era um Don Juan. Faltava muito a ele para desempenhar tal papel. Em primeiro lugar, uma liberdade interior. Depois, um certo desembaraço, poder de sedução, certeza do sucesso. As mulheres gostavam dele, e ele sabia disso, mas, como disse uma delas, N. Khmelnitskaia, "embaraçava-se facilmente, ficava sem jeito por timidez que combinava estranhamente com sua força, sua altura e sua voz possante".

Parece que ele não sabia encontrar um tom certo de comunicação com as mulheres. Invejava Iessiênin, como lembra Zelinski: "A Iessiênin as mulheres conseguem capturar, como piratas no mar aberto lançam a ponte e o tomam de assalto." Mas Maiakovski não sabia entregar-se. Talvez porque já se entregou uma vez, e não conseguiu sair da prisão, virou escravo...

Talvez estivesse certa Lília Iurievna, que dizia às jovens mulheres do círculo da LEF: "Volodia é muito sem sal, não dá para apaixonar-se por ele; é como um cocheiro — conduz os versos." Mas como podemos relacionar esse relato às incontáveis confissões de amor da própria Lília Brik nas cartas a Maiakovski e nas suas memórias? Onde estava o jogo, e onde a verdade? Talvez ela tenha dito isso somente para as mulheres a quem Maiakovski dava mais atenção. Enfim, ninguém soube expressar com tanta precisão sobre a mulher do que os franceses. Ainda no século XVII, o grande irônico Jean de la Bruyère notou: "As mulheres gostam do extremo: ou elas são muito piores ou são muito melhores do que os homens."

Natasha Khmelnitskaia, estudante do Instituto de Agronomia, Maiakovski conheceu em Kharkov, já mais tarde. Ela também conhecia os versos de Maiakovski, declamava-os, foi com amigas à sua apresentação. Encontravam-se a cada vinda sua. Vladimir Vladimirovitch freqüentava a casa da família Khmelnitskaia. Natasha sofreu muito quando sentiu que Maiakovski ficou mais frio com ela. Mas eis o que ela escreveu em suas memórias: "Por toda a vida guardei boas lembranças de Vladimir Vladimirovitch, sinto gratidão pelo seu tratamento carinhoso e delicado à minha juventude e pela confiança no meu primeiro sentimento."

Buscando a qualquer custo aumentar a influência da LEF, Vladimir Vladimirovitch pressiona os construtivistas — a nova corrente chamada LCK (Centro Literário Construtivista). Ilia Selvinski e Korneli Zelinski, um poeta e um crítico, foram convidados à casa dos Brik. Lá estavam Assieiev, Chklovski, Neznamov, Kriutchionikh. Começou a discussão. As visitas proclamaram que também formavam um grupo. Chklovski notou com ironia que, para ter tais ambições, é preciso pelo menos ter livros na mesa...

Sobre os argumentos de Zelinski acerca do grupo, Maiakovski disse:

— Ouça, Zelinski, estou te explicando o que significa um grupo literário. Em cada grupo literário é necessário ter uma dama que serve chá. Quem serve chá para nós é Lília Iurievna Brik. Quem serve chá para vocês é Vera Mi-khailovna Inber. Afinal de contas, elas podem se revezar. O importante é para quem o chá está sendo servido. Sobre todo o resto nós nos acertamos.

Maiakovski, no início, não dava importância ao construtivismo como a um grupo, e acreditava numa certa proximidade das posições. Ele ofereceu a Zelinski a direção da seção de crítica da *LEF* e publicava seus artigos. Mas a tentativa de "engolir" os construtivistas, incorporá-los à LEF não deu certo. Além disso, apareceram contradições de princípios em relação a algumas questões. Considerou-se inaceitável o americanismo vulgar dos construtivistas. Iniciou-se uma polêmica, que tomou um aspecto não-conciliável.

É difícil explicar por que Maiakovski, que procurava possibilidades de união das forças literárias, mantinha uma relação de frieza com a União dos Poetas (SOPO), mesmo quando o presidente era seu amigo Kamienski. Talvez fosse porque a composição da SOPO era incrivelmente diferente, com uma massa de grupelhos pouco representativos. Ao responder a um questionário do jornal *Vetchernaia Moskva* — O que é SOPO? —, Maiakovski escreveu:

"Minha relação com a União dos Poetas é excessivamente cuidadosa... O 'Café' da SOPO no estado em que se encontra me inspira total repugnância.

"Não quis até agora romper bruscamente com a SOPO, considerando-a fraca, porém uma semente de uma união profissional. Em todo o caso, ela precisa passar por uma decisiva purificação e reeleição."

Maiakovski freqüentava, às vezes, o Café da SOPO, mas não demorava e quase não se relacionava com ninguém. Seu local preferido era a Casa da Imprensa. Ele era membro da direção, freqüentemente discursava, participava de diferentes debates. A Casa da Imprensa era o protótipo das modernas casas da intelectualidade artística, como a Casa Central dos Escritores em Moscou, a Casa do Cinema, a Casa do Ator, a Casa do Compositor, a Casa Central dos Trabalhadores das Artes e outras. São casas organizadas como clubes que unem os representantes de diferentes campos de arte, onde aconteciam reuniões e eventos. Tudo isso tinha como origem a Casa da Imprensa, que não tinha um dia sem trabalhos, e Maiakovski estava quase sempre lá. Atualmente é a Casa dos Jornalistas.

No dia 19 de abril, Maiakovski novamente viajou para a Alemanha. Era um plano antigo para tentar obter o visto americano. Pelas evidências, sabe-se que chegou a Berlim porque os jornais noticiaram que Maiakovski estava em Berlim de passagem para a América. Porém, logo surgiu outra informação de que a intenção de viajar para os Estados Unidos não tinha obtido sucesso.

Estando em Berlim, Maiakovski não desperdiçava tempo e conseguiu fazer propaganda da LEF. Vamos prestar atenção na primeira parte do cartaz que anuncia a sua apresentação na grande sala da Câmara Municipal do Departamento Berlinense da União dos Trabalhadores de Imprensa da Rússia.

"1. O desabrochar da LEF. O que é a LEF. A LEF na poesia. A LEF na prosa. A LEF na propaganda. A LEF no teatro." Depois vinham *Os últimos poemas*, "Sátira". Mas a LEF estava em primeiro lugar.

Ao representar a LEF, Maiakovski dizia que essa tendência da arte rejeitou a "arte independente" e, ao invés de "sons e orações doces", a LEF "quer marchar de mãos dadas com as mãos calosas do trabalhador, quer reforçar nele a coragem, a crença na verdade de Outubro e quer ela própria se fundir com o trabalho de construção ao qual conclama a Rússia de hoje... A LEF quer ser um estrondoso eco dos novos sons que se propagam pela vastidão russa...".

Maiakovski continuou a campanha publicitária da LEF ao retornar do exterior. Ele viajou para Leningrado para algumas apresentações. Gostava da cidade, dos seus conjuntos arquitetônicos próximos ao rio Neva e da praça do Palácio. Desta última porque "não era estrangeira, mas russa". Gostava do hotel Ievropeiskaia, onde sempre se hospedava no quarto 25; grande mas simples. Certa vez o número 25 estava ocupado. Deram-lhe um apartamento luxuoso. Mas no dia seguinte, quando o quarto ficou livre, Maiakovski na mesma hora se mudou para ele. Era constante em seus costumes, incluindo os detalhes. Porém, em sua palestra "Sobre a poesia de hoje", Maiakovski atingiu o orgulho dos cidadãos de Leningrado quando disse: "Após os grandes realistas Nekrassov, Dostoievski, Petersburgo decaiu, acalmou, tornou-se reacionária literariamente." Parecia que estava se referindo à velha Petersburgo? Mas não era, Maiakovski estende essa calmaria para a nova época: "... Um Adamovitch sem fim, uma Otsup... Arcaísmo." Mas em Moscou, segundo ele, é quase uma

Renascença, "uma grandiosa vida artística que não viu igual em toda a Europa", e sua principal vantagem está nas tendências. Era a construção de uma nova vida, em vez de descrição da vida. Era a transferência do trabalho artístico para a vida.

Sabe-se também que as conversas sobre a LEF ocorriam no quarto do hotel Ievropeiskaia com Iakubinski, Tinianov, Tikhonov, Punin, Vinokur e Eikhenbaum. Os destacados membros da Sociedade de Estudos da Linguagem Poética (OPOIAZ) — Iakubinski, Tinianov, Eikhenbaum e Vinokur — escreviam artigos para a *LEF*.

As apresentações de divulgação em Leningrado não transcorreram com tranqüilidade porque nem todos os ouvintes aceitavam o programa da LEF. Não foi à toa que B. Eikhenbaum, presidente de um dos eventos, deixou a seguinte anotação no diário sobre essa noite: "na sala reinava uma total confusão". Maiakovski não obteve sucesso na organização. O sucesso o acompanhava quando estava no papel de poeta, lendo seus poemas. Vladimir Vladimirovitch sempre deixava a leitura de poemas para a segunda parte, como em Leningrado. "Após o discurso, haverá uma pausa para o meu descanso e para a demonstração do entusiasmo do público..."

No final de agosto de 1924, Maiakovski faz uma viagem pelas cidades do Sul (Sebastopol, Ialta, Novorossisk, Helenolzhik, Vladikavkaz, Tiflis). Sua apaixonada campanha de divulgação da LEF esfriou um pouco. Em Tiflis, onde chegou no final de agosto, a situação se complicou em face da notícia de situação de guerra por causa da revolta dos mencheviques. Por isso não houve apresentações públicas, e sim encontros com os escritores georgianos e foram seladas novas amizades. Houve um encontro caloroso e amistoso com Iessiênin, que também se encontrava em Tiflis com N. Verzhbitski. Juntos, freqüentaram as saunas da cidade com os banhos sulfúricos, a Mtatsminda.

Maiakovski hospedou-se no hotel Oriant. Akaki Beliachvili fez-lhe uma visita no momento em que Maiakovski desfazia as malas e percebeu uma quantidade enorme de caixinhas, pedaços de jornais, guardanapos de papel que eram dispostos em cima da mesa, no batente da janela. Tratava-se de um certo ritual que só Maiakovski entendia. Depois de organizar tudo, olhou exigente para os seus "pertences", tirou do bolso a caderneta de anotações e começou a escrever palavras e versos a partir dos pedaços de papel e caixas de cigarros... Foi assim que compôs o poema "Vladikavkaz-Tiflis", lido aos amigos georgianos no mesmo dia. Era um costume de Maiakovski, porque trabalhava em qualquer lugar, num banco no bonde, no vagão do trem ou à mesa de cartas — anotava as palavras, os versos e as rimas que lhe vinham à mente em tudo que estava à mão...

Durante a viagem à Geórgia, conheceu Nikolai Chenguelai, Jango Gogoberidze e um jovem poeta, como ele mesmo recorda, autor de um poema — Simon Tchikovani. Este, naquele tempo, colaborava para a revista *Mnatobi*, que, posteriormente, publicaria o poema "Jubileu" traduzido para o georgiano, assim como outros também publicados na tradução de Paolo Iachvili. Na conversa com Tchikovani, descobriram que os dois eram de Kutaíssi e juntos revisaram a tradução de Iachvili. Tchikovani percebeu que o vocabulário georgiano de Maiakovski não era rico (havia muitos anos que tinha deixado a Geórgia!), mas a pronúncia era clara e ele compreendia bem a sonoridade de seus poemas em georgiano.

Ainda na visita, Maiakovski foi levado ao restaurante Olímpia, no subsolo da rua Puchkinskaia, onde foi apresentado ao *chef* da cozinha, famoso em toda a Tiflis, Avetik, um grande conhecedor de sua arte. Avetik, por sua vez, ao ser apresentado com toda a pompa de elogios, também ouviu que o visitante era um famoso poeta russo e que, além disso, falava georgiano (Maiakovski saudou o *chef* em georgiano). Avetik se superou. A mesa foi servida num aposento separado e no mais alto nível.

A pequena festança no Olímpia ficou gravada na memória de seus participantes. E o restaurante da rua Puchkinskaia era visitado por Maiakovski sempre que vinha a Tiflis. Ali Maiakovski viu, pela primeira vez, uma grande quantidade de trabalhos de Niko Pirosmanichvili e ficou fascinado pelo mundo maravilhoso da pintura deste artista, ainda pouco conhecido. Vladimir Vladimirovitch, posteriormente, falaria sobre ele interminavelmente a seus amigos moscovitas, estrangeiros e pintores.

Maiakovski lamentou a não-realização da produção do espetáculo *Mistério-bufo*, sobre o qual ele conversou com o diretor K. Mardzhanichvili, que queria encená-lo ao pé da montanha Mtatsmind. A idéia de encenar a peça surgiu bem antes da visita de Maiakovski à Geórgia, e o diretor encomendou a Tizian Tabidze a tradução de *Mistério-bufo* para o georgiano. Queria encená-la ao ar livre. Escolhera o local próximo da estação baixa do bondinho, e os espectadores deveriam se posicionar em forma de anfiteatro na montanha. A orquestra militar se dispôs a participar. Irakli Hemrekeli já preparava as maquetes dos cenários para o espetáculo, cada uma com 25 metros de altura. Elaborou-se o orçamento do espetáculo...

No final de 1924 (24 de outubro), uma nova viagem à França. Em Paris, na estação de trem ninguém o recebeu (o telegrama atrasou), e Maiakovski, sem falar a língua, sozinho foi procurar Elza Triolet. Mas encontrá-la não era difícil, pois morava no hotel Istria, onde Maiakovski também se hospedou. Ele gostava de um velho e pequeno hotel em Montparnasse, assim como de todo este bairro antigo, populoso e alegre de Paris. Freqüentava o Café La Rotonde e o famoso La Copole, em cuja parede havia uma lista de pessoas famosas que freqüentaram o café, o nome dele estava lá. O Montparnasse daquela época só tinha casas ve-lhas ("como caixas de lixo"), nos pátios ficavam os estúdios dos pintores que vi-nham do mundo inteiro estudar pintura, ficavam as oficinas com fornos de ferro e gás carbônico. Era o bairro da boemia artística.

O hotel Istria, por dentro, parecia uma torre: uma escada estreita entre os cinco andares, sem corredores, e em cada andar havia cinco portas de cinco quartos. No quarto havia uma cama de casal de ferro, uma mesinha próxima à janela, duas cadeiras, um armário com espelho, uma pia com água quente; no chão, um gasto tapete amarelo com desenhos. Vladimir Vladimirovitch apren-deu a pedir em francês o café da manhã pelo telefone.

Os franceses de imediato simpatizavam com o poeta — os vendedores, os alfaiates, os garçons. Em Montparnasse, encontrava com os emigrados russos, freqüentava as tabernas, as boates — apesar de não dançar — mas observava... Como intérpretes, contratava mocinhas russas jovens e bonitas, paquerava-as e tentava convencê-las a deixar os pais e retornar à Rússia. Parece que não con-seguiu convencer uma sequer, até mesmo aquela por quem se apaixonou. É cedo ainda para tratar disso. Aconteceria quatro anos mais tarde.

Mas desta vez, sua guia por Paris foi a velha conhecida Elza. Ao encontrá-la, Vladimir Vladimirovitch conheceu também a famosa artista plástica moscovita Valentina Khodasevitch. Ela acompanhou algumas vezes, o poeta em seus passeios por Paris.

Na "capital das capitais", logo na chegada surgiu uma complicação com o visto. Maiakovski tinha o visto de um mês, no entanto recebeu ordem da prefeitura para deixar Paris. Pelo visto, a informação sobre os poemas de Maiakovski sobre Poincaré e Millerand foi recebida por determinados órgãos com atraso. Elza Triolet descreve com humor como se resolveu a história com a prorrogação do visto na prefeitura e como um importante funcionário, ao ouvir de Maiakovski a única palavra francesa que conhecia — *jambon* (presunto) —, na mesma hora, comoveu-se e resolveu a questão do visto. Na realidade, tudo foi bem mais complicado. V. Khodasevitch conta uma história bem mais dramática. O importante funcionário disse a Maiakovski:

— Não queremos receber pessoas que, ao deixar a França, nos criticam grosseiramente, humilham os políticos eleitos e publicam tudo isso em seu país.

Maiakovski se justificou, dizendo que os franceses concordaram com ele ao retirar Poincaré do alto posto, substituindo-o por outro. O funcionário insistia, e foi preciso a interferência da comunidade literária para adiar, por algum tempo, a viagem de volta de Maiakovski. Tudo isso influía no estado de espírito dele, pois aguardava o visto americano. O poeta freqüentemente demonstrava tristeza e escreveu a L. Brik em Moscou: "Estou há uma semana em Paris, mas não escrevi porque não sei nada sobre mim mesmo. Não vou ao Canadá e estou sendo mandado embora de Paris, por enquanto me permitiram ficar durante duas semanas (estou tentando renovar a permissão) e não sei se devo viajar para o México, já que me parece sem sentido. Tento contatos com a América para uma viagem a Nova York." E apesar de mencionar na mesma carta a "ausência de interesse por tudo daqui", ele mesmo, segundo testemunho de Elza Triolet, visita Picasso, Delone, encontra-se com o poeta dadaísta Roger Vitrac... Sofre por não saber francês. Até mesmo as maravilhosas guias e tradutoras como Elza e Valentina não conseguem acalmar e satisfazer a vontade da comunicação direta, do diálogo direto. Por isso, em sua entrevista ao jornal literário parisiense, sente irritação e mágoa consigo mesmo ao responder à pergunta sobre o que pensa da literatura francesa. "Da nova literatura? Nada. Eu não falo francês e é difícil para mim responder esta questão." E acrescenta: "É claro que eu li traduções. Eu reverencio a grande literatura francesa, eu a admiro e eu me calo." O que é isto? Uma simples gentileza, um gesto generoso do visitante para parecer simpático aos franceses? Ou seria um novo tratamento do clássico (tanto faz — russo ou francês)? Provavelmente, ambos.

O visto de Maiakovski foi prorrogado graças aos esforços de Serguei Pavlovitch Diaguilev. Aliás, o próprio Diaguilev, segundo as cartas de Maiakovski a Lunatcharski, estava se organizando para viajar a Moscou. Maiakovski solicitou a Lunatcharski que ajudasse com o visto para "passar o mais rápido possível pelo secretariado", que, parece, era o órgão do Comissariado do Povo para Assuntos Internacionais ou OGPU. A viagem não aconteceu, provavelmente Lunatcharski não conseguiu provar que nós superamos em delicadeza e graciosidade os franceses e em "negócios" os americanos, como escreveu ironicamente Maiakovski.

O encontro com Diaguilev foi interessante. Ele era necessário para atraí-lo para o problema com o visto. Como Serguei Pavlovitch era uma pessoa aristocrática e, de certa forma, festiva, resolveram oferecer-lhe um almoço num bom restaurante. Escolheram o Café des Anglais, ao lado do Opéra, na sala dos banquetes. Foram convidadas umas 20 pessoas — pintores, escritores, personalidades. A mesa foi servida em alto nível. O serviço era oferecido por garçons de fraque. Maiakovski estava irresistível de *smoking* e camisa engomada.

Serguei Pavlovitch chegou muito atrasado, grandioso, de cabelos prateados, parecia cansado das festanças da vida. Falou com Maiakovski sobre algo insignificante à mesa. Diaguilev foi várias vezes chamado ao telefone (estava articulando a prorrogação do visto). Finalmente, disse, dirigindo-se a Maiakovski:

— Recebi um telefonema. Há chances de sua questão ser resolvida... Tenho um assunto a tratar com o senhor: estou pensando em mais um empreendimento além do balé. É o espetáculo *Panorama*! E eu só concebo o senhor como realizador!

Discorreu com entusiasmo sobre suas expectativas de obter estrondoso sucesso com *Panorama* e viajar com o espetáculo pelo mundo.

— Todos os artistas de todas as especialidades participarão deste grandioso espetáculo. Tudo será de primeira. A música, os poemas e a apresentação serão a base. Nada de arte apenas pela beleza. Tem de ser algo totalmente novo. Acredito que o senhor, Maiakovski, saberá fazê-lo! Conseguirei os recursos necessários!

A proposta ia ao encontro do estilo de Maiakovski. Diaguilev até fez média com a LEF ("nada de arte"). A idéia dele entusiasmou Maiakovski e Serguei Pavlovitch se entusiasmou, deu asas à imaginação, e na sala pairava o espírito de um grandioso início!

Porém, o ímpeto do famoso empresário, aos poucos, diminuiu. Baixou o tom de voz e enunciou uma frase que não correspondia ao entusiasmo do diálogo e do negócio:

— O senhor me desculpe, não sou mais um jovem, estou cansado e, por isso, até amanhã. O seu telefone — acrescentou ele — eu tenho.

Nem nas cartas de Maiakovski, nem nas recordações dos contemporâneos há alguma menção sobre o restabelecimento desta conversa...

Em seus passeios pela Paris noturna, Maiakovski era acompanhado pelo casal Delone, que lhe mostrava aquela Paris que os turistas não vêem. Era a Paris não só dos bulevares famosos, mas também a de ruas estreitas e becos, ruas antigas com construções antigas de janelas de madeira de três ou quatro andares coladas umas às outras. De dia, o poeta gostava de freqüentar o Café Rotonda, em Montparnasse. Ali tocavam uma música suave, canções da moda, foxtrote e *one-steps*. Vladimir Vladimirovitch divertia suas acompanhantes — Elza e Valentina (Vualetotchka) —, brincava sozinho de cara-ou-coroa, escrevia versos com temas modernos "sobre o amor": "Amo-te à noite, amo-te de dia, amo-te antes, durante e depois."

Sem receber o visto americano, Maiakovski começava a se deprimir. "Infelizmente, estou novamente atraído pelos versos líricos!", escreveu a Lília Iurievna. Ele atende os pedidos comuns da "família": "Suas encomendas estão aqui, mas não há portador e não quero enviar pelo correio. São pesadas. É claro que toda sua lista será cumprida com precisão. Com acréscimos que você pediu a Elza." "E Ossip recebeu a roupa íntima de Berlim? O xadrez e o cinto eu levarei daqui. Que número de camisa usa?" Percebe-se que até o vestuário, mesmo a roupa íntima, de Ossip Maksimovitch estavam sob a responsabilidade de Maiakovski...

Mas a paciência está no fim, sente saudades de casa. "Estou angustiado. A vida parisiense não é para nós..." Às vésperas do Ano-novo, 27 de dezembro, Maiakovski voltou para Moscou. Voltou insatisfeito com a viagem e consigo mesmo. A imprensa registrou: "Em Paris o poeta se sentia como no fim do mundo."

Paris não tinha nada a ver com isso. Tinha que levantar o ânimo.

Pela Quinta Avenida

Ao retornar da França, Vladimir Vladimirovitch participou da reunião do comitê de organização do pavilhão soviético da Exposição Internacional (cultural, industrial e *design*) em Paris. Sua opinião é considerada de *expert*. A exposição aconteceu em 1925. Maiakovski esteve na inauguração do pavilhão soviético e ficou insatisfeito. A exposição inteira causou má impressão, apesar de ter sido decorada pelos cartazes publicitários com textos escritos por ele. Os trabalhos na LEF não acrescentaram fama a Maiakovski poeta, mas lhe trouxeram reconhecimento oficial e até mesmo um prêmio na área publicitária.

Buscando oportunidade de cooperação com outras organizações literárias, o poeta não renega as idéias da LEF. Parece suavizá-las, ao conclamar que se deve aprender com os clássicos, com Puchkin. No discurso da 1ª Conferência Russa de Escritores Proletários, Maiakovski declarou que a LEF mantém a posição de dois anos atrás e continuará na mesma linha, a não ser que surja uma nova nuance relacionada ao clássico, o que foi declarado com uma esperteza característica da LEF: "O *Tolstoi individualista*, é claro que nós o substituiremos pelo *Tolstoi coletivista*."

Maiakovski não explicou como poderia fazer a mágica de substituir Tolstoi; deve-se supor, porém, em sua afirmação, o apoio da moda que pairava no ar, a qual ameaçava a intimidade da criação artística.

Maiakovski não demonstra coerência nas questões de estética. Como, por exemplo, pode-se avaliar que ele defendia da crítica de L. Sosnovski o poema

"Rid maternii" ("Choro de mãe"), de Tretiakovski? A crítica de Sosnovski era procedente, pois a composição (a imagem) — "Rid maternii" — deveria significar "Mat ridaiet" ("Mãe que chora"). Maiakovski se recusou a julgar se isso era bom ou ruim; afirmava apenas que dava para entender, deixando de lado a questão da correspondência estética de uma imagem tão grosseira para a representação de uma dor humana. Porém, no mesmo discurso, ele diz: "Serei o último idiota se eu disser: Companheiros, reescrevam o Aleksei Kriutchionikh, vamos refazer a frase 'cosi com alfinetes os buracos'." Renegando a experimentação oca, tenta convencer: "... não detenham na cabeça toda aquela bobagem que não presta nem para as páginas de jornais, nem para as festas revolucionárias." Ao defender as idéias da LEF, Maiakovski volta e meia tropeçava...

O mês de janeiro de 1925 foi marcado por um acontecimento notável: nos dias 16 e 17 houve a reunião dos trabalhadores da Frente Esquerda da Arte. Seu promotor e principal relator era N. Tchuzhak. Fazia parte de seus planos a formação da única organização de frente de esquerda da arte com direção centralizada que imitava as formas organizacionais do aparato partidário e soviético. Essa mesma idéia era apoiada e logo começou a ser realizada pelos dirigentes da RAPP, estabelecendo a tendência de formação do sistema diretivo-burocrático. Maiakovski criticou violentamente a linha de Tchuzhak e se declarou contra a transformação da LEF num "mais detestável escritório". Afirmou que a unificação "deveria acontecer e deveria ser federativa, sem se empolgar com a criação de uma organização monolítica que seguisse o modelo das organizações partidárias soviéticas...". Guardemos isso na memória.

Pode ser que ao leitor pareça monótono, porém é necessário dizer algumas palavras sobre a fala de Maiakovski no debate do relatório de A.V. Lunatcharski "As pedras fundamentais da nova cultura", no dia 9 de fevereiro de 1925.

O discurso do Comissário do Povo foi apresentado num estilo improvisado, abrangendo muitos temas e objetos. Maiakovski falou sobre o discurso com ressentimento, por Lunatcharski não ter dado atenção à LEF. Pelo visto, não a considerava um dos "fundamentos da nova cultura".

Respondendo ao comentário de Lunatcharski sobre Brik, que dizia que este em suas "teorias" não apresenta um motivo mínimo sequer para a inspiração e que, se Maiakovski escreve algo "mais ou menos de qualidade, é só porque consegue se livrar das redes tenazes da arte de produção" [Lunatcharski acertou no âmago!], Vladimir Vladimirovitch reconhece em parte que "os lemas da arte de produção não excluem o trabalho da alta engenharia". Podemos ver que reconhece novamente só a capacidade, mas não a inspiração, nem o brilhantismo.

A continuar a polêmica com Lunatcharski, após a segunda apresentação nesse debate, Maiakovski disse que os "futuristas jamais se rebelariam contra a velha arte, assim como contra o material didático". Temos que levar em consideração que, agora, quando encontramos esses reconhecimentos parciais de Maiakovski com algumas retificações sobre a maestria e capacidade, cabe assinalar que tais iniciativas eram esmagadas pela autoridade dos clássicos, assim como se faz hoje, com qualquer vanguarda na arte. O terrorismo dos clássicos freqüentemente atrapalha o desenvolvimento da literatura e da arte.

O paradoxo estava no amor de Maiakovski pelos clássicos, pois sabia de cor inúmeros poemas de Puchkin, de Nekrassov, de Lermontov, de Tiutchev. Pode ser que, por protesto contra a utilização deles como arma de terrorismo contra os novos poetas, assimilasse a poesia clássica profunda e intimamente, mas verbalizasse o oposto. O mesmo ocorrera com seus antecedentes diretos. Já se criticava Blok e Akhmatova. É claro, o poema "Os doze", de Blok. Porém, Maiakovski impressionou V. Matchavariani (será que não impressionaria muitas outras pessoas?) quando declamou ao visitante georgiano, passeando com ele pela Moscou invernal, um dos poemas "não-recomendáveis" pelos seguidores da LEF, de autoria de Blok, aos 19 anos, "Servus Regionue":

> *Não convoque. Sem convocações*
> *irei ao templo.*
> *Inclinarei a cabeça calado*
> *aos teus pés...*

É impossível de explicar pela lógica a luta contra os clássicos, a luta contra os simbolistas. Tudo é bem mais complexo, mais íntimo...

Finalmente, Maiakovski se desvia das acusações de formalismo dirigidas à LEF por Lunatcharski. Maiakovski não reconhece esse pecado como seu e claramente põe a discussão de lado. Sua participação no debate foi a mais furiosa defesa da LEF e provocada pela pretensão de liderança na nova cultura, que não fora percebida nem avaliada pelo relator.

Organizando seu material literário, Maiakovski inclinava-se, de tempos em tempos, a tirar certas conclusões. Considerava o ano de 1909 como o início de sua atividade literária, quando ficou preso em Butirskaia, apesar de "agradecer" aos guardas por terem confiscado seu caderno de poemas. No entanto, em 1921, comemora não o jubileu de 12 anos, o fictício Diovlam (jubileu de 12 anos de Vladimir Maiakovski). Ele achava que havia chegado a hora de publicar sua obra completa e começou a cuidar disso no Gosizdat. Não obtém sucesso e recebe, junto com Assieiev, um documento com um P.S. curiosíssimo:

"O departamento literário não aceita e não poderá aceitar num futuro próximo para edição a obra completa de V. Maiakovski e N. Assieiev.

P.S. Até 1º de janeiro de 1926, pede-se aos autores que não se preocupem."

Mas Maiakovski não era dessas pessoas que aceitavam esse tipo de resposta. Pediu audiência com Lunatcharski, que escreveu para a Gosizdat uma carta explicativa, não era uma ordem ou diretiva (Lunatcharski não gostava de dar ordens), esclarecendo quem era Maiakovski e qual era a sua importância. A carta termina com um pedido de entrevista com Maiakovski e uma solução para o impasse. O contrato foi assinado para a publicação das obras completas em quatro volumes.

O principal acontecimento de 1925 na vida de Maiakovski foi a viagem aos Estados Unidos. A viagem deveria ser pela França para aguardar o visto. A espera pelo visto se prolongou por muito tempo, provocada por diferentes circunstâncias. Em suas cartas de Paris, informou que durante a espera não conseguia fazer nada. Mas, na realidade, durante esse período conheceu "inúmeras pessoas da arte, revirou Paris por fora e pelo avesso" (Triolet)

Mas, mesmo assim, sentia uma incompletude, uma formalidade protocolar nos encontros e visitas, até mesmo nas entrevistas. Maiakovski estava entusiasmado com a viagem aos Estados Unidos, e tal objetivo, que esbarrava no muro da obscuridade e incompreensão, apagava as outras vontades e enfraquecia a vitalidade que lhe era comum.

Maiakovski escreveu para Moscou: "Tenho uma vontade terrível de voltar para...", "...não tenho mais nenhuma vontade de viajar, quero voltar para ler meus poemas." Este sentimento deveria ser comum a todos os russos (seria somente a russos!) — após alguns dias da mais fascinante aventura, sentir de repente saudades de casa, das pessoas próximas, da Rússia. Maiakovski conhecia bem esse sentimento e o expressou algumas vezes em seus versos e prosas.

E este sentimento mais contundente está nos poemas escritos no exterior. Só nos poemas de Maiakovski há descrição tão convincente, tradicionalmente russa e nostalgicamente opressiva como esta a seguir:

> *Quem me dera*
> *sentar num trenó*
> *com os pés —*
> *na neve,*
> *como numa folha de jornal...*
> *Assobiar,*
> *me cubra*
> *de neve,*
> *estepe de Khersson...*
> *Noite,*
> *Campo,*
> *Luzes,*
> *Caminho longo —*
> *O coração dilacera de saudade,*
> *E no peito —*
> *desassossego.*

Um belo comentário sobre esses versos fez St. Lesnevski: "De muita coisa se lembra aqui: das neves de Puchkin, de *As luzes trêmulas das aldeias tristes*, de Lermontov..." E é claro que vem à mente Blok: "O impossível é possível, o caminho é longo e leve, quando brilhará no horizonte o olhar momentâneo debaixo do lenço, quando soa com tristeza cuidadosa a canção surda do cocheiro!"

O poeta estava preocupado com seus assuntos em Moscou. Então se divide em dois, pede em cartas para acalmar a redação da revista a quem deve artigos e promete escrever assim que retornar. Ele também se preocupa com a edição da revista *LEF*, e sua preocupação é tanta que diz estar pronto para interromper a viagem. ("Se a *LEF* precisar, volto a Moscou e não vou para América nenhuma.") "Estou em Paris porque me prometeram, em duas semanas, dar uma resposta sobre o visto americano. Poderiam não dar e eu voltaria no mesmo instante para Moscou, saldaria as dívidas e passaria uns três anos sem viajar..."

Nos poemas do ciclo parisiense, Maiakovski, amiúde, refere-se aos negócios "domésticos" (da mesma forma que nas cartas). Ademais, esses versos já haviam sido escritos em Moscou, quando as atividades literárias correntes e os debates literários novamente atraíram o poeta. Participa da polêmica interna com os poemas "A cidade", "Verlaine e Cézanne" e de alguma forma com os poemas "Notre-Dame" e "Versailles".

E novamente uma surpresa: no poema sobre Paris ("A cidade") revela um sentimento de solidão, de separação das "retaguardas" poéticas em versos tão bem conhecidos:

> *Estou triste*
> > *aqui*
> > > *sozinho*
> > > > *à frente —*
> *o poeta*
> > *não precisa de muito —*
> *somente*
> > *que*
> > > *o tempo*
> > > > *dê à luz rapidamente*
> *a um assim como eu,*
> > *de pernas rápidas.*

Não, o poema não é sobre isso, é sobre Paris, até sobre as duas Paris: Paris "dos advogados e dos quartéis" e Paris "sem quartéis e sem Herriot".

Aliás, tal está dito de maneira informativa, com a intenção, talvez, de expressar a simpatia pelo segundo. Pelo visto, a paisagem da cidade, a beleza da Place de la Concorde não inspiraram Maiakovski desta vez. Estava compenetrado nos assuntos "domésticos", nos debates, na mágoa ridícula com o rótulo de "companheiro de viagem" que lhe puseram os inimigos literários.

No poema "Verlaine e Cézanne" brilhou a voz dos debates literários e das conversas em Paris. Mas, na mesma hora, diante dos primitivos ideólogos da arte, continuando alguma discussão, Maiakovski defende o direito do poeta a ter a sua "cara", sua individualidade criadora: "Entendam de uma vez, tenho só um rosto, um rosto e não um catavento."

Com esta fórmula, Maiakovski renega a "tarefa" dada aos poetas: "voltar-se para o campo!" De forma corrosiva, ridiculariza aqueles escritores que trazem de suas viagens para o campo obras superficiais e falsas. Maiakovski não aceitava qualquer "tarefa" ou qualquer "encomenda social". Tudo escrito por ele — desde os versos ardentes de amor no poema "A nuvem de calças" às peças publicitárias — era escrito pelo comando da alma ou pela convicção da necessidade. Não se pode, porém, pôr no mesmo plano as emoções do drama amoroso e a preocupação com a prosperidade do comércio do Estado. Com a desmedida fidelidade aos assuntos da atualidade, Maiakovski reforçava as posições da LEF e definhava o recurso poético da alma.

Vivendo em Paris, o poeta estava totalmente tomado pela idéia da viagem para o outro lado do oceano e se preparava para ela. Tinha o visto para o México, mas o navio com a data mais próxima de partida saía no dia 21 de junho. A espera, para uma pessoa tão impaciente como Maiakovski, era aflitiva. O encontro com Marinetti, o líder dos futuristas italianos, foi importante, apesar de ter tido um caráter ritual. Haviam passado dez anos após o encontro em Moscou e a nada cordial recepção a Marinetti por parte dos futuristas russos. O que mudou? Muita coisa. Na Rússia aconteceu uma Revolução. Isso deixou alguma marca no encontro deles? Pelo visto, sim. Mas há poucos testemunhos sobre esse encontro. Certa vez Maiakovski disse que ele não tinha muito o que conversar com Marinetti; por educação, portanto, trocaram algumas frases.

O encontro aconteceu em um dos restaurantes parisienses. A intérprete foi Elza Triolet. Nem ele, depois de anos, pôde lembrar da conversa. Significa que a conversa realmente não foi muito importante, apesar de Elza lembrar das tentativas frustradas de Marinetti de provar a Maiakovski que para a Itália o fascismo representava a mesma coisa que o comunismo para a Rússia.

No dia 21 de junho de 1925 começou a aventura de Vladimir Vladimirovitch Maiakovski pelo oceano Atlântico até o México, pois ainda não tinha o visto de entrada para os Estados Unidos. A viagem durou até 8 de julho. Não havia nada com que se divertir. Maiakovski com ironia descreve o navio e os passageiros em uma carta:

"O *Éspagne* é um navio regular. Ainda não descobri russos a bordo. Viajam homens de suspensórios e de cinto ao mesmo tempo (são espanhóis) e umas mulheres de brincos enormes (são espanholas)." Na crônica "A minha descoberta da américa" relata uma impressão diferente: "O navio é pequeno, parece o nosso GUM. Tem três classes, duas chaminés, um cinema, um café-refeitório, uma biblioteca, uma sala para concertos e jornal." A divisão era por classes: "Na primeira classe viajam os comerciantes, os fabricantes de chapéus e golas, os ases da arte e os bandidos... Na segunda classe estão os pequenos comerciantes, os iniciantes nas artes e a intelectualidade que datilografa nas Remingtons... Na terceira classe está o recheio dos porões. São os que procuram trabalho nas Odessas do mundo inteiro — são boxeadores, policiais, negros... A primeira classe vomita onde quer, a segunda vomita na terceira e a terceira vomita em si mesma."

A seguir, um trecho da carta a Lília Brik, de 3 de julho de 1925:

"Não posso dizer que me diverti no navio. Doze dias de água são bons para os peixes e para os descobridores profissionais, mas para gente de terra é demais. Não aprendi a falar francês nem espanhol, mas desenvolvi a expressão do rosto, assim me comunico por meio de mímica."

E comunica que estava escrevendo um poema sobre Cristóvão Colombo. Mas antes já havia escrito os poemas "Espanha" e "As seis freiras". O tema do satírico "As seis freiras" nasceu da observação diária do cotidiano do navio. Em todos os poemas sobre a América ou onde está a imagem da América moderna, começando pelo poema "150.000.000", Maiakovski partia da imagem que chegava com a propaganda de jornal. Nesse caso, porém, não percebeu a profundidade do próprio olhar e da compreensão. Por isso, o final do poema "Cristóvão Colombo" não é nada mais que um truque de efeito publicitário: "... eu fecharia a América, limparia e depois abriria pela segunda vez."

É claro que Maiakovski viajou para os Estados Unidos tendo alguma informação sobre a vida deste país e sua organização social. É necessário, porém, reconhecer que seus conhecimentos se limitavam às informações de jornais. E, caso se considere a tensão entre os dois países, ainda quente após a Guerra Civil, na qual os Estados Unidos fizeram o papel de interventores na Rússia Soviética, pode-se explicar a ênfase na denúncia presente nos poemas escritos por Maiakovski, ainda antes de chegar ao país e após sua estada nele ("Black and White", "Sífilis", "Cristóvão Colombo", "Broadway", "A senhorita e o vagabundo", "O arranha-céu", "O cidadão honesto", "Desafio"). Não está livre dessa ênfase sua prosa, a crônica "A minha descoberta da América".

Mas vamos acompanhar Maiakovski na sua longa aventura para o outro lado do oceano e descobrir onde esteve, quando, com quem se encontrou e quais foram as suas impressões desses encontros.

A única parada do navio *Éspagne* foi em Havana. O exótico, ali, Maiakovski percebeu com olhos de pintor, de forma bem colorida: "Com o mar verde ao fundo há um negro de calças brancas vendendo peixe vermelho..." E "os primeiros sinais perceptíveis da soberania dos Estados Unidos" estão no poema "Black and White".

Finalmente, o México. Porto de Veracruz. "Mar raso com casinhas baixas. Um coreto redondo para os músicos que recebem com cornetas..." A partir dali se estendia uma longa estrada de beleza ímpar até a Cidade do México que passava por penhascos, entre rochas e por meio da floresta tropical, para uma altitude de 3.000 metros. Assim disseram a Maiakovski. Mas a viagem foi à noite.

Na estação de trem, na Cidade do México, Maiakovski foi recebido pelo pintor mexicano Diego Rivera. Para sua surpresa, Diego Rivera conseguia se explicar um pouco em russo, apesar de falar em espanhol, misturando palavras russas em sua fala, recorrendo à ajuda de intérprete. Rivera na mesma hora levou a sua visita ao museu mexicano, trocando saudações pelo caminho com quase todas as pessoas que encontrava. Era muito famoso. Maiakovski tinha ouvido que Erenburg tentou pintar Julio Jurenito, tendo Rivera como modelo. O pintor mostrou o seu trabalho inacabado — o painel no prédio do Ministério da Educação no qual ele queria unir "a antigüidade com os últimos dias da pintura francesa moderna" e mostrar "a história passada, presente e futura do México".

Maiakovski se impressiona que, no México, a cada seis pessoas uma é obrigatoriamente poeta, "escrevem quase apenas poemas líricos apaixonados", sem se interessarem por questões sociais. A descrição do cotidiano e da cultura após a breve estada nesse país foi dada com traços ligeiros. Com mais detalhes Maiakovski descreve o espetáculo preferido dos mexicanos: as touradas. Esse espetáculo provoca em Maiakovski sentimentos de raiva e de indignação como em caso de assassinato. Em sua crônica chama a atenção uma frase cruel: "Eu senti uma alegria enorme: o touro conseguiu enfiar o chifre entre as costelas humanas, vingando os companheiros touros."

Maiakovski não se arrisca a falar da política local, sabe que "não é a sua especialidade". Usa de esperteza. Fala do "jogral de presidentes" (nos últimos 30 anos haviam sido 37), do caleidoscópio de partidos (aproximadamente 200), da voz decisiva de um revólver Colt... Ali, cada um era revolucionário, já que derrubou, estava derrubando ou queria derrubar o governo.

Vladimir Vladimirovitch conheceu o verdadeiro revolucionário, o comunista Moreno, que, durante a estada de Maiakovski em Nova York, foi morto, como registra Maiakovski, "pelos assassinos do governo".

Os jornais mexicanos destacaram a visita de Maiakovski ao país, apresentando-o como o famoso poeta russo contemporâneo. Na entrevista ao jornal *Excelsior*, usa palavras comuns e gentis em relação ao país que está visitando. Acrescentou que pretendia escrever um livro sobre o México, sem injunções de tendências políticas, no qual expressaria satisfação pela acolhida maravilhosa.

Vladimir Vladimirovitch passou aproximadamente três semanas no México e estava preocupado com a passagem (mais barata para economizar) de volta, pois os telegramas que enviara aos Estados Unidos permaneciam sem resposta. E, finalmente, pôs-se o carimbo na declaração: "O visto foi emitido para não-imigrante. Tinha validade de exatamente seis meses." Na verdade, ao passar pelo serviço de emigração na estação de Laredo, o visto mostrou-se insuficiente e teve de ficar oito horas atrás das grades enquanto não resolvia o problema. Paga a fiança de 500 dólares, deixaram Maiakovski entrar como turista nos EUA.

Durante toda a permanência de Maiakovski em Paris, México e nos EUA, teve curso a correspondência e a troca de telegramas com Lília Brik. Nelas destacam-se problemas de ordem material e financeira.

Do México, Maiakovski parece se desculpar: "Não estou enviando nada para você por ora porque, primeiro, extravia-se; segundo, ainda não procurei bem, e terceiro, quero ser eu mesmo a levá-lo."

A resposta de Moscou era: "Fiquei imensamente impressionada e alegre que estás em Nova York. Envie-me, por favor, o visto e dinheiro... Oska recebeu o terno e anda todo orgulhoso."

De Moscou, outro telegrama: "Quero muito ir a Nova York. Beijos. Telegrafe."

De Nova York vinha a resposta: "Procuro obter o visto. Caso não consiga, irei embora para casa."

De Moscou: "Não tenha pressa. Precisamos de dinheiro para o apartamento Vionnet. Se não conseguir o visto, viajarei em setembro para a Itália."

Novamente de Moscou: "A Gosizdat não paga há três meses. Um monte de dívidas. Caso possa, transfira dinheiro imediatamente pelo telégrafo."

A resposta: "Amanhã envio o dinheiro pelo telégrafo."

De Moscou: "*Cãozinho,* recebi o dinheiro."

De Moscou, quatro dias depois: "Recebi o visto italiano. O que faço?"

De Nova York: "Caso viaje, posso no dia 4 enviar 500 dólares."

De Moscou: "*Volosit,* recebi o dinheiro. Pretendo partir dia 16."

Transferiu 500. Transferiu 350. E novamente telegramas:

"Estou telegrafando pela terceira vez. Peço que transfira urgentemente dinheiro para mim." Este já foi da Itália. Transferiu mais 100 dólares. E como resposta, ao retornar a Paris, Maiakovski recebeu uma carta: "Fiz bobagem com o dinheiro: a história é longa, quando chegar, conto. Envie telegrama se tem dinheiro. Estou totalmente maltrapilha, a roupa toda rasgada. Preciso comprar tudo na Itália, é mais barato."

O último telegrama de Maiakovski de Paris (desta mesma série), em resposta aos inúmeros pedidos que terminavam invariavelmente com: *saudades, amor, sua gatinha*, continha um pedido: "Venha Berlim sábado dia 14... Estou pouquíssimo dinheiro. Enviei pelo telégrafo ao Banco de Crédito Italiano 250 dólares."

Provavelmente, teremos que recorrer novamente aos trechos da correspondência entre Maiakovski e Lília Brik quando nos aproximarmos dos acontecimentos dramáticos que antecederam a morte do poeta.

No entanto, vamos retornar à estada de Maiakovski nos EUA, onde o poeta chegou com expectativas de vivenciar novas impressões, encontros e fazer novas amizades na capital do mundo industrial.

Maiakovski foi recebido em Nova York por Issai Iakovlevitch Khurguin, o então presidente do Departamento do Comércio americano, um homem enérgico, incentivador das relações comerciais entre os dois países e possuidor de conhecimentos e confiança, não só nos meios de negócios, mas também no Departamento de Estado. Ele conseguiu o visto para Maiakovski, recebeu-o, alugou-lhe um apartamento no mesmo prédio onde morava, ajudou-o a se estabelecer no novo local e mostrou-lhe Nova York.

Nos EUA, até 1933, não havia embaixada, nem consulado soviético. Então, Khurguin era o único responsável por realizar funções não só comerciais, mas também consulares e diplomáticas. Era um homem afeito à arte. Khurguin conhecia pessoalmente muita gente da cena cultural, encontrara-se com Maiakovski várias vezes em Moscou e, por isso, participou ativamente da "epopéia" americana do poeta. Durante a estada nos EUA, Vladimir Vladimirovitch estabeleceu laços de amizade com esse homem sensível e simpático. Maiakovski com muita tristeza receberia a notícia da trágica morte de Khurguin. Durante o enterro não se afastou do caixão e, segundo as informações dos jornais americanos, discursou.

Assim que chegou a Nova York, o poeta telefonou para o seu velho amigo Burliuk:

— É Maiakovski que está falando.

— Olá, Volodia. Como vai? — respondeu Burliuk.

A impassibilidade de Burliuk, desde a primeira frase, provou a ironia sempre alerta em Maiakovski.

— Bem, obrigado. Durante os últimos dez anos acho que tive um pouco de coriza...

Nova York impressiona a consciência urbanística do poeta, que admira a estação de trem por sua funcionalidade. "Caso viaje a Nova York a negócios, para algum escritório localizado perto de Downtown, na região financeira de Nova York, no qüinquagésimo terceiro andar do Vulvort Bulding, e tiver um caráter de coruja, não precisa sair de debaixo da terra. Ali mesmo, embaixo da terra, pegará um elevador que o levará ao *hall* do hotel Pensilvânia com mais de dois mil quartos.

"Tudo o que um homem de negócios precisa: correio, bancos, telégrafos, qualquer produto, tudo poderá encontrar aqui, sem sair do hotel...

"O mesmo elevador levá-lo-á ao metrô (*subway*), pegue o expresso que anda mais rápido que os trens. Sairá no prédio que precisa. O elevador levará até o andar necessário sem precisar sair à rua. O mesmo caminho o levará de volta para a estação de trem, para debaixo do teto-céu da estação Pensilvânia... E o americano contido pode viajar nos trens de cada minuto até o sofá-balanço da casa de campo sem olhar para a barulhenta Nova York."

Maiakovski dispensa especial atenção à estação de trem Grand Central e, polemizando com o satirista do jornal *Pravda*, que zombou das estações de trem de Nova York, ao contrário dele, conclui que "paisagisticamente, pelo sentimento urbanístico, as estações férreas de Nova York são os cenários mais orgulhosos do mundo".

Às vezes, publicitários que leram Maiakovski superficialmente, apenas pelos programas escolares, afirmam que ele renegava e zombava de tudo que era estrangeiro, grosseiramente contrapondo o seu *marketing*. Nisso há uma certa verdade, pois desde os tempos do futurismo Maiakovski e seus colegas se orientavam para a arte originalmente russa e zombavam da reverência servil diante de tudo que fosse estrangeiro. Também é real a versão de que no trabalho em jornal Maiakovski se permitia atitudes publicitárias elogiosas: "Eu corria 7.000 verstas à frente, mas cheguei sete anos atrasado", ou então: "Estou mandando aos diabos todos os dólares de todos os países. Queria terminar a vida de calças, com as quais comecei, sem nada ter adquirido no meu tempo." O sentido subliminar: "O povo soviético tem orgulho e olha de cima para os burgueses."

Mas, apesar de todos os preconceitos e dos honorários pela propaganda de agitação e dos sentimentos patrióticos sinceros, Maiakovski olhava para o estrangeiro, para os Estados Unidos, para Nova York, com a alma aberta. Ele via o esplendor das estações férreas nova-iorquinas, a vitória da engenharia na beleza e magnificiência da ponte de Brooklin, dos arranha-céus, das vias de transporte da cidade gigante... Maiakovski gostou de Nova York "nos dias outonais de trabalho, nos dias úteis". Gostou da Nova York trabalhadora. O poeta com atenção observou a multidão, os rostos, os hábitos das pessoas, tentando descobrir as correntes internas dessa vida, tão diferente da nossa, pelo menos a moscovita. Suas observações ora são perspicazes, ora somente externas, superficiais. Isso é fácil de entender: era uma pessoa que chegou a um mundo totalmente diferente, passou ali algum tempo sem saber a língua dos norte-americanos...

Também é verdade que Maiakovski não gostou de muita coisa nos Estados Unidos. Escreveu isso numa crônica e mencionou numa entrevista. Era muito sincero. Não tentava ser simpático aos americanos. Respondia com ironia às perguntas provocativas dos repórteres. Quando lhe foi perguntado acerca do porquê de ter vindo à América, ele respondeu:

— Ganhar mais dinheiro para construir um avião soviético chamado LEF...

E depois de ter lido descrições irreais a seu respeito, indagou ao repórter:

— Por que não escreveu, por exemplo, que eu matei a minha tia?

Confuso com tal desvio da conversa, o repórter balbucia:

— Realmente, por que não escrevi...

Nas críticas de Maiakovski transparece a posição da LEF. Em conversa com o escritor Michael Gold, demonstra sua insatisfação com Nova York, com os arranha-céus, mas que insatisfação é essa? Os arranha-céus são "conquistas gloriosas da engenharia moderna... Com cinqüenta andares, eles se estendem até o céu e devem ser limpos e modernos como o dínamo. Mas o construtor americano, que somente pela metade sabe o milagre que criou, espalha nos arranha-céus ornamentos góticos e bizantinos, caducos e inúteis. É a mesma coisa que colocar numa escovadeira lacinhos cor-de-rosa ou colocar 'bonequinhas' de celulose num trem a vapor. Isso pode ser lindo, mas não é arte. Não é a arte do século industrial".

Maiakovski apresenta então a idéia da LEF sobre a arte no mundo urbano e destaca a sua funcionalidade. Nenhuma beleza, nada sem funcionalidade!

Em Nova York, Maiakovski não perde a oportunidade de elogiar as conquistas da Rússia após a Revolução. Maiakovski não fala das benesses materiais e do sucesso da construção da nova sociedade:

"Está no começo. Mas cada trator para nós é um acontecimento. Um triturador de grãos é uma aquisição importante. Uma nova estação elétrica é o milagre dos milagres... E mesmo assim, aqui é chato e lá é divertido...

"Estou caminhando, por exemplo, em uma das ruas mais caras do mundo", diz ele ao redator do jornal *Freigait*, J. Epstein, caminhando com ele pela Quinta Avenida, "com arranha-céus, palácios, hotéis, lojas e multidões de pessoas. E me parece que estou andando por ruínas, a tristeza me oprime. Por que não sinto isso em Moscou, cujas calçadas estão realmente destruídas, muitas casas desabadas e os bondes lotados e velhos? A resposta é simples: porque lá a vida está borbulhando, está em ebulição toda a energia do povo livre, do coletivo; cada nova pedra, cada nova tábua na construção é resultado da iniciativa coletiva."

Que outros argumentos Maiakovski apresentou para se gabar diante dos americanos? Tiragens de livros para milhões de pessoas que oito anos antes nem sabiam ler e que agora lêem os escritores mais corajosos da nova geração; o cinema soviético, que está repleto de energia para romper com a velharia e de vontade de criar o novo sistema social... Os feitos positivos não são tão numerosos, mas podemos entender e perdoar Maiakovski por seus excessos de propaganda, pois sentira na pele o drama do povo que oito anos antes havia feito a Revolução.

Sobre a situação da cultura e da vida cultural na Rússia soviética, Maiakovski falou ao influente jornal *New York Times*: "A hegemonia em todas as áreas da arte passou para a Rússia. A vida literária e artística na Rússia soviética irrompe como uma fonte e cada vez se amplia mais e mais. Milhões de pessoas começam sua vida espiritual influenciados por esta fonte. A excitação dos primeiros dias faz parte do passado."

Na crônica "A minha descoberta da América", assim como nos poemas do ciclo americano, há muita informação retirada dos jornais. Nestas obras foram refletidas impressões pessoais de Maiakovski acumuladas durante os três meses de estada nos Estados Unidos, de viagens por outras cidades, dos encontros com os americanos. Mas tinha ido aos EUA não só para ouvir, mas também para se apresentar. Estando lá um amigo tão enérgico como David Burliuk, que teve um enorme prazer de rever, Maiakovski conseguiu uma divulgação na imprensa de língua russa e, por isso, em suas primeiras aparições públicas as salas estavam lotadas. A primeira apresentação no Central Opera House (em Nova York) aconteceu duas semanas depois de sua chegada. Mas antes, no jornal *New York World*, nos jornais russos *Nóvi Mir* (Novo Mundo) e *Russkii Golos* (*Voz Russa*), no jornal comunista judaico *Freigait*, foram publicadas entrevistas com Maiakovski, artigos sobre ele e até saudações. O público russo estava preparado para o encontro com o poeta.

No dia 14 de agosto, a sala gigantesca do Central Opera House estava lotada. Pode-se supor que o auditório foi ocupado basicamente por pessoas próximas ao Partido Comunista, ao movimento operário, pois a organização deste evento, assim como de outras apresentações do poeta, ficou a cargo do jornal *Nóvi Mir*, órgão da seção russa do American Workers Party, e do jornal *Freigait*. A metade da renda da noite fora revertida para os jornais: eles anunciaram a apresentação de Maiakovski e em suas páginas foram publicadas cartas com opiniões dos leitores sobre o poeta.

No programa da primeira noite estava o discurso "A poesia, as artes plásticas e o teatro na URSS" e a leitura de trechos de poemas, obras satíricas, poemas sobre a América e, é claro, respostas aos bilhetes. Um programa comum e um público especial. Isso não deixou Maiakovski confuso. Pela primeira reação ao seu discurso, percebeu a disposição geral e rapidamente encontrou a chave que abria os corações dos ouvintes. O sucesso foi total e incondicional.

O primeiro encontro com os americanos entusiasmou Maiakovski. A partir de então, estabeleceu com coragem contatos com escritores, jornalistas, pintores, apresentou-se com leitura de poemas no Campo Nit Gedayge ("Não desanime"), leu o poema sobre Lenin numa grande clareira na mata. O sucesso do primeiro evento agitou a colônia russa, precisou fazer a segunda e depois a terceira apresentação e, algum tempo depois, mais...

Entretanto, a editora New World Press preparou e publicou um livro com poemas de Maiakovski, *Para os americanos como recordação*. Maiakovski em pessoa vendia o livro nos eventos com autógrafos.

Provavelmente, no exterior, diante de um público diferente, Maiakovski se apresentasse de forma diferente da qual se apresentava em casa. Ele era um artista. Suas apresentações são peças de teatro de um ator só. A improvisação tinha grande importância, mas quase sempre ele sentia o ânimo do público presente corretamente. Olga Forsh escreveu sobre uma apresentação em Paris, pode ser que ela tenha algumas semelhanças com as americanas:

"De repente, com um sorriso tímido e suave seu rosto abandonou o peso e tornou-se jovial. A cabeça era jogada para trás com entusiasmo, tirando da testa branca uma mecha escura de cabelos. Maiakovski marchava pelo palco. De pé, pernas afastadas, inclinou um pouco a cabeça para a frente... A expressão de sua boca, larga e que parecia propositalmente desdenhosa, destacava-se atrevidamente, graças ao gesto comum de colocar as mãos nos bolsos das calças.

"Maiakovski balançou-se um pouco em cima das pernas compridas, colocou as mãos atrás das costas, os cantos dos lábios contorceram-se para baixo e ele começou a falar. Ele paria as palavras como se nunca alguém as tivesse pronunciado antes. O novo em sua entonação era tamanho que seu poema, como uma bala, atingia diretamente o alvo."

É claro que cada um percebe à sua maneira...

Após as apresentações em Nova York, Maiakovski viajou pelas cidades dos Estados Unidos: Cleveland, Detroit, Chicago, Pittsburgh, Filadélfia. Em todas, foram organizados eventos para o poeta. Visitou a fábrica da Ford, em Detroit, os famosos matadouros de Chicago, guardou o que viu e tirou conclusões. As apresentações de Maiakovski em todas as cidades transcorreram com um sucesso invariável. Foi saudado por pessoas que haviam deixado a Rússia, atraídas pelas lendas sobre a América e suas riquezas de contos de fadas e a fácil maneira de ganhar a vida. Porém, essas pessoas nem sempre conseguiam obter sucesso e com avidez captavam cada palavra sobre a distante pátria, onde aconteceu uma revolução que mudou muita coisa. A imprensa americana costumava descrever, de forma não muito objetiva a vida na União Soviética, da mesma forma como a nossa imprensa falava dos Estados Unidos. E, de repente, uma pessoa em carne e osso, de quem podiam-se ouvir verdades e perguntar sobre tudo! Nem sempre existem tais ocasiões!

Nem todos, é claro, saudavam tão amistosamente Maiakovski. Os recém-emigrados, que se mudaram para os EUA após a Revolução e a Guerra Civil, em sua maioria receberam as apresentações do poeta com desconfiança e até hostilidade. Isso é compreensível, pois as apresentações de Maiakovski, como divulgava a imprensa, tinham um caráter não só literário, mas também social, econômico e político. O jornal *Rassvet* (Amanhecer), com insatisfação, destacou que, em vez de uma apresentação sobre a literatura, Maiakovski "fez apologia da União Soviética". E o jornal de Chicago, *Russkii Vestnik* (O Mensageiro Russo) publicou:

"Nos bons e velhos tempos, sobre Maiakovski sabia-se somente que era futurista. Agora sabemos que ele, sob a bandeira de apresentações literárias, ocupou-se da divulgação do regime soviético e das maravilhas da vida soviética..."

Houve tentativas de agressão em alguns eventos, mas até para isso Maiakovski estava preparado. Sabia como ninguém se defender. O sucesso das apresentações, o entusiasmo da imprensa de esquerda, alguns poemas escritos durante a viagem (e posteriormente, um ciclo inteiro e a crônica "A minha descoberta da América") — eis o resultado da estada de Maiakovski do outro lado do oceano. Maiakovski não conseguiu permanecer seis meses nos EUA, era muito tempo para ficar longe da pátria (percebe-se pelas cartas). Ele ficou três meses e apressou a volta para casa.

Maiakovski gostava de viajar, mas sempre se apressava em voltar para casa, principalmente no exterior, quando começava a sentir saudades, preocupar-se e ficar nervoso... À pergunta: por que viajava tanto? — ele respondia com versos de Lermontov:

Sob ele a corrente é mais celeste,
Sobre ele o raio do sol é de ouro...
E ele, rebelde, clama por tempestade,
Como se nas tempestades houvesse calmaria!

Se Maiakovski pensava ou não assim (provavelmente pensava), com os poemas de Lermontov confirmava a sua grande fidelidade à tradição da literatura russa.

E, no entanto, ele se incomodava com o desconhecimento do idioma. Um homem sociável, curioso, queria não só ver, mas saber tudo, e isso é possível, apenas, valendo-se das conversas. V. Katanian recorda como, certa vez, alguém supôs que Maiakovski, que viajava tanto pelo exterior, provavelmente dominava bem algumas línguas. Vladimir Vladimirovitch admirou-se:

— Por que o senhor pensa assim?

— É claro, uma boa formação nas escolas e mais viagens pelo exterior...

— Infelizmente, engana-se — retrucou Maiakovski —, são as viagens, não as escolas.

Não era à toa que reclamava nas cartas de não saber outras línguas.

As necessidades do dia-a-dia, ele as satisfazia com o auxílio de um pequeno dicionário e de algumas frases prontas na caderneta. Mas isso revelava-se insuficiente, e, quando se encontrava sem o intérprete, involuntariamente tinha que repetir: "Coquetel champagne, se vouplê!"

Porém, se estivesse por perto alguém conhecido, algum amigo que falasse o idioma, Maiakovski o explorava impiedosamente, assim como fez com Burliuk em Nova York, com Elza Triolet em Paris, pois ficava nervoso quando não tinha a oportunidade de dizer nada, além de pedir um coquetel *de champagne* ou um chá na casa de amigos. Ele sofria e ironizava:

"Eis a situação americana: convidaram um poeta e dizem dele: É um gênio. Gênio é muito mais que famoso. Quando chego, digo logo: Give me please a glass tea! Então, sou servido. Aguardo um pouco e digo: Give me please... Então, me servem novamente. E eu continuo com diferentes entonações e vozes: Give me please a glass a tea, glass a tea e give me. Assim, passa a minha tarde.

"Os velhinhos ouvem, respeitam e pensam: Eis ele, um russo, não diz uma palavra em vão. É um pensador. Tolstoi.

"O americano só pensa no trabalho. Jamais pensa depois das seis.

"Jamais imaginam que não falo uma palavra em inglês, que minha língua não enrola como um saca-rolha na hora de falar e que, ao levantar a língua com o pau de *cerceau,* cuidadosamente enfio os inúteis O e V de forma aberta. Eles nem imaginam que eu estou parindo convulsivamente frases selvagens e superinglesas: Yes, white plies five double arm strong...

"Então, tenho a impressão de que, maravilhadas com a minha pronúncia, entusiasmadas com a minha inteligência, conquistadas pela profundidade do meu pensamento, as moças de pernas compridas ficam aturdidas e os homens empalidecem diante dos meus olhos e tornam-se pessimistas pela completa impossibilidade de competir comigo.

"Mas as *ladies* se afastam ao ouvir pela centésima vez a súplica do chá com uma voz rouca suave e os *gentlemen* vão embora zombando de mim.

"— Traduza para eles — berro, então, para Burliuk — que se eles soubessem o russo, eu poderia, sem pestanejar, pregar as línguas deles nas cruzes de seus próprios suspensórios e virá-las no espeto, a toda essa coleção de insetos...

"O educado Burliuk traduzia assim:

"— O meu grande amigo Vladimir Vladimirovitch pede mais uma xícara de chá.

"Não foi à toa que, após três meses nos EUA, saiu o seguinte:

"E eis que estou em casa. Vocês me entenderão. Boquiabertos, com a palavra pendurada nos lábios me atiro para todo lado, onde existe a menor esperança de conversar."

Em seus poemas sobre os EUA não há nenhum verso no qual não surgisse, de uma forma ou de outra, a imagem da Rússia revolucionária, não soasse o motivo social. Assim, no "Kemp Nit Gedayge", os membros da juventude socialista com uma canção revolucionária "obrigam (I) a ir para Moscou, Goodzone".

Mas seria somente neste poema? Para o próprio Maiakovski, é inesperado e mágico o seu início, a alma do poeta está desnorteada: "Proibir para sempre à noite miserável que deixe escapar de sua boca os ferrões estelares." Vladimir Vladimirovitch dissera algo parecido de forma tão penetrante, ainda quando tinha 20 anos: "Se as estrelas se acendem, isso significa que alguém precisa disso? Alguém quer que elas existam?" E agora, quer convencer de que: "Isso me é estranho. Para quê serve...?" Quer convencer a quem? A si próprio? Está tentando se convencer de que "não serve para nada", de que "lhe é estranho" e de que sem o comunismo não existe amor ("Para casa!"). Em seguida, fala dos "passageiros sonolentos", mas não são somente eles, ele também, Vladimir Vladimirovitch, assim como qualquer pessoa, deseja "acordar, pensar, existir, amar...". Está em um poema escrito por ele: "Bem diante da cara passa voando a eternidade espalhando seu rabo sem fim."

Muitas vezes, o lirismo de "Kemp Nit Gedayge", atacado por "baionetas" e que jamais admitia falsidade, revelava o estado agitado de Maiakovski. E esse fundo emocional é composto de preocupações pessoais: pela história de um amor coberta pelo véu do mistério; pelo encontro do poeta com Elli Jones, que, posteriormente, teve suas conseqüências, as quais provavelmente se transformaram no principal motivo de se manter segredo. Somente duas pessoas tiveram conhecimento desse fato: Khirguin e Burliuk. E as conseqüências: o nascimento, em 1926, da filha "a pequena Elli", Helen-Patricia Thompson.

O fim de semana no Campo Nit Gedayge, Maiakovski passou com a atraente Elli, de 20 ou 21 anos, que trabalhava como vendedora e modelo numa fábrica de cosméticos.

Vamos, então, conhecer a biografia da jovem mulher que deixaria uma marca tão importante na vida de Maiakovski.

Elli Jones, ou melhor, Elizaveta Petrovna Zibert, nasceu no dia 13 de outubro de 1904, numa família alemã de origens russa, na Bachkiria. Seus antepassados se mudaram da Alemanha para a Rússia ainda durante o império de Catarina II. Elizaveta era a primogênita de uma família de muitos filhos, mas muito abastada e que, por este motivo, após a Revolução foi reprimida e obrigada a emigrar com os membros da família que restaram vivos. A jovem Elizaveta antes viajou a Moscou em busca de uma vida mais feliz e lá conheceu um cidadão britânico, George Jones, casou-se com ele, obteve o passaporte britânico. Com este passaporte viajou para os EUA.

A vida conjugal nos Estados Unidos não deu certo e, algum tempo depois, Elli se separou do marido. E foi nessa época que conheceu Maiakovski.* Eles se conheceram na primeira apresentação de Maiakovski em Nova York.

Não vamos tentar adivinhar o quanto foi grande ou não a atração mútua dos jovens, pois pelos poemas ("Kemp Nit Gedayge" e "Para casa!") pode-se supor como Maiakovski estava aprisionado em suas idéias sobre o amor, aprisionado do ponto de vista ideológico e político com suas equações ilusórias e hesitações entre o amor e o comunismo... Impressiona como o poeta que, dois ou três anos antes, no poema "Sobre isso", sonhava com que "o amor chegasse a todo o universo", começa se convencer de que isso lhe é estranho e que não precisa disso... Por quê, assim de repente?

Então surge uma dúvida: será que o poeta não foi atingido pelo medo de que seu romance além-mar, ainda mais com uma herança sangüínea, não se tornaria objeto de uma atenção especial na casa da rua Lubianka?

Esta dúvida é provocada pelo seguinte episódio: nos manuscritos de Maiakovski, Lília Brik encontrou a descrição da fábula do filme *A moça de Havana*, mas o final feliz do filme fora alterado e com conseqüências bastante dramáticas e incompreensíveis. O enredo é o seguinte: um marinheiro estrangeiro se apaixona por uma moça em Havana. Maiakovski anotou "amor exótico". Depois segue: "Exigem que volte, senão será considerado desertor" etc. O importante é a palavra desertor. Amor e política. Fica claro que este episódio

---

*Depois da partida de Maiakovski dos Estados Unidos, George Jones retomou seu casamento com Elli e declarou a vontade de assumir a paternidade da criança que estava para nascer. Porém, alguns anos depois, o casamento acabou de vez.

preocupou Maiakovski e que esta versão militar do drama amoroso foi descrita como argumento numa discussão interna consigo mesmo, na luta contra o desejo natural?

As dúvidas seguintes, acredito, podem ultrapassar os limites do eticamente permitido. Provavelmente, na despedida nos Estados Unidos ou no encontro em Nice, em 1928, Maiakovski e Elli Jones combinaram de se corresponder (ele pediu que enviasse as cartas em nome da irmã Olga, já que havia uma censura "familiar" de Lília Brik) e que a relação entre os dois seria um patrimônio deles, impermeável à invasão externa. Após alguns cartões e cartas curtas, "as duas Elli" ficaram do outro lado da cortina durante 60 anos...

Em 1990, chegou a notícia: nos Estados Unidos "apareceu" uma filha de Maiakovski, aquela mesma "pequena Elli" agora era Helen-Patricia Thompson, professora universitária na Lehman College, em Nova York, autora de muitos trabalhos acadêmicos e livros. Em julho de 1991, com o filho Roger, neto de Maiakovski, esteve em Moscou. Explicou as décadas de permanência sob o sigilo familiar, por motivos éticos. Somente após a morte da mãe (em 1985) e, posteriormente, do padrasto (não Jones, mas Peters), Patricia desvendou o mistério de seu nascimento, que ficou conhecendo aos 10 anos de idade...

Maiakovski viajou de volta no pequeno navio *Roshambo*, no dia 28 de outubro. Eram oito dias de viagem para refletir e colocar em ordem todo o volume de informação e impressões. A primeira conclusão era a total decepção com o futurismo que exaltava a técnica crua em si. A partir de então:

"Diante dos trabalhadores da arte coloca-se uma tarefa para a LEF: não a exaltação da técnica, mas o refreamento dela em nome dos interesses da humanidade. Não a admiração apaixonada das escadas de ferro de incêndio dos arranha-céus, mas a simples organização da moradia." As duas últimas conclusões são relativas às áreas econômica, social e política da vida americana. Na crônica está formulado o objetivo: "... estudar os pontos fracos e fortes da América."

No dia 5 de novembro, Maiakovski chegou ao porto francês Havre, de lá partiu de trem para Paris. No mesmo dia soube da doença de Aleksandra Alekseievna e enviou um telegrama a Moscou para as irmãs: "Telegrafem imediatamente com detalhes sobre a saúde de mamãe. Peçam a Kuchner que ajude com o apartamento. Estarei em Moscou daqui a duas semanas. Beijo a mamãe, vocês. Volodia."

Maiakovski se apressa e viaja de Paris a Berlim, onde se encontra com Lília Brik e de lá com ela, no dia 22 de novembro de 1925, após seis meses de viagem pelo exterior, a mais longa, retorna a Moscou. Para a imprensa, comunicou que na América, como informaram os jornais, obteve sucesso e que suas apresentações, além de uma importância literária, também tinham um significado revolucionário. Disse, também, que trouxe um livro de poemas sobre o México, a Espanha e o oceano Atlântico e falou do novo livro lançado nos Estados Unidos.

Como relatório sobre a viagem, Maiakovski fez quatro apresentações no mesmo mês de dezembro: na Casa da Imprensa, leu os poemas escritos nos EUA; no Museu Politécnico leu "A minha descoberta da América" e alguns poemas e apresentou-se novamente na Casa da Imprensa com o relatório sobre a viagem aos Estados Unidos. Maiakovski tinha pressa em falar sobre tudo que viu, ouviu e escreveu para seus leitores, ouvintes e para uma platéia numerosa. Na quarta apresentação, também no Museu Politécnico, Maiakovski leu o texto intitulado "O maestro das três Américas (EUA)" e alguns poemas.

O texto "A minha descoberta da América", Maiakovski leu-o também em Leningrado, depois nas cidades da Ucrânia e do Cáucaso. Na imprensa de Kharkov destacou-se sua ironia, os paradoxos das respostas aos bilhetes e que ele estava alegre, animado e que num determinado momento permaneceu calado, quando, em resposta a um bilhete sobre Iessiênin (que havia se suicidado em 28 de dezembro), Maiakovski pronunciou: "Não me interessam monumentos e coroas após a morte... Protejam os poetas!"

Provavelmente, o mau humor de Maiakovski, após a apresentação em Leningrado, estava ligado à morte de Iessiênin, morte com a qual se emocionou e chamou de grande perda, como lembram N. Tikhonov e V. Kaverin. Nos últimos tempos, Maiakovski e Iessiênin tinham manifestado interesse em reatar. Existem muitos depoimentos sobre isso. Iessiênin pediu a Pasternak que o ajudasse a fazer as pazes com Maiakovski e os aproximasse. Houve conversas sobre isso com Assieiev. Pode ser que Maiakovski se sentisse culpado por não ter tentado fazer nada para se aproximar de Iessiênin e livrá-lo das companhias boêmias que o influenciavam negativamente. Apesar do meio em que vivia, Maiakovski também não se diferenciava pela pureza de comportamento. Exatamente nessa época, ele sofria, buscando idéias para o poema Serguei Iessiênin. Basta lembrar como ele balbuciava os versos do poeta escritos antes da morte e como discutiu com N. Samonenko (Riabovoi) sobre a frase "a separação predestinada". Isso aconteceu em janeiro de 1926.

A opinião de Maiakovski sobre a América e suas comparações com a Rússia soviética podem parecer ingênuas hoje. Estão corretas as observações sobre a cidade moderna e industrial, sobre a arte, mas Maiakovski não conseguiu se concentrar na análise. Para isso ele não tinha material, faltavam observações e conhecimento. Maiakovski era sincero. Nele ainda não havia se esgotado o ímpeto revolucionário e entusiástico, que provocava a imaginação com a "comuna no portão". Em 1930, ele escreveria sobre isso com um tom diverso.

A divulgação das idéias
da LEF e dos poemas

Maiakovski foi o primeiro poeta soviético que atraiu o público para ouvir poemas em grandes auditórios. Após a Revolução e, principalmente, após a Guerra Civil, tinha-se que conquistar um público totalmente novo, despertar nele o interesse pela poesia, pela sonoridade. Tinha-se que renovar a linguagem poética, pois a Revolução pôs na rua a fala rude de milhões de pessoas. A gíria dos subúrbios se derramou pelas avenidas centrais e o discurso intelectualizado, com suas palavras estéreis — "ideal", "princípios de justiça", "origem sagrada", "imagem transcendental de Cristo e do Anticristo" —, foi aniquilado. Era o novo fenômeno da linguagem. Como fazê-la poética? As velhas regras, com as "rosas formosas" e os versos alexandrinos, não serviam mais. Como introduzir a linguagem na poesia e como fazer poesia dessa linguagem cotidiana.

Buscas e tentativas grosseiras em "A cartilha soviética" — "Wilson é mais ave que qualquer um/ Que tal cravar-lhe a pena nas nádegas?" ou "A Terra é da forma de uma bola/ Atrás de Miliukov anda qualquer canalha". Ou então os textos dos cartazes da ROSTA. Seu estilo incorpora elementos da linguagem das ruas.

Maiakovski era poeta das ruas e das praças e definiu como tarefa sua a conquista do público em massa. Ele não concordava com menos. Aqui está a principal contradição de sua obra, aqui nasce o dualismo em sua consciência estética. Na realidade importava para as massas a "Cartilha soviética", as "janelas satíricas" da ROSTA, folhetos de divulgação, mas mesmo assim o espírito da poesia pairava nos personagens do poema "Sobre isso"...

Para atrair o público, acostumá-lo a ouvir poesia, eram necessários folhetos. Eles podiam ser o início. Ou então oferecer ao público algo revolucionário, um lema do tipo "A marcha à esquerda", "Nossa marcha". E já depois, aos poucos, introduzir na consciência das massas a poesia de alta qualidade ou, como dizia Maiakovski, "de alta engenharia". De uma forma ou de outra, a tarefa principal fora definida como conquista do público em massa.

Caso alguém imagine que as apresentações de Maiakovski significavam salas superlotadas, cavalarias de polícia, total triunfo, está com uma imagem distorcida. Claro que houve salas lotadas, houve cavalaria de polícia, houve eventos que terminaram com o triunfo do poeta. Mas houve também salas vazias e frias, jovens alienados que apareciam só para se divertir. O público precisava ser domado e ensinado a ouvir poesia. Era necessário divulgação para provocar seu interesse, convidar para os teatros ou clubes. O resto ficava a cargo do poeta, e o público, normalmente, não se decepcionava. No entanto, até mesmo em Tiflis, onde Maiakovski era conhecido por suas apresentações no passado e apresentou o texto e os poemas sobre os Estados Unidos, a sala do teatro não lotou.

Os eventos e os encontros com o público eram necessários para que livros de poesia fossem comprados, pois foram editados nos anos da NEP em grande quantidade e estavam intocados nas livrarias. O mesmo acontecia com os livros de Maiakovski. E ele, chegando a diferentes cidades, parava do outro lado do balcão e vendia seus livros. Vendia também os livros de outros escritores. Por exemplo, no de P.S. Kogan, *História da literatura ocidental*, escreveu: "Devagar e emocionado empurrei a um louco o Kogan." O "louco", ao ler a dedicatória, riu alegremente com todos. Maiakovski animava qualquer negócio.

O relativo fracasso nos eventos em Tiflis ensinou a Maiakovski que as apresentações deviam ser preparadas cuidadosamente e sabiamente divulgadas. E exatamente para isso é que era necessário um administrador enérgico, um empresário, que se revelou na figura de Pavel Ilitch Lavut.

Lavut era um ex-ator que havia lido alguns poemas de Maiakovski no palco e o ouviu na noite em que leu "A minha descoberta da América" no Museu Politécnico. O poeta o impressionou muito. No mesmo verão, ele esteve nas apresentações de Maiakovski em Odessa. O público se reunia preguiçosamente. O poeta ficava nervoso. Lavut soube que Vladimir Vladimirovitch estava a caminho da Criméia, aproximou-se dele e ofereceu sua ajuda na organização das apresentações. Maiakovski entusiasmou-se com a idéia de colaboração de Lavut, refizeram o cartaz de divulgação, deixando-o mais vistoso e atraente. Daí em diante, as apresentações em Simferopol e em outras cidades da Criméia obtiveram sucesso. A experiência inspirou Maiakovski e ele dizia a Lavut: "Cada um dos meus ouvintes será uma dezena de meus leitores no futuro."

Porém o início do ano de 1926 estava repleto não só de impressões da América. Não lhe saía da cabeça a morte de Iessiênin e o impacto que teve na sociedade. "O fim de Iessiênin nos desgostou, mas desgostou de maneira humana", reconheceu Maiakovski. E depois de ler os versos que Iessiênin escrevera antes de morrer: "Se morrer, nesta vida, não é novo,/Tampouco há novidade em estar vivo", Maiakovski conclui: "Depois desses versos a morte de Iessiênin tornou-se um fato literário."

"Logo ficou claro", continuou Maiakovski, "a quantos vacilantes este verso forte, justamente um verso, levaria à corda e ao revólver.

"E nem análises, ou artigos de jornais anulariam este verso.

"Contra este verso se pode e se deve lutar; *unicamente por meio do verso*."

Assim, ele mesmo formulou o encargo social e Maiakovski aceitou o desafio. Aceitou com uma enorme dose de responsabilidade, pois do fluxo de poemas que irrompeu na imprensa após a morte de Iessiênin, 99% Maiakovski considerou "baboseira perniciosa", ameaçando afundar a sua poesia também...

No artigo "Como fazer versos?", Maiakovski discorreu sobre o seu trabalho no poema "A Serguei Iessiênin". Foi difícil. Vladimir Vladimirovitch até ironiza o seu trabalho: "Durante uns três meses, eu, dia após dia, retornava ao tema e não conseguia criar nada razoável. Vinham coisas diabólicas com rostos azuis e canos de água. Em três meses não criei nenhum verso." É interessante prestarmos atenção no seguinte: Iessiênin enforcou-se num cano de água, no hotel Anglitter. Maiakovski passou os primeiros meses de 1926 viajando pelo país, hospedando-se em hotéis. Compreendeu que "a dificuldade e a demora para escrever provinham da excessiva correspondência entre o que tinha a descrever e o ambiente a sua volta". O que isso significa? "Os mesmos quartos, os mesmos canos e a mesma solidão forçada."

Um momento psicológico: uma situação semelhante aprisiona a imaginação poética. Mas existe um segundo momento: a "solidão forçada". O que Maiakovski quis dizer com isso? A solidão no quarto do hotel Anglitter? Ou solidão na vida? Talvez, os dois. E uma "excessiva correspondência", apesar de ele, assim como Iessiênin, possuir o seu ambiente próprio.

Já não é a primeira vez que surge em Maiakovski, em meados dos anos 1920, uma nota trágica de isolamento, solidão e caos espiritual (é só lembrar o poema "Jubileu"). Por que durante três meses ele não conseguiu começar um poema sobre Iessiênin? Seria só porque não encontrava um ritmo poético? Prestemos atenção em como ele, de forma trágica, sentiu as conseqüências da morte de Iessiênin! Significa que, provavelmente, alguma coisa, apesar de ser difícil de explicar, coincidiu em sua alma com o fim de Iessiênin, algo que provocou tal sentimento que era necessário superar. Isso, pelo visto, custou muito esforço e tempo.

Maiakovski fez um poema maravilhoso, "A Serguei Iessiênin", no qual, na contramão dos versos encantadores que Iessiênin escreveu antes da morte, colocou a palavra poética a serviço da vida. Mas o final, quando ele próprio deixou a vida, foi igual ao de Iessiênin... E não seriam semelhantes alguns motivos dos dois para deixar a vida?

Dificilmente pode-se responder a esta pergunta. Ela toca aspectos da vida muito delicados, invisíveis ao mundo. Mas é impossível também fugir desta questão...

O poema "A Serguei Iessiênin" teve uma enorme repercussão na sociedade e, ainda antes de ser publicado, era copiado atenciosamente à mão e ouvido em diferentes auditórios pela boca do próprio Maiakovski. O poema celebrava a vida e seus dias difíceis e festivos. Estava no espírito dos tempos. E para finalizar o tema Iessiênin na vida de Maiakovski, é necessário dizer que nas discussões, durante as quais constantemente se atribuía a depressão dos jovens a Iessiênin, Maiakovski minimizava o fenômeno Iessiênin ("... é sem sentido vincular tudo que é depressivo a Iessiênin"), mas permitia algumas avaliações grosseiras e injustas, provocadas pela própria situação crítica e polêmica em torno dela e que partia desde os grupos de base do Komsomol até a academia comunista, onde discursou A.V. Lunatcharski. Essas páginas são lamentáveis na relação entre Maiakovski e o poeta que havia deixado a vida. Mas vamos tentar, no entanto, levar em consideração as conseqüências (a onda de suicídios) provocadas pela morte de Serguei Iessiênin...

Os anos 1920 na literatura russa foram repletos de polêmicas. Um de seus episódios foi puramente literário e não envolveu a política: a polêmica entre Maiakovski e G. Chengueli. Maiakovski provocou. Criticou o livro de Chengueli, *Como escrever artigos, versos e contos.* O livro apresentava motivos para críticas pelo seu caráter normativo. Um homem de grande erudição, que escrevia e traduzia poemas, George Chengueli, em seus estudos, parecia considerar talento como a primeira e mais importante condição para a criação. Elaborou um manual para redação de artigos, poemas e contos. Ao se apresentar no clube dos trabalhadores do jornal *Pravda*, Maiakovski lembrou que antes da guerra existira um livrinho de Rabinovitch, *Como tornar-se poeta em oito lições*, que vendeu mais de 28 edições. "O livrinho de Chengueli", disse Maiakovski, "é exatamente deste tipo. Tem somente cem páginas e muita bobagem! É óbvio que não somos nós que devemos dizer que não se pode aprender a escrever poemas."

G. Chengueli não deixou sem resposta o ataque de Maiakovski, que classificou o manual de "Charlatanice". Por sua vez, fez um discurso sobre Maiakovski, chamando sua poesia de "fenômeno anticultural e anti-social" e acusou o poeta de todos os possíveis tipos de pecados. Além disso, Chengueli fazia palestras e publicou o discurso em brochura.

No artigo "Como fazer versos?", Maiakovski novamente ofende seu oponente. Ele contrapõe este artigo a todas as tolices semelhantes e em seu título põe o ponto de interrogação. Utiliza o lema da LEF — fazer poemas, mas fazê-los com vida — e, ao mesmo tempo, afirma que seu artigo é de uma prática que se apóia numa única experiência. "Meu artigo não tem nenhuma importância no plano científico", avisa Maiakovski. "Eu escrevo sobre o meu trabalho, que, segundo minhas observações e convicções, pouco difere dos trabalhos de outros poetas profissionais."

Maiakovski pôs o ponto final nesta polêmica com o poema "O meu discurso citado por ocasião de um possível escândalo com as falas do professor Chengueli". O nome de Chengueli é citado apenas no título. O poeta evoca a imagem coletiva dos alunos de Chengueli, parecem jovens "padres", que deixaram o cabelo crescer e que adquiriram a pronúncia fanhosa. O poeta se lança "ao escândalo" com eles e fala em sua defesa, desvendando metaforicamente a essência maléfica das conseqüências de tais ensinamentos de Chengueli aos poetas.

Algumas mudanças ocorrem na vida pessoal de Vladimir Vladimirovitch, ou melhor, no seu cotidiano. Porque a "família" não era bem uma família, além de uma mesa única, cada um vivia a sua vida particular. Mas em abril de 1926, quatro anos antes de morrer, Maiakovski mudou-se para um apartamento pequeno, mas de quatro aposentos, recebido do Soviete de Moscou, e manteve em seu nome o quarto na travessa Lubianski. Ele precisava deste quarto, já que o apartamento na travessa Guendrikov, nº 15, após ter sido totalmente reformado, foi ocupado também pelos Brik. Depois de deixar de amar Ossip Maksimovitch e ter se apaixonado por Maiakovski, Lília Iurievna, como ela mesma conta em suas memórias, aceitou a proposta de seu marido de "nunca ... se separar". Esta prática singular, de juntar sob o mesmo teto, no mesmo lar, os ex-maridos, de alguma forma surgiu novamente, quando Lília Iurievna deixou de amar Maiakovski...

O pesquisador sueco Bengt Iangfeldt observa:

"O paradoxo é que Maiakovski e Lília foram morar juntos depois de a vida 'conjugal' ter terminado. Com efeito, é mais um testemunho da profunda amizade que unia estas pessoas; pode-se supor que uma nova relação emocionalmente menos carregada entre Maiakovski e Lília deu a condição para este tipo de experiência da vida cotidiana."

É uma suposição muito curiosa.

Caso se some a isso que O. Brik, algum tempo antes, conhecera E.G. Zhemtchuzhnaia, mulher do diretor de cinema V.L. Zhemtchuzhni, e que esse romance durou mais de 20 anos, até a morte de Ossip Maximovitch, os limites desta "experiência da vida cotidiana" se ampliam ainda mais. Não queremos destruir esta imagem "familiar" com um toque grosseiro, mas a correspondência entre Maiakovski e Lília Brik, publicada por Bengt Iangfeldt, dá-nos motivos para perceber que a "amizade profunda" exigia, o tempo todo, reforço material em forma de dinheiro, constantes presentes e até mesmo um "automovelzinho". E isso retira, involuntariamente, seu véu romântico, torna prosaico o roteiro das inter-relações entre os membros da "família". Não há o que dizer sobre o papel de O.M. Brik, um certo "agregado gratuito" da "amizade profunda". Como nunca trabalhou seriamente, tornou-se quase dependente da "família": era o ex-marido na casa do segundo ex-marido de sua mulher.

Nas observações de Iangfelft comove muito o seguinte relato: "Lília confidenciou que os três tentavam organizar suas vidas de tal forma que sempre pudessem passar a noite em casa, independentemente das outras relações; a manhã e a noite pertenciam a eles, independentemente do que acontecia durante o dia."

Não vamos, é claro, tentar adivinhar o que acontecia durante o dia, provavelmente Lília não confidenciou esses detalhes ao seu interlocutor, não vamos também sobrecarregar a imaginação, pois foi escolha dos três... Se era experiência, então era experiência. Em tudo! Mas retornemos às coisas simples, ao cotidiano da "família".

O apartamento tinha quatro cômodos não muito grandes. Cada um ocupava um quarto e o maior era a sala de estar. A cozinha e o banheiro foram equipados. Em razão da ausência de espaço, uma parte significativa de livros era guardada em dois armários localizados no *hall*, onde ficava a porta de entrada. Na sala de estar havia uma estante com livros em toda a extensão da parede. Claro, era um pouco apertado, mas podia-se receber visitas e organizar as terças-feiras da LEF. No apartamento na travessa Guendrikovski estiveram todos os membros da LEF: Lunatcharski, Fadeiev, Eikhenbaum, Punin, Kuchakov e amigos estrangeiros.

A casa precisava ser administrada. A casa e a "família". Era preciso ainda ajudar a mãe, e Vladimir Vladimirovitch lhe dava mensalmente 150 rublos. É claro que levava presentes, organizava viagens para o Sul a tratamento. Tudo isso acarretava despesas. E ainda tinham uma empregada no apartamento. Por isso deve-se olhar para os cartazes e os poemas dos jornais ainda do ponto de vista de que era necessário ganhar a vida.

Maiakovski, conhecido por sua generosidade e até mesmo esbanjamento, inicia um processo litigioso contra o Departamento Financeiro de Moscou por causa do imposto. Ao receber a notificação Nº 273 de pagamento do imposto do segundo semestre num total de 2.335 rublos e 75 copeques, escreve uma carta ao fiscal de rendas da 17ª Região explicando que a soma é monstruosa e que não tem "nenhuma condição de quitá-la". Na mesma missiva, solicita que sua questão seja revista, levando em consideração... E em seguida Maiakovski, de forma detalhada, enumera quantos descontos teve ao receber os pagamentos e quanto gasta com o material... A lista era escrupulosa e com detalhes contábeis até mesmo do papel usado para a carta e a roupa usada para desenhar e realizar o trabalho litográfico.

Mesmo ganhando bem e não passando por necessidades, a carta de Maiakovski é um grito da alma. Ela quebra as lendas, existentes até os dias de hoje, sobre a vida rica e paradisíaca dos escritores. E deve-se dizer que na segunda instância (no Departamento Regional não consideraram sua carta), na instância da província, aceitaram as argumentações do poeta e diminuíram consideravelmente a soma da renda de Maiakovski e, naturalmente, diminuíram o imposto.

Maiakovski foi muito sincero em sua última obra "A plenos pulmões" quando diz: "Os versos não me fizeram acumular um copeque sequer..." À "minoria" que não o compreendia ele incluía o inspetor financeiro, que cumpria com suas obrigações, mas não levava em consideração o ofício de poeta, não só a passagem que pagava no trânsito. O famoso poema "Conversa sobre poesia com o fiscal de rendas" surgiu não em função de pensamentos abstratos.

Na rotina do Departamento Financeiro de Moscou, mais provável do que em todos os outros departamentos financeiros, talvez este tenha sido o único caso em que, para atestar a veracidade da declaração do documento, é anexado um artigo teórico (duas partes do artigo "Como fazer veros?", publicado nas revistas até então) e... um poema. O famoso poema "Conversa sobre poesia com o fiscal de rendas" parece ter sido escrito especialmente para essa situação conflituosa. Nele, cada verso é paixão, fechada numa fórmula poética. Ele é difícil de ser citado, mas não há outro jeito: os versos mais amargos, nos quais Maiakovski encontrou uma saída rara, mas não ocasional, para a tristeza de sua alma:

> *Cada vez se ama menos,*
> > *cada vez se ousa menos,*
> *e minhas têmporas*
> > *o tempo*
> > > *esmaga num impulso.*
> *E vem*
> > *a mais severa das amortizações —*
> *a amortização*
> > *do coração e da alma.*
> *E quando*
> > *este sol*
> > > *como um porco gordo*
> *erguer-se*
> > *sobre o futuro*
> > > *sem pobres nem mutilados —*
> *eu*
> > *já*
> > > *estarei podre e morto,*
> > > > *sob a cerca,*
> *ao lado*
> > *de dezenas*
> > *de colegas.*

Vladimir Vladimirovitch lia este poema no palco. Lia, analisando-o. Não o apresentava a qualquer público. Entendia que era melhor lê-lo para os intelectuais, por exemplo, no evento no Instituto da História da Arte. O poema fala do poeta como trabalhador. Seria isso?

A princípio, sim. A discussão com o fiscal de rendas sobre um assunto concreto, um monólogo sobre a poesia, sobre o trabalho forçado de poesia. Mas algo se oculta por trás do amargo reconhecimento da "amortização do coração e da alma". Por que surgiu esse desvio trágico do tema da "produção" no poema? Por causa das esperanças não realizadas?

Vamos ver o que mais fora escrito na mesma época. Poemas satíricos: "Corruptos", "Proteção", "Fábrica de burocratas"... Sobre o que e quem são esses poemas? "Uma porta." Na porta "Não entrar sem relatório". Embaixo de Marx, na poltrona empoltronado, com salário alto, alto e liso, está sentado o responsável aliviado. Ele tem "salários especiais e gratificações por sobrecarga de trabalho, cerca-se de gente sua e coloca em lugares quentinhos seus parentes e conhecidos, suborna".

Em 1926, Maiakovski percebe que o nepotismo, a corrupção, a mesquinhez, a burocracia perpassam a nova sociedade de cima para baixo. No poema "Proteção", raivosa e ironicamente, observa como uma rede de ligações necessárias se estende de um simples cidadão, passa pela lixeira e segue, segue, segue até o Comitê Central... Não é um caso, é o sistema. Qualquer organização nesse sistema se apresenta ao poeta como uma "Fábrica de burocratas" que transforma qualquer um, até aquele com pretensões honestas, num zeloso e obtuso fabricante de papéis; apresenta-se como mecanismo do sistema onde muito em breve "Os pios fracos da consciência partidária serão abafados pelo peso dos dias".

Maiakovski percebe como estavam sendo traídos os ideais de Outubro, como estavam sendo "anuladas as trovoadas e as quebradeiras de Outubro" e como "o comunismo estava sendo... encoberto". Nas declarações poéticas, Maiakovski expressa a crença no partido, na sua força e na capacidade de vencer este mal, mas no coração precipita-se a amargura que minava a crença na justiça social, na vida...

Pode ser que ainda por isso Maiakovski procurasse a saída na arte da construção da vida (um termo usado por Tchuzhak), na arte da propaganda, para de forma mais espontânea influir na consciência humana. O princípio ético original da LEF era o "trabalho idealizado". A expressão do ideal da

LEF tornou-se a "arte profética" que deveria emocionalmente estimular o proletariado para o trabalho, para o sucesso na construção da nova vida. Parecia que o desejo de aperfeiçoamento, a estetização da produção como um meio de libertar a psicologia do ser humano no trabalho, era totalmente progressista. Mas, na concepção dos seguidores da LEF, isso adquiria formas de uma campanha de afirmação e tinha como objetivo diluir a verdadeira arte. Era uma ilusão. E bastante prejudicial. Pelo menos, para um número grande de jovens pintores e escultores do círculo da LEF.

Declarando guerra à arte, O. Brik, em 1924, escreveu: "Reforçam-se as convicções de que o quadro está agonizando e que ele está inseparavelmente ligado às formas do regime capitalista, sua ideologia cultural, e que o centro da atenção criativa começa a ser a chita — e que a chita e o trabalho em chita são os topos da arte criadora." E ele conclama a juventude para este "único caminho certo".

Com muita tristeza, recorda a artista plástica E.A. Lavinskaia sobre como O. Brik — o teórico da LEF e um de seus líderes — afastou da arte, por muitos anos ou definitivamente, muitos pintores e escultores talentosos membros da LEF. A arte era interpretada como coisa do passado, e nisso eles estavam unidos com S. Tretiakov. O escultor Lavibski e o pintor Rodtchenko pararam de se ocupar com a arte pura durante décadas. Jovens talentosos se submetiam por completo a trabalhos de acabamento, uma arte puramente "funcional". Nikolai Assieiev escrevia versos sobre "o rouxinol de aço", matando em si o sentimento do belo. A arte sofria perdas consideráveis.

É claro que não se deve identificar a atividade de Maiakovski com as idéias de Brik, que, em 1927, escreveu que "os futuristas não renegaram a sua tarefa; deixaram-na, porém, como herança para a LEF". Apesar de Maiakovski sentir a influência do teórico da LEF, de comungar e até divulgar suas idéias, na poesia permanecia ele mesmo. Brik até mesmo reclamou com Lavinskaia que "abastecia" Maiakovski antes das apresentações, mas o poeta só emitia a sua opinião pessoal.

Em sua apresentação na LEF, S. Tretiakov, enaltecia o futurismo, identificando-o com a obra de Maiakovski e vinculando o futurismo à "arte comunista". B. Arvatov, que não considerava o futurismo como Tretiakov, apresentava uma pura teoria da LEF sobre a "arte da produção" e retirava a importância social de Maiakovski dos elementos formais. N. Tchuzhak, que pretendia para si o papel de ideólogo marxista no movimento futurístico da LEF, afirmava a idéia da "fusão da arte com a produção".

O que era isso?

A nova arte, escrevia Tchuzhak, "apóia-se na espontânea construção física da coisa". Ele afirmava que "o próprio processo da arte aqui se identifica totalmente com o processo de produção e trabalho", e que o "produto" deste processo é "imaginado como um valor mercantil, ou seja, de troca, e que é regulado pela demanda, pela procura...".

Mercadoria — dinheiro — mercadoria. Não é isso?

Como podem surgir conversas sobre os mistérios da arte, do belo, da alma humana que é capaz de se abrir nas palavras, capaz de se elevar com o leitor ou queimar até a morte na chama da paixão!

Tretiakov afirmava teimosamente que era necessário "deixar de se escrever versos e poesia, que precisavam fixar os fatos" (memórias de E. Lavinskaia), fazer crônica. Ele e Brik, no final da vida de Maiakovski, começaram a falar que os poemas dele "envelheceram". "E mesmo assim, Brik continuava a usar o nome de Maiakovski ao conversar com os pintores, com os jovens e estudantes", conta Lavinskaia, "ele dizia 'nós da LEF'. E disso subentendia-se 'nós com Maiakovski', pois quem iria atrás de Brik? No lugar de Brik aqui se pode colocar o nome de qualquer um dos 'teóricos' da LEF."

Nas diretrizes do seu programa, a revista LEF deixava brechas para a especulação sobre a inovação e a forma de criação na arte. Encontravam lugar temas demagógicos com idéias sociológicas e vulgares, assim como a divulgação de idéias de todo o tipo: racionais e utilitárias.

O próprio Maiakovski não era santo neste sentido. Afinal, o que seria a propaganda mercantil? "Uma arte da produção". As tentativas de substituir a literatura pela "fato-grafia", pela "funcionalidade" nos anos 1920 eram sérias. E o tributo desta tendência era o trabalho de Maiakovski para as propagandas mercantis. No artigo "Agitação e propaganda", Maiakovski conclama a elevar a publicidade a tal nível que "os aleijados se curassem de imediato e corressem para comprar, vender, ver!" A propaganda mercantil durante a NEP, na imaginação de Maiakovski, era uma arma poderosa do poder soviético, a propaganda deveria "trabalhar pelo bem do proletariado".

Maiakovski ironiza alguns modelos da "nossa" propaganda pela frieza e "burocratismo" que afastam o consumidor, em vez de atraí-lo. Maiakovski conclama diretamente a aprender isso com a burguesia e até cita o exemplo do anúncio de elástico nos suspensórios: "Em Hanover, um senhor estava com pressa para pegar o trem para Berlim e não percebeu que no banheiro da estação ferroviária seus suspensórios ficaram presos num prego. Quando chegou a Berlim e saiu do trem, ele estava novamente em Hanover, seus suspensórios o puxaram de volta."

"Isso é que é propaganda! Um anúncio desses jamais se esquece", garantia Maiakovski.

Um pouco mais tarde, no artigo "Como fazer poemas?", ele diz:

"Todos os versos que eu escrevi sobre um tema urgente, motivado por grande impulso interior, e de que gostava quando lia, um dia depois me pareciam rasos, inacabados, unilaterais. Sempre queria modificar algo."

Pela primeira vez, Maiakovski fala sobre o tempo e o seu papel no processo criativo do poeta. Ele reafirma novamente a necessidade de escrever coisas "estritamente atuais" e que os "anúncios de propaganda exigem o mais concentrado trabalho e diversos expedientes que compensem a insuficiência de tempo".

Sabendo submeter seu papel à necessidade ferrenha da LEF, Maiakovski mesmo assim reconhecia a insatisfação com os resultados do trabalho jornalístico voltado para a produção.

Cada artista é responsável por si, por sua obra. No entanto, vamos atentar para esta afirmação que parece pôr em xeque a independência de Maiakovski: "O único conselheiro de Maiakovski, em quem confiava mais do que em si mesmo, era O. Brik." Esta afirmação de Lília Brik é categórica. Mas será que era assim mesmo e, se era assim, seriam úteis os conselhos de Brik ao poeta?

Aliás, não era bem assim que pensava V. Chklovski, que conhecia bem a cozinha futurista e a LEF: "Maiakovski era corrigido e dirigido por muitos, muitos lhe explicavam o necessário e o desnecessário. Todos lhe explicavam, já em 1916, que não era necessário escrever sobre o amor."

E conclui:

"Ossip Brik ilustrava tudo isso teoricamente, tudo o que acontecia — a necessidade de escrever muito e não escrever poemas, tudo isso era precisa e incorretamente justificado."

E Lília Brik, para confirmar suas palavras, cita um conselho de O. Brik a Maiakovski para retirar o final do poema "Para casa!". Eis o trecho famoso:

> *Eu quero ser compreendido em meu país,*
> *e se não for*
> *compreendido —*
> *que fazer,*
> *pelo meu país querido*
> *passarei à margem,*
> *assim como passa*
> *uma chuva torta.*

Maiakovski explicaria, posteriormente, que esses versos eram como um "rabinho paradisíaco" de um poema pesado como "hipopótamo"... Uma explicação fraca. Parece que, neste caso, ele realmente acreditou em Brik e não em si mesmo, cortando do poema "Para casa!" este final...

Seriam úteis à poesia os outros conselhos do teórico da LEF que empurrava Maiakovski para a criação de textos propagandísticos e que considerava como suas melhores criações "Em nenhum lugar como em Mosselprom"? Seriam úteis à poesia as teorias da LEF sobre o apego do verso ao fato e à teoria da arte da produção tão propagada por O. Brik? Seria útil à arte sua negação furiosa dos clássicos?

Alguém que fazia parte do círculo mais íntimo ironizava Brik, dizendo que ele poderia escrever suas memórias com o título *Anotações do conselheiro secreto*.

Será que este "conselheiro secreto" não embutia em Maiakovski o espírito corporativo? Pois não foi em nome desses princípios que o poeta, que não havia lido o romance, envolveu-se numa discussão verbal em defesa de Brik, que arrasou com o livro *Cimento*, de Fiodor Gladkov? Aliás, esse espírito revelava-se com mais força — e quase até o fim — na fidelidade ao amigo e à LEF.

Agora indaguemos: podia influir positivamente em Maiakovski seu "único conselheiro", o teórico da LEF O. Brik? A esta pergunta respondeu Lunatcharski e não poupou o poeta: "Quando Maiakovski declara, sob a influência maléfica de seu demônio Brik, que a arte acabou e reorientou-se para a produção de coisas, ele realmente dá uma punhalada pelas costas na arte."

Pelo visto, nas palavras de Lília Brik sobre "o único conselheiro" existe uma verdade, mas nem de longe é completa. Felizmente, Maiakovski confiava mais em si do que em Brik. Sobre isso nos falam os versos não-propagandísticos para o Mosselprom e Rezinotrest, não os versos satíricos voltados para os fatos, mas as verdadeiras obras que definem a personalidade criativa do poeta. Mas a confiança de Maiakovski também não era cega. Ele era uma pessoa que se incitava facilmente e podia se entusiasmar com as idéias alheias, mas somente quando as assimilava como suas, começava a realizar de forma criativa tais idéias. Maiakovski também era sincero em seus equívocos, assim como nos versos líricos confidenciados. Os anúncios e os versos satíricos eram escritos por ele como se deles dependesse a vitória do novo poder.

Ninguém podia impingir a Maiakovski aquilo "que lhe era estranho" (B. Gontcharov). Ele disse a si mesmo: "Os principais traços de meu caráter são dois: 1. honestidade, manter a palavra dada a mim mesmo... 2. ódio a qualquer coerção..." Estas palavras explicam muita coisa...

Apesar da declaração animada sobre a revista *LEF*, provocada pela tensão da polêmica com Tchuzhak durante a Conferência dos Trabalhadores da Frente de Esquerda da Arte, a publicação deixou de existir. A revista sufocou-se na atmosfera de pragmatismo da LEF. Mas Maiakovski logo sentiu que sem a revista, um veículo de divulgação das idéias literárias, a situação do movimento LEF ficava complicada. Ele começa a preocupar-se com a edição da revista *A Nova LEF*. Na carta-declaração a respeito da nova publicação, Maiakovski repete a diretriz da *LEF* sobre a união da arte com a produção, mas fala também sobre a luta contra a ficção, a estetização. O primeiro número da revista *A Nova LEF* não era grande, continha três folhas (redator-chefe V. Maiakovski) e saiu em janeiro de 1927. Ele continuava a linha do jornal *A Arte da Comuna* e da revista *LEF* e pouco se diferenciava deles. Maiakovski, pelo visto, logo se conscientizou disso, decepcionou-se e recusou o cargo de redator-chefe, passando-o para S. Tretiakov. A revista não teve vida longa.

Em 1926, Maiakovski chocou-se de cara com o problema da demanda por poesia dos leitores. Suas apresentações no sul do país mostraram que esses eventos não perderam a sua importância para a divulgação da poesia.

Maiakovski acreditava no poder de ação de sua oratória, suas polêmicas e poética com as massas. Mas houve críticos (I. Karabtchevski com o artigo "A ressurreição de Maiakovski") que desonestamente distorceram os fatos, questionaram a sinceridade de Maiakovski, não reconhecendo no poeta a originalidade de sua personalidade e dizendo que os memorialistas enfeitavam sua imagem. No entanto, a realidade era diferente. Eis o testemunho de um escritor contemporâneo, escrito quando o poeta ainda estava vivo, por uma pessoa que não era do seu meio — I.A. Aksenov (revista *Novaia Rossia*, 1926, N° 3):

"Até mesmo agora me é impossível negar o fascínio da personalidade de V.V. Maiakovski, as expressões de carinho que pesada e tranqüilamente o compunham e a tristeza enfeitada que cativava qualquer um, mesmo aquele que superficialmente tenha sentido o seu interlocutor ou que tenha percebido de passagem este fenômeno ao observá-lo." E para mostrar a incompatibilidade entre o Maiakovski vivo, como era assimilado por seus contemporâneos, pelo auditório, e a imagem de um certo monstro frio, um jogador circunspecto, como classificou Karabtchevski, quero citar mais alguns trechos do artigo de Aksenov: "O calvário dele ainda não havia terminado, apesar de o auditório há muito ter parado de assobiar. Depois dos apupos vinham os aplausos — nenhum poeta em nossa terra ouviu aplausos tão altos e tão unânimes. O público presente parecia não ficar a desejar, sua rua preferida estava quase lotando o auditório de vários andares do Museu Politécnico. De onde vinha a tristeza? Para o poeta da rua, a rua era pouco."

Karabtchevski nega a irreverência de Maiakovski, contra dezenas ou centenas de testemunhos em contrário. No entanto, como a opinião do crítico se baseia em fontes antigas, é preciso apresentar pelo menos um testemunho da época feito pelo jornal de Odessa sobre a apresentação do poeta. Odessa é uma cidade que sabia e sabe valorizar o humor.

"Maiakovski não só é um grande poeta", dizia o jornal *Izvestia,* de Odessa, "como possui uma mente brilhante, a quem a observação atenta e a imaginação criativa ajudam a apresentar qualquer conceito abstrato de forma viva e figurada. Depois, a leveza e a maestria da linguagem do poeta, associadas à irreverência em cascata..."

Porém não nos distraiamos com essa polêmica. O trabalho de Karabtchevski é interessante, mas é um panfleto. O livro foi escrito por uma pessoa que não gostava de Maiakovski e que reconhecia sua parcialidade honestamente, por isso o livro não constitui uma verdadeira referência à personalidade de Maiakovski. Vamos falar do Maiakovski vivo, que ficou gravado na memória de inúmeros contemporâneos seus, nas crônicas de jornais e revistas dos anos 1920, nos documentos. Mesmo que tenhamos que analisá-los do ponto de vista crítico, varrendo os sedimentos do tempo e do brilho das ufanias.

Em Odessa, Maiakovski assinou o contrato para a encenação do filme *Crianças.* O roteiro foi analisado pela diretoria do estúdio, que resolveu rejeitá-lo. O redator B.K. Fartutchnoi ficou incumbido da desagradável conversa com o autor. Antes do encontro com Maiakovski, o redator preparou-se longa e minuciosamente, repensando cada resposta. Durante a conversa, iniciou seguro seu discurso treinado, como de costume envolveu o poeta em epítetos maravilhosos sobre as qualidades literárias do roteiro e, concomitantemente, dava "lições" cuidadosas sobre os princípios e as leis da cinedramaturgia, preparando-se para, ao final, dar o veredicto.

Vladimir Vladimirovitch, desculpando-se, interrompeu o monólogo do redator e disse que estava pronto para conversar com ele em outras circunstâncias e o convidou a visitar a casa n°15 na rua Taganka, em Moscou, mostrou o relógio, indicando que estava atrasado e ainda tinha que receber o dinheiro pelo roteiro, pagar o hotel e tomar o trem...

O redator superou o estado de choque, mas não encontrou forças para anunciar a decisão. Depositou suas esperanças no departamento financeiro, pois o dinheiro, naquela época, era raridade e se houvesse dinheiro em caixa os honorários eram pagos a contragosto, pois achavam que para os autores dinheiro era pura gastança. Mas o diretor do departamento financeiro disse, na mesma hora, ao ouvir o sobrenome de Maiakovski, que para ele de alguma forma arranjaria o dinheiro.

Superou esses obstáculos e realizou-se o filme *Três*. De 1926 a 1928 Maiakovski faria vários roteiros nem sempre aprovados.

Maiakovski começa a viajar pelas cidades da União Soviética para divulgar a poesia, ampliar o círculo de seus leitores. Ainda no verão, em Simferopol, respondendo à pergunta do público: "Por que o senhor elogia tanto a si próprio?", Maiakovski respondeu: "Estou falando de mim como se estivesse falando de uma produção. Divulgo e faço propaganda da minha mercadoria, assim como deve fazer um bom diretor de uma fábrica." A resposta estava no espírito da LEF. Antes, respondia a tais perguntas com ironia, o que agradava mais o público. Certa vez lhe perguntaram num bilhete: "Companheiro Maiakovski, como explicar que o senhor coloque no centro das atenções o seu *eu*?" Após ler o bilhete, com sorriso nos lábios, respondeu: "No centro fica mais visível."

Sempre havia motivo para um chiste. Perguntaram num evento: "A que massa o senhor destina seus versos?" Resposta: "A uma massa de notas de dinheiro." Ele gostava de brincar. Refazia ditados, inventava palavras e novas combinações de palavras. Mudou o sobrenome de Roskin, que trabalhava no Comissariado para Instrução Pública (Narkompros), para Narcomproskin. Juntou Zharov com Utkin e ficou Zhutkin.* No poema satírico "Pedido cordial" ele descreve um sujeito, com o sobrenome Lukomachko, que gostava de fazer discursos. Lunatcharski, Kogan e Semachko foram imediatamente reconhecidos. E Anatoli Vasilievitch (Lunatcharski) até se ofendeu...

---

*Derivação da palavra *zhut,* que significa horror. (*N. da T.*)

Criticando os seus oponentes, Maiakovski utilizava o método de desperso-nalização. Assim, fez algumas vezes com Kogan e Himmelfarb.

"— Estão publicando os escritores da LEF, estão considerando as opi-niões deles, mas Himmelfarb não nos reconhece — dizia Maiakovski, refe-rindo-se ao artigo de Himmelfarb no jornal *Izvestia*. — Não particularmente Himmelfarb, mas Himmelfarb como coletivo. São os críticos do tipo Che-buev, Kogan e outros.

"Certa vez, após o discurso de Aikhenvald, Maiakovski apresentou obje-ções e iniciou sua fala da seguinte forma:

"— Eis Kogan dizendo...

"Aikhenvald corrigiu:

"— Eu não sou Kogan.

"— Não, vocês não são *kogans* — apostou Maiakovski."

Este episódio foi contado por Chklovski, acrescentando que Maiakovski naquele tempo se relacionava bem com a pessoa se ela não fosse Kogan.

Suas apresentações nunca eram enfadonhas, mesmo que falasse de assun-tos sérios. Até o final de 1926, Maiakovski se apresentou, além de Moscou e Leningrado, em Kiev, Kharkov, Poltava, Dnepropetrovsk, Rostov, Taganrog, Novotcherkassk, Krasnodar.

Nas apresentações em que divulgava a poesia, Maiakovski falava de assun-tos que o preocupavam naquela época, como a qualidade do verso, retirando da poesia a aura de mistério, a neblina mística com que a cobriam a maioria dos mais destacados poetas. Dizia que ao talento deve ser adicionado um enorme e incomparável trabalho consigo mesmo. No restante do tempo, lia poemas e terminava o evento respondendo a perguntas.

As apresentações no final de 1926, principalmente em Rostov e Novot-cherkassk, gozaram de um sucesso estrondoso, recarregaram as energias de Maiakovski, e o ano de 1927, como corretamente definiu Lavut, foi o ano de Maiakovski, pela quantidade e importância dos escritos, pela impressio-nante ocupação da agenda com viagens e apresentações, pela intensidade do trabalho em jornal. E foi anotado em sua autobiografia: "Estou traba-lhando em *Khorocho* (Bom!), fazendo horas extras."

Seguindo a carreira de menestrel, Maiakovski recebeu mais de 20 mil mensagens. Pretendia dar uma "resposta universal". Ele tinha um poema com este título e de conteúdo político. Mas, pelo visto, havia surgido outra idéia. Como a maioria das perguntas que Maiakovski recebia nos eventos relacionava-se à personalidade, à sua vida, aos seus poemas e versos, a resposta também tinha que ser uma história sobre si mesmo. Será que não foi a "resposta universal" a primeira introdução ao poema sobre o plano qüinqüenal, escrito às vésperas da morte? ("Eu lhes contarei sobre o tempo e sobre mim.")

Maiakovski começou a viajar durante o inverno de 1927, em janeiro, pelas cidades às margens do rio Volga, num tempo gelado. Viajava em vagões velhos e destruídos, apresentava-se em locais sem calefação. Todo esse desconforto só esquentava mais ainda o entusiasmo do poeta. Somente a gripe tirava Vladimir Vladimirovitch de seu rumo, pois a convalescença demorava um longo tempo.

Nos eventos, Maiakovski normalmente "mostrava" versos, poemas e peças novos e muito importantes para ele. Em janeiro de 1927, saiu o primeiro número da revista *Nova LEF* com o seu poema intitulado "Carta do escritor Vladimir Vladimirovitch Maiakovski ao escritor Aleksei Maximovitch Gorki". Parecia ter surgido a oportunidade de ler o poema para um público jovem de estudantes em Kazan, onde era bem recebido. Mas demonstrou tato. Nesta cidade veneravam Gorki. Ali ele viveu e trabalhou. E o poema de Maiakovski expõe abertamente o conflito entre os dois escritores em tom irreconciliável e provocador.

A briga entre Gorki e Maiakovski aconteceu por causa de uma intriga. V. Chklovski discorreu a respeito da tentativa empreendida com Lília Brik de disseminar desconfianças das atitudes de Gorki. Não resultou, porém, em nada. E Maiakovski, ao se juntar à campanha contra Gorki organizada pelo poder, praticamente lançou em seu verso raivoso a acusação a Gorki como emigrante. Aleksei Maximovitch não pôde perdoar e esquecer e isso, provavelmente, explica as avaliações reservadas dadas por ele a Maiakovski, depois de sua morte. Ao saber do suicídio de Maiakovski, Gorki reagiu dolorosa e penosamente...

Maiakovski não leu a "Carta..." em Nijni, na terra do escritor. No entanto, apresentando-se em outras cidades, freqüentemente incluía o poema no repertório e obrigatoriamente colocava no cartaz. Ao deixar Kazan, Maiakovski disse satisfeito a Lavut:

— Voltarei com certeza aqui! A multidão parece babilônica! Somente Chaliapin pode se comparar a mim!

E ele sabia do que estava falando: Kazan era a terra natal de Chaliapin e seu nome estava na boca de cada cidadão. Chaliapin era o orgulho de Kazan e, é claro, Maiakovski nem pensava em ler ali o poema "Senhor Artista Popular", no qual critica Fiodor Chaliapin, que emigrou da Rússia soviética.

Em quase todas as cidades onde esteve, Maiakovski encontrou-se com escritores e jornalistas. Os encontros nunca transcorriam sem a leitura de poemas, sem análise e conversas sobre a poesia. Às vezes ele mesmo ia às redações de jornais ou aos clubes onde se reuniam jovens escritores iniciantes, correspondentes trabalhadores e correspondentes camponeses, a quem Maiakovski considerava colegas e os convidava ao seu quarto do hotel. Na cidade de Penza, juntou tanta gente que tiveram que se acomodar na cama, no sofá, na mesa, no batente da janela ou simplesmente no chão, e no meio, como uma torre de vigia, elevava-se Maiakovski, que bramia com sua voz grave, revelando a experiência de "fazer" versos.

Maiakovski não perdoava nenhum poeta por versos ruins, nem os iniciantes nem aqueles que já haviam sido publicados e eram famosos. Mas também elogiava quando gostava de algum poema e sabia de cor, por exemplo, o poema "Granada", de M. Svetlov.

Maiakovski tinha uma opinião crítica com relação à poesia contemporânea. E quando tinha a oportunidade, analisava alguns poemas, ironizava os versos, os personagens e as rimas poeticamente inconsistentes, primitivas e pobres. Bezimenski foi severamente criticado pela rima: *svistok — serp i molotok*. (apito — foice e martelo). Maiakovski ironizou, dizendo que, se tivesse que procurar uma rima para a palavra *puchka* (canhão), teria que substituir *molotok* por *molotuchka* (martelinho) (aliás, foi a esse poeta que o malicioso Maiakovski aconselhou a cortar o cabelo, dizendo que de cabelos compridos ele parecia um poeta).

Num poema pela ocasião da morte de Lenin, Jarov escreveu:

> *Ot goriachei domni revoliutsii*
> *Otochiol velikii kotchegar...**

— Os foguistas trabalham nos altos-fornos? Não! — indignou-se Maiakovski.

Além disso, no poema "A morte de Puchkin" de Jarov havia um cacófato no verso "*Zhene mi otdaiom voinstvennii dosug*", cujas últimas palavras significam "descanso marcial", mas se confundem com *voinstvenii do suk* ("marcial de putas")...

Porém Maiakovski também escreveu o artigo "Vamos esperar para criticar os poetas". Por quê? Ao deparar-se com a ausência de demanda para seus poemas, refletiu sobre o porquê de os livros de poesia serem pouco comprados. Viajando pelas cidades, Vladimir Vladimirovitch entrava nas livrarias e descobria que os livros, freqüentemente, ficavam embalados empoeirando-se nos depósitos e sem divulgação. Em Rostov, recolheu 147 exemplares de sua autoria (890 haviam sido vendidos até então) de todas as livrarias, vendeu todos durante o evento, e os moradores de Rostov fizeram uma solicitação a Moscou para que enviassem mais 50 exemplares de cada livro publicado por Maiakovski.

O artigo que Maiakovski escreveu era bastante convincente, com apresentação de números, fatos e reflexões e deveria, conforme a idéia do autor, corrigir o problema da venda de livros.

"O objetivo da minha breve observação", escreveu ele, "é reanimar os poetas. Os poetas foram muito acusados. Estão suficientemente assustados com a crítica. As mudanças poéticas pouco influenciam a tiragem. Pode ser que o problema não esteja nos poetas. Vamos tentar deixar, temporariamente, os poetas em paz e com o mesmo temperamento desabar sobre os que vendem bem."

Mas dessa vez Maiakovski não cumpriu o prometido e, logo em seguida, após o artigo "Vamos esperar para criticar os poetas", ele escreveu um segundo artigo com o título "O que os poetas escrevem?". Neste artigo expressa de forma radical sua insatisfação com a poesia e com a literatura em geral. "Não dá

---

*Do ardente alto-forno da revolução/ O grande foguista se afastou... (*N. da T.*)

para entender", dizia ele, "onde termina a poesia e começa o relatório de departamento, mas, em todo caso, está rimado. Uma bobagem publicada cria em mais dois a convicção de que podem escrever no mesmo nível. Por sua vez, estes dois, publicados, irão acender a inveja em mais quatro. Os escritores se multiplicam como bacilos — com uma simples divisão: era um escritor, tornaram-se dois. O editor atônito publica tudo, preocupando-se somente com a ordem da fila."

Maiakovski não consegue se conformar com a falsidade e, de forma proposital, em sátira, ironiza a literatura e a poesia de sua época para chamar a atenção para o mais importante, de seu ponto de vista — para a qualidade. Ele desvenda os motivos da queda da qualidade na literatura, entre os quais vê a correria e a pressa, vividas por ele também durante o longo período em que tinha que cumprir com urgência as tarefas. Mas dentre os motivos subjetivos que influenciaram na redução da qualidade na literatura, destaca a falsidade franca e desavergonhada.

O mesmo tema desenvolve em "Conversa com o fiscal de rendas", "Marxismo — é a arma, o método de arma de fogo, use com sabedoria este método", "A falsidade de quatro andares", "A vanguarda do progressista". A qualidade do verso era um tema que preocupou Maiakovski a vida inteira.

Apresentando-se diante de um grande público, o poeta sabia criar a atmosfera necessária e deixar uma impressão viva de si, ou seja, sabia parecer. E, é claro, usava seu talento de ator. Acontecia de aparecer num terno austero e de gravata. Olhava tudo. Caminhava pelo palco. Ficava calado. Observava o público. Depois tirava o paletó e pendurava no encosto da cadeira (e quando esquentava mais ainda, tirava a gravata também). O público ficava confuso, ouviam-se risos. Ele arregaçava as mangas da camisa. O auditório se preparava para um alegre passatempo. Aguardava o que diria Maiakovski. Ele permanecia calado, caminhava pelo palco e fazia uma longa pausa. A encenação era como as do Teatro de Arte de Moscou, a pausa precisamente comedida. E cada vez era diferente.

No hotel, no clube ou na redação Maiakovski era simples, alegre e hospitaleiro. No quarto de hotel, sempre tinha, assim como em casa, garrafas de vinho seco ou champanhe, bombons, frutas. Não bebia vodca e conhaque. Gostava de vinhos, principalmente dos georgianos.

— De vinho é preciso entender — dizia ele em tom professoral, com uma superioridade de conhecedor. E incutia a Lavut: — É uma grande especialidade — e com prazer citava:

O chiar das taças espumantes
E a chama azul do ponche.

E brincava: "Eu tomei vinho com o leite materno — nasci entre as parreiras e bebia vinho assim como as crianças tomam leite." Da vodca dizia que somente os inspetores de Tchekhov a bebiam. Não suportava bêbados e sentia-lhes aversão.

Ao terminar as apresentações do ciclo de inverno, Maiakovski retornou a Moscou. No dia 9 de fevereiro, participou da reunião do conselho da Federação das Associação de Escritores Soviéticos (FOSP), organizado pela Associação Soviética dos Escritores Proletários (VAPP) e pela União Russa dos Escritores Camponeses (VOKP). Na pauta estava a incorporação pela Federação do grupo da LEF. A LEF foi aceita e Maiakovski entrou no conselho e na executiva da Federação. Deveria enfrentar uma batalha com aqueles que "ofenderam" a LEF. E estes foram Olchevets, com o artigo "Por que LEF?", no jornal *Izvestia*, e Polonski, no mesmo jornal, com seu artigo "LEF ou blefe?". No entanto, no dia 5 de março, na reunião dos funcionários da revista *Nova LEF*, após calorosas discussões, resolveram não responder às ofensas nas páginas da revista. A batalha deveria acontecer no grande auditório do Museu Politécnico. E ela aconteceu em 23 de março de 1927.

O debate foi intitulado assim mesmo: "LEF ou blefe?"

Nos cartazes estavam os nomes dos que iriam se apresentar. Em nome da LEF: N. Assieiev, O. Brik, V. Zhemtchuzhin, M. Levidov, A. Lavinski, V. Maiakovski, V. Pertsov, A. Rodtchenko, V. Stepanova, V. Chklovski. E contra: L. Averbakh, A.K. Voronski, O. Beskin, I. Grossman-Rochin, V. Ermilov, I. Nusinov. Comunicava-se também que V. Polonski estava convidado.

Como um cartaz, com uma lista de nomes tão ilustres, poderia não atrair os amantes da literatura?

E, é claro, o auditório ficou lotado, e a reação à polêmica era tão exaltada que o presidente da mesa, V. Fritche, ameaçou se eximir de qualquer responsabilidade e terminar o debate.

Maiakovski foi o primeiro e o último a discursar. A temperatura de sua palestra e da ênfase na polêmica foi determinada pelo estilo e tom do artigo de Polonski. Em um novo artigo, "O blefe continua", Polonski ultrapassou todas as regras de discussão ética e acusou Maiakovski de fanfarronice, auto-idolatria, de paixão pelo escândalo, de desavergonhice, chamou-o de boêmio, gritalhão e niilista.*

Maiakovski conduz a polêmica de maneira correta ("com carinho"). Até mesmo quando acusa Polonski de total divergência entre suas avaliações da mensagem poética de Maiakovski para Gorki na revista *Nóvi Mir* e no jornal *Izvestia*. Até mesmo quando renega a acusação satírica de Bezimenski, Maiakovski parece adotar algo dele e não acusa Bezimenski de nada. Maiakovski pergunta: "... posso eu acusar Bezimenski? Se o acusar, nada sobrará dele".

De forma mais rude Maiakovski fala de Polonski em seu discurso final. A discussão e o discurso de Polonski, que aceitou o convite e falou, exaltaram Maiakovski e em seu discurso final ele já não poupou nenhum dos seus oponentes. Defendeu Chklovski dos ataques, mas liquidou com Beskin, que, como revelou-se, escrevia sobre Puchkin sem ter lido Eugênio Onegin. Chamou Polonski, que era editor de três revistas concomitantemente, de "recomprador" ("recomprava" os autores) e disse decididamente: "... Polonski não tem qualificação literária."

Também, após o segundo artigo de Polonski, "O blefe continua", Maiakovski soube retribuir. No início de junho já estava pronto o poema "À Vênus de Milo e Viatcheslav Polonski". Nele, Maiakovski utiliza o humor refinado para retratar Viatcheslav Polonski reverenciando e saudando a escultura da

---

*Três anos mais tarde, Polonski se arrependeu do que fez e reconheceu a opinião errada que tinha de Maiakovski num grande artigo, no qual analisou a obra do poeta, tentando de todas as formas revelar um olhar objetivo com relação à personalidade e à obra do poeta.

Vênus de Milo, no Louvre. O poema termina com um aviso a Polonski e diz: "Nós não permitiremos aos amadores dos antigos modos nobres meter na cara dos construtores os calos que as Vênus adquiriram em séculos."

No quarto número (publicado em abril) da revista *Nova LEF* foi publicada uma nota de Maiakovski, "O que estou fazendo?", na qual comunicava:

"O trabalho principal era divulgação das idéias da LEF e dos poemas pelas cidades da União Soviética...

"O que estou escrevendo?

"1. A peça *Comédia com assassinato* para o Teatro de Meyerhold.

"2. A peça para os teatros de Leningrado, para o aniversário de dez anos da Revolução.

"3. Um romance.

"4. A autobiografia literária para a coleção de obras completas.

"5. Um poema sobre a mulher."

O romance, a comédia, o poema sobre a mulher não foram escritos. A peça para o décimo aniversário da Revolução era o poema "Bom!". O trabalho estava em pleno desenvolvimento, surgiram imagens dos acontecimentos que antecederam a Revolução, como a tomada do Palácio de Inverno e a queda do Governo Provisório. Ao mesmo tempo, Maiakovski escrevia para jornais e revistas alguns poemas do tipo "Nem tudo é ouro, como a autogestão financeira", "Treine seus músculos, respiração e corpo para o bem do serviço militar!".

Um novo impulso ao trabalho em jornal foi dado pela constante colaboração com o jornal *Komsomolskaia Pravda,* que se iniciou em meados de 1927.

No dia 15 de abril, Maiakovski mais uma vez viajou para o exterior. Após uma breve estada em Varsóvia, onde se encontrou com os escritores Vladislav Bronevski e Andrei Stavar, o poeta chegou a Praga. Ali ficou satisfeito porque o compreendiam bem e ele podia ler os poemas em russo. Ao correspondente do jornal *Prager Press*, em resposta ao pedido de falar de sua trajetória, Maiakovski respondeu:

"Nasci em 1894,* no Cáucaso. De pai cossaco e mãe ucraniana. Minha primeira língua é o georgiano, ou seja, estou entre duas culturas. Sou desaver-

---

*Maiakovski nasceu em 19 de julho de 1893.

gonhadamente jovem? Então, posso ainda me desenvolver..." Maiakovski destaca os momentos exóticos de sua autobiografia, até mesmo pecando contra a verdade. E eis o que merece maior atenção: parece que em Praga desenvolve, pela primeira vez, o interesse por escrever poemas para crianças. Fala disso como a sua última paixão e explica: "Deve-se dar às crianças uma nova imagem daquilo que as cerca." Os poemas infantis de Maiakovski foram publicados em livros separados. Um deles se chamava "Sobre o trabalho coletivo" (em total conformidade com as diretrizes da LEF, como se fosse um livro didático). Mas os poemas de Maiakovski, apesar de seu estilo didático, não são programáticos. Eles contêm aquele elemento de brincadeira que atrai o leitor mais jovem.

Em Praga, Maiakovski foi perguntado sobre a "Carta a Gorki": "Parece que por causa dela o senhor sofreu duras críticas?" Maiakovski respondia: "Isso aconteceu porque Gorki é a tradição. Fui totalmente objetivo e não toquei em sua personalidade, mas a acusação foi pelo fato de eu ter tido a coragem de infringir essa tradição. Aliás, não garanto que eu não possa escrever poemas ruins."

A última frase tem um duplo sentido — particular e geral. Particular porque não insiste na perfeição ética da "Carta a Gorki". E geral — bom, é um caso especial! Onde mais encontraremos na trajetória de Maiakovski o reconhecimento de que ele não garante a qualidade dos versos, dos poemas, das propagandas?!

Logo nos primeiros dias, após a chegada a Praga, Maiakovski se apresenta em diferentes eventos para ler seus poemas. Muitas pessoas, inclusive escritores, guardaram na memória a apresentação no Teatro Osvobozhdioni. O evento estava monótono, apesar de apresentarem no palco vários *shows*. A apresentação de Maiakovski, no intervalo entre os números dos *shows*, soou como uma trovoada num céu azul. Vejamos o que disse V. Nezval:

"Nós olhávamos maravilhados para ele dos bastidores e o público vibrava com a sua voz, a voz da revolução. O baixo poderoso de Maiakovski, a força do ritmo e a entonação do 'Marcha à esquerda' prenderam a atenção do público. Sua incrível apresentação estava fora do programa, e o nosso público jovem, onde havia muitos pequeno-burgueses assustados, premiava-o com aplausos impetuosos. Nós, participantes do *show*, estávamos prontos para arrancar nossos figurinos e correr atrás do poeta, que sumiu da mesma forma inesperada, como surgiu. Mal conseguimos lhe organizar uma aclamação e apertar a sua mão."

Com um enorme prazer Maiakovski encontrou-se com os escritores tchecos: V. Nezval, Maria Maierova, Julius Fucik, Iozef Gora, Bogumil Matezius. Um dos escritores escreveu que muitos autores jovens, após todos estes encontros, tornaram-se amigos do poeta. Julius Fucik começou a traduzir para o tcheco o poema "A minha descoberta da América". Gora e Matezius traduziram alguns versos. Os atores liam os poemas no palco.

Os eventos organizados na Casa Popular Vinogradski foram inesquecíveis e reuniram platéias de 1.500 pessoas. Sobre eles, como acontecimentos importantes para a vida cultural, foram publicadas matérias em jornais, incluindo o jornal comunista *Rude Pravo*. Porém a imprensa reacionária de direita expressou uma brutal insatisfação não só com a apresentação de Maiakovski como um agitador bolchevista, mas também denunciou os funcionários públicos que estavam presentes no evento, afirmando que eles não se retiraram nem proibiram o público de manifestar seu encantamento com a apresentação do poeta soviético.

Tornaram-se amigos Maiakovski e o artista plástico A. Gofmeister. A conversa entre eles ia da poesia para os desenhos, dos ritmos e da sonoridade da música para a caricatura ou para o cartaz. A conversa era entre pessoas que entendiam a linguagem da arte e, por isso, tudo entre eles era simples, sem nenhum politeísmo laico.

Maiakovski chegou a Paris na véspera do 1º de Maio. Depois da amistosa e receptiva Praga, Paris desta vez lhe pareceu monótona e, é claro, Vladimir Vladimirovitch se deprimia com o desconhecimento do idioma, pois o privava de liberdade. Por isso, em suas cartas, reclama da vida e do mau humor.

Maiakovski passou o dia 1º de maio na representação diplomática soviética em Paris. Mas no dia 7 de maio de 1927 escreve para Moscou: "Minha vida está cheia de desgostos e incrivelmente monótona. Faço o máximo para reduzir o prazo de permanência nestas amargas terras estrangeiras."

No entanto não era simples fazer isso. De Moscou, recebeu um pedido por carta de Lília Brik: "Quero muito um automovelzinho. Traga, por favor! Pensamos durante muito tempo qual seria. E decidimos que o melhor de todos é um Fordizinho." E não era um pedido, mas ordem, onde se destacava: "Tem que comprar um Ford último modelo..."

Não teve como comprar o "automovelzinho" em Paris nessa oportunidade. Mas Lília não recuou e, em janeiro de 1929, um Renault seria entregue na travessa Guendrikov, ao lado do prédio de nº 15.

No dia 7 de maio, Maiakovski se apresentou no Café Voltaire. Foi uma noite inesquecível. Nas recordações de I. Erenburg, que estava presente naquela noite, há um momento que desvenda um pouco as desconfianças de Maiakovski com relação às idéias da LEF. Durante a apresentação de Maiakovski, um dos presentes pediu: "Leia agora seus poemas antigos!" Ele fez uma brincadeira, mas não leu seus textos escritos antes da Revolução. Mas, quando, na manhã do dia seguinte, Erenburg entrou no quarto do hotel Istria, logo percebeu que Maiakovski passara a noite em claro, pois a cama estava arrumada. O poeta, após cumprimentar o amigo, perguntou: "Você também acha que antes eu escrevia melhor?"

Maiakovski recebeu o pedido de leitura dos "poemas antigos" como uma dica, pois ele próprio também, nos intervalos entre as batalhas em defesa da LEF, nos períodos de tranqüilidade, refletia sobre sua verdadeira vocação, sobre o seu lugar na poesia russa. O pedido acertou o ponto fraco e colocou em dúvida não só todas as tendências da atividade literária e pública, mas também sua obra criativa.

Algo incomodava Maiakovski na França, em Paris. Estranho. Tristeza em Paris é um contra-senso! O motivo, no entanto, independia do local. Estava dentro dele, porque nem o almoço em homenagem a Maiakovski o animou de verdade, e comentou isso com uma dose de ironia.

Deixou Paris sem lamentações.

No caminho de volta parou em Berlim. Lá estava acontecendo a exposição de cartazes soviéticos. Maiakovski estava amplamente representado e seus cartazes atraíam a atenção do público.

Maiakovski permaneceu triste em Berlim. E, ao encontrar a atriz Nato Vatchnadze, grudou nela e não a largava por nada. Levou-a ao cinema para assistir Chaplin e Buster Keaton. Depois, mostrou o antigo *pub* da Baviera, onde vendiam cerveja em enormes conchas de madeira e as mesas eram os barris. Maiakovski levou a atriz às lojas, pediu ajuda para comprar lembranças originais e repetia: "Estou cansado de Paris, estou cansado de Berlim! Estou me sufocando aqui! Quero voltar logo para Moscou, Moscou!"

Maiakovski não ficou muito feliz também com o "chá" oferecido em sua homenagem pela sociedade soviético-germânica pela aproximação, no hotel Russiche Khof.

Fechou a sua turnê em Varsóvia, onde havia começado a sua viagem. Vladimir Vladimirovitch foi parar lá numa época não muito favorável. A campanha eleitoral estava a todo vapor, e qualquer apresentação do poeta, até mesmo uma palavra imprudente, podia ser interpretada como intromissão nos assuntos internos da Polônia. Por isso recusou as apresentações, na entrevista ficava escolhendo as palavras, contornando os assuntos políticos com manobras diplomáticas.

O interesse por ele foi um dos mais vivos: Maiakovski era o primeiro escritor soviético a visitar a Polônia desde o fim da Guerra Civil, e nenhum escritor polonês havia estado na União Soviética. Decidiu se limitar a encontros com escritores de diferentes grupos. Num círculo menor seria possível ler alguns poemas e conversar sobre literatura e política.

A imprensa polonesa divulgou amplamente a estada de Maiakovski em Varsóvia e foi cortês. Numa entrevista ao jornal *Epokha*, o poeta novamente fala de literatura infantil. À pergunta de com que espírito ele escreve os livros para crianças, Maiakovski respondeu: "Tento incutir nas crianças as noções cívicas mais simples, fazendo da forma mais cuidadosa possível..."

Na entrevista a jornais poloneses, Maiakovski, bastante benevolente, apresenta alguns escritores soviéticos, destacando especialmente Pasternak e Assieiev. O poeta fala também daqueles com quem travou polêmicas, cita os poetas ucranianos, georgianos e bielo-russos, conta sobre a existência de diferentes grupos — VAAP, União dos Escritores Camponeses, LEF, Pereval, Kuznitsa

— e que, naquele momento, estavam passando pelo estágio de incorporação pela Federação (FOSP) para o desenvolvimento do trabalho público-literário e resolução de algumas questões de ordem profissional. Em todas as entrevistas e conversas com os escritores, descreveu a situação dos escritores soviéticos com tons coloridos, querendo desta forma destacar os êxitos da Revolução. Respondendo à pergunta sobre o papel de um poeta na Rússia daquele momento, Maiakovski disse:

— Um papel importantíssimo. Ele é professor do povo, educador de sua mente e consciência. Cada um de nós, além da área de atuação, desenvolve atividades pedagógicas. Nosso trabalho caminha em duas direções: a primeira abrange as massas de trabalhadores e camponeses; a segunda, a juventude e as crianças. Os primeiros nós atingimos com a ajuda do cinema, do teatro; para os segundos, criamos um literatura especial.

Como exemplo, Maiakovski cita os oito roteiros escritos, três dos quais haviam sido produzidos, e um poema que estava escrevendo em homenagem aos dez anos do Outubro, apesar de os roteiros estarem sendo recusados por não terem a forma tradicional. Isso dava margem a conflitos que, via de regra, não terminavam a favor do autor. O que mais irritava Maiakovski era que o destino dos roteiros com freqüência era decidido por funcionários do estúdio que não eram escritores nem diretores, mas administradores.

Mas Maiakovski ficou em Varsóvia dez dias, e entre os inúmeros escritores que conheceu, além de Bronevski, destacou o poeta e tradutor de "A nuvem de calças", Tuvim, "que alisava e sacudia sua mão poeticamente". Maiakovski também impressionou Tuvim, mesmo antes do encontro entre os dois. "O choque poético que senti ao ler Maiakovski pela primeira vez pode ser comparado somente ao choque que passei quando ouvi e vi o céu dilacerado por relâmpagos. Reviravoltas, trovoadas, chamas — tudo é novo, sem precedentes, é maravilhoso, é impressionante, é revolucionário... Sim, foi um golpe, foi uma revolução na poesia."

Maiakovski escreveu crônicas sobre sua visita à Polônia: "A aparência de Varsóvia" e "Varsóvia de cima". Aquilo que o poeta não pôde falar publicamente sobre a vida política da Polônia, durante sua estada em Varsóvia, disse nas crônicas. Algumas conclusões suas não parecem infundadas. Por exemplo:

"A Polônia se desenvolveu como a grande parte industrial da ex-Rússia. A indústria ficou, mas não tem mercado.

"É impossível ir para o Ocidente com mercadorias de Lodz. Tudo lá é mais barato e melhor. A Europa precisa da Polônia como de uma vaca leiteira. A Polônia é agrária."

Em 22 de maio, Maiakovski voltou para Moscou e não viajou mais para o exterior neste ano. Um trabalho intenso o aguardava em casa. A obrigação de escrever um poema em homenagem aos dez anos do Outubro.

O cotidiano da LEF. Recordações sobre a Revolução

Os poetas, com uma boa dose de arrogância, não aceitavam escrever por "encomenda social". A inspiração não se vendia... Compreendida como primitiva, essa encomenda ofende a musa. Maiakovski também entendia assim...

Mas escrevia poemas de ocasião, para festas revolucionárias, a pedido de jornais, mais freqüentemente para o *Komsomolskaia Pravda*. Muitas vezes os funcionários da redação apanhavam um pacote de cartas, corriam até a travessa Lubianski e pediam a Maiakovski que escrevesse poemas sobre um determinado tema abordado nas cartas dos leitores... E ele escrevia. Às vezes, se recusava, como no caso de poemas para camponeses. Maiakovski não conhecia o campo e, por isso, não aceitava o tema.

Como homem público, Maiakovski momentaneamente se entusiasmava com as idéias do dia-a-dia. Por isso, a "encomenda social" provocava nele uma necessidade interna de se expressar, ou seja, a "encomenda" de fora se transformava na "encomenda" para si e de si próprio. A idéia que pairava no ar dominava o poeta. "A idéia não pode ser misturada com a água. Na água a idéia umedecerá." A mentira e a gabolice, os relatórios de fachada sobre as viagens literárias que geravam versinhos estereotipados e fracos e contos que descreviam a realidade por lentes cor-de-rosa, irritavam Maiakovski. No plenário da RAPP, ele criticou a "Primeira brigada cultural dos escritores" pela gabolice e fanfarronice. A idéia só poderia ser personificada numa obra de arte, quando passasse pelo coração do poeta. É um axioma. Assim Maiakovski entendia a "encomenda social".

Isso não quer dizer, no entanto, que a "encomenda social" a cada vez tivesse para ele uma definição precisa, uma "instalação especial", termo de Stanislavski. Maiakovski achava, por exemplo, que a morte de Iessiênin e seus versos escritos antes da morte estabeleceram a necessidade de uma "encomenda social" para os poetas escreverem sobre Iessiênin. A grande maioria aceitou esse "encargo" de forma superficial. O próprio Maiakovski definiu da seguinte forma a encomenda: "Era preciso paralisar a ação dos últimos versos de Iessiênin, tornar o fim de Iessiênin desinteressante, apresentar no lugar da leve beleza da morte outra beleza, pois todas as forças são necessárias à humanidade trabalhadora para a revolução iniciada. E a revolução, apesar das dificuldades no caminho e dos contrastes da NEP, exige que glorifiquemos a alegria da vida, a alegria da marcha em direção ao comunismo." A fórmula veio depois, pois, ao iniciar o poema, a pena era orientada pela intuição e somente depois, no decorrer do trabalho, a idéia geral se personificava esteticamente.

"Para entender corretamente a encomenda social", dizia Maiakovski, "o poeta deve estar no centro dos acontecimentos e das atividades." É uma posição fundamentada na própria experiência, e a proximidade da comemoração dos dez anos do Outubro o motivou a declará-la. "Eu cresci com a Revolução de Outubro. Considero a República Soviética minha. E mesmo se agora eu fosse um impotente sem voz forte, mesmo assim tentaria ao menos sussurrar o meu poema em homenagem ao Outubro."

A "encomenda social" caiu numa terra preparada, mas... para que essa declaração tão servil de fidelidade à Revolução e ao poder soviético? Existe uma explicação precisa para isso. Ela, como um eco das batalhas críticas, foi dada na "Mensagem aos poetas proletários". Nela o poeta conclama que se deixe de "colocar rótulos", que abandonemos as sacralizações e de considerar os outros, como Maiakovski, companheiros de viagem. "Muitos usam as mudanças de postos para denominar a si mesmos de uma forma melhor. Como se dizendo: somos os únicos, somos proletários... E eu, no entendimento de vocês sou o quê, um especulador de divisas?" Maiakovski ficava magoado e irritado por chamarem-no de companheiro de viagem.

O poema em homenagem aos dez anos do Outubro transformou-se para ele no poema-recordação. Recordação da Revolução que deveria reforçar o seu espírito, sua crença. Dez meses antes dos festejos, ainda em janeiro de 1927, foi formada a comissão que decidiu delegar o "arranjo literário" do tema de Outubro a algum poeta. Foram cotados os nomes de Demian Bedni e Maiakovski. Quando Demian Bedni foi procurado, ele indicou Maiakovski. Durante as conversações, descobriu-se que ele estava escrevendo um poema sobre Outubro. Em 16 de fevereiro, foi firmado um contrato com a direção dos teatros acadêmicos de Leningrado para que Maiakovski escrevesse um texto para uma apresentação "sintética". O prazo era até 15 de junho.

O ritmo com o qual Maiakovski escreveu o poema (que ainda não tinha título) impressiona, levando em consideração as viagens pelo exterior e pela URSS e os inúmeros poemas escritos para jornais nesse período. Durante o inverno e a primavera foram escritas desde a segunda até a oitava parte, e já apresentadas à direção dos teatros. Entre maio e junho Maiakovski escreveu da 9ª à 17ª parte. As últimas (18ª e 19ª), assim como a introdução, o poeta terminou entre julho e agosto. Na mesma época foi dado o título "Bom!".

Em todo esse tempo, Maiakovski manteve sua vida cotidiana. As preocupações de ordem organizacional, editorial e cotidiana não diminuíram, e ele, quase diariamente, quando estava em Moscou, aparecia na redação do *Komsomolskaia Pravda*. Ainda a caminho, perguntava: "Taras está em casa?" E logo se dirigia ao editor Taras Kostrov, de quem era amigo, ou então ia até a redação do Komsomol conversar com os repórteres. Ele ignorava o departamento de literatura e normalmente não publicava seus poemas nas páginas literárias, mas em algum lugar entre as matérias dedicadas às iniciativas administrativas ou políticas, às vezes na primeira página, e se orgulhava muito disso.

Certa vez, a redação precisava fazer uma crítica severa das questões pequeno-burguesas. No correio da redação acumulara-se uma grande quantidade de cartas. Durante muito tempo discutiu-se a forma de resposta: fazer uma análise ou um artigo. Alguém sugeriu mostrar todo o material a Maiakovski. O poeta aceitou o "encargo". E alguns dias depois, trouxe à redação o poema "Mariusia se envenenou".

O enredo do poema fora sugerido por uma carta ao jornal. A infeliz Mariusia, que não tinha "roupinhas" e "sapatinhos" decentes, tinha sido cruelmente enganada pelo eletricista Vania, que se intitulava, conforme a moda pequeno-burguesa, "técnico-eletricista Jan". O poema "Mariusia se envenenou" foi publicado. O efeito foi surpreendente. Dentre as cartas, uma era do eletricista Vania, que, "por causa da beleza da sonoridade", passou a se chamar de Jan. "E o que há de ruim nisso?", perguntava Vania-Jan à redação, e até lembrou o personagem Pier Bezukhov, de Tolstoi.

E outro Vania-Jan compareceu pessoalmente à redação e declarou ao editor Kostrov que o jornal o expôs ao ridículo e todos na fábrica onde trabalhava não lhe davam sossego. Exigia um encontro com o autor. Vladimir Vladimirovitch se encontrou com a "vítima" de sua obra satírica, e a conversa entre os dois, como se soube na redação, correu em total harmonia. O rapaz revelou-se muito simpático, mas um pouco vulgar. Mas essa vulgaridade o deixou logo após o encontro com Maiakovski e com outras pessoas. Uns dois anos depois, o rapaz encontrou-se com o poeta em Leningrado... Foi um caso particular, mas característico daquele tempo, do cotidiano dos anos 1920 e da época da NEP.

Maiakovski dava muita importância à luta contra os costumes pequeno-burgueses, ainda comuns entre os jovens. Por isso ele organizou e realizou uma série de eventos sob o lema irônico: "Vamos fazer a vida elegante!" Nos cartazes havia alguns endereços para onde podia-se enviar as críticas. Por exemplo, "Flores de cerejeira e a lua por todos os lados." Era uma referência aos livros de P. Romanov, *Sem as flores da cerejeira,* e de S. Malachkin, *A lua à direita, ou um amor incomum.* No cartaz estava anunciado "O Castelo do Lago com corredores" — uma referência ao concerto poético de Severianin, no qual revelou-se a meiguice comum a este poeta ("O Castelo do Lago de mármore branco", "as visitas andam pelos corredores"). Outra frase do cartaz: "E o coração é atraído pelo partido..." — Maiakovski explicou durante a apresentação:

—— Ainda estão, em alguns lugares, os costumes pequeno-burgueses. A *Muztorg** editou o romance *E o coração é atraído pelo partido...* Caso alguém não acredite, pode se certificar pessoalmente. Está à venda na rua Neglinnaia, na loja. No livro estão as seguintes palavras:

> *O partidário Iepichka*
> *Tem livrinhos do partido,*
> *Nos ombros leva a túnica,*
> *E na língua traz os guizos.*

Nas páginas do *Komsomolskaia Pravda* publicou-se o poema com um título comprido: "Carta à amada de Moltchanov, deixada por ele, como é informado no poema intitulado 'O encontro' publicado no n° 219 do jornal *Komsomolskaia Pravda*".

O malfadado poema "O encontro", que transmitia uma inércia melancólica, era do jovem poeta Ivan Moltchanov e não poderia passar despercebido a Maiakovski. Alguns números depois (no n° 226) publicou-se a "Carta", de Maiakovski, como uma resposta virulenta e impiedosa. Moltchanov se magoou (posteriormente, ele se queixaria com Gorki), trouxe à redação o poema "Junto ao barranco". O jornal, menos de três semanas depois (no n° 243), publicou seu texto junto com um novo poema de Maiakovski: "Reflexões sobre Ivan Moltchanov e a poesia". No poema, Maiakovski novamente, de forma virulenta e impiedosa, ridiculariza Moltchanov, parodiando os versos de seu novo poema, e desenvolve sua idéia para além dos limites da discussão objetiva: "O verdadeiro poeta confunde um saber nebuloso com um saber claro."

A mão de Maiakovski na sátira era pesada. Ele usava a força de seu golpe procurando os alvos nos costumes e nos meios pequeno-burgueses, assim como no sistema de poder burocrático que estava se estabelecendo. Por esse caminho o poeta chegou ao roteiro conflituoso e mordaz da peça *Os banhos*, que se chocou de frente com o sistema e que lhe trouxe conseqüências fatais.

---

*Loja Musical. (*N. da T.*)

Mas o ano de 1927 em nada ameaçava Maiakovski. Apesar do cansaço acumulado, ele tinha que batalhar em duas frentes, porém o trabalho o absorvia por inteiro e ele redobrava as forças. Uma das frentes era a Revolução, seus ideais (poemas "Bom!", "À nossa juventude", "Pelas cidades da URSS", "Os primeiros comissários", "Lenin está conosco!", "A voz da Praça Vermelha"), a segunda frente era a sátira, os golpes nos costumes pequeno-burgueses e na burocracia. Parafraseando o próprio Maiakovski, ao falar do poema "Os doze", de Blok, pode-se concluir que em tudo o que ele escreveu durante estes anos, de um lado, estava a glória à Revolução, e do outro, a sátira sobre a sua continuação. Ainda voltaremos a essa trágica bifurcação da consciência de Maiakovski. O mundo realmente, como afirma Heine, partiu-se em duas metades e a rachadura atravessou o coração do poeta. Diante dele surge de forma mais crítica a questão: em que acreditar?

Sobre a mesa do escritório, bastava levantar a cabeça, estava a fotografia de Lenin, que continuava a personificar para Maiakovski o ideal de líder e de ser humano, a sua crença. Nos corredores do poder Maiakovski encontra pessoas bajuladoras, burocratas, corruptas e pomposas. A elas o poeta contrapõe a imagem ideal e pura do revolucionário. O poeta se orienta e se apóia em Lenin na sua luta com as mazelas do cotidiano "soviético". Olha o retrato e revive a imagem: milhões de pessoas passando diante dele, um mar de bandeiras, as mãos erguidas... Apesar do difícil cotidiano do Estado — extração de carvão e minério, a luta contra a pobreza, contra os burocratas, os bajuladores, os sectários e os bêbados, seus poemas têm força lírica. Em seus versos agrega à figura de Lenin a figura de Dzerjinski, e a de Teodor Nette, que morreu no seu posto do corpo diplomático ("Quero encontrar a minha morte como a encontrou o companheiro Nette")... É muito significativo que associe o seu ideal somente àqueles que já estão mortos e a nenhum dos vivos.

Mas entre os vivos está o camarada Ivanov, que se intromete "em tudo e em todos os lugares", "ensaboado com o sabonete escorregadio dos bajuladores". Mas está vivo o "mosqueteiro do partido", o jovem que decorou manuais do comunismo e "acabou para sempre com as idéias do comunismo". Está vivo o "todo pomposo cidadão soviético" que pensa que "para sempre poderá protelar e mandar", já que é membro do Comitê Central. Está vivo o companheiro Popov, que acreditava que a "crítica vinda de baixo era veneno. Vinda de cima era remédio!" E isso era o "pilar" do sistema. Estão vivos o "lambujeiro", o "fofoqueiro" — uma galeria inteira de tipos que terminava como o companheiro Pobedonosikov, da peça *Os banhos*, uma galeria de anti-heróis.

E se enfileirarmos todos os poemas satíricos de Maiakovski sobre temas internos e acrescentarmos a eles as peças *O percevejo* e *Os banhos*, o quadro é completamente triste. Nenhum poema e nenhum verso de propaganda, como em "Monumento aos operários de Kursk" ou "Conto do fundidor Ivan Kozirev sobre a mudança para o apartamento novo", ou o trecho final do poema "Bom!", esclarecem o cenário da realidade soviética dos anos 1920. Quase tudo é positivo, tudo deve ser expressado como realização do sonho revolucionário, e o poeta o expressou em declarações, em palavras de ordem e em lemas. Sobre isso nos dizem também os títulos dos poemas "Produza pão!", "Prepare-se! Pare! Construa!", "Companheiros administradores!", "Pra frente, *Komsomol*!", "Produza automóveis!", "Crave a autocrítica!", "Votamos pela não-interrupção!", "Produza a base material!", "A marcha das brigadas de vanguarda!" etc.

Por um lado, o momento político pouco atraente e que acabava com as esperanças, por outro — Produza! Pra frente! Construa! E a estes lemas, palavras de ordem e marchas animadas... Qual era o caminho de volta? Era bem diferente daquele que o impaciente Maiakovski desejava.

Seria possível construir o comunismo com os companheiros Ivanov, Petrov, Prisipkin, Pobedonosikov? Provavelmente, Maiakovski já se fazia esta pergunta. Mas ele não podia renunciar a seus ideais, não podia viver sem a crença que praticamente o pregava aos jornais de propaganda: já que era um contato direto com as massas. Vãs esperanças, auto-ilusão futurística e crença na força das palavras..."

Nessa fenda, nessa "rachadura" entre a crença ("Produza!") e a decepção ("Abaixo!") podia ter surgido a crise espiritual como premissa da tragédia. Tal crise cresceu gradativamente e já pudemos observar como deprimia o poeta...

E para abafar os sinais dessa crise espiritual e recarregar-se para ações vitais, viajava pelas cidades do país, apresentava-se para a juventude: "Estou me lançando em milhões de palcos, para milhões de olhos jovens." E apesar de todo o desconforto dessas viagens, tinha uma enorme satisfação ao realizá-las. Os encontros com pessoas lhe davam ânimo.

Durante as viagens, Maiakovski não parava de trabalhar no poema "Bom!" Nasciam novas idéias, estrofes, personagens, enchia-se de "provisões" a eterna companheira de viagem, a caderneta. A memória assimilava um gigantesco volume de impressões do que via e ouvia, pois o país nessa época era um canteiro de obras e começava a organizar sua indústria. É claro que isso podia ser notado em Moscou, mas a viagem pelo interior sempre o animava, e aguçava suas emoções. As impressões das viagens organizavam-se num quadro da vida ("Pelas cidades da URSS").

"Não tenho tempo para descansar!", dizia Maiakovski.

— Por que você sai do trem em todas as estações? — perguntou-lhe a atriz Iulia Solntseva, que viajava com ele no mesmo vagão.

— Tenho que saber de tudo, senão não é interessante para mim — respondia ele.

Nas cidades onde havia grandes indústrias, Maiakovski obrigatoriamente se apresentava para os operários e se interessava pelo trabalho deles, pela vida e pelo cotidiano. O poeta entrava em conflito com o direcionamento das questões do dia-a-dia, dos serviços, e expôs seu princípios: "... ao perceber coisas erradas, não passe com indiferença..."

A poesia e a vida andavam juntas. Os poemas eram gerados pela vida e continuavam na vida. Na autobiografia ele escreveu: "O segundo trabalho é continuar a tradição interrompida dos trovadores e menestréis. Viajo pelas cidades e leio." Nos poemas da segunda metade dos anos 1920, há inúmeros acontecimentos, fatos e detalhes da vida e do cotidiano que eram observados naquele tempo. Todas as impressões eram registradas pelo ângulo social, ou melhor: era o novo que estava começando a fazer parte da vida do povo e que criava obstáculos para a realização dos ideais da Revolução. Maiakovski estava sedento por mudanças e dizia:

— É preciso permanecer um longo tempo em cada local, observar tudo verdadeiramente, senão, para que viajar? Muitos escritores se gabam de ter conhecido três fábricas num dia.

Porém Maiakovski também não conseguia ficar um longo tempo nas cidades que visitava. Os romances e as peças de escritores soviéticos, escritos alguns anos mais tarde, registram o ritmo daquela época. E o cronograma das viagens de Maiakovski não deixava tempo para um estudo detalhado de uma fábrica ou construção.

Maiakovski foi muito bem recepcionado em Sverdlovsk, uma cidade industrial, mas não permaneceu muito tempo. Nessa cidade, ele não evitou o assunto do fuzilamento da família do czar, pelo visto refletiu sobre a crueldade e desumanidade desse massacre. O poema "O imperador" tem os seguintes versos: "Nós mudamos o caminho da história/Despeçam-se para sempre do velho/O comunista e o homem/ Não pode ser sanguinário." Estes versos não fazem parte do texto deste poema publicado, mas o final soa como propaganda pura.

Em 1927, Maiakovski viajou, esbravejou nos auditórios, proporcionava tristeza e alegria. Quase 50 cidades haviam sido assinaladas no mapa somente no decorrer desse ano. Eram as apresentações do poeta que somavam mais de cem, excluindo as apresentações em Moscou. Era visto, ouvido e lido. No Instituto de Medicina, em Odessa (1928), no auditório que comportava 400 pessoas havia mais de mil. Um recorde. Cada um dos que estavam sentados segurava uma pessoa no colo, os corredores e o palco estavam lotados. Algumas pessoas se acomodaram embaixo da mesa. Maiakovski e Kirssanov (que estava em Odessa naquela época e fora convidado por Maiakovski para a apresentação) ficaram espremidos ao lado da tribuna. Ficou difícil de respirar. O suor escorria pelos rostos, mas todos resistiram.

O sucesso das apresentações de Maiakovski freqüentemente era garantido pela fama e reputação do poeta, assim como, é claro, pelo seu talento artístico, pela capacidade de perceber e sentir o público e se comunicar com ele, entendê-lo e se submeter a ele.

Maiakovski lia poemas. Com uma ironia incomparável leu o poema "Carta à amada de Moltchanov...", com gravidade soou a "Carta do escritor Vladimir Vladimirovitch Maiakovski ao escritor Aleksei Maximovitch Gorki". Após tanta tensão, era necessário uma descontração. Maiakovski pegou um bilhete em cima da mesa. O tema era conhecido. Leu o bilhete em voz alta: "Maia-kovski, aprenda um pouco com Puchkin."

— Um favor se paga com outro. Você aprende comigo e eu com Puchkin — respondeu Maiakovski.

Mais uma mensagem, o tema também era conhecido: "Por que os operários não o entendem?"

— Sua opinião sobre os operários é falsa.

Mais um bilhete do mesmo ciclo: "Eu pessoalmente não o compreendo."

— A culpa e a desgraça são suas.

Novamente o mesmo tema: "Não entendo seus poemas."

— Não tem problema, seus filhos compreenderão.

— Não — gritou o autor da mensagem —, meus filhos também não entenderão!

— Por que está tão convicto de que os seus filhos puxarão ao senhor? Talvez, a mãe deles seja mais inteligente e os filhos serão parecidos com ela.

Grosseiro? Sim. Mas, quando em todas as apresentações estavam presentes pessoas, à margem da literatura (freqüentadores das apresentações de Maia-kovski) e críticos, ofendendo o poeta com perguntas indelicadas, era difícil ser "gentil como uma 'nuvem de calças'". Quando Maiakovski percebia na pergunta, no gesto ou no comportamento do oponente hostilidade, permitia-se insolências.

E eis mais uma mensagem também muito freqüente: "Maiakovski, por que elogia tanto a si próprio?"

— Meu colega de escola, Shakespeare, sempre me aconselhou: fale de si sempre bem, deixe que seus amigos falem mal.

— Já falou isso em Kharkov! — gritou alguém da platéia.

— Pois então — disse tranqüilamente Maiakovski —, o companheiro confirma. — E depois de uma pausa, virou-se para o sujeito da platéia: — Eu nem sabia que você andava em todos os lugares atrás de mim.

Maiakovski variava as respostas de acordo com o caráter da mensagem.

— Ah, esta letra é conhecida — comentava o poeta um bilhete. — Aguar-dava-o. Até que enfim: "As massas não entendem seus poemas." Quer dizer que você está novamente aqui? Ótimo! Venha cá. Há muito tempo quero dar-lhe um puxão de orelhas. Estou cansado de você.

Os oponentes não se conformam.

— Maiakovski, seu poemas não emocionam, não aquecem, não contagiam.

— Meu poemas não são mar, nem lareira e nem peste!

— Maiakovski, para que usa anel no dedo? Ele não lhe cai bem.

— Por isso mesmo, ele não me cai bem, então uso-o no dedo, e não no nariz.

Era comum Maiakovski se entusiasmar e facilmente se livrar dos provocadores. O auditório quase não ficava quieto, só ria e aplaudia as suas respostas-réplicas curtas. Maiakovski nunca ria, conservava a seriedade. Até mesmo quando recebia bilhetinhos graciosos: "Companheiro, não gosto dos seus poemas, mas gosto de você, amo você há muito tempo."

Este era o tom geral das apresentações de Maiakovski. Mas a impressão seria imprecisa se não falarmos que o poeta, às vezes, provocava o escândalo de forma deliberada. Ele respondia as mensagens que tinham a intenção, como disse certa vez um de seus contemporâneos, quando o poeta ainda estava vivo, "de vestir novamente à força a blusa amarela em Maiakovski". Assim foi no Palácio de Cultura, em Baku. Metade do auditório era composta de pessoas que tinham vindo bisbilhotar a "alma" de Maiakovski. A sala estava gelada, era difícil ler. Maiakovski no final da apresentação ficou rouco.

Eis as mensagens.

A primeira que o poeta pegou em cima da mesa dizia: "Quando a alma da pessoa está vazia, só existem dois caminhos: calar ou gritar. Por que escolheu o segundo?"

Mantendo a aparente tranqüilidade, Maiakovski respondeu:

— O autor desta mensagem esqueceu que ainda existe um terceiro caminho que é: escrever mensagens medíocres como esta.

Isso já era o suficiente para que a platéia reagisse com gargalhadas. Mas somente uma pessoa fria poderia manter-se invulnerável a essas mordidas venenosas. A resposta de Maiakovski continha ainda um toque de amargura. Ele era uma pessoa muito sensível e não podia "se resignar", mesmo quando isso era totalmente necessário, e em Baku continuou a se apresentar para os operários e para a juventude no Clube Chaumian, na doca Comuna de Paris, nas oficinas da fábrica Schmidt, na Casa dos Trabalhadores da Educação, na Casa do Exército Vermelho. E o fazia entusiasmado e enérgico. Também escreveu o poema "Baku" (o segundo com este título).

Ao planejar as viagens pelo país, Maiakovski nunca esquecia Leningrado. Gostava da cidade que lhe deu a alegria de conhecer e se relacionar com pessoas maravilhosas da cultura russa, a cidade da Revolução, a cidade dos seus passos "colossais" na poesia. Maiakovski gostava de estar na cidade e de se apresentar, apesar de os encontros possuírem diferentes roteiros.

Um grupo de representantes da revista *Na Literaturnom Postu* resolveu frustrar a apresentação de Maiakovski na Universidade, contou D.S. Babkin. O poeta mal havia tomado a tribuna, quando um desses representantes da revista gritou da platéia:

— Nós não o entendemos! Nós não o aceitamos!

— É o que vamos verificar agora — respondeu tranqüilamente o poeta.

— Vamos fazer uma votação!

Voltando-se para os estudantes, Maiakovski perguntou:

— Quem é a favor de mim? Quem é contra?

— Leia, não é necessário votar — responderam os estudantes.

Somente uma voz, já conhecida, insistiu desesperadamente:

— Eu sou contra!

— Você não conta — declarou Maiakovski. — Vamos começar os trabalhos!

"Mordidas" como estas ele não considerava e reagia com tranqüilidade. Estava acostumado.

Uma situação engraçada se deu no encontro da Capela Acadêmica. D.S. Babkin também se lembra dela. Normalmente, Maiakovski se apresentava sozinho, mas desta vez a palavra, antes dele, foi dada a Kornei Tchukovski. Enquanto Tchukovski falava da tribuna, Maiakovski se preparava para a sua apresentação. Caminhava de um lado para o outro atrás das cortinas do palco e ensaiava os poemas. Envolvido com isso, não percebeu que já havia passado uma hora e a introdução de Tchukovski, que deveria durar de 15 a 20 minutos, ainda continuava. Tchukovski intercalava sua fala com piadas e contava como conheceu o jovem Maiakovski em Kuokala, sobre o cotidiano dos moradores estranhos da aldeia, sobre como a mulher de Riépin, Norman-Serova, preparava para o marido comidas com diferentes ervas...

Notou-se que ele não queria criticar o poeta. A relação entre eles não deu muito certo desde o início, em 1915. Tchukovski não aceitava o futurismo, mas conservava a amizade com alguns futuristas, considerando-os pessoas talentosas. Tentou até apadrinhar Maiakovski no início, até entender que o poeta era um daqueles que não precisam de apadrinhamento e que até os mais arrogantes não se atreviam a olhar para ele de cima. A relação de Tchukovski com a obra do poeta também era diferenciada. Pode ser que exatamente por isso Tchukovski esqueceu dos poemas de Maiakovski na fala de introdução, mas lembrou dos seus poemas, e uma mulher gritou da platéia:

— Leia a "Mukha-Tsokotukha"!

Ao ouvir, atrás das cortinas, o pedido, Maiakovski se aborreceu. Escreveu um bilhete ao palestrante: "Kornei, finalize." Tchukovski, sem ler o bilhete, colocou-o em cima da mesa e continuou a falar.

Maiakovski perdeu a paciência e saiu no palco, aproximou-se da tribuna, onde Tchukovski havia se acomodado com ar de importância, empurrou a tribuna e ela, junto com Tchukovski, foram parar atrás das cortinas.

A gargalhada tomou conta da platéia. Mas algumas mulheres, provavelmente mães e avós que adoravam as histórias de Tchukovski, começaram a insistir para que Tchukovski voltasse ao palco.

Maiakovski sorriu ironicamente, deu de ombros e se dirigiu para trás das cortinas. Lá, ele sentou Tchukovski na tribuna e o trouxe de volta, sentado, para o palco. O público explodiu numa gargalhada. O administrador declarou que para Tchukovski seria organizado um evento especial. Depois disso, Maiakovski leu o seu novo poema "Bom!" Quando terminou, alguém começou a cantar "A Internacional" e a platéia se juntou a esta voz... Assim, naqueles anos, terminavam as reuniões do partido.

Nesses momentos, Maiakovski sentia entusiasmo e vontade de trabalhar. Ele afirmava: "O problema não é a inspiração, mas a organização da inspiração" — e ele sabia se mobilizar para o trabalho em qualquer situação. Mas havia momentos na vida de Maiakovski, como na vida de qualquer poeta, em que as idéias surgiam inesperadamente e deixavam tudo em segundo plano. Foi assim que nasceu um dos mais maravilhosos poemas de Maiakovski: "Ao companheiro Nette, navio e homem".

Dirigindo-se de Odessa a Ialta, o poeta avistou no porto o navio *Teodoro Nette*. Maiakovski se emocionou com o encontro, pois conhecia pessoalmente o diplomata Nette, morto num vagão de trem por bandidos ao defender a correspondência diplomática. No mesmo instante surgiu a idéia do poema.

Maiakovski era aficionado pela poesia, pelo trabalho, assim como pelo jogo. O mesmo arrebatamento, ou vício pelo jogo, gerava diferentes idéias em viagens — disputas e mistificação que surgiam por si mesmas. No caminho para a cidade de Vladimir, na cabine do trem onde estavam ele e Lavut, sentou-se uma moça graciosa — educadora de um jardim-de-infância. Ela também viajava a Vladimir para passar o fim de semana na casa da irmã mais velha. Começaram a falar de literatura. À pergunta de Maiakovski, de qual dos poetas contemporâneos ela mais gostava, a moça respondeu: "Iessiênin".

Depois, Vladimir Vladimirovitch perguntou se ela lia poesia para as crianças.

— É claro — respondeu.

— Marchak e Tchukovski?

— Sim.

— E Maiakovski?

— Não conheço.

— Que pena. É um bom poeta e escreve bons poemas infantis. Seus poemas são simples e claros. Recomendo que leia Maiakovski. Quando chegar a Vladimir, tentarei apresentar-lhe. Ele deve estar lá, parece que hoje se apresenta no Clube Central. Pavel Ilitch — disse Maiakovski, voltando-se para Lavut —, o senhor não conseguiria arranjar ingressos para a companheira, temos conhecidos?

Lavut entregou um bilhete à moça para ser entregue ao gerente do clube. A moça foi à apresentação e levou a irmã. Ao encontrar Lavut no corredor do clube, entusiasmou-se:

— Maiakovski deve ser muito famoso, percebe-se pelos enormes cartazes.

Lavut disse a Maiakovski que a recém-conhecida estava na platéia e o poeta, entre outros, leu o poema "O que é bom e o que é ruim!", olhando diretamente para ela.

No intervalo, a moça muito tímida foi até Maiakovski para agradecer. Após o evento, faltavam duas horas para o trem, as irmãs passearam com o poeta e o passeio foi acompanhado não só de conversas, mas também de leitura de poemas...

As disputas, das quais Maiakovski gostava, eram normalmente inofensivas. Mas, durante a disputa, era implacável.

Certa vez, quando estava respondendo a bilhetes, um homem baixinho e gordinho subiu ao palco.

— Devo lembrar ao companheiro Maiakovski — disse o homem — uma antiga verdade que Napoleão já sabia: do grandioso para o ridículo é um passo.

De repente, Maiakovski mediu a distância que o separava do "orador" e, com um gesto, indicando para si e para ele, concordou:

— Do grandioso até o ridículo é um passo.

Uma *mise-en-scène* e duas réplicas, este foi todo o espetáculo. A platéia estava encantada.

Nesses microespetáculos, que aconteciam por inspiração, Maiakovski transformava-se em ator. O talento era natural, e não tinha grande trabalho para representar um determinado papel na mesma apresentação. Suas performances futurísticas suscitavam o interesse de uns e a indignação de outros por sua aparência e comportamento extravagantes. Com o passar dos anos, o papel mudava. Desapareceu a blusa amarela, diminuiu a extravagância, mas permanecia a reação defensiva. Maiakovski freqüentemente provocava a grosseria com antecedência, evitando a possível grosseria de algum oponente da platéia. E quando agredido, reagia à altura...

Muitas perguntas nas apresentações eram sobre poesia. Mesmo respondendo de forma ríspida Maiakovski se preocupava com o profissionalismo.

— Vocês perguntam como fazer poesia? Posso contar (e mostrar!) como faço eu. Mas não é uma receita para os outros. Não existem regras gerais. Damos o nome de poeta exatamente à pessoa que cria essas regras poéticas.

Parece que Maiakovski havia encontrado em Heine a seguinte expressão: "O primeiro a comparar a mulher com uma flor foi um grande poeta, mas quem fez isso pela segunda vez foi um idiota." Maiakovski traduziu a comparação para uma ordem material-numérica: "O homem que pela primeira vez formulou que 'dois mais dois são quatro' era um grande matemático, mesmo se tivesse obtido essa verdade somando duas guimbas de cigarro a outras duas. Todas as pessoas depois dele, apesar de somarem coisas grandes, por exemplo, locomotivas, não eram matemáticas."

Assim, Maiakovski comprovava que 80% das baboseiras rimadas só eram publicados porque os editores não tinham idéia da poesia precedente ou não sabiam para que a poesia é necessária.

Maiakovski entrava em detalhes e dizia que a criação de regras não é o objetivo da poesia, pois surgem conforme as exigências da vida, é a vida que as apresenta.

"O novo, está claro, não pressupõe que se digam constantemente verdades até então desconhecidas. O iambo, o verso livre, a aliteração, a assonância não se criam todos os dias. Pode-se trabalhar mesmo por sua continuação, penetração e divulgação."

Em "Mensagem aos poetas proletários", Maiakovski falou de si: "Eu, em minha essência, sou artesão, irmãos..." — e conclamou que se trabalhasse arduamente com o conceito de quantidade, para melhorar a qualidade. Parecia que não estava falando de poesia, mas sobre a produção de produtos de consumo em massa. Porém no mesmo poema está expressa com convicção a preocupação com o ânimo do poeta. Referindo-se aos colegas, ele praticamente suplica para que "não deixassem suas almas caírem...". Ou como está em outro poema — "não em razão do serviço, mas sim do espírito".

Mas é exatamente "em razão do serviço" que Maiakovski dedica, no artigo, mais atenção ao "lado produtivo" de "fazer" versos quando fala dos recursos poéticos (rimas, assonâncias, aliterações etc.). E afirmava que gastava com os preparativos de dez a dezoito horas do dia e chamou a atenção para as cadernetas como um dos principais recursos do trabalho criativo.

Maiakovski falou muito do tempo dedicado ao trabalho, não para impressionar. Ele trabalhava sempre, a qualquer tempo, até mesmo quando conversava com alguém. Dono de um faro lingüístico genial, Maiakovski não deixava passar nenhuma palavra que possuísse algo atrativo por sua especificidade no sentido, na fonética ou gramática. Ao sobrenome do pintor Komardenkov, na mesma hora arranjava uma rima "mordenka". Ao ouvir a palavra "borjom"*, começou a decliná-la como verbo: "Eu borjom, tu borjetas, eles borjetam." Ou então, juntava na mesma estrofe adjetivos que tivessem a mesma sonoridade: "*vodostotchni — vostotchni — vodotchni*".** Maiakovski, ao ouvir uma palavra, ia até o fim para descobrir o sentido.

Assieiev conta uma conversa sua com Maiakovski:

"— Aseitchik, o que significa *cherech*?

"— *Cherech* é o gelo novo e matinal nas poças...

"— E como surgiu? Talvez da palavra *Churchat***?

"— Pode ser. Mas você, Volodetchka, de onde tirou?

"— Está em seu poema 'rompendo o *cherech* azul'.

"— Então, é o gelo; herdei de minha avó; ela dizia: 'O pato ainda não pegou a *cherech*', ou seja, não havia caído geadas ainda.

"— E por que o pato pega a *cherech*?..."

Ele tentava superar a ruptura entre a linguagem literária e a coloquial. Provavelmente, por isso, criava os neologismos das situações do dia-a-dia.

As cadernetas eram o laboratório. Nelas ele anotava as rimas, os versos, as versões de poemas passadas a limpo, endereços, telefones e outras informações necessárias. De 1921 até 1930, Maiakovski acumulou 73 cadernetas.

Alguns poemas, como ele mesmo reconhecia, foram feitos "de cor", ou seja, compostos mentalmente durante récitas. Estes eram anotados em versão final na caderneta ou diretamente numa folha branca.

Existe mais este relato de Assieiev:

"— Aseitchikov! Venda-me um verso seu!

"— O que é isso, que comércio é este!

---

*Marca de água mineral do Sul da Rússia. (*N. da T.*)
**"Pluvial — oriental — de vodca". (*N. da T.*)
***Farfalhar. (*N. da T.*)

"— Então, dê-me de presente, pois ficou rico. Preciso muito!

"— Qual é o verso?

"— É um *verso abandonado*: 'Desta sujeira será que é possível se livrar?'

"— E vai usá-lo onde?

"— Bom, ainda não sei, mas preciso muito para algo!

"— Tudo bem, pegue e use."

O verso, com uma pequena variação, entrou no poema sobre a América.

Certa vez, Olecha ofereceu a Maiakovski uma rima: *medikament — mediakami*. Maiakovski, sem pensar duas vezes, lhe deu um rublo. Olecha achou pouco.

— É porque a palavra *medikament* é acentuada na última sílaba — explicou Maiakovski.

— Então, para que está comprando? — admirou-se Olecha.

— Para alguma coisa servirá.

Os poemas dedicados aos costumes e à crítica literários e o artigo "Como fazer versos" representam um desvio na trajetória de Maiakovski. A vida fez com que ele se voltasse para tais assuntos. Das polêmicas nos poemas e nas apresentações pode-se tirar pelo menos duas conclusões: a primeira é a de que Maiakovski continuava a ser defensor da "tendência" que via a literatura como recurso para influenciar as massas; e a segunda é a de que, apresentando questões sobre a maestria profissional e a relação honesta com o "fazer" poético, Maiakovski cada vez mais se distanciava das preconcepções racionais e estabelecia a importância do profissionalismo e do conteúdo na criação literária.

Vladimir Vladimirovitch precisou responder várias vezes sobre o seu "eu lírico" e o compromisso social em sua poesia. Certa vez, durante uma apresentação, o acusaram:

— Maiakovski, você se considera um poeta proletário, coletivista, mas escreve o tempo todo: *eu, eu, eu.*

— Você pensa também que Nicolau II era coletivista? Ele sempre escrevia: nós, Nicolau II... E quando você for se declarar a uma moça, dirá: "Nós a amamos?" Ela por sua vez perguntará: "Quantos vocês são?"

Os cartazes das apresentações de Maiakovski seguiam sua orientação publicitária e tornaram-se mais atraentes, mais intrigantes, mais chamativos, mas o entusiasmo com a LEF aos poucos arrefecia em Maiakovski. Provavelmente, um dos motivos foi a divergência com Boris Pasternak, que não suportou a ditadura conformista, o mercantilismo dos teóricos da LEF e se afastou do grupo e da revista. Maiakovski tinha grande apreço por Pasternak e entendia, ou pelo menos estava próximo do entendimento, o verdadeiro significado deste poeta e sofreu muito a perda. E Pasternak, ao recusar colaborar com a revista *Nova LEF* e parar de freqüentar as reuniões da LEF, praticamente demonstrou o apoio à posição de Polonski com relação a ele. Pasternak expressou isso numa carta não publicada e endereçada a Maiakovski, mas mostrada anteriormente a Polonski. A carta parece ser respeitosa com relação ao destinatário (publicada em 1964 na revista *Novii Mir*) e Pasternak também, apesar das críticas feitas ao trabalho de Maiakovski em diferentes momentos, mostrou o nível de sua força criadora. Mesmo na carta a Polonski, Pasternak escreveu sobre seu amor por Maiakovski. Numa carta não enviada a Maiakovski, ele se explica de maneira mais complexa, dizendo "honra e glória ao senhor como poeta, em quem está à mostra a bobagem dos conceitos da LEF como num fenômeno angular e evidente por seu tamanho, como axioma. Compartilho, saúdo e apóio o método de comprovação de Polonski".

Pasternak apoiava o método bastante simplificado de comprovação de Polonski, mas não menciona a grosseria e o tom acerbo de seus artigos. Isso nos leva a crer que as divergências ocorriam não só em assuntos literários; pelo visto, havia outros motivos que separaram os dois poetas. A saída de Pasternak da LEF não incomodou a relação dele com Assieiev, por exemplo, nem com Neznamov. Maiakovski, mesmo depois do rompimento, conservou um sentimento carinhoso com relação a Pasternak. O que pode ser observado na dedicatória da primeira edição do poema "Bom!": "A Boris Vol*com amizade, carinho, amor, companheirismo, vício, compaixão, admiração etc. etc." Quem sabe depositava esperanças na reconciliação.

---

*Touro. (*N. da T.*)

Pasternak explicou o rompimento com Maiakovski dizendo que, apesar de sua declaração de afastamento do grupo de colaboradores da *LEF* e de não mais pertencer ao grupo, seu nome continuava a ser publicado como participante. Mas o motivo pode não ser somente esse. Uma característica de Maiakovski e de seu grupo pode explicar por que Pasternak declarava determinadamente "não pertencer ao grupo": "Pessoa de uma atração quase animal pela verdade, ele [Maiakovski] se cercava de pessoas caprichosas, de reputações fictícias e falsas, de pretensões injustificadas... Provavelmente, essas eram conseqüências da solidão fatal, que foi estabelecida e acentuada voluntariamente com o pedantismo que o desejo, às vezes, caminha na direção da inevitabilidade consciente."

Dentre aqueles que cercavam Maiakovski, Pasternak excluía K. Bolchakov e, naturalmente, Assieiev, que era seu amigo, e também falava bem de Neznamov. Para Pasternak, S. Tretiakov era o coerente e honesto do círculo de Maiakovski. Então, quem eram os caprichosos e pessoas de reputações fictícias? Eram aqueles que estavam mais próximos de Maiakovski, que predominavam no círculo da LEF e que incutiram tal aversão ao intelectualíssimo Pasternak.

Pasternak pedia para não exagerarem a sua proximidade com Maiakovski até mesmo durante a colaboração na revista *LEF*. Ele menciona as palavras de Maiakovski ditas certa vez na casa de Assieiev durante a explicação exatamente na época de suas divergências: "Bom. Somos realmente diferentes. Você gosta da energia dos relâmpagos, e eu da do ferro de passar." Pasternak não comentou essas palavras de Maiakovski, como se concordasse. As palavras ditas no calor da discussão levam as diferenças às últimas conseqüências. Mas o caráter das intenções criadoras dos dois determinava a proximidade da essência. E isso se observa ao buscarmos a lógica do desenvolvimento das relações entre eles e das avaliações posteriores de Pasternak da obra de Maiakovski. Ademais, na juventude, durante os primeiros encontros ele disse: "O tempo e as influências comuns me aproximaram de Maiakovski. Tínhamos coisas em comum. Eu as percebi. Sabia que, se não fizesse algo comigo, elas no futuro seriam mais freqüentes... Sem saber dar nome a isso, resolvi recusar aquilo que me levava a isso. Recusei o modo romântico", ou seja, o "relâmpago". Eis como é complexo.

A vida e a experiência iriam mostrar que Pasternak não abandonaria o romantismo para sempre, mas o primeiro resultado foi inspirador: no início o livro de poemas *Por cima das barreiras*, depois *Minha irmã é a vida*. A autocrítica, nesse aspecto, pôde ser vista como uma forte influência de Maiakovski (Pasternak disse, certa vez, a seguinte frase sobre si mesmo após conhecer Maiakovski: "Eu me vi como uma total nulidade").

No entanto seus poemas "1905" e "O alferes Schmidt", obras famosas dos anos 1920, são de difícil compreensão fora do contexto poético do tempo, no qual os versos e poemas de Maiakovski sobre a Revolução ocupam o lugar de destaque. "Eu considero que esse gênero foi gerado pelo tempo...", escreveu Pasternak. Algo parecido disse e afirmou Maiakovski sobre a prática criativa.

Pasternak, contrariando os boatos, escreveu que Maiakovski não gostava desses poemas e sim dos livros *Por cima das barreiras* e *Minha irmã é a vida*. Exatamente isso demonstra a ampla visão de Maiakovski sobre a poesia e a sinceridade incondicional de seu desejo de conhecer poetas "diferentes". Ademais, Maiakovski podia escrever melhor sobre a Revolução e ele entendia muito bem isso.

A cada nova "etapa" da construção socialista, o férreo sistema soviético colocava os escritores na crista da vida política, seja pelo flerte do poder com eles, seja pelo elogio aos favoráveis ao regime, ou, ao contrário, pela perseguição dos indomáveis. Não foi possível, por exemplo, ao grupo de escritores de Leningrado conservar sua posição à margem da política e ficar "como o ermitão Serapião". Pasternak não conseguiu conservar sua posição *Por cima das barreiras*. Na dedicatória em um de seu livros, chama de "melhor poeta" do seu tempo Marina Tsvetaieva e faz uma importante complementação: "Nem toda a emigração como destino é voluntária, como nem toda permanência aqui." Era o ano de 1929. Época em que os escritores eram empurrados oficialmente, segundo uma expressão de L. Trotski, "para o *kolkhoz**   da cultura literária."

As concessões eram feitas aos escritores mais destacados — M. Bulgakov, O. Mandelstam e, posteriormente, até mesmo A. Akhmatova... Maiakovski,

---

*Administração coletiva no campo. (*N. da T.*)

por sua natureza, não só em vida, estava bem mais enraizado na revolução. Pasternak entendia isso muito bem quando falava do espírito revolucionário de Maiakovski, gerado "pelos acontecimentos históricos, assim como por seu tipo, por sua constituição, por seu pensamento, por sua voz". Antes de Pasternak, Andrei Platonov falou de Maiakovski: "O poeta não produzia a poesia do seu espírito puro, mas principalmente da atividade revolucionária, pois foi exatamente esta atividade que o ensinou a entender a revolução como musa de todas as musas e a utilidade real, palpável, e até 'grosseira', da revolução como uma moral superior, como o maravilhoso."

A artista plástica L. Lavinskaia escreveu, em 1927, que a LEF começou a mudar. Apesar de as "terças" tradicionais serem freqüentadas por seguidores antigos, mas, além disso, a ela e Semionova foi delegado reunir separadamente os jovens arquitetos aos quais ensinava O. Brik, incutindo-lhes as idéias da "arquitetura funcional", armando-os para a luta contra Joltovski, Schusev e outros. Nas reuniões das "terças" começou a aparecer a figura de I. Agranov, um alto funcionário do departamento de Iagoda, seu mais próximo companheiro e, num futuro próximo, seu substituto. Agranov tornou-se um freqüentador constante das reuniões da LEF e da casa na travessa Guendrikov. A sombra sinistra deste homem que, provavelmente, infiltrou-se especialmente na LEF e que armou Maiakovski com revólver, acompanharia o poeta antes e depois da morte... As reuniões na Guendrikov às vezes se prolongavam até quatro horas da manhã, e Agranov, sempre muito gentil, dava carona a alguém em seu automóvel. Nas reuniões ele aparecia com uma mulher jovem e bonitinha, corriam boatos de que ela era mulher de um dos processados por Iakov Saulovitch...*

---

*Para ficar mais clara a atuação de Agranov nos respectivos órgãos, é necessário lembrar somente um caso. Em 1921, ele cuidava do processo denominado "processo de Tagantsev". O professor Tagantsev, durante 45 dias, após a abertura do processo, não deu nenhum depoimento. Então, Agranov entregou uma carta-compromisso para finalizar o processo e entregá-lo ao tribunal popular, caso o acusado prestasse depoimento. Além disso, comprometeu-se a não condenar os acusados à pena máxima. O processo resultou no fuzilamento de 87 pessoas, entre elas, Nikolai Stepanovitch Gumiliov. Então, na Guendrikov apareceu esse homem responsável pelo derramamento de sangue de centenas, ou quem sabe, milhares de pessoas... A casualidade do aparecimento de Agranov, assim como as visitas de seus funcionários na Guendrikov, pelo visto, podem ser explicadas pelo fato de Lília Brik possuir ligações com esse departamento.

De uma forma imperceptível e ao mesmo tempo inesperada para todos, Lília Brik assumiu a coordenação das reuniões da LEF. Uns reagiram com ironia; outros com admiração; alguns com indiferença, dizendo: "Deixem a criança mimada brincar um pouco." Maiakovski, que atendia a todos os caprichos de Lília, reagiu calado a essa inovação e aceitou a sua "demissão". Mas, um dia, houve um escândalo que abalaria fortemente e durante muito tempo o curso pacífico dentro do grupo. E antecedeu o rompimento de Pasternak com a LEF e Maiakovski.

O.M. Brik começou com sua ironia costumeira a passar um sermão em Pasternak por ter entregado o poema a outra revista, pois teria que ser publicado na *LEF*. Pasternak justificou-se, confuso. Maiakovski tentava acalmá-lo e pedia para não ficar nervoso, dizendo: "Acontece!" De repente, Lília interrompeu Maiakovski e começou a gritar com Pasternak. Fez-se silêncio. Mas Chklovski não suportou:

"— Cale a boca! Cuide de você. Lembre-se de que aqui você não passa de uma dona-de-casa!

No mesmo instante, Lília gritou:

— Volodia, ponha Chklovski para fora!

Maiakovski ficou parado de cabeça baixa. Sua aparência era de vergonha e humilhação. Estava calado. Chklovski se levantou e com uma voz tranqüila pronunciou:

— Volodetchka, não se preocupe, eu saio sozinho e nunca mais volto.

Chklovski saiu e Maiakovski continuou parado e calado. Lília Iurievna continuava a esbravejar. O. Brik tentava acalmá-la e os presentes começaram a sair..."

Esse episódio, narrado por Lavinskaia, não foi desmentido por nenhum de seus participantes ainda em vida, inclusive Chklovski. Ademais, em parte, ressuscita a atmosfera das "terças" na decadência da LEF. De alguma forma assim se esclarece a dissidência de Pasternak, apesar de o motivo ser bem mais profundo e estar relacionado à arte, às teorias e à prática da LEF.

O surgimento de Lília no papel de coordenadora das reuniões da LEF não foi casual. Ela reinava neste círculo pouco numeroso, mas barulhento e destacado na vida cultural da capital. Dava o tom, determinava quem convidar, além de seus conhecidos, e, aos poucos, transformava o grupo de correligionários em um salãozinho. As reuniões começaram a ser freqüentadas por jovens que somente Agranov conhecia e que sabiam flertar com as damas. O livro de A.M. Kollontai, *Amor das abelhas operárias* passava de mão em mão. E Lília convencia as mulheres, incluindo as esposas dos membros da LEF, dos ideais do "amor livre" e freqüentemente mantinha casos amorosos. Como ela e Ossip Maximovitch não precisavam se preocupar com os problemas do lar, levavam uma vida tranqüila e festiva. O trabalho de O. Brik no Comitê Extraordinário da Rússia, no *bureau* de propaganda do Mosselprom e em filmagens era episódico. Lília Iurievna, às vezes, propunha-se a fazer algo, ajudava a ROSTA, trabalhava em filmes, mas, de repente, percebia que não tinha roupa decente e exigia dinheiro de Maiakovski, viajava ao exterior para "trocar de roupa". Contrataram uma empregada doméstica com a dona-de-casa desempregada. Maiakovski tinha que ir ao sindicato pagar por ela. E de certa forma ficou estabelecido que ele tinha também de alimentar e vestir a "família".

Não seria essa "família" o modelo a ser seguido nas recomendações de Lília Iurievna que se espalhavam no grupo da LEF? Tais como: "Mulheres, sejam amigas das amantes de seus maridos"; "A boa mulher escolherá uma boa amante para o seu marido, e o marido recomendará seus amigos à sua mulher." Mas houve casos em que Lília Iurievna colocou freios no amor livre. Não no dela, é verdade. Isso ocorria diante da possibilidade de Maiakovski deixar a "família". Tal perda não estava prevista no programa do amor livre.

Vladimir Vladimirovitch aproximou-se da artista plástica Elena Semenova, que fazia parte do grupo da LEF. Maiakovski se incomodava com algumas dúvidas pessoais e perguntava nervoso: "Lena, em quem acreditar? Pode-se acreditar em alguém?" É difícil, é claro, saber o que atormentava sua alma naquele momento, mas pode-se supor que era a LEF, a "família" e todo o nó das relações pessoais que aconteciam no pequeno e fechado círculo de escritores e pintores. Em momentos assim, parecia uma pessoa pronta para abandonar tudo e realizar algo incrível, procurava outro meio, mas lá se sentia ainda mais estranho.

Os encontros de Maiakovski com Semenova tornaram-se mais freqüentes, e isso não escapou ao olhar atento de Lília Iurievna. Certa vez, convidou Semenova para um passeio pelo zoológico e, entre outras coisas, sem esconder a preocupação, tocou no assunto delicado.

"Desta conversa no zoológico ficou claro", conta Semenova, "que Lília Iurievna estava curiosa com a atenção que Maiakovski dispensava a mim e resolveu me dar uma 'orientação': não levar a sério, pelo amor de Deus. As preocupações eram dispensáveis. Com toda a minha admiração por Maiakovski como poeta e como ser humano, não tinha a mínima intenção de me apaixonar por ele, muito menos de me tornar sua amante, como era comum na 'nova sociedade'."

"O passeio pelo zoológico permitiu enxergar naquela 'mulher de outra raça' traços novos e repugnantes, de uma proprietária que pode emprestar algo que lhe pertence, mas nunca ceder."

Depois de conhecer a família Brik, Semenova chegou à conclusão de que Lília Iurievna era "má e, até mesmo, cruel, usava desavergonhadamente a delicadeza e o cavalheirismo de Maiakovski". E O. Brik era "um *gourmet* na arte e *bon vivant* na vida e, além disso, da mesma forma como sua mulher, vivia à custa do amigo Maiakovski".

Vladimir Vladimirovitch tinha a necessidade de conhecer outras pessoas. Por mais que adorasse Lília Iurievna, sabia que estar com ela e somente com ela, desconhecendo suas relações amorosas, era cada vez mais difícil. Mas a liberdade de escolha pertencia somente a ela. Em alguns casos, como foi com Semenova, ela delicadamente "mandava às favas" as possíveis "ameaças", mas algumas domesticava, mantinha à vista e sob controle e avisava da indesejável continuação dos acontecimentos. Assim foi com N. Briukhanenko.

Em casos como este, Lília Iurievna começava a ficar nervosa, apesar de tentar convencer os amigos de que não precisava de Maiakovski. Mas não podia admitir que Volodia fosse embora e que ele mesmo não precisava dela. Uma explicação conveniente.

Os Brik criaram uma lenda em torno de Maiakovski. Nela o poeta surgia como um disciplinado aluno de Ossip Maximovitch e este, por sua vez, como um mentor espiritual e orientador de um ser ignorante, abrutalhado e indisciplinado, porém talentoso, que não sabia o que fazer.

A clarividência, entretanto, aproximava-se. Em 1927, Semenova saiu da LEF. No mesmo ano, após o escândalo organizado contra Pasternak por Lília Iurievna, o casal Levinski parou de freqüentar as "terças". Porém, durante o período da LEF, as pintoras — L. Lavinskaia, V. Stepanova e E. Semenova —, assim como os artistas plásticos que serviam à LEF, deixaram a arte de lado e fizeram vários trabalhos de ilustração, participaram do concurso para decoração da Praça Vermelha e, bem mais tarde, entenderam que na LEF "a arte estava virada para trás, e não para a frente" (E. Semenova). "A pintura é inútil, a fotografia é mais precisa ao transmitir um retrato ou uma paisagem, além do mais, a fotografia é um documento", dizia o pretensioso Brik. Ele desviava a juventude da arte.

Obviamente, havia alguns anseios para o futuro, havia o monumento à III Internacional, de Tatlin, que era protótipo de grandes construções. Havia o sonho com os prédios de vidro e concreto. Havia buscas na área do *design*. Tudo isso pode ser compreensível e, até mesmo, comovente e útil. Mas tudo isso não abolia nem podia abolir a arte, eis o que é mais importante. No entanto, chegava-se ao ponto de temer demonstrar qualquer sentimento ou emoção com relação à natureza e ao ser humano. Mesmo que alguém o fizesse, ocupando-se de desenho, era às escondidas e temendo a si próprio. A única justificativa interior para esta total renúncia à arte e a suas tradições pode ser a crença sincera desses jovens poetas e pintores da LEF de que eles estavam ajudando na construção da vida nova.

Com estes sentimentos vivia Maiakovski enquanto continuava a trabalhar no poema "Bom!". Depois de algum tempo na *datcha*, em Puchkino, Vladimir Vladimirovitch viajou para o Sul (o poema já estava no final) e conciliava o descanso com apresentações e a finalização da obra. Em Ialta, Maiakovski se encontrou com o diretor N. Smolitch, que havia viajado especialmente com planos de produzir a peça *Vinte e cinco* (baseada na primeira parte do poema "Bom!"). O plano era não só lembrar aos espectadores os acontecimentos da Revolução, mas criar a imagem, incitar-lhes as emoções dos dias revolucionários. Com fundo musical, de influência expressionista, com cartazes e monumentos, tinham que superar as imagens criadas pelo cinema e o teatro. A Maiakovski agradava essa interpretação "sintética" de seu poema.

Maiakovski terminou o poema no início de agosto e o título "Bom!" foi comunicado à Gosizdat, que iria publicar a obra. Maiakovski passou a segunda quinzena de agosto na companhia de Natalia Aleksandrovna Briukhanenko, por quem estava seriamente apaixonado.

Natasha Briukhanenko era estudante da Universidade de Moscou e ganhava a vida trabalhando na biblioteca da Gosizdat. A moça alta e bonita, como muitas moscovitas jovens, era apaixonada pelos poemas de Maiakovski, sabia de cor "A marcha à esquerda", "A nossa marcha" e "A nuvem de calças". No início, reagiu com cautela e desconfiança à atenção dispensada por Maiakovski. Anteriormente, durante as aparições de Maiakovski na Gosizdat, tentava vê-lo a todo custo e deliciava-se com a elegância do poeta famoso.

Depois do primeiro encontro, na escada ou no corredor da Gosizdat, quando Vladimir Vladimirovitch parou Natasha e a levou para acompanhá-lo em seus compromissos, ao quarto na Lubianski, e ganhou de presente dois livros com dedicatórias, eles passaram um ano sem se ver. Natasha estava com febre tifóide e terminava a faculdade. Encontram-se novamente em 1927. Vladimir Vladimirovitch chamou-lhe a atenção, dizendo que ela tinha fugido dele sem ao menos um adeus. Convidou-a para almoçar. Estava infinitamente atencioso e pediu-lhe que não fugisse mais dele. A partir de então, os encontros passaram a ser diários.

Maiakovski aguardava Natasha, já renomeada de Natalotchka, quando saía do trabalho na Gosizdat (já como redatora-substituta), almoçavam juntos no restaurante Savoi. No "quartinho-barquinho", Maiakovski sentava-a na otomana, oferecia frutas e bombons, colocava um livro em suas mãos e sentava-se à mesa ou, medindo os passos pelo quarto, compunha poemas, títulos, folhetins para o *Komsomolskaia Pravda*. Maiakovski não gostava da solidão, mas sabia ficar só na presença de pessoas. Pedia a Natasha que não falasse alto com ele: "Eu sou lírico, deve-se falar baixinho e carinhosamente comigo." Maiakovski levou Natasha com ele até o porão na rua Pimenovski, onde ficava o Círculo

Literário e onde ele jogava bilhar. Todos o conheciam, saudavam-no ou implicavam com ele. Para todos havia uma resposta rápida, freqüentemente irônica, principalmente para os inimigos. Aliás, assim era em todos os lugares onde Maiakovski aparecia, não só no porão.

Maiakovski convidou Natasha para viajar com ele para o Sul, mas Natasha não conseguiu antecipar as férias e, também, faltou-lhe coragem. No dia 2 de agosto recebeu um telegrama de Sebastopol:

"Urgente. Moscou. Gosizdat. Briukhanenko. Aguardo. Dia 13. Espero em Sebastopol. Compre a passagem hoje. Envie telegrama com detalhes. Ialta. Hotel Rossia. Grande abraço. Maiakovski."

Maiakovski sabia que as férias de Natasha começavam dia 13. Ela estava com saudades, decidiu viajar, ainda mais que, dois dias depois, recebeu um telegrama urgente de Ialta:

"Aguardo telegrama dia e hora de chegada. Chegue logo vamos passar todas as suas férias juntos. Saudades Maiakovski."

No dia 13 de agosto, Briukhanenko viajou para Sebastopol. Ao chegar, às sete horas da manhã, avistou na plataforma semideserta um homem alto com uma bengala. Era Maiakovski.

No hotel Rossia, em Ialta, havia um quarto preparado para Natasha. Maiakovski avisou logo que tinha apresentações todos os dias e que ela iria se apresentar com ele.

— Como? — perguntou Natasha, assustada.

— É fácil. Irá presenciar, vaiar ou aplaudir independentemente de gostar ou não.

Maiakovski tentava seguir o regime diário estabelecido por ele mesmo.

"Pela manhã, tomávamos café com algum conhecido no quarto de Maiakovski", escreveu em suas memórias N.A. Briukhanenko. "Depois começava o dia de trabalho de Maiakovski e os outros iam para praia. Às vezes, antes do café, Maiakovski ia sozinho comprar jornal, frutas e cigarros.

"Até o almoço, Maiakovski trabalhava no hotel, à mesa na varanda ou caminhava do quarto até a varanda e voltava. Lia os jornais e uns manuscritos que lhe enviavam e escrevia..."

Nessa mesma hora marcava encontros.

Almoçavam no restaurante flutuante. Após o almoço, às vezes descansavam, porém, com mais freqüência, Natasha acompanhava Vladimir Vladimirovitch até a sala de bilhar. Ali ela se tornava espectadora de mais um espetáculo, diferente daqueles que aconteciam à noite, nas apresentações. Maiakovski se entretinha tanto que se esquecia de tudo, até mesmo da sua companheira, a quem queria mostrar que era o rei do bilhar... Maiakovski jogava até surgir na porta o implacável Lavut, lembrando que estava na hora da apresentação.

Houve uma vez em que Maiakovski ganhou do marcador. Depois desta sorte, ele declarou, gabando-se:

— Ganhar do marcador em bilhar corresponde, na música, a tocar melhor do que Chopin.

As apresentações na Criméia foram um sucesso. Lavut preocupou-se com a divulgação e o público lotou as salas. As perguntas e os bilhetes "esquentavam" Maiakovski e ele lia os poemas com inspiração, sabendo que estava presente aquela a quem tudo era permitido, "vaiar ou aplaudir". É claro que entre as inúmeras perguntas e inúmeros bilhetes havia provocações que deixavam Maiakovski mal-humorado. Nesses casos, após as apresentações, Vladimir Vladimirovitch ficava sombrio e calado. Mas pela manhã o mau humor tinha ido embora, ficava animado, preocupado e extremamente atencioso com Natasha.

Aos amigos Maiakovski apresentava Natasha, assim: "Minha companheira Natalka" ou "É o meu filhote trabalhador". Orgulhava-se de que ela era alta e Vladimir Vladimirovitch magoou-se, certa vez, quando alguém duvidou disso: "Deve ter visto Natasha ao lado de um prédio muito alto." E no dia do aniversário dela o poeta comprou quase todas as flores dos floristas de Ialta.

Existe um episódio curioso relatado nas memórias de N. Briukhanenko. Em Simferopol, de onde deveriam partir para Ievpatori, Maiakovski e Natasha encontraram os artistas plásticos Natan Altman e Irina Chegoliova. Altman estava de partida para Moscou, Chegoliova o acompanhava até a estação. Depois, juntos viajaram para Ievpatori.

"O vagão estava vazio e escuro. A viagem inteira Maiakovski e Irina cantaram, disputando o concurso de canções-romances mais vulgar.

Eis que a manhã irrompeu, as águas enrubesceram,
Rápida, sob o lago, voa a gaivota...

"Cantavam parados ao lado da janela aberta. Era muito interessante e novo para mim. Lembraram-se de cada canção! 'Os crisântemos já murcharam no jardim', 'Os perfumados cachos da acácia estão novamente cheios de aroma'..."

Parece que, em suas recordações, Maiakovski fez somente duas menções à sua cantoria: a tentativa de na juventude cantar a ária de Variazhski e a participação no coro juvenil, quando esteve em Saratov, visitando Khlestov. Junto com um tal de Marquês, durante a execução da canção "Repique noturno", os dois bramiam: "Bom, bom." Não existe mais nenhuma referência ao Maiakovski-cantor. E nem a canções. Seria verdade, como descreve Natasha "concurso de canções-romances vulgares"?

O ambiente romântico: a noite escura do sul, o céu repleto de estrelas, o vagão vazio, o trem os levando em direção ao mar e, novamente, está ela ao lado, a Natalotchka que, como ele diria a Brik: "Bonita e grande, como preciso." A impressão é a de que as canções vulgares expressavam um outro estado e não uma ironia em relação a elas. Algum tempo depois, Maiakovski diria: "... escrever canções é mais lucrativo e sedutor", ao explicar, por que não as escrevia. Canções podiam ser escritas, "mas eu me dominava, pisando na garganta da própria canção". Pode ser que a noite de cantoria no vagão tenha sido uma válvula de escape para aquilo que não tinha expressão nos poemas?

Depois da Criméia, Maiakovski continuou sua viagem com N. Briukhanenko: apresentou-se nas cidades de Piatigorsk, Iessentuki e Kislovodsk e caiu doente com gripe. Como era uma pessoa muito cuidadosa, perguntava a toda hora ao médico se não era tuberculose ou câncer no estômago. Os cuidados do poeta eram com tudo e por isso Vladimir Vladimirovitch carregava no bolso um pequeno copo dobrável, uma saboneteira com sabonete para lavar as mãos, nos restaurantes exigia que o garçom lavasse com água quente as taças, as frutas e as verduras que eram servidas. A morte repentina do pai, por septicemia, causada por uma agulha que lhe furou o dedo, deixou-lhe um trauma tal que se tornou doentio e meticuloso em questões de higiene.

Maiakovski voltou desta viagem para Moscou no dia 15 de setembro. Sua viagem na companhia da jovem preocupou Lília Iurievna. Ainda no Sul, recebeu uma carta, na qual Lília escreveu a Maiakovski em tom de brincadeira, mas, na verdade, revelava muita preocupação: "Por favor, não se case de verdade, pois estão tentando me convencer de que você está perdidamente apaixonado e que vai casar mesmo." O casamento de Vladimir Vladimirovitch não fazia parte dos planos dos Brik. Iria destruir o confortável arranjo "familiar", pois seria difícil encontrar uma mulher que ficasse feliz com a perspectiva de ter que conviver com Maiakovski e com os Brik.

Naturalmente que, em Moscou, Natasha Briukhanenko ficou sob o controle permanente de Lília Iurievna, foi apresentada em casa e até mesmo acarinhada. Quem sabe, não existiu uma conversa igual ou parecida com a de Elena Semenova. Os encontros íntimos com Maiakovski continuaram até a primavera de 1928. "Nesta primavera minha relação amorosa com Maiakovski foi rompida", está nas recordações. Não há nenhuma explicação. Mas ela não parou de freqüentar a casa na rua Guendrikov e, de vez em quando, encontrava-se com Maiakovski na Lubianski ou iam juntos ao teatro...

Ao retornar a Moscou, Maiakovski começou a "mostrar" em diferentes apresentações o poema "Bom!". A primeira leitura pública do poema completo aconteceu na redação da revista *Nova LEF*, no dia 20 de setembro. Foram convidados Lunatcharski, Fadeiev, Averbakh. Lunatcharski ficou entusiasmado com o poema e fez uma sublime avaliação.

A crítica foi feita por Fadeiev. E é preciso dizer (apesar de o escritor ter se arrependido disso e ter se corrigido) que percebeu os pontos fracos do poema, particularmente o caráter categórico da última parte. Mas Fadeiev distribuiu críticas negativas por todo o poema. Surgiu uma discussão. A causa mais provável estava nas brigas da RAPP com a LEF e por O. Brik ter publicado na revista *LEF* uma resenha crítica acerba sobre o romance de Fadeiev, *Derrocada*.

Antes de o poema ser publicado numa edição separada (em meados de outubro), Maiakovski o publicou em partes em jornais e revistas e organizou algumas leituras públicas. Nessa época, Maiakovski apresentou-se com o poema na Sala Vermelha do Partido Comunista de Moscou para os militantes (18 de outubro), na sala da Capela de Leningrado (26 de outubro), no Museu Politécnico (20 de outubro e 15 de novembro). Lavut conta que houve mais apresentações.

Qualquer avaliação era importante para o poeta. Dá para imaginar como Maiakovski ficou contente ao receber a carta de V.I. Katchalov, que reagiu com admiração ao poema e comunicou que estava se preparando para ler no palco. O "militante médio" que ouviu o poema na Sala Vermelha aceitou a resolução e disse que o poema era visto por ele como "um passo à frente e merecia ser usado no trabalho prático como recurso de propaganda artística". Naquele momento, isso era o mais alto reconhecimento.

Nervosismo antes da apresentação no Museu Politécnico. Ficou feliz: a sala estava lotada. Estão interessados. Nos intervalos leu "Bom!" várias vezes. Existem diferentes descrições de como Maiakovski lia poemas. Todos os memorialistas mencionam sua maravilhosa voz grave, sua maneira de ler, seu dom artístico. P.I. Lavut era ator e suas observações profissionais merecem confiança. Com enorme entusiasmo, descreveu as leituras do poema "Bom!" por Maiakovski.

No dia 6 de novembro, no teatro de ópera Malii, de Leningrado, aconteceu a estréia do espetáculo *Vigésimo quinto*, baseado no poema "Bom!". A pedido do diretor Smolitch, Maiakovski ajudou nos últimos ensaios e trabalhou com os atores. Infelizmente, não ficou para a estréia. Viajou até Moscou. Estava insatisfeito com a produção e o cenário. Convenceu-se de que não é a mesma coisa que escrever uma peça de verdade. O espetáculo também não obteve sucesso.

A crítica também não se fez esperar. O tom foi dado pelos membros da RAPP.

A crítica mal-intencionada, muitas vezes infundada, chegou aos auditórios de Moscou e de Leningrado onde o poeta se apresentava. Após a segunda leitura no Museu Politécnico, Maiakovski resolveu organizar uma disputa e convidou os membros da RAPP: Averbakh, Libedinski, Polonski, Serafimovitch, Voronski, Raskolnikov e outros. Maiakovski estava disposto a brigar.

"Maiakovski entrou no palco", conta V. Katanian, com uma mala embaixo do braço, dois copos de chá e devagar lançou um olhar sombrio para a platéia.

"— Berkovski está aí? — perguntou ele.

"— Está — respondeu alguém da terceira fila.

Berkovski era um jovem mirrado que aparecia em todas as apresentações de Maiakovski. Seu comportamento era ativo e violento, lançava réplicas sarcásticas, escrevia bilhetes; quando havia debates, falava contra, fulminava Maiakovski e, naturalmente, também era vítima dos contra-ataques furiosos do poeta. Mas, quem sabe, ele era simplesmente um masoquista que sentia prazer em ser maltratado e exposto a vexame? Porém, às vezes, esse masoquista impertinente conseguia aborrecer Maiakovski de verdade...

"— Com que parte do corpo o senhor estava pensando quando me fez esta pergunta? — perguntou, certa vez, Maiakovski.

"— Com a cabeça.

"— Então, sente-se nessa cabeça."

Quando estava de bom humor, segundo Khliebnikov, Maiakovski apenas brincava, colocando lenha na fogueira. Ao receber a resposta positiva à pergunta: "Berkovski está aí?", simplesmente dizia:

— Então posso começar...

Havia mais um amigo, um tal de Alvek, que escreveu um livro difamatório, *Os agregados de Khliebnikov*. Nele dizia-se que Assieiev e Maiakovski eram plagiadores e roubavam o que Khliebnikov escrevera. Pronto para replicar (Alvek aparecia sempre nas apresentações de Kamienski), Maiakovski leu as anotações de sua caderneta e enumerou os textos de Khliebnikov que foram entregues à redação da *LEF*, assim como os versos, transcritos no livro de Alvek como exemplos de plágio. Depois Maiakovski leu seus poemas e mostrou a diferença. O público imediatamente ficou do lado de Maiakovski, que ameaçou Alvek: "Vou puxar suas orelhas." Com a ajuda de um miliciano, tiveram que retirar Alvek do auditório.

Maiakovski ironizava com indulgência bobagens inócuas. Certa lânguida dama perguntou:

— Por que o senhor não usa gravata *quis-quis*?*

— Porque não sou miau-miau — gentilmente, respondeu Maiakovski.

Em Tiflis, uma jovem da platéia perguntou ao poeta se sabia o significado da palavra georgiana *makous* (beije-me). Maiakovski fez uma reverência galante e com um sorriso respondeu: "Como não, minha querida, sei até aplicar na prática."

Suas apresentações no Museu Politécnico foram mais de 40 e quase todas atraíam uma multidão. Maiakovski mal se aproximava da entrada, exigiam-lhe o crachá e o ingresso. Quando chegava ao pequeno camarim, atrás do palco, pedia a Kassil:

— Por favor, Kassiltchik, vá até a gerência, estou com vergonha de pedir. Vieram militantes do Komsomol. Peça para deixar entrar umas cinco pessoas, e diga que é a última vez. Bom, peça oito ingressos. Bata no peito, arranque os cabelos, exponha o coração e jure que são os últimos. Irão acreditar. E se acreditarem, peça nove.

Kassil dirigia-se à administração e tentava convencer o gerente. O público berrava impaciente no auditório superlotado, havia pessoas sentadas e de pé nas passagens.

Maiakovski aparecia no palco. Sem pressa, fazia uma pausa. Comunicava o programa da noite. Quando soava uma voz queixosa na platéia:

— Quando irá ler os poemas?

Maiakovski com o mesmo tom de voz dizia:

— A senhora quer logo a parte mais interessante?

Quando acabava, a caminho de casa Maiakovski dizia a Kassil:

— Como cansa. Estou morto de cansaço, não sei como as calças se sustentam. Mas como é interessante. Eu gosto. Gosto *mu-ui-to-o* de conversar com o público. E como vêm, sempre, isso significa que gostam, diabos...

---

*Gravata-borboleta em russo é chamada de gravata *quis-quis*, o som que se fazia para chamar os gatos. (*N. da T.*)

No entanto a crítica da RAPP infligia golpes e mais golpes no poema "Bom!". O sinal veio de Rostov, no jornal *Sovietski Iug* (Sul Soviético) um crítico desconhecido, I. Iuzovski, publicou uma resenha. O título era "Poema de cartolina". Só o titulo reflete bem a avaliação negativa do poema. O crítico dava um prazo de um a dois meses de vida para a obra. A resenha de Iuzovski foi republicada como opinião de leitor na revista da RAPP, *Na Literaturnom Postu*. Também publicaram artigos sobre o poema I. Dukor e M. Bekker. Mais tarde, em maio de 1928, no I Congresso dos Escritores Proletários, Fadeiev criticou violentamente o poema. O jovem Zelinski, que estava isolado de Maiakovski pelos membros da RAPP, escreveu o artigo "Devemos caminhar com Maiakovski?"

Falta de sinceridade, falsidade e espírito fútil — foram as palavras usadas para criticar Maiakovski e seu poema "Bom!". E isso para falar do poeta que aceitou a Revolução de coração e passou a servi-la desde os primeiros instantes e que media a palavra poética com os ideais revolucionários! Aqui surge uma suspeita de que, em alguns casos, essas classificações eram resultado de incompreensão, assim como uma tendência consciente de comprometer Maiakovski e seu poema o máximo possível.

E o que era para Maiakovski o poema sobre a Revolução, não como um "encargo social" que aceitou com o sentimento sincero de "dever", mas como um fenômeno da vida interior, da convergência emocional: "Aconteceu com os soldados, ou com o país, ou no meu coração?"

Quanto mais a nova estrutura executiva do poder, transformada num sistema burocratizado e autoritário, tentava afastar Maiakovski, maior era a vontade do poeta de voltar aos lemas e ideais revolucionários. Os acontecimentos da Revolução, purificados da sujeira e do sangue, cobriam-se com uma névoa romântica que se transformava num relato épico-lírico e "sobre o tempo e sobre si". Maiakovski era um gênio que nunca pretendeu o lugar de gênio. ("Deixem que atrás dos gênios, como uma viúva inconsolável, siga a glória da marcha fúnebre...") "Bom!" é um poema de fé e construção da vida.

Para o poeta, é uma recordação da Revolução, uma tentativa de fazer o leitor e o ouvinte voltarem para a atmosfera revolucionária, incutir-lhes a fé. E as récitas do poeta demonstraram que os ideais e o heroísmo da Revolução ainda não perderam o seu atrativo. As leituras do poema eram necessárias ao próprio poeta para se certificar da fé nos ideais da Revolução. O sucesso das apresentações, sem dúvida, deu-lhe ânimo.

Em algumas viagens pelo interior, no final de 1927 e início de 1928, Maiakovski se apresentou, além de Moscou e Leningrado, em Kharkov, Rostov, Novotcherkass, Tagnrog, Armavir, Baku, Tiflis (cinco vezes!), Kazan, Sverdlovsk, Perm, Viatka, Dnepropetrovsk, Zaporozhie, Berditchev, Zhitomir, Kiev, Vinnits, Odessa e, novamente, em Kiev. Tal ocorreu até março. E, excluindo o artigo mencionado do jornal *Sovietski Iug*, a imprensa reagiu de forma positiva às leituras do poema "Bom!". O jornal de Tiflis, *Rabotchaia Pravda*, escreveu: "Depois de 'Os doze', de Blok, esta é a obra mais forte escrita nos últimos dez anos. 'Bom!', provavelmente, em breve terá uma avaliação crítica detalhada e minuciosa e pode-se afirmar, com toda a certeza, que até mesmo os oponentes de Maiakovski terão de reconhecer que essa obra é uma valiosíssima contribuição à poesia revolucionária."

As viagens e as apresentações foram interrompidas, como aconteceu em Baku, por causa de um forte resfriado que o perseguia. Mesmo assim, entre o outono de 1927 e o inverno de 1928, Maiakovski realizou cerca de 80 apresentações em diferentes cidades. Isso exigia um grande esforço, mas conferialhe satisfação.

Muito inspiradora foi sua estada na Geórgia, em Tiflis. Desta vez, também foi recebido pelos amigos na casa do famoso e hospitaleiro Avetik. Eram velhos amigos: Simon Tchikovani, Vladimir Matchavariani, Nato Vatchnadze e Nikolai Chenguelaia. Ali, conheceu George Leonidze.

Foi a última viagem de Maiakovski à Geórgia. E quando estava em Tiflis, o poeta ficava excepcionalmente agitado, sacudia Lavut muito cedo:

— Chega de dormir, é primavera na rua! [em dezembro!]

Convidava para a feira. Marcava um encontro numa taberna perto de Avetik:

— Não há lugar melhor!

— Será que é melhor do que o nosso restaurante? — interessava-se Lavut.

— Claro que sim! Não existe igual. É a verdadeira mesa caucasiana.

Na casa de Avetik, Paolo Iachvili e Tizian Tabidze liam poemas. As leituras eram emocionadas, pareciam convocar Maiakovski para um desafio. De início, Maiakovski se recusava, mas depois lia. De repente se entusiasmava e começava a ler poemas de outros poetas — Puchkin, Lermontov, Blok, Severianin, Iessiênin... Era uma antologia da poesia russa, incluindo os poemas de Tiutchev, Fet e Bunin. Era, segundo V. Matchavariani, "uma cascata de palavras poéticas. Todos ouviam encantados".

O auditório do Teatro Rustaveli desta vez estava lotado. Maiakovski foi recebido com aclamação e irradiava satisfação:

— Quanta gente na minha apresentação — começou ele. — É a vitória da poesia. Sou escravo e divulgador desta arte antiga. Hoje, a poesia está em decadência e não goza de respeito, meu objetivo é devolver-lhe a honra e a glória de outrora. Acabei de saber que morreu o grande poeta e prosador russo Fiodor Sologub. Era um grande mestre e, depois dos romances geniais de Dostoievski, não houve na literatura russa muitas obras como o *Diabo raso*.

Essa foi a introdução da apresentação intitulada: "Vamos fazer a vida elegante!" Depois do intervalo, Vladimir Vladimirovitch leu o poema "Bom!".

No outono, em novembro, Maiakovski recebeu a visita do escritor americano Theodore Dreiser e a do famoso pintor Diego Rivera. Os dois tinham sido convidados para os festejos do décimo aniversário da Revolução de Outubro. Estiveram juntos na casa de Maiakovski.

"Naqueles dias, numa noite muito fria, Maiakovski nos convidou à sua casa...", escreveu Diego Rivera. "Lá estava quente como num forno e realmente ardia o entusiasmo daqueles que tiveram a alegria e honra de desfrutar da hospitalidade do gênio. Éramos muitos em sua casa. Havia pessoas famosas daquela época e pessoas que iriam se tornar famosas no futuro. Como Theodore Dreiser, autor de *Uma tragédia americana*."

Em suas crônicas sobre a Rússia, Dreiser dedicou atenção especial a Maiakovski, que, segundo ele, saudava o século das máquinas e queria que esse século chegasse rápido, pois liberaria a energia intelectual dos russos para a realização de obras melhores.

Terminou o ano de 1927, começou 1928. Depois da crítica feita ao poema "Bom!" pelos membros da RAPP e da reação do auditório lotado, o poeta quis escrever o poema "Plokho!" (Mau!). Maiakovski tentou elaborar um poema que satirizasse os anos 1920, mirando objetivos mais grandiosos. Mas não conseguiu. Porém, a sátira de Maiakovski, como um todo, seus versos, piadas, cenários, peças são exatamente a negação das anomalias do novo poder, as deturpações dos ideais da Revolução.

"Você é a única à minha altura..."

No dia 4 de maio de 1928, Maiakovski recebeu um telegrama de Sverdlovsk: "Pela última vez, peço-lhe confiando no seu bom senso. O teatro está morrendo. Não há peças. Obrigam-nos a abdicar dos clássicos. Não quero baixar o nível do repertório. Peço uma resposta séria. Espero uma peça sua no decorrer do verão. Telegrafe urgente: Sverdlovsk. Hotel Central. Meyerhold."

O contrato para a peça havia sido fechado ainda em março de 1926, e Vsevolod Emilievitch estava lembrando a Maiakovski o seu compromisso com o teatro. O teatro passava por uma crise.

Alguns dias depois, Maiakovski respondeu: "Se combinarmos de analisar juntos previamente, acredito que sairá uma boa peça. Saudações. Maiakovski."

A conversa entre Maiakovski e Meyerhold aconteceu após o retorno do Teatro de Sverdlovsk. Estava dado o impulso para a peça. Maiakovski tinha amadurecido a idéia.

A sátira de Maiakovski nos versos de jornais alcançou o ápice. Convergia com a propaganda jornalística e, poeticamente, adquiriu formas finais. O verso satírico de Maiakovski terminava com uma palavra de ordem ou uma moral, que lembrava a fábula que sugeria aquela "saída para a ação" que Tsvetaieva enxergava na poesia dele.

Por trás dessa moral, despontava um ideal, como diria Tolstoi, a estrela-guia sem a qual não existe a firmeza da direção, sem a qual a sátira se transforma numa rabugice. A certeza da direção era o que mantinha o espírito de Maiakovski na luta contra as anomalias do cotidiano.

As situações e os tipos dos versos satíricos freqüentemente eram sugeridos por notícias de jornais e, às vezes, eram a ilustração poética destas notícias, mas a ênfase partia da personalidade de Maiakovski e de sua impaciência para se livrar o mais rápido possível dos obstáculos — grandes e pequenos — no caminho rumo ao futuro maravilhoso. Maiakovski ratificava a forma combativa da arte ofensiva pelo jornal, queria que a imprensa reagisse, atacava e não temia o contra-ataque, esperava que "para sua janela mirasse o inimigo eliminado". Isso seria o melhor indicador dos efeitos de sua sátira. "Enquanto houver um canalha vivo, eu não irei anistiá-lo numa obra artística", dizia o poeta. Aos jovens, o poeta dirá: "Para vocês que são sadios e hábeis, o poeta lambeu com a língua áspera o cuspe dos cartazes."

Maiakovski escrevia sobre o que vivia e, freqüentemente, seu temperamento ultrapassava os planos e as possibilidades do jornal. A vida oferecia tantos motivos para grandes conclusões que os versos em jornais tornaram-se estreitos para elas. Assim, surgiu a idéia da peça *O percevejo*. Além disso, os jornais criavam empecilhos para que Maiakovski ampliasse suas sátiras. O poeta falou, então, das "diferenças de gostos", e que no círculo da LEF isso era uma morbidez excepcional. De que gostos podia falar quando tudo era avaliado do ponto de vista da utilidade e racionalidade! Mas Maiakovski — nos versos! — conta uma triste piada da égua que olhou para o camelo e disse: "Que éguamonstro gigantesca", e do camelo que respondeu: "E você é simplesmente um camelo subdesenvolvido." "E somente Deus de barba branca sabia que eram animais de diferentes raças."

Maiakovski falou também do trabalho jornalístico insuficiente do escritor e que seria um erro transformá-lo num fetiche. E a dramaturgia de "apostasia" de Maiakovski como membro da LEF refletia-se nas peças, nas quais a vitória indiscutível era da tradição realística.

Porém, começa o trabalho com a peça *O percevejo* durante a viagem ao Sul e para o exterior. Maiakovski se preparava muito para isso. Inicialmente, era uma idéia de grandes proporções, uma volta ao mundo: Moscou —

Vladivostok — Tóquio — Buenos Aires — Nova York — Paris — Roma — Constantinopla — Odessa. Maiakovski aguardou a permissão para a viagem passando o verão em Puchkino e, ao mesmo tempo, ocupou-se de trabalhos editoriais em Moscou. Exatamente nessa ocasião entregou a revista *Nova LEF* a Tretiakov. O poeta se convencia, cada vez mais, de que o rompimento entre a experiência e as tradições da verdadeira arte estava levando os membros da LEF ao trabalho artesanal e que o grupo fechado limitava a sua perspectiva. E ao mesmo tempo, Maiakovski não queria recusar as idéias da LEF, estava profundamente envolvido... A saída de Pasternak e de alguns artistas foi um golpe duro no ego de Maiakovski. Sentia o peso das obrigações assumidas. E se Maiakovski dissolvesse a LEF, o que fariam os Brik? Em que círculo iria reinar Lília Iurievna? Eis as questões não-literárias, mas complexas, que Maiakovski deveria resolver.

Tais pensamentos não o deixaram durante a viagem ao Sul e suas apresentações na Criméia. Inicialmente, Maiakovski pretendia ficar na Criméia e no Cáucaso o mês de agosto inteiro e o início de setembro, mas a data de partida para o exterior foi antecipada (não era mais uma viagem de volta ao mundo!), muito trabalho havia se acumulado em Moscou e do roteiro excluiu-se o Cáucaso. O poeta partiu para a Criméia em 23 de julho e no dia 11 de agosto voltou para Moscou. Uma notícia desagradável o aguardava: um artigo de Talnikov que criticava violentamente, na revista *Krasnaia Nov*, suas crônicas sobre a viagem pelo exterior. Maiakovski tornara-se sensível em relação a críticas deste tipo e escreveu para a redação da revista: "Estou impressionado com o tom das pessoas semi-analfabetas que escrevem na *Krasnaia Nov* sob o pseudônimo de Talnikov. Considero, a partir de agora, que a minha colaboração é excessiva. Vladimir Maiakovski."

Não se limitou à carta à redação. Três semanas depois, no jornal *Leitor e Escritor,* publicou o poema "Galope pelos escritores". A obra se referia a Talnikov de forma radical, mas chama a atenção o tema de autodefesa. Maiakovski parece se justificar, declarando que os poetas que apoiaram a Revolução "tinham de gritar mais alto que os ventos, os canhões e os palavrões!" Respondendo à pergunta: "Para que viaja pelos países?", Maiakovski diz: "Não é por romances nem por baladas que jogamos nossas âncoras..." E recriminando Talnikov: "Aos ouvidos acetinados nosso verso é grosseiro e as rimas, tortas." No final, um ataque direto a Talnikov. A irritação com Talnikov era bem maior do que com Chengueli e Polonski, que o atingiram no âmago. Maiakovski não sentia mais a mesma segurança de antes e isso pode explicar sua reação. Dizer ao crítico, mesmo que ele esteja mil vezes errado, que: "...o senhor deixou manchas nas revistas" — é uma grosseria, nada mais.

Maiakovski procurou uma alternativa para a LEF e conclui pela idéia de sua extinção. Solicitando permissão à censura para uma palestra, escreve um bilhete explicativo para o cartaz:

"O objetivo da palestra é mostrar que as pequenas divisões literárias foram superadas e no lugar de associações de grupos é necessário unir-se em torno das organizações que desenvolvem o trabalho de divulgação literária em massa — em torno dos jornais e comissões que estão sendo organizados para os festejos do aniversário da Revolução. A necessidade de recusar o sectarismo literário pode ser ilustrado com o exemplo da LEF, a maioria de seus membros desenvolve trabalhos com os órgãos da imprensa dos pioneiros e do Komsomol.

"A literatura como objetivo em si deve ceder lugar ao trabalho com a encomenda social, não só encomenda de jornais e revistas, mas das empresas administrativas e industriais que necessitam da palavra lapidada."

O que estava acontecendo? Recusando o sectarismo da LEF, Maiakovski caminha em direção à arte utilitária! Vamos refletir sobre o que ele disse a seguir:

"O trabalho de divulgação de noções de higiene, pela limpeza das moradias, contra o hábito de cuspir na rua, pela revogação do aperto de mão deve gozar dos direitos de cidadania literária..." Vamos fazer uma pausa... A qual literatura conclama Maiakovski, aquele que falava de si mesmo: do seu eu lírico? Vamos finalizar a citação: "...direitos iguais para a poesia e o romance." E quando passar a preocupação com o sentimento de ofensa, prestemos atenção na "poesia e no romance". Os teóricos da LEF, como Tchuzhak e Brik, renegavam esses gêneros. Brik e Tretiakov afirmavam que os poemas de Maiakovski envelheceram, o próprio poeta desobedecia ao programa.

No comportamento e apresentações de Maiakovski desse período havia uma enorme quantidade de contradições. A impressão que se tem é a de que estava dividido em busca de saída para uma situação de crise. Criticando a LEF e chegando à conclusão de sua dissolução, divulga-a à Federação das Associações de Escritores Soviéticos (FOSP). Maiakovski leva até o limite do utilitarismo o programa da LEF e, ao mesmo tempo, com algumas correções, lança um olhar em direção aos gêneros tradicionais da literatura. Projetando a presença da LEF nas reuniões de produção, Maiakovski declara algo novo:

"Nascemos de novo e ainda não temos nome? Tudo acontecerá a seu tempo."

Isso foi dito no final de setembro. No dia 8 de outubro, Maiakovski viajou para Berlim e a idéia de um nome ainda não havia surgido. Surgiu somente em 1929 e denominou-se REF (Frente Revolucionária da Arte).

A viagem a Berlim e depois a Paris atrasou o trabalho com a peça, e Maiakovski teve que novamente pedir mais prazo a Meyerhold, que demonstrou impaciência. A peça foi escrita no hotel Istria e alguns acontecimentos de caráter particular não ajudaram a acelerar o trabalho.

Vladimir Vladimirovitch chegou a Paris em 15 de outubro e de mau humor. É o que se percebe na carta a Lília Brik, escrita cinco dias após sua chegada. Maiakovski pretendia viajar para algum lugar fora de Paris. Viajou para Nice e não foi para descansar nem para escrever a peça: "Apareceram uns conhecidos", escreveu para Moscou.

E novamente entra em cena Elli Jones. O romance com a jovem americana não ficou sem conseqüências: tiveram uma filha, que naquele ano completaria três anos. As duas eram "os conhecidos" que atravessaram o oceano em direção a Nice. É muito provável que Vladimir Vladimirovitch tenha sabido da viagem das duas com antecedência e combinado encontrá-las exatamente em Nice. Mas isso seria revelado somente 60 anos mais tarde.

Além de sua irmã Olga, que recebia a correspondência de Elli, parece que Maiakovski nunca comentou com ninguém sobre seu romance. A quem temia? É claro que, em primeiro lugar, a Lília Iurievna. Mas Lília Iurievna tinha ligação com o Comitê Central, com Agranov. Será que Maiakovski sabia disso? E não seria por isso que o encontro em Nice e a correspondência ficaram em segredo, assim como as cartas e as fotografias de Elli eram guardadas no quarto da Travessa Lubianski?

A cortina se abriria somente 60 anos depois. Ainda teremos que desvendar o que há por trás dela depois de transcrever as fitas gravadas com os relatos de Elli Jones sobre seus encontros com Maiakovski. Soubemos disso pela filha de Maiakovski — a professora universitária Helen-Patricia Jones quando, depois de muitas décadas de vida "reclusa", em julho de 1991 ela apareceu em Moscou. Soubemos também que sua mãe, Elizaveta Petrovna, a Elli Petres, morreu em 1985 e que, após a morte do padrasto, Patricia resolveu revelar que é filha de Maiakovski.

Não vamos nos aprofundar nos motivos que provocaram esse silêncio de muitos anos por razões éticas. O padrasto a criou. Agora, Patricia, que veio a Moscou com seu filho Roger, quer mudar seu nome e se chamar Elena Vladimirovna Maiakovskaia.

Depois de dois dias em Nice, Maiakovski voltou a Paris. O rápido encontro com a filha não despertou nele sentimentos paternos, não há nada que prove que Maiakovski posteriormente tenha revelado algum interesse pela pequena Elli. Como avaliar isso?

Não vamos nos apressar para tirar conclusões. Restava somente um ano e meio de vida a Maiakovski e, durante este tempo, ele teve que passar por provas que dificilmente poderiam contribuir para o despertar de sentimentos paternos.

Os acontecimentos que reviraram a vida particular de Maiakovski se desenvolveram assim: na primeira noite, no retorno de Nice, numa casa em Montparnasse, encontrou uma moça: "Imaginem, entra uma bela moça no salão" e ele comunica em versos a Taras Kostrov: "Eu estou ferido de amor eternamente — mal consigo me arrastar", e, ao mesmo tempo, desdobra o tema sobre "a essência do amor".

Esta moça era a russa Tatiana Alekseievna Iakovleva, de Penza, que saiu da Rússia em 1925, a pedido de seu tio, o pintor Aleksandr Iakovlev, e sua avó, a mãe do pintor, e seu pai. O pai, Aleksei Ievguenievitch, foi oficial das tropas de engenharia e, posteriormente, arquiteto. Diziam que tinha inventado a borracha sintética e não podia colocar em prática sua invenção e, por isso, foi embora para os Estados Unidos ainda antes da Revolução. O tio, Aleksandr Ievguenievitch Iakovlev, era um famoso artista plástico e, após se formar na Academia de Belas-Artes de Petersburgo, esteve na Itália, depois visitou a China e o Japão e, também, antes da Revolução, se instalou em Paris. Com ele vivia a mãe. Tatiana morava com eles. Aprendeu a fazer chapéus, tornou-se artífice e brilhava na sociedade russa e francesa, cercada de admiradores. Era realmente muito bonita, alta e esbelta. "Na estatura/ é a única à minha altura,/fique pois,/ sobrancelha com sobrancelha..." Ela e Maiakovski formavam um belo casal. "Era um casal maravilhoso. Maiakovski bonito e grandalhão. Tânia, também, bela, alta e esbelta, à altura dele", comentou o casal de artistas plásticos V.I. e V.F. Chukhaiev.

A mãe de Tatiana havia ficado em Penza. As cartas de Tatiana para a mãe (suas cartas a Maiakovski foram destruídas por Lília Brik) e as recordações de alguns contemporâneos ajudam a esclarecer o enredo dramático desse romance, apesar de muito fatos permanecerem em segredo. Percebe-se o ponto de partida: está nos versos. Maiakovski apaixonou-se à primeira vista. A comprovação disso está no maravilhoso poema "Ao companheiro Kostrov, de Paris, sobre a essência do amor", no qual novamente, depois de um intervalo de mais de cinco anos, explodiu vivamente o tema do amor. O manuscrito desse poema passado a limpo, assim como o poema "Carta a Tatiana Iakovleva", estão guardados na caderneta do último destinatário, T.A. Iakovleva (Nova York), que morreu em 1991.

Vladimir Vladimirovitch não só se apaixonou por Tatiana, mas logo descobriu suas intenções: casar e levá-la de volta à Rússia. Os versos do poeta mais uma vez se elevam à lírica mais sublime:

A cauda
estendida
em um terço do céu,
brilha
e arde em sua plumagem,
para que dois amantes
possam olhar as estrelas
do coreto
lilás somente deles.

Os encontros eram diários. Eram sinceros um com o outro, pois, pelas cartas de Tatiana à mãe, percebe-se que ela sabia do relacionamento entre Maiakovski e Lília Brik. A julgar pelo poema "Carta a Tatiana Iakovleva", Vladimir Vladimirovitch conhecia os admiradores mais próximos de Tatiana Iakovleva: "... eu porei freios e domarei os sentimentos do rebento pequeno-burgês".*

Sobre a paixão de Maiakovski por Iakovleva chegaram "informações" por meio de Elza Triolet, de Paris a Moscou, até sua irmã Lília Brik. As informações chegaram com um certo atraso, pois não foi de imediato que se descobriu o quanto era séria a situação. Maiakovski já havia se apaixonado por outras mulheres, inclusive por Elza, e a seus pequenos envolvimentos não se dava muita atenção, principalmente os Brik. Por isso a reação ao romance parisiense não foi tão estratégica, como ao romance de Briukhanenko. As cartas e os telegramas de Lília Iurievna de Moscou para Paris por enquanto surgiam somente com pedidos de meias "absolutamente brilhantes", de relógios com a corda de uma semana e... um "automovelzinho". As frases referentes ao carro de último modelo e, após comprado, sobre a troca, pois não havia gostado do modelo e da cor, estão escritas em vermelho. Havia ameaças carinhosas, caso ele não comprasse o carro, em forma de interjeições: "Cachorrinho! U-uu-uuu-uuuu!!!... Ouça! Uuuuuuu-u-u-u!!! Será que não haverá um carrinho! Por favor, traga um carrinho!!!!!!!!!! (gatinho)." "Antes de comprar o carro envie um telegrama,

*Entre os admiradores de Iakovleva estava seu futuro marido, Visconde Du Plessis.

aconselhe-se comigo, se for um Renault ou Buick." "Mande um telegrama sobre negócios com carro. Beijo. Sua gatinha."

Maiakovski põe-se a trabalhar para ganhar dinheiro, vende cenários, tenta vender uma peça ainda não escrita, ou seja, faz o possível para satisfazer o capricho caro da "gatinha". Mas, ao mesmo tempo, estava envolvido pelo novo sentimento. Logo que o dia nascia, só pensava no encontro com ela:

> *Cinco horas,*
>> *e a partir de agora*
> *acalma*
>> *a densa floresta humana,*
> *esmorece*
>> *a cidade povoada,*
> *ouço apenas*
>> *a discussão dos apitos*
> *dos trens para Barcelona.*
> *No céu negro*
>> *o passo dos raios,*
> *um trovão*
>> *de impropérios*
>>> *no drama celeste —*
> *não é tempestade,*
>> *é simplesmente*
> *o ciúme movendo montanhas.*

E ela? Eis o que ela escreve para a mãe, em Penza, sobre o relacionamento com Maiakovski:

"Conhecemo-nos em Montparnasse (muito freqüentada por mim), Erenburg e outros amigos falavam muito de mim para ele. Eu recebia suas saudações mesmo sem ele ter me visto. Posteriormente, recebi um convite dele para nos conhecermos. Foi no dia 25 de outubro. Até 2 de novembro* (dia de sua partida)

---

*Aqui há um erro. Maiakovski partiu de Paris no dia 2 de dezembro.

eu o vi diariamente e ficamos muito amigos. Ele foi o único 'admirador' que me encantou com o seu talento, mas ainda mais por causa de sua atenção maravilhosa e comovente. Até mesmo seus cuidados (e eu que sou tão mimada) são encantadores. Sinto sua falta até hoje. O pior é que as pessoas com quem me relaciono, em sua maioria da elite, não têm nenhuma vontade de fazer o cérebro funcionar ou então ficam como moscas, com pensamentos e sentimentos paralisados. Maiakovski me fustigou, me obrigou (eu temia muito parecer uma idiota ao seu lado) a pensar e, o mais importante, a me lembrar da Rússia...

"Ele estimulou em mim a saudade pela Rússia e por todos vocês. Quase voltei. Agora tudo me parece raso e sem graça. Ele é tão colossal física e moralmente que, depois dele, tudo parece um deserto. Foi a primeira pessoa que conseguiu deixar uma marca em minha alma. Nunca senti saudades dos 'Volodias', mas sinto saudades do terceiro Volodia. Mas não fique assustada! Não é um amor impossível. Pelo contrário. Seus sentimentos são tão fortes que é impossível não refleti-los minimamente."

Essa carta é, em muitos aspectos, notável. Sem dúvida, a autora da carta, uma moça russa de 22 anos e de uma família de intelectuais, tinha sentimentos humanos sinceros e não era boba, apesar de mimada pelo sucesso que tinha com os homens, cercada de admiradores. Mas põe Maiakovski acima de todos, distingue-o entre os outros, que eram Erenburg, Iakovlev, Chukhaiev... São somente aqueles que conhecemos. Não são pessoas da última fileira da cultura russa, da intelectualidade russa. E o amor pela Rússia, e "não senti tristeza ao seu lado sequer por um minuto" — por mais de um mês, diariamente. Era o oposto da opinião de que Maiakovski era sombrio e desinteressante... dita por Lília Iurievna às mulheres da LEF.

Verdade, ficava sombrio, às vezes. Mas o "não sentir tristeza ao seu lado sequer por um minuto" era possível apenas quando a atração espiritual envolvesse os dois interlocutores.

O poeta estava apaixonado e a moça, com inclinações românticas na alma que ainda não haviam sido extirpadas pelo cotidiano parisiense e dona de uma pureza provinciana, igual à exaltação provinciana russa, ouvia-o com sinceridade e confiança absolutas. A disposição não era somente de ouvir e entender, mas de corresponder com o coração, emocionar-se com o dito por Maiakovski, criando a possibilidade de uma auto-expressão orgânica. Ela o ajudava a ser ele mesmo. Porém o permissivismo da boemia e da moral urbanas nas relações "familiares" com os Brik dificilmente poderia dispor de tal confiança e sinceridade. Podemos perceber seus traços somente nos poemas e cartas da época em que foi escrito o poema "Sobre isso".

Muita coisa ainda pode-se descobrir do trecho da carta de T.A. Iakovleva acima citado. Um leitor atento faria isso sem ajuda e até mesmo entenderia que esse romance não era promissor, desde o início. Apesar do forte envolvimento por Maiakovski, Tatiana evidentemente se abstinha da proposta de voltar com ele para a Rússia. Maiakovski, por sua vez, o que lhe era natural, não podia imaginar sua vida fora da Rússia. No trecho do poema citado, "Carta a Tatiana Iakovleva", chama a atenção o argumento já conhecido pelo poema "Sobre isso": "o ciúme movendo montanhas". Sim, havia admiradores, havia rivais. Da carta de Tatiana podemos perceber também como os coloca bem abaixo em comparação a Maiakovski. Mas eles existiam e estavam sempre por perto, prontos para assumir o posto de marido.

E ele, apaixonado e impaciente, a chamava e estava pronto para considerar como ofensa a recusa.

Não é fácil compreender os sentimentos de T.A. Iakovleva, se era amor, se era uma atração forte... Por isso vamos citar mais uma carta escrita logo depois da partida de Maiakovski de Paris:

"Ele é uma pessoa encantadora e o mais importante é que eu o imaginava totalmente diferente. Tratava-me maravilhosamente e foi um drama para ele ter que partir e ficar longe pelo menos seis meses. Ligou de Berlim e foi só lamento. Diariamente recebo telegramas e me envia flores todas as semanas. Deu ordens para que todos os domingos, pela manhã, me enviassem rosas até a sua volta. Nossa casa está repleta de flores. Isso é tão gentil e, o mais importante, é tão parecido com ele. Foi muito difícil para mim quando ele viajou.

"É a pessoa mais talentosa que já conheci e, o mais importante, da área que eu considero mais interessante... Quando estava com ele me parecia que estava na Rússia e, depois de sua partida, fiquei com mais saudades da Rússia..."

De 25 de outubro até 2 de dezembro, em Paris, foi o tempo da mais ardente paixão, quando Maiakovski despertou da liturgia, surgindo como um dos mais grandiosos poetas líricos russos do século XX. Dois poemas seus, "Carta ao companheiro Kostrov de Paris sobre a essência do amor" e "Carta a Tatiana Iakovleva", são fenômenos da nova lírica amorosa.

Nas duas obras, estava de coração aberto, como nos anos da juventude, impaciente e ardoroso. Com um amor-"ciúme" que lembra a tempestade. A força da paixão e sua fraqueza, o ciúme e o merecimento, a dor e a alegria suplantaram o cotidiano. E ali, na onda de um sentimento forte, surge um sinal de segurança, o imperativo revolucionário: "No beijo das mãos, dos lábios, no arrepio do corpo do próximo, a cor vermelha das minhas repúblicas também deve arder." Isso também estava nos poemas "americanos". Como empobreceria a vida da alma se soasse como acusação no belo monólogo sobre o amor! Mas, o que fazer?

Maiakovski tentou convencer Iakovleva a casar-se com ele e voltar para Moscou. Ela se sente lisonjeada com a atenção do famoso poeta, estava apaixonada por ele, o que se percebe pelas cartas e pelas recordações. O livro de Zoia Boguslavskaia traz um dos últimos comentários de Iakovleva: "Encontrávamo-nos diariamente. Ele me cortejava como nunca ninguém me cortejou. Flores, conversas sobre poesia e vigílias à janela. Morria de ciúmes de mim."

Tatiana Alekseievna escondia dos parentes seu relacionamento com Maiakovski e disse a Boguslavskaia: "Meus parentes não entendiam o grau da nossa relação. Nunca contei a ninguém sobre a nossa vida íntima. Isso pertence somente a mim." E mais: "Eu gostava de Maiakovski. Como homem, como poeta que conheci e sempre amei."

Vladimir Vladimirovitch partiu de Paris com um sentimento dúbio de esperança e preocupação. Não teve como convencer Tatiana a voltar com ele para Moscou. Mas, ao julgar pelas cartas que ele enviava para Paris, nunca recebeu um não categórico. Tatiana, na companhia de alguns conhecidos, incluindo

Elza Triolet, foi até a estação de trem se despedir do poeta. Quando chegou a Moscou, Maiakovski no mesmo instante enviou a Tatiana Alekseievna o primeiro volume de suas obras com a dedicatória: "Para você, os meus poemas. Substituir-me-ão até maio." A próxima viagem a Paris estava marcada para maio. Estava combinado.

O mês de amor de Maiakovski (chamaremos assim essa época) foi o mês de muitos encontros em Paris. É impossível não comentar o encontro que deixou marcas na literatura e que aconteceu no Café La Coupole, no dia 5 de novembro. Do outro lado da mesa estava Louis Aragon.

"Foi em um dos cafés em Montparnasse, onde passava as tardes de outono... De repente, alguém me chamou e disse que o poeta Maiakovski pedia que eu sentasse à sua mesa. Ele estava lá e fez um gesto com a mão, não falava francês.

"Foi o minuto que deveria mudar a minha vida. O poeta que soube estar na crista da onda revolucionária era o poeta que seria a ligação entre o mundo e mim. Era o primeiro elo da corrente que eu aceitei e, hoje, mostro a vocês esta corrente que me ligou novamente ao mundo. Alguns filósofos me ensinaram a negar Maiakovski. Mas ele me ensinou como falar com milhões de pessoas que querem refazer o mundo."

Este reconhecimento pode ser excessivo e não há necessidade de comentar. A declaração foi feita em 1935. Posteriormente, Aragon escreveu um grande artigo, "Shakespeare e Maiakovski", no qual tentou desvendar a grandeza do poeta-inovador. Aragon, com razão, destaca que Maiakovski "não nasceu num lugar deserto", mas nasceu "dentro da vida russa" e "na terra russa, onde marchava lado a lado com o seu povo, com passos de gigante, e assim como o povo cantou mais alto a 'Internacional' nascida na França".

A poesia de Maiakovski, escreveu Aragon, "é grandiosa porque está voltada para uma quantidade inaudita de homens e mulheres, é grandiosa porque expressa suas aspirações e sentimentos, faz a pessoa, a cada dia que passa, tornar-se mais humana". Aragon aceitava a idéia de um poeta para as massas. Não discutia questões estéticas.

O segundo encontro parisiense foi com Tsvetaieva. Sempre quando surge o nome de Marina Tsvetaieva parece que uma asa negra e trágica joga uma sombra na folha de papel. Nos breves encontros com Maiakovski, em seus diálogos pessoais e por correspondência, estão presentes o mal-entendido e a incompreensão, que dificilmente são aceitos sem rancor, por causa da evidente semelhança entre as naturezas dos dois. Tsvetaieva de alguma forma sentia e ensaiava passos em direção a Maiakovski. Mas Maiakovski não os percebeu e não demonstrou entendimento nem delicadeza espiritual. A condição de emigrante da poeta deve ter sido o empecilho. A dedicatória de Tsvetaieva no livro de poemas *Depois da Rússia*, presenteado a Maiakovski, é bastante expressiva: "Para aquele, igual a mim, de pernas rápidas. Paris. Outubro de 1928." Isso é o reconhecimento da semelhança criativa entre os dois, apesar de toda a diferença na poética, nos estilos e de pensamentos. Semelhanças de naturezas, de temperamentos, de paixão pela renovação, pela ousadia criativa. Tsvetaieva escreveu um longo artigo sobre dois grandes poetas russos, Maiakovski e Pasternak, "Gênero e lírica da Rússia contemporânea". E escreveu quando um deles não estava mais vivo, em 1932. O artigo contém uma análise original da poesia de Maiakovski com revelações de caráter profético. O episódio parisiense desvenda os contornos políticos da situação.

No dia 28 de novembro de 1928, no jornal *Evrasia* (de Paris), apareceu um comunicado:

"V.V. Maiakovski está em Paris.

"V.V. Maiakovski encontra-se atualmente em Paris. O poeta se apresentou aqui diversas vezes com leituras públicas de seus poemas. A redação do jornal *Evrasia* publica abaixo a mensagem de Marina Tsvetaieva.

"'A MAIAKOVSKI

'28 de abril de 1928, às vésperas de minha partida de Moscou, cedo pela manhã, na rua Kusnetski Most totalmente deserta, encontrei Maiakovski.

'— Então, Maiakovski, que recado quer dar à Europa?

'— Que a verdade está aqui.

'No dia 7 de novembro de 1928, tarde da noite, ao sair do Café Voltaire, respondi à pergunta:

'— O que dirá à Rússia depois da leitura de Maiakovski?

'Respondi sem pensar:

'— Que a força está lá.'"

A publicação desta mensagem trouxe algumas conseqüências à sua autora. No dia 3 de dezembro, na carta a Maiakovski, comunicou:

"Querido Maiakovski! Sabe no que deu a minha saudação ao senhor publicada no jornal *Evrasia*? Na minha demissão do jornal *Poslednie Novosti* [Últimas Notícias], o único jornal que publicava meus poemas, poemas de 10 ou 12 anos atrás!.

"Poderia ter saudado somente a Maiakovski, mas ela saudou em sua pessoa a nova Rússia..."

"Eis Miliukov, eis eu, eis o senhor. Avalie a situação explosiva do seu nome e comunique a Pasternak e a quem achar necessário. Pode tornar público. Até logo! Amo-o. Marina Tsvetaieva."

Novamente um impulso gentil, novamente um gesto em direção a Maiakovski, gesto expressivo e, para o círculo de Marina Tsvetaieva, provocador. Porém não houve o mesmo impulso dele para uma resposta, apesar de Maiakovski ter incluído a carta de Tsvetaieva na exposição *Vinte anos de atividade*.

Houve mais um encontro de Maiakovski com Tsvetaieva, alguns meses depois. Vladimir Vladimirovitch estava se apresentando em um café do subúrbio parisiense para os operários. Marina Tsvetaieva o apresentou a seu marido, Serguei Efron. Maiakovski pediu a Marina que traduzisse resumidamente o sentido dos poemas que leu. Perguntas e respostas ocuparam a maior parte do tempo e Tsvetaieva ainda prestou uma ajuda preciosa que poderia ter mudado as relações entre os dois. O que não aconteceu nem dessa vez.

Maiakovski voltou a Moscou no dia 8 de dezembro. Mergulhou no dia-a-dia da vida e da literatura. As "denúncias" sobre suas "aventuras" amorosas, endereçadas à travessa Guendrikov, alcançavam o poeta. Podemos somente supor qual foi a primeira reação. Mas o tão desejado "automovelzinho" trazido de Paris, apesar de não ser do "último modelo", como havia pedido, suavizou a situação "familiar". Bom, o objeto da paixão também estava longe, tudo podia voltar aos eixos.

O trabalho literário não ia mal. Saíram os dois volumes das obras selecionadas. As revistas e jornais publicavam seus novos poemas. Vladimir Vladimirovitch se apresentava com a leitura de poemas no rádio. Tal possibilidade de se comunicar com um público grande ainda o seduzia. Perguntou ao diretor da rádio se muita gente iria ouvi-lo. A resposta foi solene: "O mundo inteiro!" Maiakovski respondeu: "Não preciso de mais."

Meyerhold também estava contente. Logo ele, que reclamou à imprensa que o poeta havia prometido uma peça para o seu teatro. Alegara que estava terminando, mas viajou para a França sem entregar a peça. Mas, finalmente, a peça ficou pronta. Maiakovski escreveu a peça trabalhando vinte horas por dia sem bebida e comida. Finalizou-a ao retornar a Moscou e, no dia 26 de dezembro, convidou para o apartamento na Guendrikov um amplo círculo de pessoas para a leitura.

No mesmo dia, Meyerhold concedeu uma entrevista ao jornal *Vetchernaia Moskva* elogiando muito a peça *O percevejo* e informou que, no dia 28 de dezembro, Maiakovski leu-a para o elenco do teatro.

Na entrevista, Meyerhold destacou a importância ideológica da peça. Isso era importante para Maiakovski e Meyerhold, o qual estava sendo seriamente acusado por suas posições. Maiakovski, por sua vez, era atacado por aqueles que tinham o apoio da elite literária, pelos membros da RAPP, e, a toda hora, o poeta se via obrigado a provar a alguém que não era um camelo. Às vezes, era extremado em tudo, exaltava-se demais, respondendo aos que se achavam "proletários" impecáveis. No entanto, tentava evitar confrontos. Haviam surgido sinais de endurecimento na política cultural do partido. A resolução do Comitê Central "Sobre a política do partido na área da literatura", de 1925, era a primeira tentativa de cercear os escritores e a literatura.

Antes da leitura da peça *O percevejo*, no dia 22 de dezembro, na reunião dos escritores falou o diretor adjunto do Departamento de Divulgação e Propaganda do Comitê Central do Partido Comunista Russo (dos bolcheviques), P.M. Kerjentsev. Seu discurso também se intitulava "A política do partido na área da literatura", onde reiterava o apoio do partido aos escritores proletários, ou seja, aos membros da RAPP. Maiakovski apoiou Kerjentsev e apressou-se em expressar sua concordância com o funcionário do Comitê Central. Declarações desse tipo começaram a soar cada vez com mais freqüência em suas apresentações, até os últimos dias de sua vida.

Maiakovski repudiava a censura psicológica. Por um lado, era aterrorizado por perguntas e bilhetinhos provocativos e, por outro, não confiavam nele. Ele, uma pessoa que marchou ao encontro da Revolução, que com alegria a aceitou e servia a ela com fé e verdade, estava sendo acusado de hipócrita. Os defensores da pureza da literatura proletária não o deixavam se aproximar. Ele era indesejável. Os membros da RAPP consideravam que a sátira trazia prejuízo ao Estado Soviético.

Todo o entusiasmo de guerreiro Maiakovski dedicou, nesta época, à sátira, pois era necessário defender sua posição na jovem literatura russa. Havia pessoas que achavam que a sátira não poderia existir na ditadura do proletariado, pois fatalmente "atingiria o seu Estado e a sua sociedade" (V.I. Blium). Maiakovski reagia ao boicote de seus poemas.

A questão "A sátira é necessária" foi discutida seriamente. Em um dos debates no Museu Politécnico apresentaram-se Koltsov, Maiakovski, Iefim Zozulia, Riklin e outros. No primeiro número do jornal *Literaturnaia Gazeta,* que começou a circular a partir de 22 de abril de 1929, foi publicada a discussão sobre a sátira do seguinte ponto de vista: "Será que a sátira irá renascer?" E seria útil ou prejudicial, pois aplica um golpe no nosso Estado e entrega a arma ao inimigo? Mais tarde, no Primeiro Congresso dos Escritores Soviéticos da URSS, Koltsvov contou uma história engraçada de como, exatamente nessa época, entregaram a um diretor de redação um conto satírico. O diretor analisou e disse: "Isso não nos convém. Ainda é cedo para o proletariado rir, vamos deixar que os nossos inimigos de classe riam." Maiakovski entrava nos debates com versos, onde pregava a "dedetização de toda bobagem da vida" por meio da crítica, ou seja, a sátira. Afirmava com convicção que a "nossa crítica era a alavanca da vida e da administração ('Crave a autocrítica!')". O poeta estava insatisfeito com a situação da sátira. Insatisfeito porque o "satirista se pulverizou e se desdentou".

Em 1929, Maiakovski escreveu uma série de poemas satíricos sobre os militantes degenerados e oportunistas ("O que é isso?", "Qual deles?"; "Mudança de convicções", "Amadores de dificuldades", "Candidato do partido").

Nessa situação, Maiakovski constantemente declarava a sua ortodoxia ideológica, levando em consideração, é claro, os ideais da Revolução, mas externamente tudo aparentava um jogo com o poder. Ele não conseguia se resignar com a postura dos escritores ditos "proletários", que se reservavam o direito da impecabilidade ideológica. Maiakovski declarava em tom desafiante que considerava a si mesmo um poeta proletário e os proletários poetas seus companheiros.

Por isso não foi por acaso que a principal característica de *O percevejo*, mencionada por Meyerhold no jornal *Vetchernaia Moskva*, tenha sido a força ideológica e verdadeiramente soviética da peça. Parece avisar os futuros críticos da peça: saibam que aceitamos esta peça e vamos produzi-la da forma como a percebemos.

No teatro, Maiakovski leu a peça duas vezes. Leu para o elenco e numa reunião mais ampla do conselho artístico-político do teatro. A leitura foi um sucesso, mas algumas observações se fizeram. Particularmente alguém, que lembrou de Tchekhov, apontou para o autor como poderia haver uma arma que não atira. A reação de Maiakovski foi à sua maneira, de forma bastante determinada: "... não me importam as regras da dramaturgia. Para mim, se no primeiro ato existe uma arma, no segundo ela deve desaparecer. A coisa só vale quando é feita contra as regras."

Foi dito no ardor do debate. Na realidade, como um verdadeiro inovador da dramaturgia, Maiakovski era "entendido nos meandros e técnicas do teatro, aqueles que somente nós, diretores, conhecemos", dizia Meyerhold. Não foi à toa que Maiakovski reescreveu a sua próxima peça cinco vezes. Alguém perguntou a Maiakovski por que ele não escrevia a peça em versos. Ele respondeu: "Como Griboiedov eu nunca escreverei, e não quero escrever pior." Novamente, chama a atenção a resolução:

"O conselho artístico-político, após ouvir numa ampla reunião a peça de Vladimir Maiakovski *O percevejo*, considera que a obra é um fenômeno na dramaturgia soviética tanto do ponto de vista ideológico, como do ponto de vista artístico. Por isso, saúda sua inclusão em seu repertório." E isso mesmo com a presença dos escritores Mate Zalka, Bezimenski, Ilia Ilf, Kassil, B. Levin, o diretor V. Sakhnovski, o diretor de cinema B. Barnet, o compositor V. Chebalin. Os trabalhadores da área cultural começavam a se engajar na atmosfera ideologizada criada para a arte.

O conselho do teatro era artístico-político e, é claro, vigilante da pureza ideológica do repertório (no conselho estavam representados os órgãos do partido, do Komsomol e, até mesmo, do Exército). Porém, pode-se supor que a resolução foi registrada em face da insistência de Meyerhold ou de Maiakovski. O motivo era o mesmo: era necessário apresentar um sinal de alerta. Podemos destacar também a composição incomum da direção do teatro: o conselho artístico-político representava uma certa simbiose entre o conselho artístico e o departamento político. A novidade dos anos 1920 foi a inclusão da arte no *establishment*, sua regulamentação política.

Apesar de tudo, o trabalho com a produção da peça transcorria alegre, os atores e os produtores estavam envolvidos. Maiakovski, com a permissão de Meyerhold, que antes não deixava os dramaturgos participarem da produção, assumiu o papel de assistente de direção e trabalhava o texto da peça com os atores. A música do espetáculo ficou a cargo de Dmitri Chostakovitch. Dmitri Dmitrievitch, fã de Maiakovski desde os 13 anos de idade, freqüentador de todas as suas apresentações em Leningrado, tentara escrever uma música para os versos do poeta, mas, como ele mesmo reconheceu, revelou-se uma tarefa difícil e não conseguiu. Aceitara agora com satisfação a tarefa de fazer a música para a peça *O percevejo*.

Quando Chostakovitch conheceu Maiakovski, ficou impressionado com sua gentileza, destacando sua atenção e sua capacidade de ouvir o interlocutor. O poeta o aturdiu com a pergunta: "Você gosta das bandas dos bombeiros?", e propôs que a música para a peça fosse parecida com a que tocam as bandas do Corpo de Bombeiros. Chostakovitch compôs a música, que foi aprovada por Maiakovski. O compositor entendeu que a "banda dos bombeiros" era uma metáfora de simplicidade e acessibilidade.

A tarefa dos cenários do espetáculo foi dividida. Os quatro primeiros quadros foram delegados aos jovens irmãos Kukriniksi; a segunda parte, que mostrava o futuro, foi feita por Rodtchenko.

Maiakovski aparecia diariamente nos ensaios e não se limitava ao trabalho com os atores. Pedia a Meyerhold que permitisse a ele demonstrar a *mise-en-scène,* que era elogiada por Meyerhold: "Muito bem, Volodia!" "Eu não só permitia que Maiakovski participasse dos ensaios", escreveu Meyerhold, "como praticamente não conseguia começar a trabalhar sem ele. Assim foi em *Misté-rio-bufo, O percevejo* e *Os banhos.* Eu não conseguia iniciar o trabalho antes de Maiakovski dar o tom." Pode ser que nisso haja um certo exagero, com sinal de modéstia do grande diretor. Porém o reconhecimento de um mestre de cena como Meyerhold demonstra que a constante atração de Maiakovski pelo palco e pelo teatro, como saberemos mais tarde, não era por acaso. Era uma vontade de dedicar-se à dramaturgia. Durante a análise de *O percevejo,* Maiakovski declarou diretamente: "Agora passarei totalmente a me dedicar a peças, fazer versos ficou muito fácil."

Igor Ilinski, ator que fez o papel de Prisipkin, falou sobre o trabalho com o texto. O ator não presenciou a leitura da peça e Meyerhold aconselhou-o que ouvisse sem falta como lia Maiakovski. Ilinski ouviu como Vladimir Vladimirovitch lia a fala de Prisipkin. "Maiakovski lia o papel de Prisipkin de forma monumental e sem apelação, o que era bastante comum a ele. Com uma ênfase característica, solene e, até mesmo, nobre. Sua ênfase era sempre marcada, mas de repente, ele mudava para uma entonação inesperadamente comum e vital. Com esta amplitude do diapasão, quem ganhava era a própria peça, que ficava com um ritmo vivo. Maiakovski lia: 'Exijo que haja um casamento vermelho e nada de deuses!' Nesta frase a ênfase era estrondosa. Depois, toda a ênfase desaparecia e, então, Maiakovski simples e inesperadamente acrescentava: 'Oh!' Neste 'Oh!' havia dúvida e, até, susto, havia um tom de insegurança na frase que acabara de ser pronunciada de forma tão decidida. E dessa insegurança e estupidez surgia Prisipkin. Eis a essência do personagem que captei na leitura de Maiakovski."

Nem todos conseguiam "captar" a semente de um personagem com a primeira ou a segunda leitura, e, então, era necessário trabalhar durante os ensaios. Um dos atores não conseguia interpretar uma determinada frase, Maiakovski

a pronunciava com um invólucro de ênfase. Vladimir Vladimirovitch orientava com tranqüilidade e paciência, sem elevar o tom de voz:

— Pronuncie de forma simples. Não, não, bem simples. Não, mais simples, querido. Não, não, assim não. Simples, simples. Espere! Veja só! Diga:
"mamãe". Pode dizer simplesmente "mamãe"? Não está me entendendo? Eu
estou pedindo para dizer bem simples: "mamãe". Agora diga: "papai". Agora,
da mesma forma você dirá sua frase.

Igor Vladimirovitch Ilinski considerava o papel de Prisipkin uma de suas
melhores interpretações no teatro. E o espetáculo, apesar do pouco tempo para
produção — um pouco mais de um mês —, ficou vivo, interessante e expressivo. Meyerhold conseguiu conciliar os planos grotesco, real e fantástico e isso
destacou o contraste. A idéia de incompatibilidade do aristocrata-oportunis-
ta-proprietário foi encenada de acordo com a imaginação do autor sobre a nova
sociedade. *O percevejo* com a direção de Meyerhold recebeu críticas positivas e
negativas. O espetáculo foi visto e aceito pelos espectadores e o tom predomi-
nante das críticas dos jornais foi favorável. A primeira parte da peça, que
ironizava a aristocracia e o cotidiano burguês, a família Renesans, Oleg Baian,
o próprio Prisipkin, "o ex-operário, ex-membro do partido e, hoje, noivo",
recebeu uma crítica positiva. A segunda parte da peça, cuja ação se transporta-
va de 1929 para 50 anos mais tarde, para 1979, para um certo paraíso socialista, ficou esquemática e, além disso, todos entenderam o contexto irônico deste
"paraíso". O jornal *Izvestia*, por exemplo, escreveu que na peça o "socialismo
aparecia descarnado, fraco e intelectualmente semelhante à LEF." Maiakovski
não queria mostrar uma imagem burguesa do socialismo.

No entanto, os jornais *Izvestia*, *Komsomolskaia Pravda* e alguns outros, assim como algumas revistas, consideraram a produção um êxito. O *Komsomolskaia Pravda* destacou a peça *O percevejo* como o melhor espetáculo da
temporada. Mas, obviamente, houve muita crítica violenta e, em alguns casos,
denunciativa. Não ajudaram ou, pelo menos, ajudaram pouco as manobras
empreendidas por Maiakovski e Meyerhold. Nos ataques à peça foram lança-
dos estereótipos da crítica vulgar e sociológica. A peça foi chamada de "piada
disfarçada, sem objetivos literários e ideológicos especiais" e que foi parar "por

acaso" no palco. Escreveu-se também que Maiakovski não refletiu na peça a tensão da luta de classes, da industrialização etc. Não mostrou de forma ampla a vida da classe trabalhadora e não mostrou a personagem principal "no trabalho, no coletivo, na atividade social". E a coroação desse buquê vulgar de crítica sociológica foi a alegação de "espírito anti-soviético" aventada por um crítico.

As críticas logo se transformaram em documentos e argumentos para os órgãos de repressão do sistema autoritário. Maiakovski, M. Bulgakov, A. Platonov e uma série de outros escritores famosos sentiram a pressão crescente e cada um, a sua maneira, tinha que se defender. Ora escrevendo obras convenientes ao poder soviético, obras que atenuavam e equilibravam outras, indesejáveis, ora dando declarações abertas de lealdade, ou melhor, de fidelidade ao *establishment*, a vontade de servi-lo. Bulgakov escreveu uma peça sobre Stalin denominada *Batum*. Mandelstam escreveu versos de louvor a Stalin, como se fossem versos que "corrigiam" os versos contra Stalin. Maiakovski escreveu panfletos e dava declarações dizendo que considerava uma obrigação "cumprir todas as resoluções do partido".

No dia seguinte à estréia da peça *O percevejo*, Maiakovski viajou para Praga e de lá para Berlim. O destino principal era Paris, para onde impacientemente se apressava. Nos últimos dois meses e meio seu coração havia permanecido lá. Disso falam as cartas e os telegramas que Vladimir Vladimirovitch enviou a Tatiana Iakovleva. Tatiana escreveu à mãe contando que recebia diariamente telegramas de Maiakovski. Infelizmente, tivemos acesso somente a alguns trechos das cartas e dos telegramas, publicados na época por R. Jakobson na imprensa estrangeira.

No dia 28 de dezembro, Maiakovski escreveu para Paris: "As cartas são muito demoradas e eu preciso saber, a cada minuto, o que estás fazendo e pensando. Por isso, envio telegramas. Mande-me telegramas, envie cartas, envie montes dos dois." Alguns dias depois, 3 de janeiro de 1929, ao receber notícias, Maiakovski parece patético: "Suas linhas são a metade boa da minha vida e toda minha vida pessoal."

O poeta escreve sobre o seu trabalho de vinte "horas do dia" para terminar a peça *O percevejo*, diz que não podia festejar nada (o Ano-novo!) sem ele. E finalmente:

"Não me espalho no papel (tenho um ódio profissional à escrita), mas, se fosse registrar todas as conversas comigo mesmo sobre você, as cartas escritas, as palavras carinhosas não-ditas, as minhas obras completas ficariam três vezes mais volumosas, e só de lírica."

Eis mais uma carta:

"Pense e concentre as idéias (depois junte seus pertences) e teste com o coração a minha esperança de agarrá-la com as patas e levá-la para minha casa, para Moscou. Vamos pensar nisso e depois conversar. Vamos fazer de nossa separação a prova. Quando amamos, será que é bom gastar o coração e o tempo com essas andanças entre postes telegráficos?"

Essa carta mostra, pelo menos, que Maiakovski resistiu à separação. Nela, a vontade de levar Tatiana para Moscou como sua mulher estava muito forte.

As informações sobre a estada de Maiakovski em Paris, a partir do fim de fevereiro e durante dois meses (incluindo a viagem a Nice), são muito escassas. Sem dúvida, pode-se supor que as conversas sobre a volta de Tatiana para Moscou não foram poucas e que nestas conversas surgia o nome de uma mulher a quem Vladimir Vladimirovitch dedicava todas as suas obras (o que se percebe pelas cartas de Tatiana à mãe), assim como não chegaram a um acordo mais uma vez. Qual era o problema?

As cartas e os telegramas de Maiakovski a Tatiana evidenciam que ele não tinha recebido uma recusa definitiva e que ainda tinha esperança, apesar de não tão certa quanto depois da última separação, e estava se preparando para um novo encontro no outono: "Depois de outubro (prazo marcado por nós), não me imagino sem você. A partir de setembro, vou começar a colocar asas em mim para voar até você." Então, havia um acordo de um novo encontro. É bem provável que foi exatamente o prazo para dar a resposta definitiva. Em todas as mensagens de Maiakovski a Paris aparecem as palavras: saudade e tristeza. E quase em tom de súplica: "Não pode de maneira alguma acontecer de não ficarmos juntos." E propõe viajarem juntos para algum lugar em Altai. Nesta proposta evidencia-se o problema da "família" moscovita de Maiakovski, que o acorrentava.

E Tatiana? Depois da segunda visita de Maiakovski a Paris, quando ele conheceu Ludmila, a irmã mais nova de Tatiana, surgiu a idéia de a irmã viajar com

Maiakovski a Paris. Pede a Ludmila: "Escreva-me, como está o estado de ânimo dele e sua aparência. Estou muito triste sem ele." Em carta à mãe, Tatiana escreve:

"É penoso para mim que, além de seus problemas, agora fiques preocupada comigo. Vou responder objetivamente. Não resolvi viajar, ou como você diz, 'correr' atrás de Maiakovski. Ele também não vem me buscar, mas me visitar por algum tempo."

Eis o que deveria preocupar Tatiana e o que sua mãe também ficou sabendo:

"Os versos que te preocupam foram escritos quando ele tinha 20 anos. Lília é a mulher que ele amou durante 10 anos. Para se convencer disso, basta ler sua biografia.

"Todos os versos (antes dos meus) foram dedicados somente a ela. Estou sofrendo muito com a complexidade da questão, mas está escrito no meu destino 'que sairei seca da água'. Não entendo bem as pessoas e tampouco as idealizo. Não esqueça que a sua 'menina' já tem 22 anos e que são poucas as mulheres que foram em toda sua vida amadas assim, como eu fui durante a minha vida tão curta (isso eu herdei). Minha reputação aqui é de *femme fatale*.

"Não quero me casar agora. Estou muito envolvida com a minha liberdade e independência. Gosto de fazer chapéus em minha 'estufa' (meu quarto está sempre lotado de flores). Ainda querem me levar por vários países, mas todo o resto não é nada perto de M[aiakovski]. Eu, é claro, fui que o escolhi. Como é inteligente!...

"Estou com vários dramas. Até mesmo se quisesse estar com Maiakovski, o que seria de Ilia, e além dele existe o segundo. É um círculo vicioso."

Tatiana lamentava-se à mãe que nem todas as cartas chegavam a Maiakovski: "Acabo de receber alguns livros de Maiakovski, logo em seguida um telegrama, dizendo que não está recebendo minhas cartas. Isso é totalmente incompreensível."

É bem provável que as cartas de Tatiana a Maiakovski, destruídas por Lília Brik, poderiam elucidar alguns momentos da relação entre os dois, porém, algumas conclusões podem ser feitas pelas cartas de Maiakovski a Tatiana e das cartas de Tatiana a Maiakovski. Maiakovski, obviamente, estava apaixonado. Tatiana estava seriamente envolvida e seduzida pela inteligência, pela cultura, pelo talento, pela educação, pela elegância e pela paixão do poeta. No entanto, dificilmente pode-se afirmar, analisando a última carta citada, que ela estava tão apaixonada quanto ele. Não seria este o destino fatal de Maiakovski, que as mulheres que se apaixonavam por ele não tivessem coragem de tomar uma decisão, temendo que seus sentimentos não correspondessem totalmente aos sentimentos dele e à pressão de sua energia interior? Elza Triolet sabia o que dizia quando falava que "as mulheres respiravam com dificuldade ao lado de Maiakovski, elas tinham medo".

Antes de partir de Paris, Maiakovski deixou dinheiro na loja de flores e todo domingo Tatiana recebia um buquê de rosas em sua "estufa". Era para lembrar a ela que lá, em Moscou, vivia um homem apaixonado por ela e que contava os dias para um novo encontro.

Houve mais um momento importante: a relação de Maiakovski com a mãe e a irmã mais nova de Tatiana, Ludmila, que estava em Moscou naquela época. Sobre a relação entre Maiakovski e Ludmila existe o seguinte relato:

"Conheci Maiakovski logo após sua viagem a Paris (1928). Ele me procurou e, de imediato, começou a se preocupar comigo como se eu fosse a irmã de sua mulher. Perguntou-me de quanto eu precisava para viver. Respondi: de 2 rublos por dia. Ele me dava 60 rublos por mês. Maiakovski sofria terrivelmente a separação de Tatiana. O sentido de sua vida se resumia à espera das cartas, e, se as cartas não chegavam, ele tinha ataques de desespero proporcionais ao seu temperamento tempestuoso.

"Depois, aconteceu um fato dramático. Maiakovski estava convencido de que, ao chegar a Paris, levaria Tatiana consigo. Porém lhe recusaram o passaporte estrangeiro e ele não pôde ir buscá-la e fazê-la sua mulher." (Carta de Ludmila à mãe.)

O ano de 1929 parecia não pressagiar nada de terrível. Maiakovski estava apaixonado, fazia planos para casar e trabalhava intensamente. Escreveu peças e versos, viajou, participou de leituras e debates. Os sintomas do cansaço, provocado pelas eternas brigas literárias, pelas intrigas feitas fora da literatura, pela desordem na vida pessoal, davam sinais. Mas Vladimir Vladimirovitch era incansável nas suas ações, era como um navio num mar revolto que tapava os buracos para não afundar, ia em frente e continuava na rota do "desconhecido".

Maiakovski teve que tapar os buracos no navio da LEF também. Houve vezes que quase levaram ao rompimento. A caricatura dos Kukriniksi nos lembra disso:

Maiakovski correndo, em passadas gigantescas, de boné, com um pedaço de pau em uma das mãos (a outra no bolso), com o paletó aberto pelo vento e o cachecol esvoaçante para trás. O texto era de Skorpion ("Balada sobre a REF"):

> *Pelas calçadas de pedra da Sofiika,**
> *Que leva, descendo, à Rozhdestvenka,*
> *O poeta corre solitário,*
> *Corre com ímpeto para o GIZ.***

O próximo quadro são quatro figuras, também em movimento, mas riscadas com um X:

> *Tretiakov não é visto ao seu lado,*
> *Brik também não está,*
> *De Talnikov, Jits, Polonski,*
> *E de Kogan ele não precisa mais.*

Era uma menção direta aos problemas entre a LEF e a REF. Mas Maiakovski, por enquanto, não abandonava a ponte. Tinha que mudar a denominação LEF para Nova LEF, depois para REF, precisava renovar a tripulação que abandonava o navio. O. Brik apresentava algumas idéias, embaralhava-as, fazia malabarismos com elas, já que não possuía nenhuma capacidade de introduzi-las no fluxo da ciência. No comando do navio reinavam as divergências.

Maiakovski, como um homem sociável até o último fio de cabelo, em nenhum momento se desligava do ritmo da vida literária e política. Finalmente, havia sido editado o sexto volume de suas obras. Começou a se apresentar em eventos, debates, lia versos pelo rádio, vendia livros na feira de livros, onde era cercado por uma multidão. Brincava e fazia jogos de palavras, gritando retumbante: "Dickens, Maiakovski, Balzac, Pasternak, Assieiev!" Dava autógrafos para uma fila imensa de leitores.

---

*Rua em Moscou. (*N. da T.*)
**Editora estatal. (*N. da T.*)

Nesta mesma época, surgiu uma nova associação mais à esquerda da LEF. Era a REF: Frente Revolucionária da Arte. A lista, apresentada à Gosizdat, para a publicação periódica do almanaque, continha, além dos nomes de Maiakovski e O. Brik, os nomes de Assieiev, Rodtchenko, Stepanov, Neznamov, I. Lomov (Katanian), L. Brik, Zhemtchuzhni, Kirssanov e Kassil. O grupo revelou-se ainda mais restrito do que o da LEF.

Defendendo, novamente, a extinção de grupos e sua união, ao dissolver a LEF, Maiakovski não consegue dar o último passo, ou seja, colocar o ponto final. Duas circunstâncias impediam isso. A primeira era a situação na literatura, a disputa entre os grupos criava um desconforto para o escritor solitário; e a segunda, o círculo literário precisava de Maiakovski, sem o qual se perderia entre outros inúmeros grupos. É preciso levar em conta, também, a força colossal de Maiakovski como organizador de todo o trabalho editorial, incluindo o da revista.

Os lemas, declarados pela REF, eram a retórica comum dos anos 1920 e praticamente não acrescentavam nada aos lemas da LEF: 1. Pela propaganda socialista, contra o culturismo apolítico. 2. Pela popularização, contra o esnobismo intelectual. 3. Pela nova reforma, contra o anarquismo e a restauração.

Explicando a mudança, Maiakovski disse que de tudo que estava mais à esquerda, pegaram somente aquilo que fosse realmente revolucionário, ajudasse na construção socialista e reforçasse a ditadura do proletariado. P. Neznamos reconheceu mais tarde: "A REF como grupo existiu por inércia. Poderia nem ter existido."

Obviamente que sim. Maiakovski falou várias vezes sobre o tema: LEF e REF, o novo e o velho, mas sem muito entusiasmo, sem a pressão comum que dava nestes debates.

Além das cartas e dos telegramas a Paris e da esperança desesperada de que conseguiria superar as hesitações de Tatiana e levá-la consigo para Moscou; além dos esforços de reanimar a LEF sob uma nova denominação; além de tudo isso, surgiu mais um fato na vida de Maiakovski e que duraria até o fim de seus dias.

A paixão parisiense não permaneceu em segredo. Os Brik souberam e tinham à disposição a informação precisa: Volodia estava apaixonado e seriamente. A euforia pela aquisição do "automovelzinho" havia passado e a preocupação pelo bem-estar da "família" aumentou. Por isso, não era infundada a versão de V. Skoriatin de que este fato foi provocado pelos Brik.

O ponto de partida aconteceu num dia de maio de 1929, no hipódromo. Maiakovski, diferentemente de seu amigo Assieiev, não era grande admirador de corridas de cavalos, mas aconteceu que neste dia estava lá. No mesmo instante, Ossip Maximovitch apareceu no hipódromo com a jovem atriz do Teatro de arte de Moscou Verônica Polonskaia. Os Brik conheciam Polonskaia do filme que foi produzido com roteiro de Lília Brik e Zhemtchuzhni. O casal sabia que Vladimir Vladimirovitch gostava de mulheres bonitas. Polonskaia, filha do famoso artista de teatro e cinema Vitold Polonski, era muito bonita e encantadora. Ainda bem jovem, havia se casado com um ator de teatro, Mikhail Iachin. Ao conhecer a atriz, Maiakovski poderia ter sua atenção desviada do amor "parisiense".

E Polonskaia realmente encantou Maiakovski. Mas será que, além da feminilidade e do fascínio de uma jovem atriz, não teve um papel importante o fato de ela se parecer muito fisicamente com Tatiana Iakovleva? Uma amiga de Polonskaia, atriz do mesmo teatro, Mikhailovskaia, encontrou-se, anos mais tarde, em Paris, com Tatiana Iakovleva e ficou impressionada com a semelhança entre as duas. Notou somente a diferença na altura. Então, logo depois do dia nas corridas de cavalos, Maiakovski começou a se encontrar com Polonskaia. Inicialmente em Moscou, depois no Sul.

O que o seduzia em Polonskaia? Eram sérias suas intenções? Pois Maiakovski continuava a ir ao correio na esperança de receber cartas e telegramas de Paris. Mas era em vão.

> *Bem-me-quer? Mal-me-quer? Fico quebrando as mãos*
> *e os dedos*
>   *arrancados espalho*
> *como as pétalas*
>   *das margaridas*
> *soltas pelo ar de maio*

Esse trecho é de um poema inacabado. Provavelmente, seu coração estava seriamente carcomido pelas dúvidas: Tatiana estava indecisa, em Paris ficava com ele, mas não queria voltar à Rússia. E os rivais (Maiakovski sabia da existência deles) estavam ao lado dela. E sua nova paixão outonal não acabaria do mesmo jeito? Verônica Polonskaia era encantadora, maravilhosa e estava apaixonada por ele. Polonskaia escreveu em suas memórias:

"Naquele momento, acredito, eu estava na fase mais aguda da minha paixão por ele. Lembro como foi doloroso para mim saber que ele não pensava no futuro do nosso relacionamento."

É, naquele momento, ele ainda não pensava nisso, ainda alimentava outras esperanças e, pelo visto, sentia-se simplesmente bem e despreocupado na companhia da jovem e encantadora atriz.

A viagem à França estava marcada para outubro, faltava pouco tempo. Maiakovski contava os dias para preencher o intervalo da espera e abafar o desassossego e a indecisão crescentes e todo dia fazia apresentações, organizava reuniões do grupo da REF, participava de sessões e deliberações. Finalmente, Vladimir Vladimirovitch soube que sua visita a Paris não iria se realizar. Os motivos que o impediram até hoje são desconhecidos. Não se sabe se houve recusa no visto ou algo mais. Todas as suposições feitas com relação a isso e expressas anteriormente não foram confirmadas documentalmente.

Em 5 de outubro, no comunicado sobre o impedimento da viagem, Maiakovski escreve a Iakovleva: "Impossível contar e transcrever todas as tristezas que me calam ainda mais." Uma frase misteriosa. Por quê? Aconteceu algo que não era recomendável comentar (muito menos escrever) abertamente e, ainda mais, para o exterior? A viagem não deve ter sido autorizada. Caso fossem motivos particulares, Maiakovski não iria calar.

Mas seria um mistério tão complexo? Quem poderia obrigá-lo a calar, além do governo, representado pelo "amigo" dos escritores que foi introduzido pelo casal Brik na casa e na reunião da LEF, o alto funcionário do Comitê Central Iakov Agranov, com a colaboração direta de Lília Brik? Agranov pode de forma segilosa, numa conversa, sem quaisquer formalidades burocráticas, ter comunicado (ou feito uma alusão) a Maiakovski a recusa ou mencionado que a viagem não era desejável, sem para isso precisar do auxílio de Lília. Isso, também, é somente uma suposição.

Iakovleva esperava por Maiakovski. Sabendo que tinham surgido obstáculos para a viagem dele, escreveu para mãe: "Ele não virá neste inverno a Paris."

Depois, disse mais em suas memórias:

"Ele não veio mais e eu entendi que queria terminar."

Nessa época, em Paris, um diplomata que serviu na Polônia e era um bonito aristocrata, Du Plessis,* apaixonou-se por Iakovleva e a pediu em casamento. Ela aceitou e tornou-se sua noiva.

Nas memórias de Elza Triolet há o seguinte trecho:

"Quando Maiakovski voltou para a Rússia, Tatiana logo se casou. Eu escrevi a Lília e pedi que não comentasse com Volodia. Lília leu a minha carta inteira em voz alta."

Algumas informações entram em conflito. Maiakovski partiu de Paris em abril de 1929. O noivado, e não o casamento, aconteceu no outono do mesmo ano, ou seja, depois de receber o comunicado de Maiakovski. Quer dizer que não foi tão logo assim. E, segundo Triolet, Maiakovski se decepcionou com Iakovleva e somente por cavalheirismo continuava o "romance", não havia por que esconder dele o casamento...

O "barco do amor" de Maiakovski caiu num redemoinho de correntes profundas e despedaçou-se. Algumas pessoas são inclinadas a pensar na seguinte hipótese: se a relação com Iakovleva não tivesse terminado, não existiria a tragédia, não existiria a "bala como ponto final". Quem sabe... Muito se comentou sobre L. Brik: se ela em abril estivesse em Moscou, talvez não tivesse acontecido. Mas não convém ficar tentando especular. A história da relação com Tatiana Iakovleva e seu desfecho dramático num período extremamente difícil na vida de Maiakovski insere-se no pano de fundo emocional e nas circunstâncias que se constituíram no final da vida do poeta.

---

*Du Plessis, posteriormente, participou da Resistência Francesa como piloto. Seu avião foi abatido numa batalha aérea e ele morreu. Do casamento com ele, Tatiana Alekseievna teve uma filha, Francis Grei, que é jornalista e escritora americana.

A bala como ponto final

Kornei Tchukovski fez uma observação correta: "É muito difícil ser Maiakovski." Estava se referindo ao lado aparente da vida. Porém a frase pode se referir também ao estado espiritual e nos lembra como seria difícil ser Puchkin, que morreu num duelo; Lev Tolstoi, que na nona década de sua vida abandonou seus penates...

O segredo de qualquer vida reside na relação casual de atos e circunstâncias. Lev Tolstoi se impressionava com os equívocos humanos, como se a felicidade representasse não fazer nada. É compreensível: a ociosidade simplifica as circunstâncias, mas enfraquece o espírito. Maiakovski criava e complicava as suas circunstâncias valendo-se das suas ações permanentes. Vivia em seu tempo, conseguia entender tudo e se entregava por inteiro. Somente uma vez, num ímpeto de sinceridade, reconheceu: "Cada vez se ama menos, cada vez se ousa menos..."

Nos últimos dois anos de sua vida, Maiakovski trabalhou muito. E esses anos de vida se diferenciam dos anteriores pelo ritmo, pela intensidade, pela dedicação à criação e, finalmente, pela seriedade das discussões em torno dele. O poeta crescia cada vez mais. Parecia que não tinha mais para onde "crescer", diferente do início de sua carreira, quando os jornais o chamavam simplesmente de "filho-da-puta".

Às vezes, dizem que não era apenas Maiakovski quem sofria ataques da crítica, mas ele também era injusto e grosseiro com relação a alguns críticos e escritores. Desde jovem, a partir das primeiras apresentações dos futuristas, defendia-se dos golpes proferidos de todos os lados. Maiakovski nem sempre se defendia com prudência e nem sempre acertava o alvo. Por isso sua metralhadora solitária não pode ser comparada com todos os bombardeios que recebeu durante sua carreira literária.

Dizem também que em todos os artigos e nos discursos dos críticos contra Maiakovski havia menções aos seus ideais por uma arte revolucionária, a sua verdade. É claro que havia. E agora, diante de nós, abre-se todo o espectro das paixões políticas e estéticas da época, todo o panorama multicolorido da literatura russa que existia não só na Rússia, mas no exterior, assim como a literatura que era criada em solo russo, mas não era acessível ao leitor do próprio país. Atualmente, existe a oportunidade de serem feitas comparações e conclusões acerca de qual era a visão de mundo da época, qual era a verdade mais próxima da vida.

Uma luta violenta era travada dentro da literatura e dela participavam pessoas de diferentes convicções, incluindo os oponentes de Maiakovski, que não se davam ao trabalho de escolher os meios. A campanha difamatória contra o poema "Bom!" e, principalmente, contra a peça *Os banhos* não pode ser comparada a nada. A Maiakovski recusavam o sentimento de pátria, de sinceridade, de fidelidade a ela. "Ele era um estranho à nossa revolução...", perorava Kogan. Talnikov chamava os poemas sobre a América de "falsidade vermelha". Lelevitch considerava Maiakovski um intelectual desclassificado. E Lejnev intitulou seu artigo contra Maiakovski de "Conversa sobre um cadáver". (Maiakovski parodiava: "Interessante esta conversa: o cadáver sou eu, mas quem fede é ele.")

Para passar pelo calvário deste tipo de crítica é preciso um caráter forte. Maiakovski não tremeu diante de nenhuma delas, apesar de a "máquina da alma" apresentar falhas. Alguns contemporâneos viam e percebiam isso, mas ninguém (!) atribuía a isso muita importância, ninguém ofereceu ajuda.

O poema de Assieiev, "Maiakovski começa", fala sobre isso: "considerávamos sua tristeza uma 'bobagem', uma 'pose do poeta'; quando percebíamos sua 'tremedeira pelas rimas' atribuíamos isso à hipocondria ('Parece que nosso

Volodetchka está azedando!')". Maiakovski não gostava de desabafar seja lá com quem fosse. Entre as pessoas mais próximas não houve uma sequer a quem ele pudesse confessar os sentimentos mais profundos. Por isso preferiu a solidão ao mundo, por isso, caiu em depressão.

No entanto inúmeros oponentes e inimigos se revelaram cada vez mais agressivos e tomaram a iniciativa na discussão sobre a peça *Os banhos*, apressando ainda mais o fim fatal. Mas, não vamos correr com os fatos, porque até a última hora de sua vida Maiakovski planejava seu futuro.

Algo abateu Maiakovski, e nos últimos seis meses ele viveu como num vulcão. Aparentemente ninguém notou. Maiakovski estava ativo, fazia apresentações, participava de reuniões e discutia, estava sempre à vista, sempre no centro das atenções, gozava do interesse da crítica e da imprensa. Mas será que para uma pessoa estranha sua tristeza era mais aparente? Algumas vezes, nesta época, Maiakovski se encontrou com a tradutora argentina Lilá Guerrero. Certa vez, Vladimir Vladimirovitch perguntou-lhe: "Por que fica me olhando desta forma?" Com uma sinceridade inesperada para ela mesma, deu a seguinte resposta: "Sabe... eu pensava que o senhor fosse um deus, mas seus olhos são de um homem fracassado." O desconforto interior do poeta era visível, é claro, para quem estava ao lado. As pessoas se sentem constrangidas com Maiakovski e isso não as satisfaz. Nesse exato momento, provavelmente o momento mais crítico de sua vida, ele fica só. Em 1930, o casal Brik viaja para o exterior. Antes da viagem, Lília Iurievna fez uma visita à mãe e às irmãs de Vladimir Vladimirovitch e disse:

— Volodia está insuportável. Estou tão cansada! Eu e Ossip resolvemos fazer uma viagem a Londres, visitar mamãe [a mãe de Lília Iurievna trabalhava em Londres em uma instituição soviética].

Será que ele procurava compaixão? Aleksandra Alekseievna e as irmãs desconfiavam do estado de Volodia, o que pode ser notado na correspondência familiar pós-morte. Polonskaia vivenciou com muita compaixão, mas ao mesmo tempo com medo, a tensão nervosa dos últimos meses de vida de Maiakovski e estava sempre por perto. Não só vivenciou, como também carregou o excessivo peso das aflições, das explosões nervosas e das pretensões impacientes...

Maiakovski a impressionou logo no primeiro encontro. Sentia-se bem com ele, gostava dos seus cuidados e delicadezas. Quando começaram a se encontrar, a jovem atriz sentia alegria e prazer de estar ao lado de um homem tão famoso e aparentemente forte como era Maiakovski. Gostava de caminhar com ele pelas ruas e aparecer nos restaurantes. Não foi de imediato, após "ter sido conquistada por seu talento e encanto" que surgiram, mais tarde, os motivos para esta conclusão:

"Sempre era de extremos. Não me lembro de um Maiakovski equilibrado, tranqüilo: era explosivo, barulhento, alegre e impressionantemente encantador ou sombrio e calado durante horas. Irritava-se por motivos fúteis e logo se transformava numa pessoa difícil e agressiva."

Durante todo o outono Maiakovski e Polonskaia ficaram juntos, mas, apenas no inverno, durante a viagem para Petrovsko-Razumovskoie, ouviu dele a palavra "amo".

É fácil comparar: isso aconteceu depois que Vladimir Vladimirovitch soube do casamento de Iakovleva, quando o sonho de casar-se com ela acabou. Em Polonskaia, Maiakovski procurava consolo para a sua má sorte, apegou-se a ela e valorizava sua sinceridade. Porém, ao mesmo tempo, era um sentimento amargo, nervoso, que provocava explosões de impaciência e de delírios, que assustavam a jovem mulher diante de um passo importante em sua vida.

Os conflitos deste caso amoroso ainda estavam por vir. Era um romance que convinha aos Brik. Tudo transcorria diante dos olhos do casal. Nora (Verônica) Polonskaia era uma mulher jovem e frágil, ademais, casada; por isso, não era vista como uma ameaça séria à "família". Certa vez, quando os Brik estavam em Leningrado e Vladimir Vladimirovitch tentava convencer Nora a passar a noite na travessa Guendrikov, ela perguntou:

— E se amanhã pela manhã Lília Iurievna chegar? O que ela dirá quando me encontrar aqui?

Vladimir Vladimirovitch respondeu:

— Ela dirá: "Estás com Norotchka? Eu aprovo."

Ele conhecia bem Lília Iurievna. Esta, depois de ler este trecho das memórias de Polonskaia, não fez nenhuma observação. Então, realmente, assim seria.

Mas e a literatura? Em primeiro plano surge a peça *Os banhos*, uma peça que marcou claramente o momento de crise nas convicções de Maiakovski. Depois, veio a exposição.

Os banhos foram a obra preferida de Maiakovski. A REF era uma "criança" de incubadora, necessária para o meio, mas não para Maiakovski. Na reunião da REF, pela primeira vez, levantou-se a questão da exposição. Queria-a individual, mas os membros da REF queriam uma exposição coletiva.

A peça *Os banhos* tradicionalmente, foi lida em casa. Estavam presentes Polonskaia e Iachin. Iachin gostou muito da peça e falou muito dela no Teatro de Arte. Até que, com a participação do responsável pela parte literária, P.A. Markov, o teatro encomendou a peça a Maiakovski. Isso mesmo depois de Maiakovski lançar flechas irônicas em direção ao teatro.

A segunda leitura da peça aconteceu na reunião do conselho artístico-literário do teatro de Meyerhold. Estavam presentes Kataiev, Olecha, Kirssanov, Katanian. Essa leitura foi chamada por M. Zochenko de "triunfal". Os atores e escritores gargalharam muito e aplaudiram o poeta.

Meyerhold considerou a peça maravilhosa. Comparou Maiakovski a Molière e disse que era um acontecimento grandioso na história do teatro russo. Meyerhold viu na peça a "libertação da tradição" e, ao mesmo tempo, a maestria da personificação dramática do tema e saudou Maiakovski como um "eminente dramaturgo".

O destino da peça estava resolvido, mas os ensaios começariam mais tarde, em janeiro ou fevereiro. Em outubro, Maiakovski se esforça para divulgar a REF. O principal evento, organizado com seus esforços, foi uma noite no Museu Politécnico denominada "Inauguração da REF". Após conhecer a programação do evento e a apresentação de Maiakovski, fica evidente a todos que ele dava passos em direção à RAPP.

As circunstâncias da vida literária e política empurravam Maiakovski para perto da Associação dos Escritores Proletários, que se uniram como uma classe e começaram internamente a copiar o sistema burocrático do poder. Maiakovski sentia a inutilidade dos grupos isolados e a opressão da própria limitação da LEF e da REF. Mas por que escolheu a RAPP? Ele falou da semelhança entre os membros da REF e os poetas-*komsomol*. Escreveu "Mensagem aos poetas proletários". Fartou-se de brigas contínuas. Mas o espírito de casta e burocracia, que reinava nessa associação, enojava-o. Maiakovski protestou contra isso ainda em 1925, quando Tchuzhak tentou centralizar a direção dos círculos e grupos da LEF para criar uma frente única das artes sob um controle rígido do centro.

É claro que Maiakovski imaginava a resistência que teria que enfrentar dentro da RAPP. A ambição da direção dessa organização e de sua publicação *Na Literaturnom Postu* não conhecia limites. Os membros da RAPP se consideravam os criadores dos melhores exemplos da literatura proletária. Não percebiam, ou não queriam perceber, que fora da RAPP se desenvolvia outra literatura, surgiam livros que mereciam atenção, não percebiam e, até mesmo, menosprezavam Gorki, Maiakovski, A. Tolstoi, Zamiatin, Bulgakov, Platonov, Pasternak e Akhmatova.

Maiakovski sentia cada vez mais fortemente o endurecimento da política oficial na área da literatura e via, não podia deixar de perceber, que as conclamações da direção do partido para a consolidação tinham um objetivo: a consolidação baseada na plataforma da RAPP. Ele acreditava no partido. Não identificava suas idéias e objetivos com as imagens dos oportunistas, burocratas, que exibiam diferentes anomalias no exercício do trabalho partidário. O partido para Maiakovski existia como um ideal abstrato e livre de hierarquias. Em homenagem a um partido assim, compôs o poema "Vladimir Ilitch Lenin". Justificava a sua própria condição de não-membro do partido dizendo que seus vícios pessoais não correspondiam à boa imagem que um militante partidário deveria ter. Será que essa imagem ideal do partido e a crença em sua verdade desde o início empurravam Maiakovski para onde com determinação indicasse o dedo do Comitê Central ou de Stalin?!

Ao se indispor com os burocratas do partido que ocupavam altos cargos, Maiakovski percebia que estava no fio da navalha. Naquela época, muitos ativistas influentes achavam que a sátira abalava os pilares do poder soviético e fazia o jogo dos inimigos de classe. Mas será que o movimento de Maiakovski para se aproximar da RAPP não era um gesto de garantia de apoio? Aproximava-se um tempo terrível para a literatura...

E ele não podia abandonar a sátira. Na prática do sistema burocrático em desenvolvimento e que começava a se afirmar já havia muitas coisas contra as quais podia lutar somente por intermédio da sátira. Maiakovski viveu e trabalhou como um poeta, não para a eternidade. Tinha razão aquele que disse que é verdadeiramente grande o homem que sabe dominar o seu tempo.

Quando abrimos os livros de Maiakovski, em qualquer página, lá está pulsando o sangue, ardem paixões, travam-se lutas. A luta pela vida: "Odeio carniça! Adoro a vida!"

A "carniça" na vida do jovem Estado Soviético estava sendo introduzida pela pequena burguesia, mas havia a nova, disfarçada de vermelho, a burocracia, que era o pior inimigo de Maiakovski.

Guerreando com esse inimigo, Maiakovski põe em ação uma arma de grande poder de destruição, a peça *Os banhos*.

Em 2 de agosto, Vladimir Vladimirovitch viajou para Ialta e enviou, de lá, um telegrama a Polonskaia.

Durante a primavera e o verão, Maiakovski trabalhou na redação de *Os banhos* e a concluiu em meados de setembro. A peça foi reescrita cinco vezes. E, como sempre, não parava de escrever textos e versos para cartazes. O sucesso da peça *O percevejo* o inspirava. *Os banhos*, plena de versos satíricos: Maiakovski travava um embate acalorado com a burocracia.

O percevejo era uma comédia fantástica. A *Os banhos* Maiakovski chamou de drama em 6 atos com circo e fogos de artifícios. No teatro estava sendo encenada como tal? Havia muitas situações engraçadas? Claro. Tchekhov sempre insistiu que suas peças eram comédias, mas eram encenadas freqüentemente como dramas ou melodramas. Não era simples captar a essência da dramaturgia inovadora de Tchekhov, assim como não é simples encenar *Os banhos* como drama. Por isso, a primeira produção da peça não teve sucesso.

A. Fevralski, explicando a definição do gênero da peça *Os banhos* dada pelo autor, diz que o início positivo dela possui um importante peso específico maior do que a peça *O percevejo*. Sim, sem dúvida, mas talvez Maiakovski tenha deslocado de propósito a ênfase do cômico para o dramático: a peça é mesmo engraçada, como num circo, mas isso, do que estamos rindo, é o drama de nossa vida, suas mazelas. Gogol ria das mazelas da Rússia de Nicolau com lágrimas nos olhos. Maiakovski ria das novas mazelas, cerrando os punhos.

Os banhos não conseguiram emocionar os homens que ditavam as diretrizes e as ordens pelo telefone do Kremlin. Um artista plástico emigrado disse que Maiakovski "enjoou da confraternização" com os tipos apresentados.

Não estaria ligado a isso o fato do sumiço dos livros de Maiakovski da lista bibliográfica recomendada nas escolas? Foi ordem do orientador pedagógico cauteloso ou havia o dedo do Comitê Central? E finalmente, pelo poder de quem, como supôs Maiakovski, "seguindo as convicções ideológicas", foram proibidos de ser produzidos os roteiros dos filmes *Abaixo a gordura* e *História de um revólver*? Maiakovski não recebeu resposta, solicitada por escrito, sobre os motivos da proibição. As instâncias do poder, naquela época, já se permitiam decidir anonimamente e sem apelações o destino dos filmes, poemas, quadros e romances...

A solidão estava oprimindo Maiakovski e ele queria contato com pessoas e com auditórios cheios. Em meados de outubro, Vladimir Vladimirovitch viajou para Leningrado. Apresentava-se todos os dias. Às vezes, eram duas vezes por dia. O mesmo aconteceu em Moscou: era uma apresentação depois de outra no Clube Dzerjinski, no Museu Politécnico, na Casa da Imprensa e em outros auditórios.

Algumas vezes Meyerhold se apresentou com Maiakovski. Era uma campanha para preparar a opinião pública para a peça e para o futuro espetáculo. A análise do diretor sobre o patético em Maiakovski ajudou a entender a natureza deste talentoso poeta e dramaturgo. "Quando Maiakovski se torna patético, nunca fica empolado", disse Meyekhold. "No palco o mais difícil é desenvolver o patético e levá-lo ao grande ápice. Nisso está a natureza de Maiakovski, como poeta-tribuno. Sua fala é sempre inspirada, preocupada. Nunca fala de nada de forma neutra ou tranqüila." Meyerhold sentia o "grandioso caráter patético" na própria natureza do poeta.

Percebe-se na fala de Meyerhold algo semelhante à opinião de Ilinski, que ouviu a leitura de Maiakovski. Os dois, de uma forma sensível, captaram a natureza da obra do poeta. A eles podemos juntar Katchalov, que leu poemas de Maiakovski no palco, e V. Iakhontov. Os atores de teatro possuem bom ouvido. Ouvem o texto sem ouvir a voz. Eles ouviam Maiakovski.

O desconforto interior e os pressentimentos alarmantes, em razão da situação da literatura; a preocupação com o destino da peça, sentida bem antes de sua encenação no teatro, tudo isso impele Maiakovski a dar mais um passo que, como esperava, deveria provocar (ou devolver?) a confiança do poder do partido nele. O jubileu era totalmente artificial, assim como a exposição *Vinte anos de atividade*. Maiakovski tentava convencer não apenas a Lavut, mas a si próprio, quando dizia:

— O objetivo da exposição é mostrar a diversidade do trabalho do poeta. Como aprendizado para os jovens e amedrontamento para os bobos. O que temer? Que preconceitos!

Em 23 de outubro, na reunião da REF, não sem objeção de alguns membros, decidiu-se organizar a exposição de Maiakovski em homenagem aos seus vinte anos de atividade literária. Vladimir Vladimirovitch levou a idéia à Federação (FOSP), onde foi criada a comissão de organização da exposição. Alguém tinha que financiar. A comissão enviou uma correspondência para o Glaviscusstvo.*A carta entusiasmada foi escrita pelo presidente da comissão, Assieiev, que apresentou seu amigo Maiakovski como o fenômeno mais original e brilhante da poesia russa dos últimos anos. A carta constitui-se na única iniciativa de Assieiev e de todos ao membros da REF voltada para a exposição. Todos mantiveram-se indiferentes à idéia de Maiakovski.

Foram grandes as dificuldades enfrentadas durante os preparativos da exposição. A verba era pequena e Maiakovski teve que gastar dinheiro do próprio bolso. Alguns voluntários se apresentaram durante o trabalho de organização. Ajudavam Lavut e alguns jovens próximos do poeta. Natasha Briukhanenko teve uma participação ativa. Vladimir Vladimirovitch manteve laços de amizade com ela durante todos estes anos. Artemi Grigorievitch Bromberg, especialista de museu e guia, também colaborou. Sua ajuda e seus conselhos foram muito úteis.

---

*Departamento de Arte. (*N. da T.*)

Os objetos para a exposição foram recolhidos um a um: alguma coisa havia permanecido na casa da mãe e das irmãs; nas redações dos jornais, os artigos de Maiakovski eram retirados dos arquivos, e os cartazes, dos museus da Revolução e da Galeria Tretiakov. Documentos, fotos, livros e anúncios estavam no Arquivo Central, alguns foram emprestados por Kamienski, Rodtchenko e outras pessoas conhecidas. Algumas solicitações eram feitas aos jornais das províncias. Alguma coisa teve que ser comprada dos A. Kriutchionikh. Milhares de bilhetes do público foram selecionados, classificados e separados para a exposição.

Maiakovski resolveu organizar um ensaio familiar do jubileu e da exposição em 30 de dezembro. Alguns objetos da exposição foram levados para a travessa Guendrikov — anúncios, cartazes, livros e álbuns. A exposição foi feita na sala de jantar. Todas as paredes e até mesmo o teto estavam cobertos por objetos da exposição. Uma fita comprida atravessava o cômodo com o nome M-A-I-A-K-O-V-S-K-I.

Muitas pessoas foram convidadas, e para acomodá-las foi preciso retirar a mesa. Cada convidado tinha que trazer uma garrafa de champanhe. Meyerhold enviou várias cestas com figurinos, máscaras e barbas. Vsevolod Emilievitch aconselhava cada visitante a se comportar com o dono da festa. No meio da sala, sentado numa cadeira, ficou Kamienski com uma sanfona.

Todos reunidos, eis que surge Maiakovski. Muito elegante e de rosto bem barbeado. Um pouco tímido e emocionado com a atenção dispensada, o poeta não entrou logo no clima dos festejos alegres de fim de ano. Mas bastou soar a sanfona de Kamienski com o hino irônico em homenagem ao poeta, que Maiakovski captou o tom alegre de todos os presentes, sem o ar enfadonho de comemorações, o que logo o tranqüilizou.

A cadeira no meio do cômodo estava destinada a Maiakovski, que sentou-se, virando-a com encosto para a frente. Aceitando as regras da brincadeira, Vladimir Vladimirovitch colocou a máscara de bode: "Devo aparentar uma cara normal de homenageado para corresponder ao balido." Iniciou-se a "homenagem" em forma de comédia caseira. Assieiev "saudou" o homenageado em nome dos "críticos", proferiu um discurso longo e no final revela que estava na festa do poeta errado. Depois, a prole de alguém saúda o homenageado em nome "da nova geração" e Vladimir Vladimirovitch começa a desvendar charadas feitas pelos seus poemas. O mais inabalável, alegre e entusiasmado era Kamienski com sua sanfona. Os presentes dançam. Maiakovski revela-se um dançarino desengonçado ao dançar com a esbelta, frágil e incrivelmente atraente Nora Polonskaia, em seu vestido de gala. Ela e Iachin chegaram por último, depois do intervalo no teatro. Polonskaia, com seu instinto feminino, percebeu que Vladimir Vladimirovitch estava fazendo de tudo para parecer animado, mas, na verdade, não estava alegre, ela percebia como seu olhar tornava-se sombrio, bastava sair do ambiente da sala. Polonskaia a toda hora sentava-se junto do poeta, declarava seu amor por ele e queria muito que Vladimir Vladimirovitch se sentisse feliz neste dia.

Mas nem mesmo Polonskaia conseguiu animar Maiakovski. Todos os presentes se lembram de que o homenageado não estava em clima de festa.

N. Briukhanenko contou: "Maiakovski não estava alegre nesta noite."

Polonskaia lembrou: "Naquela noite eu estava muito feliz, mas me entristecia ao ver Vladimir Vladimirovitch muito sombrio."

L. Grinkrug falou: "Não entendi por que Volodia estava tão sério."

P. Lavut recordou: "Inicialmente, ele declamou 'O bom tratamento dos cavalos'. O poema soou mais triste do que habitualmente."

De uma forma diferente captou o estado de espírito de Maiakovski Lev Kassil, que convenceu Maiakovski a ler alguns poemas:

"No começo ele leu 'O bom tratamento dos cavalos'. Levantou-se e, segurando-se pelo canto do armário, lançou um olhar vago para todos nós, um olhar que ficou na memória de todos. De repente, leu baixinho e triste:

> *Os cascos batiam.*
> *Pareciam cantar.*
> *— Grib.*
> *Grab.*
> *Grob.*
> *Grub.*

"Tornava-se mais doce à medida que lia, expandia a voz a cada verso. A leitura tornava-se forte e generosa. Num átimo, todos ficaram sérios. Não era brincadeira, não eram alegres ironias do poeta, não era uma festa de amigos. Todos foram envolvidos por uma corrente de ar que passou pelas circunvoluções do cérebro e perceberam que aquele minuto tinham que guardar para sempre na memória.

"De repente, com uma clareza muito simples e melancólica, parecendo congelar o coração, soou a palavra HISTÓRIA por ninguém pronunciada, mas ouvida por todos. As paredes pareciam transparentes ou ter sumido de vez e, ao longe, surgiu o horizonte. O tempo zuniu nos ouvidos.

"Maiakovski lia, olhando para algum lugar através das paredes:

> *Cavalo, não é preciso.*
> *Cavalo, ouçam —*
> *Por que pensam que são mais finos que eles?*
> *Filhinha,*
> *Todos nós somos um pouco cavalos,*
> *Cada um de nós é, à sua maneira, um cavalo.*

"Maiakovski mexe com os ombros colossais, parece que o atrelaram entre enormes varas em direção ao topo da montanha...

> *E só pensava que era —*
> *Um potro,*
> *E que valia a pena viver,*
> *E valia a pena trabalhar.*

"Tentando abafar os aplausos que soaram assim que terminou, Maiakovski disse:

"— É tudo velho! Velho! Estou cansado disso. Alguns versos novos estão se formando dentro de mim. Isso sim, será um verdadeiro poema. O melhor que escrevi.

"Mesmo lendo, a pedido das visitas, mais um poema — "História sobre o *bublik* e a mulher que não reconhecia a república", Maiakovski olhava por cima de nós e por cima dos versos. Tentava ouvir as palavras e as estrofes novas que, imperativas, bramiam-lhe.

"Afastou-se com suavidade, com medo de machucar alguém, foi para o outro quarto e ficou um longo tempo, debruçado sobre a mesa do escritório e com o copo de chá na mão. Algo tão indefeso, solitário, opressivo e, então, incompreensível surgia nele."

Na noite do jubileu, aconteceu um episódio sobre o qual é impossível calar, pois o segundo personagem, além de Maiakovski, era Boris Leonidovitch Pasternak.

Sabemos como uns três anos antes os dois haviam se afastado um do outro. Algumas brigas ocorreram entre eles, mas, felizmente, sempre se reconciliaram. Desta vez, porém, os motivos do conflito foram mais complexos. Não apenas a saída de Pasternak da LEF provocara o desentendimento. A não-aceitação dos Brik também influenciou o fato. A histeria de Lília Iurievna na reunião da LEF, que culminou na expulsão de Chklovski, ainda estava viva na lembrança. No entanto, a relação pessoal com Maiakovski não havia sido abalada, pois Pasternak quis saudar o poeta no dia da homenagem e foi ao apartamento da travessa Guendrikov.

O relato de Lev Kassil, transcrito abaixo, deve ser lido com cuidado. Seu livro de memórias saiu em 1963 e, naquela época, Pasternak havia sido expulso da União dos Escritores e exposto a vexames após a campanha de seu romance *Doutor Jivago*. Por isso, não se deve levar em consideração todo o comentário de Kassil; mas o que Pasternak disse em referência a Maiakovski parece verdadeiro:

"Estou com saudades tuas, Volodia! Não vim para discutir, quero te abraçar e dar-te os parabéns. Sabes como és precioso para mim."

Mas a reconciliação não aconteceu. Na presença do humilhado casal Brik, nem podia acontecer. Lamentável que essa infeliz visita tenha deixado uma marca penosa nos dois...

Difícil de entender para que era necessário a Maiakovski essa festa familiar em sua homenagem. Não era a auto-estima que queria alimentar, sabendo muito bem que não era a opinião das pessoas próximas que determina a importância do escritor e de sua obra. A idéia surgiu por causa da solidão, da confusão interior, da crise que ele tentava superar.

Início de 1930. Restavam três meses e meio para Maiakovski. Aconteceu algo extraordinário que pudesse levá-lo à beira do abismo? Podemos responder que "sim", e isso será correto. Mas não estaremos faltando com a verdade se respondermos "não". Tudo depende da pessoa e dos acontecimentos externos vividos por ela, de seu caráter e de seu estado de espírito em determinada época. O estado psicológico de Maiakovski, durante as festas de fim de ano, não era dos melhores. As marchas vitoriosas e os lemas sonoros retumbavam pelo país em razão do início bem-sucedido do plano qüinqüenal. Os jornais apregoavam que o campo, com a coletivização, tinha entrado no caminho do desenvolvimento socialista, que estavam sendo construídas novas cidades e novas estações elétricas, fábricas e empresas. No entanto, Maiakovski deparava-se diariamente com uma enxurrada de cartas que chegavam às redações dando conta da força crescente da nova burocracia que estava atingindo todas as áreas do poder, da economia, penetrando nas organizações sociais, no cenário cultural. A sátira era expulsa dos jornais e revistas ou, na melhor das hipóteses, se limitava aos campos ralos do cotidiano. Maiakovski mais uma vez se pronuncia a favor da sátira, e desta vez no Museu Politécnico (em 8 de janeiro): "Precisamos da sátira?". Ele afirma que é necessária, reporta-se a Lenin, que elogiara o poema "Os reunidos", ataca V. Blium, que afirmara que "não precisamos da sátira". Maiakovski foi apoiado pela maioria dos presentes, mas a opinião final, naquela época, já era formada nas "esferas superiores", não nos debates.

Será que Maiakovski entendia isso? Levando em consideração as manobras dele e de Meyerhold antes da produção das peças *O percevejo* e *Os banhos*, podemos dizer que sim. Ele falava, não só da criação de panfletos e jornais, mas também da necessidade de criar obras como "A marcha da colheita", "Monumento aos operários de Kursk", "A marcha das brigadas de vanguarda", que entravam no contexto da propaganda soviética: "Mantenha o passo! Não perca o ritmo! Temos que ultrapassar o plano qüinqüenal." Parece que no mesmo contexto deve estar o poema sobre o plano qüinqüenal, pensado pelo poeta e anunciado por ele e para o qual havia escrito a introdução.

Não importa que haja dúvidas quanto à autoria do poema sobre o plano qüinqüenal. É verdade que há razões para isso, pois não restaram vestígios dele. Maiakovski escreveu a introdução do poema, que não tinha nenhuma relação com o plano qüinqüenal. Trechos da segunda introdução estão mais distantes ainda do tema anunciado. E aquilo que ele com sinceridade e convicção desabafava diante do retrato de Lenin — sobre os "diferentes canalhas" — tinha que desaguar numa sátira.

Mas, em seus versos, a sátira começa a minguar. Nos jornais faz a defesa da autocrítica que "é a alavanca da vida e da administração", é necessária para "levantar rapidamente o país, a caminho do plano qüinqüenal". São os versos mais murchos que Maiakovski escreveu no final de sua vida.

As circunstâncias o empurravam para a sátira, a alma não suportava a pressão dos fenômenos anormais da vida e do cotidiano. Para a sátira ele havia encontrado um gênero que o seduzia — a dramaturgia. A sedução era antiga, desde seus primeiros passos na literatura. Mas, depois do sucesso de *O percevejo,* certificou-se de que a palavra, personificada na ação teatral, soa mais forte do que num livro e até mesmo num jornal...

Aliás, nos melhores versos e contos satíricos, Maiakovski revela os mesmos personagens que podemos encontrar nos contos de M. Zochenko. São personagens dos anos 1920. O que importa não são as profissões ou locais de trabalho, mas a psicologia e os motivos de comportamentos. Nas peças também. Seus personagens eram caricaturas de figuras proeminentes do governo soviético. Não foi à toa que, após a estréia da peça *Os banhos,* todos queriam adivinhar quem era quem dos escalões superiores do poder...

No início do ano, Maiakovski ficou ocupado com a exposição. Seu título final era: *Vinte anos de atividade.* Um título sério e seco, não festivo. A exposição ocupou três salas no clube dos escritores na rua Vorovski, 52. As paredes acima das portas e das janelas também foram utilizadas. O primeiro painel era "O que o senhor fazia até 1917?". Os anúncios das apresentações foram colocados sob o teto. Havia mostruários com livros e teses das apresentações: "Padre ou mestre?", "Álbum da tia ou praça da Revolução?". Era enorme a quantidade de jornais e revistas importantes e do interior do país. Em cima da mesa estavam álbuns que continham recortes com os artigos de Maiakovski — com elogios, críticas violentas ou neutros. O livro *Maiakovski em sua verdadeira grandeza*, de G. Chengueli, também estava exposto. Em dezenas de cadernos tinham sido transcritas perguntas feitas a Maiakovski nas apresentações entre 1926 e 1929. Obviamente, foram expostas as "Janelas" da ROSTA. Maiakovski introduziu um elemento de humor na organização, e, em cada cupido modelado sobre as portas da segunda sala, colou um lenço de pioneiro de papel vermelho brilhoso. Na terceira sala ficaram os anúncios e os cartazes.

Em 1º de fevereiro de 1930, às 17 horas, aconteceu a abertura da exposição. Compareceram cerca de 300 a 350 pessoas. Em sua maioria jovens. Maiakovski depositava grandes esperanças neste dia, assim como na exposição. As esperanças não eram muito claras. Tal se percebe pela energia e até mesmo pela exaltação com que ele preparou a exposição, derrubando os inúmeros obstáculos no caminho, assim como pela lista dos convidados para a inauguração. Convidou escritores e líderes do poder.

Esse último gesto, o convite de líderes políticos, força-nos a refletir sobre algo. Maiakovski foi proibido de viajar para o exterior e poderia ter avaliado essa proibição como um ato de desconfiança política. Bem provável que, com a exposição, Maiakovski quisesse mostrar sua lealdade política. Incluindo, quem sabe, em primeiro lugar, a direção do partido e do país.

Escreveu a introdução do poema "A pleno pulmões" para a inauguração da exposição. Era um poema grandioso, poeticamente límpido, abertamente confessional, voltado para o futuro, assegurando sua confiança no novo poder e no partido. O poema se transformou num fenômeno eminente da literatura, numa força extraordinária e testemunho profundo do destino dramático do poeta no entroncamento das duas épocas.

A pureza rítmica, a clareza da visão e uma entonação livre da teatralização são envolventes desde os primeiros versos: "Prezados camaradas descendentes!" Dirigindo-se aos homens do futuro, Maiakovski falou com simplicidade e sem tom solene, chama-os de "camaradas" como numa reunião do sindicato. Sequências de metáforas preenchem a introdução do poema, sem prejuízo do sentido. Vêmo-nos refletidos nos versos como num lago profundo, no qual, através da água, vê-se uma pedra no fundo.

Nessa introdução percebe-se um motivo dramático que pode ser o mais dramático de todos: o reconhecimento de sua dependência do tempo e das circunstâncias, o famoso e sempre citado trecho: "A propaganda grudou nos meus dentes..." Foi dito direta e sinceramente: "Mas eu me dominava, pisando na garganta da própria canção." Não tentou explicar que mesmo assim cantou sua "canção" sobre o tempo e sobre si mesmo. Mas, com orgulho de poeta e de soldado, Maiakovski declara estar pronto "para a morte e para a glória eterna".

No entanto, penetraram neste monólogo revelador versos lastimosos e amargos:

> *A cauda dos anos*
> *faz-me igual*
> *a monstros*
> *fósseis coleantes.*
> *Camarada vida,*
> *vamos*
> *marchar depressa,*
> *depressa*
> *pelo qüinqüênio*
> *afora.*

Estes ou outros versos ou o estado de Maiakovski causaram má impressão à atriz Nato Vatchnadze, pois a noite de inauguração da exposição lembrou-lhe um "funeral" e ela pressentiu "algo sepulcral". N. Briukhanenko sentiu todo o clima da inauguração. Maiakovski leu a introdução ao poema após a visita e estava sombrio: "A referência às gerações futuras impressionou muitos presentes. Tive vontade de chorar."

O estado de ânimo de Maiakovski devia-se à ausência dos escritores. Maiakovski não contava com a presença dos "líderes", havia enviado os convites com a intenção apenas de lembrá-los de sua existência. Não apareceu quase nenhum escritor convidado. Parecia boicote.

— Camaradas! — com firmeza soou a voz de Maiakovski na inauguração da exposição. — Estou muito feliz por não estarem aqui todos aqueles líderes e estetas para os quais tanto faz para onde ir e a quem saudar, o importante é a festa.

O poeta saudou os jovens que estavam presentes. "A plenos pulmões" deveria servir de prólogo à exposição. Era um resumo poético da vida do poeta. Ninguém poderia imaginar que era um balanço final (Maiakovski leria os versos posteriormente para platéias de escritores e artistas), e somente o coração feminino de Natalia Briukhanenko captou os sinais da tragédia que se aproximava... O mesmo sentimento teve L.V. Maiakovskaia: "Quando ouvi o poema, fiquei com medo."

Lunatcharski também assustou-se. Esteve na inauguração da exposição e Maiakovski pessoalmente o guiou pelas salas, dando explicações. Anatoli Vasilievitch ficou preocupado com o estado emocional de Maiakovski. "Maiakovski estava diferente, não parecia ele mesmo: doente, com os olhos fundos, cansado, sem voz, apagado", desabafou com sua mulher Lunatcharski, e acrescentou: "Hoje ele me pareceu muito solitário."

A exposição foi muito visitada e gozou de sucesso entre o público jovem. Alguns líderes da RAPP deram o ar de sua graça. Por insistência dos jovens, a exposição foi prorrogada por sete dias. Depois de Moscou, foi organizada em Leningrado, na Casa da Imprensa. Apesar de previamente marcada, o local em Leningrado não estava pronto para receber a exposição e Maiakovski teve que, pessoalmente, com a ajuda de voluntários, providenciar tudo. Tanto em Moscou como em Leningrado, na inauguração da exposição estavam presentes poucos escritores. A responsabilidade pela recepção foi delegada ao jovem Vissarion Saianov. Ao saber disso, Maiakovski animou o tímido poeta: "Então, vamos lá, saúde-me em nome de Brokgauz e Efron..." Percebendo a indecisão de Saianov, Maiakovski o empurrou e se dirigiram juntos ao palco:

— Declaro aberto a exposição. Agora Vissarion Saianov irá me fazer uma saudação.

Na travessa Staropimenovski, no subsolo do prédio de dois andares no qual moravam muitos artistas famosos de Moscou, funcionava um clube teatral chamado Kruzhok. O clube continha salas de visitas, um pequeno auditório e restaurante e era freqüentado por artistas velhos e jovens. A inauguração oficial aconteceu em 25 de fevereiro e reuniu todo o meio teatral de Moscou. Estavam presentes V.I. Katchalov, I.M. Moskvin, O.L. Knipper, I.N. Bersenev, S.V. Guiatsintova, S.G. Birman, A.V. Nejdanova, N.A. Obukhova, L.V. Sobinov, V.V. Barsova, E.V. Gueltser, A.A. Iablotchkina, V.N. Rijova, P.M. Sadovski, M.M. Bliumental-Tamarina, S.L. Kuznetsov. E.M. Chatrova, V.O. Toporkov, B.V. Chukin, R.N. Simonov. Que admirador do teatro não ficaria emocionado com esse elenco de nomes famosos?

A reunião era organizada e apresentada pelos jovens — S. Obratsov, R. Zelenaia, B. Tenin, L. Mirov. Exigiram que Maiakovski subisse ao palco. Eram duas horas da manhã e o poeta estava sentado num canto com M. Iachin e V. Polonskaia. Não queria se apresentar, mas acabou indo e leu "A plenos pulmões".

Anunciaram o nome de Katchalov. Vasili Ivanovitch subiu ao palco e disse: "Impossível se apresentar depois de Maiakovski!"

A exposição em Leningrado, as apresentações na universidade, no Instituto de Pedagogia, no Kruzok e no Instituto Agrário não influenciaram o ânimo de Maiakovski. Saianov lembra-se dele como uma pessoa sombria. Olga Berggolts também guardou a impressão de Maiakovski como um homem solitário e introspectivo, que provocava sentimentos de compaixão. Foi assim, num estado depressivo, que Maiakovski surgiu diante do público no clube. O encontro com os jovens o animou somente por alguns instantes na Casa do *Komsomol*, na Krasnaia Presnia, onde, depois de Leningrado, de 18 a 25 de março, foi organizada a exposição.

Outros acontecimentos se desdobraram junto com a exposição.

Em 6 de fevereiro, na Conferência da Associação dos Escritores Proletários, Maiakovski declarou que estava entrando para a RAPP. O início de sua declaração demonstrou claramente que Maiakovski estava fazendo mais um gesto de conciliação — queria reconquistar a confiança que imaginava ter perdido com a tendência satírica de sua obra.

"Para o cumprimento da meta de consolidação de todas as forças da literatura proletária, solicito o ingresso na RAPP.

"1. Não tenho e nunca tive discordâncias com relação à principal linha literário-política realizada pela Federação das Associações dos Escritores Proletários;

"2. As discordâncias artístico-metodológicas podem ser resolvidas a favor da literatura proletária dentro da associação;

"Considero que os militantes da REF devem fazer a mesma reflexão que está sendo ditada por todo nosso trabalho anterior."

Com o seu discurso, Maiakovski deixou em situação delicada os dirigentes da RAPP. Lebedinski lembrou-se disso. Aceitar Maiakovski, para eles, seria reconhecer o poeta como poeta proletário. Conhecendo o caráter "brigão" de Maiakovski, os líderes da RAPP temiam que ele fosse minar a associação por dentro. Mas era impossível não admiti-lo, Maiakovski desequilibrava muito a favor da RAPP a balança literária.

O processo de admissão foi enfadonho e humilhante para o poeta. Leu "A pleno pulmões" sem inspiração e elevação. Os mentores da RAPP davam conselhos sobre como viver, como e sobre quê escrever.

Os membros da REF consideraram a admissão de Maiakovski à RAPP como traição e anunciaram-lhe boicote. Kirssanov, praticamente introduzido na literatura pelas mãos de Maiakovski, escreveu em versos que a partir de então cortava todas as relações com o seu "capitão".

O único membro da REF que poderia saber, e provavelmente sabia, das intenções de Maiakovski com relação à RAPP era Ossip Brik. Vladimir Vladimirovitch carregou até o fim a cruz das obrigações "familiares" e não poderia largá-la pelo caminho e, obviamente, avisou a Brik. Na mesma hora, Brik começou a estabelecer relações com um dos dirigentes da RAPP, Leopoldo Averbakh, que, a convite dos Brik, apareceu na travessa Guendrikov. Porém Maiakovski fugia dos encontros com ele.

Depois de admitir Maiakovski na RAPP, seus líderes não o colocaram na direção e insistiam que ele tinha um grande e difícil trabalho pela frente para se tornar um escritor proletário. Maiakovski sofria muito com tudo isso e chegou a se lamentar com N. Serebrov:

"— Não tenho amigos. Às vezes, sou tomado por uma tristeza que dá uma vontade louca de casar! Estou me filiando à RAPP. Vamos ver quem ganha! É engraçado ser companheiro de jornada, quando me sinto a própria Revolução.

"E prosseguiu:

"— Pro diabo! — bramia e batia com a bengala na calçada —, é fácil dizer pra deixar pra lá... Não só deixei, como esqueci. Não está me ajudando. Se intrometem. Sinto que não sou mais necessário a ninguém.

"— Pro diabo! — bramia ele, parado na praça Lubianskaia como um monumento. — Largarei os versos. Há tempos prometi. Lembra a introdução ao meu livro *Tudo*? Aliás, não foi o senhor que editou. Se eu não morrer, vou escrever prosa. Quero escrever um romance. Tenho um tema conveniente."

Esta conversa aconteceu após o ingresso de Maiakovski na RAPP, dez dias antes de 14 de abril.

O episódio com a peça *Os banhos* também se desenrolou na mesma época do episódio com a RAPP. Mas antes, vejamos um pouco do trabalho de produção do espetáculo. Para o papel principal, de Pobedonosikov, foi escalado M. Chtraukh, que trabalhou até a exaustão (foi o maior sucesso do espetáculo). Maiakovski foi convidado por Meyerhold para assumir o cargo de assistente de direção.

Ainda durante a leitura da peça, Maiakovski foi indagado sobre o porquê de tê-la classificado como drama. Vladimir Vladimirovitch respondeu: "Para ficar mais engraçado. Os burocratas não seriam um drama em nosso país?"

Nos monólogos de Pobedonosikov, Maiakovski ironizava a retórica do seu tempo e no primeiro ato criou uma situação dramática e, ao mesmo tempo, cômica. Diante dos leitores e espectadores surgia uma sátira furiosa da nova burocracia que complicava dramaticamente a vida das pessoas e o desenvolvimento da sociedade a caminho do progresso social. Ficava claro que, pelo tema principal, era um drama. A luta era cruel, o inimigo sabia se adaptar, estava armado de demagogia que trazia muitos dividendos para aqueles que sabiam usá-la.

A peça *Os banhos* é propagandística, seus personagens são "metáforas animadas". Assim era a orientação de Maiakovski, e por isso dizia: "Existem personagens, mas não há uma só personalidade..." (R. Duganov). A personalidade era o próprio autor.

Maiakovski descreveu assim o gênero da peça: drama em seis atos com circo e fogos de artifício. Então, Meyerhold, o grande mestre do teatro visual e polifônico, preferiu destacar os efeitos cênicos para disfarçar o "drama" que o autor percebeu no sistema burocrático e refletiu na peça. Provavelmente, a idéia surgiu em razão da vontade de não provocar o governo soviético e, por isso, resolveu suavizar o caráter de denúncia da peça. Assim como, é claro, o diretor queria dar asas a sua desenfreada fantasia, encontrando na peça liberdade para criar.

Os truques do diretor, os efeitos sonoros e de produção confundiram o objetivo satírico da peça, que não obteve sucesso. E isso, porque o texto não soou com toda força, o sentido de cenas inteiras foi deturpado. Maiakovski compreendeu-o tarde, quando o espetáculo já estava em cartaz. A atriz M.F. Sukhanova, que interpretou o papel de Polia, lembrou o seguinte fato que nos leva a perceber isso:

"Certa vez, no intervalo, Z.N. Raikh, que fazia o papel da Mulher Fosfórica, disse a Vladimir Vladimirovitch: 'Como a minha cena com Sukhanova é bem aceita!' A cena era a seguinte: a Mulher Fosfórica e Polia caminhavam por um círculo em movimento. O efeito era de que andavam para ficar no mesmo lugar. Iluminadas por um feixe de luz dos projetores, as duas figuras femininas, andando em círculos, tinham muito impacto e o público sempre aplaudia. Mas Maiakovski respondeu com raiva às palavras de Raikh: 'Duas tias andando, atropelaram o texto, não dá para entender nada!' É, a fala de Polia era muito importante e a cena deveria ser emocionante, mas os aplausos eram para o diretor e para o cenógrafo, não para as atrizes."

As recordações de outros representantes do meio teatral, assim como algumas opiniões mais tranqüilas e analíticas sobre o espetáculo, dão conta de como episódios como esses eram comuns nas encenações da peça. E, obviamente, tornou-se um prato cheio para os críticos.

Em 30 de janeiro, antes da encenação de Meyerhold, a estréia da peça realizou-se em Leningrado, na Casa Popular e com a direção de V. Liutse, com B. Babotchkin no papel de Pobedonosikov. O espetáculo foi um fiasco.

"O público recebeu a peça com uma frieza mortal", escreve M. Zochenko. "Não me lembro de nenhuma explosão de risos. Jamais vi um fracasso tão grande como este."

Sucedeu-se uma série de resenhas terríveis. Seus autores não perceberam as qualidades da peça e destacaram apenas o lado fraco da produção. Pelo visto, a leitura feita pelo diretor possibilitou isso. Em um dos jornais foi publicado: "Ao invés de explicar ao espectador a idéia de Maiakovski, o espetáculo só fez encobrir o tema principal e apresentou detalhes multicoloridos com barulhos absurdos, os atos eram longos e pouco compreensíveis."

Um sinal foi emitido pelo comando da RAPP. Um de seus jovens líderes, V. Ermilov, publicou na revista *Na Literaturnom Postu* (de 1930, nº 4) e no jornal *Pravda* (de 9 de março) um artigo denominado "Sobre os ânimos do 'esquerdismo' pequeno-burguês na literatura de ficção". Analisando um dos trechos publicados, sem conhecer a peça na íntegra, o autor do artigo praticamente condena *Os banhos*, declarando a personagem principal, Pobedonosikov, como "uma falsidade inadmissível", "excepcionalmente esquemática e inverídica". O mais sintomático é que Ermilov acusou Maiakovski de exagerar na caracterização do burocrata Pobedonosikov.

Em defesa da peça apresentou-se Meyerhold (jornal *Vetcherniaia Moskva*, de 13 de março). O espetáculo tinha que ser salvo. Maiakovski respondeu com versos que foram pendurados no palco juntamente com outros ("Os burocratas têm ajuda das penas dos críticos, do tipo Ermilov..."). Mas esta frase teve que ser retirada por pressão da direção da RAPP.

A estréia da peça aconteceu em 16 de março.

Segundo as recordações de A. Fevralski, Meyerhold, em sua produção, delimitou visivelmente as personagens: Tchudakov, Velosipedkin e as pessoas em torno, ou seja, as personagens positivas foram mostradas numa solução patética como construtores corajosos da sociedade socialista. E Pobedonosikov era uma caricatura do seu meio. Ao lado, isolada estava a Mulher Fosfórica, que representava a poesia, o intelecto, a futura perfeição humana. O excessivo extremismo, o desmedido convencionalismo de algumas cenas e os efeitos pirotécnicos não colaboraram para o sucesso do espetáculo. Tudo isso atribuía à peça características espetaculares, porém obscurecia o sentido. Foram usados jogos de cena de circo e a "máquina do tempo" era acompanhada de explosões, foguetes, fogos de artifício... E tudo isso, acompanhado da música de V. Chebalin em alto volume, desviava a atenção do conteúdo.

No entanto, o terceiro ato mostrava uma pantomima de Pobedonosikov assistindo à peça, fazendo observações e dando sugestões. No texto Maiakovski, com sua capacidade de previsão do futuro, vendo décadas à frente, ironizava impiedosamente os burocratas da arte e a arte oportunista que lhes agradava e onde ele, Maiakovski, acabou armadilhado. O poeta conseguia enxergar de perto o poder soviético dentro da esfera de sua atividade, que era a literatura e a arte.

As opiniões sobre a peça, em geral, ultrapassavam os limites das discussões literárias e teatrais. Os funcionários da área artística também haviam sido atingidos por ela. A peça era muito debatida. Houve ocasião em que aconteceram dois debates no mesmo dia: em 27 de março, pela manhã, na redação do jornal *Vetchernaia Moskva*, e à noite, na Casa da Imprensa.

Os ataques à peça eram carregados de opiniões vulgares e visões sociológicas e não vale a pena citá-las.

Numa situação como esta, Maiakovski poderia ter se sentido mais animado e esperançoso após ler a peça no Clube Proletário para uma platéia de jovens. Ouviu algumas reflexões mais sóbrias e mais sagazes. E deve ter sido por isso que, durante o encontro com os atores que participaram da peça, à pergunta sobre que peça escreveria agora, Maiakovski respondeu com firmeza: "Mais uma como *Os banhos*." Em outra situação, quando lhe perguntaram como escreveria *Os banhos* se tivesse que reescrevê-la, Maiakovski respondeu que não mudaria nada. "Ele não estava acostumado a recuar, não sabia e nem queria." (N. Berberova)

Suas récitas nesta época eram esporádicas. Os médicos haviam proibido Maiakovski de se apresentar em público por causa dos problemas na garganta.

Mas ele, dilacerado pelas dúvidas e críticas, às quais começara a reagir com raiva, mesmo doente aparecia nos auditórios lotados, superando a si mesmo. A recordação mais emocionante destes dias foi o encontro, em 25 de março, na Casa do Komsomol na Krasnaia Presnia. O evento havia sido programado como uma homenagem, mas ao mesmo tempo haveria um debate sério. A organização quase obrigava os funcionários da biblioteca e os professores a lerem Maiakovski e o anunciava como poeta revolucionário. Porém, o mais importante não foi isso, mas a conversa do poeta com os jovens. Foi sua última conversa séria.

A atmosfera amistosa não só animou o poeta enfraquecido pela doença, como o deixou à vontade para falar com sinceridade. Desde o início, Maiakovski tentou tirar o ar de comemoração do encontro, achou engraçada a idéia de uma "tribuna de honra barbuda" reconhecendo o seu mérito. Para ele a poesia era trabalho. Maiakovski não negava a importância do talento, como uma condição para a criação poética. Era O. Brik que afirmava que o talento não nascia de forma espontânea, assim como o Kazbek ou o mar Negro, mas se formava durante o trabalho, ou seja, negava a natureza inata do talento. E, certa vez, durante uma discussão, Vera Inber disse a Brik: "Será que não percebe que Maiakovski é Kazbek e o mar Negro juntos?" No entanto, Maiakovski pensava que a relação com a poesia não tinha que ser festiva. Dizia que era muito fácil escrever versos panfletários que não irritassem ninguém, como "Marche e em frente, povo trabalhador!", embora o próprio Maiakovski, às vezes, escrevesse versos desse tipo.)

De repente, uma queixa: o que valem "vinte anos de trabalho, de bofetadas literárias?"; para quê esta luta constante "contra a estagnação que encontramos na nossa República que tem só treze anos". Depois o poeta reclamou da doença, dizendo que teria que parar de ler seus poemas em público durante um longo tempo.

Maiakovski não havia se preparado especialmente para essa apresentação, improvisava e tentava se afinar com a onda de entendimento recíproco durante a noite. Saltava de um tema para outro: a "engenharia" poética; ou o poema satírico sobre Budioni; ou a utilização inadequada de palavras estrangeiras que chamavam sua atenção. E, novamente, uma reclamação: "... em razão do meu caráter briguento fui atacado por tantos cachorros e acusado de tantos pecados que tenho e não tenho, que minha vontade é viajar para algum lugar e ficar lá dois anos para não ouvir xingamentos."

Maiakovski foi mais coerente ao falar sobre a sua exposição e, a pedido do auditório, leu "A plenos pulmões", alguns poemas antigos, pré-revolucionários, e alguns poemas mais novos e ficou muito satisfeito, pois achou que até mesmo os "mais complicados" foram compreendidos pelo público. Como sempre, respondendo às perguntas e aos bilhetes Maiakovski era extremamente sincero e, ao mesmo tempo, patético e não se esquecia de ser persuasivo. À pergunta: "Está filiado ao partido atualmente?", Maiakovski respondeu: "Não, não tenho partido." Então, ouviu-se uma voz: "Pena." "Eu não acho uma pena." "Por quê?" "Porque adquiri uma série de hábitos que não combinam com o trabalho organizado." E no mesmo instante convenceu o público de que não estava rompendo com o partido e que estava pronto para cumprir suas resoluções. Durante todo este tempo, Maiakovski reafirma publicamente o seu engajamento, e todas as suas afirmações tinham motivo. Sentia que estava sendo cercado como um lobo.

Nessa mesma noite Maiakovski apresentou sua última justificativa sobre sua relação com as obras clássicas: "O companheiro disse que eu destruo todos os clássicos. Mas eu nunca me ocupei deste trabalho tolo."

Alguns leitores jovens, funcionários entusiastas do Komsomol e divulgadores do trabalho de Maiakovski falaram durante o evento. No entanto as emoções positivas obtidas nesse encontro não bastaram ao poeta, ele estava no limite de suas forças.

Depois da viagem a Leningrado, Maiakovski durante o mês de março se apresentou no evento em homenagem a V. Khliebnikov, no Clube da Manufatura Trekhgornaia, no Museu Politécnico, durante o evento intitulado "Os escritores ao Komsomol", no debate sobre a peça de A. Bezimenski *O tiro*, no Clube Astakhov para os trabalhadores da fábrica Serp e Molot. A última apresentação foi em 29 de março. Vladimir Vladimirovitch envolveu-se numa discussão, leu dois poemas e, alegando problemas de saúde, deixou o recinto antes do final do evento. Nessa época, Maiakovski também participou dos ensaios do espetáculo *Moscou em chamas*, no Circo Nacional.

Depois de escrever sobre os acontecimentos de 1905 em Moscou, Vladimir Vladimirovitch se entusiasmou com sua produção para o circo. Como a música tinha um papel importante, Maiakovski definiu seu gênero como *melomima*, uma mistura de melodia com pantomima. As intervenções do poeta na direção eram bem mais seguras e confiantes. Maiakovski gostava do circo e da síntese de elementos plásticos, música e palavra, que era inédita no teatro. Ele sempre se sentia atraído pelo novo.

O último encontro de Maiakovski com um público grande foi difícil e aconteceu no auditório do Instituto de Economia Popular Plekhanov. Em 9 de abril, cinco dias antes de sua morte. Maiakovski, é claro, não precisava ir a esse encontro, estava doente e visivelmente deprimido.

Certa vez, Dostoievski disse sobre Belinski que "era o homem mais apressado em toda Rússia". Nos anos 1920, numa nova Rússia, havia muitos homens apressados e Maiakovski, sem dúvida, era um deles e pode ser que fosse "o mais apressado". E será que não foi consciente de sua pressa que Belinski disse tranqüilamente e sem meias-palavras a Dostoievski: "Quando o enterrarem no túmulo... irão se dar conta e descobrirão o que perderam."

V.I. Slavinski nos conta em suas memórias como foi a recepção de Maiakovski e de suas palavras no Instituto Plekhanov:

— Estou falando sério com vocês. (Risos.) Quando eu morrer, vocês irão ler os meus poemas com lágrimas comovidas. (Algumas pessoas riem.) Mas agora, quando ainda estou vivo, falam muitas bobagens a meu respeito, sou muito xingado.

Os verdadeiros gênios não são cultuados em vida. Incomodam demais para isso. A consciência de sua singularidade não torna a vida mais fácil para eles, mas ajuda a caminhar em direção ao objetivo, custe o que custar. Não era um jogo de sedução com o público, mas a amargura acumulada que transpirava de sua fala:

— Todos os poetas que viveram até os dias de hoje e os que ainda estão vivos escreveram e escrevem obras que agradam a todos, pois escrevem uma lírica delicada. Minha vida inteira, me ocupei de fazer obras das quais ninguém gostava e não gosta...

Maiakovski começou a leitura com a introdução ao poema dedicado ao plano qüinqüenal "A plenos pulmões". A leitura foi interrompida por gritos ecoando depois dos versos: "Que honra insignificante a minha estátua erguerse destas rosas dos jardins onde a tuberculose escarra entre putas e rufiões numa ronda de sífilis."

Então, Maiakovski propôs começar o debate. O poeta leu um dos bilhetes recebidos do público: "É verdade que Khliebnikov foi um poeta genial e o senhor, Maiakovski, diante dele é uma porcaria?" Maiakovski se conteve para não responder com grosseria e disse:

— Eu não compito com os poetas, não meço os poetas por mim. Isso seria uma tolice.

Subiu ao palco um orador, dizendo que os trabalhadores não entendiam Maiakovski por causa de sua maneira de quebrar os versos. O poeta replicou, dizendo que seus poemas seriam aceitos 15 ou 20 anos depois, então, o orador seguinte exigiu, sob as gargalhadas do auditório, que Maiakovski provasse que seria lido 20 anos mais tarde. E se Maiakovski não provasse isso, não valia mais a pena ele se ocupar da escrita. Outro orador, um declamador, anunciou que não conseguia ler Maiakovski, disse que conseguia ler todos os poetas, mas Maiakovski, não. Alguém aconselha a Maiakovski a ocupar-se de "um trabalho verdadeiro" e diz que não "compreende nem assimila" as obras dele. Outra pessoa mentiu cinicamente ao afirmar que certo poema de Maiakovski ocupava uma página e meia apenas com as palavras *tique-taque, tique-taque...*

Maiakovski ficou impressionado com a ignorância e a grosseria dos estudantes e lhes disse isso diretamente, replicando causticamente. Verdadeiro bate-boca. Alguém gritou da platéia: "Demagogia!" Maiakovski, inclinando-se pela beira da tribuna, ordena furioso ao agitador: "Sente-se!" Ele continuou gritando. A confusão e a balbúrdia tomaram conta da platéia. Todos se levantaram. "Sentem-se! Eu os obrigarei a calarem-se!!!"

Todos se acalmaram. Sentaram-se. Vladimir Vladimirovitch estava nos limites de suas forças. Estava muito doente. Cambaleando, Maiakovski desceu da tribuna e sentou-se nos degraus. Silêncio absoluto. Mas o poeta encontrou forças e leu "A marcha à esquerda", que foi finalizado com uma explosão de aplausos. Depois, falou pacificamente:

— Companheiros! Hoje é o nosso primeiro encontro. Daqui a alguns meses nos encontraremos novamente. Gritamos, brigamos, mas a grosseria foi em vão. Não devem ter raiva de mim...

Maiakovski saiu deste evento vitorioso: três quartos da platéia estavam com ele. Porém, qual foi o preço desta vitória para um homem doente, com os nervos à flor da pele? Esse encontro aconteceu exatamente quando a crítica incutia nos leitores a versão muito batida da incompreensão da obra de Maiakovski, do seu individualismo, do fiasco da peça *Os banhos*, quando, nas discussões da peça e do espetáculo — em nome da sociedade soviética —, o poeta foi acusado de falsidade e de menosprezar a classe trabalhadora. Alguém até mesmo o acusou de chauvinismo e de fazer chacota do povo ucraniano e sua língua (referindo-se ao personagem Optimistenko). E quem dava o tom à crítica eram seus novos parceiros literários, os membros da RAPP. Pode ser que Valentin Kataiev esteja certo: Maiakovski estava arrependido de ter se filiado à RAPP. Com efeito, não foi compreendido, e a animosidade dos líderes da RAPP, surgida durante a polêmica sobre a peça *Os banhos* era muito visível.

O ano de 1930 foi cheio de "surpresas" para Maiakovski. A exposição comemorativa foi ignorada pelos jornais e isso parecia normal. Porém, a revista *Petchat e Revoliutsia* (Imprensa e Revolução) resolveu comemorar os 20 anos de atividade do poeta. Na página do editorial, seria publicada uma foto de Maiakovski com a saudação da redação:

"V.V. Maiakovski, o grande poeta revolucionário, revolucionário da arte poética, incansável companheiro poético da classe trabalhadora, receba as saudações da revista *Petchat e Revoliutsia* por ocasião da comemoração dos 20 anos de trabalho artístico e social."

Um funcionário da revista informou a Maiakovski assim que recebeu a boneca da revista, e o poeta aguardou a publicação. A revista saiu com atraso, o número de fevereiro só saiu em abril. A foto com a saudação havia sido retirada de todos os exemplares, e o funcionário, que autorizou o número para a impressão com a "revoltante homenagem", foi punido.

A campanha para isolar Maiakovski da literatura, ou seja, também da vida, assumia um caráter cada vez mais cruel. Na imprensa tentavam convencê-lo de que não tinha mais o que escrever e nas apresentações alguns engraçadinhos, com intenções de ofender, perguntavam ao poeta quando, finalmente, ele daria um tiro na testa... Parecia que estava sendo pressionado pelo peso monstruoso das circunstâncias que colocavam em dúvida o caminho escolhido e reprimiam a energia de suas ações.

Seria tão incontestável a conclusão apresentada por ele na exposição, na primeira introdução ao poema "A plenos pulmões"? Teria feito uma avaliação sincera e correta de si próprio na sua mensagem aos "camaradas futuros"? Essas perguntas podiam atormentar-lhe a alma. Mas era tão inabalável sua convicção: "Meu verso chegará através dos séculos em arco/sobre os poetas e os governantes"; "Meu verso romperá com seu labor a mole dos anos." E, ao mesmo tempo, sofria derrotas pessoais e literárias nesta época.

A derrota pessoal era a paixão por Tatiana Iakovleva.

A derrota (mesmo relativa) da exposição *Vinte anos de atividade* Maiakovski vivenciou com dificuldade. Queria muito mostrar a exposição aos escritores e à liderança política do país. Contava também com a ampla divulgação da imprensa.

A impressão de Vladimir Matchavariani, descrita numa carta à mulher, elucida alguns fatos. Ele esteve na exposição com Nato Vatchnadze. Eis sua carta:

"Os jornais calaram de forma vergonhosa sobre esta comemoração. Nenhum jornal noticiou. Nenhuma saudação. Esta parede revoltante de total silêncio o preocupou e o magoou, apesar da ironia com que sempre zombou de comemorações comuns. Resultou em total solidão. Tenho muita pena dele. Pareceu-me uma figura trágica." E mais adiante: "Acho que algo acontecerá a ele, não sei, mas me pareceu que ele está perdendo sua coragem." Depois, já numa frase muito íntima: "Quando voltei para casa, não consegui dormir e pensava em Volodia. Uma lástima não estares aqui, ele perguntou por você. Poderíamos lhe fazer uma visita, ou chamá-lo para nos visitar."

Como era uma pessoa sensível, Matchavariani percebeu, assim como Nato Vatchnadze, a profunda depressão de Maiakovski.

O fiasco da peça *Os banhos* em Leningrado e em Moscou representou um golpe muito forte. Muito mais em Moscou, onde ele foi praticamente o co-autor (co-diretor) do espetáculo. E as críticas incomodavam mais ainda quando se referiam à peça, dizendo que havia erros políticos, não tinha um "conteúdo de classe", as referências à realidade eram feitas em tom zombeteiro e isso, naquela época, era considerado ofensa. Maiakovski considerou a retirada da foto e da homenagem da revista *Petchat e Revoliutsia*, seguindo a ordem da chefia editorial, como um ato de discriminação política. Eram assim os tempos.

Sua idéia de reestruturação do LEF em REF fracassou. Aliás, como a perspectiva da LEF-REF na poesia havia se esgotado. Maiakovski chegava à conclusão da falta de perspectiva da arte produtiva e do trabalho jornalístico para o desenvolvimento da arte poética. Eis um dos trechos da segunda introdução do poema "A plenos pulmões":

> *Conheço a força das palavras, conheço seu toque*
> *Não são aquelas a quem os camarotes aplaudem*
> *De palavras como essas os caixões erram*
> *o passo com seus quatro pés de carvalho.*

Que metáfora impressionante! Iuri Olecha a comparou, pela força, aos personagens de Dante. Como está longe do conceito de arte "produtiva" e como é natural no Maiakovski-poeta! Não houve palavras assim sobre o plano qüinqüenal. Elas estão presentes no monólogo "Sobre o tempo e sobre mim mesmo". O monólogo, como revelou-se depois, foi uma despedida, pois o poeta se via sem opções. Podemos sentir a situação de impasse que foi disfarçada no bilhete deixado com a metáfora do "barco do amor" partindo, ao dizer "...não tenho saída".

Na cadeia geral das atitudes tomadas durante os últimos meses de sua vida, o erro mais lógico foi a filiação à RAPP, uma organização hierárquica que não tolerava aqueles que escreviam diferente ou pensavam diferente. Esta organização facilmente admitia e aceitava todas as formas e experiências do sistema autoritário-burocrático. Na RAPP Maiakovski continuou sendo um estranho. A resolução que condenava a revista *Outubro* pela publicação da peça *Os banhos* obrigou a refletir sobre o destino das obras satíricas que ele queria e não podia escrever. O poeta percebeu que a RAPP tinha um forte apoio no Comitê Central do Partido Comunista e que sua política na área da literatura era praticamente a política do partido.

Todos estes acontecimentos e vivências estavam amarrados num nó apertado. Maiakovski estava doente, nervoso e com dificuldade vencia as tensões e, de tempos em tempos, não conseguia conter suas explosões violentas. Por isso, procurava consolo nos encontros com Nora Polonskaia. Seu desejo era constituir uma família normal.

Seria ingênuo falar do vínculo espiritual entre Maiakovski e os Brik depois do fracasso da LEF-REF. A frase, atribuída a Maiakovski numa conversa com Brik — "Se fôssemos ligados somente em função da LEF, eu brigaria com você, mas existe outra coisa que nos une" —, fica no ar. E a revelação, feita por Brik somente dez anos depois da morte do poeta, pode ser explicada pela cegueira moral de Ossip Maximovitch: "Eu percebia que Volodia estava num péssimo estado de espírito e não desconfiava do verdadeiro motivo desse estado." No entanto, Brik manifestou-se sobre o motivo bem antes, logo depois da morte de Maiakovski. Tal se evidencia em um trecho da carta do diretor teatral V. Tipot à sua irmã, L. Guinzburg:

"Encontrei com ele [Brik] um dia desses. Trajava um típico paletó estrangeiro, infinitamente azul. Disse: 'Que bom que encontrei o senhor! Podemos nos valer muito bem da morte de Volodia para criar o Teatro Literário V. Maiakovski, para instaurar mais ânimo e alegria, senão a tristeza fica. Se houvesse mais alegria aqui, será que Volodia suicidar-se-ia?'"

Como nem mesmo as pessoas consideradas íntimas expressavam compreensão ou compaixão, e "cansadas" se escondiam dele de forma egoísta em Londres, e sem contato freqüente com a mãe e as irmãs, para não preocupá-las com seu estado emocional, Maiakovski via somente uma saída — o casamento com Polonskaia para levar uma vida familiar tranqüila.

O relacionamento entre os dois, desde o momento em que Maiakovski soube do casamento de Iakovleva, tornou-se mais frio e isso assustou Verônica.

A ferida emocional motivada pelo fracasso tomou conta dele e não cicatrizava. O poeta compreendeu com mais clareza a inutilidade de tentar recuperar o amor.

> *São duas horas e deves estar na cama*
> *À noite a Via Láctea é um rio prateado*
> *Não tenho pressa e não envio telegrama*
> *para que despertar-te e incomodar-te*
> *como dizem: caso encerrado*
> *o barco do amor espatifou-se na rotina...*

Maiakovski começou a fazer o balanço da vida pessoal antes do tempo. Era necessário acertar as contas com o passado para começar uma vida nova. O mundo pode ser maravilhoso para quem se desvia das "dores, desgraças e mágoas mútuas".

> *Veja o silêncio que está no mundo*
> *A noite cobriu o céu de tributos estrelados*
> *em horas assim, levanta e fala*
> *aos séculos de história e ao universo...*

Não é somente a ela que o poeta convence da idéia de grandeza e beleza do mundo, tenta se convencer disso também. Era necessário superar o drama pessoal, romper o bloqueio da rotina e da poesia. Não estava mais na idade, quando podia ir até a Presnia, cair de joelhos diante da mãe, Aleksandra Alekseievna, e falar-lhe de sua tristeza. Poderia ir, esquentar-se, distrair-se sob o olhar materno carinhoso, mas não podia tocar no assunto, não queria depositar todas as suas amarguras nos ombros da mãe, uma mulher frágil, mas que nunca se queixou e nunca se deixou abater pela pressão do destino.

Não, a saída tinha que ser buscada no trabalho, na reconstrução decidida e irreversível do cotidiano. Havia uma mulher amável, maravilhosa, encantadora que era Nora Polonskaia e que o amava. Porém estava amarrada pelos laços do casamento e do teatro que não poderia deixar.

"Jamais", escreveu Kataiev, "tinha visto Maiakovski tão desnorteado e deprimido. Onde estava sua habilidade artística, seu humor ferino, sua postura de semideus que derrotava os inimigos com flechas irrefutáveis e instantâneas?" Seu estado depressivo influenciou a relação com Polonskaia. "O barco do amor espatifou-se..." Estava falando de quê? Novamente sobre o cotidiano. A rotina para ele era algo hostil ao ser humano. O amor estava perdido. A auto-estima, ferida. Não foi isso que trouxe o nervosismo na relação com Polonskaia? Não havia ninguém por perto, além dela, alguém que pudesse preencher o vazio do coração. Era um fardo muito pesado para a jovem mulher e isso a assustava.

Maiakovski tornava-se cada vez mais sombrio, tentava não envolver Polonskaia nas conversas desagradáveis sobre a REF, a RAPP, a produção da peça *Os banhos*, pois "a verdade é manca mas chega sempre a tempo". Os encontros não davam mais prazer a nenhum dos dois. As alterações de humor eram bruscas e inesperadas. Maiakovski tornou-se irritadiço, exigia encontros íntimos e, finalmente, exigiu que Polonskaia abandonasse o teatro.

Improvável que isso fosse demonstração de amor de Maiakovski. Era uma necessidade insaciável de amor. No entanto, os sentimentos sinceros de carinho e de confiança que a jovem mulher demonstrava nos encontros com o poeta fizeram sua parte. Mas Vladimir Vladimirovitch, como recorda Polonskaia, "ficava cada vez mais inflexível e ciumento".

"Antes, ele se relacionava tranqüilamente com o meu marido", escreveu Polonskaia. "Depois, começou a sentir ciúmes, fazia críticas e se fechava. Permanecia calado durante horas. Com muita dificuldade consegui tirá-lo deste estado. De repente, o estado sombrio desaparecia e este homem enorme ficava novamente alegre, pulava e destruía tudo a seu redor com sua voz."

Os encontros entre eles tornaram-se mais freqüentes, quase diários. Isso não passava despercebido para os que estavam ao redor, ao marido de Verônica Vitoldovna e sua família. Precisavam se esconder das pessoas, sair correndo dos ensaios, marcar encontros nos cafés e no quarto da Lubianski, cuidadosamente guardado em segredo para Iachin. Quando Nora recebeu seu primeiro grande papel no Teatro de Arte de Moscou, ficou entusiasmada, e isso exigia muito tempo que Vladimir Vladimirovitch lhe tomava. Ele ficava nervoso, queria encontros diários, fazia cenas de ciúmes, inventava reuniões noturnas com atores somente para vê-la, e convidava pessoas estranhas, desnecessárias.

Mais um trecho das memórias de Polonskaia:

"Freqüentemente, não conseguia se controlar diante de pessoas estranhas, o que me fazia dar explicações. Caso acontecesse alguma briga, tinha que resolvê-la imediatamente.

"Estava sombrio, calado e intolerante.

"Eu fiquei grávida dele. Fiz um aborto que acarretou conseqüências psicológicas para mim, estava cansada de mentir e da vida dupla e, de repente, Iachin me visitou no hospital... Tive que mentir novamente e isso me fazia sofrer."

"Depois da operação, que não foi muito bem-sucedida, fiquei extremamente apática com relação à vida em geral e, o pior, surgiu uma aversão à relação sexual.

"Vladimir Vladimirovitch não conseguia aceitar isso. Sofria com a minha indiferença física (aparente). Em razão disso, ocorreram muitas brigas terríveis, cruéis e tolas.

"...Vladimir Vladimirovitch ficava violento com a minha indiferença. Era muito insistente, até mesmo cruel. Nervoso, via tudo com desconfiança, irritava-se apegando-se aos mínimos detalhes.

"E eu o amava cada vez mais, respeitava e compreendia humanamente e não imaginava minha vida sem ele, era triste sem ele, desejava vê-lo; e quando eu o encontrava, emergiam de novo o sofrimento e as agressões mútuas. Isto me impelia a fugir dele."

Vladimir Vladimirovitch exigia que Nora se divorciasse imediatamente de Iachin, ela protelava, mas prometia que resolveria isso sem falta. Depois de receber a promessa de que ela iria separar-se do marido e tornar-se sua mulher, Maiakovski parece ter ficado mais tranqüilo, mas ainda exigia que Polonskaia abandonasse o teatro. E isso, para uma jovem atriz que acabara de receber seu primeiro grande papel, estava fora de cogitação. Mas concordavam com o casamento, e Vladimir Vladimirovitch se inscreveu numa cooperativa para receber um apartamento onde residiriam.

As recordações de V.V. Polonskaia, que durante décadas ficaram inacessíveis aos leitores, são claras pela sua naturalidade, sinceridade e ausência do desejo de parecer melhor do que foi realmente. E somente o fato de Lília Brik, uma pessoa nada imparcial na sua relação com Polonskaia e Maiakovski, ter devolvido os manuscritos sem nenhuma observação, diz muito. Polonskaia expressou aquilo que a impedia subconscientemente de dar o passo decisivo: "Penso que nossa relação era para ele como um galho ao qual tentava se agarrar para se salvar."

Cabe, aqui, uma pequena digressão. Existe uma versão que afirma que Maiakovski não se matou, mas que foi morto. Esta versão conduz até a figura cruel de I.S. Agranov, que freqüentava a casa dos Brik. A versão é hipotética e não é provada por fatos. Segundo ela, exclui-se um fato importante, que é o estado geral de Maiakovski nesta época, sua profunda depressão. E, além das demais fontes, a fonte mais segura são as memórias de Polonskaia, uma pessoa íntima que encontrou-se diariamente com o poeta em diferentes estados de ânimo, durante os dois últimos meses de sua vida. Como prova, transcrevo mais uma frase sua: "... eu tinha medo de seu temperamento, de seu despotismo em relação a mim."

Isso parece Maiakovski em seu estado normal? Podemos relembrar as características atribuídas a ele por Khmelnitskaia, Riabova, Briukhanenko, Semenova, Iakovleva (nas cartas à mãe) e os vários trechos das recordações de Polonskaia para nos convencer de como era incrivelmente atencioso e elegante com as mulheres. Talvez até um pouco sentimental, apesar de ser bastante difícil de imaginar Maiakovski como um homem sentimental. Porém, presenteou Nora Polonskaia com um lenço (Maiakovski gostava de presentear somente as mulheres, a mãe e as irmãs) cortado em dois triângulos. Uma parte deveria ser usada por ela e a outra ele colocou na lâmpada que ficava em cima de sua mesa de trabalho. Depois, dizia a Nora que, quando ficava sozinho e olhava para a lâmpada, lhe parecia que aquela "parte" do lenço fazia com que ela estivesse próxima dele. O anel com as iniciais LIuB (Lília Iurievna Brik), gravadas em círculo formando a palavra *Liubliu* (Amo), também parece um brinquedo sentimental. E de repente, despotismo, palavras cruéis, ou seja, aquilo que não lhe era natural, mas provocado por seu estado emocional, pela tensão interior que tinha que esconder em público. As pessoas, como, por exemplo, Assieiev inclinavam-se a achar que se tratava de uma simples "melancolia".

Não, não era melancolia, e sim depressão, provocada por uma série de acontecimentos em sua vida pessoal e literária.

No entanto, pode-se compreender facilmente que não se admitia o suicídio, pois nada em Maiakovski prenunciava tal fim. Conheciam o Maiakovski ativo, enérgico, o Maiakovski que discutia o projeto dos direitos autorais, combinava a viagem a Leningrado, marcava apresentações e reuniões... Ele estava vivo e queria viver. Porém, os atos de uma pessoa em profundo estado de depressão são inexplicáveis.

Num dos encontros no clube teatral, quando pediram a Maiakovski que lesse o poema "Bom!", respondeu que não iria ler aquilo, pois eram outros tempos. Então, leu "A plenos pulmões". Podemos supor que em 1930 Maiakovski já tinha outra opinião sobre o positivo final do poema "Bom!", ele estava pensando no poema "Mau!".

Seus encontros com Polonskaia ficavam cada vez mais tensos. A situação de Polonskaia ficava ambígua e insuportável, em casa ela agora tinha que ouvir recriminações dos parentes, do marido, e viver numa atmosfera de mentira permanente.

Oito anos depois, lembrando dessa situação ambígua, Polonskaia explicou que a relação entre ela e Maiakovski não teve a paz e a sobriedade necessárias. E de Vladimir Vladimirovitch não teve compreensão de seu caráter e das dificuldades familiares. Conta que Maiakovski a "assustou" com a exigência de que deixasse "imediatamente" o marido e o teatro, com o desejo de trancá-la no quarto. Apesar de a questão de ligar sua vida à dele estar internamente resolvida, faltavam-lhe experiência, compreensão e tato para diminuir a tensão. O poeta se queixava cada vez com mais violência, o que levou a uma briga lamentável e desagradável. Logo se separaram e se hostilizaram. Ocorreu em 11 de abril.

Em 12 de abril, Polonskaia interpretava um papel num espetáculo vespertino. Durante o intervalo, recebeu um telefonema de Maiakovski, que lhe disse que estava no seu quarto na Lubianski, que se sentia mal e que somente ela poderia ajudá-lo e que se ela não está ao seu lado tudo torna-se desnecessário. Polonskaia respondeu que ela também não podia viver sem ele, que queria vê-lo e iria até seu quarto depois do espetáculo. O mais provável é que exatamente nesta mesma hora Maiakovski conversou com a irmã Olga pelo telefone ("...Volodia falou comigo com uma voz abatida, pensei que era a fraqueza depois da doença"). Ele marcou um encontro com ela e a artista plástica Lavinskaia para o dia 14 de abril.

Um dia antes da briga com Polonskaia no teatro, na apresentação de *Os banhos*, Maiakovski encontrou-se com A. Fevralski, que mencionou uma crítica positiva publicada na imprensa sobre a peça. Maiakovski acenou com a mão e respondeu: "Agora é tarde." O que ele quis dizer com isso? Em 11 de abril, ele não compareceu ao evento na Segunda Universidade Estatal de Moscou, o que nunca acontecera. Vladimir Vladimirovitch, pelo telefone, desculpou-se, alegou problemas de saúde e pediu que transferissem o encontro para outro dia.

Na manhã do dia 12 de abril, provavelmente antes de tefelonar para Polonskaia, Maiakovski foi à Federação dos Escritores Soviéticos, depois à reunião no Comissariado de Instrução Pública, participou da discussão do projeto de lei sobre direitos autorais. O encontro com Polonskaia deu-se, provavelmente, às três horas da tarde, horário de término dos espetáculos vespertinos. Maiakovski havia preparado um "plano" para o encontro, rascunhado num impresso da Direção Central do Circo. O "plano" continha frases que mostram sua esperança de reconciliação ("Se ama, a conversa será agradável"), negação do ciúme, desejo de fazer as pazes ("Não vou me matar, não darei essa satisfação ao Teatro de Artes")... No entanto a mensagem que deixou também foi escrita neste dia, cedo pela manhã. Havia feito uma menção à mensagem durante a conversa telefônica com Polonskaia. Porém Polonskaia não percebeu. E no mesmo "plano" surge a impaciência e a decisão fria: "Terminar agora mesmo ou saber o que fazer."

O encontro terminou com uma nova reconciliação. Provavelmente, o diálogo aconteceu da forma prevista no "plano". Polonskaia pediu a Vladimir Vladimirovitch que não se preocupasse com ela, comprometeu-se a ser sua mulher, mas era preciso pensar bem como dizer isso a Iachin e qual seria a melhor tática. Nora pediu a Maiakovski que fosse ao médico, "estava num estado de saúde deplorável". É claro que isso não é um diagnóstico profissional, mas seria um erro não levar em conta os sentimentos da mulher que estava ao seu lado. Isso nos ajuda a explicar o surgimento da carta endereçada "A todos" e o comportamento de Maiakovski nos últimos dias de sua vida.

Ao pedido de Polonskaia para viajar para algum lugar e descansar durante uns dois dias, Maiakovski ora concordava, ora discordava. Finalmente, concordou e foi carinhoso com ela, estava alegre. Levou-a para casa em seu carro e foi para a travessa Guendrikov.

À noite, Maiakovski foi visto no restaurante da Casa de Guertsen. Na mesma noite, talvez ao retornar do restaurante, ligou para Polonskaia. Ela estava em casa e a conversa foi agradável. Assegurou-lhe estar trabalhando, bem-humorado, reconhecedor de sua culpa na briga e da razão dela. Deveriam descansar dois dias um do outro.

Em 13 de abril, discutiu ao telefone com a Federação sobre a possibilidade de fazer uma viagem a Leningrado. Combinou de se apresentar no Museu Politécnico no evento dos escritores de Leningrado. Marcou algumas apresentações para os dias 14 e 19 de abril. Na manhã do dia 14, em sua casa, deveria acontecer um encontro com escritores. De dia, não agüentou e telefonou para Polonskaia e convidou-a para ver corridas de cavalos no dia 14. Ela recusou, dizendo que já havia combinado isso com Iachin e os atores do teatro Então, Maiakovski perguntou se estaria livre à noite. Polonskaia respondeu que fora convidada pelos Kataiev para ir até a casa deles, mas que provavelmente não iria.

Às quatro horas da tarde, o poeta estava no circo, onde havia terminado o ensaio. Na arena do circo estava Valentina Khodasevitch, artista plástica, que arrumava a cenografia para a melomima *Moscou em chamas*. Maiakovski a chamou. Valentina viu um rosto pálido e aborrecido. Perguntou sobre o ensaio do dia seguinte, a que horas seria. Convidou-a a dar uma volta de carro. Ela recusou, alegando muito trabalho. Então aconteceu algo inacreditável:

"De repente soou um grito, ou melhor, um soluço...

"— Não? Todos me dizem não! Somente não! Em todos os lugares não!..."

E saiu correndo do circo, aos gritos.

Khodasevitch, impressionada com a reação de Maiakovski, correu atrás dele e pediu que aguardasse alguns minutos. Logo depois, sentou-se no carro e passeou com ele pelas linhas Petrovski, a travessa Stolechnikov. Os dois permaneceram calados. Maiakovski pediu repentinamente ao chofer que parasse o carro, saiu e mandou o motorista levar a acompanhante até o destino desejado.

Maiakovski estava confuso e caminhou até um beco sem saída. Telefonou para Assieiev. Atendeu a irmã da mulher de Assieiev, Vera, dizendo que Nikolai Nikolaievitch estava nas corridas de cavalos. Com a respiração ofegante, Maiakovski disse: "Uma pena, não há o que fazer!" Ele via mentira em todos os lugares e resolveu ir até a casa dos Kataiev, supondo que Polonskaia o enganou e aceitou o convite do casal. Realmente, Polonskaia, pelo visto, foi convencida e estava lá. Quando encontrou Maiakovski, percebeu que não estava somente sombrio, estava num estado jamais visto antes, completamente bêbado. A situação era das piores. Polonskaia surge no papel de mentirosa e traidora e ele como um homem que segue todos os seus passos. Na mesma hora, ainda sentados à mesa, os dois deram início a explicações que chamaram a atenção de todos os presentes. Então, passaram para as explicações epistolares e começaram a trocar bilhetes. Os atores do Teatro de

Arte — Livanov e Iachin — provocavam Maiakovski, o desafiavam. Mas ele não reagiu e foi para outro cômodo.

Polonskaia foi atrás dele. Sentou-se ao seu lado, passou a mão por sua cabeça. Vladimir Vladimirovitch não se acalmou com isso, foi grosseiro com ela e disse que iria falar a todos, na presença de Iachin, sobre a relação deles. Notava-se que estava completamente doente e infeliz, estava num estado em que poderia cometer atos irreparáveis, como humilhar uma mulher e colocar-se em situação embaraçosa diante de pessoas estranhas. O carinho e o afeto de Nora o deixaram ainda mais exaltado, ele tirou o revólver e ameaçou se matar e matá-la também... Polonskaia compreendeu que sua presença o irritava e começou a se preparar para ir embora. Todos começaram a fazer o mesmo. Maiakovski levou-a até a rua Kalantchevka, Iachin caminhava ao lado de mais alguém. Vladimir Vladimirovitch fez várias tentativas de conversar com ela, mas sempre parava e dizia: "Não, depois." Combinou de encontrar Polonskaia no dia seguinte pela manhã, apesar de já ser a madrugada do dia 14. Os ponteiros do cronômetro contavam suas últimas horas de vida.

Depois de se despedir de Polonskaia, Maiakovski dirigiu-se à travessa Guendrikov. Será que dormiu esta noite? Improvável. De Kalantchevka até Guendrikov era uma distância grande. Às nove e meia foi buscar Polonskaia de táxi; aparentemente estava muito mal. Foram para o quarto dele na Lubianski. Pediram ao taxista que aguardasse, pois às dez e meia Polonskaia deveria estar no ensaio com a presença de V.I. Nemirovitch-Dantchenko.

Ao entrar no quarto, Maiakovski trancou a porta com a chave e disse que não a deixaria ir ao teatro e que ele mesmo iria até lá, diria que ela estava indo embora e explicaria tudo pessoalmente a Iachin. Começou tudo de novo, mesmo depois de ele ter pedido perdão pelas grosserias do dia anterior e pelo seu comportamento vergonhoso, suplicando que esquecesse. Verônica Vitoldovna insistia, dizendo que não podia largar o teatro e ficar condenada exclusivamente ao papel de mulher de seu marido, mesmo que este marido fosse Maiakovski. Disse que o amava, que iria ficar com ele, mas naquele instante não podia magoar seu marido. Prometeu que, ao voltar do teatro para casa, diria tudo a Iachin e que, a noite, mudar-se-ia para a casa da Lubianski para sempre.

Maiakovski teimava que iria fazer o que havia dito e Polonskaią insistia que fosse mais paciente.

Ela arrumou-se para ir embora e perguntou:

"— Então, não vai me acompanhar?

"Ele se aproximou, me deu um beijo e disse tranqüilo e muito carinhoso:

"— Não, menininha, vá sozinha... Fique tranqüila por mim...

"Sorriu e acrescentou:

"— Eu te telefono. Você tem dinheiro para o táxi?

"— Não.

"Deu-me 20 rublos.

"— Então você me telefona?

"— Sim, claro.

"Saí. Dei alguns passos em direção à porta da rua.

"Ouvi um tiro. Meus pés fraquejaram, gritei e fiquei andando pelo corredor, sem coragem de entrar.

"Pareceu-me que havia passado muito tempo enquanto eu tomava a decisão de entrar. Mas acho que entrei no mesmo instante, no quarto ainda pairava uma nuvenzinha de fumaça do tiro.

"Vladimir Vladimirovitch estava deitado no tapete com os braços abertos. No peito havia uma marca pequena de sangue."

O sol de abril já estava bem alto sobre Moscou, o relógio marcava 10:15. O asfalto estava seco. Algum tempo depois, no pátio entrou a carruagem da ambulância, mas da escada, onde se amontoavam pessoas estranhas, ouviu-se: "É tarde. Morreu." A bala — a única colocada no tambor (ah, essa "roleta-russa"!) — encontrou o caminho direto até o coração.

No mesmo dia o corpo foi transferido para a travessa Guendrikov. A notícia sobre o suicídio de Maiakovski sobrevoou Moscou. Algumas pessoas mais íntimas não acreditaram e acharam que era uma brincadeira de 1º de abril (pelo calendário antigo era 1º de abril) do poeta, e que ele, depois de esbravejar, estava tranqüilo e solene deitado em sua cama. O apartamento ficou lotado. Na travessa havia uma multidão. A morte o reconciliou com os membros da REF, vieram também aqueles que algumas vezes travaram "brigas" literárias com ele. Chorando muito, andava pelo apartamento Pasternak, como se não estivesse reconhecendo ninguém. Em silêncio amargo, passou Aleksandra Alekseievna. Atrás dela, com o rosto parecendo esculpido e petrificado, caminhava Ludmila Vladimirovna. Olga Vladimirovna repetia mecanicamente versos do poema "A nuvem de calças": "Mãe, diga às irmãs Liuda e Ólia que não tem para onde fugir."

Trouxeram o caixão. Seria levado para o clube dos escritores.

Em 15 de abril de 1930, nos jornais foi publicado o comunicado:

"Ontem, 14 de abril, às 10 horas e 15 minutos da manhã, em seu escritório (Lubianski Proezd, Nº 3), suicidou-se o poeta Vladimir Maiakovski. Segundo as informações do responsável pela investigação, o suicídio foi provocado por motivos de ordem estritamente particular e não tem nenhuma ligação com a atividade social e literária do poeta. Ao suicídio antecedeu uma longa doença da qual o poeta ainda não havia se restabelecido."

Impressionante como se apressaram a afastar os motivos "sociais e literários".

Junto com o comunicado foi publicado o bilhete deixado pelo poeta.

"A todos

"De minha morte não acusem ninguém, por favor, não façam fofocas. O defunto odiava isso.

"Mãe, irmãs e companheiros, me desculpem, este não é o melhor método (não recomendo a ninguém), mas não tenho saída.

"Lília, ame-me.

"Ao governo: minha família são Lília Brik, minha mãe, minhas irmãs e Verônica Vitoldovna Polonskaia.

"Caso torne a vida delas suportável, obrigado.

"Os poemas inacabados entreguem aos Brik, eles saberão o que fazer.

Como dizem:
>   *caso encerrado,*
> *o barco do amor*
>   *espatifou-se na rotina.*
> *Acertei as contas com a vida*
>   *inútil a lista*
> *de dores,*
>   *desgraças*
>   *e mágoas mútuas.*

Felicidade para quem fica.
VLADIMIR MAIAKOVSKI
12/IV — 30.

"Companheiros da VAPP, não me considerem covarde.

"É sério, não há o que fazer.

"Lembranças.

"Digam a Ermilov que foi uma pena ter retirado o lema, tinha que terminar a briga.

"Em minha mesa tem 2.000 rublos, paguem o imposto.

"O restante recebam do GIZ.

V.M."

Nos dias 15, 16 e 17 de abril, o caixão com o corpo de Maiakovski foi exposto no Clube dos Escritores. O caixão era visivelmente pequeno: os bicos das botas ficaram de fora. Na guarda de honra estavam soldados do Exército Vermelho, escritores, artistas plásticos, jornalistas, atores, estudantes. A Orquestra da Geórgia tocava a melodia fúnebre. O país que o aqueceu quando ele nasceu com seu sol e o alimentou com os aromas de sua terra estava triste ao acompanhar em seu último trajeto o poeta russo. Um interminável fluxo de pessoas passava diante do caixão. Foram 150 mil durante os três dias. Em 17 de abril, voltaram de Londres os Brik, que receberam a notícia durante a viagem de volta.

No dia 17, às três horas da tarde, no pátio do Clube dos Escritores, organizaram um comício fúnebre. A rua foi isolada pela milícia. Uma multidão aglomerou-se na rua Vorovskogo e todas as travessas próximas a ela, havia gente nos telhados dos prédios vizinhos, nos muros, nas janelas e nas varandas. Lunatcharski fez o discurso de despedida. O caixão com o corpo do poeta foi colocado na plataforma de um caminhão. Os artistas plásticos Tatlin, Lavinskaia e Vesnin decoraram o veículo e revestiram-no de ferro. A coroa também era de ferro com martelos, volantes e parafusos e com a inscrição: "Ao poeta de ferro, uma coroa de ferro." O cortejo fúnebre passou pela praça Arbatskaia, Znamenka, Volkhonka, Lenivka, Bolchoi Kamennii Most, Bolchaia Akimanka, rua Donskaia até o crematório.

"Aproximadamente às sete horas da noite", comunicou o jornal *Literaturnaia Gazeta*, "entre as paredes do crematório soou a 'Internacional'. Com a mesma simplicidade rude com a qual a multidão de operários atravessou a cidade acompanhando o caixão, com a mesma simplicidade rude bolchevique, sob os sons do hino de luta dos trabalhadores, o corpo de Maiakovski foi baixado para ser incinerado."

A "simplicidade rude bolchevique" ocultou as emoções até mesmo da imprensa literária. Mas a morte de Maiakovski abalou muita gente, a repercussão foi muito grande. Perplexos com o suicídio, os jornais pareciam se purificar do velho pecado da incompreensão e da hostilidade e exaltavam Maiakovski como um grande poeta revolucionário. Sua morte abalou também muitos escritores que não eram íntimos dele: Gorki, Akhmatova, Mandelstam, Zochenko, Tsvetaieva, Demian-Bedni. Muitos ficaram intrigados com o motivo do suicídio. Ele, que havia condenado Iessiênin, colocou "uma bala como ponto final". O mesmo final lamentável.

Lília Brik procurava e não encontrava a predeterminação para tal fim no caráter do poeta. Ela afirmou: "A idéia de suicídio era uma doença crônica de Maiakovski." Afirmou também que Vladimir Vladimirovitch tinha pânico da velhice. Maiakovski realmente era uma pessoa de extremos, um homem excessivamente sensível, pronto a entregar tudo "por uma única palavra humana de carinho" (que desejo humilde e que pagamento grandioso por ele!). "Maiakovski vivenciava tudo com uma força hiperbólica — amor, ciúme, amizade." Esta frase, dita por Lília Brik, pode servir de motivo para reflexões. Não é doença, mas qualidades naturais. E que medo de velhice aos 36 anos! Que "doença crônica" e mania de suicídio podiam existir num homem que veementemente criticou o suicídio no poema "A Serguei Iessiênin", num homem que era tão impacientemente voltado para o futuro! Num homem que vivia com a idéia da eternidade!

No entanto, o tiro soou na Lubianski, o poeta levou ao fim a "batalha mortal do amor", deixou este mundo, "sem viver o seu bocado de amor..." Ninguém nunca saberá qual foi o último e fatal motivo desta atitude. Assim como disse de Iessiênin: "Não nos dirão os motivos desse impulso nem o laço, nem a navalha aberta."

Nada altera também ele ter condenado a si mesmo em sua mensagem "A todos": "... não é o melhor método (não recomendo a ninguém)..." Achava que estava num beco sem saída: "... não tenho saída." Disse a todos: "...o barco do amor espatifou-se na rotina." E no lugar do verso anterior: "Acertei as contas com você...", um apelo a uma pessoa, ele escreveu: "Acertei as contas com a vida..." Por que esta alteração?

Novamente lembramos dos encontros e as conversas dos últimos dois ou três dias de sua vida, os encontros, além dos que teve com Polonskaia. Em 11 de abril: "Consegui 'carregar' até minha casa Assieiev, aborrecido por meu ingresso na REF, mais Iachin e Polonskaia. Os quatro organizaram um jogo de pôquer. Joguei sem vontade, perdi e não me exaltei, como sempre." Dois dias antes da morte, Maiakovski foi visto por Nikulin e Chklovski. Estava sombrio, calado. Às vésperas da morte, talvez de dia, no pátio da Casa de Guertsen no bulevar Tverskoi, conversou com Chengueli e Nato Vetchnadze. Depois, conversou com Dovzhenko e o convidou para no dia seguinte (14 de abril) ir à sua casa para aconselhar-se sobre a criação de um grupo, mesmo pequeno, de criadores em defesa da arte. Pois o que estava acontecendo em volta, disse, era "intolerável e impossível".

Em 12 de abril, de dia, já com o bilhete de despedida no bolso, no Comissariado de Instrução, Maiakovski brigou pelos direitos autorais dos escritores. Para 14 de abril e alguns dias depois, havia marcado alguns encontros. Ele planejava sua vida, pelo menos, a curto prazo. Porém, na manhã do dia 12, Lavut o encontrou na cama. Ao lado estava uma cadeira e em cima uma folha de papel. Maiakovski escrevia alguma coisa. Quando Lavut se aproximou, o poeta virou a folha. Lavut supõe que fosse o bilhete de despedida. No mesmo dia vieram Taras Kostrov e Chklovski. Maiakovski, com interesse, envolveu-se numa conversa com eles.

O que se pode extrair de tudo isso? Nada.

A pessoa que deixa voluntariamente a vida leva consigo o mistério de sua decisão. Nenhuma explicação (inclusive as de Maiakovski) penetra na essência real da atitude tomada. Elas somente entreabrem a cortina sobre o segredo, mas o próprio segredo permanece escondido atrás do final triste da vida.

Anna Akhmatova escreveu alguns versos que não entraram num poema: "Iremos juntos pela Tagantsevka, pela Iesseninka ou pelo grande caminho de Maiakovski." Marina Tsvetaieva, no início da guerra, em junho de 1941, disse a Akhmatova: "Como eu agora precisava trocar de lugar com Maiakovski!" Foram estas grandes mulheres que com seus faros geniais captaram o momento perigosamente explosivo do contato entre o coração do poeta e a vida. Mas elas também não desvendaram o mistério.

Caso acontecesse algo extraordinário, caso o mistério fosse desvendado, mesmo assim isso não traria consolo. Por que, então, nos debatemos com tanta insistência sobre a descoberta do segredo da morte voluntária?

Buscamos motivos? Sim. O nosso coração e a nossa razão não aceitam, não admitem nenhuma lógica no último passo fatal e nos obrigam a procurar justificativas, pelo menos para nós próprios, e se não justificativas, talvez circunstâncias que abrandassem a "culpa". Encontramos os motivos, mas o segredo permanece em segredo.

Hoje, porém, não é segredo para nós que Maiakovski deu seu passo fatal num período em que as circunstâncias de sua vida pessoal eram-lhe incontornáveis. Vivia em profundo estado de depressão e passava por uma crise de criação em face de confronto com o poder soviético, mesmo sem ainda ter a consciência do que seria no futuro, mas sentindo uma enorme pressão que privava a literatura do ar de liberdade.

Maiakovski ainda guardava no coração os ideais da Revolução. Vivenciou seu triunfo, celebrou seu líder e seu povo. Um povo que sofreu grandes perdas em nome de um novo sonho, um sonho mais justo e uma vida mais bela. Maiakovski, porém, não viu sua real implementação. Tudo se revelou frustrante, contrariando as expectativas, como na última estrofe do poema "Bom!"

Maiakovski viveu a tragédia de uma consciência dupla, de uma personalidade dupla. A fé foi abalada dentro dele. À frente, aguardava-o a tragédia de perda do ideal.

O poeta deixou a vida. Deixou para viver através de décadas e de séculos...

Das ruínas espirituais e econômicas dos anos 1920 para as ruínas do socialismo esperado por Maiakovski, irrompe a voz apaixonada do poeta que, com as entranhas de um artista e a intuição de um gênio, previu:

> Com explosões do pensamento a cabeça estremece,
> ecoando com a artilharia de corações,
> ergue-se do tempo
> outra revolução —
> a terceira revolução
> do espírito.

Maiakovski viveu e morreu poeta. Ele colocou uma "bala como ponto final" de sua vida, uma vida breve e clara como um relâmpago.

Epílogo

Dizem que a vida de um grande homem começa após sua morte. Se isso for verdade a segunda vida de Maiakovski, a vida após sua morte, não foi menos trágica do que a primeira. Sobre sua morte podemos dizer as mesmas palavras usadas por ele no final do artigo dedicado a Aleksandr Blok: "... não havia mais caminho."

O eco do tiro na Lubianski agitou a superfície da vida literária já bastante inquieta. Impôs a reflexão para aqueles que não eram indiferentes ao destino da cultura russa, e também para quem, à sua maneira, propunha como deveria ser a cultura russa. E a literatura estava em primeiro lugar. Ela começou a preocupar o novo governo.

No dia seguinte ao enterro de Maiakovski, 18 de abril, Stalin telefonou para o escritor M.A. Bulgakov, que havia caído em desgraça e demonstrava "preocupação" com o seu destino. Depois comunicou que a carta do dia 28 de março endereçada pelo escritor — que havia sido levado ao desespero pelas proibições de suas peças e pelas perseguições dos jornais — ao governo fora recebida e lida. Stalin diz indiretamente que a carta receberia uma resposta positiva e que Bulgakov seria contratado pelo Teatro de Arte, mesmo depois da recusa recebida.

Foi por acaso?

No final dos anos 1920, a prática do governo de proibir e perseguir a literatura e os escritores fez surgir as primeiras vítimas deste sistema. Era tudo divulgado e Stalin tinha que fazer um gesto liberal para demonstrar sua lealdade, mas ainda não tinha coragem de agir sem cautela. Aliás, certos escritores eram presos e fuzilados; outros, condecorados e premiados. E assim, Stalin tornou-se "o melhor amigo da literatura soviética".

A RAPP até então havia se transformado num grupo do sistema executivo-burocrático da literatura e era apoiada pela direção do partido, que lhe delegou o direito de avaliar e proferir as sentenças finais aos escritores e suas obras, com base na visão de luta de classes. O único e infalível direito daqueles que expressavam os pensamentos e as ambições de sua classe na arte da palavra. O grupo demonstrava intransigência absoluta com relação a outras tendências e grupos literários.

Um dos dirigentes da RAPP, Sutirin, posteriormente, em 1966, reconheceria que eles tinham acesso direto a Stalin. "Podíamos com facilidade marcar reuniões com ele." Certa vez, o jornal *Pravda* publicou um artigo que não agradou à direção da RAPP. Pediram uma reunião com Stalin. Estavam presentes Molotov e o funcionário do Comitê Central Stetski. Stalin disse: "Vocês são o núcleo do Comitê Central na literatura." E mais: "Ele nos ensinou a luta política. A RAPP auferiu poder administrativo. O Comitê Central nos cedeu uma mansão, disponibilizou carros e dinheiro." Averbakh, por exemplo, tinha uma linha telefônica direta com Stalin.

Tudo isso não podia permanecer em segredo dos outros escritores. Muitos começaram a compreender o que aguardava a literatura. Os membros da RAPP podiam cantar vitória em seu ataque à peça *Os banhos*, iniciado por Ermilov, que excomungou a peça da literatura proletária. Mas subitamente a morte de Maiakovski e a reação da sociedade a ela embaralharam todas as cartas. Para compensar a hostilidade e a incompreensão anterior, nos jornais Maiakovski era chamado de verdadeiro poeta revolucionário, contrapondo-o diretamente àqueles que se consideravam proletários. L. Averbakh resumiu tudo com sua frieza: Maiakovski matou-se porque não encontrou forças para extirpar as raízes do "capitalismo em todo seu ser". Tudo era muito simples. De repente, o membro da RAPP A. Zonin publicou um artigo no qual engrandece Maiakovski! E no mesmo dia (o dia do enterro do poeta), convocou-se, com urgência, a confraria da RAPP, que aprovou a seguinte resolução: "Fazemos uma advertência ao camarada Zonin pelo artigo publicado, no qual tentou contrapor Maiakovski ao principal grupo de escritores comunistas, assim como por declarar o método de Maiakovski como modelo para a literatura proletária. Declaramos, também, que sua opinião foi um erro político."

Foram expostos os rótulos ameaçadores não só em direção a Maiakovski, mas contra aqueles que se atreviam a colocá-lo no mesmo rol dos escritores proletários. Este "título" era considerado a honraria máxima pelos membros da RAPP. Maiakovski, mesmo depois de morto, não deixava em paz os novos legisladores e avaliadores da literatura, apesar de não poder se defender e lançar em direção a eles sua palavra ferina.

Para os membros da RAPP, o artigo de Zonin não era nada. Irritavam-se com as exaltações perplexas e amarguradas que, mesmo tardias, eram publicadas nos jornais e reconheciam a grandeza de Maiakovski. Parecia-lhes que estava havendo uma conspiração e, sinceramente indignados, apontavam para "a tentativa de mostrar Maiakovski como um tipo ideal de escritor proletário, um exemplo de revolucionário", um homem diante do qual "nunca esteve o problema de aceitar a Revolução". Então quem eram eles?

Do ponto de vista da direção da RAPP, tudo estava de cabeça para baixo, ameaçando as ambições dos criadores e dos líderes da literatura proletária, invejados por sua natureza e pureza de classe. Era necessário procurar imediatamente a saída para esta situação na qual os colocou a morte de Maiakovski. Era necessário neutralizar a influência dos artigos de jornais sobre os leitores. Como fazer isso? Era necessário usar o poder!

Somente 12 dias depois da morte do poeta, em 26 de abril, uma carta dos dirigentes da RAPP foi endereçada "aos camaradas Stalin e Molotov. Com cópia ao camarada Stetski".

As palavras acima citadas foram extraídas exatamente desta carta. Elas caracterizavam a repercussão da morte de Maiakovski nos jornais. Algumas frases foram acrescentadas, como a que dizia que "Maiakovski era um tipo ideal de escritor proletário". Não era bem assim. Com isso, os autores da carta tentavam manobrar a situação e, conseqüentemente, ganhar a direção. É muito penoso ler a carta inteira. Ela antecipou o gênero de denúncia política que se instauraria tempos depois.

É difícil supor as conseqüências que tal carta provocaria em Maiakovski ainda vivo, já que as formulações usadas estavam abrandadas pelo fato da morte do poeta. A carta contém uma grande dose de demagogia social que, num futuro próximo, seria o método empregado nos artigos de denúncia que antecederam as severas repressões.

Durante a mesma época, sofreu advertências da RAPP a revista *Oktiabr* (Outubro), por ter publicado a peça *Os banhos* e o conto de Andrei Platonov, "As dúvidas de Makar". Depois desta publicação, este escritor ficou praticamente proibido de ser divulgado na imprensa.

A mesma carta tem um trecho que fala de uma parte significativa dos escritores que, bem antes disso (ou seja, da morte de Maiakovski), "encontrava-se desorientada e confusa em face das dificuldades da mudança exigida pelo período de reconstrução". E, de repente, a imprensa começa a exaltar Maiakovski que se matou!...

No final da carta fica clara a intenção de dizer o que deveria ser feito:

"Consideramos necessária a intervenção do Comitê Central na atividade daqueles comunistas que não só não corrigem a sua opinião equivocada sobre a morte de Maiakovski, como tentam levá-la adiante."

A referência à "atividade... daqueles comunistas" é uma simples formalidade, as duas partes entendiam-se muito bem: o problema eram os jornais e a imprensa em geral.

A carta foi assinada por L. Averbakh, V. Ermilov, V. Kirchon, I. Libedinski, A. Selivanovski, V. Sutirin, A. Fadeiev.

O alto destinatário respondeu expressamente à carta dos dirigentes da RAPP. Dois dias depois, em 28 de abril, não admitia mais este tipo de sugestão. Pode-se supor que a campanha contra a peça *Os banhos* não ficou fora do seu foco de atenção. A alta cúpula também estava preocupada com crítica à "burocracia" de Maiakovski dos anos 1920 e que atingiu seu ápice com a peça *Os banhos*, na qual os personagens eram os representantes da elite hierárquica e autoritária do governo. A divulgação na imprensa da intenção de escrever o poema "Mau!" também preocupou alguém "da cúpula". O despacho de Molotov em resposta à carta, naturalmente, foi acordado com Stalin, ou melhor, ditado por ele. Era uma tarefa para o jornal: "Proponho delegar a algum dos autores da carta escrever um artigo sobre o assunto abordado e publicá-lo no jornal *Pravda*."

Em 19 de maio, o artigo intitulado hipocritamente "Em memória de Maiakovski" foi publicado no jornal *Pravda*. O artigo era grande, com vocabulário rebuscado, e desenvolvia as teses da "carta". Os autores que o assinaram foram L. Averbakh, teórico da RAPP, V. Sutirin e F. Panferov.

Os autores do artigo, no entanto, demonstraram uma "visão aberta" e até admitiram a possibilidade de uma "fusão orgânica entre a classe trabalhadora e o indivíduo que, como Maiakovski, lutou contra o seu passado e que terminaria a vida, é claro, de forma diferente da de Maiakovski". Como eles reforçavam esta "possibilidade"? Dizendo que estava correto o Maiakovski autor de poemas panfletos. Nisso o poeta era exemplo a ser seguido; o nosso coringa na luta contra os preconceitos burgueses.

Então era isso que Maiakovski queria na medida em que se fundia com o proletariado, era isso que lhe dava o direito de ser considerado um poeta no atual nível da poesia proletária.

Sem desconfiar disso, os autores do artigo rebaixaram a literatura proletária à simples arte artesanal. O "topo" atingido por Maiakovski estava garantido. Eram as propagandas e os panfletos. Era aquilo de que era capaz a literatura proletária. E era na arte artesanal que Maiakovski a superava. Na poesia, na dramaturgia e na sátira de Maiakovski, ou seja, no melhor de sua obra, foi colocada uma cruz.

Com a bênção de Stalin e Molotov, a direção da RAPP que proferiu a infame sentença conseguiu "encarcerar" Maiakovski como um grande poeta, excluir seu nome das colunas dos jornais e, pelo menos por algum tempo, por vias administrativas, satisfazer suas ambições pela vanguarda na literatura.

O enredo da "biografia" póstuma do poeta sofreu uma reviravolta brusca em 1935.

Lília Brik se ocupou do legado literário de Maiakovski. Notou que existia um grande interesse dos leitores e pesquisadores pela literatura do poeta, mas se deparava com muitos obstáculos burocráticos e com a falta de vontade de diferentes organizações e instituições de eternizar a obra de Maiakovski, publicar seus livros.

Por isso endereçou uma carta à mais alta instância, leia-se Stalin. Vivia-se o tempo em que ele também era o mais alto juiz da literatura. Stalin enviou a carta a um dos secretários do Comitê Central, Iejov, com o seu despacho: "Peço que dê atenção à carta de Lília Brik. Maiakovski foi e continua sendo o melhor e mais talentoso poeta da época soviética. A indiferença com a sua obra é um crime."*

O despacho foi recebido como diretriz, como ordem. Continha a palavra terrível — "crime".

Por que teria tal mudança na opinião de Stalin sobre Maiakovski? Talvez a explicação estivesse nas perdas sofridas pela literatura? Alguns escritores e suas obras não convinham a Stalin e à direção do partido; o "liberal" Lunatcharski havia sido afastado da educação e da cultura; o impulso na atividade social e literária provocava inquietação e conseguiu agregar o mundialmente famoso Gorki, mas que, às vezes, se revoltava, apesar da atenção que recebeu. Ou será que o "líder do povo" tinha em mente novas repressões contra os escritores?

Numa situação assim, causaria efeito um gesto real de demonstração de atenção à literatura se atendesse à carta de Lília Brik, a suas reclamações sobre o esquecimento de Maiakovski, a falta de atenção com o legado e a memória do poeta. Lília Iurievna sugeriu uma idéia racional — exaltar o quase esquecido, quase não-publicado poeta. Morto, ele não era mais perigoso.**

---

*Existem testemunhos reais (de Diaditch) de que Agranov, o nosso velho conhecido, todo-poderoso, íntimo de Stalin e ativista do Comissariado do Povo em Assuntos Internos, participou diretamente da redação da carta e sua posterior entrega ao destinatário. O despacho também contou com a sua ajuda. Os velhos laços de amizade continuavam fortes.

**O leitor deve ter ficado curioso com o destino de alguns personagens femininos deste livro. Lília Brik trabalhou muito para divulgar e conservar o legado de Maiakovski durante muitas décadas, recebendo 50% dos honorários pelos direitos autorais (os outros 50% pertenciam à mãe e às irmãs). Sobre a vida particular de Lília Iurievna falou E. Lavinskaia: "Ela não sofreu e, é preciso reconhecer, naquela época ela interpretou muito bem o papel de 'viúva'. Pouco tempo depois, Lília Iurievna casou-se com Primakov (herói da Guerra Civil, submetido a repressões ilegalmente), deixou Moscou e instalou-se em Leningrado. Ossip Maximovitch foi junto, nada mudou na rotina. A experiência continuava. Lília Brik viveu uma vida longa e contraiu um novo matrimônio com V. Katanian. Faleceu em 1978."

Muito assustada com o ocorrido, a jovem e inexperiente V.V. Polonskaia ficou sem herança: foi aconselhada a recusar. A vida teatral e particular de Verônica Vitoldovna não foi muito feliz, e ela passou seus últimos dias na casa dos veteranos do teatro.

Tatiana Iakovleva passou o resto de sua vida, após o segundo casamento, nos EUA. Faleceu em 1991, em idade muito avançada e numa casa para idosos.

Esta parecia ser a avaliação de Stalin, que colocou a pedra fundamental no início da canonização de Maiakovski e sua obra, dando-lhe o polimento antológico contra o qual ele tanto protestava. "Começaram a introduzir Maiakovski compulsoriamente, assim como foi com a batata na época de Catarina", observou Pasternak.

E o resultado?

Durante décadas ele foi mortificado pela escola, ensurdecendo os adolescentes com os versos estridentes dos poemas-sermões "Sobre o passaporte soviético" ou com o repique da parte final do poema "Bom!". As universidades o mortificavam, canonizando todas as fraquezas óbvias do poeta, ignorando o fabuloso salto de seu talento durante o engajamento no futurismo, ignorando sua sátira e suas peças. O Maiakovski dos anos 1920 foi despedaçado em citações, versos e lemas...

Nos anos 1980 e início dos 1990, surgiu uma nova onda de curiosidade pela personalidade e pela obra de Maiakovski. De um lado, estavam os pesquisadores e, do outro, os escritores sensacionalistas fazendo uma literatura de terceira categoria com tonalidades políticas e criminais.

Duas versões sobre a morte do poeta nos fornecem subsídios para este tipo de reflexão (as outras estão fora do limite de uma polêmica séria). O livro *A versão IV*, de Iulian Semionov, que apresenta Agranov como amigo de Maiakovski, e a de Valentin Skoriatin, que vê nele o assassino do poeta.

O leitor deve ter percebido que o autor do presente livro não concorda com nenhumas das versões. Iulian Semionov deu asas à imaginação, tentando penetrar no pensamento e nas emoções de Maiakovski durante os últimos dias e horas da vida do poeta. Maiakovski, no livro *A versão IV,* estava com o bilhete de despedida no bolso e ouvia atrás da porta como os funcionários da RAPP o censuravam. Foi jogar bilhar e depois tomar chá com Agranov, que lhe deu um conselho:

"Calar-se... Por algum tempo, pelo menos. Olhar para trás. A corja não perdoa os corajosos. Agora estão lutando pela ampliação de suas posições. Você é um concorrente. O talento é soberano e atribui o valor a si mesmo... lembra?"

E durante essa conversa, Agranov comunica a Maiakovski que existem denúncias contra ele e pronuncia uma frase típica de dissidente: "Você poderá desferir um golpe em todos e em tudo que nos oprime no poema 'Mau!'."

Diante dessas palavras surge a seguinte dúvida: este era o Agranov que, como braço-direito do carrasco Iagoda e homem de confiança de Stalin, participou das repressões dos anos 1930, quando sofreram muitos escritores e artistas; ou teria sido ele um espião no país da arte de esquerda, ou um herdeiro do movimento em defesa dos direitos nos subterrâneos do Comissariado do Povo em Assuntos Internos?

A imaginação de Iulian Semionov o levou muito longe...

Valentin Skoriatin elaborou a sua versão sobre o assassinato de Maiakovski, tentou prová-la com documentos e testemunhos de contemporâneos, fez uma série de descobertas sérias e indagações que, por enquanto, permanecem sem respostas precisas. Mas Skoriatin, ao se convencer da versão de assassinato, não levou em conta os testemunhos e argumentos que a contradizem. Ele não considerou, nas memórias de Polonskaia, as menções sobre o estado doentio e nervoso de Maiakovski nos últimos dias, quando Vladimir Vladimirovitch não conseguia controlar seu comportamento. Colocou em dúvida a autoria do bilhete deixado, por estar escrito a lápis (isso realmente não era comum em Maiakovski) e que poderia ser falsa. Porém Skoriatin não faz nenhuma menção ao fato de o "plano" da conversa decisiva com Polonskaia, escrito no mesmo dia 12, estar também a lápis (mais uma falsificação?). E finalmente, o episódio no qual relata como Agranov (considerado por Skoriatin o assassino de Maiakovski) entrou pelos fundos no apartamento comunal, escondendo-se dos outros moradores, e aguardou no banheiro até o poeta ficar sozinho em seu quarto para disparar o tiro, pode satisfazer o leitor de um livro de suspense, mas para um leitor de uma pesquisa documental, não pode ser levado a sério.

Hoje, seria vantajoso apresentar Maiakovski como vítima das repressões do Comissariado do Povo em Assuntos Internos. Ele, de alguma forma, tornou-se vítima de forças arbitrárias de todo o sistema autoritário, em que não está excluída a participação de Agranov e a de seu departamento. Nas represálias físicas, o departamento de Agranov usava métodos seguros. Por isso, a versão envolvente de Valentin Skoriatin, além de descobertas documentais durante a pesquisa, pode despertar a curiosidade, brincar com os nervos, mas não nega o fato de que o suicídio é confirmado pela perícia qualificada.

A questão que interessa à pesquisa revela-se no desejo de fazer uma nova leitura de Maiakovski, livre das conjunturas políticas, no desejo de descanonizar o poeta e apresentá-lo em suas grandezas e fraquezas.

Outra abordagem veiculada não tem relação com a literatura. Além do mais, ela como regra ignora a literatura. Assim foram os artigos publicados no jornal *Moskovskii Khudojnik* (O Pintor Moscovita), que levantaram contra Maiakovski acusações monstruosas de caráter político e que deturparam grosseiramente seus poemas, apresentando versos fora de contexto.

Durante as reflexões sobre o destino de Maiakovski vivo e póstumo, me vêm à mente as palavras de Viktor Chklovski: "...todo grande poeta deve vivenciar primeiro o não-reconhecimento, depois o reconhecimento, depois o esquecimento e, por último, o voltar-se para si". Nesta afirmação paradoxal existe uma semente dialética que é facilmente decifrada no exemplo de Maiakovski.

Na poesia do século XX não existe sequer uma pessoa que tenha provocado tantos sentimentos contraditórios em relação a si mesma. Contradizendo o desejo ambicioso de tornar-se um poeta "para as massas", Maiakovski acabou reconhecido como um poeta para poucos. O famoso escritor da primeira leva de emigrantes russos, Mikhail Osorguin, disse ainda quando Maiakovski estava vivo: "Maiakovski é para os escolhidos: para os estranhos à política, amantes da arte, e para os estranhos à arte, amantes da política."

Maiakovski é um poeta inseparável da política. Ainda nos anos 1920, depois nos anos 1930 e 1940, na Europa, na América Latina e no Oriente surgiram poetas que captaram seu ímpeto revolucionário e ocuparam posições de vanguarda na arte. Assim foram: Aragon, Neruda, Nezval, Tuvim, Bronevski, Tcharets... São nomes de importância mundial. Cada um reconheceu a importância de Maiakovski em seu trabalho. E hoje, não existe outro nome que tenha influenciado tanto a poesia mundial do século XX como Maiakovski. Isso terão que reconhecer mesmo aqueles que nunca o aceitaram.

Por isso ainda está por vir uma nova leitura de Maiakovski, que é extremamente necessária e que deverá enriquecer com um novo conteúdo a onda de interesse pela personalidade e pela obra do poeta.

Maiakovski nos aguarda, atrevido e indefeso, corajoso e frágil, exaltado e hostilizado, trágico e maravilhoso.

ÍNDICE ONOMÁSTICO

Este livro foi composto na tipologia Agaramond,
em corpo 11,5/16, e impresso em papel
off-set 75g/m² no Sistema Cameron da Divisão
Gráfica da Distribuidora Record.